KB126764

대한민국의 역사교육과정 1

역사와 교육학회 총서 1

대한민국 역사교육과정 1

교수요목기-제2차 교육과정

초판 1쇄 발행 2024년 01월 15일

지은이 김상훈 · 권성아 · 조성운 · 조 건 · 이은령 · 허은철
성강현 · 남한호 · 이화식 · 박진동 · 신선혜 · 황인규
엮은이 역사와교육학회 · 동국대학교 역사교과서연구소
펴낸이 윤관백
펴낸곳 선인
등 록 제5-77호(1998.11.4)
주 소 서울시 양천구 남부순환로 48길 1(신월동 163-1) 1층
전 화 02)718-6252/6257 | 팩 스 02)718-6253
E-mail suninbook@naver.com

정 가 45,000원
ISBN 979-11-6068-869-6 94900
ISBN 979-11-6068-873-3 (세트)

* 잘못된 책은 바꿔 드립니다.

역사와교육학회 총서 1

대한민국의 역사교육과정

김상훈 · 권성아 · 조성운 · 조 건 · 이은령 · 허은철
성강현 · 남한호 · 이화식 · 박진동 · 신선혜 · 황인규 지음

역사와교육학회 · 동국대학교 역사교과서연구소 엮음

1

교수요목기-제2차 교육과정

선인

발간사

일반적으로 교육정책은 국가 권력에 의하여 지지되는 교육이념, 또는 이를 구현하는 국가적 활동의 기본방침이나 지도원리를 의미한다. 교육정책은 종합적으로 자라나는 2세들에게 있어서 실시되는 교육이 어떠해야 하는가 하는 문제를 밝히는 것으로서, 교육의 목적·내용·방법·조직·경영의 모든 부문에 걸치는 시책을 포함한다. 또한 교육정책은 광범위하게 여러 방면에 관련되는 문제이므로 그 결정·수립 과정이 중시되지 않으면 안 되는데, 이는 법적 절차의 문제와 정책 결정에 누가 참여하느냐 하는 문제로 나타난다.

아울러 교육에 대하여 국가나 지방공공단체가 강력히 관여하는 체제에서는 교육정책이 교육행정과 불가분의 관계에 있으므로 정책결정에서도 교육행정기관의 영향력이 크게 작용한다. 집권 세력의 교육정책 결정에 있어 실질적 권한이 특정 기관으로 집중되기도 하고, 때로는 정책의 타당성을 잃는 경우도 있기 때문에 국민 전체의 의사를 반영하기 위하여 교육과정 심의회와 같은 자문기관을 설치하기도 한다. 또한 교육과정은 교육목표를 달성하기 위한 다양한 교육 활동의 기준을 체계적으로 선정하고 조직하며, 이를 실행하는 과정과 성취한 결과를 포함하는 일련의 계획이라 할 수 있다. 교육과정의 중요성에 비추어 볼 때, 교육과정 개정은 국가적 차원에서 신중한 판단과 절차에 의해서 이루어져야 한다. 하지만 한국의 교육과정 개정은 현재까지 정권의 통치 이데올로기와 홍보 그리고 행정적 편의에 의해 이루어져 온 측면이 없지 않았으며, 그 결과 정권의 이념적 성향에 따라 교육과정의 강조점이 달라지기도 하였다.

그렇다면 논의의 주제를 역사교육에 맞추어 보자. 개체로서의 인간은 또한 운명 공동체적 성격을 지닌 민족의 한 구성원이다. 그러기에 개체로서의 인간 완성에 노력하는 한편, 전체의 하나로서 민족 또는 인류 사회의 복지증진을 위하여 이바지할 수 있는 태도와 능력을 길러야 한다. 즉, 건전한 민족의식과 애국심, 또는 인류애의 정신을 체득하고 이의 달성을 위하여 헌신할 수 있어야 한다. 역사교육은 이러한 관점에서 반드시 요청되는 것이다. 역사교육의 목적은 첫째 역사학습을 통하여 민족의 전통과 문화에 대한 긍지를 제고하고, 둘째 국사교육과 아울러 세계사교육을 통하여 국제 이해력을 증진·배양하며, 셋째 역사적인 사고력과 판단력을 육성하여 바람직한 역사인식을 확립하는데 있다.

학생들이 지식을 습득하는데 있어서 많은 부분이 학교교육을 통해서 이루어진다. 또한 학교교육에서 교과서는 아직도 중요한 위치를 차지하고 있고 또 가까운 장래에도 계속 그럴 것이다. 이것은 학생들이 학교에서 배우는 다른 나라와 문화에 대해 갖게 되는 지식, 이미지, 관점에 아직도 교과서가 중요한 영향을 미친다는 것을 의미한다. 그러한 이유로 교과서 개선을 위한 노력은 국내뿐 아니라 전 세계적으로 이루어지고 있는 것이다.

학교 현장에서의 역사교육은 역사교과서를 기본 텍스트로 진행되지만, 역사교과서의 체제와 내용의 구성에는 교육 당국의 교육목표와 교육내용, 교과서 집필자의 주관적 역사인식이 개입된다. 아울러 수업 현장에서 교육의 담당자인 교사의 역사인식 또한 교과서의 내용과는 별개로 역사수업에 학생들에게 영향을 끼친다. 이렇게 학교 현장에서는 역사교과서라는 텍스트를 가지고 학생들을 대상으로 역사수업이 이루어지지만, 거기에는 역사교육에 관여하고 있는 여러 주체들의 주관이 필연적으로 개입될 수밖에 없다. 결국, 학생들은 역사교과서를 텍스트로 수업에 임하지만 학생들의 의식 속에 형성되는 역사적 사건이나 인물, 그리고 타 민족이나 국가에 대한 이미지는 교과서뿐만 아니라 교과서 외적 요인들, 아니 보다 구체적으로 말하자면 교과서를 중심으로 한 여러 주체들(교육당국자, 교과서 집필자, 교사)의 역사인식이 개입된 결과물이라고 할 수 있는 것이다.

역사교과서는 역사교육의 가장 기본이 되는 교재이며, 자라나는 2세들에게 그들이 속한 민족이나 국가에 대한 정체성과 국가관, 세계관을 형성하는데 영향을 끼치는 공교육에 있어서 매우 중요한 매개체라 할 수 있다. 그러나 역사적으로 볼 때, 역사교과서는 민족이나 국가 간의 불화와 대립, 적개심을 불러일으키고, 국제적 분쟁을 조장하는데 일정한 역할을 해왔음도 주지의 사실이다. 특히, 동아시아 지역 국가들의 경우, 학교교육에서 교과서가 차지하는 비중은 유럽이나 미국에 비해 훨씬 큰 것으로 알려져 있다. 이것은 다시 말해서, 다른 나라, 다른 문화에 대한 학생들의 이미지나 태도형성에 교과서가 구미 제국의 경우보다 더욱 큰 영향을 준다는 것을 의미한다. 게다가 동아시아 국가들에서 교과서는 가치판단의 준거대상이 되는 문헌으로서의 권위를 가지는 경향이 있는데, 이는 학교교육을 받고 사회에 진출한 일반인들이 갖는 타국, 타문화에 대한 이미지에도 영향을 끼칠 수 있음을 의미한다.

위와 같이 한 국가의 교육정책은 교육과정을 통해서 구체화 되며, 교육과정은 다시 교과별로 세분화된다. 그중에서 역사교육과정은 자라나는 2세들의 국가관이나 역사관을 형성하는데 중요한 역할을 하고 있으며, 역사교과의 운영방식, 교과서 발행제도, 교과서의 단원 및 내용구성 등이 국가에 의해 강하게 통제되는 경향을 보인다. 즉, 역사교과서의 내용은 대부분 '역사교육과정'에 의해 결정된다. 그리고 지구상의 거의 모든 나라에서 교과서는 국가의 인허가에 의해서 학교수업의 정식 교재로 채택된다. 여기에서 문제가 되는 것은 국가는 어떠한 형태로든지 역사교육에 개입하고 있다는 점이다.

그렇다면 1945년 해방 이후 대한민국의 역사교육과정은 교수요목기에서 2022년 개정교육과정까지 어떠한 논의와 결정을 거쳐 그 의미와 내용이 변화됐을까. 자유당 정권, 제2공화국, 제3공화국, 유신독재, 신군부 시대와 문민정부, 참여정부를 거쳐 오늘날에 이르기까지 대한민국의 역사교육은 자라나는 2세들의 역사 인식에 어떠한 영향을 끼쳤는가. 바로 그러한 문제의식을 느끼고 역사와교육학회는 동국대학교 역사교과서연구소와 더불어 지난 2015년부터 2021년까지 모두 일곱 차례 '대한민국의 역사교육과정(교수요목기–제6차 교육과정)'을 주제로 학술대회를 개최하였고, 학술대회에서 발표된 논문들은 저자들의 동의를 얻어 총 3권의 총서로 간행하게 되었다. 총서 1권(16편)은 교수요목기에서 제2차 교육과정까지, 총서 2권(9편)은 제3차–제4차 교육과정까지, 총서 3권(10편)은 제5차–제6차 교육과정까지를 다루고 있으며 총서 3권에 실린 논문은 총 35편이다. 총서 각 권의 프롤로그에서는 해당 교육과정이 형성되는 데 있어서 영향을 끼친 정치적·사회적·학문적 배경을 언급하면서 논문 저자들이 중점적으로 다루고 있는 주제와 접근방법, 그리고 내용들을 간략하게 소개하고 있다. 모쪼록 이번에 간행된 총서가 대한민국의 역사교육과정에 관심이 있는 독자 제위께 조그마한 도움이 되었으면 하는 바램이다.

마지막으로 학문연구와 교육에 바쁜 와중에도 옥고를 단행본으로 출간하는데 기꺼이 동의해 주신 저자 제위께, 그리고 출판시장이 불황임에도 총서 출간에 응해주신 윤관백 도서출판 선인 대표님과 편집부 장유진 선생님께 깊은 감사의 마음을 전한다.

2024년 1월 12일

역사와교육학회 총서간행위원장 박재영

프롤로그

대한민국의 국사교육과 국사교과서

1

이 책은 역사와교육학회와 동국대학교 역사교과서연구소가 2015년부터 2021년까지 매년 1회씩 공동 주최한 각 교육과정기 국사과 교육과정과 국사교과서에 대한 학술회의에서 발표되고, 역사와교육학회가 발행하고 있는 학회지 『역사와교육』을 비롯한 여러 학회지에 게재된 논문들을 수정, 정리하여 3권의 시리즈로 출판한 것 중 제1권이다. 물론 이 중에는 이 학술회의에서 발표되지 않은 논문을 필자의 동의를 얻어 수록한 것도 있다. 그 논문도 역사와교육학회와 동국대학교 역사교과서연구소의 활동 속에서 이루어진 것이므로 함께 묶어 출판하여도 이 학술회의의 취지를 크게 벗어나지는 않는다고 판단하였다.

사실 이 일련의 학술회의는 국내 역사교육학계에서 개별적으로라도 크게 주목받지 못한 미개척된 분야였다.[1] 그러므로 이 일련의 학술회의는 각 교육과정기의 역사교육, 특히 국사교육과 국사교과서에 대해 그동안 알려지지 않았던 사실들을 발굴, 소개하고 나아가 역사적 의미를 부여하는 데 크게 기여하였다는 점을 자평하고 싶다.

1 2003년 『역사교육』 88(역사교육연구회)에 신국가건설기의 역사교육이 특집으로 수록된 것 이외에는 해방 이후 각 교육과정기의 역사교육에 대한 학술회의는 역사와교육학회와 동국대학교 역사교과서연구소가 교수요목기부터 제6차 교육과정기에 이르기까지 검토한 학술회의 외에는 없는 형편이다. 다만 본 학회와 연구소가 제7차 교육과정 이후에 대해 학술회의를 개최하지 않은 것은 이 시기 이후에 대한 연구가 활발히 진행되었기 때문이다.

1945년 일제의 지배에서 벗어난 신생 한국은 일제의 식민지 지배로 인해 파괴되었던 국어와 국사의 연구와 교육이 요구되었다. 이는 해방된 한국의 민족정신과 국민 통합을 위해 필수적이고 시급한 것이었다. 일제의 교육정책에 따라 한글과 국사를 교육받지 못한 해방된 한국인들은 문맹 상태에 가까웠고, 일본사 속에서 향토사의 한 부분으로 교육된 한국사는 식민사관의 범주를 벗어나지 않았기 때문이다.

그런데 해방된 한국의 현실은 국제적인 냉전체제의 최전방에 위치하였다. 한반도의 북부는 러시아가, 남부는 미국이 통치하게 되었기 때문이다. 이는 곧 한반도 북부지방에는 사회주의가, 남부지방에는 자본주의 체제가 이식, 성립되는 계기가 되었다. 특히 한반도 남부에서는 좌우의 대립이 심각하게 전개되어 반공주의체제가 성립되었다. 이 과정에서 일제하 친일·부일세력이 권력을 장악하면서 친일파 청산을 둘러싼 대립도 극심하였다.

이러한 좌우 대립은 교육 현장에서도 마찬가지였다. 미군정과 이승만 정부는 좌익세력을 교육 현장에서 제거하는 한편 미국식 민주주의 체제의 이식을 위한 교육정책을 수립하여 학교 교육에 적용하였다. 특히 1948년 정부 수립 이후 이승만 정부는 겉으로는 사회주의와 자본주의 체제를 비판하면서 이른바 '민주적 민족주의'를 강조하였다. 그러나 '민주적 민족주의'는 결국 개인을 전체에 예속시키는 전체주의의 면모를 갖는 것이었고, 이는 곧 이승만 중심의 정치질서를 수립하고 옹호하는 것이었다. 한국전쟁을 거치면서 이승만 정권은 이른바 '도의교육'과 '반공방일교육'을 내걸었다. 이는 식민지와 전쟁을 거치면서 기존의 도덕질서가 무너진다는 위기의식에서 비롯된 것으로 그 바탕에는 반공주의가 내포되어 있었다. 1957년 '반공방일교육'은 '도의교육'에 포함시켜 교육하도록 하였으나 1960년 4·19혁명과 1961년 5·16군사정변을 계기로 변화를 겪지 않을 수 없었다. 즉 박정희정권은 반공주의를 바탕으로 한 도의교육은 지속하였으나 1965년 한일국교정상화를 계기로 반일교육을 국제친선교육으로 전환시켰던 것이다.

이 과정에서 5·16군사 정변 직후 군사정권은『혁명과업 완수를 위한 향토학교 교과과정 임시운영 요강』을 발표하여 학교 현장에서 사용할 것을 강제하였으며, 제2차 교육과정이 마련된 1963년 문교부는「국사교육을 위한 지도지침(중·고등학교)」를 발표하여 국사교육에 힘쓸 것을 교육현장에 요구하였다. 이 지침에서 문교부는 (1) 교재의 연구가 필요하다, (2) 교수의 사전 계획이 필요하다, (3) 민족의식 앙양에 힘쓰자, (4) 현대사를 중시하여야 한다, (5) 향토사를 활용하자, (6) 시사문제를 활용하자, (7) 인물 취급에 유의하자, (8) 나열적인 강의 중심을 지양하자, (9) 정치사 중심을 지양하자 등 9개항의 유의사항을 지시하였다.

이는 군사정변으로 권력을 장악한 정부가 부족한 정통성을 확보하기 위해 국사교육을 정치적으로 이용하였음을 보여주는 것이었다. 이러한 박정희정권의 국사교육은 제2차 교육과정기에도 여전히 작용하여 1972년 이른바 '10월유신' 선포 이후 제3차 교육과정기에 국사교과서를 국정화하기에까지 이르렀던 것이다.

2

이 책은 교수요목기부터 제2차 교육과정기까지의 국사교과서와 국사교육에 대한 학술대회에서 발표된 연구를 중심으로 구성되었음은 앞에서 언급하였다. 그 내용을 살피면 다음과 같다.

각 교육과정 별로 이 책에 수록된 논문의 내용을 간추려 보자. 먼저 교수요목기의 김상훈의 연구는 해방 전후 중등 교육과정의 변화 속에서 국사교육을 살핀 연구이다. 그의 문제 의식은 교수요목기의 역사교육과 중등학교 역사교과서에 대한 분석이 미진했다는 것에서 출발하였다. 그는 일제말기의 황국신민화교육이 채택한 중등교육체제가 미군정 초기에도 여전히 유효하였을 뿐만 아니라 국가 권력이 역사교육을 인식하는 방법도 연속되었다고 하였다. 그것은 미군정이 미국식 민주주의의 한국 이식을 위한 사회생활과의 도입에서 명백히 드러난다는 것이다. 이렇게 미군정이 계획한 교육정책은 외형상 성공하였으나 학교 현장에서 역사과가 독립과목으로 운영된 것에서 미군정의 교육과정이 학교 현장에서 그대로 실현되지는 못했다는 증거라는 것이다. 결국 교수요목기부터 역사교과서는 정치성을 가졌기 때문에 교사는 학생들이 역사교과서의 정치성을 인식하게 하고 그 이해를 바탕으로 역사를 활용할 수 있느 능력을 길러주어야 한다고 주장하였다.

권성아는 해방 이후 교육이념의 설정과 국사교육을 다루었다. 그는 교육이념과 국사교육의 관계, 일제강점기의 민족교육 말살정책을 개론적으로 살핀 후 미군정 하에서의 교육이념 논의와 국사교육의 관계, 그리고 정부 수립 및 교육법 제정 과정에서의 교육이념 논의와 국사교육의 관계를 살폈다. 이러한 논리 전개는 한국의 교육이념은 역사적 과정에서 성립하였다는 것을 보여주는 것이라 하겠다. 특히 '홍익인간'의 교육이념이 설정되었으나 한국 사회에서 그 이념이 제대로 구현되지 못하였다고 평가하였다. 이는 1997년 교육법의 개정 이후에도 마찬가지였다고도 하였다. 결론적으로 그는 앞서의 논의를 바탕으로 우리의 교육이념은 민족통일까지 염두에 두면서 홍익인간 이념이 지닌 총체적 세계관을 분석하여 여기에서 '교육적 인간상'을 재추출하는 방식으로 설정되어야 한다고 주장하였다.

조성운은 교수요목기 국사교과서의 발행과 편찬에 대해 살폈다. 그는 미군정기부터 1956년 제1차 교육과정이 마련되기 이전까지의 시기를 교수요목기로 부르면서 이 시기의 국사교과서 발행제도를 살폈다. 그는 미군정기를 교과서 자유발행기로 설정하면서 미군정 관료들과 신문의 기사를 통해 이 시기 교과서 발행에 대한 논의와 그 과정을 살폈다. 그리고 정부수립부터 제1차 교육과정 공포 이전 시기의 국사교과서 발행을 신문 기사와 관보, 그리고 당시 교과서를 발행했던 출판업자의 증언을 통해 살폈다. 특히 문교부가 발행한 『편수시보』를 활용하여 문교부의 국사교과서 발행에 대한 입장을 확인하였다. 이를 통해 이 시기 국사교과서는 일본에서 유학하고 서울대 교수로 재직한 인물들이 국사교과서 집필과 발행에 중추적인 역할을 하였으며, 교과서 용지 부족과 인쇄 시설 미비가 교과서 발행에 큰 장애요소였음도 밝혔다. 특히 국사교과서의 편찬에 반공주의가 반영되었음도 밝혔다.

조건은 미군정기 오천석의 교육정책 수립과 역사교육에 대해 살폈다. 일제 강점기 미국에서 유학한 오천석은 미군정하에서 교육정책을 입안하고 시행했던 대표적 교육행정가였음을 전제로 연구를 수행하였다. 그는 이 논문에서 오천석은 미국식 민주주의 교육이념을 한국에 이식하였으며, 식민 잔재 청산과 민족적 자긍심 확립을 위한 역사교육을 도외시하였다고 주장하였다. 이는 당시 미국과 한국의 현실에 큰 괴리가 존재한다는 것을 감안하지 않았기 때문이라는 것이다. 이러한 문제의식은 결국 그가 도입하는데 역할을 하였던 사회생활과 교육과정이 우리 민족에게 적합한 역사교육 방안이라고 평가하기에 무리라는 결론으로 이어졌다.

이은령은 교수요목기 고등학교 '우리나라 문화'의 발행과 내용체제를 다루었다. 중학교 사회생활과 교수요목의 제정과 내용을 먼저 살핀 후 그는 '우리나라 문화' 교과서 발행 상황을 살폈다. 그에 따르면 이병도·김정학, 오장환, 유홍렬, 홍이섭이 집필자로 참여한 '우리나라 문화'가 총

4종이 발행되었다. 교과서명도 조금씩 다르고 대단원명도 교수요목의 단위와는 조금씩 다르게 구성되었다고 한다. 이는 교과서 검정기준이 엄격하게 적용되지 못하였다는 증거로 활용되었다. 다만 이러한 검정을 거쳐 교과서가 발행되었다는 것은 이후 교과서 검정과 발행의 초석으로 작용하였다는 것을 의미하는 것으로도 이해된다.

허은철은 제1차 교육과정의 성립과 역사과 교육과정을 다루었다. 그는 제1차 교육과정의 사회적, 교육적 배경을 살핀 후 그 특징과 한계를 국민학교, 중학교, 고등학교의 역사과 교육과정에서 찾았다. 제1차 역사과 교육과정 전반을 다룬 것이라는 점에서 학술사적 의의를 찾을 수 있으나 1950년대 교육을 특징짓는다고 할 수 있는 한국전쟁과 그 과정에서 더욱 강화되는 반공주의에 대해 깊이있는 천착을 하지 못하였다. 즉 전시교육과요항과 전시 교과서, 그리고 전쟁 중 제기된 도의교육과 그 연장선에서 1954년 대통령 이승만의 유시에서 비롯된 반공방일교육요항과 1957년 반공방일교육이 도의교육에 포함되어 교수되는 과정 등에 대한 언급이 없는 것은 향후 새로운 자료의 발굴과 연구로 보완해야 할 것이다.

조건은 제1차 교육과정 성립기 문교부 조직과 반공교육정책을 살폈다. 그는 제1차 교육과정기 교육이념이 반공이 주요한 요소였음을 인정하면서 제1차 교육과정 성립기 문교부의 직제 변경과 주요인사들의 면면을 통해 반공이념이 교육정책으로 수립되는 체계와 그 성격을 천착하였다. 그러나 본고에서는 교육이념과 정책을 실질적으로 입안하고 실행했던 문교부와 조직 내 인사들의 변화상을 살피는 데는 성공하였으나 이러한 이념과 정책을 입안, 시행했던 인물들과 관련 인사들의 기록을 참고하지 못하였다고 스스로 한계를 인정하였다. 향후 부족한 부분을 보완하여 진전된 연구가 있기를 기대한다.

성강현은 제1차 교육과정기 국사교과서의 서술 체제와 그 특징에 대해 살펴 이 시기 국사교과서가 이전 시기의 그것보다 얼마나 체계적인 서술을 하였는지와 일제의 식민사관을 극복하려는 시도가 어떠하였는지를 파악하고자 하였다. 그 결과 "일제 강점기가 우리 민족의 정신을 파괴하려는 고도의 정치적 행위가 이루어졌고 그로 인해 굴절된 우리 역사가 바로 서는 계기가 되어야 했음에도 그러지 못하였다. 이는 일제 강점기 문화권력을 행사하던 이들이 정부 수립 이후에도 지속적인 영향력을 행사하였기 때문"이라고 하여 식민사관의 청산에 성공적이지 못하였음을 지적하였다.

남한호는 제1차 교육과정기 세계사 교과서 서술체제와 그 내용을 분석하였다. 이를 위해 그는 제1차 교육과정의 개정과 세계사 교육의 상관관계와 교과서의 발행과 세계사 교과서의 구성을 살핀 후 이 시기 세계사 교과서의 서술체제와 내용의 특징을 살폈다. 그 결과 그는 이 시기 동양사와 서양사로 나누어져 있던 과목을 세계사로 통합하였으며, 고등학교 편제가 확립되면서 고등학교에 세계사 과목이 편제되어 세계사 교육의 성립기로 규정할 수 있다고 평가하였다. 다만 세계사 교과서의 구성이 근대 서구문명을 인류 역사의 발전단계 중 최고의 단계로 전제한 후 아시아는 유럽에 비해 뒤떨어진다는 인식을 드러낸다고 비판하였다.

이화식은 제2차 교육과정의 배경과 특징에 대해 연구하였다. 그는 제2차 교육과정에 대한 기본적인 서술을 한 후 제2차 교육과정의 배경과 특징을 정치적 배경, 철학적 배경, 심리적 배경, 교육적 배경으로 구분하여 살폈다. 그 결과 이 연구의 의의를 교육과정의 연구는 단순히 교육의 관점만이 아니라 교육 이외의 사회의 관점에서도 파악하려는 노력이 필요하다고 한 점과 교육과정을 철학적, 심리적 배경으로 접근하여 교육과정의 근원적 탐구를 시도했다는 점에서 찾았다. 결국 교육과정은 단순히 교육 그 자체로만 접근해서는 안되며 다양한 시각으로 접근하려는 노력이 중요하다는 것이다.

조성운은 제2차 교육과정의 제정과 국사교과서의 발행을 살폈다. 이 연구의 전제가 되는 것은 반공주의적 국사교육에 대한 일련의 연구였다. 그리하여 그는 교육과정이 개편되는 과정에서 반공주의가 강화되었다는 점을 『혁명정부의 문교시책』 등 5·16군사정변의 주체들이 발행한 각종 자료를 인용하였다. 특히 『혁명과업 완수를 위한 향토학교 교과과정 임시운영요강』을 통해 군사정권이 교육을 어떠한 방향으로 이끌고자 했는가를 자세히 살폈다. 특히 1960년대 말 민족주체성의 강조와 이어지는 '10월유신'으로 국가주의적 성격이 교육과정에 반영되었다고 하였다. 그리고 국사교과서의 발행과정에서 기존의 교과서 출판 권력과 집필자들의 영향력을 축소하기 위한 문교당국의 행위와 이에 대한 반발과정을 소상히 밝혔다. 그 결과 그는 제2차 교육과정기 국사교과서의 발행은 5·16군사정변에서 표방한 경제발전과 반공주의를 교육과정에 반영하여 이를 교과서 집필과 검정 과정에 강제한 것에 기초한 것이었다고 주장하면서 제2차 교육과정기의 국사교과서는 정권의 이념을 구현하는 중요한 수단으로 기능하였다고 결론지었다.

허은철은 제2차 교육과정기 고등학교 국사교과서의 발행과 서술 변화를 살폈다. 이 연구를 통해 제2차 교육과정기 실업계 국사교과서가 최초의 국정 국사교과서임을 확인하였고, 국정과 검정이 혼용되었을 때 국사교과서의 서술에 어떠한 변화가 나타나는지를 확인해주었고, 결국 실업계 국사교과서의 발행이 제3차 교육과정기 국사교과서 국정화의 실험대였다는 것을 밝혔다. 이는 곧 제3차 교육과정기 국사교과서의 국정화에 대한 연구가 이미 제2차 교육과정기부터 정권 내부적으로 연구되어온 것이었다는 것을 의미한다고 할 수 있다. 향후 국정 실업계 국사교과서의 내용과 제2차와 제3차 교육과정기 국사교과서의 내용 분석을 통해 그 상관관계를 밝히는 것도 중요한 과제라 생각된다.

박진동은 제2차 교육과정기 '사회2'에 적용된 중학교 역사의 통합 방식과 검정교과서의 내용 구성을 연구하였다. 이 연구를 통해 그는 한국사와 세계사를 통합한 중학교 2학년 사회교육과정이 등장한 배경과 방향, 교육과정의 내용 체계와 단원 구성이 무엇이며 이것이 교과서에 어떻게 반영되었는지를 살폈다. 그 결과 제2차 교육과정기 중학교의 역사교육은 사회과 틀 내에서 이루어졌으며, 한국사와 세계사의 내용이 통합된 교과서로 편찬되었다. 겉으로는 한국사와 세계사의 내용이 통합된 새로운 시도였다고 할 수 있으나 역사학 및 역사교육학 측에 이슈화되지 못하였다고 하였다. 여기에서 한국사와 세계사의 통합을 위한 선구적 경험을 하게 된 것이나 아직까지 그것이 제대로 이루어지지 못하고 있는 현실을 어떻게 이해해야 하는지에 대한 근원적인 의문을 제기할 수 있을 것이다.

신선혜는 제2차 교육과정기 한국고대사 연구와 국사교과서의 서술을 검토하였다. 제목에서도 알 수 있듯이 신선혜의 연구는 국사교과서 서술 내용의 연구를 고대사 연구의 틀 속에서 검토하였다는 것을 알 수 있다. 즉 사학사적 검토 방법을 활용하였다. 이는 국사교과서의 서술이 특정인이나 특정학설을 배제하고 통설을 중심으로 서술한다는 원칙하에 편찬된다는 데에 주목한 것으로 보인다. 그는 교육과정 및 편수·운영 자료의 고대사 서술을 검토한 후 고등학교 국사교과서의 고대사 서술과 고대사 교육내용의 변화를 분석하였다. 그 결과 제2차 교육과정기에는 식민사관의 탈피을 목표로 삼았고, 민족 주체성과 반공주의라는 교육내용에 대한 정부의 통제가 이루어지기 시작하였다고 하였다.

불교사 전공자인 황인규는 제2차 교육과정기 고등학교 국사교과서의 고려시대 불교서술을 연구하였다. 그는 제2차 교육과정기 11종의 국사교과서를 분석 대상으로 삼아 국사교과서의 불교 관련 서술을 통해 고려불교와 고려초기 불교제도의 확립을 살핀 후 고려후기 재조대장경의 조판과 사원경제를 결사와 재조대장경의 조판, 고려후기 사원경제의 확대, 불교계의 보수화와 쇠락으로 구분하여 살폈다. 고대사나 근현대사와는 달리 고려시대 불교사의 서술 내용은 국가가 요구하는 이념적 부분에 해당하지 않기 때문인지 그러한 영향은 거의 없어 보인다고 결론지으면서 당시 학계 수준을 반영한 서술이기 때문에 서술에 미흡한 부분이 적지 않다고 지적하였다.

조건은 제2차 교육과정기 민족주체성 교육의 시행과 국사교과서의 서술 내용을 분석하였다. 그는 제2차 교육과정기 국사교과서의 서술 내용에서 민족주체성 교육과정의 실체를 찾는데 주목하였다. 이는 제3차 교육과정기 국사교과서의 국정화와 역사교육을 이해하는데 매우 중요한 의미를 지닌다. 이 시기 국사교과서의 특징으로서 그는 발행년을 거듭 할수록 박정희정권의 치적사항이 교과서에 추기되고 있다는 점과 현대사 단원 맨 마지막에 '우리의 할 일', '우리의 사명' 등의 절이 편성되어 있다는 점을 들면서 이들 소절이 모두 박정희정권이 내세웠던 민족주체성 교육지침과 밀접한 관련이 있음을 주장하였다.

3

다시 말하지만 이 책은 역사와교육학회와 동국대학교 역사교과서연구소가 공동 주최한 교수요목기부터 제2차 교육과정기까지의 국사(역사) 교육과 국사교과서에 대한 학술회의에서 발표된 논문(이 논문들은 역사와교육학회가 발행하는 『역사와교육』에 수록되었다.)과 여타 학술지에 수록된 논문을 모은 것이다. 교수요목기부터 제6차 교육과정기까지의 학술회의에서 그 동안 학계에서 다루지 못했던 각 교육과정기의 국사(역사)교육과 국사교과서에 대한 연구는 학술적으로 의미가 깊다고 자평할 수 있다. 그런데 여러 가지 이유로 이 연구들을 한데 모아 출판하지 못하여 학회의 입장에서 송구한 일이기도 하였고, 다른 측면에서는 책임을 방기하는 것이기도 하였다. 이번에 3권의 책으로 나오게 되어 학회에서는 매우 기쁘게 생각하며, 이 책이 한국 국사(역사)교육 연구에 크게 활용되기를 기대한다.

조성운(역사와교육학회장)

차례

발간사 / 5

프롤로그 / 9

1장

교수요목기

01 해방 전후 중등 교육과정의 변화 _ 김상훈 25

02 해방 이후 교육이념의 설정과 국사교육 _ 권성아 75

03 교수요목기 국사교과서의 발행과 편찬 _ 조성운 125

04 미군정기(美軍政期) 오천석(吳天錫)의 교육정책 수립과 역사교육 _ 조건 167

05 교수요목기 고등학교 '우리나라 문화'의 발행과 내용 체제 _ 이은령 193

2장

1차 역사교육과정

01 제1차 교육과정의 성립과 역사과 교육과정 _ 허은철 223

02 제1차 교육과정 성립기 문교부 조직과 반공 교육정책 _ 조건 255

03 제1차 교육과정의 국사 교과서 서술체제와 내용 분석 _ 성강현 283

04 제1차 교육과정 세계사 교과서 서술체제와 내용 분석 _ 남한호 337

3장

2차 역사교육과정

01 제2차 교육과정의 배경과 특징 _ 이화식 373

02 제2차 교육과정의 제정과 국사교과서의 발행 _ 조성운 399

03 제2차 교육과정기
고등학교 국사교과서의 발행과 서술 변화 _ 허은철 441

04 제2차 교육과정기 '사회 2'에 적용된
중학교 역사의 통합 방식과 검정 교과서의 내용 구성 _ 박진동 485

05 제2차 교육과정기 한국 고대사연구와
국사교과서의 서술 검토 _ 신선혜 525

06 제2차 교육과정기
『고등국사』(11종) 고려시대 불교사 서술 _ 황인규 555

07 제2차 교육과정기 민족주체성 교육의 시행과
국사교과서 근현대사 서술내용 분석 _ 조건 587

참고문헌 / 632

1장

교수요목기

01

해방 전후 중등 교육과정의 변화

김상훈

Ⅰ. 머리말

일제말기 역사교육은 황국신민의 연성을 목표로 했고, 일제의 침략전쟁에 한국인을 동원하기 위한 도구로 활용되었다. 일제에 의해 계획되고 운영되었던 왜곡된 역사교육은 폐기되어야 했고, 1945년 해방은 새로운 역사교육을 시작할 수 있는 기회였다. 따라서 해방 후 남한의 역사교육이 일제시대의 왜곡된 역사교육에서 벗어나기 위해 어떤 방향으로 길을 잡았는지, 그리고 새롭게 만들어진 역사교육의 길로 교육현장의 학생과 교사들을 어떻게 안내했는지를 살펴보는 것은 중요한 작업이다. 특히 역사교육 정책이 교육 현장에서 실천되는 매개체가 되는 역사 교과서에 대한 검토는 반드시 필요하다. 하지만 흔히 교수요목기[1]라 불리는 해방 직후 시기

1 1945년 8월 15일 해방부터 1946년 9월 20일 '중학교 교과 편제 및 시간 배당'이 있기까지의 시기를 해방 후 '과도기'로, 1946년 9월부터 1954년 4월 20일 '각급 학교 교육과정 시간 배당 기준'이 발표되기까지의 시기를 '교수요목기'로 구분한다.(유봉호, 『한국교육과정사 연구』, 교학연구사, 1992, 277쪽; 이경섭, 『한국현대교육과정사 연구』 상, 교육과학사, 1997, 34~39쪽.)

의 역사교육과 중등학교 역사교과서에 대한 의미 있는 분석은 미진했다. 왜냐하면 이 시기 역사교과서 편찬 지침이라고 할 수 있는 중등학교 사회생활과 교수요목[2]을 확인할 수 없었기 때문이다. 다행히 1948년 12월에 발행된 중등학교 사회생활과 교수요목을 토대로 한 연구가 발표되었고,[3] 해방 후 편찬된 다양한 종류의 역사교과서도 찾게 되었다. 이제 교수요목기의 역사교과서에 대한 연구를 위한 기초 자료는 확보가 된 것이다.

교수요목기의 역사교육과 역사교과서에 대한 본격적인 연구에 앞서 해방 이후 중등 교육과정이 정립되는 과정을 살펴볼 필요가 있다. 즉, 해방 이후 역사과 교육과정은 어떻게 만들어졌고 운영되었는지를 확인해야 한다. 왜냐하면 교육과정은 교육의 내용과 방법을 알려줄 뿐 아니라, 교육에 대한 국가의 정책방향도 보여주기 때문이다. 따라서 이 장에서는 미군정기 중등학교 교육과정이 만들어지는 과정과 그 결과를 소개하고자 한다. 이에 앞서 해방 직전 식민지 조선에서 운영되었던 중등학교 교육과정을 먼저 살펴보고 해방 후 교육과정을 검토할 것이다. 이를 통해 식민지 시대와 해방 후 교육과정의 연속성과 단절성을 확인할 수 있다. 이는 당대 최고 권력기관이 역사교육에 대해 어떤 인식을 가지고 접근했는지를 보여줄 것이다.

---

2 '교수요목'이란 용어는 일제시대 때 '교육과정'을 뜻하는 말로 사용되던 것을 해방 이후에도 계속 사용한 것이다. 하지만 1945년 9월 학무국의 발표 때는 '교과과정'이라는 용어가 사용되기도 했고, 1946년 6월 15일 문교부 편수국 지리담당 편수관 이봉수가 '교과요목'이라는 용어를 사용하고 있는 것으로 보아 편수 담당자들 사이에서도 용어에 대한 통일이 이루어지지 않았음을 짐작할 수 있다.(『매일신보』, 1945년 9월 18, 28, 30일; 『동아일보』, 1946년 6월 15일; 이종국, 『한국편수사연구』 1, 한국교과서연구재단, 2000, 74쪽.)

3 박진동은 그동안 사라졌다고 알려졌던 『교수요목집: 중학교 사회생활과』를 직접 보고 연구한 「교수요목에 의거한 '이웃나라 역사' 교과서의 발간과 그 구성」을 2008년 『역사교육』 106호에 게재하였다. 그는 한국교원대 김한종 교수를 통해 이 자료를 볼 수 있었다고 밝혔다. 필자는 서강대 최기영, 김민정 교수를 통해 박진동 선생님이 가지고 계신 자료를 확인하였다.

Ⅱ. 일제말기 중등 교육과정

1937년 중일전쟁 발발 이후 제3차 조선교육령 시기 중학교 교육의 목적은 "남자에게 수요(須要)한 고등보통교육을 실시하며, 특히 국민 도덕을 함양함으로써 충량유위한 황국신민을 양성하는데 힘쓰도록 한다."였다.[4] 소위 황국신민화 교육이 본격적으로 시작된 것이다. 황국신민화 교육은 철저한 국체 관념을 갖고 국가를 위해 헌신하고 자신의 생명조차 바칠 수 있는 실천적인 일본 국민, 즉 황국신민을 육성하는 것을 목표로 하였다. 그리고 이를 실천하는 중요한 역할을 한 것이 국사(일본사) 교육이었다. 그리고 이 때 민족의식을 갖게 할 한국사 교육을 폐지하고 일본사 교육만 실시하였다.[5]

1943년 태평양 전쟁의 전세가 불리해 질 때 공포된 제4차 조선교육령 시기 중학교 교육의 목적은 "황국의 도에 따라 고등보통학교 또는 실업교육을 실시하여 국민의 연성을 목적으로 한다."였다.[6] 이 때 '연성'이라는 단어의 의미는 "조선인을 한 단계 더 높은 수준의 조선인으로 연성·육성한다는 뜻이 아니라, 조선인을 천황을 위해 물자를 비롯해, 신체와 마음을 바칠 수 있는 진정한 황국신민으로 개조한다는 것을 의미했다." 그리고 중등학교 역사는 문부성이 편찬한 교과서를 그대로 도입하여 사용함으로써 내선일체와 황국신민화를 꾀하였다.[7] 결국 일제말기 황국신민화 교육은 침략전쟁의 수행을 위해 조선인을 철저하게 일본인으로 개

---

4 「중학교 규정」, 『조선총독부령』 제25호, 1938년 3월 15일, 제1장 제1조.

5 권오현, 「황국신민화 교육정책과 역사교육의 변화」, 『사회과교육연구』 제18권 제4호, 2011, 3~5쪽.

6 「중등학교령」, 『칙령』 제36조, 1943년 1월 20일.

7 김보림, 「일제하 중등학교 국민과 도입과 '국사'(일본사) 교육」, 『역사교육논집』 제50집, 2013, 119~200, 128, 135쪽.

조하는 것이었다. 특히 국사교육은 국체 관념,[8] 애국심, 국민사상 등을 함양하여 황국신민을 육성하기 위해 중시되었다.[9]

1943년 1월 발표된 「중등학교령」에서는 중학교 수업 연한을 5년에서 4년으로 단축하였다. 그리고 1943년 3월 공포된 「중학교 규정」에는 4년제 중학교에 맞는 교육과정과 교수시수가 제시되었다.

[표 1] 1943년 중학교 매주 교수시수표[10]

교과[11]		학년			
		1학년	2학년	3학년	4학년
국민과	수신	1	1	2	2
	국어	5	5	5	5
	역사	3	3	3	3
	지리				
이수과	수학	4	4	4	5
	생물	4	4	6	5
	물상				
체련과	교련	3	3	3	3
	체조	4	4	3	3
	무도				

8 "국체란 다른 나라에서는 유례를 찾아 볼 수 없는 만세일계(萬世一系)의 천황이 오랜 역사를 통해 일본을 통치해 왔다는 사실을 가리킨다. 따라서 그러한 사실을 인식시켜 '국체의 본의를 명징'하기 위해서는 일본사 교육이 반드시 필요하였던 것이다."(권오현, 「황국신민화 교육정책과 역사교육의 변화」, 『사회과교육연구』 제18권 제4호, 2011, 4쪽.)

9 권오현, 「임시 역사교과용도서 조사위원회의 활동과 황국신민화 역사교육」, 『역사교육논집』 vol.30, 2003, 24~25쪽.

10 「중학교 규정」, 『조선총독부령』 제58호, 1943년 3월 27일; 유봉호, 『한국교육과정사 연구』, 교학연구사, 1992, 249쪽; 이혜영 외, 『한국 근대 학교교육 100년사연구(Ⅱ): 일제시대의 학교교육』, 한국교육개발원, 1997, 162~164쪽.

11 '교과'라는 용어는 1894년부터 1943년 제4차 조선교육령 공포 시행 전까지 초등학교 교육과정에서만 사용하였고, 중등학교 이상의 교육과정에서는 '교과목'이라는 용어를 사용하였으나 1943년 학제 개혁부터는 중등학교 이상의 학교에서도 초등학교에서의 경우와 같이 '교과'라는 용어를 통일하여 사용하였다. 전일(全一)적 교육 내용을 대분절로 구분한 것이 교과가 되고, 각 교과가 내포하고 있는 여러 내용을 목적과 성질에 따라 계통적으로 조직한 것이 과목이 된 것이다.(유봉호, 『한국교육과정사 연구』, 교학연구사, 1992, 246~247쪽.)

교과[11]		학년			
		1학년	2학년	3학년	4학년
예능과	음악	1	1		
	서도	1	1	3	3
	도화	2	2		
	공작				
실업과		2	2	2(2)	2(2)
외국어과		4	4	4(4)	4(4)
수련		3	3	3(2)	3(2)
계		37	37	38	38

※ 비고 : 1. 각 학년에 있어서의 수업일수 중 약 30일을 수시 과하는 수련에 가한다.
2. 외국어를 선택하지 않는 자에게는 실업과에 2시간, 수련에 2시간을 가한다.

그런데 1943년부터 적용된 중학교 교육과정은 1943년 3월 이전의 5년제 중학교 교육과정과 비교했을 때 그 특징을 찾을 수 있다.

[표 2] 1938년 중학교 각 학과목 매주 교수시수표[12]

교과목	학년				
	1학년	2학년	3학년	4학년	5학년
수신	2	2	2	1	1
공민과				2	2
일본어·한문	7	7	6	5	5
조선어	2	2	1	1	1
역사·지리	3	3	3	3	3
외국어	5	5	6	5	5
수학	3	3	5	5	4
이과	3	3	3	4	4
실업	2	2	2	2	3
도서	1	1	1	1	1
음악	1	1	1	1	1
체조	5	5	5	5	5
계	34	34	35	35	35

12 「중학교 규정」, 『조선총독부령』 제25호, 1938년 3월 15일.

위의 [표 1, 2]를 통해 1943년 교육과정은 이전까지 12개로 분리되어 있던 과목을 6개의 교과로 통합했음을 알 수 있다. 특히 '역사'가 '국민과'에 포함되어 있음이 눈에 띈다. 1943년「중학교 규정」에는 새롭게 신설된 '국민과'를 다음과 같이 규정하였다.[13]

> 국민과는 우리나라의 문화, 그리고 국내외의 역사 및 지리에 대해서 배우도록 하며, 국체의 본래적 의의를 천명하여 국민정신을 함양하고 황국의 사명을 자각하도록 해서 실천에 배양하는 것을 요지로 한다. 국민과는 이를 나누어서 수신, 국어, 역사, 및 지리 과목으로 한다.[14]

국민과는 황국의 사명을 자각하고 실천하는 것을 목적으로 했다. 역사가 포함된 국민과의 목적은 1941년「국민학교 규정」에 보다 자세하게 제시되었다.

> 국민과는 우리나라의 도덕, 언어, 역사, 국토, 국세 등을 습득하도록 하며, 특히 국체의 정화를 바르게 해서 국민정신을 함양하고 황국의 사명을 자각하도록 해서 충군애국의 지기(志氣)를 기르는 것을 요지로 한다. 황국에서 생기는 기쁨을 느끼도록 하며, 경신(敬神)·봉공(奉公)·진의(眞意)를 체득하도록 한다. 우리나라의 역사, 국토가 우수한 국민성을 육성시키는 이치를 알도록 하며, 우리나라 문화의 특질을 바르게 하여 그것의 창조·발전에 힘쓰는 정신을 길러야 한다. 다른 교과와 서로 연결시켜 정치, 경제, 국방, 해양 등에 관한 사항을 교수하는데 유의해야 한다.[15]

13「중학교 규정」,『조선총독부령』제58호, 1943년 3월 27일, 제1장 제2조.

14「중학교 규정」,『조선총독부령』제58호, 1943년 3월 27일, 제1장 제3조.

15「국민학교 규정」,『조선총독부령』제90호, 1941년 3월 31일, 제1장 제1절 제3조.

「국민학교 규정」에는 국민과가 다른 교과와 연결하여 정치, 경제, 국방, 해양 등에 관한 사항을 교수하는데 유의해야 한다고 했다. 하지만 이는 교육 방침이었을 뿐 현실에 있어서는 여전히 각 교과목별로 운영되었다. 국민과에 대한 이상선[16]의 다음과 같은 평가에서 당시 상황을 확인할 수 있다.

> 각 분과적 학과목을 종합하는 방법으로는 각 분과적 학과목 중 유사한 학과목 또는 목적이 유사한 학과목들을 더 큰 영역에 포함시키는 그러한 방법도 있다. 왜정 시대 말기에, 국어과, 국사과 등을 합하여 국민과라 하고, 도서, 습자, 수공 등 과목을 합하여 예능과라고 한 것은 그러한 종합을 말하는 것이다. 그러나 이러한 종합은 더 큰 영역으로 포함시켰을 뿐이고, 그 교수 실제에 있어서는 아무런 변화도 없다. 다시 말한다면 종합시킨 과목의 이름을 하나 더 붙여 놓았을 뿐이요, 교수하는 실질에는 아무런 차이도 없는 것이다.[17]

또한 일제말기 등장했던 국민과에 대해 구희진은 "국민과로 통합 교과가 출현했지만 교육현실에서는 기존의 과목이 그대로 교과로 결합되고, 황국신민 양성에 필요한 지식만을 가르치는 것에 불과하였다."[18]고 했다. 즉, 교과 명칭만 통합되었을 뿐 여전히 학교 현장에서는 개별 과목

---

16 이상선은 미군정 학무국 번역사였다가 이후 편수관이 되었다. 그는 1946년 11월 미국 콜로라도 주의 초등학교 사회생활과 교육과정을 번역 소개한『사회생활과의 이론과 실제』를 발행하였다. 1947년에는 사회생활과 교육방법에 대한『종합교육과 단위교수: 사회생활과 교육의 기초이념』도 발행했고, 1948년에는 초등학교 2학년 사회생활과 교과서『고장생활』을 집필하기도 했다.(이상선,『사회생활과의 이론과 실제』, 금룡도서문구주식회사, 1946; 이상선,『종합교육과 단위교수: 사회생활과 교육의 기초이념』, 동지사, 1947; 이상선,『고장생활』, 동지사, 1948; 홍웅선,「편수국의 위상(1945~1955)」,『교과서 연구』제26호, 1996, 37쪽.)

17 이상선,『종합교육과 단위교수: 사회생활과 교육의 기초이념』, 동지사, 1947, 31~32쪽.

18 구희진,「일제강점 후반기(1930~1945) '황민화'교육론」,『한국근현대의 민족문제와 신국가 건설』, 지식산업사, 1997, 426, 437~438쪽.

으로 운영되고 있었던 것이다.

Ⅲ. 미군정기 중등 교육과정의 정립

1. 미군정 초기 중등 교육과정

1945년 9월 28일 미군정 학무국은 〈중등학교 개교에 관한 운영 방침〉을 발표하여 중등학교 이상 관공립학교는 10월 1일부터 수업을 재개할 것을 지시했다. 그리고 수업을 재개하기 하루 전날인 9월 30일에 공사립중학교와 고등여학교의 교과과정을 발표했고, 실업학교는 이 과정표에 적당히 실업과목을 넣어서 실정에 맞도록 교수하라고 했다.[19]

[표 3] 미군정기 최초의 중등 교육과정(1945년 9월 30일)[20]

교과목·학년	1학년		2학년		3학년		4학년	
	중학교	고등 여학교	중학교	고등 여학교	중학교	고등 여학교	중학교	고등 여학교
공민	2	2	2	2	2	2	2	2
국어	7	7	7	7	6	6	5	5
역사·지리	3	3	3	3	4	3	4	3
수학	4	3	4	3	4	2	4	3

19 『매일신보』, 1945년 9월 30일.

20 1945년 해방 후 발표된 첫 중등학교 교육과정을 소개한 『한국교육과정사연구』에서는 1970년 국사편찬위원회에서 발행한 『자료대한민국사-1』을 그 근거로 제시했다. 『자료대한민국사-1』에서는 1945년 9월 30일 『매일신보』의 자료를 소개한 것이었다. 『매일신보』와 『자료대한민국사-1』의 자료가 동일한데, 『한국교육과정사연구』에는 남녀 중학교 1학년 습자가 1시간으로 제시되었고, 주당 수업 시수를 교육과정표에 제시된 것이 아니라 실제 합을 표시해두었다. 본고에서는 국가교육과정정보센터에서 공식적으로 소개하고 있는 『자료대한민국사-1』와 『매일신보』의 기록을 따랐다.(국사편찬위원회, 『자료대한민국사-1』, 탐구당, 1970, 173쪽; 유봉호, 『한국교육과정사 연구』, 교학연구사, 1992, 284쪽; 『매일신보』, 1945년 9월 30일; 국가교육과정정보센터 홈페이지 http://ncic.re.kr/mobile.kri.org4.inventoryList.do#)

교과목·학년	1학년		2학년		3학년		4학년	
	중학교	고등 여학교	중학교	고등 여학교	중학교	고등 여학교	중학교	고등 여학교
물리·화학·생물	4	3	4	3	5	4	5	4
가사		2		2		4		4
재봉		2		3		3		4
영어	5	4	5	4	5	4	5	4
체육	3	2	3	2	3	2	3	2
음악	1	2	1	2	2	2	2	2
습자	2	2	1					
도화	1	1	1		1	1		1
수예		1		1		1		1
실업	1		1		2	1	3	1
합계[21]	32 (33)	34 (34)	32 (32)	34 (32)	34 (34)	35 (35)	34 (33)	35 (36)

이렇게 중등학교 교육과정이 제시되기는 했지만 수업을 재개할 중학교에서 무엇을 어떻게 교육해야 할지에 대해선 언급이 없었다. 그런데 1945년 9월 29일 미군정 주간보고에는 한국교육위원회(Korean Committee on Education)가 중학교 교육과정을 준비하고 있다고 했다.[22] 그리고 다음과 같은 〈미군정 학무국사〉[23]의 기록을 통해서도 한국교육위원회에서 교육과정에 대해 논의하고 있었음을 확인할 수 있다.

21 교육과정표에 제시된 주당수업시수 합을 표시하고, 그 아래 교육과정표에 제시된 과목별 주당 시수의 실제 총시간을 괄호 속에 표시했다. 중학교 1학년, 고등여학교 2학년, 4학년의 주당 수업 시수에 차이가 있음을 알 수 있다.

22 "Weekly Report", USAMGIK, Department of Education, September 29, 1945.(정태수, 『미군정기 한국교육사자료집』 상, 홍지원, 1992, 280~281쪽, 이하 '정태수, 『자료집-상, 하』'로 표기함.)

23 1945년 9월 11일부터 1946년 2월 28일까지의 학무국의 역사를 기록한 〈History of bureau of education from 11 September 1945 to 28 February 1946〉이다. 이 자료는 정태수, 『자료집-상』, 36~145쪽에 소개되어있다.(이하 〈미군정 학무국사〉로 표기하고, 쪽수는 정태수 자료집의 쪽수로 표기함.)

이 위원회는 교육담당관이 미로를 헤쳐나 올 수 있도록 방향타 역할을 해주었다. 즉, 언제 수업을 재개할 것인가? 일본인 직원을 해고해야할 것인가? 누구를 임명할 것이며 학무국을 어떻게 구성할 것인가? 교과서와 교육과정문제를 어떻게 다룰 것인가? 등에 대하여 자문해주었다.[24]

즉, 미군정이 수립된 직후부터 학무국은 한국교육위원회의 자문을 통해 교육과정을 준비하고 있었던 것이다. 그리고 한국교육위원회가 출범한지 한 달여 후인 1945년 10월 21일 〈학교에 대한 설명과 지시-학무통첩 352호〉에서 "학무국은 모든 공립학교의 교과과정을 정한다."라고 전제하며 공립 남·여 중학교 교육과정을 제시하였다.[25] 1945년 9월 30일에 발표된 교육과정과 큰 차이는 없다. 눈에 띄는 것은 여자중학교의 영어 시간이 5시간에서 4시간으로, 1, 2학년 체육이 4시간에서 2시간으로 줄었다는 점과 물리·화학·생물이라는 과목명이 과학·자연사로 변경되었다는 정도이다.

[표 4] 남자 중학교 매주 시간표(〈학무통첩 제352호〉)

교과목	1학년	2학년	3학년	4학년	교과서
공민	2	2	2	2	준비중
조선어	7	7	6	5	준비중
역사·지리	3	3	4	4	준비중
수학	4	4	4	4	구(교사만 사용할 것)
과학·자연사	4	4	5	5	구(교사만 사용할 것)

24 1945년 9월 16일에 출범한 한국교육위원회 위원은 김성달(초등교육), 현상윤(중등교육), 유억겸(전문교육), 백낙준(교육전반), 김활란(여성교육), 김성수·백남훈(고등교육), 최규동(일반교육), 윤일선(일반교육), 조백현(농업교육), 정인보(학계대표)였다. 오천석도 위원회의 모든 회의에 참석했다.(〈미군정 학무국사〉, 56~59쪽.)

25 USAFIK, 352(MGEDC), "Explanation of and Directive on School", 21 October 1945.(정태수, 『자료집-상』, 832~835쪽); 정태수, 『광복3년 한국교육법제사』, 예지각, 1995, 274~277쪽.)

교과목	1학년	2학년	3학년	4학년	교과서
영어	5	5	5	5	구(교사만 사용할 것)
체육	3	3	3	3	없음
음악	1	1	2	2	없음
습자	1	1			없음
도화	1	1	1	1	없음
실업	1	1	2	3	없음
합계	32	32	34	34	

[표 5] 여자 중학교 매주 시간표(〈학무통첩 제352호〉)

교과목	1학년	2학년	3학년	4학년	교과서
공민	2	2	2	2	준비중
조선어	7	7	6	5	준비중
역사·지리	3	3	3	3	준비중
수학	3	3	2	2	구(교사만 사용할 것)
과학·자연사	3	3	4	4	구(교사만 사용할 것)
가정	2	2	4	4	없음
재봉	3	3	3	4	없음
영어	4	4	4	4	구(교사만 사용할 것)
체육	2	2	2	2	없음
음악	2	2	2	2	없음
습자	1	1			없음
도화	1	1	1	1	없음
뜨개질	1	1	1	1	없음
실업			1	1	없음
합계	34	34	35	35	

해방 직전 중등학교 교육과정과 미군정 초기의 중등학교 교육과정을 비교했을 때 몇 가지 특징을 찾을 수 있다. 첫째, 해방 직전 일제에 의해 4년으로 단축된 중학교 수업연한을 그대로 따르고 있다. 둘째, 국민과·이수과·체련과·예능과의 통합 교과가 다시 개별 과목으로 분리되었다. 셋째, 주당 수업 시수가 37~38시간에서 32~35시간으로 4~5시간 줄었

다. 넷째, 교련·무도·수련과 같은 전시체제를 위해 필요했던 과목이 없어졌다. 다섯째, 외국어는 영어로 지정되었다. 여섯째, 1945년 10월말까지 학생들이 사용할 교과서는 전혀 없었다. 끝으로 수신이 없어지고[26] 1943년 3월 이전까지 개별 과목이었던 공민 과목이 다시 포함되었다.

미군정이 수립된 이후 한 달 만에 새로운 학제를 도입하고 그에 따른 교육과정을 제시하는 것은 현실적으로 불가능했다. 따라서 해방 직전까지의 중등교육 4년을 그대로 유지하고, 통합교과를 개별과목으로 분리하는 정도로 교육과정을 만들었던 것 같다. 그리고 전시체제 유지에 필요했던 과목을 제외했기 때문에 전체 수업 시수가 줄었던 것이다. 이는 1945년 10월부터 수업을 재개했던 중등학교를 위한 임시시적 조치였고, 미군정의 교육정책을 반영한 교육과정은 아니었다.

2. 조선교육심의회 중등 교육과정 안(案)과 학제 결정

1945년 10월 21일 미군정 학무국의 법령으로 교육과정이 발표될 때를 전후하여 조선교육심의회(The National Committee on Educational Planning)가 조직되어 활동하고 있었다.[27] 그리고 조선교육심의회 중등교

26 최승만은 수신 과목이 없어지는 과정에 대해 다음과 같이 기억하며 아쉬움을 표시하기도 했다. “국과장회의 때 수신이라는 과목의 불필요설이 나왔었다. 나로서는 반대하였다. 일제 때부터 있었기 때문에 어감이 그리 좋지는 아니하나 이름은 다른 말로 고치더라도 그 과정은 그대로 두는 것이 좋겠다고 하였다. 그러나 이에 대하여 찬성이나 불찬성이나 나 이외에는 말하는 사람이 없었다. 학무국장도 미국에는 이런 과정이 없다는 말도 있어서 그리 찬성하지 않는다는 뜻을 알기 때문에 나로서도 학무국 소관사항을 침범하는 것 같아서 더 말하지 않았다. 그때부터 수신이라는 과목은 없어지고 만셈이다.”(최승만, 『나의 회고록』, 인하대학교출판부, 1985, 350쪽.)

27 조선교육심의회의 구성은 자료에 따라 그 날자가 11월 14일, 15일, 23일 등으로 서로 다르게 파악되고 있다. 그런데 1945년 10월 26일 『자유신문』에는 조선교육심의회에서 몇 사람의 편수 관리들에게 교과서 편찬을 맡기고 있는 상황에 대해 대처하기 위해 학술단체들이 모임을 가졌던 기사가 실려 있다. 이를 통해 이미 11월 이전에 조선교육심의회가 활동하고 있었음도 추측할 수 있다.(『자유신문』, 1945년 10월 26일; 『중앙신문』, 1946년 11월 16일; 함종규, 『미군정시대의 교육과 교육과정』, 한국교육개발원1984, 14쪽; 김

육분과위원회에서 '중등교육의 목표, 학과목, 교과과정, 교수법, 수업 편성'에 대해 논의하였다.[28] 〈미군정 학무국사〉에는 일제시대와 미군정, 그리고 조선교육심의회가 제안한 중등학교 교육과정을 비교한 아래의 [표 6]이 있다.[29]

[표 6] 일제시대·미군정·조선교육심의회 중등학교 교육과정

	7학년			8학년			9학년			10학년			11학년	12학년		
	Jap	MG	Pro	Jap	MG	Pro	Jap	MG	Pro	Jap	MG	Pro	Pro	(a)	(b)	(c)
공민	1	2	2	1	2	2	2	2	1	2	2	1	1	1	1	1
역사 지리	3	3	4	3	3	4	3	4	3	3	4	3	3	6		3
수학	4	4	4	4	4	4	4	4	4	5	4	4	4		6	3
물리 화학	2	2	4	2	2	4	3	3	4	3	3	5	5		6	3
생물		2	2	2	2	2	3	2	2	2	2	2	2		2	1
국어		7	4		7	4		6	5		5	4	4		8	4
한문			2		2	2			2		1					
영어	4	5	4	4	5	4		5	5		5	5	5	7	7	7
일어	5			5			5			5						
체조	4	3	2	4	3	2	3	3	2	3	3	2	2	2	2	2
교련	3			3			3			3						
미술	1	1	1	1	1	1	1	1	1	1	1					
음악	1	1	1	1	1	1	1	2	1	1	2					
실업	2	1	2-6	2	1	2-6	4	2	2-6	4	3					
수신	3			3			5			5						
습자	1	1	1	1	1	1	1		1	1						

용일, 「미군정기 조선교육심의회에 관한 교육정치학적 고찰」, 『교육문제연구』 6, 1994, 317쪽; 關英子, 「군정 하에 있어서 한국인의 교육재건 노력」, 『해방 후 한국의 교육개혁』, 한국연구원, 1987, 111쪽; "Weekly Report", Department of Education, 1945.11.5, 11.12(정태수, 『자료집-상』, 286~287쪽.); 〈미군정 학무국사〉, 46~47쪽; 최병칠, 『새교육사전』, 홍지사, 1952, 597~598쪽.)

28 "The National Committee on Educational Planning-Topic to be discussed-"(정태수, 『자료집-상』, 508~509쪽.)

29 〈미군정 학무국사〉, 97쪽.

	7학년			8학년			9학년			10학년			11학년	12학년		
	Jap	MG	Pro	Jap	MG	Pro	Jap	MG	Pro	Jap	MG	Pro	Pro	(a)	(b)	(c)
선택과목												6	6	6	6	6
	외국어(중국어, 러시아어, 프랑스어, 독일어): 4 음악(2), 미술(2), 법·경제(2), 실업(4), 사회학(2), 심리학(2), 철학(2), 상식(2)															

※ 주) Jap: 일제 식민지 시기 교육과정, MG: 미군정의 교육과정(학무통첩 352호 교육과정), Pro: 조선교육심의회가 건의한 교육과정.
※ (a):인문계, (b): 자연계, (c): 비진학계

이처럼 조선교육심의회에서 중등학교 교육과정에 대해 논의하고 구체적인 안도 만들었지만 1946년 3월 조선교육심의회가 끝날 때까지 교육과정은 확정되지 못했다. 이는 새로운 교육과정과 관련해 논란이 많았음을 반증하는 것이다. 또한 미군정이 조선교육심의회에서 제안한 교육과정 안을 승인하지 않았음도 의미한다. 조선교육심의회 위원으로 교육과정 작성에 직접 참여했던 윤재천[30]은 당시의 조선교육심의회의 활동에 대해 다음과 같이 밝혔다.

> 조선교육심의회의 일원으로서 교육안 작성에 다소열정을 풀었습니다. 3월초까지에 성안을 얻었습니다. 그러나 슬픈 일은 우리 두뇌는 장구한 일본적 취향에 화석해서 일보도 새로운 것을 하지 못하였습니다. 수개월의 노력은 일본어를 조선어로 번역하는 효과가 다소 있었을 뿐이었고, 더 다른 의미를 첨가하지 못하였습니다.[31]

---

30 1946년 10월 25일 효제국민학교에서 각 학교 교장 학부형 사범대학생 등 7백여 명이 모인 가운데 윤재천은 신교수법을 발표하였다. 1946년 11월 7일 당시의 문교부장 유억겸은 윤재천의 새 교수법이 전국의 각 학교에서 권장할 만한 것이라는 담화를 발표하였다. 그것이 계기가 되어 윤재천이 자신의 교육에 대한 생각을 정리하여 발표한 것이 『신교육서설』이었다. 홍웅선은 "『신교육서설』은 해방 후 미국의 교육과정과 교수법을 우리나라에 소개한 최초의 책이었다."고 평가했다.(『조선일보』, 1946년 11월 8일; 윤재천, 『신교육서설』, 조선교육연구회, 1946; 홍웅선, 「미군정 초기의 민주주의 교육」, 『교육혁신의 반성과 진로』, 교육과학사, 1991, 48~49쪽; 오천석, 「듀이의 교육사상과 한국의 교육」, 『민주교육을 지향하여』, 광명출판사, 1975, 214쪽; 서울대학교 사범대학 30년사 편찬위원회, 『서울대학교 사범대학 30년사–민주교육의 요람』, 1976, 46쪽.)

31 윤재천, 『신교육서설』, 조선교육연구회, 1946, 「序」.

즉, 해방 후 새로운 교육안을 만들었어야 할 조선교육심의회에서 했던 작업은 익숙했던 일제 강점기 교육 내용을 한국어로 번역한 정도였다는 것이다.

그런데 조선교육심의회가 제안한 교육과정에 일제 강점기 때와는 다른 새로운 부분도 있다. 가장 큰 변화는 6년간의 중등학교 교육과정을 기반으로 한 것이다. 이는 이미 중등학교 학제가 6년으로 결정되었음을 말해준다. 언더우드는 미군 진주 후 학제는 미국의 교육연한과 동등하게 될 때까지 점진적으로 수정한다는 관점에서 즉각적으로 연구되었다고 했다.[32]

1945년 11월 28일 학무국장은 '미국의 교육제도를 그대로 조선에 채용한다는 말이 있는데 이것이 사실인가?'라는 기자들의 질문에 다음과 같이 대답했다.

> 확실히 말할 수 없으나 그것도 심사위원회에서 연구 중이다. 미국에서는 중등학교와 고등학교의 구별은 없고 소학교가 6년, 중등학교가 6년인데 중등 6년은 다시 초등과가 3년간 고등중등과가 3년간으로 나누어져 있다. 그리고 그 위에 전문이 4년간 있다. 심사위원회에서도 대체로 이 제도가 좋다고 하는 듯 하나 곧 실시되기는 힘들 것이다.[33]

학무국장은 조선교육심의회 위원들이 당시 미국에서 운영 중인 6-6(3-3)-4제의 학제에 호의적이라고 했다. 하지만 조선교육심의회 중등교육분과위원회 위원들 다수는 미국식 6년제 중등학교 학제에 동의하

---

32 Horace G. Underwood, "Education in South Korea: A Report to Troop Information Program", June 1947, p.4.(이길상 편, 『해방전후사자료집』 Ⅱ, 원주문화사, 1992, 393쪽.(이하 '이길상, 『자료집- Ⅰ, Ⅱ』'로 표기함.)

33 『서울신문』, 1945년 11월 29일.

지 않았던 것 같다. 그럼에도 불구하고 분과위원회 위원들은 조선교육심의회의 여러 조건들에 맞추기 위해 자신들의 의견을 세 번이나 바꾸면서 조선교육심의회의 결정을 받아들이고, 자신들의 제안을 수정했다.[34] 그리고 1946년 2월 13일 남한에 적용될 새로운 교육제도가 발표되었다. 형식적으로는 조선교육심의회가 신제도를 건의하고 학무국이 이를 승인한 것이다. 신제도는 6-6(3-3)-4의 학제를 기본으로 하였고, 일제 강점기의 1년 3학기제[35]를 1년 2학기제[36]로 바꾸었다.[37]

앞선 연구들은 6-6(3-3)-4의 학제는 해방 직후 김성수로부터 나왔고, 이것이 조선교육심의회에 제출되어 승인되었다고 보는 경우가 많았다.[38] 하지만 미군정 문교부 사범교육국의 고문이었던 월스(Richard Werth)는 6-6(3-3)-4 학제의 도입이 가능했던 것은, 조선교육심의회의 미국인 위원들이 학교 시스템의 재건을 위해 실질적인 고려에 있어 가장 적극적이었기 때문이라고 했다.[39]

새롭게 도입된 학제에 대한 논란과 이에 대한 미군정 문교부의 입장은 오천석의 다음 발언을 통해 알 수 있다.

---

34 〈미군정 학무국사〉, 94~95쪽.

35 학년은 4월 1일에 시작해서 다음해 3월 31일에 끝난다. 학년을 나누어서 다음의 3개 학기로 한다. 제1학기 4월 1일부터 8월 31일까지 한다. 제2학기 9월 1일부터 12월 31일까지 한다. 제3학기 1월 1일부터 3월 31일까지 한다.(「보통학교 규칙」, 『조선총독부령』 제100호. 1911년 10월 20일; 「국민학교 규정」, 『조선총독부령』 제90호, 1941년 3월 31일.)

36 1학기는 9월 첫 월요일부터 2월의 마지막 토요일까지, 2학기는 3월의 첫 월요일부터 7월의 마지막 토요일까지였다.

37 Lockard, 유억겸, "Structure of New Educational System of korea", USAMGIK, Bureau of Education, 13 February 1946.(정태수, 『자료집-상』, 628~633쪽.)

38 오천석, 『한국신교육사』 하, 광명출판사, 1975, 28쪽; 關英子, 앞의 논문, 1987, 60~61쪽; 김성열, 『인촌 김성수-인촌김성수의 사상과 일화』, 동아일보사, 1985, 266쪽.

39 Richard Werth, "Educational Development Under the South Korea Interim Government", *School and Society* Vol.69, 1949, p.306; 한국정신문화연구원 편, 『해방 전후 미국의 「대한인식」 자료』, 선인, 2001, 401쪽.

이 제도가 미국 학제를 모방한 것이라는 평에 대해서는 이를 수긍하지 않으면 안 된다. 그러나 이것을 맹목적 모방이라고 하는 것은 적당치 않은 정죄(定罪)다. 왜냐하면, 미국의 학제는 주에 따라 상이하여 일률적인 것이 아니다. 당시 미국 각주에서는 여러 모양의 학제를 쓰고 있었는데, 그 중 가장 광범위하게 채택되고 있던 것은 8-4-4제였고, 6-3-3-4제는 그 뒤를 따르는 새로운 발전이었다. 중등학교 6년을 초급 3년, 고급 3년으로 나누게 된 데는 상당한 심리학적, 교육적 근거가 있는 것으로서, 여러 학제보다 우월한 점이 있다는 이유로 이것을 채택하게 된 것이다. 그러므로, 새 학제가 미국제도를 모방한 것은 사실이로되, 당시 미국서 가장 널리 쓰여지고 있던 제도를 버리고 6-3-3-4제를 선택하였다는 것은 심의회가 맹목적으로 미국의 학제를 모방하지 않았다는 것을 증명하는 것이라 하겠다.[40]

오천석은 신학제가 미국 학제를 모방했지만 미국에서 가장 광범위하게 쓰이던 8-4-4제를 따르지 않고, 6-6(3-3)-4제를 채택했음을 강조하였다. 오천석은 이것이 조선교육심의회가 심리학적, 교육학적 근거를 바탕으로 논의한 결과라고 했다. 하지만 전후 미군의 점령지대에서는 거의 다 미국식 학제가 실시되었고,[41] 특히 일본에서는 문부성의 반대에도 불구하고 초등학교 6년 중학교 3년의 6-3제를 관철시켰음[42]을 전제한다면, 미군정은 처음부터 6-6(3-3)-4제를 남한에 적용할 계획을 가지고 있었던 것이다.

그런데 1946년 2월 확정된 6-6(3-3)-4의 학제는 미군정이 끝나고 대한민국 정부가 수립된 이후에도 몇 차례 변화를 겪은 후에야 적용되었

40 오천석, 『한국신교육사』 하, 광명출판사, 1975, 28쪽.

41 최병칠, 『교육과 인생』, 문천사, 1972, 48~49쪽.

42 강일국, 「미군정기 한국 중등교육 연구」, 서울대학교 석사학위 논문, 1993, 32쪽.

다. 실제로 1947년 7월 한국교육정보조사단[43]은 미국의 교육제도들이 한국의 상황을 고려하지 않고 한국에 강요된 증거를 발견했는데, 그 첫 번째가 식민지 시기 10년의 초·중등 학제를 미국 표준의 12년제로 즉각 연장시킨 것이라고 보고했다.[44]

조선교육심의회 위원이었던 정석윤은 새로운 학제의 장단점을 다음과 같이 정리하기도 했다.

> ◇ 장점 : 1. 민주적 일원제인 것, 2. 아동 생도의 심신성장에 적합한 것, 3. 고등보통교육의 존중, 4. 진학 자유, 5. 융통성과 발전성이 풍부, 6. 남녀공학이 허용
>
> ◇ 단점 : 1. 조선화 못된 점, 2. 사회의 성장도에는 불부합이다, 3. 연한이 과장(過長)하고 내용이 단순하며 비완성적이다, 4. 방임적, 자의적 자유에 흐른다, 5. 양개(兩個)기능을 발휘치 못하고 있다, 6. 시기상조요, 시책이 불철저하다.
>
> 제도로 말하자면 가장 좋은 것인데 우리 민도의 낙후성과 당국의 운영방책의 불원숙 또는 교육환경의 불완전 등으로 인하여 받지 않아도 좋을 비난까지 자아내고 있는 것이다. 이 제도는 1946년 9월부터 실시된 것이므로 좀 더 시일을 두고 노력하고 인내하여 보아야 그 진실한 장단을 파악할 수 있을 것으로 생각된다.[45]

---

43 한국교육정보조사단은 남한에서 실시되고 있는 교육 및 공공정보 프로그램의 상태 등을 조사하기 위해 뉴욕대학교 교육학과 교수인 안트(O. O. Arndt)를 단장으로 총 5명으로 구성되었다. 안트 단장은 1947년 4월 9일 한국에 도착하였고 나머지 요원들은 6월 3일 한국에 도착하였다. 이 조사단은 1947년 6월 20일 미국정부에 한국을 시찰한 내용과 문제점 등을 지적한 55페이지 분량의 보고서를 제출하였다. 이 보고서는 정태수의 자료집에 수록되어 있다.[HUSAFIK, APO 235, "Report of The Educational and Informational Survey Mission to Korea", 20 June 1947(정태수, 『자료집-상』, 1414~1471쪽).]

44 HUSAFIK, APO 235, "Report of The Educational and Informational Survey Mission to Korea", 20 June 1947(정태수, 『자료집-상』, 1424~1425쪽.)

45 『서울신문』, 1948년 9월 9일.

즉, 제도 자체는 좋지만 해방 후 남한의 현실에서는 이를 이끌어야할 교육당국과, 실천해야 할 학교 모두 새로운 학제를 운영할만한 능력을 갖추지 못했다는 것이다. 따라서 학제 개편에 대한 요구가 다방면에서 제기되었다.[46] 특히 정부수립 직후인 1948년 8월 18~20일 개최된 전국 중등학교장 교육행정강습회에서는 중등학교의 3-3제와 4-2제에 대한 문교 당국의 방침을 직접 묻기도 하였다. 이에 문교 당국에서는 "현재 국회와 함께 연구 중에 있으니 4-2제가 희망이 많다면 여러분의 희망에 따라 고려하여 보겠다."[47]고 답했다. 그리고 실제로 1949년 12월 31일 공포된 「교육법」에는 중학교가 4년, 고등학교가 2년 내지 4년으로 되어 있었다.[48] 정부 수립 후 교육법이 공포되기까지의 과정에 대해 심태진은 다음과 같이 회고했다.

> 1948년 대한민국 정부가 수립되면서 문교부가 교육기본법과 학교교육법 초안을 기초하여 1949년 제헌국회에 제출하였으나, 문교부와 국회문교사회위원회는 법체제와 학제상에 의견이 대립되어 국회는 별도로 교육법심의회를 구성하고 교육기본법과 학교 교육법을 통합한 교육법을 기초하기에 이르렀다. 학제도 문교부가 제출한 중학교 3년 고등학교 3년의 6·3·3제를 기어이 중학교 4년, 고등학교 2년의 6·4·2제로 고치고, 문교부가 제출한 9월 신학기제를 4월 신학기

---

46 1948년 2월 서울시내 여자 중등학교 교장들[김의형(한성 여자 중학교장)·이숙종(성신 여자 중학교장)·문남식(숙명 여자 중학교장)·방순경(제2여자 중학교장)·배상명(상명 여자 중학교장)·송금선(덕성 여자 중학교장)·황신덕(중앙 여자 중학교장)]은 신학제는 중학교가 6년제로 되었는데 그것은 우리의 현실에 맞지 않는 것 같다고 했다. [「여자중등학교 교육좌담회」, 『조선교육』 2권 3호, 1948.8; 이길상·오만석 공편, 『한국교육사료집성-미군정기편』 Ⅲ, 한국정신문화연구원, 1997, 420~428쪽(이하 이길상·오만석, 『사료집성-Ⅰ, Ⅱ, Ⅲ』으로 표기함.); 홍웅선, 『광복후의 신교육운동』, 대한교과서주식회사, 1991, 77~80쪽.]

47 『자유신문』, 1949년 8월 23일.

48 「교육법」, 『법률』 제26호, 1949년 12월 31일.

제로 고쳐서 11월 26일 국회를 통과시키자, 정부는 하는 수 없이 이를 12월 31일자로 공포하게 되었다.[49]

하지만 1950년 3월 고등학교를 3년으로 한다는 개정된 「교육법」[50]이 발표되면서 6-4-3의 학제가 되었다. 이후 1951년 3월 중학교도 3년으로 한다는 「교육법」[51]이 개정되고서야 6-3-3의 학제는 법적으로 정리 되었다. 이 때 대학교 학제도 초급 2년, 대학 4년 내지 6년으로 확정되었다. 또한 1946년 2월 신교육법에서 제시된 9월에 시작해서 7월에 끝나는 2학기제는, 1949년 교육법에서는 4월에 시작해서 3월에 끝나는 2학기제로 변경되었다. 1952년 4월에 1학기는 4월부터 9월까지, 2학기는 10월부터 익년 3월까지로 명시하였고,[52] 현재의 3월 시작 학기제는 1961년 11월 개정된 것이다.[53]

3. 1946년 9월 중등 교육과정

1946년 9월 1일 신학년 신학기가 시작될 때까지 중등학교 교육과정은 발표되지 않았다. 선행연구에서는 발표 시기를 1946년 9월 20일이라고 보고 있다.[54] 1947년 2월 미 육군성이 작성한 보고서에 1946년 9월부터

---

49 심태진, 『석운교육론집』, 우성문화사, 1981, 223~224쪽.

50 「교육법」, 『법률』 제118호, 1950년 3월 10일.

51 「교육법」, 『법률』 제178호, 1951년 3월 20일.

52 「교육법 시행령」, 『대통령령』 제633호, 1952년 4월 23일.

53 「교육법 시행령」, 『각령』 제241호, 1961년 11월 1일.

54 '함종규, 『미군정시대의 교육과 교육과정』, 한국교육개발원1984, 1984, 29~30쪽; 유봉호, 『한국교육과정사 연구』, 교학연구사, 1992, 303~304쪽; 이경섭, 『한국현대교육과정사 연구』 상, 교육과학사, 1997, 34쪽.'이 대표적인 경우이다. 이후 대부분의 연구는 이들 자료를 인용하였다. 하지만 이들 선행 연구는 1946년 9월 20일 발표의 근거를 확실하게 밝히지 않고 있다. 다만 1946년도 『문교행정개황』에는 중등학교 교과 과정표와 곧이어 중학교 실업과 과정표도 제시되어 있다. 여기에 날자가 1946년 9월 20일로 표

시작된 새로운 시스템은 "1945년 9월부터 한국인과 미군정요원들에 의해 집중적으로 연구된 것에 기초했고, 1946년 여름 미국을 방문했던 한국교육사절단의 적절한 조사 결과를 받아들인 것이었다."[55]고 했다.

새로운 중등학교 교육과정은 1946년 9월 미군정 월례보고서([표 7], [표 8], 이하 [자료 A]로 표기), 1946년도 『문교행정개황』([표 9], [표 10], 이하 [자료 B]로 표기), 그리고 1946년 11월 28일 경상북도 내무부장이 각 학교로 보낸 문서에 포함된 「중학교(초급중학교)학칙 준칙」([표 11], [표 12], 이하 [자료 C]로 표기)에서 확인할 수 있다. 이 밖에도 1947년 3월에 제정된 「중학교 규정」[56]에서도 중등학교 교육과정을 확인할 수 있는데, 이것은 경상북도 문서와 동일하다.

시되어 있다. 또한 미군정 월례보고서도 9월 1일자로 효력이 발효된다고 보고했다.(문교부 조사기획과, 『문교행정개황』, 조선교학주식회사, 1947, 16쪽.)
1946년 12월 〈중등학교 신제도 실시에 관한 건〉은 1946년 9월 20일부 〈통첩문보 제71호〉에 따라 중등학교의 명칭과 학년을 구분한다고 했다. 아마도 〈통첩문보 제71호〉를 통해 초·중등학교 교육과정이 공포된 것으로 추측되는데, 〈통첩문보 제71호〉에 대해선 아직 확인하지 못했다.

55 War Department Women's Interests Unit Public Relations Division, "Educational Advancements In U.S. Occupied Korea", February 1947.(정태수, 『자료집-상』, 148~149쪽.)

56 지금까지 정태수의 『자료집-하』의 〈계성학교〉 문서에 있는 〈중학교 규정〉 표지에 따라 이 규정의 완성일이 1947년 5월 9일로 인용되었다. 하지만 미군정 주간보고에 따르면 〈중학교 규정〉은 1947년 3월 22일에 완성되어 배포되었다.("Weekly Summaries", Dept of Edue, USAMGIK (정태수, 『자료집-상』, 422~423쪽.)
미군정 학무국에서 이 규정집을 각 지역 학무국에 제공하였다. 따라서 대구 학무과에 전달된 「중학교 규정」을 대구의 출판사인 동방출판에서 인쇄하여 발행한 날자가 1947년 5월 9일이고, 「중학교 규정」이 완성된 것은 1947년 3월 22일이었다. 그리고 이 규정의 부칙에 따르면 이 규정이 시행된 것이 4월 1일부터였다. (「중학교 규정」, 1947년 5월 9일, 동방출판 납(納), (정태수, 『자료집-하』, 382~407쪽.); 국사편찬위원회, 『한국교육정책자료』 1, 극동디엔씨, 2001, 263~276쪽; 정태수, 『광복3년 한국교육법제사』, 예지각, 1995, 315~320쪽.)

[자료 A]

[표 7] 초급중학교 중심교수진전안(주간시수)
:Core Curriculum[57] for Junior Middle Schools(Class periods/Week)[58]

			7학년	8학년	9학년
필수과목	사회생활		5	5	5
	수학		5	5	0
	일반과학		5	5	5
	국어		5	5	5
	체육 및 보건		5	5	5
	실업 a/		2	2	2
	음악		2	2	2
선택과목	음악		2	2	2
	미술	예술	2	2	2
		수공	2	2	2
	수학 b/		0	0	5
	외국어 b/		5	5	5
	실업		0~10	0~10	0~10
특수 과목 c/	과학		1	1	1
	국어		1	1	1

※ a/ 이 과정을 제공하는 각 학교는 문교부의 승인을 받고 강의와 설비의 국가적 표준을 충족시켜야 한다. 제공된 실업과정은 문교부의 승인에 따른다.

※ b/ 외국어와 9학년의 수학은 미진학 학생을 제외한 모든 학생들에게 필수다.

※ c/ 한국어와 과학의 특수과목은 오직 임시적이지만 개요에서 권고된 표준으로 학생들을 향상시키는데 필요하다면 내년에는 정규과목으로 추가될 수도 있다.

57 "생활을 중심으로 하는 말하자면 종합 교육을 하는 구미 제국의 여러 실험 학교에 있어서의 교수는 교과목을 중심으로 하는 일 없이 따로 교수진전안을 가지고 있어 그것을 중심으로 하여 교수하는 것이다. 이것이 곧 Core Curriculum(중심교수진전안)이다." 본고에서는 이상선의 번역을 따랐다.(이상선, 『종합교육과 단위교수: 사회생활과 교육의 기초이념』, 동지사, 1947, 34~35쪽.)

58 "Summation" No.12, 1946.9(정태수, 『자료집-하』, 94~95쪽.)

[표 8] 고급중학교 중심교수진전안(주간시수)
:Core Curriculum for Senior Middle Schools(Class periods/Week)[59]

		10학년	11학년	12학년
필수과목	국어	3	3	3
	사회생활	5	5	5
	과학	5	5	0
	수학	5	0	0
	체육 및 보건	3~5	3~5	3~5
	외국어 a/	0~3	0~3	0~3
선택과목	국어	2	2	2
	사회생활 b/	(5)	(5)	(5)
	과학	0	0	5
	수학	0	5	5
	외국어	5	5	5
	음악	3	3	3
	미술	3	3	3
	심리학	0	0	5
	실업 c/	5~18	5~20	5~25

※ a/ 이 과목은 같은 이름으로 초급 중학교 때 선택된 것의 계속이다.

※ b/ 특수 경제지리는 1년간 주당 5시간 제공되고 10, 11, 12학년 학생에게 공개된다.

※ c/ 실업은 다양한 지역에서의 필요에 맞도록 조직될 것이고 강의와 시설의 국가적 기준을 충족시켜야 한다. 실업을 주당 15시간 이상 하는 미진학 학생은 외국어를 듣지 않을 수 있다. 여타의 선택과목 주당 수업 수의 차이는 모든 과목에 요구되는 최소 총 39시간의 한계 내에서 가능하다.

59 "Summation" No.12, 1946.9(정태수, 『자료집-하』, 95~96쪽.)

[자료 B]

[표 9] 중학교 1, 2, 3학년 교과과정표(1946년)[60]

		1학년	2학년	3학년
필수과목	국어	5	5	5
	사회생활	5	5	5
	수학	5	5	0
	일반과학	5	5	5
	체육보건	5	5	5
	실과	2	2	2
	음악	2	2	2
계		29	29	24
선택과목	수학	0	0	5
	외국어	5	5	5
	음악	1~2	1~2	1~2
	미술	1~2	1~2	1~2
	수공	1~2	1~2	1~2
	실업	0~10	0~10	0~10
특수과목	국어	1	1	1
	과학	1	1	1
합계		39	39	39

※ [참고]

1. 선택과목 중 수학, 외국어는 3년 수료 후 상급 학교에 진학하려는 생도에게 필수과로 함.
2. 외국어는 영어로 함.
3. 실업은 농업, 상업, 공업, 가정, 자동기관, 인쇄 및 기타 실업에 관한 학과로 함.
4. 선택과목은 문교부장의 허가를 요하며, 그에 대한 설비 및 교수 내용은 국정 표준에 의할 것.

60 문교부 조사기획과, 『문교행정개황』, 조선교학주식회사, 1947, 14쪽.

[표 10] 중학교 4, 5, 6학년 교과과정표(1946년)[61]

		4학년	5학년	6학년
필수과목	국어	3	3	3
	사회생활	5	6	5
	수학	5	0	0
	과학	5	5	0
	체육보건	3~5	3~5	3~5
	외국어	0~3	0~3	0~3
계		21~26	16~21	11~16
선택과목	국어	2	2	2
	사회생활	(5)	(5)	(5)
	수학	0	5	5
	과학	0	0	5
	외국어	5	5	5
	음악	1~3	1~3	1~3
	미술	1~3	1~3	1~3
	심리	0	0	5
	실업	5~18	5~20	5~25
합계		39	39	39

※ [참고]

1. 필수과목 중 외국어는 영어로 하며, 선택과목 중 외국어는 중어, 불어, 노어, 독어로 함.
2. 선택과목 중 사회생활은 특수 경제 지리를 과하되, 매주 5시간씩 1년간 4, 5, 6 어느 학년에서든지 할 수 있으며, 또 어느 생도나 이를 선택할 수 있음.
3. 실업은 농업, 상업, 공업, 가정, 경제, 기타 지방의 실정에 적합한 학과로 함.
4. 선택과목은 문교부장의 허가를 요하며, 그에 대한 설비 및 교수 내용은 국정 표준에 의할 것.
5. 1주 15시간 이상의 실업을 선택하는 자에 한하여 체육보건을 3시간으로 감소할 수 있으며, 외국어를 필수로 아니 할 수도 있음.

61 문교부 조사기획과, 『문교행정개황』, 조선교학주식회사, 1947, 15쪽.

[자료 C]

[표 11] 초급중학교 과정표(1946년)[62]

<table>
<tr><th colspan="3"></th><th>제1학년</th><th>제2학년</th><th>제3학년</th><th>비고</th></tr>
<tr><td rowspan="8">필수과목</td><td colspan="2">국어</td><td>5</td><td>5</td><td>5</td><td></td></tr>
<tr><td colspan="2">사회공부</td><td>5</td><td>5</td><td>5</td><td></td></tr>
<tr><td colspan="2">수학</td><td>5</td><td>5</td><td>0</td><td></td></tr>
<tr><td colspan="2">일반과학</td><td>5</td><td>5</td><td>5</td><td></td></tr>
<tr><td colspan="2">보건</td><td>5</td><td>5</td><td>5</td><td></td></tr>
<tr><td colspan="2">실업</td><td>2</td><td>2</td><td>2</td><td></td></tr>
<tr><td colspan="2">음악</td><td>2</td><td>2</td><td>2</td><td></td></tr>
<tr><td colspan="2">합계</td><td>29</td><td>29</td><td>24</td><td></td></tr>
<tr><td rowspan="8">선택과목</td><td rowspan="3">예능</td><td>음악</td><td>2</td><td>2</td><td>2</td><td></td></tr>
<tr><td>미술</td><td>2</td><td>2</td><td>2</td><td></td></tr>
<tr><td>수공</td><td>2</td><td>2</td><td>2</td><td></td></tr>
<tr><td colspan="2">수학</td><td>0</td><td>0</td><td>5</td><td>상급학교 진학지원자에 한하여 이를 교수함.</td></tr>
<tr><td colspan="2">외국어</td><td>5</td><td>5</td><td>5</td><td></td></tr>
<tr><td rowspan="2">특수과목</td><td>국어</td><td>1</td><td>1</td><td>1</td><td rowspan="2">특수과목은 현재 국어와 과학부족을 보충키 위한 임시조처인데 필요가 있을 때까지 얼마동안 정과로 가르침</td></tr>
<tr><td>과학</td><td>1</td><td>1</td><td>1</td></tr>
<tr><td colspan="2">실업</td><td>0~10</td><td>0~10</td><td>0~10</td><td>학교장은 농·공·상·가사·직업 등 중에서 이를 선택하여 문교부의 승인을 받아야하고 교수와 시설은 국정표준에 의하여야함. 기타 선택과목에 있어서도 이에 준함.</td></tr>
<tr><td colspan="3">합계</td><td>39</td><td>39</td><td>39</td><td></td></tr>
</table>

62 정태수, 『자료집-하』, 367쪽; 국사편찬위원회 편, 『한국교육 정책자료』 1, 국사편찬위원회, 2011, 250쪽.

[표 12] 고급중학교 과정표(1946년)[63]

		제1학년	제2학년	제3학년	비고
필수과목	국어	3	3	3	
	사회공부	5	6	5	
	자연과학	5	5		
	수학	5			
	보건	3~5	3~5	3~5	
	외국어	0~3	0~3	0~3	초급중학에서 지체한 외국어를 계속 교수함
	합계	21~26	16~21	11~16	
선택과목	국어	2	2	2	
	사회공부	(5)	(5)	(5)	특수한 경제·지리를 매주 5시간씩 1년간 교수한 생도는 동학년이든지 이를 선택할 수 있음
	과학			5	
	수학		5	5	
	외국어	5	5	5	
	음악	1~3	1~3	1~3	
	미술	1~3	1~3	1~3	
	심리			5	
	실업	5~18	5~20	5~25	1. 학교장은 농·공·상·가사·직업 등 중에서 그 지방의 적당한 것을 선택하여 문교부장의 승인을 받아야 하고 교수와 시설은 국정표준에 의하여야 함. 2. 일주 15시간 이상 실업과목을 선택하는 학생에게 대하여서는 체육을 3시간으로 감할 수 있고, 외국어를 필수과목으로 아니할 수도 있음.
합계		39			

[자료 A]와 [자료 B]를 비교해 보면 몇 가지 차이점를 발견할 수 있다. 먼저 초급 중학교 교육과정에서는 첫째, [자료 A]는 학년 구분이 초

63 정태수, 『자료집-하』, 368쪽; 국사편찬위원회 편, 『한국교육 정책자료』 1, 국사편찬위원회, 2011, 251쪽.

급 중학교 7~9학년으로, [자료 B]는 중학교 1~3학년으로 되어 있다. 둘째, [자료 A]는 선택과목인 외국어와 실업에 대한 구체적인 제시가 없었는데, [자료 B]는 외국어는 영어로 실업은 농업, 상업, 공업, 가정, 자동기관, 인쇄 및 기타 실업에 관한 학과로 명시되었다. 셋째, [자료 A]는 음악·미술 부분의 선택과목이 2시간으로 명시되어 있었는데, [자료 B]는 1~2시간씩 유동적으로 변경되었다.

고급 중학교 과정의 경우 첫째, [자료 A]는 학년 구분이 고급 중학교 10~12학년으로, [자료 B]는 중학교 4~6학년으로 되어 있다. 둘째, [자료 A]에서는 11학년 사회생활과 시수가 5시간이고 [자료 B]에서는 5학년 사회생활과 시수가 6시간이다. 셋째, [자료 A]는 필수과목이 된 외국어는 중학교 때 선택과목을 한 것을 연속해서 한다고 하고, 선택과목 외국어에 대한 설명이 없다. 그런데 [자료 B]는 필수과목이 된 외국어는 영어로, 선택과목 외국어는 중국어, 불어, 노어, 독어로 명시하였다.[64] 넷째, [자료 A]는 실업 과목에 대해 구체적으로 제시하지 않았다. 그런데 [자

64 [외국어 과목의 변천]

시기	외국어 과목	비고
제1차 조선교육령 (1911~1922)	외국어, 한문, 영어	외국어의 구체적 종류는 밝히고 있지 않음. 영어가 독립과목으로 제시되어 있음.
제2차 조선교육령 (1922~1938)	외국어, 한문영어, 독어, 불어, 영어	
제3차 조선교육령 (1938~1943)	중국어, 독어, 불어, 영어	
제4차 조선교육령 (1943~1945)	영어, 독어, 불어, 중국어, 말레이어, 기타 외국어	
조선교육심의회 제안 (1946)	영어, 외국어 (중국어, 러시아어, 프랑스어, 독일어)	영어 독립과목으로 제시
1946년 9월 미군정 월례보고서	외국어	외국어에 대한 구체적인 과목명이 명시되어 있지 않음
1946년 문교행정개황 1947년 중학교 규정	1, 2, 3학년 외국어 영어 4, 5, 6학년 외국어 필수 영어 외국어 선택은 중국어, 불어, 러시아어, 독어	

료 B]는 농업, 상업, 공업, 가정, 경제, 기타 지방의 실정에 적합한 학과로 한다고 명시하였다. 다섯째, [자료 A]는 주당 15시간의 실업을 수강하는 학생은 외국어를 수강하지 않아도 된다는 조건만 있었다. 그런데 [자료 B]는 체육보건을 3시간으로 감소할 수 있고, 외국어를 필수로 안 할 수도 있다고 했다.

[자료 B]와 [자료 C]에는 학년구분에 차이가 있다. [자료 B]는 중학교 1~3학년, 중학교 4~6학년으로 구분했는데, [자료 C]는 초급중학교 1~3학년, 고급 중학교 1~3학년으로 구분되어 있다. 그 외 [자료 B]는 '사회생활'로, [자료 C]는 '사회공부'로 표시된 것이 다르다. 끝으로 [자료 B]는 중학교 1~3학년의 선택과목인 음악·미술·수공이 1~2시간으로 유동적이고, [자료 C]는 이들 과목이 2시간씩으로 고정되어 있다. 그 밖에 [자료 B]와 [자료 C]에 제시된 중등학교 교육과정은 동일하다.

[자료 A], [자료 B], [자료 C]에서 가장 눈에 띄는 차이는 학년 구분이 모두 다르다는 것이다. 이는 1946년 12월 경상북도 내부부장이 각 중등학교장에게 보낸 〈중등학교 신제도 실시에 관한 건〉을 통해 그 이유를 짐작할 수 있다. 문서에는 다음과 같이 중등학교의 명칭과 학년을 구분할 것을 지시하고 있다.

> a. 초급중학교와 고급중학교는 학년의 계단을 제1·2·3학년이라고 명칭할 것.
> b. 중학교는 학년의 계단을 제1·2·3·4·5·6학년이라고 명칭할 것(초급·고급을 구별하여 초급 1·2·3학년, 고급 1·2·3년이라고 명칭할 것)[65]

---

65 「중등학교 신제도 실시에 관한 건」, 1946년 12월(정태수, 『자료집-하』, 374쪽); 국사편찬위원회 편, 『한국교육 정책자료』 1, 국사편찬위원회, 2011, 258쪽.

앞에서 살펴본 것처럼 해방 후 중등학교 6년제가 도입되었다. 하지만 지역 사정에 따라 이를 3-3으로 분리하는 것이 가능했다.[66] 따라서 문교부 문서에 수록된 [자료 B]에는 6년제 중학교를 기본으로 한 학교 명칭인 '중학교'와 1~6학년까지의 학년 단계를 표시하여 교육과정을 제시했다. [자료 C]는 경상북도 내의 각 중학교에 보낸 것이기 때문에 3-3으로 나누어 초급중학교와 고급중학교라 명칭하고 각각 1~3학년으로 학년을 표시했다. [자료 A]는 1946년 9월에 미군정 관리에 의해 작성된 것으로 초등학교에서 중학교를 1~12학년으로 구분하는 미국 방식에 따라 학년 표시를 했을 것이다. [자료 A], [자료 B], [자료 C]의 차이점을 정리하면 다음과 같다.

[표 13] 미군정기 중등학교 교육과정 비교

구분	[자료 A]		[자료 B]		[자료 C]	
	[표 6]	[표 7]	[표 8]	[표 9]	[표 10]	[표 11]
학년구분	초급중학교 7·8·9학년	고급중학교 10·11·12학년	중학교 1·2·3학년	중학교 4·5·6학년	초급중학교 1·2·3학년	고급중학교 1·2·3학년
사회생활과 시수[67]	5-5-5	5-5-5	5-5-5	5-6-5	5-5-5	5-6-5
필수과목 :외국어		외국어 :초급중학교 때 선택 연속		영어		외국어 :초급중학교 외국어지속
선택과목 :외국어	외국어	외국어	영어	중어·불어 노어·독어	외국어	외국어

66 Lockard, 유억겸, "Structure of New Educational System of korea", USAMGIK, Bureau of Education, 13 February 1946.(정태수, 『자료집-상』, 628~633쪽.)

67 1947년의 「중학교 규정」과 1948년 12월 발행된 중등학교 사회생활과 교수요목에 중학교 5학년 사회생활과가 5시간으로 명시된 것을 볼 때 [자료 B, C]에서 '6'으로 표시된 것은 단순 오류로 보인다.

구분	[자료 A]		[자료 B]		[자료 C]	
	[표 6]	[표 7]	[표 8]	[표 9]	[표 10]	[표 11]
학년구분	초급중학교 7·8·9학년	고급중학교 10·11·12학년	중학교 1·2·3학년	중학교 4·5·6학년	초급중학교 1·2·3학년	고급중학교 1·2·3학년
선택과목 :실업	실업	실업	농업·상업 공업·가정 자동기관 인쇄 기타 실업	농업·상업 공업·가정 경제 기타 지방 실정에 적합한 과	농·공·상·가사·직업	농·공·상·가사·직업
선택과목 :음악·미술	2	2	1~2	1~3	2	1~3
교과명	Social Studies	Social Studies	사회생활	사회생활	사회공부	사회공부

4. 미군정기 중등 교육과정의 특징

위의 [표 13]에서 확인할 수 있는 차이점은 1946년 9월부터 적용된 중등학교 교육과정의 본질을 변화시킬만한 것은 아니다. 따라서 본고에서는 미군정 문교부의 공식 문서에 소개된 [자료 B]의 중등학교 교육과정을 기준으로 그 특징을 살펴보고자 한다.

일제말기와 비교했을 때 미군정기에 확정된 중등학교 교육과정의 가장 큰 특징은 '사회생활과(social studies)'의 등장이다. '사회생활과'는 조선교육심의회 논의에서는 빠져있었다. 그럼에도 불구하고 1946년 9월 교육과정에 포함되었다. 사회생활과는 남한에 미국식 민주주의 국가를 만든다는 목표를 달성하고자 했던 미군정과 이에 동의했던 한국인 교육자들에 의해 교육과정에 포함되었다.[68]

68 사회생활과의 도입 과정과 운영에 대해선 졸고, 「해방 후 사회생활과의 도입과 역사교육의 방향」, 『서강인문논총』 41집, 2014; 『1945~1950년 역사 교수요목과 교과서 연구』, 서강대학교 대학원 박사학위 논문, 2014를 참고.

둘째, 선택과목의 등장과 확대이다. 일제 강점기 때는 선택과목이 없었고, 조선교육심의회 안에는 고급중학교 과정인 10~12학년에만 각 6시간의 선택과목이 있었다. 그런데 확정된 교육과정에는 초급중학교 과정인 1~3학년에도 선택과목이 10~15시간 배정되었고, 4~6학년에는 13~28시간으로 대폭 확대되고 학년이 올라갈수록 비중이 증가한다. 이것은 학생들의 졸업 후 진로에 맞춰 관련 교과를 수강할 수 있도록 한 구성으로 볼 수 있다. 선택과목과 관련된 또 다른 차이는 조선교육심의회의 안에서는 필수과목에 포함되지 않았던 것이 선택과목의 대상이었지만, 확정된 안에는 필수과목도 추가로 선택할 수 있도록 했다는 점이다.

중등학교 교육과정에 있어 선택과목의 확대는 실업교육을 강화하기 위한 것이었다. 1946년 2월 조선교육심의회 교육제도 분과위원회에서는 중등학교에 있어 인문사회과학 분야와 직업교육 또는 기술교육 분야와의 비율을 초급중학교는 4:6, 고급중학교는 3:7로 해 줄 것을 건의했다.[69] 즉, 남한의 중등학교 교육이 실업교육을 중심으로 구성되도록 제안한 것이다. 이에 따라 조선교육심의회 전체회의에서는 중등학교 실업 교과와 교수 시간 배정에 관한 문제를 논의했다. 하지만 각 위원들의 다양한 의견이 나와서 결론을 내리지 못했다.[70] 이 문제는 조선교육심의회가 해산될 때까지 해결되지 못했다. 이후 1946년 5월 3명의 한국인과 3명의 미군 장교로 구성된 고등교육 교육과정위원회가 구성되었는데, 이 위원회는 학술과 직업지도의 필수요건을 수정하기 위한 권고와 선택과목 분야의 확대를 준비했었다.[71]

---

69 "Summary of activitive for Week Ending", 23 February 1946(정태수, 『자료집-상』, 296~297쪽.)

70 『조선일보』, 1946년 2월 9일.

71 "Summation No.8(1946.5.)"(정태수, 『자료집-하』, 46~47쪽.)

미군정은 중등교육에 있어 실업 교육 확대에 대한 필요성을 인식했다. 언더우드도 실업교육 강화를 중등교육의 과제 중 하나로 지적했다.

> 20만의 중등교육 연령 청소년에게 소위 교양과목으로 불리는 일반교육뿐만 아니라 농업, 상업, 그리고 공업학교 과목의 중등교육을 보급하는 것이 우리의 과제이다. 그들이 할 수 있는 한 많은 필수 직업훈련이 이 수준에서 제공되어야만 한다. 이 학령 수준에서의 실업교육의 상황은 개탄스러울 정도이다. 설비가 열악하거나 모든 것이 부족하고, 교사진이 빈약하고, 교수방법은 대부분이 농업에서조차도 이론적이다. 모든 상황은 재조사되어야 하고, 재정비 되어야하며 대부분은 다시 만들어져야 한다.[72]

언더우드는 남한의 실업 교육 상황이 개탄스러울 정도라고 했다. 교사와 교수방법뿐 아니라 설비도 제대로 갖추어지지 않아서, 실업교육과 관련된 모든 사항을 다시 조사하여 새롭게 출발해야 한다고 했다. 미군정은 해방 후 남한에서 실업교육이 적극적이지 못했던 이유를 다음과 같이 파악했다.

> 한국인들은 상인이나 노동을 하는 일보다 관료가 되는 것을 선호하는 좋지 못한 전통이 있다. 한국인의 이러한 잘못된 생각은 해방이 되면서 강화되어 특히 정치적 독립에 대한 성급한 사고방식을 초래하였고, 경제적 복구에는 관심을 주지 않게 되었다. 많은 한국인들은 정치적으로 크게 성공하기를 바라는 성향이 있다. 따라서 소수의 사람들만이 한국의 산업과 경제부분에 대한 재건을 생각하고 있을 뿐이다. 이러한 사고방식은 이른바 사립대학교를 설립하는데 반영되었다.

---

72 Horace H. Underwood, "Education in Korea: The Situation and Some Problems", 1947.8.28.(이길상, 『자료집-Ⅱ』, 438~443쪽; 정태수, 『자료집-상』, 752~753쪽.)

> 또한 이점은 중학교에서도 마찬가지였다. 해방 후 남한에는 단 1개의 기술교육학교도 설립되지 않았다.[73]

즉, 사농공상이라는 전통 질서 속에서 여전히 관료 중심의 국가운영이 한국인들에게 정치적 성공만을 추구하고, 경제부분에 소홀하게 했다는 것이다. 그래서 실업교육에 관심이 없었고, 그 결과 해방 후 남한에는 단 1개의 기술학교도 설립될 수 없었다는 것이다.

선택과목의 등장과 확대는 미군정기 교육정책 수립에 관여했던 교육자들이 추구했던 아동중심·생활중심 교육을 실현할 수 있는 방법이도 했다.[74] 중앙 정부에서 확정한 고정된 교육과정은 아동 각자의 특성뿐 아니라 지역적 특성도 반영할 수 없었다. 즉, 도시에서 상급학교 진학을 목표로 하는 중학생과, 졸업 후 회사 취직을 목표로 하는 학생이 배워야할 과목이 달라야 했다. 농촌에서 농사를 지을 남학생과, 졸업 후 현모양처를 꿈꾼 여학생에게 필요한 과목이 같을 수 없었다. 아동중심·생활중심 교육을 표방했던 미군정 문교부가 학생 각자의 특성을 무시한 획일적인 교육과정을 남한의 모든 중등학교에 강제할 수는 없었을 것이다. 그렇다고 각 지역 학무국에서 각자 교육과정을 만들게 할 수도 없었다. 미군정은 중등학교 교육과정은 중앙의 문교부가 만드는 것이라고 규정했다.[75] 따라

---

73 "Report on what has been done on Business Education from 21 Nov 1946 to 31 July 1947", 31 July 1947.(정태수, 『자료집-상』, 1038~1039쪽.)

74 김상훈, 『해방 후 사회생활과의 도입과 역사교육의 방향』, 『서강인문논총』 41집, 2014, 172~178쪽.

75 1945년 8월 29일 미군정은 우선 착수해야할 일 중 하나로 "연합군 최고사령관 및 본 사단사령관의 정책 및 지시에 의거한 교육과정의 개정"을 명시했다. 그리고 1945년 10월 21일 '학교에 대한 설명과 지시-학무통첩 352호'에서도 "학무국은 모든 공립학교의 교과과정을 정한다."라고 규정하였다.(USAFIK, 352(MGEDC), op. cit, (정태수, 『자료집-상』, 824~837쪽); 정태수, 『광복3년 한국교육법제사』, 예지각, 1995, 274~277쪽; Annex 7 to 55(Military Government), 제24군단 K.C. Strother 참모차장으로부터 휘하 각 군사령부 앞으로 보낸 지시, August 29, 1945. 미육군성기록, Civil Affairs Division File.(阿部洋, 「미군정기에 있어서 미국의 대한 교육정책」, 『해방 후 한국의 교

서 미군정 문교부가 제시한 중등학교 교육과정을 학생별·지역별 특성을 반영하여 운영할 수 있게 하는 방법이 선택과목의 범위와 시간을 확대하는 것이었다. 선택과목의 지정과 관련해 학교장은 선택과목에 대해 "문교부장의 승인을 받아야하고 교수와 시설은 국정표준에 따라야 한다."고 명시한 것도 같은 이유이다. 미 육군성이 작성한 보고서에도 "선택과목은 각각의 지역공동체의 요구에 알맞은 것으로 구성된 심리학과 실업 과정이다. 이러한 것들은 교육과 설비의 국가적 기준에 맞고 문교부에 의해 인정되어진다."[76]는 것이 중등학교 교육 기준 개혁의 사례로 제시되어 있다. 결국 중등학교 교육과정에서 선택과목의 확대는 학생과 지역의 실정에 맞는 실업 교육을 중등교육에서 실현하기 위한 것이었다.

그런데 선택과목은 학생이 선택하는 것이 아니었다.[77] 외국어와 실업 등의 과목 선택은 학교가 했다. 따라서 학생들에게는 학교가 선택한 과목이 필수과목이나 다름없었다. 다음은 1949년 숭문중학교[78]의 교육과정표인데, 외국어는 독일어로, 실업은 상업으로, 그 밖에도 윤리, 철학, 심리, 법통이 학년별로 정해져 있었다.

육개혁』, 한국연구원, 1987, 43쪽에서 재인용.)

76 War Department Women's Interests Unit Public Relations Division, op. cit. (정태수, 『자료집-상』, 164~165쪽.)

77 이에 대해선 이미 강일국이 지적한 바 있다.(강일국, 「미군정기 한국 중등교육 연구」, 서울대학교 석사학위 논문, 1993, 53~55쪽.)

78 1945년 5월 30일 주간부에 농업과, 야간부에 상업과가 설치된 '경성농상업실천학교'였다. 1946년 5월 8일 미군정 학무국의 인가를 받아 주간부 농업과를 폐지하고 주·야간부 상업과로 통일한 '숭문상업학교'로 교명을 변경하였다. 1946년 8월 31일 교명은 다시 '숭문상업중학교'로 바뀌게 되었는데 이는 주·야간부 상업과를 병설한 6년제 실업중학교였다. 그 후 1948년 6월 11일 문교부 장관의 허가를 받아 수업연한 6년의 '숭문중학교'로 마지막 교명을 변경하였다. 그리고 1951년 8월 31일 문교부장관의 인가로 숭문중학교(6학급), 숭문고등학교(18학급)으로 분리, 개편되었다.(숭문중·고등학교 총동문회, 『숭문100년사』, 2007, 254, 277쪽.)

[표 14] 1949년 숭문중학교 매주 교수시간표[79]

구분		1학년		2학년		3학년		4학년		5학년		6학년	
		1부	2부	1부	2부	1부	2부	1부	2부	1부	2부	1부	2부
필수 과목	국어	5	4	4	4	4	4	5	4	5	3	4	3
	사회생활	5	5	6	5	6	5	5	4	4	3	2	5
	수학	6	5	5	5	7	5	7	5	8	6	5	5
	과학	6	4	5	4	5	4	6	4	6	8	2	4
	체육	2		3		2		1		1			
	음악	1		1		1							
	외국어(영)	5	4	6	4	6	4	7	4	6	4	5	5
선택 과목	외국어(독)							2	2	3	2	3	2
	미술	2		2		2							
	심리											2	1
	법통											1	1
	윤리							1	1				
	철학									2	1		
실업	경제							1		1	1		
	상업	2	2	2	2	2	2	2		2			
훈련		2	2	2	2	2	2	2	2	2	2	2	2
계		36	26	36	23	37	26	37	28	38	28	26	28

미군정기 중등 교육과정의 세 번째 특징은 중등교육을 6년 과정으로 규정했으면서도, 이를 다시 초급중학교 3년과 고급중학교 3년으로 나누었다는 것이다. 그 이유에 대해 오천석은 다음과 같이 설명했다.

> 중등학교를 3-3으로 나누어 초급중학교와 고급중학교로 하는 동시에, 6년제로 하여 한 학교로 만들어 행정적으로 통일하는 한편, 교육적으로 초급과 중급으로 나누어 교육하게 하였다. 이 조치는 중등학교를 한 학교로 만들 수도 있는 한편, 초급중학교 또는 고급중학교를 단설(單設)할 수도 있게 하였다. 전자는 도시에 편리한 조치이며,

---

79 숭문중·고등학교 총동문회, 『숭문100년사』, 2007, 345쪽.

> 후자는 농촌에 적합한 제도라 하겠다. 그러므로 이 제도는 뒤에 우리 정부가 수립된 이후 중등학교를 3-3제로 단일화하는 데서 오는 단점을 완화할 수 있는 융통성 있는 것이라는데 묘미가 있는 것이라고 생각된다. 이렇게 함으로써 도시 학교에서는 중등학교를 중학교와 고등학교로 나누는 데서 초래되는 학생이나 학부형의 부담을 덜게 할 수 있는 반면에, 지방에서는 3년제 중학교를 단설함으로써 농촌의 교육적 요구에 응할 수 있게 되어 있었다.[80]

농촌에서는 6년간의 중학교 과정이 현실적으로 긴 시간일 수 있었다. 반면에 도시에서는 초급중학교와 고급중학교 입학을 위한 두 번의 입시는 부담이었을 것이다. 따라서 농촌에서는 중학교 3년만 졸업하고 사회로 나갈 수 있도록 3-3으로 분리하고, 도시에서는 한 번의 입시로 중등교육 6년을 마칠 수 있도록 6년제 중학교를 두었다는 것이다. 오천석은 이것이 새로운 중등학교 학제의 묘미라고 했다. 그런데 "3년제 고급 중학교가 제대로 설립되지 않은 농촌의 경우 사실상 중등학교 연한이 3년으로 끝나는 문제가 있었다."는 지적이 있었다.[81] 오천석의 설명을 따른다면 중등학교 3-3의 분리는 오히려 당시 농촌의 현실을 반영한 결과였다.

끝으로 일제 강점기에 비해 과학 과목의 비중이 확대되었다. 새로운 교육과정에서는 물리·화학·생물을 과학으로 통합하고 국어, 사회생활, 수학과 동일한 주당 5시간을 배정하였다. 이는 앞으로의 시대가 과학 방면의 교육을 절대적으로 요구할 것이라는 인식을 반영한 것이다. 1946년 2월 7일 조선교육심의회 전체회의에서는 경성대학 이공학부장 이태규가 제출한 '과학교육진흥책'을 만장일치로 통과시켰다. 과학교육진흥책은 초·중등학교에 이과(理科) 교수시간을 증가시키고, 특히 초등교육의 5학

---

80 오천석, 『한국신교육사』 하, 광명출판사, 1975, 30쪽.

81 강일국, 「미군정기 한국 중등교육 연구」, 서울대학교 석사학위 논문, 1993, 33쪽.

년에는 이과 실습시간을 배치할 것을 요구했다.[82] 또한 [표 8, 10]에서 초급중학교 과정에 특수과목으로 국어와 과학이 1시간씩 배정되어 있음도 보았다. 이는 국어와 과학 부족을 보충하기 위한 임시조치이지만 필요가 있을 때까지 정식과목이었다.[83]

이상에서 살펴본 미군정기 중등교육과정에 대해 1947년 7월 한국교육정보조사단은 다음과 같이 평가했다.

> 국민학교의 교과 과정과 마찬가지로 일반 교육을 위한 중학교의 교과과정은 매우 형식화 되어 있다. 지역 사회 혹은 국가 최고 문제들과 관련된 교육은 거의 제공되지 않고 있고, 직업 분야 혹은 실기에 직접 경험이 학생들에게 약간 주어지고 있다.
>
> 중등학교 수준에서 계획된 안내 프로그램이 있다는 증거는 없다. 이런 프로그램은 중학교에 진학할 학생수의 증가를 고려하여 특별히 시급하게 필요하다.[84]

미국의 교육전문가들이 볼 때 해방 후 남한의 교육과정은 여전히 실생활과 거리가 먼 형식적인 것이었다. 즉, 미군정기에 만들어진 교육과정은 미국의 교육을 모델로 형식적인 외형은 갖추었지만, 학생 주변이나 사회에서 발생하고 있는 문제를 해결하는 능력을 기를 수 있는 실질적인 교육 내용과 실천 방안까지 제시하지는 못했다.

---

82 『조선일보』, 1946년 2월 9일.

83 〈중학교(초급중학교)학칙 준칙〉, 정태수, 『자료집-하』, 368쪽; 국사편찬위원회 편, 『한국교육 정책자료』 1, 국사편찬위원회, 2011, 250쪽.

84 HUSAFIK, APO 235, "Report of The Educational and Informational Survey Mission to Korea", 20 June 1947(정태수, 『자료집-상』, 1434~1435쪽.)

Ⅳ. 해방 후 중등학교 역사 교수요목

1948년 12월 24일에 발행된 『교수요목집: 중학교 사회생활과』에는 사회생활과 학년별 교수 내용과 수업 시수가 다음과 같이 제시되어 있다.

[표 15] 중학교 사회생활과 교수 사항 및 시수 배당[85]

	지리부분	매주 시수	역사부분	매주 시수	공민부분	매주 시수
제1학년	이웃나라 생활	2	이웃나라 생활	2	공민생활 Ⅰ	1
제2학년	먼 나라 생활	2	먼 나라 생활	2	공민생활 Ⅱ	1
제3학년	우리나라 생활	2	우리나라 생활	2	공민생활 Ⅲ	1
제4학년	인류와 자연지리	2	인류문화의 발달, 우리나라 문화	1	정치문제	2
제5학년	자연환경, 인문지리	1		2	경제문제	2
제6학년	인생과 사회 ┌도덕 ├사회 (4) └문화 시사문제 (1)					5

선택과목으로는 제4학년부터 제6학년 사이에 1년 동안 매주 5시간씩 '특수한 경제지리'를 교수한다고 했다. 6학년에 배정된 주당 5시간의 사회생활과는 모두 공민이다. 이는 중등학교의 마지막 학년에 공민을 배치하여 학생들에게 생활 속 문제를 해결하는 능력을 기르게 한다는 사회생활과의 취지를 반영한 구성이었다.

〈중학교 사회생활과 교수요목집〉은 역사부분의 구성에 대해 다음과 같이 설명하였다.

> 역사부분 교수요목은 첫째 학년 "이웃나라 생활" 8단위, 둘째 학년 "먼 나라의 생활" 13단위, 셋째 학년 "우리나라의 생활" 8단위로 되

85 문교부, 『교수요목집: 중학교 사회생활과』, 조선교학도서주식회사, 1948, 2쪽.(이하 〈중학교 사회생활과 교수요목집〉으로 표기함.)

어 있으며, 단위 밑에 항목이 있고 항목 밑에 세목이 배열되어 있다. 그리고 넷째 학년에서는 "인류 문화의 발달"을 배우고, 다섯째 학년에서는 "인류 문화의 발달" 및 "우리나라의 문화"를 아울러 배우며, 여섯째 학년에서는 "인생과 사회" 안에 "문화"부분에 있어서 좀 더 높은 역사면을 배우게 하였다.[86]

중학교 사회생활과 역사부분은 1학년에 동양사, 2학년에 세계사, 3학년에 국사를 학습하도록 구성되었다. 이러한 역사 학습의 구성은 1909년 2월『서북학회월보』에 이미 소개된 바 있었다.

중학교에서 국사는 5년간 2차에 걸쳐 가르치는데 1학년 때 주당 1시간, 2학년 때 주당 2시간을 가르치고, 5학년 때 주당 1시간을 가르친다. 만국사는 동서를 구별하여 동양사는 3학년에서 매주 2시간, 서양사는 4학년에서 매주 2시간, 5학년에서 매주 1시간을 가르친다.[87]

일제 강점 이전에도 역사를 국사, 동양사, 서양사로 구분하고 이를 국사-동양사-서양사-국사의 순서로 중학교 교육과정을 구성했던 것이다. 하지만 미군정기에는 미국 콜로라도 주 초등학교 사회생활과 교육과정을 모델로 했다는 것이 지금까지의 통설이다.[88] 실제로 콜로라도 주 초등학

86 〈중학교 사회생활과 교수요목집〉, 45쪽.

87 「學課의 要說」, 『서북학회월보』 제9호, 1909년 2월 1일.

88 이상선은 "신교육제도로서 새로이 등장한 사회생활과를 미국 콜로라도 주의 교수요목을 기본으로 하여 그 성격과 실제교수를 해명하여보고자 하였다."고 했고, 최흥준은 "국민학교 사회생활과의 교수요목과 단원은 미국 콜로라도 주의 8년제 초등학교 학습내용을 약간 수정하고 단축해서 6년제인 우리 학제에 맞추다 보니 무리한 단원과 내용이 많았다." 고 했으며, 박광희는 "사회과 교수요목은 솔직히 표현한다면 콜로라도 주의 교수요목을 그대로 이어 받고 다만 그 운용 자세와 학년 배정만 우리의 것으로 개조한데 불과하다고 해도 과언이 아닐 것이다."고 했다. 반면 심태진은 "우리의 사회생활과 교수요목이 미국의 콜로라도 주 교수요목을 많이 참고하긴 했지만, 이것은 미국식도 소련식도 아닌 보편적이고 일반적인 교육이념이었다."고 설명하기도 했다.(이상선, 『사회생활과의 이론과 실제』, 금룡도서문구주식회사, 1946, 머리말; 박광희, 「한국사회과의 성립 過程과 그 課程變遷에 관한 一硏究」, 서울대학교 석사학위논문, 1965, 53쪽; 심태진, 「사회생활과교육

교 교육과정은 6학년에서 미국 주변의 이웃 나라, 7학년 때 유럽, 아프리카, 아시아, 호주를 다루는 먼 나라의 역사, 그리고 8학년에서 콜로라도 주와 미국을 배우도록 구성되어있다.

[표 16] 1942년 콜로라도 주와 교수요목기 초등학교 사회생활과 교육과정[89]

콜로라도 주		교수요목기	
학년	학년별 개요	학년	학년별 요목
1학년	가정 및 학교생활	1학년	가정과 학교
2학년	마을 공동체 생활	2학년	고장 생활
3학년	더 큰 공동체 생활	3학년	여러 곳의 사회생활
4학년	다른 지역의 공동체 생활		
5학년	미국에서의 생활	4학년	우리나라의 생활
6학년	우리 미국의 이웃들	5학년	다른 나라의 생활
7학년	다른 대륙에서의 생활		
8학년	콜로라도와 미국의 위대한 발전	6학년	우리나라의 발달

콜로라도 주 초등학교 사회생활과 교육과정은 학년별 교육 내용 배치에 대해 다음과 같이 그 이유를 설명했다.

> 교육현장에서 쉽게 적용하기 위해, 사회생활과 상에 최소한의 시행 가능한 변화가 진행되었다. 단 한 가지 중요한 변화라고 한다면 "학년별 학습목표"다. "우리 미국의 이웃들" 단원의 학습은 6학년에, "다른 대륙에서의 생활"은 7학년에 배치되어 있었다. 더 복잡한 대륙에 대한 학습은 학생들이 이해할 준비가 되어 있는 학년으로 이동했다. "우리 미국의 이웃들" 단원에 대한 많은 강조를 했는데, 왜냐하면 그

론」, 『조선교육』 제1집, 1946, 130~131쪽; 최흥준, 「초창기 때의 편수국」, 『편수의 뒤안길』 3집, 대한교과서주식회사, 2000, 7쪽; 최병칠, 『교육과 인생』, 문천사, 1972, 26~27쪽.)

89 State of Colorado Department of Education, *Course of Study for Elementary School*, 1942, p.118; 군정청 문교부, 『초중등학교 각과 교수요목집(4) 국민학교 사회생활과』, 조선교학도서주식회사, 1947, 1~2쪽.

들의 민족, 영토, 문화를 더 잘 이해함으로써 미국을 최대한 굳건히 만들어야 한다는 느낌이 들었기 때문이다. 공립학교는 이 작업에서 중요한 역할을 할 수 있다.[90]

콜로라도 주에서는 복잡하고 어려운 것은 학생들의 이해력이 더욱 발달한 후에 학습하도록 했다. 그리고 미국 주변 국가와 민족에 대해 이해를 하는 것이 미국을 굳건히 할 수 있기 때문이 학년별 교육 내용을 이와 같이 구성했다고 말했다. 이상선도 이를 받아들여 “콜로라도 교수요목은 제7학년까지는 점점 더 큰 사회로 진전하였으나, 제8학년에 와서는 총괄적으로 향토와 국가에 재귀(再歸)하여 있다. 이것은 사회생활과로서는 당연한 일이라 할 수 있다. 우리들도 역시 이러한 정신과 방침을 이용하여야 할 것이라고 생각한다.”[91]고 하였다. 이상선은 다음과 같이 학년별 교육 내용 구성의 근거를 제시하기도 했다.

사회생활과 교수에서 주의하여야 할 것은 현재와 자신에 중점을 두어야 한다는 것입니다. 곧 현재에 우리는 또는 나는 어떻게 하여야겠다는 판정을 내리어 그를 실천하게 하여야 합니다. 그러기 때문에 다른 나라 또는 다른 지방을 연구할 때에도 그 나라 사람들이 그렇게 살고 있으니 우리는 우리나라에서 어떻게 살아야겠다라는 생각을 발표하게 하여야 하며 실천하게 하여야 합니다. 그와 마찬가지로 어느 시대에는 어떠한 상태에서 어떻게 살았으니 우리는 우리들 상태에서 어떻게 살아야겠다하는 의견이 있게 하여야 합니다. 이러한 의미로 다른 나라를 연구함에도 우리나라와의 관계 하에서 고찰하여야 하며 이전시대를 연구함에도 현재와의 관계 밑에서 고찰하여야 하게 됩니다.[92]

---

90 State of Colorado Department of Education, *Course of Study for Elementary School*, 1942. p.116~118.

91 이상선, 『사회생활과의 이론과 실제』, 금룡도서문구주식회사, 1946, 11쪽.

92 이상선, 「사회생활과의 계획적 실천」, 『신교육건설』 1, 1947.(이길상·오만석, 『사료집

이상선은 우리나라를 이해하고 우리 시대를 이해하려면 먼저 다른 나라 다른 시대를 배워야 한다고 했다. 미국 오리건 주 초등학교 사회생활과 교육과정을 검토했던 윤재천은 미국의 이웃에서 세계로 그리고 최종적으로 미국으로 돌아오는 구성이 황홀하다고 까지 했다.

> 6학년에서는 서반구(西半球)의 지리로 들어간다. 인접한 지방 즉, 중앙미주를 자세히 하고 남미주(南美洲)는 대국(大國)만을 간단히 취급하는 양식은 많은 참고가 된다. 7학년에서는 세계의 지리 역사를 배우고, 세계일주지후(世界一周之後)에 환가(還家)한 것이 8학년이다. 주로 미주발전사를 취급한다. "국가의 건설"이라는 제목 하에 전 교수를 통합한다. 초등교육의 종결지상(終結之相)이 황홀하다.[93]

그런데 1940년 콜로라도 주 중등학교 교육과정에는 제10학년에서 미국사를 제11학년에서 세계사를 학습하도록 하였다. 그리고 그 이유를 다음과 같이 설명하였다.

> 현재 대부분의 학교들은 세계사를 10학년에 미국사를 11학년에 제시하고 있다. 콜로라도 주의 교육과정에서는 이 순서를 거꾸로 할 것을 제안한다. 그러나 지금 이 장이나 전장에서 제시한 학습 자료들은 학년의 배치와는 무관하게 유용하다. 이 지도서에서 제시한 학년 배치는 최근의 경향을 반영한 것이다. 여기에 제시된 것은 세계사 교사들이 기본적이고 지속적인 인과 관계, 근본적인 원칙들을 예증하는 운동과 사건, 현재의 문제를 이해하는데 기여하는 정보들을 강조하려고 노력한다는 가정에 근거한다. 일반적인 목적은 학생들로 하여금 현재 상황을 이해할 수 있도록 그리고 현재와 미래의 시민활동

성-Ⅲ』, 577쪽.)

93 윤재천, 『신교육서설』, 조선교육연구회, 1946, 「서(序)」.

> 에 더 효과적으로 참여할 수 있도록 돕는 것이다. 아마 가장 중요한 성과는 학생들로 하여금 현재의 문제를 다루는 방법을 발전시키는 데 도움을 주는 것이다.[94]

즉, 학생들이 현재 상황을 이해하고 학생이 속한 사회에서 활동하는 것을 돕기 위해, 학생들이 속한 미국사를 먼저 학습할 것을 제안한 것이다. 이것이 아동중심·생활중심을 추구했던 사회생활과의 최근의 경향이라고 했다.

이상의 검토를 통해 해방 후 중학교 교수요목 역사부분의 학년별 구성은 미국의 사회생활과 교육과정에서 일정한 영향을 받았지만, 초등학교 사회생활과 교수요목처럼 동일하게 구성되지 않았음을 알 수 있다. 이는 다음 [표 17]을 통해 확인할 수 있다. 즉, 콜로라도 주 중등학교 사회생활과는 지리·역사·공민으로 구분되어 있지 않았고, 역사과목의 배열순서도 미국사 다음에 세계사를 학습하도록 되어 있었다.

[표 17] 1940년 콜로라도 주와 교수요목기 중등학교 사회생활과 교육과정[95]

<table>
<tr><th colspan="2">콜로라도 주</th><th colspan="4">교수요목기</th></tr>
<tr><th rowspan="2">학년</th><th rowspan="2">학년별 개요</th><th rowspan="2">학년</th><th colspan="3">학년별 요목</th></tr>
<tr><th>지리</th><th>역사</th><th>공민</th></tr>
<tr><td>9학년</td><td>공동체 생활</td><td>1학년</td><td>이웃나라 생활</td><td>이웃나라 생활</td><td>공민생활 I</td></tr>
<tr><td>10학년</td><td>미국사</td><td>2학년</td><td>먼 나라 생활</td><td>먼 나라 생활</td><td>공민생활 II</td></tr>
<tr><td>11학년</td><td>세계사</td><td>3학년</td><td>우리나라 생활</td><td>우리나라 생활</td><td>공민생활 III</td></tr>
<tr><td>12학년</td><td>미국 생활의 문제들</td><td>4학년</td><td rowspan="2">자연 환경과
인류 생활</td><td rowspan="2">인류문화의 발달(4~5학년)
우리나라 문화(5학년)</td><td>정치문제</td></tr>
<tr><td></td><td></td><td>5학년</td><td>경제문제</td></tr>
<tr><td></td><td></td><td>6학년</td><td colspan="3">인생과 사회(도덕·사회·문화)(4), 시사문제(1)</td></tr>
</table>

94 Department of Education The State of Colorado, *Course of Study for Secondary Schools: Social Studies*, 1940, p.69.

95 Department of Education The State of Colorado, op. cit, p.3~5; 〈중학교 사회생활과 교수요목집〉, 6~97쪽.

그런데 해방 직전까지 운영되었던 일제말기의 중등학교 국민과 역사 부분 구성이 1학년에서 동양사('동아 및 세계' 그 첫 번째), 제2학년에서는 세계사('동아 및 세계' 그 두 번째), 제3학년('황국'유신 이전)과 제4학년('황국'유신 이후)에서 일본사를 배우도록 구성되어 있었다.[96] 따라서 해방 후 중등학교 학년별 역사 교육과정을 배치할 때 일제말기 중학교 역사 교육과정을 그대로 수용했을 가능성도 있다. 이 때 미국의 역사 교육과정이 일제 강점기 교육과정을 유지하는데 대한 반감을 줄이고 정당성을 부여했을 수 있다.

많은 논란 끝에 역사가 포함된 사회생활과 교수요목이 발표되었지만, 1949년 12월 교육법이 국회를 통과한 직후부터 대한민국 문교부에서는 교수요목을 개정하고, 개정된 요목에 따라 새로운 교과서를 만들 계획을 세우고 있었다. 이 때는 사회생활과 교수요목이 발표되고 겨우 1년이 지났을 때였다.

> 우리나라 교육법이 국회를 통과하였다. 이 교육법이 공포되면, 사범대학 및 대학을 제외한 각학교의 교과용 도서는 학과, 교과 과정표가 제정되는 대로 편수국에서는 신교육법의 정신에 합치한 교과 교수요목을 제정 발표하겠고, 곧 뒤이어 국민학교 및 공민학교용 교과서와 중학교용 국어 교과서 기타 국정으로 출판할 교과서를 신요목에 맞추어 편찬에 착수하겠으며, 이 밖의 교과용 도서는 신요목에 맞추어 검인정원을 제출하는 대로 접수하여, 이에 대한 사무를 진행하려 한다. 신요목에 의한 교과서는 1951년 4월 초(신교육법에는 학년초가 4월로 되어 있음)부터 사용하게 될 듯하다.[97]

---

96 文部省, 『中學校教科教授及修練指導要目』, 中等學校教科書株式會社, 昭和18年, 1943, 8~12쪽(文部省訓令 第2号)(김보림, 「일제하 중등학교 국민과 도입과 '국사'(일본사) 교육」, 『역사교육논집』 제50집, 2013, 127~128쪽 재인용.)

97 문교부 편수국, 『편수시보』 제1호, 조선서적인쇄주식회사, 1950, 8쪽.

대한민국 문교부 편수국은 미군정 시대에 작성된 교수요목이 해방 후 물밀 듯 들어온 그릇된 외래 사상이 범람하던 시절에 만들어진 것이고, 특히 중등 국어와 사회생활과에는 그릇된 사상이 내재되어 순진한 학도를 반민족적 반국가적 방향으로 유도할 염려가 있기 때문에 개정해야 한다고 했다.[98] 그리고 1950년 6월 2일 〈교수요목제정심의회 규정〉을 발표하고 교수요목 개정 작업을 시작했다.[99] 하지만 곧 6·25전쟁이 발발했고 교수요목 개정 작업은 중단되었다. 이후 1953년 3월부터 개정작업이 재개되어 1954년 4월 20일 〈교육과정 시간 배당 기준〉이 공포되었고, 1955년 8월 1일 〈국민학교·중학교·고등학교 및 사범학교 교과과정〉이 공포되었다.[100] 이 때 개정된 〈중학교 교육과정〉에서 역사는 1학년 국사, 2~3학년 세계사로 변경되었다.[101]

끝으로 미군정기에 만들어진 중등학교 역사과 교육과정이 학교 현장에서는 어떻게 운영되고 있었는지에 대해 검토해볼 필요가 있다. 1946년 9월 실시된 중등학교 교육과정에는 사회생활과에 주당 5시간이 배정되어 있을 뿐, 지리·역사·공민의 각 시수배당이 명시되지 않았다. 역사에 있어서도 학년별로 무엇을 가르칠지 정해진 바 없었다. 그리고 1949년이 되어서야 〈중학교 사회생활과 교수요목집〉에 의거한 검정 교과서가 발행되었다. 무엇보다 해방 후 중등학교 교사와 교과서는 절대적으로 부

98 문교부 편수국, 『편수시보』 제1호, 조선서적인쇄주식회사, 1950, 6쪽.

99 「교수요목제정심의회 규정」 문교부령 제9호, 『관보』, 1950년 6월 2일.

100 중앙대학교부설 한국교육문제연구소, 『문교사』, 중앙대학교출판부, 1974, 227~229쪽.

101 「중학교 교과과정」, 문교부령 제45호, 1955년 8월 1일.
1954년 4월 「국민학교, 중학교, 고등학교, 사범학교 교육과정 시간배당 기준령」에서 중학교는 사회생활과가 1, 2학년 각 주당 5시간으로 3학년은 4시간으로 편성되었고, 고등학교는 2~3학년 2년간 주당3시간으로 국사가 필수로, 세계사는 2~3학년 주당 3시간으로 선택과목으로 편성되었다. 고등학교 필수과목인 국사는 문화를 중심으로 우리나라 역사를 연구하도록 했다.(「국민학교, 중학교, 고등학교, 사범학교 교육과정 시간배당 기준령」, 문교부령 제35호, 1954년 4월 20일.)

족했다.[102] 이 모든 상황을 종합해 볼 때, 중등학교 교육과정표에 사회생활과는 있었지만, 학교에서 사회생활과라는 과목을 배운 학생은 없었다. 더욱이 서울대학교 사범대학에서조차 사회생활과를 가르칠 수 있는 교사 양성은 요원한 상황이었다.[103] 중등학교에 사회생활과 교과서와 교사는 없었고, 지리·역사·공민의 과목별 교사를 모두 확보할 수도 없었다. 학년별로 국사·동양사·세계사가 배정되었는지도 의문이지만, 이를 전담할 역사 교사도 없었다. 즉, 해방 후 남한의 중등학교에서 〈중학교 사회생활과 교수요목집〉에 제시된 것처럼 사회생활과는 과목별·학년별로 체계적으로 운영될 수 없었다. 학교별 특성에 따라 특정 과목 혹은 특정 분야의 역사가 집중적으로 편성되고 가르쳐질 수밖에 없었을 것이다.[104] 신경림은 해방 후 국민학교에서 받았던 역사교육에 대해 다음과 같이 기억했다.

> 해방된 것이 국민학교 4학년 때였는데, 당시 담임 선생님은 틈나는 대로 국사 얘기를 해 주었지만 정식 교과과정에는 들어 있지 않

---

102 1946년 4월 미군정 문교 당국은 6천여 명의 중등교원이 부족하다고 밝히고, 13개의 중등교원양성소를 만들어 속성으로 중등교원을 양성했다. 정부 수립 후 1949년 당시 1,457명의 중등교원이 부족했는데, 더 심각한 문제는 중등교육을 담당하고 있는 교사 중 2,000 여명이 무자격 교사였다.(『서울신문』, 1946년 4월 3일; 『동아일보』, 1946년 4월 10일; 『대한민국교육개황』, 22쪽.)
해방 후 교사부족의 원인은 크게 두 가지로 요약할 수 있다. 첫째는 일제시대 한국인 교사 수가 절대적으로 적었기 때문이고, 둘째는 기존의 한국인 교사들조차 적은 보수와 대우 때문에 학교를 떠났기 때문이다.(〈미군정 학무국사〉, 143~145쪽. HUSAFIK, Office of Provincial m.g. Ch'ung Ch'ong Namdo, Taejon, Korea, 「Report on School」, 15 Dec 45.(정태수, 『자료집-상』, 974~977쪽. HUSAFIK, APO 235, op. cit.(정태수, 『자료집-상』, 1434~1435쪽.)

103 김상훈, 「1945~1950년 역사 교수요목과 교과서 연구」, 서강대학교 대학원 박사학위논문, 2014, 51~54쪽.

104 박광희는 다음과 같이 정리하기도 했다. "문교부 검인정 교과서가 1948년부터 나오기는 하였지만 널리 쓰여지지 않았고 학교별로 독자적인 교재를 작성하여 사용해 왔기 때문에 학년별 학습내용도 정하지 못하였으며-심지어 국사만 3년간을 다룬 학교가 있었다고 하며-대한민국수립 후 약간의 부분적인 개정이 있기는 하였지만, 사실상 1955년의 교육과정이 공포시행 될 때까지 과도기의 과정이 계속되어 온 것이다."(박광희, 「한국사회과의 성립 過程과 그 課程 變遷에 관한 一硏究」, 서울대학교 석사학위논문, 1965, 93쪽.)

았던 것 같다. 5학년이 되자 사회생활 과목의 한 부분으로서 국사과목이 생겼다. 그렇다고는 하나 교과서가 있는 것도 아니고, 무슨 책인가를 보고 선생이 불러주면 받아 적는 그런 공부였다. 그래도 모두들 국사과목을 좋아했지만 우리의 국사 공부는 겨우 기자조선·위만조선·한사군에서 끝나고 말았다. 2학기가 되면서 국사과목이 다른 사회 과목으로 바뀌어버리고 말았기 때문이다. 국사는 6학년에 가서 다시 배우게 된다는 것이었다. 그러나 6학년이 되자 사회시간에는 지리를 배우게 되었다. 교과과정이 또 바뀌어 국사는 5학년으로 내려가 버리고 만 것이다.[105]

신경림의 증언은 해방 후 역사교과서의 부재 상태와 일선 학교에서 운영되고 있던 역사교육의 현실을 단적으로 보여준다.

해방 후 교수요목기의 역사교육에 대한 앞으로의 연구는 교육정책 수립 과정과 그 의미를 탐구하는 것보다는, 실제 교육현장에서 이루어졌던 역사교육의 모습을 찾는 것에 좀 더 관심을 가질 필요가 있다.

V. 맺음말

일제말기 황국신민화 교육에서 중등교육 연한은 5년에서 4년으로 축소되었고, 국민과·이수과·체련과·예능과의 통합 교과가 생겼다. 미군정 초기 중등학교 교육과정은 4년제를 그대로 유지한 채 개별 과목으로 주당 시수가 배정되었다. 하지만 곧 조직된 조선교육심의회에서는 6년제 중등학교 교육과정을 논의했다. 결국 1946년 9월부터 새로운 초·중등학교 교육과정이 시작되었는데, 이때 가장 큰 변화는 사회생활과가 도입된

105 신경림, 「내가 받은 한국사 교육: 50대 잃어버린 국사시간 12년」, 『역사비평』 15, 1991, 91~92쪽.

것이다. 그 외 선택과목의 확대, 실업 교육 강화, 과학 분야의 비중 확대와 같은 변화가 있었다. 즉, 일제 강점기의 중등교육과정과 비교했을 때 외형적인 모습에서는 단절성을 찾을 수 있다.

하지만 국가 권력이 역사교육을 인식하는 방법은 연속되고 있었다. 해방 후 남한에 설치된 미군정은 미국식 민주주의 국가 건설을 목표로 했고, 교육은 그 목표를 달성하는데 있어 중요한 수단이었다. 그리고 미군정은 민주주의를 이해시키고 습득하게 할 수 있는 가장 적합한 교과가 '사회생활과'라고 확신했다. 그 결과 1946년 9월 새 학년 새 학기가 시작되었을 때, 초·중등학교 교육과정에 한국인들에게는 전혀 새로운 교과인 사회생활과가 도입되었다. 역사·지리·공민이 포함된 사회생활과의 출현에 대해 많은 논란이 있었지만, 해방 후 1년 만에 사회생활과 도입은 신속히 결정되었다. 즉, 미군정이 계획했던 민주주의 국가 건설을 위한 교육정책 수립은 성공한 것이다. 이는 해방 후 남한의 최고 권력이라 할 수 있는 미군정도 역사교육을 자신들의 정치적 목적을 달성하는 수단으로 인식했음을 의미하는 것이다. 하지만 미군정기에 수립된 교육과정이 그대로 학교 교육현장에서 실현된 것은 아니었다. 일제말기 역사가 국민과에 포함되었지만 독립 과목으로 운영되었던 것처럼, 해방 후 사회생활과에 포함된 역사도 학교 현장에서는 여전히 독립과목으로서의 지위가 유지되었다.

해방 후 남한의 교육에 대한 지금까지의 연구는 미군정기의 교육정책 수립과정과 내용에 대해 검토하는데 집중된 경향이었다. 하지만 이 시기에 대한 앞으로의 연구는 교육 현장의 모습을 확인하고 실제 교육이 이루어진 모습을 통해 해방 후 역사교육의 실체를 확인하는 방향으로 나아가야 할 것이다.

무엇보다 역사교육은 국가와 권력의 도구가 아니라 그 자체로서 학생들에게 의미 있는 교육이 되어야 한다. 일제시대부터 해방 이후 지금까지 역사교육은 국가와 권력으로부터 자유롭지 못했다. 역사교육의 특성상 정치에서 완전히 벗어날 수는 없을 것이다. 그리고 역사교과서는 언제나 당시의 정치적 상황에 영향을 받아왔다. 그것이 역사교육의 본질이고 목적이라고 생각하는 사람들이 국가와 권력을 유지한다면 역사교육과 역사교과서의 변화는 쉽지 않을 것이다. 그렇다면 교육현장의 교사들은 역사교육과 교과서의 정치성을 인식하고, 이를 학생들에게 이해시키는데 시간을 좀 더 할애해야 할 것이다. 즉, 학생들이 역사교육과 역사교과서의 정치성을 인식하게하고, 그 이해의 바탕위에 역사를 활용할 수 있는 능력을 길러주는 것이 역사교육의 정치성으로부터 학생들을 자유롭게 하는 보다 현실적인 방안이 될 수 있다.

02

해방 이후 교육이념의 설정과 국사교육

권성아

Ⅰ. 머리말: 교육이념과 국사교육의 관계

한 나라의 교육이념은 그 나라의 '역사성' 속에서 찾게 된다. 그래서 해방 이후 우리나라의 교육이념은, 한민족의 출발을 알리는, '단군신화'에서 가져오게 되었다. 그러나 8·15해방이 미군정으로 이어지고, 여기에 '친일세력'이 '친미세력'으로 둔갑하여 해방정국의 주도권을 장악하게 되면서, 일제 강점기 동안 이미 사라진 우리의 역사성은 제대로 살아나기 어려운 상황이 되었다. 따라서 우여곡절 끝에 우리의 교육이념은 단군신화의 근본 이상인 '홍익인간' 이념으로 삼게 되긴 하였으나, 일제가 이미 말살시킨 우리의 '국사교육'은 다시 살아나질 못했으며, 홍익인간 이념도 명목상으로만 '교육법'에 담기게 되었다.

한민족이 처음으로 '국사교육'에 관심을 갖게 된 것은, 18세기 후반, 실학자들에 의해서라고 할 수 있다. 그들은, 당시 성리학적 풍토에서 노출되는 조선시대의 봉건적 모순을 개선·개혁하기 위하여 '서학'을 받아들여, 우리의 역사와 지리 및 언어 등에 관한 체계적 연구를 실시하여 근대적이면서도 민족 지향적인 '한국학' 체계를 세웠다. 특히, 민족주의적인 측면에서 상고사에 대한 인식체계를 제고하여 '단군 중심의 역사'를 전면에 부각시키고자 하였다.[1] 그리고 이를 반상(班常)과 적서(嫡庶)의 차별이 없이 누구에게나 균등하게 교육시키고자 하였으니, 물론 아직 학교교육을 통하여 이루어진 것은 아니었으나, 이들에게서 처음으로 '근대적인 의미의 민족교육'이 시작되었다고 할 수 있다.

이와 같이 '민족교육'은 민족주의적 관심이 교육을 매개로 전개된 것으로, 기본적으로 민족의 통합과 발전을 추구하는 교육운동을 일컫는다고 볼 수 있다. 따라서 이러한 민족교육에서는 민족의 문화전통을 탐색·발견·유지·계승·발전·창조하는 작용이 중요시되기 때문에, 올바른 전통교육 속에서 역사의식에로 통할 수 있고 민족 사고의 구심점을 만들어 주는 우리의 '얼'을 찾고자 한다고 볼 수 있다.[2] 이에 이는 어떤 한 시대에 국한되어 있는 국수주의적 관점이 아니라, 시대적 상황과 조건에 따라 그 목표와 주안점이 변화하는 '민족 주체적 교육'이라 할 수 있다.

> 민족교육이란 선천적 소여(所與)·유대를 기반으로 하여 한 민족 및 인류의 존속·발전을 위하여 공동운명체인 자각과 미래지향적인 안목에서, 안으로는 그 민족 고유의 과제를 풀며, 밖으로는 인류가 공통으로 지니는 과제를 풀 수 있는 인간을 의도적·구안적(具案的)·계속적으로 조성하는 민족 단위의 후천적 교육이다.[3]

---

1 자세한 사항은 권성아, 「일제강점과 반일민족교육」, 이서행 외, 『통일시대 근현대 민족정신사 연구』, 백산서당, 2006, 339~342쪽 참조.

2 장진호, 『민족교육의 전개: 민족이념 형성과정을 통해서 본 민족교육의 지향』, 실학사, 1974, 180쪽.

3 김정환, 『교육의 본질과 과제』, 경지사, 1973, 200쪽.

우리에게 있어서 '학교교육을 통한 체계적 민족교육'은 우리 민족이 근대화과정을 겪는 가운데 시작되었다. 특히, 1894년 동학혁명이 일어나자 이들을 진압하기 위하여 외세를 끌어 들여 결국 청일전쟁을 야기 시킴으로써 일본의 내정간섭을 받게 되고 그 결과 1895년 명성황후 시해사건과 고종의 아관파천으로 이어지자, 조선인으로서의 자존심과 정체성을 함양하기 위하여 민족주의자들에 의하여 세워진 '사학'(私學) 등에서 비롯되었다. 이들 근대학교들은 교육을 통한 국권 회복에 한결같은 민족적 염원을 담아 학교를 운영하면서, 한글과 역사 및 지리 교육에 중점을 두었다.

그러다 일본이 1905년 11월, 러일전쟁에서 승리하여 아시아의 패권을 장악하고, '을사보호조약'을 강제로 체결하여 우리의 외교권을 빼앗는 동시에 '통감부'를 두어 내정을 간섭하고 지배하면서 이완용을 학부대신으로 등용하여 학제를 정리하고, 보통교육을 확정하는 일에 주력하면서 우리의 민족교육은 왜곡되기 시작했다. 일제는 1906년 '보통학교령'을 내놓아 학제를 종래의 소학교에서 '보통학교'로 개정하고, 수업연한도 5-6년에서 4년으로 단축시켰다. 그리고 중학교도 '고등학교'로 고쳐 더 이상 교육을 시키지 못하도록 최종학교의 성격을 지니게 하고, '우민(愚民)화 교육'으로 식민지정책의 기본을 삼기 위해 수업연한을 3-4년으로 단축하였다.

통감부시대의 교육방침이 처음으로 공개적으로 표현된 것은 1908년 5월이었는데, 이때 이완용은 사립학교에 대해서는 '규칙'을 제정하여 감독할 것을 명하였다. 그리고 같은 해 8월 28일에는 학부 훈령 제3호로 "서당 관리에 관한 건"을 발표하여, 서당에서는 일본말을 교수하도록 요구하였다. 즉, 당시에는 민족의 얼인 한글 사용을 억제하는 정책을 가장 먼저 실시했던 것이다. 그러면서 '동화정책'의 한 방법이라 하여 일어 보급에 중점을 두면서, 학부령 제23호로 보통학교에서는 주 28시간당 그리고 고등학교에서는 30시간당 6시간을 일어에 할당하였다. 이때, '국어'는 한문을 포함하여 보통학교에서는 10시간 그리고 고등학교에서는 6시간이었다.

한편, 신교육이 도입된 이후 을사조약이 있기 이전까지 우리나라는 정부에서 편찬한 '교과서'는 없었으며, 학교의 종류나 목적에 따라 민간에서 자유로이 지어 쓰게 하였다. 그래서 개화기 때 역사교육은 두 가지 방향에서 전개되었는데, 하나는 역사책을 직접 저술하거나 외국 역사책을 그들의 전쟁사·건국사·망국사·영웅전 등을 중심으로 번역하여 보급함으로써 당시 조선의 상황을 그러한 내용에 비유하여 국민에게 민족정신을 고취시켜 주고자 한 것이며, 또 하나는 우리의 역사에서 중요한 인물이나 사건을 신문 등에 게재하여 이를 자주 읽게 함으로써 역사적 지식과 민족적 각성을 촉구하고자 한 것이다.[4]

이 당시 저술된 역사책으로는 정교의 『대동력사』를 포함하여 현채의 『만국력사』, 『보통교과동국력사』, 『중등교과동국사략』, 『동서양력사』, 원영의와 류근의 『신정(新訂)본국력사』, 김택영의 『력사집략(輯略)』, 정인호의 『초등대한력사』, 유성준의 『대동력사략』 등이 있었다. 그런데 을사조약과 더불어 교육내용을 통제하고 정상화하려는 의도에서 학부 내에 편집국을 두고 일본인의 지도하에 교과서를 편집하기 시작하였으며, 일본인의 감독 아래 '교과서편찬위원회'를 설치하였다. 그러면서 1908년 8월에는 학부령 제16호로 '교과용도서검정규정'을 공포하여, 정치적·사회적·교육적인 세 방면에서 정부의 친일정책에 반항하여 애국정신과 독립사상을 고취하고 있었던 교육용 도서를 엄중히 단속하였다.

---

4 권성아, 「근·현대 민족교육과 한민족 공동체 문제」, 『근현대사강좌』 통권 제13호, 한국현대사연구회, 2002. 12, 150~152쪽.

이에 이 규정에 의하여 교과서 발매금지 및 사용금지 처분이 시작되어 이들 교과서들은 사용할 수 없게 되었다. 이는 이들 역사책들이 대부분 세계 각국의 영웅전이나 약소국의 흥망사로서 당시 일제에 대항하는 민족의식의 성장과 깊은 관련이 있는 것이기 때문이었다.[5] 또한 이 규정에 의하여 '수신'(修身) 교과서를 비롯하여 '역사'와 '국어' 교과서는 60% 이상이 인가를 받지 못하는 일이 벌어졌으니, 아직 한일합방이 이루어지지도 않은 상황에서 벌어진 이와 같은 교과용도서 정책은 이미 '친일교육'이 구체화된 것이며, '민족교육의 말살'을 초래하는 것이었다.[6]

Ⅱ. 일제강점기의 민족교육 말살정책: 국사교육을 중심으로

일본은 통감부시대에 이미 조선에 대한 합방 준비를 서두르고 있었다. 1909년 2대 통감으로 내한한 소지 아라스케(曾示彌荒助)는 일본정부가 내정한 대로 '기유각서'를 체결하여 우리의 사법권을 박탈하고, 그해 10월 안중근의 이토 히로부미 암살사건이 벌어지자 그들의 침략 야망은 한층 구체화되기에 이른다. 그리하여 '일진회'라는 민간단체를 조직하여 '합방의견서'를 작성하게 하여, 소위 100만 회원의 대표라는 명의로 한일합방을 공공연히 주장하게 하였다. 이에 흥사단과 대한협회 등이 궐기하여 통감을 맹렬히 비난하자 일제는, 소지는 무능하다고 보아 소환하고, 대신 데라우치 마다사케(寺內正毅)를 통감으로 임명하였다.

새 통감 데라우치는, 1910년 8월 16일 조선의 총리대신 이완용을 만나 조약안을 합의한 후, 8월 22일 형식적인 어전회의를 열어 조인을 끝

5 김흥수, 「한말역사교육 및 교과서에 관한 연구」, 『역사교육』 29호, 역사교육연구회, 1981, 65~66쪽.

6 오천석, 『한국신교육사』, 현대교육총서출판사, 1964, 169쪽.

냄으로써 '한일합방' 초대 총독이 되었다. 그는 부임하자마자 합방의 준비로 헌병제도를 강화하고 경제제도 개편에 착수하는 한편, 9월에는 조선총독부 및 소속관서 관제를 발표하여 통감부 대신 '총독부'를 내놓고 그 산하 내무부의 직속부서로 '학무국'을 두었다. 그리고 이 학무국을 중심으로 식민지 노예교육정책과 민족문화 말살정책을 실시하여, 조선인의 민족 자주의식과 투쟁정신을 거세하여, 조선을 일본화 함으로써 '무단통치'의 사상적 기반을 닦으려고 하였다.

이후 총독부에서는 1911년 8월 23일 '제1차 조선교육령'을 발표하는데, 이는 '교육에 관한 칙어' 취지에 따라 만들어진 것으로, 그 요지를 특별히 "덕성의 함양과 국어(일어)의 보급에 힘을 집중시킴으로써 제국신민(帝國臣民)으로서의 자질과 품성을 갖추게 하는 데" 두었으며,[7] 이의 실천을 위해 교육령 제2조에서는 "충량한 국민을 육성하는 것을 본위로 한다"고 규정하고, 제3조에서는 "교육은 시세와 민도에 적합하게 한다"고 밝혔다. 이는 조선인의 일인화(日人化)를 강요하고, '점진주의'라는 미명하에 우민화 정책을 실시하기 위한 것이다.[8]

이 교육령에 의거 일제는, 일본인 학생들에게는 소학교 6년과 중학교 5년의 총 11년제를 할당한 대신, 조선인 학생들에게는 보통학교 4년제와 고등보통학교 4년으로 8년을, 게다가 여자고등보통학교에는 3년을 할당하였다. 특히 이를 위해 일제는 조선인에게는 고등교육의 기회를 주지 않으려 했는데, 이는 "교육을 시키면 저들의 지식이나 사상이 점점 늘어가서 결국 독립심을 양성하는 것이 되고 만다. 그러므로 식민지에는 교육을 아니시키는 것이 옳다"는 것이다.[9]

---

7 大野謙一, 『朝鮮教育問題管見』, 京城: 朝鮮教育會, 1936, 52쪽.

8 함종규, 『한국교육과정변천사연구』, 교육과학사, 2003, 81쪽.

9 高橋濱吉, 『朝鮮教育史考問』, 京城: 帝國地方行政學會 朝鮮本部, 1927, 373쪽.

그리고 모든 일본인 교원은 제복을 입고 칼을 차고 교단에 서서 위압적으로 조선인 학생들을 가르쳤으며,[10] '동화교육'이라는 명목으로 일어를 '국어'로 명시하고 보통학교의 경우 주 26시간당 10시간을 할당하였고(1-2학년은 38.5%, 3-4학년은 37%) 국어는 '조선어'라 하여 한문과 함께 묶여 6시간으로 줄여서 배정하였다. 또한 일본 천황에 대한 숭배사상과 봉건적 유교도덕의 배양을 위하여 '수신' 과목을 학년 당 1시간씩 배정하였을 뿐만 아니라 일어인 국어와 조선어 및 한문 과목을 통해서도 천황 숭배와 봉건유교사상의 주입이 기본을 이루었다. 그러면서 '일선동조론'(日鮮同調論)을 강조하였다.

일제는 조선교육령의 완성을 위하여 1915년 '교과용도서에 대한 편찬 방침'을 밝힌 바, 우선 조선어와 한문독본을 제외한 모든 교과서는 일어로 기술하도록 했다. 그리고 특히 수신 교과서의 경우에는 황실과 국가에 대한 관념을 제일의 덕목으로 교수할 수 있도록 배열하고, 이를 통해 '교육칙어'를 실천하는 것이 중요하다고 판단하여, 보통학교 4학년 권두에 전문을 싣도록 하였다. 또한 보통학교에 역사와 지리 과목을 따로 배정하지 않고 일본 것은 일어에 조선 것은 조선어에 배정하고, 일본의 역사와 지리와 관련해서는 양국 간의 친밀한 관계를 보여주는 데 족한 고래(古來)의 전설과 사화를 선택하도록 하였으며, 조선어의 경우에는 일어와 더불어 국민성 함양에 자료가 될 만한 것만 취하였다.

한편, 총독부는 민족교육을 말살하기 위하여 당시 조선에서 민족의식과 반일애국정신을 고취하는 거점이 되고 있던 사립학교들을 무엇보다도 우선적으로 탄압하였다. 이를 위해 1911년 10월에는 '사립학교규칙'을 공포하였으며, 1915년 3월에는 이를 다시 개정하였다. 그리하여 제6조 2항

10 『民族教育論』, 東京: 明治圖書株式會社, 1967, 75쪽.

에 일제에서 정한 교육과정 이외의 과목은 부과할 수 없도록 하였으며, 특히 지리와 역사 등의 과정은 부과할 수 없도록 하였다. 뿐만 아니라 당시 널리 익히던 역사와 지리책들은 닥치는 대로 압수하여 태워버려, 그때 20여 만부나 사라지게 되었다고 한다.[11] 그리고 제10조 2항에서 각급 사립학교 교원은 일어에 통달해야 한다고 명시하였으며, 한문과 조선어 및 영어를 제외한 모든 과목은 일본어를 사용할 것을 요구하였다.[12] 그러다 보니 1910년에 1,973개의 사립학교가 있었는데 1919년에 이르면 690개로 줄어들게 되고, 사립학교에 일본인 교원이 3분의 2를 차지하게 되었다고 한다.[13]

이에 사립학교를 통한 '반일민족교육'이 더욱 어렵게 되자 적지 않은 애국적 지식인들은 아직 일제가 별다른 관심을 보이지 않고 있는 '서당'을 새로운 거점으로 삼고자 했다. 그래서 1911년에 16,540개에서 141,604명이 공부하던 서당을 1916년에는 25,486개에서 259,531명으로 늘려, 일제에 의하여 금지된 조선역사와 지리 및 조선어 등 반일민족교육과 근대적 지식에 역점을 두고 교육을 실시하였다. 이에 따라 사립학교에 준하는 서당교육이 '야학'으로도 번져 가자, 일제는 1918년 2월 총독부령 제18호로 '서당에 관한 규칙'을 공포하여 이에 대한 탄압도 자행하였다.

한편, 한일합방 이후 일제의 부당한 침략에 항거하는 의병과 열사들이 각지에서 독립운동에 나서자, 총독부는 무단정치를 감행하여 탄압을 자행하고, 한편으로는 우리의 고유문화를 말살하며 경제적으로도 철저히

---

11 박득준, 『조선근대교육사』, 평양: 사회과학출판사, 1988, 231쪽.

12 F. A. McKenzie, *Korea's Fight for Freedom*, Seoul: Reprinted by Yonsei University Press, 1969, p.216.

13 서울신문사, 『한국독립운동지혈사』, 1946, 45~46쪽.

탄압하였다. 이에 대한 한민족의 분노와 일본에 대한 적개심은 윌슨 대통령이 주창한 '민족자결주의'에 의하여 점화되어 3·1운동으로 폭발되었다. 이때부터 일황은 '일시동인'이라는 문구를 사용하면서 소위 '문화정책'을 표방하기 시작한다. 그리고 이를 위해 1919년 8월 12일, 경성역전에서 애국열사 강우규의 폭탄세례를 받으면서 취임한 사이토 미노루(齋藤實) 총독을 부임시켜, 총독부 관제를 개정하였다.

그러면서 교육제도도 일부 수정하여, 종전에 내무부에 속하였던 학무국을 총독부의 기본부서의 하나로 승격시키고, 그 밑에 학무과와 편집과와 종교과를 두었다. 그리고 특히 사립학교에 대하여서는 교과목 제한을 철폐하고, 반드시 일본인을 교원으로 두도록 했던 자격 규정을 완화하였으며, 교육과 종교의 절대분리주의를 시정하였다. 이때 조선교육령도 일부 수정하여, 보통학교 수업연한을 6년을 본체로 하였으며 일본역사와 지리를 부과하지 않는 대신 이과와 도화 및 체조 과목을 필수로 하는 등 일제식민교육을 완화시키는 것 같았다.

그러나 이후 일제는 조선교육을 근본적으로 개혁한다면서 1921년 1월 '임시교육조사위원회'를 설치하였는데, 총 28명의 위원 가운데 총독부 관리 9명을 포함하여 25명이 일본인이었다. 그들은 1·2차 위원회를 통하여 조선인으로 하여금 다시는 독립운동을 할 수 없도록 '민족사상'을 없애는 것을 기본목적으로 하여, 조선의 교육제도를 일본의 교육제도에 준하여 설정할 것과 일본역사 및 지리 과목에서는 특히 조선에 관한 사항을 상세히 할 것 등을 결의하였다. 그리고 이를 일본 추밀원의 토의를 거치게 하여, 이를 토대로 1922년 2월 6일 칙령 제19호로 '개정 조선교육령'을 공포하였다.

이와 같이 3·1운동 이후 마련된 제2차 조선교육령에서 가장 중요한 것은 일본인을 위한 교육제도(소학교-중학교 또는 고등여학교)와 조선인을 위한 교육제도(보통학교-고등보통학교 또는 여자고등보통학교)를 따로 마련하였다는 것과 보통학교 수업연한을 6년으로 연장하였으나 지방 사정에 따라 1-2년 단축할 수 있도록 했다는 것이다. 그러면서 입학자격을 얻기 위해서는 '재산증명서'와 가정의 정치적 동향에 대한 교장 및 경찰서의 '평정'이 있어야 했으며, 학생들에게 일본 천황숭배사상과 식민지 통치에 유리한 "노예적 굴종정신을 주입하기 위하여 '수신' 과목을 가장 중요한 교육내용으로 삼았다.[14] 그리고 일본어를 보통학교의 경우 9-12시간으로 늘린 반면 조선어는 3-4시간으로 줄였으며, 고등보통학교에는 일본어를 5-8시간 배당하고 한문을 포함한 조선어는 2-3시간 배당하였다.

이때, 총독부에서는 일본인 학자들을 동원하여 『조선반도사』 편찬사업을 착수하고자 하였는데, 사이토 총독은 1922년 "조선에서의 교육시책의 요결"이라는 지시문에서 다음과 같이 그 의의를 밝혔다. 여기에서는, 특히, 조선에서 국사를 철저히 왜곡시킬 것을 강조하여 우리의 청소년들로 하여금 우리의 역사와 정통문화에 대해 모르게 할뿐만 아니라 이에 대해 경멸감을 느끼게 함으로써, 모든 일에 혐오감을 갖게 하는 방법으로 일본인화 하려고 했다.

> 조선인 청소년으로 하여금 그들의 역사·정통문화를 모르게 하라. 동시에 될 수 있는 대로 그들의 조상과 선인들의 무위무능(無爲無能)한 행적·악행 및 폐풍 등의 사례, 예컨대 외침을 당하여 항복한 수난사, 중국에 조공을 바쳤던 사실(史實), 당파싸움 등을 들추어 가르쳐라.
>
> 조선인 청소년들에게 자국의 역사와 조상·전통문화에 경멸감을 일으키게 하여 모든 것에 혐오감을 느끼게 하라. 그때 일본의 역사와

---

14 박득준, 『조선근대교육사』, 평양: 사회과학출판사, 1988, 263쪽.

전통·문화·인물·사적(史蹟) 등을 가르치면 자연히 그들이 일본을 흠모하게 되어 그 동화의 효과가 지대할 것이다. 이것이 제국 일본이 조선인을 반(半)일본인으로 만드는 요결인 것이다.[15]

상황이 이와 같이 전개되자 당시의 일간신문들은 민중계몽운동을 계속 펼쳤는데, 특히 국사교육, 그 가운데에서도 한민족의 시작을 담고 있는 고조선과 단군에 대한 '민족교육운동'이 그 중심을 이루었다. 그리하여 1926년 3월 3일부터 7월 15일까지 무려 77회에 걸쳐 최남선이 동아일보에 "단군론"을 연재한 바 있다.[16] 그러나 그는 이 일을 하면서 오히려 조선반도사 편찬 작업에 위원으로 참여하게 되어 친일사학자로 변모하게 된다.

이런 가운데 1926년 6·10만세운동이 일어나자 일제는 7월, 우리의 역사를 왜곡하기 위한 작업을 다시 시작하면서 "조선반도사 편찬요지"를 다음과 같이 밝힌 바, 이는 조선인이 문화민족인 데다가 예로부터 전해 오는 역사책이 많은데 이를 다 멸절시키는 것은 불가능하므로, 오히려 일제의 식민사관에 입각한 역사책을 새로 서술하는 것이 조선인을 동화시키는 데 빠를 것이라고 판단했기 때문이다.

조선인은 다른 식민지의 야만반개(野蠻半開)의 민족과 달라서 독서속문(讀書屬文)에 있어서 조금도 문명인에 뒤떨어진 바가 없다. 고대로부터 내려오는 사서(史書)가 많고, 또한 새롭게 저작된 것도 적지 않다. 그리하여 전자는 독립시대의 저술이기 때문에 현대와의 관계가 결여되고, 헛되이 독립국의 옛 꿈을 추상(追想)하는 폐단이 있다. 후자는 근대조선에 있어서의 일청(日淸) 일러(日露) 간의 세력경

---

15 손인수, 『한국교육사』 Ⅱ, 문음사, 1992, 624~625쪽에서 인용.

16 동아일보80년사 편찬위원회 편, 『민족과 더불어 80년: 동아일보 1920~2000』, 동아일보사, 2000, 221쪽.

쟁을 서술하여 조선의 향배(向背)를 논하고, 혹은 『한국통사(韓國痛史)』라는 재외 조선인의 저서와 같이 사실의 진상을 규명하지 않고, 함부로 망설을 퍼뜨리고 있다. 이러한 사적(史籍)들이 인심을 어지럽게 하고 있는 해독이란 이루 다 말할 수 없다.

그러나 이를 절멸시키는 방책을 강구하더라도 도로(徒勞)에 그칠 것이고, 뿐만 아니라 오히려 그 전파를 자극할 지도 모른다. 오히려 구사(舊史)를 금압(禁壓)하는 대신, 공명적확(公明的確)한 사서(史書)로서 대처하는 것이 첩경이며 또한 효과도 현저할 것이다. 이것이 『조선반도사』의 편찬을 필요케 하는 주된 이유다. 만약 이러한 서적의 편찬이 없으면 오늘의 밝은 세상이 오로지 병합의 은혜에 연유하고 있음을 망각하고, 헛되이 구태(舊態)를 회상하고, 오히려 개진(改進)의 기력을 상실할 우려가 있다. 이와 같이 된다면 어떻게 조선인 동화(同化)의 목적을 달성할 수 있겠는가?[17]

한편, 1926년의 6·10만세운동은 1929년 광주학생운동으로 이어지고, 이후의 항일구국운동은 만주의 간도와 하얼빈, 중국의 상해, 일본의 동경, 그리고 미국의 하와이 등지에서도 범민족적인 독립만세시위운동으로 번져갔다. 그러자 일제는 국내의 불안을 해소하고 대륙 진출에의 야망을 성취하기 위하여 1931년 만주사변을 일으키면서, '황국신민화' 정책을 실시하여 조선인의 민족혼을 말살하고 우리나라 사람들을 일본의 황민으로 전쟁에 동원하기 시작하였다.

이때 단재 신채호는 1931년 6월 10일부터 10월 14일에 당시 안재홍이 사장으로 있던 『조선일보』를 통하여 103회에 걸친 "(고)조선사"를 연재하였다. 여기서 신채호는 무엇보다도 먼저, 김부식에서 안정복에 이르는 우리 역사가들과 일본인 역사가들까지 매섭게 비판하면서, 과거의 사대

---

17 강재언, 「일본에서 본 한국학 연구」, 한국정신문화연구원 연구협력실, 『한국학의 세계화』 I, 1990, 46쪽에서 인용.

주의 역사가들이 민족사의 실체를 크게 왜곡시켰다고 지적하였다.

그러면서 그는 우리나라에 현존하는 최고(最古)의 역사서인 『삼국사기』에 삼국 이전에 대한 역사인식체계가 명확히 제시되어 있지 못하다는 점에 주목하여 이를 새롭게 체계화시킴으로써, 한국 고대사의 인식체계를 일변시켰을 뿐만 아니라 그 영역을 협소한 한반도에서 광활한 만주대륙과 요동반도로 확장시켰다.[18] 그리고 과거 신라 중심의 역사관에서 부여와 고구려 중심의 역사관으로 전환시키는 데 크게 기여하였다. 그는 조선사 연재를 통하여, 고조선이 파미르고원이나 몽고 등지에서 광명의 본원지를 찾아 동방에 이르러 백두산 일대에 세워진 대단군조선이며, 그곳에서 사용되던 우골(牛骨)문자가 이후 갑골문의 기원이 되었다는 것과, 단군이 조선을 건국한 이래 우리 민족이 시대에 따라 몇 개의 나라로 분리·운영되기도 하고 일부 지역을 중국에 빼앗기기도 하였으나 하나의 민족으로 살아 왔음을 분명히 하고자 하였다.[19]

이와 같은 역사교육이 계속되자 1934년 12월, 경성제국대학 총장(山田三良)은 조선총독 우가기(宇垣一成)에게 "역사교과서 조사위원회 설치에 관한 건의서"를 제출하도록 하였는데, 이 중 역사교과서 개선에 관한 5개 항목 중 제5항목에 다음과 같은 내용을 포함시켰다. 여기에는 조선이 고대

---

18 신채호(저)·이만열(주석), 『조선상고사』 상, 단재 신채호선생 기념사업회, 1983, 2편과 3편 참조.

19 신채호에 의하면, 단군조선은 나라를 말한(이두문자로 馬韓)·불한(卞韓)·신한(辰韓)의 '3한'으로 나누어 다스렸다. 그러다 단군 사후 세 개로 분리·운영되었는데, 신한은 '신조선'(『史記』의 眞朝鮮)이라 하여 만주 봉천의 하얼빈을 중심으로 단군의 직계인 '解氏'가 다스렸으며, 불한은 '불조선'(番朝鮮)이라 하여 요동반도의 개평을 중심으로 '箕氏'가 다스렸으며, 말한은 '말조선'(莫朝鮮)이라 하여 압록강 이남에서 평양을 중심으로 '韓氏'가 다스렸다. 이들 단군의 자손들 중 해씨의 신조선은 북부여와 동부여를 이루었고, 동부여에서 다시 남부여가 갈리었는데, 이것이 바로 고구려이다. 옥지와 동예 또한 북·동부여에서 갈려 나온 것이며, 기씨의 불조선은 (BC 194년 위만의 침입으로) 대부분 한씨의 말조선에 융합되었다가 후에 연맹 왕국 시절 한반도 남부에서 3한(馬韓·辰韓·弁韓)을 이루었다. 그리고 백제는 고구려와 마한이 연합하여 이루어졌으며, 가야는 변한에서 그리고 신라는 진한에서 뻗어 나온 것이다.

로부터 지금까지 자주 독립국이었던 적이 없기 때문에, 지금 일본이 지배하는 것도 당연한 귀결이라는 내용이 담겨 있다.

> 근자에 선내(鮮內) 중등학교, 특히 고등보통학교의 역사교원 중 자칫하면 한국병합에 관한 설명이 가장 곤란하다고 호소하는 경우가 적지 않은데 이것 또한 교과서의 결함에 귀인 하는 것이다. 원래 한국병합을 설명하는 데 있어서는 우선 조선을 고대로부터 아직까지 독립국이었던 사실이 없고, 혹은 원(元)에, 혹은 명(明)에, 혹은 청(淸)에 항상 복속(服屬)해서 그 보호 하에 종속해 왔다는 사실을 자세히 설명해야 할 것이다. 일청전쟁 후에 우리나라(일본)의 지도에 의하여 비로소 독립국이란 이름을 얻었지만 그 후 15년간의 경과는 도저히 독립국이 될 만한 능력이 없다는 것이 폭로되어, 조만간에 어떠한 형식이건 제3국의 지배하에 놓이게 될 것이 피할 수 없게 되었다. 따라서 당시의 황제는 왕가의 영속과 조선민중의 행복을 확보할 필요에 의하여 자발적으로 병합에 동의하였고, 우리 제국은 동양평화를 유지할 필요에 의하여 이를 병합하기에 이른 것이니, 세계의 대세로 봐서 부득이한 결과라고 설명해야 할 것이다. 한걸음 나아가서 우리 제국은 병합정신에 의거해서 조선을 정복지로 보지 않고 일시동인(一視同仁)으로서 세계에 비할 바 없이 공정한 정치를 하고 있는 것이다. 병합이 조선의 민중을 진실로 행복케 하였다는 소이(所以)를 이해시키도록 해야 할 것이다.[20]

이에 위당 정인보는 1935년 1월 1일부터 『동아일보』를 통하여 (고)조선사를 연재하였는데, 그 제목이 "5천 년간 조선의 얼"인 것에서도 알 수 있듯이, 이를 통하여 그는 단군을 부정함으로써 우리 역사를 식민지 백성의 역사로 만들려 했던 일제 식민사학과 정면 대결하여 단군

20 강재언, 「일본에서 본 한국학 연구」, 한국정신문화연구원 연구협력실, 『한국학의 세계화』 I, 1990, 47쪽에서 인용.

이 우리 역사와 문화의 시작이며 모태인 것을 밝히려고 하였다.[21]

> 그는 “자신을 알되 뚫어지게 아는 것”이 ‘얼’이기 때문에 모든 학술이 이를 주제로 삼아야 참다운 생명력 있는 학문일 수 있다고 전제하면서, 단군은 신이 아니고 인간일 뿐만 아니라 중국 순임금 이전에 실존했던 인물이라는 것을 먼저 밝히고 있다.[22] 그러면서 『세종실록』 지리지와 권근의 『응제시주』 등에 담긴 단군 “고기”(古記)를 인용하여 고조선은 물론 신라·고구려·남북옥저·동북부여뿐만 아니라 예와 맥국이 모두 단군이 다스리던 나라이며, ‘단군’은 ‘전세’(傳世)이지 ‘형수’(亨壽)가 아님을 분명히 하였다.

그리고 단군이 나라를 연 곳은 일연이 주를 단 것처럼 묘향산이 아니라 백두산이며, ‘평양’ 또한 지금의 평양처럼 고유명사가 아니라 ‘국도’(國都)를 일컫는 보통명사임을 밝히는 등, 고조선의 정치제도와 종교와 문화 등에 관해 소상히 소개하였다. 그러면서 이러한 단군의 가르침의 요체가 ‘홍익인간’이라 하였다. 즉, 단군이 나라를 건국한 이후 5천 년간 이어온 한민족의 얼을 총체적으로 ‘홍익인간’이라 표현한 것이다.

그러나 조선을 발판으로 대륙침략을 획책하던 일본은 1932년 마침내 일본의 위성국인 만주국을 수립함으로써 대륙 침략의 1단계를 성취한 후 1937년부터는 본격적인 ‘중일전쟁’을 시작하였다. 이런 가운데 1936년 부임한 미나 미지로(南 次郎) 총독은 우리나라를 완전히 병참 기지화 하여 공포정치의 양상을 띠었으며, 이로부터 소위 전시 하의 교육정책으로 전환하였다. 그리하여 이 시기의 교육은, 신동아 건설을 완수하기 위한 ‘황국신민화 교육’이라는, 철저한 일본화 교육과 일본의 전쟁 완수를 위한

---

21 권성아, 「한국 교육사 속에서의 단군민족주의」, 『고조선단군학』 제28호, 고조선단군학회, 2013. 6, 13쪽.

22 정인보 저, 박성수 편역, 『정인보의 조선사연구』, 서원, 2000, 참조.

수단으로 교육이 이용되었다.

이에 전시체제에 부합한 교육을 추진하기 위하여 1938년 3월 3일 칙령 103호로 '제3차 조선교육령'으로 개정하게 되는 바, 개정의 가장 중요한 목적은 "황국신민(皇國臣民)된 본질에 철저하고 내선일치를 이룬다"는 명목 하에 "충량한 황국신민을 육성"하기 위해서 이다. 이때의 주요 개정 내용은 조선인을 위한 학교의 명칭을 일본인의 것과 동일하게 했다는 것과 소학교 수업연한을 다시 4년제로 환원시켰다는 점이다.

그러면서 조선어를 수의과로 바꾸고, 일본의 역사와 지리를 소학교에서도 필수로 부과하였으며, 교과서를 소학교의 경우는 문부성에서 편찬한 것을 사용하도록 하였으며 중학교의 경우에는 총독부에서 편찬한 것만 사용하도록 했다. 이들은 일체의 조선어 사용을 금하면서 일본어와 일본역사야말로 "반도 동포의 황국신민화를 강화하는 데 가장 중요한 의의를 가지고 있는 것"이라 보았다.[23] 이는 이들이 조선어를 쓰는 것은 민족사상의 발로라 된다고 보았기 때문이며, 일본어를 쓰지 않는 것을 배일사상으로 보았기 때문이다.

이와 같이 그들은 제3차 개정교육령을 발포하여 조선의 언어·문자 및 역사를 말살하려는 민족말살정책을 구체화시켰으니, 이와 같은 일은 조선역사를 일본역사과목에 종속시켜 우리 민족의 자주성을 위한 투쟁과 창조의 역사를 사대와 굴종의 역사로 혹심하게 왜곡하여 우리 민족의 반일애국정신을 말살하려고 행한 식민지노예교육의 일환이었다. 그들은 조선이 예로부터 중국의 속국이었다고 역사를 날조함으로써 일제의 조선지배가 역사적으로 마땅한 것이라고 합리화시키고자 한 것이다.

이는 우리의 역사를 타율적·정체적·사대주의적 역사로 날조한 것이

---

23 조선총독부, 『시정(施政)삼십년사』, 1940, 780~781쪽.(손인수, 『한국의 민족교육과 일제교육과의 갈등』, 한국정신문화연구원, 1988, 72쪽에서 인용.)

며, 국사를 "정치사적 숙명론·경제사적 정태론(靜態論)·문화사적 패배주의론"으로 파악하게 하는 것이다.[24] 그리하여 식민주의 역사 서술에서는 조선사의 긍지와 밝은 면이 발견되지 않고 어두운 면, 숙명적이고 체념적인 것, 수치심과 자포자기적인 것을 느끼도록 서술되고 또한 교육되었다.[25]

이러한 3차 교육령을 실시에 옮기면서 일제는 1941년 3월 소학교 명칭을 황국신민의 약자인 '국민학교'로 개칭하고, 대학은 전시에 응하기 위하여 수업연한을 단축하였다. 그러면서 "황국의 도에 따른 국민연성"을 목적으로 1943년 3월 '제4차 조선교육령'으로 다시 개정하고, 10월 3일에는 "교육에 관한 전시비상조치령"을 공포하였다. 이때부터 학원은 학교라기보다는 전쟁을 위한 노력동원처가 되었으며, 일제는 소위 전시체제의 교육을 수행하기 위하여 "결전학년의 신교육서"를 편찬하여 중등학교에서 사용하도록 하였다.[26] 또한 이를 보다 강화시키기 위하여 1944년 8월 22일에는 '학도근로령'을 공포하였으며, 10월 30일에는 시행규칙을 발표하여 '학도보국대'를 편성하면서까지 학도들을 착취하였다. 그러다 1945년 5월 21일에는 '전시교육령'까지 발표하여 학생들을 온통 전쟁에 몰아넣었다.

이러한 때, 황국신민화 정책의 일환으로 우리의 역사, 특히 고조선과 단군에 대해 심하게 왜곡하던 일제에 대항하여 1920년대부터 '민족주의사관'의 입장에서 민족교육을 선도하고 있던 동아와 조선일보 등 일간지들은, 중일전쟁이 발발한 1937년 이후 변질되기 시작하였다. 그리하여 매해 1월 1일이면 일왕 부부의 사진을 싣고 이들을 찬양하는 기사를 실었을 뿐만 아니라 그들의 생일을 축하하는 내용과 조선인 지원병의 사망을

---

24 손인수, 『한국교육사』 Ⅱ, 문음사, 1992, 625쪽.

25 한국사학회, 『한국 현대사의 제문제』 Ⅱ, 을유문화사, 1987, 433쪽.

26 대한교육연합회, 『한국교육연감』 부록 한국교육 연지사, 새한신문사, 1971, 174쪽.

그 영예라고 찬양하여 지원을 독려하는 등 친일로 민족을 배반하였다.

그러면서 '국민학교'라는 명칭을 1996년 문민정부가 들어선 이후에야 '초등학교'로 부르기 시작했으니, 해방 이후 한민족에게 가장 중요한 역사적 과제인 '일제잔재 청산'이 아직도 충분히 이루어지지 않았을 뿐만 아니라, 그에 따라 한민족의 고유한 교육이념과 국사교육 또한 지금까지 제대로 찾지 못했다고 보아야 할 것이다.

Ⅲ. 미군정 하에서의 교육이념 논의와 국사교육

1945년 8월 6일과 9일! 미국이 일본 히로시마와 나가사키에 원자폭탄을 투하하자 8월 15일 정오! 일본 천황 히로히토는 무조건 항복을 선언했다. 그래서 한민족은 3·1운동 정신을 이어받아 서울 종로의 보신각 종을 33번 울리면서 일제로부터 해방이 된 것을 온 천하에 알렸다. 그런데 미국 트루만 대통령의 일반명령 제1호에 의해 3·8선이 분단선으로 확정되었다는 결정을, 8월 13일 청진에 먼저 상륙하여 있던, 소련군은 8월 14일 전달 받고 8월 24일에는 평양에 진주하기 시작했다. 이에 당황한 미군은 9월 8일 인천에 상륙하여 9월 9일 서울에 진주하면서 조선총독으로부터 공식 항복서명을 받았다. 이에 '8·15해방'은 바로 '3·8선 분단'으로 이어졌다.

그리고 이는 3년 후 남과 북에 서로 이념을 달리하는 두 개의 국가체제를 만들게 하고 다시 2년 후에는 동족상잔을 벌이게 함으로써, 한민족의 삶의 가치를 완전히 분열시켜 버리게 하였다. 그러면서 해방 70년을 맞는 오늘에 이르기까지 정치·경제·사회·문화 및 교육에 있어서 '민족의 통합'은커녕 '지리적 통일'조차 이루지 못하고 있으니, 이는 외세에 의한 분단과 이에 영합한 국내 세력들, 특히 '친일세력이 친미세력으로 급변'하면서 '한민족의 역사성'을 찾지 못한 것이 가장 중요한 영향을 미친 것이 아닌가 하는 생각이 든다.

미군정이 서울에 진주하여 일제하에 있었던 중앙청 학무국을 정식으로 접수한 것은 9월 14일이었다. 그런데 학무국을 접수하기도 전인 9월 11일, 교육 부문의 책임자인 로카드(E. L. Lockard) 대위는 후에 학무국 부국장으로 임명할 오천석을 만난다. 로카드는 군 입대 전에 시카고의 한 초급대학에서 영어 교수로 활동한 경력이 있어서 학무국 책임자가 될 수 있었지만, 조선에 대한 사전지식도 없었고 조선어도 전혀 몰랐기 때문에, '영어를 잘하는 조선 교육계' 지식인의 도움이 절실히 필요했다.[27] 이에, 1921년 미국 유학길에 올라 뉴욕의 컬럼비아대학에서 박사학위를 받고 1931년에 귀국한, 오천석을 만나 조언을 구하게 된다.

그리고 이어서 바로 교육의 당면 문제들을 해결하기 위하여 1945년 9월 16일 7인으로 구성된 '조선교육위원회'(이때 교육전반은 후에 2대 교육부장관이 되는 백낙준 위원이 담당)를 구성하여 우리나라의 첫 교육과정인 '과도기'가 시작되게 되었다. 여기에서는 학무국 직원을 조선인으로 재편하는 일과 종래 일본인이 차지하고 있던 각 도의 교육책임자와 전국의 수많은 학교장의 자리를 조선인으로 채우는 일 등과 국어에 대한 소양이 부족한 교사를 재훈련하고, 각급학교의 교수요목을 편제하는 일과 학생용 교과서를 마련하여 학교의 문을 여는 일 등을 담당하였다.[28]

당시 가장 중요한 문제는 일본인들이 떠나가면서 휴교 상태에 들어갔던 학교의 문을 다시 여는 일이었다. 그래서 이 위원회에서는 그날로 바로 "일반명령 제4호"를 발령하여 9월 24일을 기해 모든 공립 초등학교의

---

27 박승배, 『교육과정학의 이해』, 학지사, 2007, 325쪽.
28 함종규, 『한국교육과정변천사연구』, 교육과학사, 2003, 174~178쪽.

재개를 지시하고, 9월 28일에는 각 도에 통첩을 보내어 중학교 이상의 학교도 10월 1일 재개하도록 하였다. 그리고 이 위원회에서는 위원회가 구성된 다음날인 9월 17일 "신조선의 조선인을 위한 교육"이라는 교육방침을 내놓는데, 여기에서는 ① 일제 잔재의 불식 ② 평화와 질서의 유지 ③ 생활의 실제에 적합한 지식 기능의 연마 등을 강조하였다.[29] 무엇보다도 일제 잔재를 청산하는 것이 교육에서도 가장 중요한 목표로 인식되었던 것이다.

그리고 9월 24일 공립 초등학교의 개교를 위해 9월 22일 전국에 '8개의 교육방침'을 시달하였는데, 첫 번째로 강조한 것이 "평화질서의 유지"였으며, 두 번째로 강조한 것이 "공민적 자질을 적극적으로 인정"한다는 것이었다. 이에 따라 우리나라에서는 해방 후 처음으로 만들어진 교과가 새 나라의 민주시민을 양성하기 위한 '공민'(公民) 과목이었으며, 따라서 이것은 교과 편제에 있어서 최우선 순위를 차지하게 된다.

한편, 이 중 다섯 번째에는 특별히 역사교육에 관련한 방침이 명기되어 있다.

> ⑤ 아국 과거의 역사와 문화가 혁혁한 광채를 발휘하였던 것을 회상하여 공헌할 신문화 창조의 의욕을 왕성케 함과 동시에 근세의 사대사상과 당쟁이 민족자결의 기능을 상실케 하였음을 확인하여 전철을 불복할 각오를 새롭게 할 것.[30]

여기서 우리가 유념해야 할 것은 "아국 과거의 역사와 문화가 혁혁한 광채를 발휘하였던 것을 회상"하라는 것은 '통일신라'를 가리키고, 그와

---

29 김재춘, 『교육과정』, 교육과학사, 2012, 172쪽.

30 함종규, 『한국교육과정변천사연구』, 교육과학사, 2003, 182쪽에서 인용.

동시에 "근세의 사대사상과 당쟁이 민족자결의 기능을 상실케 하였음을 확인하여 전철을 불복할 각오를 새롭게" 하라는 것은 '조선시대'를 일컫는다는 것이다. 이는 일제강점기 때 '조선반도사' 편찬 작업을 하면서, 고조선을 포함한 우리의 고대역사는 인정하지 아니하고, 당나라의 힘을 끌어들여 통일을 이룬 신라를 한반도의 첫 국가로 인정하였던 것을 그대로 받아들이는 것이다. 그리고 일제강점이 조선시대의 당쟁에서 비롯되었다고 함으로써, 그 책임을 일본이 아닌 우리에게 전가시키는 일제의 논리를 그대로 받아들이는 것이다. 이는 3·1운동을 통하여 '민족자결의 기능'이 고조된 것을 상실케 한 것이 일제강점이었음을 은연 중에 감추는 것이다.

이러한 사실은 '교육방침'과 더불어 9월 22일 발표된 '교과목 편제 및 시간배당'에도 드러나고 있다. 즉, 과도기에 있어서 일제 당시의 수신·일본어·일본역사 등의 황민화 교육을 탈피하고 새로운 교육을 실시한다고 하였지만, 그 교과목 편제에 있어서는 일제말기의 교과목 편제를 바탕으로 이루어졌다는 점이다.

> 이때의 임시교과목 교수 시수표는 일제말기의 심상소학교의 교과목 및 수업 시수표를 근간으로 개정된 임시방편의 것이었지만, 수신과를 폐지하고 새로운 민주시민양성을 위한 공민과를 등장시킨 점, 일본어 중시의 국어가 우리의 말과 글 중심의 국어로 바뀐 점, 일본역사가 폐지되고 우리국사가 시행된 점 등 주로 일제의 황민화 교육을 탈피하고 신생국가로서 가져야 할 교육내용을 취하려는 의지가 담겨져 있는 점이 특징이라고 할 수 있다.[31]

미군정이 들어오면서 교육에 있어서 '일제잔재의 청산'을 제1목표로

---

31 홍웅선, 『신 교육과정의 연구』, 연세대학교출판부, 1973, 54쪽.

삼았으나, 실제에 있어서는 그러지 못한 것이다. 왜냐하면 이 교육방침에 따라 학교의 문을 열기로 했지만 대부분의 공립학교에는 일본인이 떠나간 관계로 교장이 없었고, 40% 이상이 일본인 교사였기 때문에 교사의 수도 엄청나게 부족할 수밖에 없었다. 따라서 대부분의 학교는 2부제 수업을 할 수밖에 없었고, 교수 용어를 '한글'로 바꾸고 산술과 이과 이외에는 일본 교과서 사용을 금하였으나, 교사들이 잃어버린 한글을 해방이 됐다고 바로 찾을 수 있는 것은 아니기 때문에 제대로 된 교육이 이루어질 수 있는 상황이 아니었다. 그래서 교사들에게는 일본 교과서를 사용할 수 있도록 하였다.

그러나 당시 일부 기독교계 사립학교를 비롯한 일반 교육자나 학생들 그리고 학부모들은 무엇보다도 일제에 의하여 말살당한 우리의 말과 글, 그리고 우리의 역사와 얼을 찾고자 하는 민족적 염원이 강했었다. 따라서 누가 요구하지도 않았는데 전국 방방곡곡에서는 '한글강습회'가 자율적으로 열렸으며, 각급학교에서는 당장 학습에 필요한 교재를 만들기 위하여 지역적 혹은 학교 자율적인 노력이 이루어졌다.

이에 일제강점 하에서도 꾸준히 활동을 해왔던 '조선어학회'에서는 미군정이 실시되기도 전인 8월 25일에 총회를 열어 교과서가 없어서 공부를 할 수 없는 초·중등학교의 사태에 대처하기 위하여 교육계·문필계·언론계 등의 협력을 얻어 우선 임시 국어교재를 엮기로 결의하였다. 그래서 교과서의 한글 전용과 가로쓰기 정책을 강조하면서 1945년 9월 1일에는 『한글 첫걸음』과 『국어독본 1』을 바로 내놓았으며, 미군정이 들어온 후 10월 1일에는 『국어독본(교사용)』을, 12월 2일에는 『국어독본 2』와 『국어독본 3』을, 그리고 1946년 1월 28일에는 『국어독본(중학교용)』을 내놓을 수 있었다.

그러나 교과서 편수와 편찬을 맡은 사람들이 "일어·일문으로만 생활하던 사람들"이라 갑작스럽게 한글이 제대로 쓰일 수 없었으며, 인쇄소의 활자 또한 모조리 일문자였기 때문에 새로운 주조를 쉽게 할 수도 없었다.[32] 일제가 태평양전쟁이 발발할 무렵부터 한글 자모활자는 모두 압수하여 녹여 버렸기 때문에, 해방 당시에는 숨겨두었던 자모활자가 약간밖에 없었던 것이다. 이에 교과서 발행에 있어서 큰 진전이 이루어질 수 없었다.[33]

한편, 미군정 하에서 『국사(중학교용)』은 1945년 12월 11일에, 『국사(5-6학년용)』은 12월 15일에 나왔으며, 초등학생용 『공민』 교과서는 12월 16일에 나왔다. 그렇다면 '국어'의 경우도 어느 정도 그렇지만 '국사'의 경우에 있어서는 더욱이나, 이 짧은 기간 동안 '한민족의 얼'을 담은 교과서가 과연 편찬될 수 있었겠는가 하는 의문이 들지 않을 수 없다. 더욱이나 교육계·문필계·언론계 등의 협력을 얻어 교과서를 집필할 수밖에 없었는데, 이 당시 이들 가운데 '친일'로부터 자유로운 사람들이 얼마나 됐을까를 생각한다면, 교과서의 내용면에서는 더욱이나 일제잔재를 청산한다는 것은 불가능했다고 보아야 할 것이다.

또한 일제식민교육의 제1순위였던 '수신' 과목 대신 민주주의 교육의 일환으로 '공민' 과목을 채택했으나, 3개월 만에 그 내용을 갑자기 무엇으로 구성할 수 있었겠는가? 그리고 일제강점 하에서 민족교육을 꾸준히 진행해온 일부 기독교계 사립학교 교사를 제외하고는, 당시 '민주시민의식'을 지닌 교사 자체가 거의 없다고 보아야 한다. 그리고 '일본역사'를 폐지하고 우리의 역사를 가르치도록 했지만, 한민족의 "무위무능한 행적"만을 배워온 교사들이, 그것도 우리의 역사서는 다 태워지고 친일파에 의하여 제작된 역사 교과서만 가지고 있는 마당에, 어떤 내용을 가지

32 함종규, 『한국교육과정변천사연구』, 교육과학사, 2003, 209쪽.
33 문교부 조사기획과, 『문교행정개황』, 1947, 41~42쪽.

고 '국사교육'을 할 수 있었겠는지 묻지 않을 수 없다.

더군다나 교육계 인사들은 당시 교육에 헌신하려고 하기 보다는 정치에 더 뜻을 두어, 지방보다는 서울에 있기를 원하였다. 이는 미군정에서, 해방 직후 주로 친일적 성향의 지주와 자본가들로 구성된 여러 정당들이 '민족진영의 대단결'이라는 명분을 내세워, 9월 16일에 공식 출범한 '한국민주당'을 강력하게 지지하였기 때문이기도 하다.

> 해방으로부터 오는 흥분을 채 가라앉히지 못한 많은 사람들은 마음이 들떠 있었고, 정치에 대한 야망이 부풀어 있어서, 좀처럼 교육과 같은 화려하지 못한 사업에 계속 투신하려 하지 않았다. 그리고 누구나 서울에 머물러 있기를 원하였고 지방으로 가기를 싫어했다. 이러한 시대적 영향으로 말미암아 유능한 교육자를 얻는 일은 더욱 어려웠다.[34]

당시 교사들은 대개 일제강점기 때 교육을 받아 교사가 된 사람들이기 때문에 친일파로 지목된 사람들이 많았으며, 일제가 나중에는 한글을 사용하지 못하게 했기 때문에 한글에 대한 이해도 부족한 편이었다. 또한 제국주의 하에서 교육을 받고 교육을 하던 사람들이라 미군정에서 중점을 두고 있는 '민주주의 교육이념과 신 교수법'에 대한 이해가 부족할 수밖에 없었다. 그래서 11월 16일에 10인으로 늘린 이 위원회(이때 학계 대표로 일제 말기 국사교육을 펼친 정인보 위원이 들어옴)에서는 1945년 12월 22일부터 1946년 1월 9일까지 '초등학교 교사강습회'를, 그리고 1946년 1월 9일부터 18일까지 '중등학교 교사강습회'를 개최하고 하계방학을 이용해서도 다양한 교원 재교육을 실시하였다.

---

34 오천석, 『한국신교육사』, 현대교육총서출판사, 1964, 384쪽.

이와 같이 미 군정청 하에 학무국을 조직하고 조선교육위원회로 하여금 교육문제의 응급조치를 강구하게 함으로써 당면한 문제를 처리하자, 이제 '민주주의에 토대'를 둔 우리나라 교육이념과 제도 및 방향을 합의·결정하기 위하여, 이와는 별도로 1945년 11월 23일 학무국의 자문기구로 100여명으로 조직된 '조선교육심의회'를 구성하였다. 홍익인간 이념에 대한 논의가 이루어진 것은 바로 이 심의회의 10개 분과 중 '교육이념'을 담당하고 있는 제1분과위원회에서였다. 이 분과의 위원장은 안재홍이었으며, 하경덕·백낙준·김활란(·정인보) 등이 위원으로 참여했으며,[35] 문교부 직원인 홍정식과 키퍼 대위도 위원으로 참석하였다.

그런데 심의회 위원들은 인적 구성상 친일 경력을 가지고 있으면서 미국에 대해 우호적인 한국민주당 계열의 배경을 지니고 있는 사람들이 적지 않았으며,[36] 따라서 이들은 군정 하에서 교육의 주도세력으로 성장할 수 있었고 1948년 정부 수립 후에도 교육의 주도세력으로 활동할 수 있었다. 이에 한민족의 교육이념을 처음 논하는 자리인 이 심의회에서는, 친일잔재를 배제한 한민족의 역사성 속에서, 우리의 교육이념을 찾기에는 처음부터 한계가 있을 수밖에 없었다.

당시 심의회에서는 처음 전체 회의를 할 때부터 '홍익인간' 이념이 대두되었다. 이는, 당시 여러모로 미국의 영향을 받아 교육에 있어서도 신생 민주사회 건설에 부합한 교육체제가 필요하다 하더라도, 일제강점기의 황국신민화 교육에서 탈피하여 새롭게 민족의식과 주체성을 고취하기 위해서는 이 이념이 적합한 것으로 여겨진 측면이 있기 때문이었다. 그

---

35 '조선교육위원회'의 10인 위원이었던 역사학자인 정인보가 이 '조선교육심의회'에서 '교육이념' 분야에 위원으로 들어가는 것은 너무나 당연한 일이나, 그가 6·25전쟁 때 납북되었기 때문에 후에 위원 명단에서는 빠져 있다.

36 이광호, 「미군정의 교육정책」, 교육출판기획실(편), 『분단시대의 학교교육』, 푸른나무, 1989, 46~61쪽.

러나 이를 교육이념으로 삼는 것에 대해 이 말이 "『고기』(古記)에서 나온 말이요, 따라서 신화에 가까운 비과학적 용어"[37]일 뿐만 아니라 "일본인이 즐겨 쓰던 팔굉일우(八宏一宇)라는 말과 비슷하다"[38]고 해서 상당히 비판적인 논의가 있었다.

그러나 백낙준 위원은 홍익인간 이념은 그 유래가 『삼국유사』나 『제왕운기』보다 훨씬 이전부터 전해온 것으로, 우리 민족의 '이상'을 가장 잘 표현하고 있기 때문에, 우리의 교육이념으로 손색이 없다고 강조하였다.[39] 그러면서 이를 영어로 "Maximum Service to Humanity"라고 번역·소개함으로써 미군정 당국의 호응을 이끌어냈으며, 이를 교육이념으로 제안하게 된 배경을 다음과 같이 설명하고 있다.

> 여러분들이 교육이념을 두세 개 제출해 가지고 토론했는데, 처음에는 우리 교육이념이 될 만한 것을 하나도 발견하지 못하였습니다. 그러나 그러다가 나중에 어떻게 되어서 내가 생각이 나서 홍익인간이라고 정하는 것이 어떠냐고 말을 할 때, 그때 모두가 좋다고 하였습니다. 그래가지고 소위 분과위원회에서 홍익인간이라는 것을 가지고 교육의 이념으로 정하자고 했던 것입니다.[40]

그런데 이때, 홍익인간 이념을 제안한 것은 백낙준으로 알려져 있으나,[41] 그것이 교육이념으로 채택되게 된 데에는 이념분과 위원에 일제 말기 한민족의 5천년 얼을 홍익인간으로 표현한 정인보가 있었고, 그 위원

---

37 교육개혁심의회, 『한국 교육이념의 정립』, 정민사, 1986, 116쪽.

38 김성재, 「한국 교육의 과제와 기독교의 역할」, 한국 기독교 사회문제연구원, 『교육의 이념과 과제』, 1982.

39 백낙준, 「한국교육과 민족정신」, 『문교사』, 1953, 25쪽.

40 백낙준, 「사회변천과 새 교육」, 『한국의 현실과 이상』 상, 연세대학교출판부, 1963, 93쪽.

41 교육개혁심의회, 『한국 교육이념의 정립』, 정민사, 1986, 113~118쪽.

장이 안재홍이었기 때문에 가능하였을 것이라고 볼 수 있다. 왜냐하면 안재홍도 일제강점기 때 조선일보 사장으로 몸담고 있을 때 후에 임시정부에서도 활동하게 되는 신채호가 고조선사를 연재한 바 있으며, 이러한 역사 인식이 그의 '신민족주의'의 근간을 이루고 있기 때문이다.[42]

그리고 비록 심의회가 결성된 지 하루가 지난 11월 24일 상해 임시정부가 평민 자격으로 입국하여 당시 미군정 하에서 아무런 정치적 영향력을 행사할 수 없긴 했으나, 이들은 이미 일제강점기 때 홍익인간 이념에 입각한 삼균주의를 건국강령에 담고 이에 의해 국가를 운영할 방안을 마련해 놓은 상태였기 때문에, 이에 의한 영향 또한 받았다고 보아야 할 것이다.[43]

상해 임시정부는 일제에 의해 국권을 찬탈당한 후 이에 항거하는 전 민족적인 3·1독립운동이 실패하자 1919년 4월 13일 중국에서 수립되었는데, 1941년 11월 28일 조국이 광복되면 그 건설목표로 삼기 위해 대한민국 '건국강령'을 발표하면서, 총강에 우리나라의 건국정신이 '삼균제도'(三均制度)에 역사적 근거를 둔 것이라고 밝혔다. 삼균제도는 1931년 4월 '건국원칙'으로 천명된 것인데, 이는 조소앙이 제창한 '삼균주의'에 기반을 둔 것으로, 좁은 의미로는 정치·경제·교육의 균등화를 통하여 이상사회(理想社會)를 실현하려는 것이며, 넓은 의미로는 개인·민족·국가 간의 대

---

42 홍익인간 이념은 신민족주의에 의해 사회주의 이론까지 흡수하여 좌우합작이론으로 성장하게 되며, 안재홍은 이 이론의 주도적인 입장에 있다. 이외에도 그는 1913년 상해에서 '동제사'에 가담한 적이 있으며, 3·1독립운동 때는 3년간 옥고를 치르기도 했다. 또한 '신간회' 등의 운동에 가담한 죄로 그리고 '조선어학회' 사건 등으로도 투옥된 바 있다. 그리하여 해방 후 창당된 '국민당'은 안재홍이 중심이 되어 신민족주의를 지도이념으로 한 것이다. 그의 신민족주의는『안재홍선집』2, 지식산업사, 1983, 36~48쪽 등 참조.

43 그러나 이광호는,「미군정의 교육정책」, 교육출판기획실(편),『분단시대의 학교교육』, 푸른나무, 1989, 53쪽에서 임시정부의 삼균주의 교육사상은 미 군정기에는 고려조차 될 수 없는 분위기였다고 잘라 말한다.

등화로 세계일가(世界一家)를 달성하려는 것이다.[44]

이에 임정은 사회 각층 각 계급이 "지력(智力)과 권력과 부력(富力)의 형유(享有)를 균평(均平)하게 하여 국가를 진흥하며 태평을 보유"하게 하는 것, 즉 '홍익인간과 이화세계'(理化世界)하는 것이 우리 민족이 지킬 바 최고공리라고 본 것이다.[45] 그러면서 특히, 건국강령에 '지력'을 최우선으로 드러냈듯이 교육균등에 중점을 둔 것은, 국가의 전반적인 문화수준의 고저가 국민의 교육 정도에 달려 있으므로 국가정책에서 국민교육정책이 가장 중요한 지위를 점할 수밖에 없다고 판단했기 때문이다. 이에 따라 교육균등은 홍익인간과 이화세계의 이념 아래 '체력=체육, 뇌력(腦力)=지육(智育), 심력(心力)=덕육을 갖춘 인재'를 양성하는 것이라고 보았다.[46]

그리고 정치·경제·교육의 균등화를 꾀한 후 삼균주의는 그와 같은 원칙을 개인·민족·세계로 확대하여 "인여인(人與人)균등, 족여족(族與族)균등, 국여국(國與國)균등"을 이루어야 한다고 보았다. 이는 개인 관계에서의 균등생활과 민족 관계에서의 자결(自決) 및 국제 관계에서의 완전히 평등한 주권행사를 최대의 공리로 삼아[47] 국제간의 침략전쟁을 종식시켜 세계평화를 달성하고자 의도된 것이다.

'균등'을 중심으로 한 이러한 임정의 근대국가 건설목표가 당시 정치적으로든 교육적으로든 제대로 받아들여질 수 상황은 아니었지만, 어쨌든 우여곡절 끝에 1946년 2월 16일 심의회의 제4차 전체 회의를 무난히 통과하여 결정된 우리의 교육이념과 교육방침은 다음과 같아야 한다고

---

44 조소앙이 균등론을 처음 피력한 것은, 김영수(「삼균주의와 그 헌법정신: 임정헌법을 중심으로」, 『삼균주의연구논집』 Ⅶ, 삼균학회, 1986, 46쪽)에 의하면 '대한독립선언서'(1918. 12)를 기초하면서였다 한다.

45 「대한민국임시정부 건국강령」 제1장 총강 2항.

46 조소앙, 「한국독립당 당의해석」, 『소앙선생문집』 상, 횃불사, 1979, 217쪽.

47 조소앙, 「한국독립당의 근상」, 『소앙선생문집』 상, 횃불사, 1979, 107~108쪽.

보고되었다.

> 홍익인간의 건국이념에 기(基)하여 인격이 완전하고 애국정신이 투철한 민주국가의 공민을 양성함을 교육의 근본이념으로 함.
>
> [위의] 이념 관철을 위하여, [하기(下記)] 교육방침을 수립함.
>
> ① 민족적 독립·자존의 기풍과 국제우호·협조의 정신이 구전(俱全)한 국민의 품성을 도야함.
>
> ② 실천궁행(實踐窮行)과 근로역작(勤勞力作)의 정신을 강조하고, 충실한 책임감과 상호애조의 공덕심(公德心)을 발휘케 함.
>
> ③ 고유문화를 순화 앙양하고, 과학기술의 독창적 창의로써 인류문화에 공헌을 기함.
>
> ④ 국민체위(國民體位)의 방향을 도(圖)하며, 견인불발(堅忍不拔)의 기백을 함양케 함.
>
> ⑤ 숭고한 예술의 감상, 창작성을 고조하여 순후원만(醇厚圓滿)한 인격을 양성함.[48]

이때 '홍익인간의 건국이념'에 근거를 두고 있다는 것은 홍익인간 이념이 고조선의 건국이념임을 분명히 말하고 있는 것이다. 그러나 그 교육방침을 자세히 들여다보면 이에 관한 심각한 역사적 의미 검토를 한 후에 제안된 것이라고 보기 어렵다. 오히려 당시 존 듀이(John Dewey)로 대변되는 미국의 경험 중심 교육관에 의한 영향을 받은 것이다.[49] 즉, 미군정하 미국식 교육을 우리나라에 도입하는 과정에 있어서, 일제식 교육은 청산도 못하면서, 홍익인간 이념은 상징적으로만 끼어들게 된 것이다.

이와 같은 결과가 나온 것은, 이념분과위원회 외에도 교육제도와 교

48 오천석, 「민주교육의 기초공사」, 『한국신교육사』 하, 광명출판사, 1975, 25쪽.

49 당시 듀이의 영향에 의해 교육이념과 교육방침이 서로 관련 없이 결정되었음은 오천석의 글(「민주주의 교육의 건설」, 1947, 『오천석교육사상문집』 제1권, 광명출판사, 1975, 3~65쪽)에 잘 드러나 있다.

육행정 등 총 10개 분과로 구성되어 있던 심의회의 인적 구성 상 이 위원회의 활동은 미 군정청 학무국의 교육 담당 군정요원인 로카드 대위가 주도하고 있었고, 그에게 시종일관 강력한 영향력을 행사한 것은 당시 문교부장으로 교육제도분과 위원으로 참여한 듀이 학파인 오천석이 있었기 때문이었다고 볼 수 있다. 오천석은 로카드가 일제 하에 있던 총독부 학무국을 정식으로 접수하고 재조직에 착수할 때부터 시작하여 교육위와 심의회의 인선 작업에 깊숙이 관여하게 된다.[50] 그러면서 그는 1946년 1월 학무국 차장이 되는데, 이에 따라 당시의 교육정책은 오천석이 독자적으로 입안하고 후속적인 결정은 로카드가 내리는 식으로 처리되었다.

어쨌든 과도기에는 '공민' 과목은 초등학교 전 학년과 중등학교 전 학년에 2시간씩 배당하였으며, '역사' 과목은 초등학교에는 5-6학년에 2시간씩, 중등학교에는 '지리' 과목과 함께 3-4시간씩 배정하였다. 그리고 1946년 9월부터 신 학년이 시작되면서부터 교육과정 상 '교수요목기'가 시작되는데, 이때는 미국 진보주의 교육의 영향으로 "민주적으로 사회생활을 할 수 있는 사람을 기르기 위하여" '사회생활' 과목이 처음 생기면서, 종전의 '공민'·'역사'·'지리'를 한 데 묶어 교육하게 되었다.

그리하여 초등학교에서는 학년별로 다음과 같이 지도내용을 제시하고, 주당 4-6시간으로 전체 시수 28-34시간에 비해 비교적 많은 시간을 할당하였다. 특히, '국사' 과목은 초등학교 6학년에 특별히 6시간을 배당하였다. 그리고 중등학교에는 공민·역사·지리의 구별 없이 '사회생활' 과목으로 5시간씩 배정하였는데, 국사는 5학년에만 특별히 6시간을 할당하였다. 즉, 미군정이 실시되면서 '국사' 과목은 독자적으로 실시되지 못하고 '사회생활' 과목의 일환으로 이루어지게 되었다.

---

50 한준상, 「미국의 문화침투와 한국교육」, 박현채 외, 『해방전후사의 인식』 3, 한길사, 1987, 561쪽.

제1학년: 가정과 학교생활(주당 4시간)
제2학년: 고장생활(주당 4시간)
제3학년: 여러 곳의 생활(주당 5시간)
제4학년: 우리나라의 생활(주당 5시간)
제5학년: 다른 나라의 생활(주당 5시간)
제6학년: 우리나라의 발달(국사)(주당 6시간)[51]

이와 같이 해방 후 1년이 지나가면서 어찌되었든 학교교육은 자리를 잡아가게 되었다. 이에 당시의 문교부를 중심으로 일선 교육자들 사이에서는 '전통적인 교육을 개혁'하려는 기운이 나타나기 시작하였다. 그런데 이는 주로 ① 조선과 일본이 우리에게 남겨준 성리학 중심의 경전 암기식 교육 ② 지배자와 피지배자를 차별하는 교육 ③ 인간을 도구화하는 것을 목적으로 삼는 교육을 대신할 교육을 이 땅에 건설하려고 한 것으로,[52] 미국식 교육의 도입이 주 목적이었지 일제의 식민지배 하에서 이루어지던 황국신민 교육의 청산과는 거리가 있는 것이었다.

그리하여 1946년 9월 12일 문교부는, 전국의 교육자를 망라하여 '신교육연구협회'를 창설하고 『새교육』이라는 기관지를 발간함으로써, '새교육운동'의 탄생을 보게 하였다. 그리고 그 이론적 근거를 제공하기 위해, 그해 여름 문교부 주최로 열린 '전국교육지도자강습회'에서, 오천석이 듀이의 진보주의 교육에 대한 이론을 소개하였고 그 결과물이 1947년도에 나온 『민주주의교육의 건설』이다.

그러나 이 새교육운동은 "확고하고 충분한 철학적 근거의 뒷받침 없이 시작되었다"는 취약점이 있었다.[53] 당시 일선 교육자들에게는 열의는 있었

51 홍웅선, 『초등교육과정』, 교학사, 1976, 104쪽.
52 박승배, 『교육과정학의 이해』, 학지사, 2007, 333쪽.
53 함종규, 『한국교육과정변천사연구』, 교육과학사, 2003, 214쪽.

으나, 확고한 지도이념이 빈약하였다. 일제라는 억압된 상황에서 40여 년을 살아왔기 때문에 민주주의에 대한 충분한 이해가 빈약할 수밖에 없었고, 따라서 그 이념을 어떻게 교육과정에 반영시켜야 하는가에 대한 뚜렷한 신념도 자질도 부족할 수밖에 없었다. 그 결과 새교육운동의 실제 모습은 "미국의 모방"의 범위를 벗어날 수가 없었다.

Ⅳ. 정부 수립 및 교육법 제정과정에서의 교육이념 논의와 국사교육

1945년 해방정국에서 한민족에게 가장 중요한 문제는 일제 식민잔재를 주체적으로 청산하고 자주적으로 통일된 민족국가를 건설하는 것이었다. 그런데 남쪽에는 미군이 들어오고 북쪽에는 소련군이 들어옴으로써, 남쪽에서는 친일세력이 친미세력으로 바뀌면서 주도권을 장악하게 되며 북쪽에서는 친소 세력이 판을 치면서 반일세력이 주도권에서 밀려나게 된다. 그러면서 남쪽은 미국식 교육이, 북쪽은 소련식 교육이 자리잡아 가게 된다.[54]

이런 상황에서, 새교육운동의 일환으로, 후에 대한민국의 첫 교육부장관이 되는, 안호상은 1946년 8월에 '민주교육연구회'를 발족시키고 11월 8-10일 사이에 "민주교육 강습회"를 열었다. 그리고 12월에는 학회 이름을 '조선교육연구회'로 바꾸고, 강습회의 강연내용을 『조선교육』 제1집이라는 책자로 발간하였다. 그리고는 1947년 4월 이 연구회 기관지로 『조선교육』 창간호를 발간한 후 1949년 10월까지 통권 18권을 발간하고 폐

54 북한의 국가 형성과 교육에 관해서는 이향규·김기석의 『북한사회주의 형성과 교육』(교육과학사, 1999)을, 그리고 소군정기의 북한 교육에 관해서는 신효숙의 『소련군정기 북한의 교육』(교육과학사, 2003)을 참조.

간하였는데, 1947년 6월에 나온 『조선교육』 1권 2호에 국사교육에 관한 내용이 처음으로 게재되어 있다.[55]

여기에서, 1934년 이병도와 함께 '진단학회'를 창설하여 일제 역사학계의 앞잡이 노릇을 하던, 그리하여 1946년 경성대학 사학과 교수로 들어가게 된 손진태는 "민족 내부의 균등과 단결 및 그에 기반 한 민족국가의 건설"을 추구하는 '신민족주의 사관'에 입각하여 국사교육의 방향을 논하였다. 즉, "우리가 세우려는 민족국가는 결코 배타적이거나 문호 폐쇄적인 민족국가가 아니라, 세계적으로 민족 친선을 도모하는 국가이어야 하며, 국내적으로는 계급투쟁을 하는 국가가 아니라, 전 민족이 정치적으로 경제적으로 완전히 평등한 나라이어야 하므로, 역사교육의 방향도 이러한 신민족주의의 기본 이론에 비추어 결정이 되어야 한다"고 보았다.

그러면서 국사교육에서 유의할 점을 다음과 같이 지적하였다.

- 단군 전설은 그 필요와 가치를 느끼는 까닭에 역사에서 취급하는 것이다. 그러나 단군은 어디까지나 민족 최초의 지도자, 곧 민족 시조로 다루어질 것이지, 군왕으로 취급되어서는 안 된다.
- 기자 동래설(箕子東來說)은 지금에 있어 일고의 가치도 없다.
- 조선사는 조선 왕조사와 귀족사가 아니라, 조선민족의 민족으로서의 생활사이어야 한다.
- 종래의 국사 서술은 원시사회를 생략하고, 고대사를 극히 간략하게 다루었으며, 근세사만은 풍부하게 다루었다.
- 삼국시대 이래의 귀족지배 정치가 근본적으로 반민족이었음을 역사교육에서 명백히 해야 한다.
- 조선민족의 우수성은 선천적인 것이 아니라, 민족적 노력과 발분(發憤)에 연유한 것임을 강조해야 한다.

---

55 손진태, 「국사교육의 기본적 제 문제」, 『조선교육』 1권 2호, 1947. 6, 17~33쪽.

- 귀족국가는 그 본질에 있어 혁명의 요소를 내포한 것이므로, 민족이 각성하는 날에는 필연적으로 붕괴할 운명에 놓여 있는 것이다.
- 기원전 2세기 초에 한인(漢人) 위만(衛滿)이 평양 지방에 들어와 그 지방의 조선왕이 되었다고 해서, 이것을 민족적 치욕으로 생각하는 것은 편협한 생각이다.[56]

우선적으로 강조하는 것은 단군은 일제 때 말한 것처럼 '신화'는 아니고 '전설'이지만, 국가 창건을 이룬 '군왕'이 아니라, 그저 '민족의 시조'일 뿐이라는 것이다. 그리고 '기자조선'은 인정하지 않고 '위만조선'은 인정하나, 위만이 중국인이라고 해서 '민족적 치욕'이라 생각하지 말라고 한다. 이는 한민족의 역사를, 구석기·신석기·청동기시대를 인정하지 않는 것은 물론 고조선 국가의 역사를 단군이 아닌 중국에서 도래한 위만조선만 인정하는 것으로, 일제가 '조선반도사' 편찬 작업을 하면서 벌인 한민족의 역사 왜곡과 말살 행위를 조금도 복원시키고 있지 못한 것이다.

뿐만 아니라 귀족정치가 왜 '반민족'인지는 확실하지 않으나, '혁명'의 요소를 내포하고 있기 때문에, '민족이 각성'하면 필연적으로 붕괴한다는 것은 일제 강점을 합리화하는 것으로 여겨진다. 이는, 한민족의 우수성이 '선천적'인 것이 아니라 '분노'를 느낄 때 발휘된다는 표현에서도 느낄 수 있는 것처럼, 마치 삼국시대 이후 '귀족국가였던 조선'을 '민족의 분노로 한일합방'을 이루었다고 말하고자 하는 것 같다. 즉, '실증사학'이라는 명분하에 이루어진 '식민사관'에서 조금도 벗어나고 있지 못하다는 생각이 든다.

그러나 손진태는 이러한 유의사항을 이야기한 것은, 당시의 좌익 학생들이 민족사는 부정하고 세계사만 존재할 뿐이라고 주장하고 있기 때

---

56 홍웅선, 『광복 후의 신교육운동: 1946-1949 조선교육연구회를 중심으로』, 대한교과서주식회사, 1991, 141~142에서 인용.

문에, 이들의 잘못된 역사관을 배격하고 민족의 생존 상 필요한 민족사가 없을 수 없다는 것을 인식하게 하기 위함이었다고 한다.[57] 이인영 또한 "새로운 역사학은 민족주의적 사관을 포기하는 것이 아니라, 재래의 민족주의가 다만 특권 계급의 용구로 이용되고, 혹은 고루한 국수주의, 배타 독전사상으로 전락하고, 혹은 침략적 제국주의, 군국주의로 전환한 데 대해서는 예리한 비판을 내릴 것"이라고 함으로써 양비론적인 입장을 취하였다.[58]

이외에도 당시 문교부 사범교육과장으로 있던 사공환은 국사교육은 국어교육과 더불어 "흥국(興國)적 사명"을 지닌 것이라고 하였으며,[59] 일선 교사이던 임태수는 국사교육이 다른 영역에 비추어 가장 자리 잡지 못한 분야라고 하면서 국사교육이 "열렬한 조국애를 불러일으키고, 민족적 각오를 새롭게 하는 교육이 되도록 힘써야" 한다고 하였다.[60] 새로운 나라의 새로운 교육을 만들어가야 하는 당시의 교육은, 그 중에서도 역사성 있는 새로운 교육이념 정립과 가장 밀접한 관계에 있는 국사교육은, 미군정이라는 상황에서 한민족의 역사와 전통과 '민족'은 상실한 채, 친일은 잊어버리고 친미적 애국심과 반소적 '이념'으로 "민족적 각오를 새롭게 하는 교육"이 되어버리고 만 것이다.

이에 이길상은 미군정 3년 동안의 교육은 일제 군국주의 교육과 미국식 민주주의 교육의 교체기나 미군정에 의한 민주주의 교육의 도입기로 볼 수 없다고 하였다.[61] 오히려 이 시기는 외국 군대에 의해 지배된 기간

---

57 홍웅선, 『광복 후의 신교육운동: 1946-1949 조선교육연구회를 중심으로』, 대한교과서주식회사, 1991, 142쪽.

58 이인영, 「새로운 역사학의 과제」, 『조선교육』 1권 4호, 1947, 83쪽.

59 사공환, 「사회생활과로 본 국사교육」, 『조선교육』 1권 5호, 1947, 73쪽.

60 임태수, 「국사교육의 실제이론」, 『조선교육』 1권 5호, 1947, 49쪽.

61 이길상, 『미군정하에서의 진보적 민주주의 교육 운동』, 교육과학사, 1999, 53쪽.

이었기 때문에, 교육을 '사회혁명의 수단'으로 설정했던 친소·좌익세력과 '이념전쟁의 도구'로 이용하려 했던 친미·우익세력 사이의 갈등과 충돌로 인해 "한국 현대교육의 비민주적 특성들을 강화한 기간"으로 봐야 한다는 것이다. 따라서 그는 이 시기를 "교육 민주화의 이름하에 교육의 수단화를 가속화시킨 시기"라고 규정하였다.

한반도 남쪽에서 이와 같은 교육이 강화되었던 것은 3·8선에 의한 지리적 분단이 한반도에 두 개의 정권을 창출하는데 한 몫을 하였기 때문이다. 유엔총회는 1947년 11월 14일 유엔 감시 하에 남북이 총선거를 실시할 것을 통과시켰다. 그러자 중도세력은 우리 민족의 문제를 스스로 풀어보고자 '남북지도자회의' 소집을 주장하고, 12월에 '민족자주연맹'(주석 김규식)을 결성하였다. 게다가 1948년 1월 유엔조선임시위원단 대표들이 서울에 오자, 김구는 이승만 및 한민당과 결별하고 김규식과 함께 남북협상을 주장하였다. 그러나 북쪽과 소련은 아무런 반응을 보이지 않았고, 유엔소총회에서는 일부 반대가 있었음에도 불구하고 5월 10일에 '제헌국회의원' 선거를 실시한다고 공고하였다.

그러자 북쪽에서 반응을 보여, 1948년 4월 평양에서는 두 종류의 회의가 열리게 된다. 하나는 '남북조선제정당·사회단체대표자연석회의'였는데, 여기에서는 미국을 제국주의 국가로 격렬히 비난하고 인민의 손으로 정부를 수립하자고 주장하였다. 또 하나는 남쪽의 김구·김규식과 북쪽의 김일성·김두봉이 중심이 되어 열린 '남북협상'이었는데, 여기에서는 '전조선정치회의'를 소집하여 임시정부를 수립한 다음 총선으로 입법기관을 탄생시켜 헌법을 제정하자는 '통일국가방안'을 내놓았다.

그러나 이는 남쪽에서 받아들여지지 않고, 5월 10일 유엔 감시 하에 남쪽에서만 선거를 실시하고 7월 17일 헌법을 통과시켜 남한만의 단독정부 수립이 이루어졌다. 제헌국회에서는 국호를 '대한민국'으로 정하고,

대통령 이승만, 부통령 이시영, 국무총리 이범석을 선출하고, 8월 15일 정부 수립을 공포하였다. 이에 북쪽에서는 '남북제정당·사회단체지도자협의회'를 거쳐, 북쪽에서는 선거를 하고 남쪽에서도 '지하선거'를 하여 선임되었다는 대의원으로, '최고인민회의'를 구성하여 여기서 '사회주의 헌법'을 채택하고 9월 9일 김일성을 수상으로 한 '조선민주주의인민공화국'을 수립하였다.

이와 같이 남쪽에서는 대통령제, 북쪽에서는 내각제 국가로 출발하였으나, 국호에 모두 '공화제'임을 표방하였다. 그러나 헌법을 제정함에 있어서 남한에서는 '영토'를 "한반도와 그 부속도서"(제3조)로 규정하고 북한에서는 '수도'를 "서울시"(제103조)로 명기함으로써, 자신만이 정통이고 상대방은 나라로 인정하지 않는 가운데 한반도에는 두 개의 국가가 생기게 된다. 그러면서 남한의 이승만 대통령은 12월에 국가보안법을 공포하여 '반공'을 국시로 삼았으니, 이때부터 남한에서는 반공이 '민주주의나 민족에 우선시'되는 최고의 덕목이 되고 만다.

이에 이승만 정권은, 일제잔재를 청산하기는커녕, 미군정이 이어받았던 조선총독부의 '친일적 관료'와 지주세력을 그대로 물려받는 오류를 범하며 출발함으로써 "식민지에서 해방된 민족국가로서의 명분"을 제대로 세우지 못했다.[62] 그리하여 좌익세력과의 대결을 내세워 친일세력을 비호함으로써 좌익세력의 공격의 대상이 되었을 뿐만 아니라, 독립운동에 참가했던 우익세력의 지지마저도 제대로 받지 못한 상태로 단독정부를 수립하게 된 것이다.

이와 같이 해방 이후 미군정이 실시되면서 당시 교육계와 사회 일반에는 근대화와 더불어 탈 전통의 에토스가 지배하고 있었기 때문에, 한

62 강만길, 『한국현대사』, 창작과비평사, 1984, 175쪽.

민족의 출발을 알리는, 따라서 고조선의 통치이념이면서 상해임시정부에 의하여 새로운 근대민족국가의 건국이념으로 삼으려 했던 홍익인간의 이념을 이 속에서 재해석할 수 있을 만큼 우리의 사상계와 교육계가 충분히 성숙해 있지 못하였다.[63] 그래서 '전통적 교육'을 새롭게 근대화·민주화 시키려는 노력보다는 미국식 민주주의 교육인 듀이의 교육이론을 우리나라에 일방적으로 접목하려는 방향으로만 '새교육운동'을 전개하다가 한계에 부딪혔던 것이다.

그러다 1948년 미군정이 종식되기 전에 군정청의 문교부에서는 '미국 교육사절단'을 초청하였는데, 이들의 내한이 우리나라 교육을 민주주의에 입각하여 건설하는데 큰 영향을 주게 된다. 이 사절단은 '중앙교원훈련소'를 개설하여 전국 각 시·도의 중견교육자들을 대상으로 새로운 교육철학 등을 연수하였으며, 8월 3일부터 9월 24일까지 2차에 걸쳐 2기로 나누어 약 400명의 교원을 훈련시켰다. 이로써 우리의 교육자들은 새교육을 이해하는데 큰 도움을 받게 되었으며, 이후 각종 강습회와 연구회 개최 및 교육도서 간행 등이 추진되게 되었다.

따라서 이러한 과정 속에서 해방 직후부터 논의되었던 '홍익인간' 이념은 우여곡절 끝에 1949년 말 '대한민국 교육법'에는 담기게 되나, 이것이 교육 일선에 제대로 적용되기도 전에 6·25전쟁이 발발하게 된다. 이에 따라, 이후의 한국 사회와 교육은 분단이라는 상황을 정치적으로 악용하여, '민족' 이념으로 여겨진 홍익인간 이념보다는 '민주' 이념으로 여겨진 반공주의 이념에 의해 지배되게 된다.

이러한 상황에서 미군정 하에서 정권을 수립해 가는 과정에 있어서 홍익인간의 이념을 '민족주의적인 입장'에서 새로이 주장한 사람은 안호

---

63 이돈희, 「한국 교육이념의 어제와 오늘」, 『교육학연구』 33-2, 한국교육학회, 1995, 4~5쪽.

상이었다. 그는 홍익인간 이념에 입각하여 남북이 통일되어야 한다는 '한 백성주의'('一民主義')를 자유당 정권의 지도이념으로까지 부상시키는데, 이러한 과정에는 당시의 정치 집단의 갈등과 사회적 배경이 중요한 요인으로 작용하였다고 볼 수 있다. 즉, 국내에 정치적 기반이 약했던 이승만은 한민당의 김성수 세력을 견제하고 독자적인 권력기반을 마련할 필요가 있어서 민족청년계의 이범석과 제휴하게 되고, 이에 이범석을 총리로 임명하면서 그와 같은 족청계의 주요 멤버 중의 하나였던 안호상을 교육부장관에 앉히게 됨으로써 가능했던 것이다.

안호상은 미국식 자유민주주의의 도입 과정에 대해 "해방 후 비판 없이 요란히 떠드는 민주주의 바람에, 우리민족은 오늘날 이와 같이 불행하고, 우리조국은 이와 같이 파괴되었다"고 개탄하면서,[64] 초대 교육부 직원 구성에서도, 미군정 하의 교육위원회 및 심의회와는 대조적으로, 미국계로 분류되는 연희전문 출신을 배제하고 보성전문과 서울대 출신의 제자들만 채용하기도 하였다. 당시 그가 미군정 하 교육의 주도세력에서 철저하게 소외되어 있었던 것은 비 미국계 출신이기 때문이었다. 그러나 그가 속해 있던 비 미국계 출신들로 구성된 '조선교육위원회'에는 심의회에 속한 인물들(사공환·최현배·안재홍·최규동·조윤제·허현·이호성 등)도 많았으며, 이 가운데 이념분과위원장인 안재홍도 속해 있었다. 따라서 교육이념 제정에 홍익인간 이념이 들어가게 된 것은, 안호상의 영향이 안재홍을 통해 미친 것이라는 점을 감안하지 않을 수 없다.

안호상은 한민족은 남녀상하·지방파당·빈부귀천의 차별을 없애기 위하여 자유·진리·공정의 세 가지 원리를 가지고 균일(均一)주의로서의 민주정치와 균등(均等)주의로서의 민족교육 및 균침(均沾)주의로서의 민생경

64 안호상, 『민주주의의 역사와 종류』, 일민출판사, 1953, 머리말.

제를 펼쳐나가야 한다고 보았다.[65] 그는 인간의 궁극적 이상과 목적은 큰 덕(德)과 슬기(慧)와 힘(力)을 지닌 '신인'(神人)이 되는 것인데, 이러한 신인이야말로 '한얼사람'(天神人, 天人)으로서 절대적 자유와 진리와 공정을 소유하고 있기 때문에, 인간은 이 세 가지 원리를 실현해야 '참된 사람'('眞人')이 될 수 있다는 것이다. 그리고 이 세 가지 원리는 우리 민족에게 고유한 종교와 철학(즉, 홍익인간 이념)을 이어 받아 이루어진 절대규범과 같은 것으로, '사람의 자유'와 '우주의 진리' 및 '사회의 정의, 공정'으로 해석될 수 있다고 보았다.[66]

그러면서 그는 이러한 일민주의가 자본주의나 공산주의가 아닌 인간주의, 개인주의나 계급주의가 아닌 민족주의, 전제주의나 독재주의가 아닌 백성주의, 곧 민주주의의 세 요소를 그 안에 지니고 있다고 보았다. 그리고 교육 또한 일민주의와 마찬가지로 홍익인간 이념에 입각한 '민주적 민족교육'이어야 하는 취지를 다음과 같이 밝힌 바 있다.

> '홍익인간'의 이념을 실현하기 위하여 우리는 사람을 의리의 사람·기술(학문·예술·과학·기술의 전체임)의 사람·용기의 사람으로서 온사람(全人)을 만들어 우리의 사상건설·경제건설·무력건설을 빨리 또 튼튼히 하지 않으면 아니된다. 이러한 교육을 통해서 우리 민족이 통일되어 세계일민(一民)이 되어 '널리 사람을 유익케 할' 수 있다.
>
> 온사람(전인)인 낱사람(개인)과 한백성인 한민족과 또 한백성인 온백성(全民·전인류)을 지향하는 우리 교육을 구미식 개인 자본주의적 민주교육과 소련식 계급 공산주의적 민주교육(사실 독재교육임)과 구별하기 위하여 민주적 민족교육 혹은 일민교육이라 하였다.[67]

---

65 안호상, 『일민주의 본바탕』, 조문사, 1950, 7쪽.

66 안호상, 「과거와 미래의 한국교육의 이념과 정책」, 대한교육연합회, 『새교육』, 1964, 26쪽.

67 한국교육십년사간행회, 『한국교육십년사』, 풍문사, 1960, 45쪽.

이러한 민주적 민족주의를 자유당 정부의 지도이념으로 채택한 이승만 대통령은 일민주의를 통하여 민족도 하나이며, 국가도 하나요, 국민성·정치·문화도 하나임을 강조하기까지 하였다.[68] 그러나 이에 입각한 제1공화국의 사상정화정책은 한편으로는 좌익운동에 가담한 교사와 학생들에 대한 대대적인 숙청으로 나타나게 되었으며, '학도호국단' 조직과 이를 통한 군사교육으로 나타나게 되었다. 1949년 4월 '중앙학도호국단'이 결성되고, 9월에는 대통령령 제186호로 '대한민국 학도호국단 규정'이 공표되었는데, 그 조직은 대통령이 총재를 국무총리가 부총재를 그리고 문교부장관이 중앙학도호국단장을 맡도록 되었으며, 슬로건으로는 "민족주의·사상통일"을 내걸었다.

이와 같이 당시의 혼란스러운 사회적·이념적 현실 속에서 홍익인간 이념에 입각한 민주적 민족주의로 통치이념을 정립함으로써 국민들의 사상적 구심점을 형성하기 위해 구안된 일민주의는 당시의 학계와 사회가 미국식 자유민주주의 일색으로 가는 데에 대한 일정한 비판 기능을 담당할 수 있는 측면도 있었다. 그러나 '단군 한배검의 홍익인간 정신'과 '신라 화랑도의 사상'을 이어받아[69] 창설된 학도호국단을 통해 "학원 내 좌익 세력의 행동을 분쇄하고, 민족의식 고취를 통하여 애국적 단결심을 함양한다"는 목표를 내걸음으로써 홍익인간 이념은 '반공 이데올로기'의 색깔을 강하게 띠는 '복고풍의 민족주의'로 변질되게 되었다. 즉, 일민주의는 그 본래의 의미상 민족주의적 색채를 강하게 띠고 광범위한 국민적 공감대를 형성키 위한 사상체계였으나, 그것이 정치권력에 의하여 전개되는 과정에서 본래의 의미가 퇴색되게 되었다.[70]

---

68 이승만, 「일민주의를 제창하노라」, 『민주공론』, 1948, 3쪽.

69 안호상, 『민주주의의 역사와 종류』, 일민출판사, 1953, 20쪽.

70 박부권·정재걸, 『교육이념과 홍익인간』, 한국교육개발원, 1989, 67쪽.

그로 인해 일민주의는, 당시 교육에 있어서 미국식 자유민주주의를 공유·확산하고 있던 오천석과 그의 추종자들에 의해, 일제잔재의 청산이나 외세 배격과 같은 '저항적 민족주의'가 아닌 스파르타식 교육과 '일제식 교육의 연장'으로 혹평을 받게 되었다.

> 스파르타식으로 아동을 훈련하고 지식을 주입해야 한다는 보수파의 주장이었으며, 그들에게는 무슨 확고한 철학적 신념이나 이론적 근거가 있는 것이 아니라, 일본식 교육에 대한 열정과 타성이 있을 뿐이라고 단정해도 무리가 아닐 것이다.[71]

한편, 조선교육심의회에서 통과된 교육이념은 대한민국 정부 수립 후, 문교부에 그대로 받아들여져 당시 문교부에서 교육법을 기초할 때도 그 기본골격을 유지하게 되었다. 그런데 당시 국회의 '문교사회위원회'에서도 이재학 의원에게 별도로 법안을 기초하게 하자, 그 위원장인 이학준은 두 안을 박희병 전문위원에게 맡겨 단일화시키도록 하였다. 그리하여 1949년 6월 3일 국회 문사위에서는 세 개 법안을 놓고 제1회 심의위원회를 열어, 이를 기초로 새로운 법안을 만들기로 결정하고 교육전문가 20인에게 이를 위촉하였다.

이 전문위원회에서는 다시 기초위원으로 5인(백낙준, 현상윤, 장이욱, 유진오, 오천석)을 선정하고 수개월에 걸쳐 수십 회의 회합을 가져 초안을 마련하였는데, 이때 홍익인간이 주요 논란거리로 다시 등장하게 되고, 오천석 기초위원의 강력한 주장으로 홍익인간은 교육이념에서 빠지게 되었다.

그래서 교육법 초안은 소위원회를 떠나 다시 20인의 전문위원회를 거쳐 9월 28일 국회 문교사회위원회로 넘어가게 되었는데, 이때 문교부측

71 오천석, 『발전한국의 교육이념 탐구』, 배명사, 1973, 210쪽.

대표의 출석 발언을 통하여 위원회에서는 다시 홍익인간을 되살려 내게 된 바, 여기에는 안호상 초대 교육부장관의 영향력이 강하게 작용하였을 것이다. 그리고 10월 26일 제5회 국회 본회의에 상정되어 11월 30일 마침내 현행의 교육법이 탄생하게 되었으며, 1949년 12월 31일 법률 제86호로 '대한민국 교육법'을 공포하면서 제1장 제1조에 우리나라의 교육이 홍익인간의 이념 아래 설정된 것임을 명기하게 된다.

> 교육은 홍익인간의 이념 아래 모든 국민으로 하여금 인격을 완성하고 자주적 생활능력과 공민으로서의 자질을 구유하게 하여 민주국가 발전에 봉사하며 인류공영의 이상 실현에 기여하게 함을 목적으로 한다.[72]

그리고 제2조에 홍익인간의 이념의 달성을 위하여 다음과 같은 교육방침을 세웠다.

> ① 신체의 건전한 발육과 유지에 필요한 지식과 습성을 기르며 아울러 견인불발의 기백을 가지게 한다.
> ② 애국애족의 정신을 길러 국가의 자주독립을 유지 발전하게 하고 나아가 인류평화 건설에 기여하게 한다.
> ③ 민족의 고유문화를 계승 앙양하며 세계문화의 창조발전에 공헌하게 한다.
> ④ 진리탐구의 정신과 과학적 사고력을 배양하며 창의적 활동과 합리적 생활을 하게 한다.
> ⑤ 자유를 사랑하고 책임을 존중하며 신의와 행동과 애경의 정신으로 조화 있는 사회생활을 하게 한다.
> ⑥ 심미적 정서를 함양하여 숭고한 예술을 감상창작하고 자연의

72 『대한민국 교육법』(1949.12.31, 법률 제86호) 제1장 총칙 제1조.

미를 즐기고 여유의 시간을 유효히 사용하여 화해 명랑한 생활을 하게 한다.

⑦ 근검절약하고 무실역행하며 유능한 생산자요 현명한 소비자가 되어 건실한 경제생활을 하게 한다.[73]

이 법이 최초의 심의회 안과 거의 유사하게 결정되게 된 데에는 백낙준이 양 위원회에 동일하게 관여했기 때문이라고 할 수 있다. 그런데 두 안의 내용에 차이가 있다면, 교육법에는 홍익인간이 '건국이념'임을 명시했다는 것과 "인류공영의 이상 실현에 기여"하게 한다는 의미가 추가되었다는 점인데, 이 또한 안호상 장관의 영향력이라 할 것이다. 그리하여 교육법에 의해 홍익인간 이념은 ① 인격의 완성 ② 자주적 생활능력의 배양 ③ 공민으로서의 자질 구유 ④ 민주국가 발전에 봉사 ⑤ 인류공영의 이상 실현에의 기여로 해석되게 되었다.

그러나 이는 홍익인간이라는 말만 빼면 어느 국가의 교육이념으로도 제시될 수 있는 보편적인 것으로, 한국이 처한 사회적 상황과 문제의식이 반영된 독자적인 교육이념이라기보다는, "양옥 위에다 짚으로 이엉을 덮은 이상한 건물"이 되어 버린 것이다.[74] 이와 같이 개인의 인격 완성으로 국가가 민주국가로 발전하고 세계가 인류공영의 이상을 실현하게 되는 남한의 교육이념으로 남게 된 명목상의 홍익인간 이념은, 자유민주주의에 기반을 둔 미국식 민주주의 교육의 개념을 나름대로 해석한 것이지, 한민족의 전통사상에 근거를 둔 민족의 교육적 이상을 드러낸 것이라고 보기는 어렵다.[75]

---

73 『대한민국 교육법』 제1장 총칙 제2조.

74 박부권·정재걸, 『교육이념과 홍익인간』, 한국교육개발원, 1989, 8쪽.

75 권성아, 『홍익인간사상과 통일교육』, 집문당, 1999, 62쪽.

이와 같은 사실은 교육법 제2조에 담긴 교육방침이 제1조의 교육이념과 어떤 논리적인 일관성 없이 작성된 것을 보아도 알 수 있는데, 여기에는 교육이념분과위원회 소속은 아니나 미군정 하에서 심의회 조직과 인선작업에 깊숙이 관여하여 학무국 차장이 된, 그리하여 홍익인간 이념을 교육이념에서 제외시키려 했던 오천석의 다음과 같은 글 속에 잘 드러나 있다. 그럼에도 불구하고 그가 홍익인간 이념을 '박애주의'로 해석한 것은 적절한 것이라 할 수 있다.

> '홍익인간'이란 문구가 과정시대부터 문제가 되어온 말인데, 금번 다시 오르게 된 것은 다소 유감되지 않음이 아니다. 그의 역사적 근거를 지나치게 논란함이 없이 그 박애주의적 정신만을 취하는 것이 옳을 줄로 생각한다. 그리고 본 법 제2조가 되어 있는 교육의 7대 방침은 그 노리는 바가 뚜렷하고 구체적이며, 현대교육의 새 호흡에 맞는다는 점에 있어 가히 신생민국의 교육법의 머리되는 자리를 차지하여 부끄러움이 없다고 할 것이다.[76]

어쨌든 교육법이 제정·공포됨에 따라 1950년도에는 이의 시행에 필요한 다양한 예규와 규정들이 제정되었는데, 교과서와 관련해서는 4월 29일 대통령령 제336호로 '교과용도서 검·인정규정'과 제337호로 '국정교과용도서편찬규정'이 공포되었다. 그리고 6월 2일에는 '국정교과용도서편찬심의회규정'과 '교수요목제정심의회규정'이 문교부령으로 공포되었다. 이에 따라 당시 문교부에서는 국정 교과서의 편찬과 검·인정 작업 준비를 서두르면서 교수요목 제작 작업에 들어가려 하고 있는데, 6·25전쟁이 터져버렸다. 따라서 그나마 초등학교 교과서는 이들 규정이

---

76 오천석, 「민주주의 교육의 건설」(1947), 『오천석교육사상문집』 제1권, 광명출판사, 1975, 312쪽.

공포되기 전에도 양질의 것으로 발행된 편이나, 중등학교의 경우에는 일제강점기 때의 교과서를 그대로 번역 또는 모작하여 사용하고 있었기 때문에 교육내용이 일제식 그대로의 답습에 머물러 있은 채로 민족분열의 전쟁 속으로 휘말려들게 된 것이다.

Ⅴ. 맺음말: 교육이념 및 국사교육 회복의 방향

외세에 의하여 분단이 된 상황에서 한반도에 서로 이념을 달리하는 두 개의 정부가 탄생한 것은 결국 6·25라는 '민족분열'의 참사를 빚게 하였다. 이후 남한은 '반공주의' 일색으로 가고 북한은 '주체사상' 일색으로 가면서, 일제 식민통치로 잃어버린 한민족 공동체적인 역사와 삶의 방식 및 교육은 다시 회복할 기회를 찾기 어려워졌다.

더욱이 1967년 북한이 주체사상을 완성하면서 '고구려 중심의 역사관'을 확립하자, 남한에서는 1969년 교육과정을 부분 개정하여 '교련' 과목을 신설하더니, 1972년 '10월유신'으로 헌법을 개정하고 1973년 교육과정을 개정하여 '도덕'과 '국사' 과목을 신설하여 '신라 중심의 역사관'을 확립한다. 이로써 남과 북은 서로가 '민족사적 정통성'을 지니고 있다고 주장하면서, 일제에 이어 또다시 우리의 역사를 왜곡시켜 교육하게 된다.

이런 가운데 '홍익인간 이념'은 대한민국의 교육법에 담겨 있기 때문에 이후에도 지속적인 관심의 대상이 되긴 하였고,[77] 1968년 '국민교육헌장'을 만들 때에는 다음과 같이 그 의의를 민족정신의 원천인 홍익인간 정신에 있음을 밝히기도 하였으나, 1985년 제5공화국 당시 '교육개혁심의

77 6·25전쟁 이후 남한의 교육이념 변화에 관해서는 권성아, 「교육 분단 60년의 회고와 통일 교육이념의 모색」, 『정책연구』 147호, 국제문제조사연구소, 2005. 겨울, 163~172쪽 참조.

회'에서는 홍익인간의 교육이념을 ① 인본성, ② 민족정체성, ③ 도덕성, ④ 진취성의 네 가지로 한정시켰다.[78]

> 유구한 역사의 여명(黎明)에 이 강산에 터를 잡았던 우리 조상들은 홍익인간의 정신으로 만민(萬民)이 공영(共榮)하는 삶의 터전을 닦았으며, 착하고 깨끗하고 부지런한 성품과 밝은 세계를 갈구했던 '한'겨레의 이상은 우리 민족정신의 원천을 이루었다.[79]

이와 같이 남한에서는 고조선을 건국할 때부터 상해 임시정부에 이르기까지 한민족의 정치·경제·교육 및 종교의 최고 이상이었던 만민공영의 홍익인간 이념이 한 번도 제대로 살아난 적이 없었다. 이에 1999년 지금의 한국학중앙연구원에서 홍익인간 이념에 대한 총체적 연구를 실시하여 사회적·교육적 실천방안까지 내놓았으나,[80] 그것이 한민족의 삶에 실질적 영향을 미치고 있다는 보고는 듣기 어렵다.

이런 와중에 남한에서는 1997년 12월 13일 법률 제5437호로 이전의 교육법을 폐지하고 '교육기본법'을 제정·공포하였다. 그러면서 제1조에 교육기본법의 '목적'을 적게 됨에 따라 '교육이념'은 제2조로 밀려나게 되고, 다음과 같이 약간의 자구(字句) 수정을 하였다. 이전에 '공민'으로 표현했던 것을 '민주시민'으로 변경한 것과 홍익인간 이념에 "인간다운 삶을 영위하게" 한다는 내용이 추가된 것 이외에는 별다른 변화가 없다.

> 교육은 홍익인간의 이념 아래 모든 국민으로 하여금 인격을 **도야**하고 자주적 생활능력과 **민주시민**으로서 **필요한** 자질을 **갖추게** 하여

---

78 교육개혁심의회, 「교육개혁심의회 발족의 역사적 의미」, 1985, 140~141쪽.
79 국민교육협의회, 『국민교육헌장의 자료총람』, 1972, 21쪽.
80 정영훈 외, 『홍익인간 이념 연구』, 한국정신문화연구원, 1999.

인간다운 삶을 영위하게 하고 민주국가의 발전과 인류공영의 이상을 실현하는 데 이바지하게 함을 목적으로 한다.[81]

그런데 북한에서는 1990년대 접어들어 단군릉과 동명왕릉을 발굴하면서, 평양을 중심으로 한 자신들이 진정으로 고조선과 부여-고구려 및 발해의 전통을 이어받은 나라라고 주장하고 있다. 그러면서 '단군신화'를 철학사상으로 설명하면서, 그 속에 담긴 홍익인간 이념을 '리상적 사회관'으로서의 '사상'으로 표현하고, 이를 "인간들에게 크나큰 리익을 주라"는 '인도주의적 정신'이 내포되어 있는 '통치리념'이라고 평가하였다.[82]

그리고 대종교에서 단군을 실존 인물로 내세우면서 그를 숭배하게 된 원인이 단군의 '치화(治化)이념'인 홍익인간과 이화세계 이념을 그대로 확신한 데 있었다고 보았다. 그러면서 "단군이 백성들에게 크나큰 리익을 주기 위해 인간살이의 360여가지 일을 주관하면서 정치와 교화를 베풀었다"면서, 홍익인간 이념을 '단군의 정치도덕적 리념'이라고 하면서, 다음과 같은 의미를 부여하였다. 이후 북한은 사회 각 부분에 있어서 민족의 주체성을 다른 어느 때보다 강조하고, 이를 실현하기 위한 교육, 그중에서도 '국사교육'에 역점을 두고 있다.[83]

'홍익인간'이란 한마디로 말해서 모든 사람들에게 리익이 골고루 돌아가도록 해야 한다는 뜻을 담은 말이다.

'홍익인간' 리념에는 유교의 충효사상이나 인애사상, 불교의 자비사상, 도교의 '무위화'사상보다 더 근원적인 인간애사상과 호혜호조

81 『대한민국 교육기본법』(1997. 12. 13, 법률 제5437호) 제1장 총칙 제2조.

82 정성철, 「단군조선의 철학사상에 대하여」, 이형구(편), 『단군과 단군조선』, 살림터, 1995, 217쪽.

83 이에 관해서는 권성아, 「『조선력사』를 통해서 본 북한 이념교육의 변화와 남북통합의 방향」, 『통일과 평화』 3집 2호, 서울대학교 통일평화연구원, 2011, 93~129쪽 참조.

사상, 인도주의사상과 평화애호사상이 담겨져 있다고 볼 수 있다.[84]

물론 북한이 '한민족'을 '조선민족'으로 표현하고 고구려를 '강성대국'으로 명명하면서 '대동강 문화론' 중심의 국사교육을 펼치고 있기는 하지만, 홍익인간 이념을 유교·불교·도교보다 더 근원적인 ① 인간애 ② 호혜호조 ③ 인도주의 ④ 평화애호의 정치도덕사상으로 평가한 것은 대단히 적절하다고 볼 수 있다.

따라서 우리의 교육이념은, '민족통일'까지 염두에 두면서, 홍익인간 이념이 지닌 '총체적 세계관'을 분석하여 여기에서 '교육적 인간상'을 재추출하는 방식으로 설정하여야 한다고 본다.[85] 그리고 국사교육은 일차적으로 분단역사와 이념논쟁에 의하여 왜곡된 한민족의 역사를 바로잡는 일부터 시작해야 한다고 본다. 그런 후에는 일제식민통치 하에서 왜곡되고 말살된 한민족의 고유한 역사를 회복시키는 일을 해야 할 것이다. 그래야 일제강점 하에서 신채호가 강조한 '한민족 공동체성'을 다시 찾고, 정인보가 분석한 '5천년 조선의 얼,' 즉 '홍익인간의 정신'을 살리는 '민족교육'으로서의 국사교육을 제대로 실시할 수 있을 것이다.

---

84 최태진, 「단군과 대종교에 대하여」, 이형구(편), 『단군과 단군조선』, 살림터, 1995, 125쪽.

85 권성아는 『홍익인간사상과 통일교육』, 182~193쪽에 걸쳐 홍익인간 이념의 '총체적 세계관'을 밝히고자 했으며, 그에 따라 홍익인간은 천·지·인의 관계 속에서 '조화'(調和)와 '평화'를 핵심가치로 하는 '주체적 자유인, 세계적 평화인'으로 형상화할 수 있다고 보았다. 그리고 206~213쪽에서는 이러한 홍익인간이 영향을 미칠 수 있는 총체적인 삶의 영역을 보여주고자 했다.

03

교수요목기 국사교과서의 발행과 편찬

조성운

Ⅰ. 머리말

우리나라의 교육제도 하에서 교과서는 절대적인 권위를 지닌다. 그것은 수학능력시험으로 대표되는 진학시험에서 교과서가 차지하는 권위가 절대적이기 때문이다. 이러한 의미에서 교과서는 단순한 의미에서의 '교과서'가 아니라 마치 '바이블'과 같은 존재로 비쳐지기도 하기 때문에 교과서에 대한 연구는 매우 중요하다 할 수 있다. 특히 해방 이후 일제의 잔재를 청산하고 민주주의적 질서를 수립하기 위한 교육은 늦출 수 없는 시대적 요청이기도 하였다.

그러므로 해방 이후 교육제도에 대한 연구는 큰 의미가 있다. 특히 학교교육의 기본 교재인 교과서에 대한 연구는 더욱 그러하다고 할 것이다. 해방 이후 교과서에 대한 연구는 교과서 일반에 대한 연구[1]를 비롯

1 대표적인 연구로는 다음의 것들이 있다.
이종국, 『한국의 교과서』, 대한교과서주식회사, 1991; 재단법인 한국교과서연구소, 『교과

하여 각 교과목별 교과서의 내용을 분석한 연구, 교과서 발행제도의 변천 등 다양하게 이루어졌다. 다만 교과서 내용을 분석한 연구는 주로 특정 교육과정기의 교과서 내용을 분석한 것이 대부분으로서 해방 이후 각 교육과정기별 교과서의 내용을 비교, 분석한 연구는 많지 않은 실정이다. 그리고 교과서의 발행제도에 관한 연구 역시 본고에서 다루고자 하는 국사교과서에 한해서 보면 1974년 국사교과서 국정화와 관련된 연구와 2015년 국사교과서 국정화 발표 이후의 국정화 논란에 대한 연구[2]가 주를 이루고 있다.

본고에서는 해방 이후 1955년까지의 국사교과서 발행에 대해 고찰하려고 한다. 해방 이후 국사교과서의 발행이나 그 제도의 변천에 대한 연구[3] 혹은 국사교과서의 내용 분석에 대한 연구[4]는 비교적 많이 축적되어

용도서관련법규집』, 1992; 이종국, 『대한교과서사: 1948~1998』, 대한교과서주식회사, 1998; 허강 외, 『한국편수사연구(1)』, 한국교과서연구재단, 2000; 허강 외, 『한국편수사연구(2)』, 한국교과서연구재단, 2000; 이종국, 『한국의 교과서 출판 변천 연구』, 일진사, 2001; 허강 외, 『한국의 검인정교과서 변천에 관한 연구』, 한국교과서연구재단, 2002; 허강, 『한국의 검인정 교과서』, 일진사, 2004; 허강 외, 『한국 교과서의 어제, 오늘 그리고 내일』, 한국교육과정·교과서연구회, 2006.

2 이병희, 「국사교과서 국정제도의 검토」, 『역사교육』 91, 역사교육연구회, 2004; 안병우, 「한국사 교과서 발행제도에 관한 검토」, 『민주사회와 정책연구』 6, 2004; 서인원, 「역사교과서 검정발행제 분석」, 『역사와실학』 32, 역사실학회, 2007; 유승렬, 「한국사 교과서 발행 국정화 담론의 맥락과 성격」, 『역사교육』 132, 역사교육연구회, 2014.

3 윤종영, 「'국사'교과서의 편찬방향」, 『역사교육』 48, 역사교육연구회, 1990; 김용만, 「한국교과서 변천사 고찰(1)-각 교육과정기별 교과서 편찬상황 개관-」, 『실학사상연구』 13, 1999; 유승렬, 「국사교과서 편찬의 문제점과 개선방향」, 『역사교육』 76, 역사교육연구회, 2000; 윤종영, 「국사교과서 발행제도에 대한 고찰」, 『문명연지』 1-2, 한국문명학회, 2000; 허강 외, 『한국편수사연구(1)』, 한국교과서연구재단, 2000; 김태웅, 「신국가건설기 교과서 정책과 운용의 실제」, 『역사교육』 88, 역사교육연구회, 2003; 박진동, 「해방 후 역사교과서 발행제도의 추이」, 『역사교육』 91, 역사교육연구회, 2004; 김유환, 「교과서 국정 및 검인정제도의 법적 문제」, 『한국교육법연구』 8-1, 한국교육법학회, 2005; 이신철, 「한국사 교과서 발행의 과거와 현재」, 『내일을 여는 역사』 35, 서해문집, 2009; 하일식, 「고교 '국사'의 발행제 변천과 전근대 서술-권력의 의도와 교과서 서술-」, 『역사와현실』 92, 한국역사연구회, 2014; 양정현, 「한국사 교과서 발행제도 운영의 문제점과 개선 방안」, 『역사와 현실』 92, 2014; 김상훈, 『1945~1950년 역사 교수요목과 교과서 연구』, 서강대학교 박사학위논문, 2014.

4 국사교과서의 내용을 분석한 연구는 매우 많이 이루어져 그 대표적 연구를 제시하기도 어렵다. 다만 해방 이후 국사교과서의 내용을 비교, 분석한 연구는 최근에 이루어지고 있

있다. 그러나 국사교과서의 검정제도의 변천을 전론한 연구는 박진동의 연구 이외에는 없다. 박진동은 국사교과서의 발행제도를 국정·검정제도 수립기(1945~1955), 초등=국정, 중등=검정 교과서 발행기(1956~1973), 중등교과서의 국정발행기(1973~2002), 중등 국사교과서의 일부 검정화(2003~현재)로 나누었다.[5] 허강은 교과서 관련 법규의 변천에 따라 교수요목기부터 제2차 교육과정 전반기에 해당하는 교과용도서 검인정규정 시기(1950.4.29.~1967.4.16.), 제2차 교육과정 전반기~제3차 교육과정 중반기에 해당하는 교과용도서 저작 검인정령 시기(1967.4.17.~1977.8.21.), 제3차 교육과정 중반기~제7차 교육과정기에 해당하는 교과용도서에 관한 규정 시기(1977.8.22.~)로 구분하였다.[6]

본고에서는 박진동의 시기구분을 원용하여 미군정기와 1956년 제1차 교육과정이 마련되기 전까지를 교수요목기라 통칭하기로 하면서 이 시기 국사교과서의 발행제도에 대해 살펴보고자 한다. 본고는 기존의 연구를 바탕으로 하면서 미군정기와 정부 수립 이후의 시기로 나누어 국사교과서의 편찬과 발행에 대해 살펴봄으로써 오늘날 국사교과서와 그 발행제

다. 대표적인 연구는 다음과 같다.
최병택, 「해방 후 역사 교과서의 3·1운동 관련 서술 경향」, 『역사와 현실』 74, 한국역사연구회, 2009; 서인원, 「한국 국사교과서 전근대사에 나타난 일본 관련 서술의 변화」, 『역사와교육』 16, 역사와교육회, 2013; 이수정, 「해방 이후 국사 교과서의 가야사 서술과 대안」, 『역사와교육』 19, 역사와교육학회, 2014; 조성운, 「韓國高校歷史教科書における東學農民運動の敍述の變遷」, 『コリア研究』 6, 立命館大學コリア研究センタ, 2015; 조성운, 「해방 이후 고등학교 한국사 교과서의 근대 교통사 서술의 변천」, 『역사와교육』 21, 역사와교육학회, 2015; 조성운, 「해방 이후 한국사 교과서의 신간회 서술 변천」, 『역사와 실학』 57, 역사실학회, 2015; 김태웅, 「해방후 고등학교 '국사'교과서에서 1894년 농민전쟁 서술의 변천」, 『역사교육』 133, 역사교육연구회, 2015.
이와 관련하여 최근 역사와교육학회에서는 역대 역사교과서의 내용을 분석하는 학술회의를 수년간 계속 개최하였으며, 이를 기관지 『역사와교육』에 기획논문으로 수록하는 등 역대 역사교과서의 내용을 분석하는 작업을 지속적으로 수행하여 교과서 분석을 통한 역사교육의 변천을 탐구하고 있어 주목된다.

5 박진동, 「해방 후 역사교과서 발행제도의 추이」, 『역사교육』 91, 역사교육연구회, 2004.

6 허강 외, 『한국의 검인정교과서 변천에 관한 연구』, 한국교과서연구재단, 2002, 27~50쪽.

도의 탄생에 대해 천착할 것이다. 이를 위해 본고에서는 기존의 연구에서 자주 사용되지 않은 해방공간기에 발행되었던 신문의 기사를 주요 자료로 이용할 것이다. 당대의 언론에서 교과서에 대해 어떠한 생각을 갖고 있었는가에 대해서도 파악할 수 있는 기회가 될 것이라 생각된다.

Ⅱ. 교과서 자유발행기

해방 이후 미군정이 성립하면서 식민지 교육의 청산과 민족교육의 실시라는 과제가 교육계에 부과되었다. 특히 한국어와 한국사 교육은 이와 같은 당면과제를 충족시킬 수 있는 기본 요소였다. 따라서 미군정은 한국민의 열망을 반영하여 한국어와 한국사 교과서의 편찬을 각각 한글학회와 진단학회에 의뢰하였다. 이에 따라 진단학회는 초등용으로 『초등국사(5, 6년용, 군정청 학무국, 1946.6.)』, 중등용으로 『국사교본』(진단학회, 1946.6.)을 국사교과서로 편찬하였다. 이는 국민학교와 중학교의 개교를 각각 9월 24일과 10월 1일에 하도록 한 미군정청의 교육 일정과 맞물리는 것이기도 하였다. 이외에도 미군정청의 위임을 받은 진단학회는 중등용 지리교과서는 탈고하였고, 초등용 교과서는 거의 완성된 상태였으며, 국어교과서는 1945년 10월 3일 인쇄 중[7]일 정도로 교과서 발간은 시급하였다.

이와 같이 국어, 국사, 지리 교과서가 집필 또는 인쇄 중일 때 미군정청 학무국에서는 문화건설중앙협의회에 교과서 편찬에 관련된 재료를 요청하였고, 문화건설중앙협의회는 1945년 10월 29일 관련 학회를 소집하여 교육심의회에 대한 대책과 함께 국정교과서 편찬에 관한 건을 논의하

7 「學務局發表」, 『민중일보』, 1945년 10월 3일.

였다.[8] 이는 일제의 식민지 지배로부터 해방된 우리 민족문화의 기초공작의 성격이 있는 것이므로 미군정 당국의 독자적 견해만이 아니라 학술문화교육계를 망라하여 대중적으로 그 기본방침을 수립할 것이라 하여 조선학술원[9] 등 각 단체의 대표위원이 1945년 10월 29일 송석하(宋錫夏), 이정근(李定根), 이원조(李源朝), 김영건(金永鍵) 등으로 국정교과서편찬연구위원회를 결성하고, 다음의 결의문을 군정청에 건의한 것에 대한 미군정청의 대응이었다.

> 교과서 편찬에 관하여 초등, 중등학교의 각 과정에 단해서 학무당국과 민간 각 학술 문화 교육 및 개인의 전문가들을 광범한 범위로 망라해서 공동위원회를 조직해 가지고 교과서 편찬의 기본방침을 대중적으로 토의, 결정한 뒤에 다시 각 전문위원회를 조직해 당해 전문과목의 편집에 당하도록 하기를 건의함.
>
> 1945년 11월 ●일
>
> 교과서편찬연구위원회
>
> (구성단체) 조선학술원 진단학회 조선지리학회 조선사회과학연구소 조선교육혁신동맹 조선사회교육협회 조선중등교육협회 영어학회 미술교육연구회 조선문화건설중앙협의회 조선문학건설본부 조선신문기자회[10]

즉 국정교과서편찬연구위원회의 건의는 교과서 편찬에 우리 민족의 다양한 전문가 집단을 참여하게 해달라는 것과 '교과서 편찬의 기본방침을 대중적으로 토의, 결정'함으로써 우리 민족의 의사를 교과서 편찬에

---

8 이응호, 『미군정기의 한글운동사』, 성청사, 1974 참조.

9 조선학술원에 대해서는 김용섭의 연구(『남북 학술원과 과학원의 발달』, 지식산업사, 2005)를 참조 바람.

10 「교육문화의 기초공작 교과서편찬공동위원회결성건의」, 『자유신문』, 1945년 11월 9일.

반영해달라는 것이었다. 더욱이 이 국정교과서편찬연구위원회에 참여한 단체는 좌우를 망라한 것이었으므로 당시 교과서 편찬에 대해서는 민족적 합의가 이루어진 것으로도 이해할 수 있을 것이다.

이와 같은 민족적 요구에 응해 미군정 문교부 학무국은 각계 인사를 망라하여 교과서편찬위원회를 조직하고 편찬위원을 다음과 같이 선임하였다.

국어과(李熙昇, 李崇寧, 趙潤濟, 李浩盛)
공민교육과(鄭烈模, 白樂清, 玄相允, 安浩相, 張德秀)
국사과(李重華, 李丙燾, 金庠基, 李瑄根, 司空垣, 玄相允)
수학과(崔宗煥, 金志政, 蔡台星, 任呂淳, 金東旭)
이과(羅益榮, 方聖熙, 孟元永, 尹在千, 崔秉鎔)
지리과(金道泰, 盧道陽, 朴周燮, 陸芝修, 崔福鉉, 朱在中)[11]

국사과 편찬위원의 약력은 [표 1]과 같다.

[표 1] 교과서편찬위원회 국사과 편찬위원 약력

이름	주요 경력	대표 저서
이중화 (1881~?)	흥화학교 교사, 배재학당 교사, 조선어사전 편찬집행위원, 조선어사전 전임집필위원, 조선어표준말 사정위원, 국학대학장, 한글학회 대표이사, 조선어학회 이사	『경성기략』, 『조선의 궁술』
이병도 (1896~1989)	중동학교 졸업, 와세다대학 졸업, 중앙학교 교사, 잡지 『폐허』 동인, 조선사편수회 수사관보, 조선사편수회 촉탁, 진단학회 창립, 서지학회 창립, 경성제대 교수, 청구학회 위원, 조선유도연합회 평의원, 서울대학교 교수, 국방부 전사편찬위원장, 대한민국학술원 회원, 성균관대학교 교수, 문교부장관, 민족문화추진회 이사장.	『조선사대관』, 『고려시대의 연구』, 『한국고대사연구』, 『국역 삼국사기』, 『자료한국유학사초고』, 『한국유학사략』, 『한국유학사』, 『두계잡필』

11 「중요과목은 학무국서 교과서 편찬위원 선정」, 『중앙신문』, 1945년 11월 10일.

이름	주요 경력	대표 저서
김상기 (1901~1977)	협성학교 입학(1921), 동광학교 2학년 입학(1922), 보성고보 졸업(1926). 와세다대학 사학과 졸업(1931), 진단학회 창립(1934), 서지학회 창립,한국고고학협회 회장(1967), 중앙기독교청년회 교유, 중앙고보 교유, 이화여자전문학교 강사, 경성제대 법문학부 교수, 서울대 문리대 교수, 고등고시 위원, 국방부 전사편찬위원회 부위원장, 순국선열유족심사위원회 위원, 학술원 회원, 국사편찬위원회 위원, 교수요목제정위원회 위원(1957), 도서번역심의위원회 위원, 교수자격심사위원, 문화재보존위원회 부위원장, 혁명재판사편찬위원회 위원, 문화재위원회 위원장, 중국학회 회장, 동아대학교 초빙교수, 관광정책심의위원회 위원, 백산학회 회장, 안중근의사숭모회 부이사장, 韓瑞협회 이사	『동학과 동학란』, 『중국고대사강요』, 『동방문화교류사논고』, 『고려시대사』, 『동방문화사논고』
이선근 (1905~1983)	휘문고보 졸업, 와세다대학 졸업, 신간회 동경지회, 조선일보 편집국장, 고려시보사 주간, 한성도서주식회사 상무취체역, 만주국협화회 위원, 건국준비위원, 조선청년동맹 위원장, 조선청년당 최고위원, 반탁학생총연맹 고문, 한성일보사 주필, 대동청년당준비위 부위원장·부단장 겸 훈련원장, 대동시보사 부사장, 학술원 회원, 서울대학교 교수, 국방부 정훈국장, 문교부장관, 국사편찬위원장, 한국정신문화연구원 원장, 성균관대학교 총장, 영남대학교 총장, 동국대학교 총장	『조선최근세사』, 『화랑도연구』, 『한국독립운동사』, 『한국사 최근세편·현대편』 『민족의 섬광』, 『대한국사』, 『국난극복사』
사공환	히로시마고등사범학교 졸업, 중동학교 교사, 조선교육심의회 제3분과(교육행정) 위원, 군정청 학무국 고등교육 교원교육과장, 미군정청 문교부 사범교육과장, 군정청 문교부 차장, 문교부 고등교육국장	『중등서양사』 (이동윤 공저)
현상윤 (1893~?)	보성학교 졸업, 와세다대학 졸업, 『학지광』 편집인 및 발행인, 중앙학교 교사, 교장, 조선민립대학기성회 중앙집행위원, 경성교육회 평의원, 보성전문학교 교장, 국민정신총동원조선연맹 비상시국민생활개선위원회 제2부 위원, 국민정신총동원조선연맹 참사, 녹기연맹 참여, 조선임전보국단 발기인, 한국교육위원회 위원(1945), 조선교육심의회 제3분과(교육행정) 위원, 고려대학교 총장, 중앙선거위원회 위원(1948), 납북.	『한국유학사』, 『홍경래전』, 『조선사상사』, 『기당문집』

[표 1]에서 본 바와 같이 국사과 편찬위원 중 이병도, 이선근, 현상윤은 친일적인 활동이 확인되며, 이병도, 김상기, 이선근, 현상윤은 와세다대학 출신으로 서울대학교 교수를 역임하였고, 이병도와 이선근은 문교

부 장관을 역임하였다는 공통점이 있다. 특히 이선근은 문교부장관에 재임하면서 「반공방일교육요항」의 제정에 깊숙이 관여하여 반공주의적 교육체계의 확립에 크게 기여하였다. 그리고 이병도, 김상기는 해방 이후 국사교과서를 저술하기도 하였다. 따라서 와세다대학을 졸업하고 서울대학교 교수를 역임한 인물들에 의해 교과서의 편찬과 저술이 주도되었음을 알 수 있다. 다만 미군정 설치 이후부터 미군정청 학무국에 근무한 사공환은 신민족주의계열의 분류되고, 이중화는 조선어학회 사건 관련자로서 민족주의적 성향을 가졌다고 판단된다.

이들이 제기한 국사교육론을 미군정청 문교부 사범교육과장으로 근무하였던 사공환의 주장을 중심으로 살펴보고자 한다. 사공환은 많은 글을 남기지는 않았으나 해방 직후 발행된 『새교육』(조선교육연합회)과 『조선교육』(조선교육연구회)에 국사교육과 관련한 몇 편의 글을 남겼다. 그는 북조선주재소련사령장관이 인민위원회의 간부에게 한 말을 예로 들면서 국사교육의 국사교육의 사명에 대해 다음과 같이 말하였다.

> "今次 大戰에 蘇聯은 德兵의 大威脅을 받아서 스탈린그라드가 거의 陷落의 危機에 있고 莫斯科首都가 急迫을 告하게 될 때에 스탈린원수는 백만장병에게 祖國愛에 呼訴하여 슬라브민족의 存亡은 在此一戰이란 大激勵의 熱辯을 吐한 것이 莫大한 힘을 주어서 乘勝長驅, 伯林의 白旗를 보게 된 것이다. 朝鮮有志도 祖國愛를 鼓吹함이 自主獨立의 建設에 가장 捷徑일까 한다"고 懇曲한 諷辭를 보냈다 한다. 이럼에도 불구하고 조국 소련을 찾는 놈이 있다면 正義人道를 알지 못한 禽獸의 心理라 아니 할 수 없다. 진정한 조국애는 弘益人間의 建國理想에 基하여 共存共榮, 友好相助의 자주독립적 公民으로서의 완전한 인간이 되어야 할 것이다. 그런데 우리 조선사람의 일부분은 異國他民에 의존한 근성이 남아있고 抵抗力과 自活力이 빈약하고 권리와 의무가 同一分量인 것을 忘却하고 근로를 싫어(厭)하고 그 중에는 사상적

불건전한 자까지 있으니 이래서 조국재건에 막대한 支障이 없을까. 이 점을 우려하고 한심만 하고 말 것인가. 우국지사는 우리의 결함을 제거하려고 노력하는 모양이나 앉은뱅이 勇쓰기를 깨끗이 혼자 방정만 떨고 있는 현상이 아닌가. 이 점에서 나는 교육총동원을 再唱한다. 교육이란 良藥 없이는 痼疾을 退治할 수 없다. 교육으로써 조국애를 부르짖지 않고는 새나라의 주인의 자격을 얻지 못할 것이다. 조국애는 국사교육의 철저에 한하여서만 함양할 것이다.[12]

이 글에서 그는 반공주의와 홍익인간의 건국이념에 근거한 국사교육을 주장하고 있다. 반공주의는 그가 봉직하고 있는 미군정청의 기본정신이며 홍익인간은 손진태, 안재홍 등 신민족주의사학자들의 주장을 반영한 것으로 보인다. 따라서 그는 홍익인간이념에 근거한 교육이념의 채택을 통하여 국사교육을 전개할 것을 주장한 것으로 보인다. 즉 조국애는 단군으로 상징되는 민족의식을 통해 달성되는 것으로 이해하였다. 미군정청에서 근무하면서 미군정이 민족주의적 성향에 대해 긍정적이지 않다는 것을 잘 알고 있던 사공환이 민족주의를 강조한 것은 당시 한국 사회에 널리 퍼져있던 민족주의적 경향성을 반영한 것이라 생각된다.

이러한 생각에서 그는 조선적 민주주의국가의 건설을 위해 당대의 교사들에게 두 가지 요구를 하였다. 즉 교사 대부분은 민주주의 교육 제1학년 입학생이라고 하면서 오천석의 『민주주의교육의 건설』이란 한 책만이라도 열독통달(熱讀達通)한 후에 교단에 설 것과 건국은 조국애로부터, 조국애는 국사교육을 통하여 달성될 것이라는 관점에서 국사에 관한 서적을 일독(一讀)할 것을 권하였던 것이다.[13] 특히 오천석의 저서를 열독통달하라 한 것은 이들이 미국식 민주주의를 도입하고자 했기 때문이었

---

12 사공환, 「조국 개건하 국사교육의 새 사명」, 『조선교육』 3, 조선교육연구회, 1947, 60쪽.
13 사공환, 「조국 개건하 국사교육의 새 사명」, 『조선교육』 3, 조선교육연구회, 1947, 59쪽.

다. 미군정이 실시되던 상황에서 미국식 민주주의의 도입은 미군정의 기본 입장이기도 하였으나 오천석은 제2차 대전에서 미국의 승리는 "결코 힘의 승리가 아니다. 열등한 무력의 승리가 아니다. 이것은 사람의 가치를 무시하는 전제주의에 대한 사람의 가치를 지상가치로 하는 민주주의의 개선"[14]이라고까지 하면서 미국식 민주주의의 우수성을 찬양하였던 것이다.

그리고 사공환은 국사교육의 의의로 다음의 7가지를 꼽았다.

> 1. 우리들이 오늘날 소유한 문화재 즉 과학, 도덕, 예술, 종교, 정치, 산업 등 전부는 역사적으로 발전하여 온 것이다. 다시 바꾸어 말하면 '전부는 역사의 아들'이다. 아들로서의 역사가 부친이 가진 문화 이상으로 좀 더 잘하려 함은 당연한 것이며 이에 국사의 興國的 발전성이 존재한다.
> 2. 역사를 과거로 볼 때에 그 역사는 죽(死)고 현재를 볼 때에 그 역사는 산(生)다. 그래서 역사는 미래를 건설하며 일층 고도문화를 창조한다고 볼 때에 그 국사는 長生한다.
> 3. 史實을 해득시키는 것은 국사교육의 최후의 목적이 아니다. 史實을 통하여 문화발전의 理法을 해득시키고 다시 나아가 문화창조의 힘을 涵養하지 않으면 안된다. 그러므로 역사는 알게 하는 교과가 아니라 창조시키는 교과라 한 것이다. 문화창조의 힘을 양성하는 그 자체와 풍부한 興國的 정신이 쌓여있지 아니한가.
> 4. 문화발전은 반드시 민족적인 특색을 가졌다. 구체적인 민족적 정신을 떠나서 문화가 어데가 있는가. 참으로 문화는 민족정신의 반영이며, 상징이다. 이런 의미에서 문화발전의 理法을 구명하여 문화를 所産하려는 국사교육의 민족적 또는 국민적 처지에 서지 않으면 안된다. 여기에 국사교육의 國本的 의의를 찾을 수 있다.

---

14 오천석, 『민주주의 교육의 건설』, 국제문화공회, 1946, 1쪽.

5. 역사는 과거에 그친 것이 아니고 실로 과거에서 현재에, 현재에서 미래에 생존한다. 역사는 長生하여 문화를 창조한다. 이런 의미에서 민족의 생활, 문화를 떠나서는 국사의 의의를 상실한다. 해방 후 역사지리공민에 관한 교과를 社會生活科로 개칭한 것도 이런 광대한 뜻을 포함한 것이다. 미국제도를 참고한 것도 사실이지만은 맹목적으로 미국제를 모방하여 국사교육을 경시하려 한 것이 아니다. 지리 공민을 역사에 포함시켜서 사회생활에 가장 적합하게 지도하려는 정신이며 산(生) 역사를 아동에게 고취함양하려는 취지이다. 또 사회생활과란 이름에 3교과의 교과서를 (중등학교에 있어서) 개별 검정 인가함은 부득이한 사정이라. 教授者가 이 취지를 충분 음미하여 삼위일체의 교수지도에 유의함이 가장 중요한 점이다.
6. 국사교육은 자국 과거의 事象에 대하여 정확한 지식을 줄 것. 동시에 현재 事象의 자유를 解得시키며 다시 나아가 현재 및 장래에 대한 각오를 줄 것이다. 국사교육은 교육자의 굳은 신념에서 자연이 불타오른 열성에 의하여 아동을 感化感銘시켜 가지 않으면 안된다. 이런 의미에서 국사교육은 감화교육이며 또 신념, 열성 위에 수립한 교과이다. 그러므로 국민의 思想善導에는 국사교육의 힘을 기다리지 않으면 안된다.
7. 구시대의 국사교육과 같이 투쟁이야기, 세력의 추이 등을 여하히 力說하더라도 興國的 기분이 나지 않는다. 물론 전시의 충신열사, 수난기의 망명지사를 역설하여 국가에 이바지하는 충성의 念을 함양함은 좋다. 그러나 금일은 구시대가 아니다. 鎖國的 단일국가로는 성립되지 못한다. 국제적 龍虎爭鬪에 저항하며 세계적 자유시장에 경쟁하지 않으면 안될 조선이다. 이에 唯心的 史觀 대 唯物的 史觀의 투쟁도 일어나고 조국정신자주독립의 戰取問題 한편 물질적 생활문제도 일어났다. 心과 物, 情神과 經濟와는 결코 영구대립할 것이 아니다. 결국은 하나이다. 두 가지는 一이다. 그 이자 중 單其一이 끝인 것이 구시대의 국사교육이

었었다. 유심유물 2자가 하나이란 것은 단 유심적 유물적 일방에 기울어진 그 하나와는 매우 의미가 다르(異)다. 지금까지의 국사교육은 심과 물, 정신과 물질, 이것이다 하면서도 주로 정신방면에 向走하였던 것이다. 그 정신방면의 내용은 실로 복잡하다. 정신방면에는 종교심도 있고 美를 感受하는 예술심도 있다. 참된 興國의 의의는 물질적, 경제적 방면에만 한한 것이 아니다. 마찬가지로 정신적 흥국의 의의에도 국민지조, 민족의식, 국가관념에만 기울어진 것이 아니다. 결국은 하나인데 그 과정, 방법이 잡다하다.[15]

그에 따르면 국사교육은 흥국적 발전, 문화창조, 국민의 사상선도 등에 유용한 의의가 있다는 것이다. 이를 바탕으로 그는 국사교육의 흥국적 원리를 ① 체험의 원리: 과거 생활을 자기의 생활로 체험시키는 것 ② 생명의 파악: 역사정신, 역사이념을 파악하는 것 ③ 부활의 원리: 과거의 정신을 현재화하고 실천화하는 것 ④ 장생의 원리: 과거의 것을 바탕으로 미래의 삶을 창조 ⑤ 동화작용: 교류를 통한 문화의 수용과 발전 ⑥ 공생의 원리 등을 제시하였다.[16]

그런데 사공환은 교육의 목적을 성실유능한 국민양성이라 파악하였고,[17] 사회생활과는 사회생활을 중심으로 개인의 요구와 사회의 요구를 해결짓도록 하는 것이라 규정하였다.[18] 사회생활과는 나날의 생활을 어떻게 할 것이며 또 나날의 생활에서 부딪치는 문제를 어떻게 해결할 것인가를 연구, 이해, 체득시키는 것이 그 근본이라며 사회생활과의 목적을 달성하기 위한 교수방법으로서 다음의 6가지를 제시하였다.

---

15 사공환, 「조국 개건하 국사교육의 새 사명」, 『조선교육』 3, 조선교육연구회, 1947, 61~62쪽.
16 사공환, 「조국 개건하 국사교육의 새 사명」, 『조선교육』 3, 조선교육연구회, 1947, 62~63쪽.
17 사공환, 「사회생활과로 본 국사교육」, 『조선교육』 5, 조선교육연구회, 1947, 70쪽.
18 사공환, 「사회생활과로 본 국사교육」, 『조선교육』 5, 조선교육연구회, 1947, 70쪽.

1. 단체생활에 필요한 정신, 태도, 기술, 습관을 양성함(사회에 대한 적응성의 신장).
2. 단체생활에 모든 관계를 이해케 하며 책임감 자기부담을 함양함.
3. 사람과 환경과의 관계를 지식적으로 이해하게 함.
4. 우리나라의 역사와 제도에 관한 지식을 얻게 함.
5. 우리나라의 적의한 민주주의적 생활방법에 관한 지식을 체득케 하며 공동사회에서 행복스럽게 생활 할 수 있게 함.
6. 실천을 통하여 근로정신을 체득케 함.[19]

결국 그에게 국사교육은 사회생활과의 목적을 달성하기 위한 하나의 도구에 불과한 것으로 보인다. 그리하여 그는 사회생활과의 지리, 역사, 공민의 관계를 다음과 같이 규정하여 이들 과목이 유기적으로 연관을 갖고 있음을 주장하였다.

> 이 과목(사회생활과-인용자)은 모든 교과목의 요소의 중심되는 종합적인 학과목이나 특히 지리적 요소, 역사적 요소, 공민적 요소를 중심으로 취급하는 과목이다. 우리는 무기, 유기의 세상에서 생활한다. 이것이 구체적으로 우리에게 환경화하여 나아가는 것이 지구, 즉 과목상으로 지리공부이다. 지리적 환경에 작용 반작용하여 인간이 만들이는 것이 문화이다. 이 문화는 우리 생명에 관계가 있는 사물로서 그 사물의 기원, 발달의 과정으로 역사가 우리와 어떠한 관계가 있는 것을 이해하여서 전통적인 문물제도에 관하여 정확한 판단과 적도를 함양하여야 할 것이다. 이것이 즉 공민이 될 것이다.[20]

앞에서 보았듯이 사공환에게 역사는 장생하여 문화를 창조하는 것이

---

19 사공환, 「사회생활과로 본 국사교육」, 『조선교육』 5, 조선교육연구회, 1947, 71쪽.
20 사공환, 「사회생활과로 본 국사교육」, 『조선교육』 5, 조선교육연구회, 1947, 72쪽.

었고, "민족의 생활, 문화를 떠나서는 국사의 의의를 상실"[21]하는 것이었다. 따라서 그는 민족을 역사의 주체로 파악한 손진태와 같은 관점에 서 있다고 할 수 있다.

그런데 주목할 것은 우리나라 최초의 교과서 전문 출판사라 할 수 있는 동지사(同志社)를 동업으로 설립한 이대의(李大義)와 백남홍(白南弘)은 각각 메이지대학(明治大學)과 주오대학(中央大學)에 재학 중[22]에 해방을 맞은 인물로서 도쿄제국대학(東京帝國大學) 출신의 서울대학교 교수 육지수(陸芝修)를 통해 박종홍·이병도·김상기·조의설·김두헌·고병국·이태규·권영대·김순식·강영선·이민재 등을 소개 받아 원고를 청탁하였다는 점이다.[23] 이 중 역사교과서를 저술한 인물은 이병도, 김상기, 조의설이다. [표 1]에서도 확인할 수 있듯이 이병도와 김상기는 와세다대학 출신이며, 조의설은 도호쿠제국대학(東北帝國大學) 서양사학과 출신이었다. 결국 국사과 교과서 편찬위원들과 역사과 교과서 저자들은 일본 유학이라는 학맥으로 연결되어 있었음을 알 수 있다. 그리하여 이병도는 『새국사교본』(1948), 『우리나라의 역사』(1949), 김상기는 『신동양사』((1948), 『이웃나라의 생활(역사)』(1949, 50), 조의설은 『신독본 서양사』(1948), 『인류문화의 발달』(1949, 50), 『먼나라의 생활』(1949, 50) 등의 교과서를 동지사에서 출판하였던 것이라 할 수 있다. 이후 장왕사에서도 김상기는 『우리나라의 역사』(1956)과 윤무병과 함께 『신우리나라 역사지도』(1956), 조의설은 『중등세계사』(1956)을 발행하였던 것이다. 따라서 동지사는 일본 유학 선배들을 필자로 섭외하는데 보다 손쉬웠을 것이라 생각된다.

한편 이와 같이 교과서 편찬위원을 선임한 후 미군정청 문교부 학무

21 사공환, 「國史敎育 再建에 關한 瞥見」, 『새교육』 1-1, 조선교육연합회, 1948년 7월, 28쪽.

22 이대의, 「너와 검인정 교과서」, 『나와 검인정 교과서』, 중앙출판공사, 2002, 11쪽. 동지사는 1951년 장왕사(이대의)와 백영사(백남홍)로 분리, 독립하였다(같은 책, 15쪽).

23 이대의, 「너와 검인정 교과서」, 『나와 검인정 교과서』, 중앙출판공사, 2002, 28쪽.

국장 최현배는 다음과 같이 말하였다.

> 교과서가 민간에서 나오는 것도 여러 가지 점으로 좋은 점이 많다. 그러나 여러 가지 사정도 있고 해서 초등과만은 학무국에서 편찬할 작정이다. 중등 정도라도 공민, 국어, 역사 등 중요과목은 학무국에서 하겠다. 그리고 교과서 편찬에는 다음 몇 가지에 중점을 두고 있다.
>
> (1) 조선문화를 보존함과 동시에 이것을 발휘 건설할만한 소질을 양성하도록 하겠다.
> (2) 자주적 정신을 양성하는데 힘쓰겠다.
> (3) 이론에만 흐르지 않고 생활과 관련을 가진 것을 내용으로 하기에 힘쓰겠다.[24]

이러한 교과서 편찬원칙은 1947년 1월 4일 교과서의 간행 및 배포에 관한 미군정의 문서에서 정한 기준, 즉 ① 한국인들이 승인하는가? ② 학생들의 흥미를 끌까? ③ 점령의 목적에 합당한가?[25] 라는 기준과 부합한다고 할 수 있다. 이와 같은 교과서 편찬 원칙에서 볼 수 있듯이 미군정은 조선문화의 보존, 건설과 민족 자주적 관점을 가지면서 이론에만 흐르지 않고 생활과 관련을 가진 것을 내용으로 한다고 하여 사회생활과의 신설을 이미 염두에 두면서 점령정책의 목적, 즉 미국식 민주주의의 이식을 교육정책의 주요 목적으로 상정하고 있었음을 확인할 수 있다. 또한 중등학교의 공민, 국어, 역사 교과서는 국정으로 발행하겠다는 의사를 분명히 밝혔다. 이는 미군정이 한국민의 요구를 수용하는 한편 미군정의 교육정책이 반영된 국정교과서를 발행하겠다는 의도를 가졌던 것으로 이해된다.

---

24 「중요과목은 학무국서 교과서 편찬위원 선정」, 『중앙신문』, 1945년 11월 10일.

25 「7-5 교과서의 생산과 분배」, 정태수 편, 『미군정기 한국교육사자료집(1945~1948)』(상), 홍지원, 1992, 920쪽.

그러나 뒤에 보듯이 국사교과서 편찬을 진단학회에 위탁하는 등 중등학교의 역사교과서는 국정이 아닌 검정으로 발행되었음은 물론이다.

이러한 과정에서 1945년 11월 비록 임시 교과서이지만 조선어학회와 학무국이 협력 편찬한 국어 교과서 『초등국어독본(상권)』(초등 1, 2학년용), 『한글 첫걸음』(초등 3년 이상용)과 진단학회가 편찬한 『국사교본』(중등용)을 시초로 해방 이후 최초의 교과서가 완성되어 학생들에게 배부되었다.[26] 그리고 1945년 11월 20일 군정청 제1회의실에서 반포식을 거행하였다.[27] 또한 진단학회가 편찬한 『국사교본』 5만권도 1946년 6월 중등학교에 배포하였고,[28] 8월에는 박술음(朴術音), 안호삼(安鎬三), 정규창(鄭奎昶), 이강열(李康烈)외 12명이 편찬한 6권의 독본과 문법책 1권의 영어 교과서도 배포하였다.[29] 그리하여 1945년 말부터 1946년 11월까지 15종 5,355,315권의 교과서가 초중등 학생에게 배포되었던 것이다.[30]

이와 같이 교과서를 공급하였으나 그 수량이 매우 부족하였을 뿐만 아니라 교과서의 종류도 부족하였다. 경기도의 경우는 출판된 국정교과서 이외의 교과서가 출판될 때까지 교과서 부족 문제를 해결하기 위해 초등학교 임시교재연구회를 설치하고 임시 교과서를 편찬하기로 하였고,[31] 1947년에도 과학과의 경우 여전히 일본어 교과서를 사용하는 학교가 있었던 것이다.[32] 부산시에서도 1946년 1월 30일 군정청 편수과의 신교과서 편찬 취지와 신제도에 부합한 자치교과서를 편찬하여 반포식을 거행

26 「나온다 우리들 교과서 '한글 첫거름' 등 중순경 일제 배포」, 『중앙신문』, 1945년 11월 3일.
27 「나왔다 우리말교과서 작일 군정청에서 반포식 거행」, 『중앙신문』, 1945년 11월 21일.
28 「우리 국사교과서 진단학회서 편찬배포」, 『중앙신문』, 1946년 6월 23일.
29 「중등영어교과서 완성 우리 손으로 편찬 배본」, 『중앙신문』, 1946년 8월 20일.
30 「중등학교 교과서」, 『대한독립신문』, 1946년 12월 7일.
31 「경기도임시교재연구회」, 『동아일보』, 1946년 4월 9일.
32 「아직도 왜말 교과서 일부학교 사용에 물의가 분분」, 『독립신보』, 1947년 11월 11일.

하였던 것이다.[33] 이러한 교과서 부족 현상은 1948년에도 이어져 초등학교 아동수가 3,306,292명이고, 필요한 교과서가 23,382,062권이어야 함에도 불구하고 지나간 3년 동안에 발행된 것은 예정 수량의 1/11밖에 안되는 2,169,103권이며 중등학교에서는 부족량이 더욱 심하여 예정 수량 3,605,134권의 1/50인 72,103권밖에 발행되지 않았던 형편이었다.[34]

이와 같이 교과서 부족 현상이 나타난 것은 단지 교과요목이 제정되지 못했기 때문만이 아니라 다음에서 보듯이 인쇄시설과 용지난 때문이기도 하였다.

> 공급자재의 부족이 매우 심각하다. 이러한 책들의 대부분이 일본인들이 남겨둔 용지에 인쇄되었다는 사실이 놀라운 일이다. 적은 양의 한국인이 생산한 용지가 사용되었다. 용지에 대한 요청이 절실히 제기되었다. 520톤의 종이가 공책용으로 한국에 보내졌다. 그들 모두가 다른 용도로 할당되었다. 현재까지 교과서 및 공책용으로 사용된 것은 전혀 없다. 이러한 결핍의 결과로 편수국이 준비한 원고의 출판 및 편수과 이외에서 집필한 국어사전의 출판이 지연되고 있다. 출판기자재는 현재 우리가 인쇄 중인 임시서적의 출판 정도에나 적합하다.[35]

용지의 부족과 인쇄 시설의 미비로 교과서의 공급이 원활하지 않았다는 것이다. 즉 교과서의 공급이 부족하였고, 학기가 시작되고도 학생들에게 교과서를 공급하지 못하는 일이 지속적으로 발생하였다.[36] 그리하여

---

33 「자치교과서편찬완료 래30일대신교서 반포식」, 『민주중보』, 1946년 1월 29일.

34 「교과서를 주시요! 45명 중 책 가진 학생 단 1명」, 『독립신보』, 1948년 1월 28일.

35 「7-5 교과서의 생산과 분배」, 정태수 편, 『미군정기 한국교육사자료집(1945~1948)』(상), 홍지원, 1992, 920쪽.

36 「부족한 교과서 타개책을 조선교육연합회서 당국에 진정」, 『경향신문』, 1948년 1월 28일; 「불필요 출판물 통제코 교과서 출판하라」, 『동아일보』, 1948년 1월 28일; 「선양하자 민족문화」, 『동아일보』, 1948년 2월 8일.

일선 학교에서는 부족한 교과서를 학교 내에서 인쇄하거나 교사가 편찬한 교과서를 사용하였다. 또 일부 학교에서는 학교에서 자체 편찬한 교과서를 사용하거나 민간 출판사에서 출판한 역사서를 교과서로 사용하기도 하였음은 잘 알려진 사실이다. 이러한 문제점에 대해 문교부 편수국 지리편수관이었던 李鳳秀는 다음과 같이 그 이유를 설명하였다.

> 교과요목을 정하지 못하여 교과서 편찬에 지장이 있는 것은 사실이나 이런 것은 조선의 실정과 미군인들과의 견해의 차이로서 별로 어려운 문제도 아니고 미구에 해결된 문제인 줄 안다. 그러나 교과요목을 못 정했다고 각 학교에서 공부를 하지 않을 수는 없는 것으로 이에 대한 통일된 임시방책은 곧 세워야 할 것이다 기본방침이 없기 때문에 지방 학교는 학교마다 교재를 만들고 경기도 같은 데서는 6백여만 원이나 들여 교재를 편찬하고 있으니 여간 불편한 게 아닐 것이다. 그리고 동해라고 한다든가 조선을 대륙에의 육교적 존재라고 혹은 남방 진출의 한 소지역에 불과한 듯이 외국지리서 교육받은 것은 우리 자주정신에 맞지 않는 그릇된 지리관인 만큼 단연 시정하여야 할 것이다. 이런 점에서 미군과 의견을 달리하고 있으나 잘 양해될 줄 믿고 있다.[37](강조는 인용자)

즉 미군의 한국관과 교육관은 해방된 한국민의 자주적인 한국관 혹은 교육관과 일정한 괴리가 있었다는 것이다. 이러한 미군정과 한국의 교육관계자가 가장 심하게 대립하였던 것은 사회생활과의 설치 문제 때문이었다.[38] 미군정은 지리, 역사, 공민을 사회과학이란 이름으로 한 단위의 교과교육으로 하자는 안을 제기하였고, 세 교과의 편찬위원들이 이에 반

---

37 「교재는 자주적으로 학생들의 공부에 큰 지장」, 『동아일보』, 1946년 6월 15일.

38 사회생활의 성립과정에 대해서는 박광희의 연구(「한국사회과의 성립과정과 그 과정변천에 관한 일연구」, 서울대학교 교육대학원 석사학위논문, 1965)를 참조 바람.

발하면서 교과요목을 정하지 못하였으므로 교과서 편찬 역시 이루어지지 않았던 것이다.[39]

이러한 상황에서 미군정은 교과서 발행과 관련한 제도적 정비에 착수하였다. 이봉수가 미군정과의 견해 차이가 미구에 해결될 것이라 한 것은 조선교육심의회의 활동이 진행 중이었기 때문이었다고 생각된다.[40] 이와 같이 미군정은 점령정책을 바탕으로 한국민의 의견을 참작하여 교과서 발행을 비롯한 각종 현안에 대한 정책을 마련하였다고 볼 수 있다.

한편 1945년 11월 30일 1,171명으로 발기한 한자폐지기성회는 초등학교 교과서에서 한자를 폐지할 것을 결의, 학무국에 건의할 것을 결정하고, 정거장 이름, 관청회사, 상점, 학교 기타 공공단체의 문패, 간판도 국문화 할 것과 각 언론기관과도 긴밀한 제휴를 할 것 등을 토의[41]하는 등 이 시기에는 교과서의 한자 사용에 대한 사회적 논의도 진전되었다. 1946년 4월 15일 군정청 문교부 편수국장 최현배는 "국민학교에서 한문자를 배우는데 대부분의 시간을 허비하는 대신 금후로는 균형된 과정으로 학업을 받게 될 것"이라며 한자 교육을 줄이고 "국문을 부활시켜 횡서식으로 편찬된 교과서를 소학교 아동들이 읽고 쓰고 할 수 있게" 할 것이라고 천명하였다.[42] 그 결과 1947년 2월 미군정 문교부에서는 검정되어 출판된 교과서에 대해 "그 내용은 훌륭하나 한자를 너무 많이 쓴다던지 교수요목에 있지 않는 것이 많다."[43]고 지적하여 한자 사용 문제와 교수

---

39 「동해냐? 일본해냐?」, 『동아일보』, 1946년 6월 15일.

40 조선교육심의회에 대해서는 다음의 연구를 참조 바람. 김용일, 「미군정기 조선교육심의회에 관한 정치학적 고찰」, 『교육문제연구』 6, 고려대학교 교육문제연구소, 1994; 孔秉鎬, 『米軍政期韓国教育政策史研究』, 名古屋大学博士学位論文, 1995; 신명애, 「미군정기 조선교육심의회에 관한 연구」, 한국교원대학교 석사학위논문, 1998.

41 「교과서에서 한자 폐지 한자폐지기성회서 학무당국에 건의」, 『중앙신문』, 1945년 12월 3일.

42 「교과서는 가로 쓰고 한문은 되도록 안쓴다」, 『조선일보』, 1946년 4월 16일.

43 「교과서는 한글이 주장 검정출원자는 주의하라」, 『민주일보』, 1947년 2월 11일.

요목과 부합하지 않는 교과서에 대해 언급하였고, 2월 13일에는 교과서에서 한자 사용을 금지하였다.[44] 이는 편수국장 최현배가 말한 바와 같이 한글을 부활하여 사용하는 것이 문교부의 목표[45]였기 때문이라 할 수 있다. 또한 미군정 문교부에서는 검정되어 출판한 교과서는 향후 검정 과정에서 교수요목의 준수를 강화하고자 하는 의도를 보여준다고 할 수 있다. 그렇다면 이미 이 시기 교과서에 대한 검정이 이루어졌다는 것을 의미한다. 이 시기 교과서 검정 규정은 현재 찾을 수 없으나 국민학교 규정(1946.11)과 중학교 규정(1947.5)에 교과용 도서를 "문교부에서 저작권을 소유한 것 또는 검정한 것으로 함"이라 하여 국정과 검정을 모두 인정하고 있음을 확인할 수 있다.[46]

다른 한편 미군정은 조선총독부가 동화정책의 일환으로 교과서 내에서 사용하던 용어를 사용하지 못하도록 하는 한편 이를 한국어로 개혁할 것을 결정하고, 이를 수행하기 위하여 학술용어제정위원회를 조직하였다.[47]

Ⅲ. 정부 수립~제1차 교육과정 공포 이전 시기

정부 수립 직후인 1948년 12월 편수국 발행과장 전진성(田鎭成)은 교과서 검인정에 대해 다음과 같이 말하였다.

---

44 「한글로 못된 교과서 문교부서 인가 금지」, 『동아일보』, 1947년 2월 14일.

45 「교과서 저작에 전력」, 『광주민보』, 1945년 4월 23일.

46 국민학교 규정(1946.11)과 중학교 규정(1947.5)은 정태수의 저서(『광복 3년 한국교육법제사』, 예지각, 1995)에 소개되어 있다.

47 「교과서에서 왜색용어 말살 학술용어제정위원회를 조직」, 『조선일보』, 1946년 11월 20일. 이 학술용어제정위원회에서 검토한 교과목은 공민윤리, 교육, 지리인명ㅁㅁ, 수학, 물상, 생물, 체육, 음악, 미술, 습자, 수공, 농업, 공업, 수산업, 상업, 사회학, 심리학, 철학, 가사, 재봉, 언어과학 등 21개 과목이었다.

> 교과서 검인정안을 실시하는 취지는 공정한 입장에서 가장 교육적인 교과서를 채택, 사용케 하자는 의도에서 나온 것이다. 동시에 또한 문교부의 독자적인 것을 고집하느니보다 오히려 학계의 열열한 협조로서 더 큰 효과를 기대할 수 있다고 생각하는 태도에서 나온 것이다. 그러므로 많은 교과서가 제각기 특색을 가지고 출현하기를 희구하는 바이며 그것이 동시에 우리나라 교육향상에 크게 이바지 됨을 굳게 믿어 의심하지 아니한다.[48]

그에 따르면 교과서 검인정은 '가장 교육적인 교과서를 채택, 사용'하도록 하는 목적을 가지며, '학계의 협조'가 필수적이라는 것이다. 이는 미군정이 검정제를 채택한 이래 정부 수립 이후에도 교과서 검인정제를 채택하였음을 의미한다. 그리하여 해방 이후 3년간 검정을 신청한 교과서 334건 중 검인정을 통과한 교과서는 174건(52.09%), 통과하지 못한 교과서는 161건(48.2%)에 이르렀던 것이다.

참고로 1949년 교과서 검인정은 1948년 10월 31일까지 신청 접수를 받아 12월 현재 거의 검정 결과가 거의 통지되었으며, 1949년 1월 1일부터 3월 31일까지 검정 신청을 받아 신청 후 1개월 이내로 그 결과를 통고하기로 하였던 것으로 보아 수시로 검정을 행하였고, 검정에 오랜 시간이 소요된 것으로 보이지 않는다. 또한 검정된 교과서의 사용도 1948년의 것은 1949년 8월까지만 사용하도록 하여 1949년 9월 신학기부터는 새로운 교과서를 사용하고자 하였음을 알 수 있다.[49] 동시에 안호상 문교부장관은 1948년 10월 4일 담화를 통해 검인정 교과서에 친일작가와 좌익작가의 작품을 모두 삭제할 것을 발표하였다.[50] 그리하여 문교부는 국가이념에 배

48 田鎭成, 「교과서 검인정에 대하여」, 『새교육』 1-3, 조선교육연합회, 1948.

49 田鎭成, 「교과서 검인정에 대하여」, 『새교육』 1-3, 조선교육연합회, 1948.

50 「국정교과서 등에서 좌익작품 삭제 사회체육과 학교체육 분리 안문교장관 담화」, 『한성일보』, 1949년 10월 5일.

치되는 다음의 저작물들을 중등교과서에서 삭제하기로 결정하였다.

△ 중등국어(1): 가을밤(朴芽枝) 고양이(朴魯甲) 연(金東錫) 봄(朴八陽) 채송화(曺雲) 고향(鄭芝溶) 부덕 이(金南天)

△ 중등국어(2) : 금붕어(金起林) 선죽교(조운)

△ 중등국어(3) :옛글 새로운 정(정지용) 춘보(朴泰遠) 경칩(玄德) 전원(安懷南) 궤 속에 들은 사람(李根 榮) 오랑캐꽃(李庸岳) 3월 1일(박노갑)

△ 중등국어(4) : 소곡(정지용) 시와 발표(정지용)

△ 국어(1) : 잠자리(김동석) 살수꽃(현덕) 향토기(李善熙) 진달래(嚴興燮)

△ 국어(2) :채송화(조운) 양(吳章煥) 연(김동석)

△ 중등국어(1) : 잠자리(김동석) 잠언 한 마디(金潤濟)

△ 중등국어(2) : 꾀꼬리와 국화(정지용) 나의 서재(김동석) 노인과 꽃(정지용)

△ 중등국어(3) : 크레용(김동석) 조이심매(金용俊) 별들을 잃어버린 사나이(김기림) 첫 기러기(김기림)

△ 중등국어(3) : 초춘음(辛夕汀)

△ 중등국어(4) : 황성의 가을(趙重용) 한하원(金哲洙) 선천(정지용) 소곡(정지용)

△ 신생 중등국어(1) : 말별똥(정지용) 부덕이(김남천) 진달래(엄흥섭) 봄의 선구자(박팔양)

△ 신생 중등국어(2) : 松京(조운) 별똥 떨어진 곳 더 좋은데 가서(정지용)

△ 신생중등국어(3) : 大간디의 私邸(김용준)

△ 중등국어 작문 : 32頁 김남천, 62頁 김동석, 67頁 정지용, 70頁 안회남, 134頁 趙重治

△ 현대중등글짓기(3) : 41頁 오기영

△ 중등국어(1) : 향토기(인성희) 소(박찬모) 文教部(國定)[51]

또한 1948년 10월 11일 전국의 중등학교 교장 350여명이 참석한 전국 중등학교 교장회의를 개최하여 안호상 문교부장관은 다음의 7가지 사항을 지시하였다.

1. 운동경기대회 출장 제한의 건
2. 학생들의 신체검사 실시를 철저히 할 것.
3. 학생들의 극장 입장 취체에 관한 건
4. 중등학교 교사 보충에 관한 건
5. 각도시 학무국 지시에 의한 교과서 사용의 건
6. 명년도부터는 반드시 검정된 교과서를 사용할 것
7. 사용금지 교과서에 관한 것[52]

이때 사용 금지된 교과서는 『중등국사』, 『조선본위 중등동양사』, 『동양본위 중등서양사』, 『조선역사지도』, 『성인교육 국사독본』, 『쉽고 빠른 조선역사』, 『국민조선역사』(이상, 최남선 저), 『문장독본』(이광수) 등 최남선과 이광수가 저술한 것이었다.[53] 결국 교과서에서 삭제된 저작물과 교과서 선

51 「국가이념에 위반되는 저작물 등을 일체 발금 우선 중등교과서부터 삭제」, 『조선일보』, 1949년 10월 1일.

52 「교과서와 풍기취체 등 학제 최후 결정 작인 중등교장회의를 개최」, 『조선일보』, 1949년 10월 12일.

53 「문교부, 전국중등학교 교장회의에서 친일파 교과서 사용금지 등을 지시」, 『조선일보』, 1948년 10월 12일. 이와 관련하여 최남선은 "내가 친일파인가 아닌가는 나의 저서가 굉장히 팔리는 것으로 보아 넉넉히 짐작할 수 있지 않은가"(「각도 학무국장회의, 학원에서 李光洙·崔南善 저서의 축출을 명령」), 『국제신문』, 1948년 10월 7일라고 하여 자신에게 스스로 면죄부를 주려 하였다. 그리고 풍문여중에서는 문교부의 결정에도 불구하고 최남선의 『조선역사』를 계속 사용하기로 하였고, 어떤 야간 중학에서는 최남선의 교과서 표지만을 제거한 후 사용하기로 결정하는 등 친일파 처단 활동에 저항하는 모습을 보이기도 하였다. 이에 대하여 문교부 편수국장 손진태는 "그러한 사실이 있었다고 들었다. 갑자기 다른 교과서를 구하기 어려울 것이나 노트에 필기케 할지언정 최씨의 저서를 그대로 사용함은 불가하다. 더구나 표지 없이 계속하여 사용하려는 교원에게는 앞으로 단호한 처치를 취하겠다."고 하여 검정교과서만을 사용하도록 한 정부의 방침을 강력하게

택을 금지당한 교과서의 저작자들은 사회주의자와 친일적인 색채가 농후한 인물들이었음을 확인할 수 있다. 다만 저작자의 수에서 사회주의자들이 월등히 많은 것을 통해 보면 정부 수립 이후 교과서 편찬에 반공주의적 관점이 관철된 것이라 판단된다. 또한 1949년 각 중학교에서 사용하는 교과서 일람표를 문교부에 제출할 것을 지시[54]하여 정부가 교육에 대한 통제를 강화하겠다는 의도를 명확히 보여준 것이라 하겠다. 그리고 무분별한 교과서의 발행을 저지하기 위하여 검정제를 강화하면서 사용 중인 교과서 334권을 사열하여 『사회생활과의 이론과 실제』(李相鮮) 외 74권을 사용하지 못하도록 하는 등 교과서에 대한 통제를 강화하였다.[55]

또한 1949년에 상반기에 검정하기로 한 교과서로 1949년 9월의 신학기부터 사용하려 했음도 알 수 있다. 이러한 정부의 방침은 다음에서 볼 수 있듯이 국민학교와 중학교에서 국정교과서를 정착시키려는 목적을 갖는 것이기도 하였다.

> (1) 전 과도정부 때에 허가된 도서 및 금년도 8월 말까지 유효기한인 검정인정된 책은 전부 무효로 하고
> (2) 국민학교 교과서는 국정교과서를 쓸 것. 다만 부독본으로 인정허가를 받은 도서에 한하여 학교장의 임의로 보충을 위하여 부독본으로 사용함도 무방하다.
> (3) 중등학교 교과서는 국정교과서가 있는 것은 반드시 이 교과서를 써야 된다.[56]

추진하겠다는 의지를 표명하였다(「풍문여중, 附日역사가 崔南善 저서를 여전히 중학교 교과서로 사용하여 물의」, 『국제신문』, 1948년 10월 23일).

54 「초중등교과서 사정 허가분만 사용」, 『조선일보』, 1949년 7월 25일.

55 「중등등교과서 남발 단속 불허가만 74건」, 『조선일보』, 1948년 12월 21일.

56 「문교부, 각 도 당국자에서 국민학교·중학교 국정교과서 사용을 지시」, 『서울신문』, 1949년 7월 22일.

이는 정부 수립 이후 다음에서 볼 수 있듯이 반공주의를 바탕으로 국정교과서를 중심으로 한 교과서제도를 마련하고자 하였던 정부의 의도를 보여주는 것이라고 이해할 수 있다. 다만 국정교과서만으로 원활하게 교과서를 집필, 공급할 수 없었고, 민주적인 교육제도의 확립을 위해서라도 교과서 검인정제는 필수적인 것이었으므로 검정제를 병행하도록 한 것이었다.

그러나 앞에서도 말했듯이 1949년 이전의 검정 규정은 찾을 수 없다. 현재 확인된 최초의 교과서 검정과 관련된 규정은 1949년 공포된 '국정교과서 검정 규칙'과 '사열요항', 그리고 1950년 공포된 '교과용 도서 검인정 규정'이다. 국정교과서 검정규칙과 사열요항은 다음과 같다.

> 국정교과서 검정규칙
> 가. 예비 검정에는 원고 6부를 제출하되 프린트나 타이프라이터로 인쇄할 것
> 나. 삽화는 사진 및 복사로써 작성할 것
> 다. 원고를 금년 3월 10일까지 문교당국에 제출할 것이며, 검정 후 1개월 이내에 완전 제본을 납부할 것
> 라. 본 검정시에도 역시 원고 6부를 제출할 것
> 마. 검정 원고료는 각 책 가격의 20배로 함[57]
>
> 국정교과서 사열 요항
> (가) 요목 : 문교부에서 제정한 교수요목에 맞는가(순서는 바꾸어도 무방함. 보충할 수는 있어도 삭감할 수는 없음)
> (나) 체제 1. 교과서로서 체제가 서 있다. 2. 학생들이 이해하기 쉬운가. 3. 문교부에서 제시한 철자법·띄어쓰기 등이 맞는가. 4. 학술용어는 통일이 있는가. 5. 오자·탈자가 없는가. 6. 학생 시력

57 「教科書의 檢定規定」, 『동아일보』, 1949년 2월 2일.

에 장해가 없는가. 7. 사진·삽화·통계 등이 내용과 부합하는가

(다) 정도 : 교과서 정도가 해당 학년에 맞는가

(라) 분량 : 교과 분량이 문교부의 제정 시간수에 맞는가

(마) 내용 1. 민주주의 민족교육 이념에 부합되나. 2. 내용에 틀림이 없나. 3. 주입적이 아닌가. 4. 지나치게 학문적으로만 기울어지지 않았나. 5. 생활 본위인가 아닌가. 6. 내용이 생도 본위인가 아닌가.[58]

이를 통해 보면 국정교과서 검정은 예비검정과 본검정의 2단계로 되었으며, 각 단계마다 원고 6부를 제출하도록 한 것으로 보아 검정위원은 3~5명 정도였다고 추측된다. 결국 국정교과서는 집필, 출원, 심사(예비검사, 본검사), 발행으로 이어진 것이었다.

그리고 1950년 4월 29일 대통령령 제336호로 공포된 '교과용 도서 검인정 규정'과 '국정교과용도서편찬규정'은 다음과 같다.

교과용 도서 검인정 규정

제1조 교과용도서의 검정 및 인정은 교육법 기타 법령으로써 정하는 대학과 사범대학을 제외한 각 학교(이하 각 학교라 칭함)의 교육목적에 부합하여 교과용 도서로서 적합하다고 사정함을 목적으로 한다.
본 규정에서 교과용 도서라 함은 각 학교 및 이에 준하는 각종 학교의 학생용도서와 고등학교, 사범학교, 고등기술학교를 제외한 각 학교 및 이에 준하는 각종 학교의 교수용의 괘도, 지구의류를 말한다.

제2조 검정은 국민학교, 공민학교 및 이에 준하는 각종 학교를 제외한 각 학교의 정규교과용도서중 따로 국정으로 제정하지

58 「敎材檢定要領 編修課서 通達」, 『동아일보』, 1949년 3월 1일.

아니하는 교과용 도서에 대하여 행한다. 단, 실업과 기타 임시로 제정하는 국정교과용도서는 예외로 한다.

제3조 인정은 각 학교의 정규교과목의 교수를 보충심화하기 위한 학생용도서 국민학교와 이에 준하는 각종 학교의 정규교과목의 학습을 더욱 효과적으로 지도하기 위한 학생용도서 및 제1조 제2항에 규정한 괘도, 지구의류에 대하여 행한다.

제4조 교과용도서의 발행자는 그 도서의 검정 또는 인정을 문교부장관에게 출원하여야 한다.

전항의 출원자로서 대한민국 판도 내에 주소를 가지지 아니한 자는 검정 또는 인정에 관한 일체의 사항을 대리시키기 위하여 대한민국에 주소를 가진 자로써 대리인으로 정하여야 한다. 단, 여사한 경우에는 검인정원서에 위임장 사본을 첨부하여야 한다.

제1항에 의한 출원자로서 발행자수인이 있을 때에는 그 중에서 대표자를 정하여야 한다.

제5조 전조에 의하여 검정 또는 인정을 출원하는 자는 제1호 서식의 검인정원서, 저작자이력서, 제4호 서식의 제조비계산서 각1통에 검인정요금 및 도서간본 6부를 첨부하여야 한다.

저작자 수인이 있을때 또는 단체의 저작인 때에는 대표자의 이력서로서 전항의 저작자이력서로 한다.

검인정요금은 도서 1종에 대하여 그 도서의 정가의 50배로 한다. 단, 괘도, 지구의류에 한하여는 그 정가의 5배로 한다.

이미 납입한 검인정요금은 사전여하를 불문하고 이를 환부치 아니한다.

제6조 교과용도서의 내용을 사열하기 위하여 문교부장관은 교과용도서의 검인정출원이 있을 때마다 매 건에 대하여 3인 내지 5인의 사열위원을 선정, 위촉하여야 한다.

사열위원은 위촉받은 교과용도서의 내용을 사열하여 문교부장관에게 의견서를 제출하여야 한다.

제7조 제4조에 의하여 검정 또는 인정을 출원한 도서중 사소한 수정을 가하면 검정 또는 인정할 수 있다고 사정되는 도서에 대하여 그 수정을 요하는 개소를 출원자에게 지시할 수 있다.

제8조 전조에 의하여 수정할 개소를 지시받을 때에는 4개월 이내로 수정, 출판하여 제2호 서식에 따라 수정도서 2부를 첨부하여 그 도서의 검정 또는 인정을 추원하여야 한다. 단, 극히 경이한 수정에 불과할 때에는 정오표를 첨부시키거나 또는 수정지를 첩부시켜서 추원수속을 약할 수 있다.

전항의 기한 내에 수정추원을 하지 아니할 때에는 검정 또는 인정의 출원을 포기한 것으로 간주한다.

제9조 문교부장관은 검정 또는 인정한 도서에 대하여 가격을 사정할 수 있다.

제10조 검정 또는 인정한 도서는 관보에 그 명칭, 책수, 정가, 목적하는 학교 또는 교과의 종류, 발행 및 검인정년월일, 해도서에 서명한 저작자 및 발행자의 주소, 성명을 공고하여야 한다.

제11조 검정 또는 인정을 받은 도서는 매책표지 또는 내표지 등 보기 쉬운 곳에 좌기사항을 기재하여야 한다.

1. 검정 또는 인정의 구별
2. 검정 또는 인정년월일
3. 목적하는 학교 및 교과목

제12조 검정 또는 인정을 받은 도서를 출판할 때에는 그때마다 발행 후 3일 이내에 해도서 2부를 문교부에 납부하여야 한다.

제13조 검정 또는 인정을 받은 도서의 명칭, 책수, 정가 및 그 내용에 변경이 있을 때에는 검정 또는 인정은 그 효력을 상실한다.

제14조 전조의 규정에 의하여 효력을 상실한 도서의 검정 또는 인정을 다시 출원하는 때에는 제3호 서식의 원서에 개정도서 간본 2부를 첨부하여야 한다.

전항의 출원에는 검인정요금은 이를 납부하지 않는다. 단,

도서의 정가를 인상하였을 때에는 제5조 제3항에 의하여 그 인상차액을 납부하여야 한다.

제15조 검정 또는 인정을 받은 도서에 서명한 저작자 또는 발행자의 주소, 성명에 변경이 있을 때에는 이를 문교부장관에게 계출하여야 한다.

전항의 계출이 있을 때에는 문교부장관은 관보에 이를 공고하여야 한다.

제16조 문교부장관은 이미 검정 또는 인정한 도서에 대하여서도 이를 다시 수정할 필요가 있다고 인정하는 경우에는 그 수정할 개소를 발행자에게 지시할 수 있다.

전항에 의하여 수정할 개소를 지시받은 때에는 발행자는 2개월 이내에 수정, 출판하여 문교부장관에게 제시하여야 한다.

제17조 좌의 각호의 1에 해당하는 때에는 도서의 검정 또는 인정을 취소할 수 있다.

1. 제11조, 제12조 또는 제15조제1항의 규정에 위반한 때
2. 제9조에 의하여 사정된 가격에 따르지 않는 때
3. 제16조의 지시에 응하지 아니한 때
4. 검정 또는 인정한 도서로서 문교부에 납부한 도서에 비하여 지질, 인쇄 또는 제본이 나쁜 것을 발매한 때
5. 그 내용이 교과용도서로서 부적당하게 된 때
6. 교과목 또는 그 정도의 변경, 교수요지 및 교수요목의 제정 또는 변경이 있을 때

제18조 검,인정을 받지 아니한 도서 또는 검,인정의 효력을 상실한 도서에 검정필 또는 인정필 기타 이와 유사한 문자를 기재하여 발매하는 자는 10만원 이하의 벌금에 처하고 그 판인본을 몰수한다.

그 사정을 알고 판매의 목적으로 양수한 자도 또한 같다.

부칙

본령은 공포한 날로부터 이를 실시한다.

본령 시행 전에 제출한 교과용도서검인정원서로 처분미완의 것은 본령 시행일에 본령에 의하여 제출한 것으로 간주한다.

단기4283년 2월 1일 이후에 검인정의 효력이 연장된 도서는 본령에 의하여 검인정한 것으로 간주한다.[59]

국정교과용도서편찬규정

제1조 본령은 국정으로 제정하는 교과용 도서의 편찬에 관한 사항을 규정함을 목적한다.

제2조 국민학교, 공민학교 및 이에 준하는 각종학교의 정규 교과목의 교수를 위한 학생용 도서 및 교사용 도서는 국정으로 편찬한다.

제3조 전조에서 규정하는 학교 이외의 각학교의 교과용 도서에 대하여는 문교부장관이 지정하는 교과목에 한하여 국정으로 편찬할 수 있다.

제4조 국정으로 제정하는 교과용도서의 편찬, 개편 또는 그 기준 조사를 위하여 문교부에 교과용도서편찬심의회를 둔다. 교과용도서심의회에 관한 사항은 따로 문교부장관이 정한다.

제5조 국정으로 제정하는 교과용 도서의 저작권은 문교부가 취득한다.

제6조 국정으로 편찬한 교과용 도서의 번각은 문교부장관이 지정한 자에 한한다. 전항에 규정한 이외의 자가 국정으로 편찬한 도서를 번각한 시에는 10만원 이하의 벌금에 처하고 그 판인본을 몰수한다.

부칙

본령은 공포일부터 이를 시행한다.

본령 시행 전에 국정으로 편찬한 교과용 도서는 본령에 의하여 편

59 『관보』, 1950년 4월 29일.

찬한 것으로 간주한다.[60]

위의 '교과용 도서 검인정 규정'과 '국정교과용도서편찬규정'에 의하면 국정 교과서는 초등학교와 공민학교, 그리고 이에 준하는 각종학교와 중고등학교에서 사용하는 교과서 중 문교부장관이 지정하는 교과목을 국정으로 편찬하였고, 이외의 교과서는 검인정에 따랐음을 알 수 있다. 특히 국정교과용 도서를 편찬하기 위하여 국정교과용도서편찬심의회를 설치하였고, 1950년 6월 2일 그 규정을 제정하였다. 이 규정에 따르면 국정교과용도서편찬심의회는 '국정교과용 도서 편찬을 심의'하기 위한 목적으로 문교부 편수국 내에 설치되었으며(제1조), 초등·중등·고등의 학교급과 교과목의 구별에 따라 분과를 두었다(제2조). 분과심의회는 의장 1인, 위원 약간명으로 구성되며 의장은 문교부 편수국장이 담당하였고, 위원은 문교부 직원, 현직 교육자, 지방청 교육행정 관계자, 학식경험이 풍부한 자 중에서 문교부장관이 위촉하였다(제4조). 위원은 국정으로 제정하는 교과용도서의 편찬 원안 및 교과용 도서의 편찬에 필요한 기초자료원안을 심의와 기초자료의 조사, 연구에 종사(제5조)하도록 하였다.[61]

한편 검인정 교과서는 '교과용도서의 검정 및 인정은 교육법, 기타 법령으로써 정하는 대학과 사범대학을 제외한 각 학교'의 교과서에 해당하는 것이었다. 즉 대학, 사범대학과 국민학교, 공민학교 및 이에 준하는 각종 학교를 제외한 각 학교의 정규교과용도서중 국정교과서가 없는 경우에 해당하는 것이었다. 그리고 검정은 수시 검정으로 행하여졌다. 즉 제6조에서 규정한 바와 같이 검인정 출원이 있을 경우 3~5명의 사열위원을 선정, 위촉하도록 한 것에서 알 수 있다. 그리고 사열위원은 의견서를 문교

60 『관보』, 1950년 4월 29일.

61 「문교부령 제8호 국정교과요도서편찬심의회규정」, 『관보』, 1950년 6월 20일.

부장관에게 제출하도록 하였다. 그리고 문교부는 검인정교과서의 수정을 지시할 수 있었고, 이 지시에 불응한 경우 교과서 검인정의 출원을 포기한 것으로 간주하여 국가가 교과서의 내용에 직접 간섭할 수 있었다.

그런데 국가의 수정지시는 주로 사상적인 측면에서 이루진 것으로 보인다. 당시 대표적인 교과서 출판사였던 동지사 사장 이대의는 "그때 검인정이 얼마나 개방적이고 융통성이 있었는지 나는 하나도 안떨어졌어요. 종수 제한 같은 것도 없었고, 제출 기한도 없었어요. 수시 검정제도였지요. 불합격된 사유가 사상적으로 문제가 되지 않는다면 수정 지시에 따라 다시 제출하면 다 합격"[62]되었다고 한 술회에서 확인할 수 있다. 이러한 반공주의적 관점은 이미 미군정 당국에 의해 제기되었다.[63] 1950년 2월 발행된 『편수시보』 제1호에는 '소련, 미국의 교수상 유의점'이라는 참고자료를 적시하였다.

> 1. 소련의 沿革, 政治經濟, 機構를 敎授하는데 强調할 點
> : 帝政 露西亞는 □□政治의 □□□□□□□□므로 革命이 일어□□ 政治, 經濟 □□□□□□되고 現 소비에트政府가 서게 되었다는 □□만으로는 現 소비에트政府가 帝政 露西亞의 缺點을 是正한 좋은 政府 같이 들리므로 其 □□□□□에 있어서 얼마나 비인도적인 행위가 이었으며, □□도 □淸이다. □□下에 때때로 이루어지는 檢擧, 投□ 등의 사실을 □□하는 □□에 지금 소련이 지금 아무런 自由 가 없는 스탈린 獨裁의 나라라는 點을 인식시킬 것.
> : 소련의 각 공화국의 구성, 5개년 計劃 등은 상세히 취급하지 말고 그것이 自發的으로 自由意思에 따 라서 행하여지는 民主主義的 選擧

62 이경훈, 「대담 교과서 출판 원로들에게 듣는다」, 『교과서연구』 9, 한국교과서재단, 1991, 100쪽.

63 이에 대해서는 조성운, 「반공주의적 한국사 교육의 형성과 전개」, 『한국민족운동사연구』, 2015 참조 바람.

方法에 의하여 이루어진 공화국 구성이 아니며, 5개년 계획이란 노동자, 농민의 □使에서 이루어진 □□□□□이란 점을 인식시킬 것.
: 경제면에 있어서 근래에 발전을 보았다 하더라도 생산기술는 면에 있어서는 □□□□□□□에 뒤떨 어지고 있으며, 더욱 美國 등에 比하면 50년의 差異□□는 □□國家라는 점을 인식시킬 것.
: 소련이 표면에는 세계주의를 표방하고 세계평화를 주장하면서 其實은 동, 서, 남으로 진출하여 不凍 港 獲得, 영토 확장에 급급하고 있다는 점을 제2차 대전시에 포울란드分□, 핀랜드의 영역 割取, 발틱 3국의 병합, 만주, 몽고, 우리나라에 대한 □□事의 사실에 비추어 증명, 인식시킬 것.
: 소련은 자기나라를 노동자, 농민의 천국 같이 선전하고 있지만 소련에서는 노동자, 농민에게 힘에 넘치는 노동을 강조하고, 못하면 怠慢하였다고 處斷하며, 노동자, 농민은 이에 대하여 일언반구 없이 黙從하여야 하는 점과 노동자, 농민은 이러한 중노동을 하여도 보잘 것 없는 보수밖에 받을 수 없다는 점을 인식시킬 것.
: 소련국민은 일반으로 교육정도가 낮다는 것과 생활정도가 낮다는 것을 문맹자가 많은 사실과 국민소 득이 적은 사실 등에 비추어 증명, 인식시킬 것.

2. 우리나라와 소련의 관계를 교수하는데 강조할 점

(가) 해방 후 제정 노서아가 영토적 야심, 부동항 획득욕을 가지고 얼마나 우리나랑 침범의 마수를 폈 는가를 역사적 사실을 들어 설명하고 현 소련정권도 북학 괴뢰집권을 사주하여 민족적 염원인 38선의 철거를 거부하고 같은 노력을 계속하고 있다는 점을 연결, 인식시킬 것.

(나) 해방 후 38선의 철거를 거부하고 있을 뿐 아니라 북한의 총선거 실시 반대, UN에 있어서의 대한 민국 불승인, UN 가입에 대한 거부권 행사, 대한민국의 국제적 진출, 대한민국의 정당한 권리 행사를 방해하고 여러 가지로 파괴하려고 하는 점을 인식시킬 것.

3. 우리나라와 미국과의 관계를 교수하는데 강조할 점

(ㄱ) 해방 후 우리나라가 일본에 빼앗기자 여러 가지로 우리에게 동정하고 독립운동을 도와주었다. 즉 혁명가, 망명객을 우대하고 이주민에게도 평등한 권리를 주었다. 그뿐 아니라 유학생을 돕고 우리나라 의 문화 발전에도 많은 공헌을 하였다는 점을 인식시킬 것.

(ㄴ) 해방 후 일시 남한에 군정을 폈으나 우린의 독립 염원에 따라 대한민국의 건설에 적극 노력하고 정부 수립 후는 정권을 이양하였다. 그 뿐 아니라 UN의 승인, 가입 문제 등에도 적극 협력하여 대한 민국의 국제적 진출에 협조하고 한미협정, ECA에 의하여 우리나라의 경제 부흥에도 많은 협력을 하고 있는 점을 인식시킬 것.

(문교부 통첩의 일부)[64]

위의 인용문에서 볼 수 있듯이 미군정의 교육방침은 소련에 대한 긍정적인 서술을 지양하고 스탈린 독재, 자유경제체제가 아니라는 점, 경제적으로 미국에 비해 많이 뒤떨어진 국가라는 점, 구호와는 달리 영토 확장을 지속적으로 추구하고 있다는 점, 소련국민의 문맹률이 높다는 점 등을 강조할 것을 규정하였고, 38선의 철거를 거부하여 민족 통일과 대한민국의 정당한 권리 행사를 방해하고 파괴하는 세력이이라는 점 등을 인식시킬 것을 규정하였다. 또한 미국에 대해서는 우리의 독립운동을 지원하였으며, 해방 이후 정부 수립 뿐만 아니라 UN의 대한민국정부 승인을 지원한 점과 경제부흥에 많은 협력을 하였다는 점 등 긍정적인 서술을 할 것을 규정하였다. 이로 보아 정부 수립 이후 교과서 서술과 편찬 과정에서 친미반소의 입장에서 서술할 것을 강조하고 있는 것이다. 특히 우

64 문교부 편수국, 『편수시보』 제1호, 조선서적인쇄주식회사, 4283, 123~124쪽.

리나라와의 관계 서술에 이러한 관점은 더욱 강하게 강조되고 있음을 확인할 수 있다. 결국 정부 수립 이후 반공주의적 교과서 서술 관점이 명확해졌음을 확인할 수 있다. 이러한 방침은 다음에서 볼 수 있는 바와 같이 이미 1949년에 마련된 것으로 보인다.

> 학원 내에 잔존하고 있는 대한민국 국책에 어긋나는 모든 사상을 전적으로 배제하고 배움의 길로 정진하는 젊은 학도들의 정신을 국토 통일과 민족자주독립국 건설에 집결하고자 문교부에서는 금학년용으로 검인정한 교과서를 전부 재검하여 국책 추진에 방해가 되는 교재를 취소 또는 그 부분을 작폐하고 그 대신 적당한 교재를 보충키로 되었다고 한다. 그런데 문교부에서는 이의 실천방법으로 금후 사상적으로 불순하다고 인정되는 교과서를 발견하는 때는 그 삭제를 지시하고 보충교재가 완성 되는대로 해당 교과서 간행출판사로 하여금 사용학교에 배부하도록 급조치를 취하리라고 하는데 이에 앞서 안문교부장관은 지난 3일부로 서울시장과 각 도지사에 공문을 발하여 관하 각 학교에 교재선택과 개선에 대하여 항상 유루 없이 지도, 감독할 것을 지시하였다고 한다. 그리고 당장 취소 내지 삭제키로 지명된 교과서명 및 삭제 부분은 다음과 같다고 한다.
>
> ▲ 을유문화출판 정갑 저 중학교 사회생활과 먼나라 생활(지리부분)은 검정허가 취소
>
> ▲ 동지사 출판 육지수 저 중등사회생활과 먼나라의 생활(지리부분)의 소비에트 연방의 생활중 7. 정치와 경제기구를 切去燒却할 것.
>
> ▲ 탐구당 출판 노도양 저 중등사회생활과 먼나라(지리부분)의 소비에트연방 중 주) 5개년계획, 6. 소련의 연혁, 7.정치와 경제를 절거 소각할 것.[65]

65 「불순교과서 일소 문교부 검정을 재검토」, 『한성일보』, 1949년 11월 11일.

위의 인용문에서 1948년 정부 수립과 1949년 교수요목의 제정 이후 반공주의가 노골화되었음을 알 수 있다. 즉 '사상적으로 불순하다고 인정되는 교과서를 발견하는 때는 그 삭제를 지시'하도록 하였던 것에서 교과서 검정은 국책 즉 반공주의 추진에 방해가 되는 내용을 교과서에서 일소하는데 그 목적이 있었으며, 지리교과서는 이 검정 과정에서 검정 취소와 내용 삭제 등의 수정 지시를 받았던 것이다.

한 연구에서는 전거 없이 1945~1973년의 검인정기의 현대사 교육에는 1949년 문교부가 제정한 다음의 '우리의 맹세'의 정신과 정서가 그대로 반영되었다고 주장하였다.[66]

> 첫째, 우리는 대한민국의 아들 딸, 죽음으로써 나라를 지킨다.
> 둘째, 우리는 강철같이 단결하여 공산 침략자를 쳐부수자.
> 셋째, 우리는 백두산 영봉에 태극기를 휘날리고 남북통일을 완수하자.[67]

그런데 이 '우리의 맹세'는 그 연구에서 지적한 바와 같이 1949년 문교부가 제정한 것이 아니라 한국전쟁 중인 1952년 제33회 3·1절 기념식장에서 제창하기 위해 만들어진 것으로 향후 어떠한 식이나 행사에서도 이를 제창하도록 하였다. 그리고 공보처에서는 '통일행진곡'을 제정하였다.[68] 이는 한국전쟁 중 국민의 반공의식을 고취하기 위한 방법이었다고 생각된다. 다만 1949년에도 문교부는 다음과 같은 '우리의 맹서(盟誓)',

---

66 김정인, 「이념이 실증을 압도하다-검인정기(1946~1973) 한국사 교과서」, 『내일을 여는 역사』 35, 내일을 여는 역사, 2009, 183쪽.

67 「민족선언을 선포 3·1절의 우리의 맹서」, 『조선일보』, 1952년 2월 17일; 「뜻깊은 3·1절 맞는 민족의 마음 우리의 맹서 3장 3·1절 계기코 제정」, 『동아일보』, 1952년 2월 25일.

68 「뜻깊은 3·1절 맞는 민족의 마음 우리의 맹서 3장 3·1절 계기코 제정」, 『동아일보』, 1952년 2월 25일.

‘학생의 맹서’, ‘청년의 맹서’를 제정, 발표하였다.

> 우리의 맹서
> (1) 충성은 조국에 (2) 사랑은 민족에 (3) 목숨은 통일에
> 학생의 맹서
> (1) 진리에 살자 (2) 자유롭게 배우자 (3) 공정히 행하자
> 청년의 맹서
> (1) 알고 행하자 (2) 의리에 살자 (3) 용감히 싸우자[69]

우리·학생·청년을 대상으로 한 것으로 계층에 따라 내용이 다른 점이 특징이다. 다만 ‘우리’는 ‘학생’과 ‘청년’을 포함하는 것이므로 결국 ‘우리의 맹서’를 ‘학생’의 입장과 ‘청년의 입장’에서 세분화한 것이 ‘학생의 맹서’와 ‘청년의 맹서’라 생각된다. 이를 통해 보면 노골적으로 친미반공적인 사상을 내포한 것으로 보이지는 않으나 앞에서 본 바와 같이 교과서 편수 과정에서 친미반공적인 입장을 명확히 한 것으로 보아 ‘우리의 맹서’ 역시 친미반공적인 관점에서 벗어난 것으로 보이지는 않는다. ‘우리의 맹서’의 ‘조국’은 UN의 승인을 받은 합법정부인 대한민국을 의미하는 것으로 판단되며, ‘청년의 맹서’의 ‘용감히 싸우자’의 대상은 넓은 의미로는 삶에 대한 적극성을 의미하기도 하겠으나 이승만정부가 북진통일을 내세웠으므로 좁은 의미로 보면 공산주의와 북한임을 알 수 있다. 따라서 1949년 문교부가 발표한 ‘우리의 맹서’ 등에도 반공주의는 반영되어 있다고 볼 수 있다. 이는 정부 수립 이후 반공주의가 교과서에 공식적으로 반영되기 시작하였음을 보여준다고 할 수 있다.

---

69 「우리의 맹서 문교부서 제정」, 『동아일보』, 1949년 7월 29일; 「우리의 맹서 등 3맹서를 제정」, 『조선일보』, 1949년 7월 29일.

그러나 1950년 6월 25일 한국전쟁이 발발하면서 '교과용 도서 검인정 규정'은 제대로 시행할 수 없었고, 정부는 '국가와 민족의 운명을 도한 대전쟁을 감행하고 있으나 승리만을 자신하는 우리나라에서 장차 우리나라를 짊어지고 나갈 제2국민의 교육이 소홀히 되어서는 안된다'는 관점에서 교과서를 전시생활과 전시독본으로 분류하여 이른바 전시교과서를 1951년 7월 10일 현재 45만 부 배부하였다.[70] 이를 위해 이미 검인정되어 교과서로 사용되던 교과서는 1951년 5월 10일까지 문교부 편수국에 재등록하도록 하였고, 이를 위반할 경우 검인정의 효력을 상실하도록 하였다.[71] 이와 함께 1952년에는 유네스코의 원조 6억 원과 문교재단연합회의 토지보상금 26억 원을 합한 30억 원으로 대한문교서적주식회사를 창립하여 국정교과서를 출판을 전담하도록 하였다.[72]

한편 전쟁이 비교적 유리하게 전개되고 교육법이 개정됨에 따라 교과서를 새로 편찬하기로 하고 1952년 4월 1일 입학하는 신입생부터 이를 사용하도록 결정하였다.[73] 그리고 1953년 종전이 가까워지면서 정부는 교육과정의 개정에 착수하였다. 그러나 이러한 신교육과정의 수립과 교과서 편찬은 편수관의 부족으로 순조롭게 진행된 것으로 보이지 않는다.[74] 편수관 부족 현상은 단지 이 시기의 문제만은 아니라 "우리는 편수국에 할당된 인원의 절반 이상을 확보해 본 적이 없다."[75]고 한 미군정기 시기부터 지속된 것으로 보인다. 더욱이 단순한 편수관의 부족이 아니라

---

70 「문교부 전시교과서 발행」, 『경향신문』, 1951년 7월 15일.

71 「검인정 교과서 재등록을 실시」, 『동아일보』, 1951년 4월 20일.

72 「30억의 '책' 회사 창립 국정교과서 간행을 전담」, 『동아일보』, 1952년 3월 22일.

73 「문교부 새로운 교과서 편찬에 착수」, 『자유신문』, 1952년 2월 4일.

74 「편수관이 부족 교과서 지연에 당국자들 호소」, 『조선일보』,1954년 5월 23일.

75 정태수, 「교과서의 생산과 분배」, 『미군정기 한국교육사자료집(1945~1948)』(상), 홍지원, 1992, 920쪽.

전문적인 지식을 갖고 있는 편수관이 한 사람도 없는 관계상 마땅히 편수국에서 하여야 할 원고 작성을 외부에 맡여야 할 정도였다.[76]

이와 같은 상황 속에서도 제1차 교육과정을 마련하기 위한 노력이 진행되어 1955년 제1차 교육과정이 공포되어 1956년부터 적용되었다. 이에 따라 지금까지 6년제 중학교 학제에 맞추어 사용되던 교과서를 중학교와 고등학교 교과서로 분리, 발행[77]하여 1956년부터 사용하도록 하였다. 그리고 1955년 8월 제1차 교육과정을 공포한 후 교과용 도서 검정의 기본방침을 다음과 같이 발표하였다.

1. 중고등학교 및 사범학교 신규 검인정 교과용 도서는 전반적으로 개편하여 신학년도부터 사용시킨다.
2. 중학교 국어와 고등학교 필수 국어는 국정으로 하고 고등학교 선택 국어는 인정으로 한다.
3. 중학교의 실업 및 가정과에 대한 교과용 도서 중에서 농업, 상업, 공업, 수산은 국정으로 하고 중학교의 가정과와 고등학교의 실업 및 가정과의 전교과서는 검정으로 한다.
4. 고등학교 도덕과 교과서는 국정으로 한다.
5. 검인정 교과용 도서에 대한 사열은 일괄하열로 한다.[78]

이 방침에 의해 1955년 12월 15일 사열신청을 마감한 결과 사회생활과 102권을 비롯한 753종의 교과서가 사열을 신청하여 1956년 1월 25일 검정 결과를 발표할 것을 예정하였다.[79] 이로써 해방 이후 교과서 발행제도의 모태가 완성되었다. 결국 교수요목기는 국정과 검정제도가 수립되

76 「편수관이 부족 교과서 지연에 당국자들 호소」, 『조선일보』, 1954년 5월 23일.
77 「중고등 교과서를 개정 56년도부터 전적 실시」, 『조선일보』, 1954년 12월 10일.
78 「중고등 교과서를 개편 신학년부터 단행 예정」, 『조선일보』, 1955년 8월 3일.
79 「7백여종을 접수 검인정교과서 사열신청」, 『조선일보』, 1955년 12월 18일.

는 시기였던 것이다.

참고로 이 시기 발행된 국사교과서는 [표 2]와 같다.

[표 2] 교수요목기 검정된 국사 교과서[80]

저자	출판사	서명	발행년도
최남선	동명사	중등국사	1947
신석호	동방문화사	우리나라의 생활(국사부분)	1948
유홍렬	조문사	우리나라의 역사	1949
오장환	정음사	(中等)文化史 : 우리나라의 문화	1949
이병도	동지사	우리나라의 생활(역사)	1949
금룡도서	금룡도서	우리나라 생활 (역사부분)	1950
손진태	을유문화사	우리나라 생활(대한민족사)	1950
이인영	우리나라생활	금룡도서주식회사	1950
이홍직	우리나라생활	민교사	1950
김성칠	정음사	우리나라 역사: 사회생활과	1951
최남선	동국문화사	우리나라 역사	1952
최남선	우리나라생활	민중서관	1952
이병도	을유문화사	중등국사	1953
유홍렬	양문사	한국문화사	1954
이병도·김정학	백영사	우리나라 문화의 발달(상)	1954
홍이섭	정음사	(우리나라)문화사	1954

IV. 맺음말

이상에서 교수요목기 국사교과서의 편찬에 대해 살펴보았다. 이를 통해 확인할 수 있는 것은 다음과 같다. 첫째, 해방 이후 발행된 최초의 국사교과서는 미군정기에 발행된 『초등국사(5, 6학년용)』, 『국사교본』이었다.

80 이 표는 필자의 소장본과 박진동의 연구(박진동, 『한국의 교원양성체계의 수립과 국사교육의 신구성: 1945~1954』, 서울대학교대학원 박사학위논문, 2004, 184쪽)를 참조하여 작성하였다.

이는 일제의 식민지배에서 해방되어 민족적 자존심을 회복에 필수적인 일이었다. 동시에 여타 과목의 교과서 편찬이 이루어지는 과정에서 조선학술원을 비롯한 단체들이 국정교과서편찬연구위원회를 결성하고 미군정에 건의서를 제출하여 우리 민족의 의사를 미군정에 전달하였다. 이에 따라 미군정은 과목별 교과서편찬위원회를 조직하여 우리 민족의 의사를 반영하고자 하였다. 결국 미군정의 교과서 편찬원칙은 미국의 점령정책을 기본으로 하면서 한국인들의 의사를 반영하는 것이었다.

둘째, 국정교과서편찬위원회의 국사과 편찬위원은 이중화, 이병도, 김상기, 이선근, 사공환, 현상윤이었다. 이들은 와세다대학을 졸업하고 서울대학교 교수를 역임한 인물이었으며, 교과서 전문 출판사 동지사의 사장이었던 이대의와 백남홍 역시 메이지대학과 주오대학 출신으로서 일본 유학 출신이라는 공통점이 있다. 따라서 해방 이후 국사교과서의 편찬과 집필은 일본 유학 출신자들에 의해 이루어졌으며, 특히 이선근, 이병도, 현상윤 등은 친일적인 실증주의적 사관을 가진 인물들었다.

셋째, 교과서 발행 과정에서 가장 큰 문제점은 용지 부족과 인쇄시설의 미비였다. 이 때문에 교과서의 공급이 지연되어 학기가 시작되고도 학생들에게 교과서를 공급하지 못하는 일이 자주 발생하여 사회문제가 되기도 하였다. 그리하여 부족한 교과서를 학교 자체 내에서 해결하지 않으면 안되었다.

넷째, 1948년 8월 15일 정부 수립 이후 미군정기에 사용하던 교과서는 1949년 8월까지만 사용할 수 있게 하고 9월부터는 검정을 통과한 새 교과서를 사용하도록 하였다. 정부 수립 이후 최초의 교과서 검정은 1949년 상반기에 이루어졌다. 현재와 같은 일괄검정이 아니라 수시검정이 행해진 것으로 보인다. 이 때 검정의 원칙 중의 하나는 친일작가와 좌익작가의 작품을 교과서에서 모두 삭제한다는 것이었다. 또한 최남선과 이광수가 저술한 교과서는 학교 현장에서 사용할 수 없도록 하였다. 이는 해방된 조국의 민족정체성을 확립하기 위한 조치였다고 판단된다. 그리고 초등학교는 국정교과서를 사용하도록 하였고, 중등학교에서도 국정교과서가 있는 것은 반드시 국정교과서를 사용하도록 하여 국정의 필요성을 인정하였다.

다섯째, 반공주의적인 관점이 교과서에 반영되었다. 넷째에서도 확인되듯이 친일작가와 좌익작가의 작품을 교과서에서 배제하였으며, 국정교과서 사열요항에서도 민족적 민주주의 이념이 반영되어야 했다. 이승만 정부 하에서 마련되었으므로 민족적 민주주의는 자유민주주의체제를 바탕으로 한 것이었음은 분명하다. 더욱이『편수시보』제1호에 수록되어 있는 '소련, 미국의 교수상 유의점'은 반공주의가 명백하게 반영되어 있는 것이었다. 또한 이대의가 회고하고 있듯이 사상적인 문제가 없으면 검정에 통과하는 것은 문제가 없었다. 그리하여 교과서를 통해 친미반공적인 교육을 실시하고자 하였던 것이라 할 수 있다.

마지막으로 교수요목기 국사교과서는 국어교과서와 함께 가장 먼저 발행되었다. 이는 민족정체성 교육을 위해 당연한 것이었다. 정부 수립 이후에는 검정와 국정를 병행하는 교과서 발행제도가 마련되었다. 이는 현재 우리나라의 교과서 발행제도가 이 시기에 마련되었다는 것을 의미한다. 따라서 이 시기의 교과서 발행제도에 대한 검토와 분석은 해방 이후 우리나라 교과서 발행과 관련한 연구의 기초가 된다 할 수 있다. '교과용 도서 검인정'에 대한 제반 법령에 대한 연구가 수행되었으나 교수요목기 특히 미군정기의 그것은 문서로 확인할 수 없으므로 향후 이에 대한 연구가 요청된다 하겠다.

04

미군정기(美軍政期) 오천석(吳天錫)의 교육정책 수립과 역사교육

조건

Ⅰ. 머리말

천원(天圓) 오천석(吳天錫: 1901.11.12.~1987.10.31.)은 일제강점기 미국에서 유학한 교육학자이자[1] 해방 이후 미군정 아래에서 교육정책을 입안하고 시행했던 대표적인 교육행정가로 알려져 있다. 특히 미군정청에서 근무할 당시 학무국 및 문교부 차장과 문교부장을 역임하면서 해방 직후 한국 교육정책의 초석을 닦은 것으로 평가받는다. 미군정기 교육정책은 일제 식민 교육의 굴레를 벗고 민족적 자긍심을 회복하여 독립된 조국의 기틀을 마련하는 일이었다는 점에서 매우 중요하다.

그런데 당시 오천석이 추진했던 교육정책 중에는 식민 잔재 청산이나 민족적 자긍심 회복과 궤를 달리하는 '비민족적(非民族的) 경향(傾向)'이 있

1 오천석은 1921년 미국 코넬대학에 입학 1925년 졸업했고, 1927년에는 일리노이주 노스웨스턴대학에서 석사 학위를, 1931년 뉴욕주 콜롬비아대학에서 철학박사 학위를 받았다. 학위논문 제목은 "Education as an Instrument of National Assimilation"이다.

었다는 비판이 제기된 바 있다.[2] 그가 미군정청 문교부 차장으로 근무하던 때인 1946년 중후반 시행된 이른바 새교육운동 및 '사회생활과'[3] 교육과정이 당시 요구되던 '민족교육'과는 거리가 있다는 지적이었다. 요컨대 '사회생활과'는 지리·역사·공민 등 각 교과를 단순히 결합한 것이 아니라 진보주의 교육사조를 토대로 한 생활 중심의 단일 교과라는 주장과, 해방 직후 절실했던 올바른 역사교육을 외면하고 미국식 교육제도를 그대로 모방한 데 지나지 않는다는 의견이 팽팽하게 맞서게 되었다. 그리고 오천석은 대표적인 미군정청의 한국인 교육관료로서 '사회생활과' 교육과정 등 군정 당국이 의도하는 정책을 가장 잘 입안하고 실천했던 인물이었다.

미군정기 오천석의 교육정책과 교육사상에 대해서는 역사와 교육학계를 중심으로 무수히 많은 연구성과가 양산되었다. 이들 연구는 크게 교육정책과 교육사상에 관한 것으로 나눌 수 있다.[4] 교육정책을 다룬 연구들은 오천석이 미군정청 내에서 수립했던 정책을 중심으로 이후 그것이 미친 영향을 분석한 글들이 주류를 이룬다. 교육사상을 주제로 한 연

---

2 이에 대해서는 허대녕의 글에 구체적으로 언급되어 있다.(『吳天錫과 美軍政期 敎育政策』, 한국학술정보, 2009)

3 '사회생활과'는 미국의 '사회과(Social Studies)'를 모체로 한다. 다만 'Social Studies'를 '사회과'가 아닌 '사회생활과'로 번역한 것은 그만큼 생활 중심 교육이라는 취지를 드러내기 위한 것이었다고 한다.(김한종, 『역사교육으로 읽는 한국사』, 책과함께, 2013, 67~68쪽)

4 미군정기 오천석의 교육정책에 대한 연구로는 다음의 것들이 있다.
김경혜, 「천원 오천석의 새교육운동과 최근의 열린교육(Open Education)운동」, 『민주교육』 8, 천원기념회, 1998; 김동구, 「천원이 미군정기 교육정책에 미친 영향」, 『민주교육』 8, 천원기념회, 1998; 김선양, 「미군정하의 교육과 천원」, 『민주교육』 9, 천원기념회, 1999; 강명숙, 「해방 후 천원 오천석의 고등교육개혁」, 『민주교육』 10, 천원기념회, 2000.
아울러 오천석의 교육사상과 관련해서는 다음의 연구를 참조할 수 있다.
정세화, 「민주주의 이념에 조명한 천원 오천석의 교육사상」, 『교육학연구』 18-1, 1980; 김동구, 「미군정 기간 중 한국에서의 미국교육사상 수용과정」, 『교육발전』 6, 1987; 김천기, 「진보주의 교육이 한국교육정책에 미친 영향에 관한 수정주의적 분석: 미군정기를 중심으로」, 『교육학연구』 30-2, 1992; 이근엽, 「존 듀이의 교육철학과 오천석의 교육사상」, 『민주교육』 2, 1992; 박봉목, 「한국교육에 투영된 듀이 재평가와 천원 오천석의 자리」, 『민주교육』 3, 1993; 김선양, 「천원 오천석의 교육사상」, 『한국교육사학』 18, 1996; 「천원 교육사상의 재조명」, 『민주교육』 7, 1997.

구들은 주로 천원이 미국 유학시기 받아들인 진보주의 교육이념을 대상으로 그것의 실체와 우리 교육과의 접목 실태를 살펴본 것들이다. 한편 미군정기 교육정책 전반을 고찰한 연구 중에도 오천석의 역할을 비중있게 다룬 연구들이 있다.[5]

미군정기 오천석의 활동에 관한 가장 주요한 연구로는 김상훈의 성과를 들 수 있다. 그는 미군정의 교육정책과 이에 참여했던 한국인 관리들의 역할을 구체적으로 고찰하였다. 미군정기 교육정책은 전반적으로 양적·질적 여건이 미비한 상황에서 미국식 민주주의 교육을 뿌리 내리기 위한 제도 개혁에 집중했고 여기에 오천석을 비롯한 한국인들의 역할이 적지 않았다는 점을 밝히고 있다.[6] 김상훈의 글은 미군정의 교육정책과 관련한 주요 기구와 논의 과정, 그리고 한국인들의 면면을 살펴볼 수 있다는 점에서 매우 유용하다. 다만 이들 한국인들의 역할을 역사적으로 어떻게 평가할 것인가의 문제는 소략하여 이에 대한 보완이 필요할 것으로 생각된다.

지금까지의 연구성과를 통해 미군정기 오천석을 중심으로 한 교육정책의 실시과정과 내용 그리고 사상적 연원 등이 구체적으로 밝혀졌다. 그러나 각 교과별 교육과정과 교과서 제작에 관한 내용 및 특징들은 아직 미진한 부분이 남아 있다. 교과별 정책 내용과 성격은 미군정청의 교육

5 정태수, 「미군정기 한국교육행정의 기구와 요원 연구-미국측 자료를 중심으로-」, 『교육행정연구』 6-1, 1989; 「현대 한국 군정교육의 역사적 평가에 대한 비판」, 『한국교육사회학』 13, 1991; 김동구, 「미군정 기간 중 미국의 한국에 대한 교육정책」, 『교육학연구』 30-4, 1992; 김용일, 「미군정기 조선교육심의회에 관한 교육정치학적 고찰」, 『교육문제연구』 6, 1994; 「미군정기 교육정책 지배세력에 관한 연구」, 『교육행정학연구』, 1995; 이길상, 『미군정하에서의 진보적 민주주의 교육운동』, 교육과학사, 1999; 이진석, 「한국과 일본의 미군정 초기 교육정책과 사회과 도입에 관한 연구」, 『시민교육연구』 35-2, 2003; 박남수, 「초기 '사회생활과' 교수요목에 영향을 끼친 미국 근대 교육과정의 구조와 특징」, 『사회과교육연구』 17-1, 2010.

6 김상훈, 「미군정기 교육정책 수립과 한국인의 역할」, 『역사연구』 28, 2015.

정책 전반을 설명하는 과정에서 부수적으로 언급되는 경우가 일반적이었던 것이다. 다행스럽게 최근 '사회생활과' 교수요목을 중심으로 그 도입과 운영 내용 등을 상세하게 밝힌 연구들이 발표되었다.[7] 이들을 통해 미군정기 '사회생활과' 체제 내 역사교과의 내용과 의미 등이 상세하게 밝혀진 만큼 이와 관련한 연구는 일단락된 것으로 보아도 무방하다.

다만 미군정청과 오천석과의 관계 속에서 역사교육이 '사회생활과' 체제 안에 존재하게 된 연원과 그 성격에 대해서는 구체적으로 밝혀져 있지 않다. 따라서 이글에서는 오천석의 미군정청 내 활동을 중심으로 당시 '사회생활과' 체제 내 역사과 편제 과정과 그 의미를 살펴보도록 하겠다.[8] 그리고 미군정기 오천석이 입안하고 수행한 역사교육 정책이 역사적으로 어떠한 의미를 가지는지에 대해서도 고찰해 보도록 하겠다.

Ⅱ. 해방 이후 미군정청(美軍政廳) 근무와 주요 활동

오천석은 해방될 당시 황해도 백천(白川)에 은거 중이었다. 그의 자서전인『외로운 성주(城主)』에 따르면, 오천석은 1932년 1월 미국 유학을 마치고 부산으로 귀국한 뒤 보성전문학교 교수로 재직하다 일본의 감시가 심해지자 1942년 중국 상해로 건너갔고, 1944년 귀국한 후로는 줄곧 은신했다고 한다. 그러다가 해방의 소식을 듣고 상경, 백낙준(白樂濬)·이묘묵(李卯默)·유형기(柳瀅基) 등과 함께 영자신문 발행을 도모했고, 9월 11일

7 김한종,『역사교육으로 읽는 한국사』, 책과함께, 2013; 김상훈,「1945~1950년 역사 교수요목과 교과서 연구」, 서강대 박사학위논문, 2014; 박남수,「사회과 도입기 '사회생활과' 교수요목에서의 역사영역의 내용 편성과 그 논리」,『역사교육논집』55, 2015.

8 오천석이 미군정기 시행한 교육정책의 배경 및 의의를 고찰하기 위해서는 그의 일제강점기 행적과 사고, 유학 시절 학문의 지향, 정부 수립 이후 활동과 사상까지 면밀히 살펴야 하지만 본고에서는 미군정기 새교육운동과 '사회생활과' 체제의 성립 전후의 상황에 한정하여 서술하고자 한다.

영자신문사 더 코리아 타임즈(The Korea Times)를 설립했다는 것이다.[9] 그리고 신문사를 설립한 당일 그는 자신의 인생을 바꿀 미군 장교 한명을 소개받았다.[10]

오천석이 미군정청에 근무하게 된 것은 미군정 교육담당자였던 얼 락커드(Earl. N. Lockard)[11] 대위의 제의에 의해서였다.[12] 락커드가 한국민들에게 미군정청 학무국장으로 처음 알려진 것은 1945년 9월 20일 군정청 조직이 발표될 때였는데,[13] 오천석은 그보다 앞서 락커드를 만나 이미 학무국 관료로 선임되었다고 한다. 신문사가 설립된 날인 9월 11일 논설을 쓰고 있던 오천석에게 미군 교육담당자가 만나고 싶다는 연락이 왔고, 곧이어 대면한 사람이 바로 락커드였다. 락커드는 오천석이 미국에서 오랫동안 교육학을 전공하고 박사학위까지 취득한 인물이라는 것을 알고는 선뜻 학무국 근무를 권유했다. 그리고 오천석은 다음날인 9월 12일부터 학무국으로 출근하게 되었다.[14]

오천석이 미군정청에 근무하게 된 것은 락커드의 선임이 중요하게 작

---

9 吳天錫, 『외로운 城主』, 光明出版社, 1975, 68~81쪽.

10 오천석은 락커드가 군정청 교육정책을 수행하기 위해 만난 사람 중 자신이 최초라고 생각했다. 그러나 이는 잘못이다. 락커드는 이미 오천석을 만나기 이전 엄창섭을 만나 교육제도에 관한 정보를 얻었다. 엄창섭 등이 1차 면접 그룹, 오천석은 2차 면접 그룹에 속한다.(정태수, 「미군정기 한국교육행정의 기구와 요원의 연구-미군측 사료를 중심으로-」, 80쪽.)

11 락커드의 이름은 문헌에 따라 E. N. Lockard 또는 E. L. Lockard로 표기되고 있다. 鄭泰守가 編한 『美軍政期 韓國教育史資料集(上)』(弘芝苑, 1992)에는 「미 군정청 학무국의 역사(History of Bureau of Education)」가 수록되어 있는데, 여기에 학무국 국장(Director)으로 Earl N. Lockard가 명시되어 있다. 다만 미국 측 자료에서도 락커드의 이름이 Lockard와 Lockhard 등으로 혼용되고 있어 주의를 요한다.(「학무국장 라카드 대위와의 면담(Interview Major Lockhard Director Bureau of Ed)」, 1946.3.9, 『美軍政期 韓國教育史資料集(上)』, 572~573쪽.)

12 오천석은 후일 자신을 락커드에게 추천한 사람이 이묘묵일 것으로 추측했다고 한다.(김상훈, 「미군정기 교육정책 수립과 한국인의 역할」, 『역사연구』 28, 2015, 139쪽.)

13 宋南憲, 『解放三年史 Ⅰ 1945-1948』, 까치, 1985, 100쪽.

14 吳天錫, 『외로운 城主』, 光明出版社, 1975, 81쪽.

용했다. 그러나 오천석을 비롯한 한 무리의 도미 유학자들은 일제 말기부터 이미 공고한 유대관계를 맺으면서 해방 후 자신들이 주요한 역할을 맡게 될 날을 고대하고 있었다. 앞서 언급한 영자신문을 발간한 것도 미군이 서울에 진주하는 9월 9일을 기해 이들을 환영하는 뜻이 담겨있었다고 한다.[15] 그리고 해방 직후에는 이훈구(李勳求)를 중심으로 하여 한미협회(韓美協會)를 결성했다.[16]

한미협회에 참여한 인물들은 미국 유학과 민족운동, 친일 행위 등을 매개로 얽혀 있었는데 이중 다수는 일제 강점기 일본을 거쳐 미국에서 유학한 인물들이었다. 물론 오천석의 경우 귀국 후 친일 행위가 논쟁의 대상이 된 적은 없었다. 다만 주목할 점은 한미협회의 소속원들이 영어 능력을 출세의 무기로 하여 단순한 사설 문화 단체의 성격을 벗어나 미군정 요원을 양성하고 미군정 통치에 적극 참여하기 위한 목적만을 공유하고 있었다는 사실이다. 이들에게 친일 문제는 고려의 대상이 되지 못했다. 오히려 한미협회는 친일 경력자들이 과거를 부정하고 '한미 문화 교류'에 앞장서는데 주요한 배경으로 역할했다.[17]

미군정청에서 오천석은 1945년 9월부터 1946년 3월까지 학무국 차장, 1946년 3월부터 1947년 11월까지 문교부 차장, 1947년 11월부터 1948년 8월까지는 문교부 부장을 역임했다. 그가 문교부 부장이 된 것은 전임이었던 유억겸(兪億兼)의 급서(急逝)로 인한 것이었다.

유억겸은 1945년 12월 학무국 국장으로 선임되었고 이후 학무국이 문교부로 개편된 이후에도 지속적으로 교육 관련 한국인 관료의 수장으로

---

15 오천석, 「군정문교의 증언 1」, 『새교육』 213, 1972, 108쪽.

16 허은은 한미협회 결성시기를 1945년 9월 4일로 판단했다. 1946년 9월 4일 결성 1주년 기념행사를 거행했기 때문이었다.(『미국의 헤게모니와 한국 민족주의』, 고려대 민족문화연구원, 2008, 109쪽.)

17 허은, 『미국의 헤게모니와 한국 민족주의』, 고려대 민족문화연구원, 2008, 110~119쪽.

있었다.[18] 유억겸이 갑작스럽게 사망하지 않았다면 미군정 내내 오천석은 유억겸 아래에서 차장의 직책을 수행했을 것이다.

미군정의 입장에서 유억겸은 교육 관련 업무의 한국 측 대표자로서 의미가 있을 뿐 실무를 맡을 수 있는 인물은 아니었다. 우선 미국 유학 경험이 없었던 유억겸은 군정 당국과의 의사소통이 원활하지 못했다. 미군정의 정책을 효과적으로 한국민들에게 전달하기 위해서 정확한 의사소통은 무엇보다 중요한 일이었다.[19] 아울러 유억겸이 처음 학무국장에 임명된 것은 그가 미군정 당국이 한국 내 '동맹세력'으로 인식한 한민당계 인사였기 때문이었다.[20] 즉 유억겸의 학무국장 선임은 미군정이 초기 한국 통치를 위해 실시했던 한국인 고문제도와 군정청 행정기구 내 '양국(兩局)·양부장(兩部長)' 제도 아래에서 고문과 국장·부장을 주로 한민당계 인사들로 채용했던 것과 궤를 같이 한다.[21]

요컨대 미군정은 자신들이 구현하고자 하는 교육정책의 진의를 제대로 파악하고 이를 수행할 인물이 필요했고 그가 바로 오천석이었던 것이다. 그리고 이에 따라 군정청 내 교육관련 업무의 실무는 부서장이었던 유억겸이 아닌 오천석이 장악하고 있었다. 유억겸은 한국인 대표로 대외적인 일만을 수행했고, 실제 교육에 관한 전문적인 정책은 오천석이 전담했다고 한다. 심지어 미군정 학무국의 교육정책은 오천석이 독자적으

18 미군정은 1946년 3월 29일 법령 제64호로 학무국은 문교부로 확대 개편되었다.(金雲泰,『美軍政의 韓國統治』, 博英社, 1992, 196~197쪽.)

19 점령 당국이나 위임 통치 주체의 언어가 통치 대상과 다른 경우 이를 통역하는 인물들의 영향력이 증대하게 되는 데 이로 인한 폐단을 빗대어 '通譯政治'라고 한다. 미군정기에도 이러한 통역정치로 인한 폐단이 적지 않았다.

20 미군정이 한국민주당을 그들의 동맹세력으로 간주한 것은 한민당이 남한 내 어느 정파보다 반공적인 면모를 보였고, 따라서 당시 군정 당국에 가장 위협적인 정치세력이었던 人共을 견제할 수 있는 집단이었기 때문이다.(金雲泰,『美軍政의 韓國統治』, 博英社, 1992, 94~99쪽.)

21 宋南憲,『解放三年史 I 1945-1948』, 까치, 1985, 101~102쪽; 金雲泰,『美軍政의 韓國統治』, 博英社, 1992, 187~196쪽.

로 입안했고 락커드는 그에 대한 최종 결정만을 내리는 형국이었다는 주장도 있다.[22]

미군정청 내 오천석의 주요한 활동으로는, 첫째 한국인 교육계 인사들로 구성된 자문기구 설치, 둘째 교육제도 및 교육과정 수립 등을 들 수 있다.

우선 한국인 교육계 자문기구 설치는 한국교육위원회(Korean Committee on Education)와 조선교육심의회(The National Committee on Educational Planning)의 조직과 운영으로 살펴볼 수 있다.[23] 군정 초기 학무국장 락커드는 한국 내 교육 상황에 대해 무지한 상태였다.[24] 또한 미군정은 애초에 과도기적 성격의 군정 기간 중 '지나친' 변혁을 가져올만한 교육정책을 추진할 계획이 없었다.[25] 따라서 한국 내 실정에 맞는 교육정책 수립을 위해서는 한국인 교육자들의 자문이 절실했다. 이러한 면에서 락커드의 한국 교육에 대한 무지는 자연스럽게 오천석의 입지를 강화시키면서 한국인 교

---

22 한준상, 「미국의 문화침투와 한국교육」, 『解放前後史의 認識 3』, 한길사, 1988, 564쪽. 락커드를 비롯한 미군들의 권한에 대해서는 다른 의견도 있다. 김상훈은 미군들이 남한에 상륙하기 이전 군정을 위한 교육을 수차례에 걸쳐 비교적 체계적으로 받았고, 이를 바탕으로 한국인에게 미국식 민주주의를 보급하기 위한 교육정책의 실권을 놓지 않았다고 주장했다. 그러면서 "미군정이 오천석과 김성수를 미군정 교육부분에 적극 참여시킨 것은 교육부분에 대한 준비와 정책이 부재했기 때문이 아니라, 그들이 미군정의 정책에 동조하고, 미군정의 의도에 어긋나지 않게 교육정책을 실행할 수 있었기 때문"이라고 기술했다.(김상훈, 「미군정기 교육정책 수립과 한국인의 역할」, 『역사연구』 28, 2015, 132~134쪽.)

23 한국교육위원회와 조선교육심의회의 구성 및 활동에 대해서는 다음을 참고할 수 있다. 정태수, 「미군정기 한국교육행정의 기구와 요원의 연구」, 『교육행정학연구』 6-1, 1989.; 김용일, 「미군정기 교육정책 지배세력 형성에 관한 연구」, 『교육행정학연구』 13-4.

24 군정청의 교육 책임자인 락커드가 가진 교육관련 경력은 입대 전 시카고의 시립초급대학에서 영어 교사를 했던 것이 전부였다.(오천석, 『韓國新敎育史』, 현대교육총서출판사, 1964, 381쪽.) 그 외 1945년 1월 시카고대학에 있는 민정훈련학교(Civil Affairs Training School)에서 일본 초등학교의 수신교과서에 실린 도덕교육에 대한 훈련은 받은 적이 있다고 한다.(이광호, 「미군정의 교육정책」, 『解放前後史의 認識 2』, 한길사, 1985, 497쪽)

25 미군정은 교육 부문 뿐만 아니라 한국 내 상황 전반에 대한 이해가 부족한 상태에서 시작되었다는 것이 일반적인 견해이다. 그렇다고 이것이 군정 당국의 미숙함에 대한 변호가 될 수는 없다. 미군정 당국이 한국 내 정책 수립이나 개혁에 소극적이었던 것은 애초에 미국의 대한정책이 현상유지에 기반한 대소전략과 연관되어 있었기 때문이었다.(이광호, 「미군정의 교육정책」, 『解放前後史의 認識 2』, 한길사, 1985, 495~499쪽.)

육자문기구의 비중을 높였다는 점에서 긍정적인 측면도 있었다.

오천석은 한국인 교육자들을 결집하고 직접 자문기구를 만들어 운영했다. 자문기구 설치와 운영의 실권은 오천석에게 있었고, 이에 따라 자문위원들의 구성과 활동에 오천석 개인의 입김이 적지 않게 작용했던 것이다. 그러나 자문기구들의 활동은 당시 한국 내 역사적 현실과는 괴리가 있었다는 점에서 많은 아쉬움이 있다. 또한 오천석은 지속적으로 교육정책의 입안과 추진에 자신의 입지를 강조하고 있지만, 이들 기구의 활동이 과연 미군정의 한국 내 정책에서 얼마만큼 독자적인 목소리를 낼 수 있었는지도 의문이다.

다음으로 교육제도 및 교육과정 수립의 내용으로는 단선형 6·3·3·4 학제 개편과 '홍익인간(弘益人間)' 교육이념의 설정, 그리고 국립서울대학교 설립안(이른바 國大安) 추진과 초중등 교육과정의 수립 등이 있다. 학제 개편과 국대안은 모두 오천석이 강하게 주장했던 중요 교육정책 중 하나였다. 다만 홍익인간을 교육이념으로 하는 것은 비과학적이라는 이유로 처음에는 반대 입장을 표명했다가 후에는 찬성으로 입장을 바꿨다.[26] 아울러 미군정기 교육과정 수립과정에서 가장 논쟁이 되었던 '사회생활과'의 편성에도 오천석은 많은 역할을 했던 것으로 보인다. 특히 '사회생활과' 내에 역사가 지리·공민과 함께 편제되는 과정에 이른바 미국의 민주주의 교육과 진보주의 교육의 영향이 지대했고 여기에 오천석의 역량이 깊이 발휘된 것으로 평가된다.

---

26 홍익인간을 교육이념으로 설정하는 것이 부당하는 측의 논지는 이것이 비과학적일 뿐만 아니라 일제강점기 '八宏一宇'와 유사한 세계관을 가지고 있다는 것이었다. 후에 조선교육심의회 논의 과정에서는 여러 부정적인 측면에도 불구하고 홍익인간이 미국식 민주주의 이념과 유사하다는 점이 긍정적으로 작용했다. 오천석이 홍익인간 이념을 긍정적으로 평가하게 된 이유도 여기에 있었다고 볼 수 있다.(허대녕, 『吳天錫과 美軍政期 教育政策』, 103~127쪽.)

Ⅲ. 조선교육심의회와 '사회생활과' 교육과정의 성립

교육과정 내에 '사회생활과'가 정식 교과목으로 편성된 것은 1946년 9월이었다. 이른바 새교육운동과 궤를 같이 하여 미군정과 교육계 인사들이 미국식 민주주의 교육을 위해 야심차게 도입한 교과가 '사회생활과'였다. 즉 '사회생활과'는 군정이 시작된 지 정확히 1년이 되는 시점에 미군정 나름의 한국 내 상황과 교육적 지향을 담아 탄생한 교육과정이었다. 물론 미군정의 교육과정 추진은 군정 당국의 입장을 이해·동조하면서 이를 적극 지지했던 한국인 군정청 직원들이 중요한 역할을 했다.

특기할만한 사실은 1946년 9월에 발표된 교육과정이 앞서 잠시 언급했던 교육자문기구 조선교육심의회 내 논의와는 큰 관계없이 다소 전격적으로 추진되었다는 점이다. 조선교육심의회가 오천석의 적지 않은 영향력 아래에서 조직·활동하고 있었다는 점을 생각하면 다소 의아한 일이 아닐 수 없다.

조선교육심의회는 한국의 교육정책 전반을 심의하고 결정하는 기구로서 설정되어 있었다. 미군정 역시 심의회의 위상을 인정하고 여기서 결정된 사안들을 적극적으로 교육정책에 수렴했다.

> 조선교육심의회는 일반적으로 한국의 교육프로그램에 책임을 진다. 70명의 한국인 교육자와 지도자들의 모임인 조선교육심의회는 학무국 각 분과에 파견된 각각의 미군 장교와 협동한다. 심의회의 각 10개의 분과는 한국 교육의 모든 영역을 포괄하는 종합적 프로그램으로 합치된 장기적인 계획과 권고들을 발전시켰다. 이것은 토착적인 문화적 목표와 미국의 교육적 영향력 사이의 균형에 그 기초를 둔다.[27]

---

27 「Summation No. 6(1946.3) –Education, Culture and Religion–」, 『美軍政期 韓國教育史資料集(下)』, 36쪽.

위 글은 미군정이 3년간의 활동상황을 정치·군사·경제·사회·기타로 분류하여 미 행정부에 보고한 34건의 월례 보고서 중 1946년 3월자의 일부이다. 1946년 3월은 조선교육심의회의 활동이 종료되는 시점이었다. 따라서 위 문건은 심의회의 종결에 따라 활동 내용의 성격을 총괄할 목적을 지닌다고 할 수 있다.

여기에서 미군정 당국은 심의회가 한국의 토착적인 문화와 미국의 교육적 영향력 사이에 균형을 이루면서 한국 교육 영역의 모든 부문을 포괄하는 장기적인 계획들과 권고들을 논의했다고 밝혔다. 이러한 측면에서 군정 당국은 심의회가 "한국의 교육프로그램을 책임"지는 기구라고 평가했다. 그런데 과연 '사회생활과' 성립과정에서도 심의회는 결정적인 역할을 했을까.

아래에서는 '사회생활과' 교육과정의 편성 과정을 조선교육심의회와의 관련성에서 살펴보도록 하겠다. 조선교육심의회는 1945년 11월 15일 첫 회의를 시작으로 이듬해 3월까지 비교적 짧은 시기 존속했다.[28] 그리고 '사회생활과'는 심의회 종료로부터 반년이 지난 1946년 9월 처음 등장했다.

조선교육심의회는 모두 10개의 분과로 나누어져 있었고 각 분과별로 7명 내지 10명의 위원이 있었으며, 여기에는 미군 위원을 비롯한 학무국 직원이 2~3명 포함되어 있었다. 오천석은 심의회 전체 인선을 주도하는 한편 자신도 제2분과위원회의 위원으로 참여했다.

---

28 조선교육심의회의 설치와 존속 기간에 대해서는 이견이 많다. 김상훈은 자료마다 기록된 여러 의견을 종합하면서, 심의회 활동이 11월 초부터 시작됐을 것으로 판단했다. 아울러 1945년 10월 26일자 『자유신문』에 게재된 내용을 토대로 심의회가 10월 말에는 조직되어 있었을 것으로 보았다. (김상훈, 「1945~1950년 역사 교수요목과 교과서 연구」, 서강대 박사학위논문, 2014, 16쪽.) 여기서는 정태수의 자료집에 있는 「G-2 주간 보고서」 및 「미 군정청 학무국의 역사」에 기재된 첫 번째 회의 날짜를 기준으로 삼았다.

[표-1] 조선교육심의회의 분과 구성과 주요 역할

분과 위원회	한인 위원[29]	미군 위원[30]	주요 논의 주제
제1분과 교육목적 및 목표	안재홍·하경덕·백낙준·김활란·**홍정식**·정인보	대위 **글렌 키퍼** (Glenn Kieffer; 학무국 행정관)	–교육 목표와 교육의 기본원리
제2분과 교육제도	유억겸·김준연·김원규·이훈구·이인기·**오천석**	대위 폴 **에렛** (Paul Ehret; 학무국 학무과장)	–命名·종류·학교수준: 학교들 간 관계, 각 학교 학년 수, 수준별 입학 나이 –의무교육의 수행 방안 –학교 분산 계획 –1년 학기 수, 개학과 방학일정 –신설학교 기준과 구학교의 지위향상 기준 –남녀공학 –사립학교 –학교를 통한 성인교육
제3분과 교육행정	최규동·최두선·현상윤·이묘묵·백남훈·**사공환**	대위 **랄프 그란트** (Ralph G. Grant; 학무국 예술종교과 종교담당)	–국가·도·시·군 교육공무원: 지위, 구성, 권한, 서로 간 관계, 학교통제 –직원의 임면권 –재정 –사립기관 통제 –교사에 대한 규정 –학생 및 교사를 위한 자격시험 제도 –등록금 –장학금 제도 –입학시험 –1946년 학령 아동 관리 –외국에서 온 학생 관리 –교육활동을 위한 유능한 인사의 유치 –교복
제4분과 초등교육	이극로·이호성·이규백·이강원·**이승재**·**정석윤**	소령 **존 고든 휘쳐** (J. Gordon Fechter; 학무국 학무과 전문학교 담당)	–초등교육의 목표 –학과목, 교과과정 –교수법 –수업편성: 개인차의 적용 –의무교육 –수업일수, 학사일정

29 각 분과위원회의 위원은 자료마다 다소 차이를 보인다. 여기서는 문헌 별로 분과위원이라고 명시한 인물 모두를 망라했다. 맨 앞에 있는 인물이 분과 위원장이고, 굵은 글씨는 학무국 직원이다.

30 미군 위원들의 이름은 기존 연구에서 한글로만 기재되어 있어 영어 이름과 실제 직책을 파악하기 어려웠다. 표에는 이전 연구에 드러난 명단을 미군정 측 자료와 대조하여 최대한 확인한 내용을 기재했다. 괄호 안의 직책은 1945년 11월 현재이다.

분과 위원회	한인 위원[29]	미군 위원[30]	주요 논의 주제
제5분과 중등교육	조동식·고황경·이병규·송석하·서원출·**이흥종**	중위 **윌리엄 비스코** (William S. Biscoe; 학무국 학무과 중등교육 담당)	–중등교육의 목표 –학과목, 교과과정 –교수법 –수업편성
제6분과 직업교육	정문기·장면·조백현·이규재·박장렬·이교선	대위 **로렌스,**[31] 중위 **프랭크 로리드슨** (Frank Lauridsen; 학무국 학무과 직업교육 담당)	–직업교육의 목표 –학과목, 교과과정 –교수법 –수업편성 –과학적 정신의 고취 방법 –산업체 실습과 수업의 상호 연관
제7분과 사범교육	장이욱·장덕수·이애마·**신기범**·손정규·허현	대위 **로이드 팔리** (Lloyd. E. Farley; 학무국 학무과 사범교육 담당)	–사범학교의 목표 –학과목, 교과과정 –수업편성 –학생에 대한 재정 보조 –의무교육에 따른 수요에 대응하기 위한 사범학교 설립 –사범대학 및 사범대학교의 창설 –교사 재교육 –교사자격 기준
제8분과 고등교육	백남운·김성수·유진오·윤일선·조병옥·박종홍	소령 **알프레드 크로프트** (Alfred Crefts; 학무국 학무과 대학담당) **소령 존 고든 휘쳐** (J. Gordon Fechter; 학무국 학무과 전문학교 담당)	–고등교육의 목표 –대학 및 대학교의 정의 –고등교육기관에 대한 규정 입안 방법 –중학교, 대학, 대학교 간의 상관관계 –남녀공학 –대학 및 대학교의 자율 –필수과목의 문제 –고등교육 기관의 교수 자질 향상 방법 –고등교육의 대중 개방 –연구기관의 설립과 대학원 이후 학교제도 –학위수여 –과학교육 증진 –외국에서 온 학생 관리

31 한준상·허대녕 등의 선행연구에서는 대위 로렌스를 제6분과위원회 위원으로 기재했으나 미군정 측 자료에서는 확인할 수 없었다.

분과 위원회	한인 위원[29]	미군 위원[30]	주요 논의 주제
제9분과 교과서	**최현배·장지영**·조진만·조윤제·피천득·황신덕·김성달	중위 **제임스 웰치** (James Welch; 학무국 편수과장)	–교과서 준비 주체 –검정제도 및 기준 –출판 방법과 분배 방법 –한자를 없애는 문제 –가로쓰기 인쇄 –무상공급
제10분과 의학교육	심호섭·이용설·**유억겸**·박병래·최상채·고병간·최동·정구충	·	·

※ 심의회의 한인 위원은 이광호, 「미군정의 교육정책」, 515쪽; 한준상, 「미국의 문화침투와 한국교육」, 579쪽; 허대녕, 『吳天錫과 美軍政期 敎育政策』, 91쪽을 참고하여 기재했다.
※ 미군 위원과 주요 논의 내용은 鄭泰守 編, 『美軍政期 韓國敎育史資料集(上)』의 「주한 미육군사령부 군정청 학무국–조직·인사·전화번호–(Headquarters United States Army Forces in Korea, Office of the Military Governor, Breau of Education–Organization, Personnel, and Telephones–)」(516~519쪽)과 「조선교육심의회–논의될 주제–(National Committee on Educational Planning –Topic to be discussed–)」(506~515쪽)에서 발췌했다.

위 표에서 확인할 수 있듯, 각 분과는 미군 위원들의 담당 업무를 중심으로 학무국의 한인 관료와 그 외 관련 인사들이 참여하고 있었다. 오천석은 교육제도를 담당했던 제2분과에 소속되어 있었는데 여기에는 학무국 학무과장이었던 대위 폴 에렛을 중심으로 조선인 학무국장 유억겸, 그리고 이훈구·김준연(金俊淵)·김원규(金元圭)·이인기(李寅基) 등이 소속되었다.

구체적으로 제2분과에서는 학교 명칭과 그 수준을 결정하고, 학교와 학년 수 및 단계별 학령(學齡)을 조정하는 한편, 학기 수나 개학·방학 시기의 설정, 학교의 지역별 분산 및 수준 향상 방법, 의무 교육 실시 방안 등 교육제도 전반을 논의하고 있었다. 이후 실제 교육정책으로 구현된 주요한 제도들은 제2분과에서 논의된 것들이었다고 해도 과언이 아니다.

예를 들어 심의회에서 논의되어 교육정책으로 실현된 주요한 것으로는 학기 구성과 단계별 수업연한을 확정한 신교육제도 수립, 의무교육의 추진, 중앙과 지방의 교육행정기구 설립, 단계별·성격별 학교의 지속적 설립, 한자 폐지 등이 있었다. 제2분과 위원회의 주요 논의 주제와 많은 부분 일치하고 있음을 알 수 있다.

교육과정에 관한 내용도 분과위원회는 물론 심의회 총회에서 적극적으로 다뤄졌을 것이다. 특히 초중등 교육과정의 신설 문제는 조선교육심의회 내 제2분과와 제4·5분과를 중심으로 논의되었을 가능성이 높다. 그러나 현재 그 구체적인 내용은 확인되지 않는다. 다만 왜 교육과정에 관련된 심의회의 논의 내용이 군정 당국의 교육정책에 반영되지 않았을까 하는 점에 대해서는 여러 추론이 있을 수 있다.

우선 심의회 내부 갈등으로 인해 의견 일치를 보지 못했을 가능성이 있다. 앞서 언급했듯 심의회 인선은 오천석이 주로 담당했을 것으로 보인다. 그러나 오천석이 심의회 구성원 전부를 추천하거나 임명할 수는 없었고, 심의회 위원 면면이 어느 정도의 공감대는 형성하고 있었다고 해도 구체적인 사안에서는 각자 의견을 달리했을 수도 있다. 또한 형식적이나마 심의회 참여세력에 대한 안배가 이뤄지고 있었던 점도 간과해서는 안 된다.[32]

제2분과 위원회의 경우 대부분의 위원들이 한민당계 인사들이었다는 점에서 동질성을 가진다. 그러나 유억겸·이인기 등은 일본 유학 경험을 바탕으로 한 반면 오천석은 기독교와 미국 유학을 배경으로 했다. 이훈구의 경우에는 미국 위스컨신 주립대학에서 철학박사 학위를 취득했지만, 대학에서는 경제학을 전공했고, 후에는 국학과 역사에 관심이 많았던 만큼 미국적 민주주의 교육을 주창했던 오천석과는 의견 차이가 적지 않았을 것이다. 다른 분과에서도 제2분과에서 보이는 갈등 양상은 어렵

---

32 한준상, 「미국의 문화침투와 한국교육」, 『解放前後史의 認識 3』, 한길사, 1988, 578쪽.

지 않게 찾아 볼 수 있다. 아울러 이러한 갈등은 비단 교육과정 논의에서 뿐만 아니라 국대안이나 교육이념 설정 과정에서도 빈번하게 나타난다.

요컨대 조선교육심의회에서는 애초에 교육과정에 관한 여러 논의들이 진행되었을 것이지만 의견 일치를 보지 못한 채 활동을 마감하고 말았던 것이다. 그렇다면 1946년 9월 공표된 '사회생활과' 교육과정은 어떻게 수립된 것일까. 이에 대해서는 1946년 당시 문교부 편수국 교육담당 편수관이었던 최병칠과 조선교육심의회 교과서 분과 위원장이었던 최현배 사이에 '사회생활과' 도입 경위에 관한 대담 내용에서 실마리를 찾을 수 있다.[33]

최병칠은 최현배와 마주한 자리에서 '사회생활과'의 창설 경위를 물었고 이에 최현배는 "문교부에 있던 미군정 고문단에서 권고해 왔기에 받아들인 것입니다."라고 답했다. 그러자 다시 최병칠이 "저는 언더우드 장관 고문, 앤더슨 편수국장 고문의 라인을 통해 온 것으로 알고 있었습니다."라고 응대했다.[34] 즉 '사회생활과' 교육과정은 심의회나 여타의 한인 관료들이 아닌 미군정 교육 고문단의 의견을 수용해서 결정된 것이었다.

미군정 교육 고문단이란 문교부 부장 고문관 호레이스 언더우드(Horace H. Underwood)를 비롯하여 고등교육국 고문관 에드윈 밀러(Edwin. L. Miller), 직업교육 고문관 레이몬드 핍스(Raymond W. Phipps), 군사 고문관 어레이 피팅거(Aurrey O. Fittenger) 등을 지칭한다.[35] 이들 고문단은 미

---

33 대담은 1968년 9월 25일에 진행되었다. 구체적인 대담 내용에 대해서는 김상훈의 글을 참고할 수 있다.(「1945~1950년 역사 교수요목과 교과서 연구」, 서강대 박사학위논문, 2014, 33쪽.) 여기서는 김상훈이 기록한 내용을 발췌 재인용했다.

34 두 사람의 대화 맥락을 살펴볼 때, 최현배가 언급한 '미군정 고문단'을 미국인 고문이 아닌 김성수·송진우·여운형 등 미군정의 한국인 행정고문들로 인식할 수도 있다. 다만 '사회생활과' 교육과정의 특성을 고려할 때 최현배가 언급한 고문단이 한국인일 가능성은 높지 않다.

35 미군정청 문교부에는 미국인 고문관과 자문관이 있었던 것으로 보인다. 고문관은 Advisor, 자문관은 Consultant로 각각 표기를 달리하고 있다. 자문관으로는 직업교육

군정의 브레인 역할을 담당했는데 특히 교육 고문단은 문교부가 계획하는 여러 정책을 검토하고 실효성과 문제점 등을 평가·분석하는 업무를 맡았다. 최병칠과 최현배에 따르면 바로 이 미군정 교육 고문단이 '사회생활과' 교육과정을 군정청 관료들에게 직접 권고했다는 것이다.

'사회생활과'는 한국인 교육관계자들의 심의를 거쳐 탄생했다기보다 미군정청의 입김이 강하게 작용한 교육과정이었다. 심의회에서는 '사회생활과' 편성에 대한 논의가 생각보다 월활하게, 즉 미군정의 입장에 맞게 정리되지 못했다. 결국 미군정은 '사회생활과' 교육과정을 심의회 논의와는 별도로 오천석을 중심으로 한 문교부 직원들과의 협의 속에 추진한 것으로 판단된다.

Ⅳ. 역사 과목의 '사회생활과' 편입과 그 의미

'사회생활과' 도입 및 역사과 편입과 관련하여 오천석이 밝힌 교육과정 편성 목적은 크게 두 가지였다.[36]

첫째, 기존 교육의 주입식 교수방법을 폐지하고 학생들의 입장에서 그들의 능력을 개발하기 위한 것이다. 특히 '수신'과는 소위 사회도덕을 관념적으로 아동에게 주입시키기에 전력하였고, 지리나 역사 등은 성인의 지식을 학생들에게 전달하는데 주력해 왔다고 비판했다. 이러한 교과목들이 아동의 생활·심리·취미·경험을 무시하고 성인 본위로 조직되고

자문관 H. 디커맨(H. E. Dickerman)이 확인된다. 미군정 교육 고문단 명단은『美軍政期 韓國教育史資料集(上)』에 수록된 여러 문건 중에서 파악했다.

36 오천석은 '사회생활과' 교육과정 편성 목적에 대하여 이상선의『사회생활과의 이론과 실재』(금룡도서문구주식회사, 1946.)라는 책의 서설을 빌어 설명하고 있다. 서설의 내용에 대해서는 김상훈의 글을 참고했다.(김상훈, 「1945~1950년 역사 교수요목과 교과서 연구」, 서강대 박사학위논문, 2014, 34쪽.)

그 교수방법 또한 부자연스러웠다는 것이다. 그는 이를 “지나간 날의 과오”로 일축하고 ‘사회생활과’는 학생들의 생활에 접근하며 심리에 호흡을 맞추는 교과라고 설명했다.[37]

오천석은 ‘사회생활과’가 학생들의 입장에서 이들과 같이 호흡할 수 있는 교과라고 했다. 그리고 이 교과에 편입된 ‘수신’이나 역사, 지리 등은 모두 기성세대의 관념과 지식을 주입하는 것이기 때문에 별도의 교과로 존재할 이유가 없다고 말했다. 그러나 오천석이 지적한 문제점들을 역사나 지리 등 특정교과에만 한정할 수 있는지 의문이다. 각 교과 내에서 교수 방법와 시각을 달리하여 더 나은 교육과정으로 발전시키는 방안도 제기될 수 있기 때문이다. 결국 그의 논지는 해당 교과가 하나로 묶여 편성되어 있는 미국의 현실을 반영한 결과이지 개별 교과의 교수법 문제는 아니라고 생각된다.

‘사회생활과’가 모범으로 한 미국의 ‘사회과’는 1916년 미국교육학회 중등교육개편위원회에서 처음 제안된 교과였다. 이전 미국 학교의 사회 관련 과목은 역사를 중심으로 편성되어 있었는데, 교육의 사회적 효용성을 강조한 결과 역사과 보다 사회과 교육이 더욱 중시되었다. 여기에 학생들의 개인적·사회적 경험과 개성을 중시하는 진보주의 교육사조도 사회과 교육을 중요시하는 요인으로 작용했다. 그러나 미국에서도 사회과를 우선할수록 자국사를 소홀하게 된다는 의견이 일어나면서 역사과와 사회과와의 갈등이 빚어지게 되었다.[38]

따라서 오천석이 역사와 지리 등을 ‘사회생활과’로 통합한 것에 대하여, 교과 자체에 대한 교수 방법 변경이나 개별 교과가 가진 효용성을 깊

---

37 오천석을 비롯한 당시 교육학자들은 사회생활과와 같이 교과를 통합한 이유를 아직 분화되지 않은 아동들의 발달 상태를 고려한 것으로 설명하기도 했다.(김상훈, 「해방 후 사회생활과의 도입과 역사교육의 방향」, 『서강인문논총』 41, 2014, 175쪽.)

38 김한종, 『역사교육으로 읽는 한국사』, 책과함께, 2013, 67~68쪽.

이 인식하지 않고, 미국의 현실에 맞게 설정된 교육과정을 이식한 데 지나지 않다는 비판이 일어나게 되었던 것이다.

오천석이 밝힌 '사회생활과' 편성의 두 번째 목적은 '사회생활과'를 통해 민주주의 '공민'을 양성하기 위함이었다. 여기에서 오천석은 민주주의에 반대되는 개념으로 '독재사회'를 배치했다. 그리고 독재사회가 국민들에게 복종만을 강요하기 때문에 자연스럽게 교육은 독재자의 명령에 순종하는 국민을 만드는 데 집중되어 있다고 지적했다. '사회생활과'는 순종하는 국민 대신에 "가정의 일원으로서, 사회의 일원으로서, 국가의 일원으로서, 세계의 일원으로서 협력하고 공헌하는 공민을" 기르는 교육과정이라는 논리이다.

실상 오천석이 민주주의 국가에 대치하여 내세운 '독재사회'는 일제강점기 제국주의 식민통치의 무단성과 강압성을 표현하는 것이기도 하지만, 당시 미국과의 대립이 심해지고 있던 소련을 중심으로 한 공산주의 국가를 지칭하는 것이었다.

미군정이 수립했던 '사회생활과' 교육과정에 대해 역사학계에서는 해방 직후 우리 교육의 현실에 부적절하다는 지적이 제기되었다. 나아가 오천석 등이 교육과정을 수립할 때 역사 과목을 독립시키지 않은 것이 미군정청 내 한인 관료들이나 자문기구 구성원들 내에 일제강점기 친일행위자들이 다수 포함되어 있었기 때문이 아니냐는 의혹까지 나오게 되었다.

역사 과목을 '사회생활과'에 통합하는 것에 대한 반발 중 가장 대표적으로 황의돈의 언설이 있다. 그는 "크게 교육 내용이 달라지는 것도 아니고, 그저 지리·역사·공민을 합쳐서 미국식을 본떠 보려고 하는 '사회생활과'라는 과목을 둔다면 이것은 우리의 역사를 팔아먹는 것이나 다름이 없다. 순수한 우리 것이 엄연히 존재하는데 무엇 때문에 외국의 것을 수입해 와서 잡탕을 만들려고 하는 것이냐? 이것은 우리 문화를 매장하려는 것이지 무엇이냐? 나는 국사를 팔아먹지 못하겠다"라고 하면서 교과 통합에 대해 강력히 비판했다고 한다.[39]

해방 이후 우리 교육계의 가장 중요한 화두는 식민 잔재의 청산이었고 그 방안으로 한글 교과서 제작, 일본식 교육의 청산, 그리고 미국식 민주주의 이념의 도입이 대두되었다. 교육방법 상으로는 주입식 교육 폐지, 명령과 규율 대신 존경과 사랑을 매개로 한 교육 실현, 개인보다 집단을 우선하는 사고 타파, 지식 중심에서 인격을 도야하는 전인 교육 구현 등이 제시되었다. 형식면에서는 교사의 보충 및 학교시설의 증대, 학제 개편, 한글 교과서 제작 등이 당면한 과제로 떠올랐다.

교과서의 경우 지리·산수 등은 일제강점기 때 쓰던 일본어 교과서를 번역하여 바로 쓸 수 있었던 반면, 국어나 국사는 다시 제작하지 않으면 안 되었다. 미군정청 문교부은 1945년 10월 15일 초등학교 5~6학년용 역사교과서 발간을 시작으로, 12월 11일 중등학교 국사교과서를 발행했다. 이때 중등 역사교과서로 편찬된 것은 진단학회에서 만든 『국사교본』이었다.[40] 그러나 『국사교본』은 내용상 일제강점기 식민 당국의 역사서술을 벗어나지 못하고 있었으며 외형상으로도 빈약하기 그지없는 교과서였다. 따라서 이를 보완하여 왜곡된 역사인식을 타파하고 올바른 민족의식을 앙양할 수 있는 교재를 만드는 일이 시급히 진행되었어야 했다.

그러나 제대로 된 교과서에 대한 갈망과 역사학계를 중심으로 한 통합교과에 대한 비판은 군정 당국의 의지를 꺾지 못했다. 오히려 학계의 반대보다는 우리 교육 현실에 비춰 너무나도 턱없이 모자란 인식과 준비

---

39 황의돈의 언설은 박광희의 글에 수록되어 있다.(박광희, 「한국사회과의 성립 과정과 그 과정 변천에 관한 일연구」, 서울대 석사학위논문, 1965) 필자는 김상훈의 학위 논문에서 확인했다.(김상훈, 「1945~1950년 역사 교수요목과 교과서 연구」, 서강대 박사학위논문, 2014, 37쪽.)

40 김한종, 「해방 이후 국사교과서의 변천과 지배이데올로기」, 『역사비평』 15, 1991, 65~66쪽.

부족으로 인해 '사회생활과'의 통합 교과 운영은 절반의 성공만을 거두었다. 미군정은 1946년 '사회생활과' 교육과정 개설 시 국민학교는 통합교과로 교수하고 중등학교는 보류했다가 이듬 해 사회과로 통합하되 역사·지리·공민으로 분리해서 교육하는 것으로 결론 맺었다.

> 지리·역사·공민이 분과적으로 되어 있다 하여, 종리와 같이 전연 독립하여 있는 과목으로 다루어서는 안 된다. 우리 인류 사회에서 일어나는 여러 가지 문제를 가지고 지리 부분은 지리적 입장에서, 역사 부분은 역사적 입장에서, 또 공민 부분은 공민적 입장에서 다루되, 항상 지리와 역사와는 서로의 관련성에 유의하고, 이들 문제를 다루는 데에는 공민적 견지에서 검토·비판도 할 것이며, 또 공민 문제를 다루는 데에는 공민적 견지에서 검토·비판도 할 것이며, 또 공민 문제를 다루는 데에는 역사적 내지 지역적으로도 고찰하여, 우리의 사회생활을 전체적으로 이해·체득시키려는 것이 안목이다. 그러므로 교사는 이 세부분을 아무 연락도 없이 따로따로 다루지 말고, 항상 각 부분이 가로 긴밀한 연락을 취하여 사회생활과 교수의 궁극의 목표에 이르도록 노력하여야 한다.[41]

위는 중등학교 사회생활과 교수요목 중 그 '운영법'을 설명한 것으로, 실질적인 분과 운영 방안을 견지하고 있다. 다만 '사회생활과' 내 세 교과를 "따로따로 다루지 말고, 항상 각 부분이 가로 긴밀한 연락을 취하"도록 했는데 형식적인 연관성만을 남겨둔 데 불과한 것으로 볼 수 있다.

이와 같이 '사회생활과'는 교과 명칭만 통합되었을 뿐 중등학교에서의 교육 내용은 여전히 역사·지리·공민으로 나누어져 있었다. 정책 입안은 통합 교과를 지향했지만 그 구체적인 시행을 위한 교과서 발행이나 교사

41 중학교, 「사회생활과 교수요목」, '사회생활과 교수요목의 운영법'(김한종, 『역사교육으로 읽는 한국사』, 책과함께, 2013, 71쪽에서 재인용).

양성은 모두 개별 교과체제를 취했던 것이다. 결국 교육현장에서 역사교육은 독립된 교과처럼 인식되었다. 그러나 이를 단순히 교육정책과 교육현장의 괴리가 부른 해프닝으로만 생각해서는 안 된다.

오천석이 입안한 미군정의 교육정책이 '사회생활과'로 귀결되었기 때문에 역사교육은 애초에 한국민에 대한 특별한 역사적 인식 변화나 체계적인 탈 식민화의 과정을 밟을 수 없게 되었다. 그리고 친일적이고 보수적인 입장을 견지한 학자·지식인들은 이러한 미군정의 교육정책을 적절히 잘 활용할 수 있었다. 교육현장에서 교과목은 독립되어 있었지만 교육 내용은 여전히 일제강점기의 '조선사(朝鮮史)' 교육을 답습했다. '사회생활과' 내에서 교과서 및 수업은 개별적으로 진행되었다고 하나 교육방침 및 이념이 제대로 확립되지 않은 상태에서 제대로된 역사교육은 요원한 일이었다.

한편 '사회생활과'의 편성과 관련하여 살펴보아야할 것으로 오천석이 주창하여 추진된 새교육운동이 있다. 새교육운동은 '사회생활과' 교육과정 성립과 더불어 교육의 민주화라는 기치 아래 전개된 교육개혁운동이었다. 문제는 새교육운동이라고 하는 구도 아래 기존의 교육을 모두 헌 교육·옛 교육·낡은 교육으로 치부하는 경솔을 범하고 말았다는 것이다. 새교육운동의 와중에 올바른 역사교육의 논의는 실종되었다.[42] 역사교육은 오직 '사회생활과' 체제 아래에서만 의미가 있다는 논리가 반복되었다.

오천석 등 한인 군정 관료들에게 있어 한국의 교육은 미국의 새롭고 진보적인 교육으로 탈바꿈하지 않으면 안 되는 것이었다. 그러면서도 정작 낡은 교육의 상징인 '국민학교' 체제를 그대로 유지한 것은 아이러니가 아닐 수 없다. 정작 일본에서 국민학교가 종전 직후 소학교로 개편된

42 김한종, 『역사교육으로 읽는 한국사』, 책과함께, 2013, 77쪽.

것과 비교하면 미군정청의 한인 교육관료들이 지향했던 교육정책의 방향을 의심하게 된다.

오천석은 한국교육의 가장 큰 지향점이 민주국가 건설과 민족을 경제적으로 구원하는 일이라고 역설했다. 그리고 이를 위해, 첫째 민족성 결함의 시정, 둘째 민주적 시민의 양성, 셋째 경제적 능력의 조정을 교육의 목적으로 설정해야 한다고 했다.[43] 이러한 인식을 통해서는 상처받은 민족성의 회복이나 민족사의 올바른 정립 등을 기대하기는 힘들다. 요컨대 미국식 민주주의 교육이론은 반공주의 교육으로, 민족을 경제적으로 구원하는 것은 경제 근대화로 귀결됨으로써 '반공'과 '경제'로 모든 가치와 이념과 이슈가 매몰 되어버리는 한국 사회의 모순이 교육정책의 선구자였던 오천석에게도 똑같이 투영되어 있었던 것은 아닐까 하는 의문이 남는다.

V. 맺음말

미군정은 미국식 민주주의 교육이념의 정착을 기조로 하여 당시 악화되고 있던 소련에 대응하기 위한 반공주의 사상을 교육과정 내에 입식시켜야 했다. 이를 위해 미군정의 정책을 이해·동조하고 적극적으로 지지할 수 있는 인물들을 군정청 내에 복무시키고 외부 자문기구를 통한 논의를 지속적으로 유도했다. 그리고 교육정책에 관련하여 그 중심에 있었던 인물이 오천석이었다.

오천석은 미국의 정치와 문화에 익숙하고 영어를 잘했으며 기독교인이라는 특징을 가지고 있었다. 이는 그가 미군정의 교육정책을 실질적으로 수행할 적임자였음을 의미한다. 오천석은 자신의 학문 지향과 미군정

43 吳天錫, 「韓國敎育의 回顧와 展望」, 『교육학연구』 2, 1964. 7, 13쪽.

청의 요구에 경도되어 "진보주의 사조에 입각한 시민 양성"을 슬로건으로 한 민주주의 국가 건설에만 집중한 나머지 식민 잔재 청산과 민족적 자긍심 확립을 위한 역사교육을 도외시 한 측면이 있다.

오천석은 미국 유학기간 중 「미국(美國)의 교육계(教育界)」라는 글에서 "미국의 교육사는 민주주의적 교육제도를 위한 혈전사(血戰史)요. 승리의 기록"이라고 말했다.[44] 그에게 있어 미국의 교육은 그들이 혈전을 통해 이뤄놓은 승리의 결과물이었다. 따라서 한국의 교육은 그에 동조하여 무임승차하면 될 것이었다. 그러나 오천석이 교육정책을 입안하고 수행할 당시 한국은 미국의 현실과는 큰 괴리가 있었다. 해방 직후 상처받은 민족성을 회복하기 위한 올바른 역사교육은 교과의 분리나 통합과 관련한 논의의 대상이 될 수 없었다.

애초 오천석이 미국에서 교육학을 전공하게 된 것은 민족의 생활을 개선시키려는 취지였다. 미국 체류 초기 '재미 한국 유학생회'에서 만난 동료 한인 유학생들은 조국의 앞날에 관한 고심을 거듭한 끝에, 우선 헐벗은 고국의 동포들을 위해 대규모 방직회사를 설립할 계획을 세웠다. 이에 따라 유학생 개인별로 전공 학문을 담당하게 되었는데, 최희송(崔熙松)은 면방직을, 오정수(吳禎洙)는 공장을 가동시킬 수 있는 전기학을, 양우조(楊宇朝)는 마방직을, 그리고 오천석은 교육학을 전공토록 하여 공장 운영은 물론 직원 자녀들의 교육을 담당시킬 계획이었다. 이때 오천석에게 교육학을 권한 것은 임시정부에서 예산결산위원장 등 주요 직책을 역임했던 양우조였다고 한다.[45]

---

44 「美國의 教育界」, 『우라키』 4, 1930, 63쪽.(한림대 아시아문화연구소, 1999)

45 양우조·최선화 지음, 김현주 정리, 『제시의 일기』, 혜윰, 1999, 15~16쪽. 양우조는 유학생활을 마치고 조국에 돌아와 방직공장을 설립하고자 했으나 일제의 단속과 방해로 뜻을 이루지 못하고 상해로 망명, 임시정부에서 활약하게 되었다.

최희송과 오정수, 양우조는 각기 전공을 살려 메사추세츠 공과대학에 진학한 반면, 오천석은 코넬대학에 입학했다. 이후 노스웨스턴대학과 컬럼비아대학에서 공부하여 철학박사 학위를 취득한다. 특히 컬럼비아대학에서는 김활란과 동문수학하면서 긴밀한 관계를 맺었다. 해방 이후 김활란과 이른바 천연동 모임을 함께 하면서 당시 교육정책에 관한 여러 논의를 진행한 것은 널리 알려진 사실이다.

오천석이 처음 교육학을 공부한 것은 민족의 생계와 교육을 위해서였다. 물론 미국식 민주주의교육과 '민족교육'을 갈등 관계에 있는 것으로만 파악할 수는 없다. 그러나 오천석이 수립한 '사회생활과' 교육과정이 해방 직후 우리 민족에게 적합한 역사 교육 방안이었다고 평가하기는 힘들다.

1960년대 이후 오천석은 『민족중흥(民族中興)과 교육(教育)』(現代教育叢書出版社, 1963), 『발전한국(發展韓國)의 교육이념탐구(教育理念探究)』(培英社, 1973) 등의 이른바 민족주의 교육에 관한 저서를 출간했다. 그의 민족주의는 인도주의에 바탕을 둔 자유주의적 민족주의로 구분되는데, "민족주의는 국수주의에 흐르지 않도록 경계하여 민주주의와 조화되도록 하여야 한다"는 입장을 피력했다고 한다.[46] 오천석도 국수주의적이거나 배타적인 성격을 걷어 낸다면 민족주의가 충분히 유효하다는 점을 인정했던 것이다. 아울러 1968년에 발간된 『국민정신무장독본』에서는, 서양의 문명은 서양이라는 지리적 배경으로 서양 사람의 생리와 기질에 의하여 만들어 진 것이므로 이를 무작정 추종해서는 새문화를 창조할 수 없다고 기술하기도 했다.[47] 미군정청 학무국에서 '사회생활과' 교육과정을 수립하던 당시의 천원에게 전해주고 싶은 말이 아닐 수 없다.

---

46 정세화, 「천원 오천석의 교육사상 연구」, 『교육철학』 10, 1992, 60쪽.

47 오천석 엮음, 『아름다운 조국-국민정신무장독본-』, 현대교육총서출판사, 1968, 152쪽.

05

교수요목기 고등학교 '우리나라 문화'의 발행과 내용 체제

이은령

Ⅰ. 머리말

학교 현장의 교실 수업에서는 교과서를 비롯한 다양한 교재들이 활용된다. 요즘에는 토론수업이나 탐구수업 등의 방식을 통해 학생들의 참여가 활발해지면서, 교과서 이외의 교재들의 활용도가 높아지고 있다. 그러나 여전히 교과서를 통한 내용 지식의 전달은 중요시되며, 학생과 교사 모두 교과서를 가장 비중있는 학습 자료로 여기고 학습 활동에 임하게 된다. 특히 역사 교육에서는 교과서의 내용이 절대적인 사실로 받아들여지는 경향이 강하기 때문에 다른 교과에 비해 그 서술 내용에 대한 관심이 높은 편이다.

2015년 현재 고등학교 1·2학년 학생들은 한국사를 필수로 학습하고 있으며, 상급 학교 진학을 위한 대학수학능력시험에서도 필수 과목으로 응시해야 한다. 이로 인해 한국사 교과서의 발행, 그리고 교과서에 큰 영향을 끼치는 교육과정에 대한 관심도 높아지고 있다. 그렇다면, 해방 이후 고등학교에서 처음 사용된 한국사 교과서는 무엇을 기준으로 서술되었으며, 어떤 모습과 내용을 지니고 있었을까. 이에 대한 학문적 궁금증에서 본 연구를 시작하게 되었다.

교과서는 교육과정의 영향을 받으면서 쓰여지기 때문에, 교육과정을 함께 검토해야 한다. 우리나라의 경우 1954년 제1차 교육과정이 제정되기 이전에 '교수요목'이 제정되어 있었다. 완전한 형태의 교육과정이 마련되기 이전의 모습이기 때문에 교수요목이라 불리지만, 당시의 교과서 역시 이 교수요목에 의거하여 집필되어 있었다. 이에 본고에서는 교수요목에 의거하여 발행된 고등학교(당시 고급중학교)[1] 한국사에 해당하는 '우리나라 문화' 교과서의 발행과 내용 체제에 대해 검토해보고자 한다.

이와 관련하여 교수요목기[2]의 고등학교 '우리나라 문화'에 대한 단독 연구는 아쉽지만 존재한지 하지 않는다. 교수요목기의 고등학교 한국사 교과서였던 오장환의『중등문화사–우리나라의 문화–』에 대한 비평의 글이 발표된 것이 있다. 그러나 이는 오장환이라는 역사학자에 대한 인물과 그의 역사 인식에 대해서 서술하고 있기 때문에,『중등문화사–우리나라의 문화–』가 당시의 교과서라는 점에는 초점을 맞추고 있지 않다.[3] 또한 교수요목기의 중학교(당시 초급중학교)에서 사용되었던 국사 교과서인

1 당시의 학제는 국민학교 6년과 중학교 6년이었는데, 중학교는 초급중학교 3년과 고급중학교 3년으로 나뉘어 있었다. 1949년과 1950년에 중학교와 고등학교의 연한에 대한 개편은 있었지만, 이러한 학제는 실제에 있어서는 실시되지 못하였으며 실시되고 있는 학제는 여전히 6·3·3·4제였다.(이복희·이영채, 「Ⅱ 우리나라 학제의 발달」,『교육연구』 27, 이화여자대학교 교육학과 교육연구회, 1966, 38~42쪽)

2 교수요목기는 1946년 9월에 단행된 학제의 개편과 함께 수정·보완되어 '초·중등학교 교수요목'을 적용한 시기로, 1946년 9월부터 제1차 교육과정의 공포 전인 1954년 4월까지를 의미한다.(한국교과서연구재단,『한국편수사 연구1』, 한국교과서연구재단, 2000, 59~63쪽)

3 김정인, 「자료–오장환 저,『중등문화사–우리나라의 문화–』」,『한국사학사학보』 1, 한국사학사학회, 2000.

'우리나라 생활'에 대한 연구[4]와 동양사 교과서인 '이웃나라 생활(역사부분)'[5]에 대한 연구는 이루어졌지만, 고등학교의 교과서에 대한 연구는 없는 실정이다.

한편 역사 교과서 관련 연구는, 하나의 주제를 가지고 종적인 분석을 하는 것이 활발히 이루어지고 있다. 따라서 이러한 연구들에서 언급된 교수요목기 고등학교 '우리나라 문화'를 살펴보았다. 그러나 한 편을 제외하고는[6] 대다수의 논문들이 고등학교의 교과서를 연구하겠다고 하였음에도 불구하고, 교수요목에 의한 '우리나라 문화' 교과서는 제외한 채 진단학회에서 발행한 『국사교본』을 분석의 대상으로 하고 있었다.[7] 교수요목기를 해방 이후부터 제1차 교육과정기 이전의 시기라고 설정한다면, 『국사교본』도 교수요목기의 교과서라고 할 수도 있다. 하지만 제1차 교육과정 이전에 교육과정에 해당하는 '교수요목'이 존재했고 이에 의거한 교

---

4 박정옥, 「교수요목기 '우리나라 생활'의 내용 구성과 국사교육론」, 『청람사학』 20, 청람사학회, 2012; 김상훈, 「1945~1950년 역사 교수요목과 교과서 연구」, 서강대학교 박사학위논문, 2015.

5 박진동, 「교수요목에 의거한 '이웃나라 역사' 교과서의 발간과 그 구성」, 『역사교육』 106, 역사교육연구회, 2014.

6 김태웅은 진단학회의 『국사교본』은 해방 후의 교과서로 다루고, 교수요목기의 교과서로는 이병도의 『우리나라 생활』(국사), 김성칠의 『우리나라 생활』, 최남선의 『우리나라 생활』과 오장환의 『우리나라의 문화』를 분석의 대상으로 하였다. 진단학회의 것을 교수요목기와 분리하여 서술한 것은 적절했지만, 이병도, 김성칠, 최남선의 것은 중학교의 국사 교과서에 해당하는 것이기 때문에 고등학교 국사 교과서라는 주제에 맞지 않는다.(김태웅, 「해방 후 고등학교 '국사' 교과서에서 1894년 농민전쟁 서술의 변천」, 『역사교육』 133, 역사교육연구회, 2015, 227~229쪽)

7 다수의 교육대학원 석사학위논문에서 교수요목기의 고등학교 국사 교과서를 분석의 대상으로 설정하고 연구를 진행하였으나, 교수요목에서 제시한 '우리나라 문화'가 아닌 진단학회의 『국사교본』을 사용하였다. 또한 교수요목기의 중학교 국사 교과서인 『우리나라 생활(역사)』를 사용한 것도 있었다. 이에 해당하는 논문은 아래와 같다.
정성희, 「1920년대 실력양성운동에 대한 고등학교 국사교과서 내용 분석: 교수요목부터 6차 교육과정까지」, 성균관대학교 교육대학원 석사학위논문, 2000; 이해영, 「고등학교 국사 교과서에 반영된 조선 후기 예송논쟁」, 전남대학교 교육대학원 석사학위논문, 2002; 백정화, 「교과서 변천과정과 고등학교 국사교과서의 고려시대 서술」, 목포대학교 교육대학원 석사학위 논문, 2007; 안성준, 「동학농민운동에 대한 남북한 고등학교 국사 교과서의 서술 분석」, 고려대학교 교육대학원 석사학위논문, 2008.

과서가 발행된 것을 감안한다면 '우리나라 문화' 교과서가 반드시 분석의 대상으로 다루어져야 계열성있는 종적연구가 될 것이다.

이와 같이 역사교육학계에서 교수요목기 및 이 시기의 교과서에 대한 연구가 활발히 이루어지지 않았던 이유는 첫째, 교수요목의 내용을 입수하기가 어려웠고,[8] 둘째, 해당 교과서의 발행 상황을 구체적으로 알기 어렵다고 여겨졌기 때문이라 생각된다. 따라서 본고에서는 연구자가 입수한 교수요목에 대한 내용을 정확하게 밝히고, 이 교수요목이 반영된 교과서가 발행되는 모습을 구체화시키고자 한다. 아울러 당시 발행되었던 4종의 교과서에 대한 발행 상황과 교과서의 내용 체제[9]를 비교 분석하여 교과서가 처음 만들어지던 시기의 모습을 살펴볼 것이다. 이를 통해 당시의 고등학교 한국사의 교수요목과 교과서를 명확히 하여, 향후 교과서 연구의 토대가 될 수 있을 것이라 기대한다.

본고는 '우리나라 문화' 교과서의 발행과 내용 체제에 대해서만 살펴보기 때문에, 각 교과서의 본문 서술 내용에 대한 분석은 진행하지 않은 한계를 지니고 있다. 이는 별도의 과제로 남겨두고 차후 각 주제별로 분석을 진행하고자 한다.

---

8 그동안의 연구에서는 중학교 사회생활과 교수요목을 구할 수 없었고, 이전의 논문에서 재인용하는 형태를 취하다가 최근의 논문에서는 직접 중학교 사회생활과 교수요목을 활용한 연구가 발표되었다(박정옥, 「교수요목기 '우리나라 생활'의 내용 구성과 국사교육론」, 『청람사학』 20, 청람사학회, 2012; 박진동, 「교수요목에 의거한 '이웃나라 역사' 교과서의 발간과 그 구성」, 『역사교육』 106, 역사교육연구회, 2014; 김상훈, 「1945~1950년 역사 교수요목과 교과서 연구」, 서강대학교 박사학위논문, 2015). 본 연구자는 서원대학교 최상훈 교수님의 도움으로 중학교 사회생활과 교수요목의 전체 내용을 확인할 수 있었다. 이 글을 통해 감사를 표한다.

9 교과용 도서에는 형식 체제와 내용 체제가 있다. 교과서의 형식 체제는 판종, 지질, 활자, 색도, 편집 등을 포함하는 것으로 그 외형을 결정하게 된다. 교과서의 내용 체제는 교과내용의 배열 및 단원의 전개과정을 포함하는 것으로 그 내용의 조직을 구성하게 된다.(한국교과서연구재단, 『한국편수사 연구1』, 한국교과서연구재단, 2000, 47~48쪽)

Ⅱ. 중학교 사회생활과 교수요목의 제정과 내용

해방 이후 미군정은 1945년 9월 24일에 모든 초등학교가 개교할 것을 공포한 것에 이어, 10월 1일부터는 중등학교 이상의 학교에 대해서도 개교할 것을 지시하였다. 당시 중등학교 교과 편제 및 시간 배당에 의하면, '지리 역사' 교과는 중등학교 1학년과 2학년에서는 일주일에 3시간, 중등학교 3학년과 4학년에서는 일주일에 4시간씩 배당되어 있었다.[10] 임시로 정해졌었던 교과 편제와 시간 배당표는 발표된 지 1년 후, 1946년 9월 1일부터 다시 바뀌었으며, 이에 따라 교수요목이 제정되었다.

당시 학무국 편수관들은 분과 원칙에 입각한 교과 편제를 논의하였다. 이때 편수국장 고문관이었던 앤더슨 대위가 유사한 성격을 지니는 교과목들을 종합해서 하나의 교과목으로 만들자는 제안을 하였고, 결국 Social Studies를 모방해서 종합적인 교과인 사회생활과가 탄생하게 되었다.[11] 지리·역사·공민의 3과목을 통합하였지만, 내용상으로는 분과 체제를 이루고 있었다. 1948년 12월에 발간된 교수요목에 나타난 중학교 사회생활과의 교과 시수는 [표 1]과 같다.[12]

10 유봉호, 『한국교육과정사연구』, 1992, 교학연구사, 279~284쪽.

11 최상훈, 「역사과 교육과정 60년의 변천과 진로」, 『사회과교육연구』 12권2호, 한국사회교과교육학회, 2005, 213쪽.

12 중학교 사회생활과 교수요목은 목적, 교수 방침, 교수 사항 및 시수 배당, 교수요목의 운영법, 교수요목(지리 부분, 역사 부분, 공민 부분)의 5가지 항목으로 구별되어 있다.(문교부, 『초, 중등학교 각과 교수요목집(12) 중학교 사회생활과』, 조선교학도서주식회사, 1948)

[표 1] 중학교 사회생활과 교수 사항 및 교수 시수[13]

학년	지리 부분	매주 시수	역사 부분	매주 시수	공민 부분	매주 시수
1	이웃나라 생활	2	이웃나라 생활	2	공민 생활 Ⅰ	1
2	먼 나라 생활	2	먼 나라 생활	2	공민 생활 Ⅱ	1
3	우리나라 생활	2	우리나라 생활	2	공민 생활 Ⅲ	1
4	인류와 자연지리 자연 인문지리	2	인류 문화의 발달, 우리나라 문화	1	정치 문제	2
5	환경	1		2	경제 문제	
6	인생과 사회 ┌ 도덕 ├ 사회 (4) └ 문화		시사 문제 (1)			5

사회생활과에서 역사는 중학교(1학년~3학년)와 고등학교(4학년~6학년)으로 나누어 살펴볼 수 있다. 우선 중학교에서는 동양사(이웃나라 생활)와 서양사(먼 나라 생활)을 먼저 학습한 후에 한국사(우리나라 생활)를 학습할 수 있도록 배치하였다. 그 후 고등학교 과정에서 인류문화의 발달(서양사)과 우리나라 문화(한국사)를 4학년과 5학년에 걸쳐 학습하도록 하였다. 이를 두고 '국사와 세계사 학습의 순서를 고정하지 않았다'고 이해할 수도 있다.[14] 그러나 교수요목에 제시되어 있는 '역사 부분 교수상의 주의'를 보면, '네째 학년에서는 "인류 문화의 발달"을 배우고, 다섯째 학년에서는 "인류 문화의 발달", "우리나라의 문화"를 아울러 배우며'라고 되어 있다.[15] 따라서 중학교 과정에 이어 고등학교 과정에서도 세계사를 먼저 학습하고 한국사를 학습할 수 있도록 하는 구조가 설정되어 있음을 알 수 있다.

13 문교부, 『초, 중등학교 각과 교수요목집(12) 중학교 사회생활과』, 조선교학도서주식회사, 1948.

14 박진동, 「교수요목에 의거한 '이웃나라 역사' 교과서의 발간과 그 구성」, 『역사교육』 106, 역사교육연구회, 2014, 4쪽.

15 문교부, 『초, 중등학교 각과 교수요목집(12) 중학교 사회생활과』, 조선교학도서주식회사, 1948.

[표 1]을 바탕으로 교수요목기의 고등학교 한국사 교육의 특징을 살펴보면, 첫째, 세계사를 우선적으로 학습하고 한국사를 학습하도록 하였다. 이는 중학교와도 같은 구성이라 할 수 있다. 당시 해방 이후 한국에 세계라는 무대에서 활동할 수밖에 없는 시대적 상황이 반영된 것으로 판단된다.

둘째, 고등학교 과정에서는 한국사 중에서도 '문화사'를 중심으로 하고 있다. 중학교 과정에서 과목명에 '생활'이라는 단어를 사용하여 역사 학습을 하였던 것과는 달리, 고등학교 과정에서는 '문화'를 등장시켰다. 즉, 역사학습의 반복을 피하고 고등학교 과정이라는 수준에 맞추어 심화 학습을 하기 위함으로 보인다.

셋째, 세계사와 한국사 교수 시수에 있어서 2대 1의 비율을 지니고 있다. 중학교 과정에서도 동양사(이웃나라 생활)와 서양사(먼 나라 생활)가 각각 2시간으로 합쳐서 4시간이고, 우리나라 생활은 2시간이었다. 고등학교 과정에서는 동양사와 서양사의 내용이 합쳐져 있는 '인류 문화의 발달'이 결국 2시간이고, 우리나라 문화가 1시간이다. 다시 말해 세계사 학습 시간의 비중이 한국사보다 2배에 달한다는 것을 알 수 있다. 물론 '중학교 사회생활과 교수의 운영법'에 "각 학년 교재의 각 단위에 배정한 교수 시수는 다만 그 기준을 보인 것으로 절대적인 것은 아니니 형평에 따라 신축할 수 있다"라고 되어 있다. 따라서 학급 학교에서의 운영의 실재를 확인해보고 어떻게 운영되었는지를 파악하는 것도 매우 중요한 일일 것이다. 그러나 교수 시수를 정한 것에서 학교 교육의 운영 방침과 의도는 세계사 교육에 더 많은 비중을 두고 있다는 점이 명확해 진다.

교수요목에서는 중학교 사회생활과의 목적을 '중학교 사회생활과는 사람과 자연환경 및 사회환경과의 관계를 밝게 인식시켜, 올바른 사회생활을 실천 체득하게 함으로써, 민주주의 국가의 성실 유능한 국민이 되게 함을 묵적[16]으로 함'으로 밝히고 있다. 즉 사회생활과라는 큰 틀에서의 목적을 밝히고 '얼마 동안 지리, 역사, 공민의 세 부분으로 갈라서 교수하기로 함'으로 그 방법을 제시하고 있다. 그러나 교수요목의 운영법에 있어서는 '분과적으로 교수하되 사회생활과에 귀일할 것'을 강조하며 다음과 서술하고 있다.

> 지리, 역사, 공민이 분과적으로 되어 있다 하여, 종래와 같이 전연 독립하여 있는 과목으로 다루어서는 안 된다. 우리 인류 사회에 일어나는 여러 가지 문제를 가지고, 지리 부분은 지리적 입장에서, 역사 부분은 역사적 입장에서, 또 공민 부분은 공민적 입장에서 다루되, 항상 지리와 역사는 서로의 관련성에 유의하고 이들 문제를 다루는 데에는 공민적 견지에서 검토 비판할 것이며, 또 공민 문제를 다루는 데에는 역사적 내지 지역적으로도 고찰하여, 우리의 사회생활을 전체적으로 이해 체득시키려는 것이 안목이다. 그러므로 각 부분이 가로[17] 긴밀한 연락을 취하여 사회생활과 교수의 궁극의 목표에 이르도록 노력하여야 한다.

이와 같은 서술로 미루어 볼 때, 완전 통합을 시도했던 것은 아님을 알 수 있다. 사회생활 전체를 이해하는 데 공통적으로 필요한 요소가 지리, 역사, 공민이었던 것이고, 이들을 학습하면서 항상 서로의 관련성을 염두해 둘 것을 당부한 것이라 할 수 있다.

한편 역사 부분에 있어서 교수상의 주의를 따로 제시하고 있다. '역사 부분 교수상의 주의'는 총 9개의 항목으로 되어 있으며, 각 내용은 다음과 같다. ① 학년별 과목명과 학습의 순서, 교수요목의 구조, ② 교재의 배열

---

16 '목적'의 오기로 판단된다.

17 '바로'의 오기로 판단된다.

은 시간순이며, 가까운 시대를 자세하게 다루고, 정치–사회–문화순으로 구성됨, ③ 사회생활과적 관점과 현재와의 연관성을 강조할 것, ④ 주입식 교육의 방법을 버리고 사실(史實)의 대의 파악력과 비판력을 양성하고 실물 교육에 중점을 둘 것, ⑤ 사실의 원인과 영향을 관찰 비판하게 할 것, ⑥ 이웃나라 역사, 먼 나라 역사와 우리나라 역사와의 상호 관련성에 유의할 것, ⑦ 사회생활과로의 교재 채택으로서는 종래와 태도가 달라진 것이 많다는 점, ⑧ 국사에 있어서는 민족의 자주 정신과 도의 관념의 함양과 함양 및 문화의 전승 발전에 유의하고 완전 자주 독립에 이바지할 수 있도록 함, ⑨ 교재를 그대로 묵수(墨守)할 것은 아니며, 종합 교육을 목표로 생명과 통일성이 있는 지식을 길러줄 것을 당부하고 있다.[18]

이중에서 ①과 ②는 내용 구성에 있어서의 원칙을 제시하고 있다. 구체적으로 정리해보면, 첫째 대단원–중단원–소단원의 구성을 '단위–항목–세목'으로 배열하였다. 둘째, 과거에서 현재까지 시간순으로 배열하되, 사실의 연관성을 부여하였다. 셋째, 상고는 간략히 다루고 시대가 가까워질수록 자세히 다루어 현대 생활의 이해를 도모하였다. 넷째, 대개 정치면을 먼저 다루었지만, 그 사회의 상태를 낳은 정치사를 알아야 그 시대 사람들의 생활을 이해할 수 있기 때문인 것으로, 정치사에 무게를 둔 것은 아니다.

고등학교 과정에 해당하는 한국사 과목은 '우리나라 문화'이며, 교수요목은 [표 2]와 같다.

18 문교부, 『초, 중등학교 각과 교수요목집(12) 중학교 사회생활과』, 조선교학도서주식회사, 1948.

[표 2] '우리나라 문화' 교수요목

단위	항목	
1. 고대의 문화	1. 선사 시대의 유물 유적 2. 고대의 사회 조직	3. 고대인의 도덕 관념 4. 고대인의 경제 생활
2. 삼국의 문화	1. 한(漢) 문화의 수입 2. 불교의 수입과 그 영향 3. 고구려 문화의 특색	4. 백제 문화와 일본의 관계 5. 신라 문화의 특색 6. 시라[19]의 특수 제도
3. 신라 및 발해의 문화	1. 발해의 문화와 그 유적 2. 신라의 미술과 공예 3. 신라의 교학	4. 신라 문화의 특색 5. 신라 및 발해의 경제 생활
4. 고려조의 문화	1. 불교의 융성과 고려 문화의 관계 2. 교학의 진흥과 학술 문예 3. 미술 공예에 발달과 그 특색	4. 인쇄술의 발달 5. 민중의 경제 생활
5. 근세 조선의 문화	1. 숭유(崇儒) 정책과 그 학설 및 영향 2. 국문 제작과 그 영향 3. 과학의 발달과 각종 기계의 발명	4. 문예 부흥과 실지 실용의 학풍 5. 민중의 경제 생활
6. 최근세의 문화	1. 세계 무대에의 진출과 그 영향 2. 서양 문명의 수입과 신사물(新事物)	3. 민중의 신 운동 4. 최근세의 국학 발전과 신문예의 발족
7. 민족성	1. 민족성 개관	2. 민존[20]의 나아갈 길
8. 조선 문화와 세계 문화		

'우리나라 문화'의 교수요목은 8개의 단위와 31개의 항목으로 구성되어 있으며, 항목 아래의 세목은 존재하지 않는다. 중학교 과정의 세 과목이 모두 세목을 제시하고 있는 것과는 매우 대조적이다. 또한 중학교 과정에서는 설문식[21]으로 단위와 세목을 제시하고 있는 것에 반해, '우리나라 문화'는 개조식[22] 서술을 하고 있다. 교수요목을 설문식으로 제시하고 있는 것은 매우 특이한 모습이며, 이는 민주주의적 교수법에 의거하여

19 '신라'의 오기로 파악된다.

20 '민족'의 오기로 파악된다.

21 '설문식'이라는 단어는 교수요목에서 직접 사용한 것으로, 어떤 주제에 대하여 문제를 내어 묻는 방식으로 이해된다.

22 글을 쓸 때, 앞에 번호를 붙여 가며 짧게 끊어서 중요한 요점이나 단어를 나열하는 방식이다.

함이라 밝히고 있다.[23] 그럼에도 불구하고 고등학교 과정의 두 과목의 교수요목은 설문식으로 제시되어 있지 않으며, 이에 대한 이유는 따로 언급되어 있지 않다.

단위의 구분은 시대 순서에 맞추어 '고대–삼국–신라와 발해–고려조–근세 조선–최근세'의 6항목과 함께 '민족성' 그리고 '조선 문화와 세계 문화'라는 2개의 항목으로 되어 있다. 이는 중학교 과정 3학년의 '우리나라 생활(역사)'의 단위[24]와 그 맥락을 비슷하게 하고 있다. 이러한 관점에서 보면, 중학교에서 학습한 내용을 바탕으로 문화사를 더욱 심화시켜 학습하고자 함이라 판단할 수 있다. 각 항목은 상위 개념인 단위에 해당하는 문화의 내용들을 제시하고 있다. 또한 1, 3, 4, 5단위에서는 '경제생활'을 항목으로 제시해 경제사에 대한 관심도 높았음을 알 수 있다.

Ⅲ. '우리나라 문화' 교과서 발행 상황

1948년 12월에 교수요목이 발표된 이후, 이에 기반한 교과서는 1949년부터 등장하기 시작하였다.[25] 이후 대통령령으로 교과용도서검인정규정

23 문교부, 『초, 중등학교 각과 교수요목집(12) 중학교 사회생활과』, 조선교학도서주식회사, 1948.

24 중학교 '우리나라 생활(역사)'의 단위는 총 9개로, '(1) 우리나라의 자연환경은 어떠하며 민족의 유래와 발전은 대략 어떠하였는가?, (2) 역사있기 이전의 생활은 어떠하였는가?, (3) 고대 우리 겨레의 생활 상태는 어떠하였는가?, (4) 삼국의 흥망 및 그 사회 생활은 어떠하였는가?, (5) 신라 및 발해의 변천과 그 사회 생활은 어떠하였는가?, (6) 고려의 정치와 다른 민족과의 관계는 어떠하였으며 그 사회 생활은 어떠하였는가?, (7) 근세 조선은 어떻게 성쇠하였으며 그 사회 생활은 어떠하였는가?, (8) 최근세의 사회 생활은 어떠하였는가, (9) 두번째 세계 대전과 우리 나라와의 관계는 어떠하였는가?'이다. 이는 『초, 중등학교 각과 교수요목집(12) 중학교 사회생활과』의 차례에 나와있는 것으로, 본문에 제시된 항목에서는 '(3) 고조선과 그 생활 상태는 어떠하였는가?'로 되어 있다.

25 1945년 광복 후부터 '교과용도서 검·인정 규정'이 제정 공포 때까지는 군정법령 제6호(1945.9.18.) '교육 조치'가 학무국의 교과서 발행시책의 근거가 되었으며, 또 1946년 11월 15일 문교부 '교수요목' 제정 및 '각 교과교수요목' 등이 검인정 출원 등에 근거가 되

이 공포되고[26] 이에 맞추어 교과서 검인정이 이루어졌다. 교수요목에 맞추어 발행된 '우리나라 문화' 교과서는 목록은 [표 3]과 같다.[27]

[표 3] '우리나라 문화' 교과서 목록

교과서명	저자	출판사	초판 발행 연월	입수 교과서 발행 연월
중등 문화사 -우리나라의 문화-	오장환	정음사	1949.9	1949
한국문화사	유홍렬	양문사	1950.5[28]	1954
우리나라 문화사	홍이섭	정음사	1953.4[29]	1953
고등사회생활과 우리나라 문화의 발달(상)	이병도 · 김정학[30]	백영사	1953.4	1954.4

당시 검정은 수시로 이루어졌기 때문에, 정확하게 몇 종의 교과서가 발행되었는지는 확인하기가 어렵다. 다만 선행 연구와 자료들을 토대로 하고 실제로 입수한 교과서들을 보면, [표 3]과 같이 총 4종을 확인할 수 있었다. 우선적으로 눈에 띄는 것은 4종의 교과서의 도서명이 전부 다르

었다. 이 밖에도 문교부 편찬과에서 1949년 2월 2일, 편수과에서 3월 1일(동아일보 게재)에 발표한 '검정규정'을 보아 법률적 근거는 없으나, 검·인정 업무를 추진한 것으로 파악된다.(허강, 『한국 검인정 교과서 변천에 대한 연구』, 한국교과서연구재단, 2001, 31쪽)

26 대통령령 제336호(1950.4.29) 교과용도서검·인정규정으로 ① 검·인정의 목적과 교과용 도서의 범위, ② 검정 도서의 범위, ③ 인정 도서의 범위, ④ 출원 자격, 방법, ⑤ 사열 및 수정 합격, ⑥ 가격 사정, ⑦ 공고, ⑧ 기재 사항, ⑨ 도서 납부, ⑩ 효력 상실 및 재출원, ⑪ 합격도서의 수정, ⑫ 검인정의 취소, ⑬ 벌칙, ⑭ 부칙으로 되었다. 이 규정은 4차례의 개정을 거쳐 1967년 4월 16일까지 존속하였다.(허강, 『한국 검인정 교과서 변천에 대한 연구』, 한국교과서연구재단, 2001, 32~35쪽)

27 박진동, 「해방후 역사교과서 발행제도의 추이」, 『역사교육』 91, 역사교육연구회, 2004와 국립중앙도서관 편, 『한국교과서목록 1945~1979』, 국립중앙도서관, 1979를 참고하여 작성하였다. 배열은 초판 발행 연월을 기준으로 하였다.

28 책 겉표지에는 '문교부 인정필'이라고 쓰여 있으며, 책 뒷면 서지사항에서는 '문교부 검정필'로 되어 있다. 그러나 인정 또는 검정의 날짜는 적혀있지 않다. 초판 발행이 1950년 5월 25일, 재판발행이 1951년 9월 1일, 6판 발행이 1954년 4월 1일이다.

29 문교부 검정필 표시가 있으며, 검정날짜는 1953년 10월 29일로 되어 있다.

30 교과서 표지에 쓰여 있는 저자 순서를 따랐다.

다는 것이다. 교수요목에서는 '우리나라 문화'라고 되어 있지만, 각각 '우리나라의 문화', '한국문화사', '우리나라 문화사', '우리나라 문화의 발달'로 조금씩 차이가 있다. 이를 통해 당시의 교과서는 교과서명이 표현은 다르지만, 그 의미가 통하면 사용 가능했던 것으로 짐작해 볼 수 있다.

오장환 교과서의 초판 발행일이 1949년 9월이며, 4종의 교과서 중 가장 먼저 발행된 것으로 확인되었다. 당시 오장환은 문교부 편수국 편수과에서 부편수관으로 재직 중이었다.[31] 그는 교과서 발행에 앞서 교육잡지 『새교육』에 「국사교육상의 난문제(難問題) 몇 가지」를 3회에 걸쳐 수록하였다.[32] 이를 바탕으로 보면, 편수국에 재직하면서 생각했던 국사 교육과 관련된 관심을 스스로 교과서 발행으로 나타낸 것이라 추측된다.

유홍렬의 『한국문화사』는 입수한 교과서의 서지사항에서 1950년 5월 25일 초판 발행으로 되어 있기 때문에, 오장환의 것보다는 그 이후에 검인정을 통과한 것으로 생각된다. 초판 발행일이 교과용 도서 검·인정 규정이 제정, 공포된 이후이기 때문에, 규정에 맞추어 발행되었을 것이다. 그러나 초판 발행 직후 6·25전쟁이 일어났고, 전쟁 시에는 임시 교재가 편찬되었다.[33] 따라서 본 연구자가 입수한 1954년도의 것이 실재 학교 현장에서 사용되었을 것으로 생각된다.

홍이섭의 『우리나라 문화사』는 교과서의 겉면 안쪽 첫 장에 검정날짜

---

31 김정인, 「자료-오장환 저, 『중등문화사-우리나라의 문화-』」, 『한국사학사학보』 1, 한국사학사학회, 2000, 288쪽.

32 대한교육연합회, 『새교육』 제2권 제1호(1949년 2월), 제2호(1949년 3월), 제3, 4호(1949년 6월)에 수록되어 있다.

33 6·25전쟁 중에는 인쇄시설이 대부분 파괴되어 교과서 발행에 있어 수난기였다. 그러나 그 후 피난지 부산에서 지방에 있는 약간의 인쇄시설을 이용하여 빈손으로 피난 온 학생들에게 임시 교재를 방행하여 제공하였다. 중등학교용 전시 교재로는 『전시 독본』이 있었으며, 1집(침략자는 누구냐?), 2집(자유와 투쟁), 3집(겨레를 구원하는 정신)이 있었다.(유봉호, 『한국교육과정사 연구』, 교학연구사, 1992, 308쪽)

를 1953년 10월 29일로 유일하게 표시하고 있다.[34] 반면 서지사항에서 인쇄는 1953년 4월 10일, 발행은 1953년 4월 15일으로 되어 있어 발행과 검정일자 간의 선후 관계를 이해하기가 다소 어렵다. 이는 당시의 발행이 인쇄 후 검정을 신청하는 과정 때문인지, 아니면 표기의 잘못인지는 좀 더 따져봐야 할 것이다. 홍이섭의 『우리나라 문화사』에서 주목해야 할 것은 '정음사'라는 출판사이다. 앞서 오장환의 『중등문화사-우리나라의 문화-』 역시 정음사였다. 한 곳의 출판사에서 같은 종류의 교과서를 발행하는 사례가 전무한 것은 아니지만, 그래도 드문 경우에 속한다. 이는 아마도 한국전쟁 중 오장환의 월북 또는 납북으로 인해[35] 더 이상 오장환의 것을 발행할 수 없었던 것에서 연유한 것이라 생각된다.

이병도·김정학 공저인 『우리나라 문화의 발달(상)』의 서지사항에는 1952년 4월 25일 인쇄, 1953년 4월 30일 발행으로 되어 있지만, 아마도 인쇄연도가 잘못된 것으로 파악되며,[36] 초판 발행연도는 1953년일 것이다. 상권을 입수하였기 때문에, 하권을 손에 넣기 위해 노력하였으나, 아직 문서상으로도 그 존재 여부를 확인할 수는 없었다. 다만 책의 머리말에서 '상권은 고등학교 2학년, 하권은 3학년에 배정하였으나, 각 학교의 교수 진도에 따라 적당히 채택할 것'[37]이라고 되어 있어 하권이 있었을 것

---

34 검정필증의 표기는 다음과 같다.

> 문교부 검정필
> 검정 종류 중등학교 문화사 교과서
> 검정 날자 단기 4286년 10월 29일
> 검정 관청 문교부

35 김정인, 「자료-오장환 저, 『중등문화사-우리나라의 문화-』」, 『한국사학사학보』 1, 한국사학사학회, 2000, 288쪽.

36 당시의 교과서에는 오탈자가 자주 발견된다. 실제로 이병도·김정학의 『우리나라 문화의 발달(상)』 역시 겉표지에는 '우리나라 문화의 발달'로 되어 있지만, 서지 사항에서는 '우리나라의 문화 발달(상)'으로 되어 있을만큼 빈번한 오자가 있기 때문에 맥락적 이해를 필요로 한다.

37 이병도·김정학, 『우리나라 문화의 발달(상)』, 백영사, 1953, 머리말.

이라 생각된다. 그러나 머리말의 내용이 교수요목에서 제시했던 고등학교 2학년(고급중학교 5학년)에만 해당하는 것이 아니라서 다소 혼란스럽기도 하다. 이와 관련해서 당시에 고등학교 3학년(고급중학교 6학년)에 배정되어 있던 '인생과 사회'를 거의 모든 학교에서 가르치지 않고, 5학년의 우리나라 문화를 연장해서 가르쳤던 경우도 있다고 한다.[38] 더불어 머리말에서 '본서 제1편, 제2편은 김정학 집필'이라고 되어 있어, 제1편과 제2편으로만 구성되어 있는 상권 전체가 김정학의 집필이라 하겠다.

교수요목에 의해 고등학교 과정의 '우리나라 문화'를 집필한 사람은 김정학, 오장환, 유홍렬, 이병도, 홍이섭의 5명이다. 이들의 약력을 간단히 정리한 것이 [표 4]이다.

[표 4] '우리나라 문화' 집필자 약력

집필자	생몰년도	편찬당시 직위[39]	학력[40]
김정학	1911~2006	고려대학교 교수 서울대학교 강사	경성제국대학 사학과 졸업(1943) 미국 하버드대 대학원 인류학과 고고학 전공(1954~57)
오장환	미상	서울사범 대학[41]	미상
유홍렬	1911~1995	서울대학교 문리과대학 교수	경성제일고등보통학교(1930) 경성제국대학 사학과(1935)

38 박진동, 「교수요목에 의거한 '이웃나라 역사' 교과서의 발간과 그 구성」, 『역사교육』 106, 역사교육연구회, 2014, 4~5쪽.(박광희, 「한국 사회과 성립과정과 그 과정 변천에 관한 일연구」, 서울대 교육대학원 석사학위논문, 1965, 재인용)

39 각 교과서의 표지에 쓰인 것을 기준으로 작성하였다.

40 편집부, 「두계 이병도박사 약력」, 『진단학보』 29, 진단학회, 1966; 혜암유홍렬박사화갑기념사업위원회 편, 『유홍렬박사화갑기념논총』, 탐구당, 1971; 김용섭, 「우리나라 근대 역사학의 발달」, 『한국의 역사인식(하)』, 창작과비평사, 1976; 김정학, 「나의 한국 고고학·고대사 연구」, 『한국사학사학보』 1, 한국사학사학회, 2000을 참고하였다.

41 그 외 문교부 편수관이었음을 알 수 있다. 이와 관련하여 김정인은 오장환의 편수국 편수과 부편수관 재직 기간을 1949년 6월 10일~1950년 2월 8일로 자세히 밝히고 있으나(김정인, 「자료-오장환 저, 『중등문화사-우리나라의 문화-』」, 『한국사학사학보』 1, 한국사학사학회, 2000, 288쪽), 오장환이 『새교육』(1949년 2월)에 투고한 글에서는 직접 '문교부 편수관'이라고 쓰고 있다. 따라서 구체적인 재직 기간에 대해서는 좀 더 살펴보아야 할 것이다.

집필자	생몰년도	편찬당시 직위[39]	학력[40]
이병도	1894~1989	서울대학교 교수 문학박사	중동야학교 일어속성과 졸업(1910) 보성전문학교 법률과 졸업(1915) 일본 와세다대 사학 및 사회학과(1919)
홍이섭	1914~1974	고려대학 교수	배재고등보통학교(1933) 연희전문 문과(1938)

오장환의 약력은 알기 어렵지만, 그를 제외한 집필자 4명 모두 해방 이후 대학에서 활발히 활동을 하고 있었음을 알 수 있다. 특히 유홍렬은 머리말에서 '교편 생활을 토대로' 하였다고 밝혀,[42] 교직 경험이 있음을 확인할 수 있다. 이외에도 이병도와 홍이섭은 교사 경력이 있던 것으로 파악된다.[43] 유일한 공동 저자인 이병도와 김정학은 편찬 당시 서울대학교에서 인연을 맺었던 것으로 보인다. 뿐만 아니라, 이들은 조선사연구회라는 학술단체를 통해 함께 활동했었다.[44] 이병도, 유홍렬, 홍이섭은 교과서와 관련한 집필 활동도 활발한 편이었다. 유홍렬과 이병도는 당시의 교수요목에 의거한 중학교 '우리나라 생활(역사 부분)' 교과서를 집필하였고,[45] 홍이섭은 중학교 '이웃나라 생활(역사 부분)'을 집필하였다.[46] 또한 유홍렬, 이병도, 홍이섭은 제1차 교육과정기에 있어서도 고등학교 '국사'

42 유홍렬, 『한국문화사』, 양문사, 1954, 일러두기.

43 홍이섭은 천주교 계열인 동성상업고등학교 사회생활과 교사(1938~1945) 생활을 하였고, 이병도 역시 중앙학교(현재 중앙중고등학교) 교원(1919~1925)으로 재직한 경험이 있다. 반면, 김정학은 스스로 "(전략) 대개 중고등학교 교사가 되었어요. (중략) 그런데 나는 젊은 생각에서, 또 본래 이상주의적인 성향이 있어서 중고등학교 교사를 할 생각이 전혀 없었어요"라고 밝힐 정도로, 교사 경력은 없다.(김정학, 「나의 한국 고고학·고대사 연구」, 『한국사학사학보』 1, 한국사학사학회, 2000, 253쪽)

44 조선사연구회는 회원 명단이 없어 분명한 성격을 파악할 수 없으나 그의 창립 3주년인 1948년 12월 12일에 고려문화사를 통해 발간한 『사해(史海)』에 이병도(회장)의 창간사와 김정학의 논문이 함께 실려 있어, 조선사연구회의 중심인물이었다는 것을 알 수 있다.(조동걸, 『현대한국사학사』, 나남출판, 1998, 326~327쪽)

45 박정옥, 「교수요목기 '우리나라 생활'의 내용 구성과 국사교육론」, 『청람사학』 20, 청람사학회, 2012, 12~13쪽.

46 박진동, 「교수요목에 의거한 '이웃나라 역사' 교과서의 발간과 그 구성」, 『역사교육』 106, 역사교육연구회, 2014, 15쪽.

교과서를 편찬하게 된다.

Ⅳ. '우리나라 문화' 내용 체제

교수요목에 의거하여 발행된 고등학교 '우리나라 문화' 교과서의 내용이 어떤 양식으로 구성되어 있는지 살펴보고자 한다. 당시의 교과서는 현재의 교과서와는 매우 다른 단순한 구성을 지니고 있다. 이 시기에는 아직 교과서의 정형화된 틀이 적용되지 않았기 때문에 상호 비교가 다소 어렵기는 하지만, 그 구성을 간단하게나마 파악하기 위해 [표 5]를 작성하였다.

[표 5] '우리나라 문화' 교과서의 분량과 구성

저자	분량	단원 구성 단계	본문 앞	본문		본문 뒤
				대단원 수	중단원 수	
오장환	196	장-절-1, 2	머리말 차례	8	55	없음
유홍렬	264	편-장-1, 2-(1), (2)	일러두기 차례	10[47]	58	없음
홍이섭	193	장-1, 2	화보 차례	10[48]	52	색인
이병도 김정학	159	장-절-1, 2-연습	화보 머리말 차례	6[49]	37	역대 왕계표

47 '민족과 문화'의 내용이 머리말이라는 제목으로 본문의 시작부분에 서술되고 있다. 내용상 대단원에서 제외하여, 대단원을 10개로 파악하였다. 또한 각 대단원을 3개의 고대, 중세, 근세의 시기구분으로 묶어 놓았지만, 이를 대단원으로 보지는 않았다.

48 대단원 수 10개에는 포함시키지 않았지만, 1장 시작 전에 '서설 : 우리나라 문화사란 무엇인가'가 있고, 10장이 끝난 뒤에는 '결론: 민족과 문화에 대한 우리의 각오'가 있다.(홍이섭, 『우리나라 문화사』, 정음사, 1953, 3~5쪽)

49 이 책의 경우 '편-장-절'의 구성으로 되어 있으나, 가장 상위 단계인 편은 고대, 중세의 2개이며 이는 시대구분을 나타내기 때문에 그 하위 단위인 장을 대단원으로, 절을 중단원으로 분류하였다.

[표 5]를 보면, 전체 분량이 다소 차이가 나는 것을 알 수 있다. 오장환과 홍이섭의 것은 비슷하지만, 유홍렬은 이 둘에 비해 70쪽 가량이 많다. 이는 오장환과 유홍렬의 것의 최소 35%를 넘는 많은 양이라 할 수 있다. 이병도·김정학의 것은 상하 두 권이기 때문에 분량을 비교하기가 어렵지만, 상하권의 분량을 같다고 보면, 318쪽에 달하는 매우 많은 양이라 하겠다. 4종의 교과서가 균일하지 않은 분량을 가지고 있는 것이다. 아울러 주당 1시간이라는 수업 시수로는 소화하기 힘든 많은 양이라 하겠다.[50]

내용 체제에 있어서 매우 단순한 구조를 지니고 있다. 교과서의 구성을 본문을 기준을 앞과 뒤로 나누었을 때, 본문 앞에는 차례가 공통적으로 들어가 있었다. 이는 교과서가 아닌 다른 책에서도 기본적인 구성이라 할 수 있겠다. 교과서 집필의 의도나 과정을 보여주는 머리말은 홍이섭의 것에만 없다. 머리말을 통해 당시의 상황이나 교과서의 집필 의도를 파악할 수 없어 조금 아쉬운 점으로 남는다. 그러나 홍이섭과 이병도·김정학은 화보를 실어 '우리나라 문화'를 시각적으로 이용할 수 있는 기회를 제공한 것은 학습에 긍정적인 영향을 끼쳤을 것이라 판단된다.

본문은 대단원과 중단원으로만 구성되어 있으며, 내용이 많은 경우에만 불규칙적으로 하위 소제목을 제시하고 있다. 대단원이 바뀔 때는 새로운 면에서 그 내용을 서술하고 있으나, 중단원의 시작은 앞의 내용과 줄바꿈으로만 구분짓고 있다. 이러한 구성은 학습자의 해독을 어렵게 만들 우려가 있다. 아마도 당시 종이 수급이 매우 어려웠기 때문에 조금의 여백이라도 활용하기 위한 것으로 보인다.

본문 뒷부분에는 홍이섭이 색인을, 이병도·김정학이 역대왕계표를

---

50 이와 관련하여 유홍렬은 일러두기에서 "학도들로 하여금 자습하여 오게 하여 진도를 빠르게 할 것"이라 당부하였다.

제시하였다. 현재의 교과서에는 색인이나 역대왕계표는 모두 포함되어 있는 것과는 대조적이라 할 수 있다. 이러한 색인이나 역대왕계표는 없는 것보다 있는 것이 학습자의 학습 활동에 도움을 주는 것은 당연하다. 특히 연대기적 사고가 필요한 역사 학습에 있어서는 체계적인 이해를 위해 왕계표 제시는 교과서의 구성 요소로 포함되는 것이 바람직하겠다.

그 외 특이한 구성을 하고 있는 것은 이병도·김정학의 것으로 각주와 참고, 연습이라는 항목을 두고 있다. 나머지 교과서는 단순히 본문만 서술하고 있는 것에 반해 매우 독특한 구성이라 할 수 있다. 머리말에서 "최근의 교육은 생도의 자발적인 연구와 사고의 연마를 중요시하므로 이 책에는 각주와 참고란, 연습란을 두어 생도의 자학 자습을 편하게 하였다"라고 밝히고 있다. 각주는 주로 단어나 역사 용어에 대한 설명을 하고 있으며,[51] 참고란에는 보충 설명의 형식으로 사료나 자료들을 제시하고 있다.[52] 연습란은 모든 절(중단원)의 말미에 제시되어 있으며, 설문식으로 서술하고 있다.[53] 이러한 학습자를 위한 배려가 보이는 것이 가장 교과서다운 구성이라 할 수 있다.

본문의 내용 배열을 보기 위해 각 교과서의 대단원을 교수요목과 비교한 것을 [표 6]으로 구성하였다.

---

51 각주 예시: '북방 아시아'에 대한 각주로 '대체로 중국 만리장성 이북의 지역을 말한다'로 서술하고 있다.(이병도·김정학, 『우리나라 문화의 발달(상)』, 백영사, 1954, 1쪽)

52 참고란 예시: 고인돌 – 세계의 고인돌 유적은 대개 석기시대의 것이나, 우리나라의 고인돌에서는 석기시대의 유물 뿐 아니라 금속병용시대의 유물도 발견되었다.(이병도·김정학, 『우리나라 문화의 발달(상)』, 백영사, 1954, 7쪽)

53 연습란 예시: '제3장 제1절 삼국의 정립'과 관련된 것으로 '1. 고구려 발전의 기초는 어떻게 세워졌느냐?', '2. 백제는 어떻게 세워졌는냐?' 등이 서술되어 있다.(이병도·김정학, 『우리나라 문화의 발달(상)』, 백영사, 1954, 36쪽)

[표 6] 고등학교 '우리나라 문화'의 대단원명 비교

<table>
<tr><th>교수요목</th><th>오장환</th><th colspan="2">유홍렬</th><th>홍이섭</th><th colspan="2">이병도·김정학</th></tr>
<tr><td></td><td></td><td colspan="2">머리말 민족과 문화</td><td>서설 우리나라 문화사란 무엇인가</td><td colspan="2"></td></tr>
<tr><td rowspan="4">고대의 문화</td><td rowspan="2">민족의 유래와 선사시대의 문화</td><td rowspan="4">고대 문화</td><td>선사시대의 문화</td><td>원시문화와 고조선</td><td rowspan="4">고대</td><td>선사시대의 문화</td></tr>
<tr><td>부족 국가 시대의 문화</td><td>한족(漢族) 문화의 파급</td><td>부족국가 시대의 문화</td></tr>
<tr><td rowspan="2">고대의 문화</td><td rowspan="2">삼국 시대의 문화</td><td>고구려의 문화</td><td rowspan="2">삼국시대의 문화</td></tr>
<tr><td>백제의 문화</td></tr>
<tr><td>삼국의 문화</td><td rowspan="2">삼국 시대의 문화</td><td rowspan="3">중세 문화</td><td>통일 신라의 문화</td><td>신라의 문화</td><td rowspan="3">중세</td><td>통일신라 및 발해의 문화</td></tr>
<tr><td>신라 및 발해의 문화</td><td>발해와 태봉의 문화</td><td>고려의 문화</td><td>고려 전기의 문화</td></tr>
<tr><td>고려조의 문화</td><td>고려 시대의 문화</td><td>고려의 문화</td><td></td><td>고려 후기의 문화</td></tr>
<tr><td rowspan="3">근세 조선의 문화</td><td>근세 조선 초기의 문화</td><td rowspan="4">근세 문화</td><td>근세 조선 전기의 문화</td><td>조선 문화의 정리</td><td colspan="2" rowspan="4"></td></tr>
<tr><td>근세 조선 중기의 문화</td><td>근세 조선 중기의 문화</td><td>조선 문화의 부흥</td></tr>
<tr><td>근세 조선 후기의 문화</td><td>근세 조선 후기의 문화</td><td>고전 문화의 쇠퇴</td></tr>
<tr><td>최근세의 문화</td><td>최근세의 문화</td><td>현대 문화와 우리의 사명</td><td>민족 문화의 쇠퇴</td></tr>
</table>

[표 6]을 보면, 4종의 교과서가 모두 단원명에 '문화'를 서술하여 문화사 중심으로 구성하고자 하였음을 알 수 있다. 유홍렬과 이병도·김정학은 고대-중세-근세의 시기 구분을 사용하여 단위를 묶으려 하였다. 그러나 공통적으로는 신라, 고려, 조선의 나라 이름을 제시하여 각 국가의 문화에 대한 이해를 돕도록 하고 있다. 통일 신라 시대와 관련해서, 교수요목은 '통일'이라는 단어는 사용하지 않았으나, 유홍렬과 이병도·김정학은 '통일 신라'로 표현하고 있다. 고려에 대해서는 이병도·김정학만

이 전기와 후기를 구분해서 단원명을 제시하였다. 근세 조선에 대한 시기 구분에 있어서도 조금 차이를 보인다. 오장환과 유홍렬 모두 전기–중기–후기의 구분을 하였지만, 오장환의 중기와 후기는 유홍렬의 중기에 해당한다. 오장환이 최근세로 분류한 1864년 이후가 유홍렬의 '근세 조선의 후기'와 '현대 문화'에 해당한다. 반면, 홍이섭은 조선 문화의 정리와 부흥으로 시기를 구분하고, 최근세를 쇠퇴와 위기로 서술하였다.

오장환은 통일 신라 시기를 삼국시대와 구분하지 않았으며, 발해를 전면에 드러내지 않았다. 이 점을 제외하면, 교수요목과 가장 비슷한 단원구성을 하고 있는 것으로 파악된다. 아마도 편수관이라는 직업상의 위치가 반영된 것으로 보인다. 유홍렬은 대단원명에 태봉을 등장시켰다. 즉 발해와 태봉을 모두 고구려를 계승한 국가라는 입장에서 서술하고자 한 의도로 읽힌다. 다른 교과서와는 매우 다른 구성이라 할 수 있다. 홍이섭은 대단원명에서 교수요목이 제시하였던 '고대'나 '근세'를 사용하지 않았다. 의도적으로 시기 구분에 사용되는 용어를 피하려 한 것으로 보인다. 삼국이라는 표현 대신 고구려, 백제, 신라를 각각 단원명으로 사용한 것도 특이하다. 그러나 발해는 대단원명에서 서술되고 있지 않다. 또한 교수요목에서 최근세라고 표현한 시기에 대해서는 '고전 문화의 쇠퇴', '민족 문화의 쇠퇴'로 서술하여 문화사적인 입장을 강하게 드러내고 있다.

[표 7] 고등학교 '우리나라 문화'의 대단원별 분량 비율

교수요목	오장환		유홍렬		홍이섭		이병도·김정학[54]	
	쪽수	비율	쪽수	비율	쪽수	비율	쪽수	비율
고대의 문화	12	6.4	18	6.8	16	8.9	34	11.6
삼국의 문화	48	25.5	35	13.3	47	26.3	45	15.3
신라 및 발해의 문화			38	14.4			28	9.5
고려조의 문화	38	20.2	48	18.2	28	15.6	40	13.6
근세 조선의 문화	68	36.2	82	31.1	58	32.4	(147)	(50)
최근세의 문화	18	9.6	35	13.3	24	13.4		
민족성	4	2.1	8	3.0	6	3.4	–	–
합계[55]	188	100.0	264	100.1	179	100.0	294	100

교수요목에서 제시한 8개의 단위 중, 실질적으로 역사적 내용과 관련이 있는 것은 6단위이다. 이 중 현대와 가까운 3개, 즉 고려, 조선 최근세의 분량을 합한 것이 4종의 교과서 모두 60%를 넘고 있다. 이는 오장환이 머리말에서 밝혔던 것과 같이 "고대의 문화보다도 근세·최근세의 문화를 많이 다루기에 노력하였다"라는 것과 일치한다고 볼 수 있다. 근세와 최근세만을 합쳐 보면, 45%~50%의 분량을 서술하고 있어 이러한 의도가 반영된 것이라 하겠다. 교수요목의 단위 중 가장 많은 분량을 차지한 것은 4종 모두 '근세 조선'이었다.

이병도·김정학의 교과서는 '고대의 문화' 해당하는 내용 비중에 상당히 높다. '고대의 문화'만 보았을 때, 이병도·김정학의 것만이 10%를 넘겼다. 아마도 이 부분을 집필한 김정학이 고고학을 전공했기 때문으로 여겨진다.

54 우리나라 문화의 발달(하)을 구할 수 없었기 때문에, 분량과 비율 작성에 있어서 하권도 상권과 같은 쪽수를 가지고 있다고 보고 계산하였다. 또한 비율이 100%를 넘은 이유는 소숫점 둘째 자리에서 반올림하였기 때문이다.

55 여기서는 차례나 화보 등에 포함된 쪽수가 제외되었기 때문에 [표 5]의 전체 분량과는 차이가 발생할 수 있다.

[표 8] 고등학교 '우리나라 문화'에 사용된 시각 자료

	사진·그림		지도
	본문 앞	본문 내	
오장환	×	×	×
유홍렬	×	22	×
홍이섭	30	×	×
이병도·김정학	10	35	7

교수요목에서 '역사 부분 교수상의 주의'를 통해 "될 수 있는 데까지 실물 교육에 중점을 두어 여행 원족 등의 기회를 이용하여 유물 유적을 관찰시키고 도표 도안 등도 널리 수집하여 학생들의 학습 편의를 도모할 것"을 당부하였다. 그러나 교과서에는 이러한 실물 교육에 도움이 되는 그림이나 사진, 지도 등의 시각 자료는 매우 부족하였다. 오장환의 경우, 사진·그림이나 지도없이 문자 서술로만 일관되어 시각 자료의 활용이 전무하였다. 유홍렬은 본문을 서술하면서 그 내용에 맞추어 사진·그림을 22개 제시하였다. 유홍렬의 중단원수가 58개인 것을 감안한다면 매우 적은 것이라 하겠다. 홍이섭은 본문 앞 화보에 8면을 활용하여 사진·그림 자료를 싣고 있다. 그러나 본문과 유리된 자료는 그 활용에 있어 본문 내에 있는 것보다 불편하다. 이에 비해 이병도·김정학은 4종의 교과서 중 가장 적극적으로 사진·그림을 활용하였다. 본문 앞 화보와 본문 내에 모두 사진·그림이 있었으며, 그 수도 45개로 가장 많았다. 고려시대까지의 시각 자료임을 감안한다면, 다른 교과서에 비해 매우 적극적인 활용이라 할 수 있다. 또한 가장 돋보이는 점은 지도를 사용한 것이다. 여기서 사용된 지도의 주제는 '신라 9주 5소경도', '고려 오도 양계도' 등으로 각 시대의 지리적 범위를 알기 쉽게 해주는 역할을 하고 있다.[56] 현재의 교과

56 그 외 한사군도, 신라 발해도, 발해 상경도, 개경 약도, 고려 십도도가 실려 있다.

서에서는 당연한 것이지만, 이 당시 교과서에 지도가 삽입된 것이 이병도·김정학의 것 하나라는 사실이 매우 새롭다.

Ⅴ. 맺음말

본고에서는 교수요목기 고등학교(고급중학교) '우리나라 문화' 교과서의 발행과 내용 체제에 대해서 검토하였다. 교과서의 발행 상황을 좀 더 입체적으로 파악하기 위해 교수요목이 제정되는 과정과 중학교 사회생활과 교수요목에 대한 분석을 2장에서 다루었다. 이를 바탕으로 당시 고등학교 과정인 고급중학교의 한국사 교육은 문화사 중심인 '우리나라 문화'과목이 있었음을 알고, 이 교수요목에 의한 교과서가 4종 발행되었음을 확인하였다.

교수요목기 고등학교 '우리나라 문화' 교과서는 교과서명도 조금씩 다르고, 대단원명도 교수요목의 단위와는 조금씩 다르게 구성되어 있었다. 교과서 검인정에 대한 절차가 처음 시도된 시기였던 만큼 일정 부분 자율성이 존재했고, 또 엄격한 검정 기준을 적용하기 힘들었던 사회적 분위기를 읽을 수 있다. 단원 구성은 본문 위주의 단순한 모습이었으며, 부록 등이 미약하게 존재하였다. 대단원의 목차 분석을 바탕으로 '근세 조선'이 가장 비중있게 서술되고 있음을 알 수 있었다. 더불어 사진·그림이나 지도 등 시각 자료의 활용도 미진한 교과서였다. 즉 현재의 시점으로 보자면, 학습자의 자기주도적 학습이 어려운 정도의 역사 개설서와 비슷한 구성이었다. 하지만, 6·25전쟁이 있었던 시기였음을 감안한다면, 교수요목이라는 내용 서술 기준에 의해 발행된 첫 교과서의 모습은 갖추었다고 보인다.

본 연구는 앞으로 교수요목기의 고등학교 한국사 교과서 및 교육과 관련된 다양한 논의를 하기 위한 밑바탕에 해당한다. 당시의 교과서 발행이 이루어진 모습을 재구성하고, 검정 교과서들이 어떤 모습으로 실재하는지를 파악하는 것에 중점을 두었다. 이와 관련된 연구가 현재까지 이루어져있지 않기 때문에, 토대를 다지는 것에 주력하였다. 따라서 본고에서는 교과서의 서술 내용에 대한 분석이 이루어지지 않았다는 한계를 지니고 있다. 이 부분은 앞으로의 연구를 통해 보완해가고자 한다.

[부록] 고등학교 '우리나라 문화'에 사용된 시각 자료 목록

	시각 자료	
오장환	해당없음	
유홍렬	본문 내 자료	
	낙랑시대 거울 낙랑시대 채화칠협 신라 호우명 고구려 쌍영총 내부(용강) 고구려 고분 벽화 석굴암 부처 신라 무열왕 능 구부 봉덕사 종 태봉의 석등롱(철원) 대장경판(경상도 해인사) 부석사 벽화	처용무 가면 측우기와 물시계 아악의 악기 송시열 화상 수원 화성 김홍도 그림(서당) 경복궁의 광화문 이조 ○○ 광경[1] 한국시대 외국어학 처음의 전차(1905) 덕수궁 석조전
홍이섭	본문 앞 자료	
	박산로 – 평안남도 대동강면 제9호묘에서 나옴 능산리 제2호묘 천정벽화 – 충청남도 부여군 금동미륵보살상 쌍영묘의 내부구조 – 평안남도 용강군 백제탑 – 부여군 현내면 사천왕사 유전상 불국사 석굴암 석가좌상 불국사 석굴암 보살상 불국사 석가탑 – 경상북도 경주 일본 법륭사 금당벽화 관세음보살상 고구려 개와 문양 신라 금관 – 경상북도 경주읍 금관묘에서 나옴 백제 개와 경주에서 나온 신라 개와	신라의 추녀 개와 – 경주에서 나옴 현화사 석탑 초층탑신 청자상감 운학문의 고려청자 부석사 무량수전 내부 – 경상북도 영주군 사자빈신사 석탑 개심사 오층석탑 훈민정음 두시언해 대동여지도 – 서울시내 석보상절 짓는 참새와 노는 고양이 변상벽 그림 여산 폭포도 경전의 그림 혜원의 풍속도 신윤복 그림 투견도 단원 김홍도 그림 단원의 풍속도 설중탐매도 심사정 그림

1 입수한 교과서의 인쇄 상태가 불량하여 글자 파악이 어려웠기 때문에 '○○'으로 처리하였다.

	시각 자료	
이병도 · 김정학	본문 앞 자료	
	낙랑 출토 채화칠협 낙랑 출토 순금제 혁대장식 낙랑 출토 거울 경주 금관총 출토 금관 경주 보문리 부부총 출토 귀거리	경주 불국사 다보탑 석굴암 십일면 관음 석굴암 보살상 지광국사 현묘탑 상감청자
	본문 내 자료	
	이석검, 돌시칼 등 고인돌, 움집, 귀틀집 등 춤추는 모양(고구려 고분 벽화) 명도전 동검, 동모, 동과 경북 영천 출토 대구(帶鉤) 실측도 광개토왕의 비, 광개토왕의 능 경주 호우총 출토 호우명 신라 진흥왕 순경비(북한산) 첨성대 백제 아좌태자의 그림 일본 성덕태자의 화상 씨름(고구려 고분 벽화) 풍속(고구려 고분 벽화) 쌍영총 현설도 삼묘사신도–청룡 백제 벽돌	정림사 5층탑(백제 5층탑) 미륵보살상 불국사 괘릉 무열왕비의 구부와 이수 봉덕사 성덕왕 신종 김생의 글씨 고려의 돈 대각국사 의천과 속장경 물레와 씨아 대장경판(합천 해인사 상) 이제현 화상 삼국사기 삼국유사 부석사 무량수전 부석사 무량수전 아미타 여래상 탄연의 글씨 처용무

2장

1차 역사교육과정

01

제1차 교육과정의 성립과 역사과 교육과정

허은철

Ⅰ. 머리말

교육에서 국가 교육과정은 교실 현장에서 교육 정책에 이르기까지 많은 영향을 끼치는 교육의 중요한 방향타라고 할 수 있다. 특히 우리나라는 중앙 중심의 교육과정을 운영하기 때문에 국가 교육과정의 변화는 곧 각급학교 교육의 틀이 바뀌는 것을 의미한다. 국가에 의한 교육과정은 1948년 8월 15일 대한민국 정부가 수립되면서 본격적으로 그 기초가 마련되기 시작하였다. 정부 수립에 앞서 선포된 헌법에서 교육에 관련된 내용은 제16조로, “모든 국민은 균등하게 교육을 받을 권리가 있다. 적어도 초등교육은 의무적이며 무상으로 한다. 모든 교육기관은 국가의 감독을 받으며 교육제도는 법률로써 정한다.”라고 명시되었다. 이와 같은 헌법에 따라 1949년 12월 31일에 법률 제86호「교육법」이, 1950년 4월 23일에는 대통령령 제633호「교육법 시행령」이 공포되었다. 그러나 1950년 6월 25일 한반도에 전쟁이 벌어지면서 헌법과 법률에 의한 국민이 교육을 받을 권리와 의무는 제대로 시행되지 못하였다. 전쟁이 끝날 무렵인 1953년 봄부터 대한민국 정부 최초의 국가 교육과정을 마련하기 위한 작업이 재개되었다. 이러한 우여곡절을 거쳐 제1차 교육과정이 탄생하였다. 제1차 교육과정은 우리 손으로 만든 첫 번째 교육과정이라는 역사적 의의를 가지고 있다. 물론 많은 부분 미군정기의 교수요목에 영향을 받았지만 현재까지 이어져 오는 국가 교육과정의 큰 틀을 제시하였다는 점에서 제1차 교육과정의 연구가치가 크다.

제1차 교육과정에서 사회생활과 안에 하나의 영역으로 역사과 교육과정이 마련되었다. 제1차 교육과정의 역사영역 역시 현재에 이르기까지 역사교육의 기초를 다졌다는 점에서 역사교육사적 의의가 작지 않다. 하지만 이러한 제1차 역사과 교육과정의 역사적 의의에도 불구하고 제1차 역사과 교육과정만을 체계적으로 연구한 글이 부족하였다. 대부분 역사과 교육과정에 대한 세부 주제를 다루는 글에서 해당 논문 주제와 관련된 부분만 단편적으로 제1차 역사과 교육과정에 대해 서술하고 있었다.[1] 그래서 제1차 역사과 교육과정의 전체적인 실상을 파악하기가 어려웠다. 따라서 본고에서는 제1차 역사과 교육과정이 어떠한 사회적, 교육적 배경에서 성립하였고, 그 특징과 한계가 무엇인지 전체적으로 분석할 것이다. 이는 향후 좀 더 나은 역사과 교육과정 마련을 위한 초석이 될 것이다.

1 1차 교육과정과 관련하여 다음의 글이 참고할 만하다. 윤종영, 「국사 교육의 변천과 과제」, 『실학사상연구』 2, 1991; 최상훈, 「역사과 교육과정 60년의 변천과 진로」, 『사회과교육연구』 12-2, 2005; 강선주, 「해방 이후 역사 교육과정 개정을 둘러싼 쟁점」, 『역사교육』 97, 역사교육연구회, 2006; 류승렬, 「해방 후 교육과정 변천과 역사교과의 위치」, 『역사교육』 60, 역사교육연구회, 1996; 김한식·권오현, 「해방후 세계사 교육과정의 변천과 문제점」, 『역사교육』 61, 역사교육연구회, 1997; 홍웅선·김재복, 「한국교육과정 생성과정에 대한 재조명」, 『통합 교과 및 특별활동 연구』 5-1, 1987; 구난희, 「세계사 교육과정의 현황과 개선 방안」, 『역사교육』 93, 역사교육연구회, 2005; 방지원, 「초·중고등학교 역사 교육과정의 계열화 분석」, 『역사와 담론』 44, 호서사학회, 2006.

Ⅱ. 제1차 교육과정의 성립과 사회생활과

해방 이후 전체주의적인 일제의 식민지 교육의 잔재를 없애고 민주주의 국가로서 새롭게 출발하는 상황에서 새로운 교육이 필요하였다. 하지만 해방이후 교육과정 작성과 같은 충분한 준비와 계획이 없이 교수요목에 의한 교육이 시작되었다. 교수요목은 단지 각 급 학교에서 가르칠 각 과목의 핵심 내용을 항목별로 제시한 것에 불과하였다. 이러한 교수요목기의 문제점을 극복하기 위해 1948년 정부 수립 이후부터 교육 관련 작업들이 진행되었다. 하지만 이러한 작업이 한국전쟁으로 잠시 중단되는 우여곡절을 겪게 되었다. 전쟁이 끝날 무렵인 1953년 3월 교수요목제정 심의위원이 위촉되었으며, 같은 달 11일에는 교수요목제정 심의위원과 교과과정 연구위원들이 참가한 합동위원회가 열리게 되었다. 1954년 4월 20일 문교부령 제35호「초등학교, 중학교, 고등학교, 사범학교 교육과정 시간배당 기준령」이 제정·공포되었다. 이듬해 8월 1일 각 급 학교의 교과과정[2]이 공포되어, 한국 최초로 정부 차원의 교육과정이 수립되었다. 1963년 교육 과정 개편 때까지 시행되었는데, 이를 제1차 교육과정기라고 부른다.[3]

이러한 일련의 교육과정 개정작업을 문교부 편수관들이 주도하였다.[4] 편수관들이 교육과정 개정을 위한 기본 계획을 수립, 기초 연구, 초안 작

---

2 문교부령 제44호「국민학교 교과과정」, 제45호「중학교 교과과정」, 제46호「고등학교 및 사범학교 교과과정」.

3 1차 교육과정은 교과과정이라고도 하는데 그 이유는 공포 당시의 명칭이 교과과정이었기 때문이다.

4 편수관 중심의 교육과정 개발 방식은 소위 '검인정 교과서 사건'으로 변화하게 되었다. 1977년 2월 교과서 검정과 관련하여 편수관들과 교과서 출판사 사이에 비리 의혹 사건이 일어나자, 정부는 문교부 편수관들에게 책임을 물어 이들을 현직에서 물러나게 하였다. 이후 문교부 편수관을 중심으로 하는 교육과정 개발 방식은 문교부와 한국교육개발원이 교육과정 개발 기능을 분담하는 이원적 체제로 변화하였다(김성자,「역사 교육과정 개정 절차와 내용 구성에 대한 연구」, 서울대대학원박사학위논문, 2014, 10~11쪽).

성, 교육과정 관련 위원회의 구성 및 운영 등을 직접 담당하였으며, '교수요목제정심의회', '교육과정심의회', '교육과정 및 교과서 개편 연구조정위원회'등의 기구를 활용하여 교육과정을 마련하였다.[5] 또한, 제1차 교육과정 시기 교육과정 개편에서 중요한 역할을 한 기구는 '교수요목제정심의회'였다. '교수요목제정심의회'에서는 교육과정 개정의 취지 및 기본 방침, 교수요목 개정의 취지 및 기본 태도, 각 급 학교의 시간 배당 기준 등의 안건에 대해 심의하였으며, 이를 바탕으로 각 급 학교의 '교육과정 시간 배당 기준령'과 '교과과정'을 작성하였다. 구체적으로는 초등학교 교과를 생활영역에 따라 편제할 것인지 교과영역으로 편제할 것인지, 중학교에서 선택과목을 편성할 것인지 편성한다면 몇 학년부터 편성할 것인지, 사회생활과·과학·수학을 통합으로 할 것인지 분과로 할 것인지, 고등학교에서는 어떤 교과를 필수로 할 것인지 등의 구체적인 문제를 논의하였다.[6]

제1차 교육과정은 미국의 경험교육과정의 영향으로 이전의 교과 중심 교육과정에서 생활 중심 교육과정으로 개편되는 과도기적인 상태였다. 즉, 교과중심 교육과정을 표방하고 있었지만 미국 진보주의 교육의 영향을 받아서 학생들의 경험과 생활을 존중하는 생활중심 교육과정의 개념도 들어 있었다.[7] 또한 이 시기 교육은 정부가 정책을 달성하는데 있어 효과적인 수단으로 판단한 중요한 정책 분야였다. 1차 교육과정기 초기에 문교부 장관을 역임한 제4대 이선근 문교부 장관(재임: 1954.04.21.-1956.06.07.)은 문교정책으로 '철저한 반공 의식을 함양함으로써 교육을

5 유위준, 「초·중등학교 교육과정 정책 형성 과정에 관한 연구」, 한국교원대학교박사학위논문, 2002, 217~218쪽.

6 홍웅선·김재복, 「한국교육과정 생성과정에 대한 재조명」, 『통합 교과 및 특별활동 연구』 5-1, 1987, 162쪽.

7 교육과정·교과서연구회 편, 『한국 교과교육과정의 변천 -중학교-』, 대한교과서주식회사, 1990, 7쪽.

통한 국민적 사상 통일을 도모함[8]'을 내세웠다. 당시 정부 정책은 철저한 반공 의식으로 국민의 사상을 통일하는 것이며, '교육을 통한' 방법으로 그 목적을 달성하려 했다.

제1차 교육과정은 이러한 내외의 영향을 받았지만 교육과정이라는 용어를 처음 사용했고,[9] 1949년 교육법이 제정되고 공포되면서 중등학교로 묶여있던 중학교와 고등학교가 분리되었으며,[10] 우리 손으로 만든 최초의 교육과정이라는 점에서 그 의미가 깊다. 제1차 교육과정은 이전보다 선택과목을 늘리고 특별 활동 시간을 두어 학생 개개인의 개성과 능력과 취미를 존중하고 실과 시간을 둠으로써 인문에 치우치지 않으려는 의도를 가지고 있었다.[11] 하지만 6·25전쟁이라는 혼란한 상황에서 만들어져 교육과정의 내용과 형식에 있어 여러모로 미숙한 점을 드러냈다.[12]

제1차 교육과정에서 역사는 1955년 8월 1일 문교부령 제45호로 제정, 공포된 중학교 교과 과정에서 국민학교와 같이 공민, 지리와 함께 사회생활과로 통합 구성되었다. '사회생활과'는 1946년 9월 미군정청 학무국이 발표한 '국민학교 교과 편제 및 시간 배당'에서 처음 도입되었다.[13] 사

---

8 이종국, 『대한교과서사(1948~1998)』, 대한교과서주식회사, 1998, 244쪽.

9 제1차 교육과정 시기 '교육과정'이라는 용어는 현재와 달리 "각 학교의 교과목 및 기타 교육활동의 편제"를 의미했다. 각론에 해당하는 각 교과 교육과정을 의미할 때에는 '교과과정'이라는 용어를 사용하였다. 그러나 1960년의 '교육과정심의회' 규정에서는 '교육과정'이라는 용어를 현재와 같이 총론과 각론을 포괄하는 의미로 사용하였다(김성자, 「역사 교육과정 개정 절차와 내용 구성에 대한 연구」, 서울대대학원박사학위논문, 2014, 8쪽).

10 교수요목기의 중등학교 6년제는 행정적으로는 하나의 학교이면서 교육 내용으로는 초급 3년과 고급 3년으로 나누어 운영하는 것이었으며, 지역의 실정에 따라서는 초급 또는 고급 중학교를 분리하여 설립할 수 있었다. 이 제도가 중학교 3년, 고등학교 3년으로 중학교와 고등학교가 완전히 분리되는 것은 1951년이었다(김흥수, 『한국역사교육사』, 대한교과서주식회사, 1992, 174쪽).

11 김흥수, 『한국역사교육사』, 대한교과서주식회사, 1992, 189쪽.

12 유봉호·김융자, 『한국 근/현대 중등교육 100년사』, 교학연구사, 1998, 246쪽.

13 김종철은 미군정에 의한 사회생활과 도입 이유를 정치사회화로서의 교육방향 때문이라고 지적하였다(김종철, 「국사 교과과정의 변천과 그 문제점」, 『역사교육』 61, 역사교육연구회, 1997, 148쪽).

회생활과를 찬성하는 이들은 학문적 계통성을 중시하고 학문의 체계를 고집하는 것은 분과주의적인 것이며, 이것은 곧 일제의 잔재를 청산하지 못한 것이라고 비판하였다. 또한, 사회생활과가 진보적인 것이며, 학생의 생활과 경험을 중시하는 것은 세계적인 추세라고 주장하였다.[14] 이러한 사회생활과의 도입은 교과로서의 적합성에 대한 학문적 검증 과정이 결여된 채 하나의 당위로서 받아들여졌다.[15] 이러한 분위기 속에서 역사·지리·공민을 통합한 교과로서 사회생활과는 '사회과'[16]로 이름만 바뀌었을 뿐 이후 계속 존속되었다.

사회생활과의 공민, 역사, 지리의 각 분야에 대한 시간 배당은 중학교 사회생활과에 배당된 총 시간 수에서 도의 교육을 위한 시간을 매 학년 35시간씩 공제한 나머지 시간에서 재배당하였고, 배당된 시간 수에 따라 각 부분을 분리하여 교수하도록 하였다.[17] 학년별로 각기 배당된 평균 시간 수는 [표 1]과 같다.

[표 1] 제1차 교육과정 중학교 사회생활과 학년별 영역 배당 시간

	1학년	2학년	3학년	계
공민	35(1)	35(1)	35(1)	105
지리	35(1)	70(2)	35(1)	140
역사	70(2)	35(1)	35(1)	140
계	140(4)	140(4)	105(3)	

※ ( )의 숫자는 주당 수업시수

14 김성자, 「역사 교육과정 개정 절차와 내용 구성에 대한 연구」, 서울대대학원박사학위논문, 2014, 68쪽.

15 이진석, 「해방 후 한국 사회과의 성립과정과 그 성격에 관한 연구」, 서울대대학원박사학위논문, 1992, 60~62쪽.

16 고등학교는 1954년 1차 교육과정 개정 때, 초·중학교는 1963년 2차 교육과정 개정 때 '사회과'로 변경되었다.

17 문교부, 「초·중·고등학교 교육 과정(사회과·국사과)」, 1985, 176쪽.

고등학교에서는 중학교의 사회생활과 대신에 '사회과'라는 이름으로 그 안에 일반사회, 도덕, 국사, 세계사, 지리의 다섯 분과를 두고 그 중 일반사회, 도덕, 국사를 필수, 세계사와 지리를 선택과목으로 하였다.

Ⅲ. 제1차 역사과 교육과정의 내용 및 특징

1. 국민학교 역사과 교육과정

국민학교의 역사는 군정하의 교수요목에서와 마찬가지로 공민, 지리와 함께 사회생활과에 통합되었다. 사회생활과는 이제 자연, 실과와 함께 법정 교과로 정착되었으며, 그 중요성에 대한 인식도 제고되어 교과의 순서를 국어 다음에 배치하였다. 또한 교과 운영의 기본 방침을 "지리, 역사, 공민은 이를 분과적 또는 계통적으로 다룰 것이 아니라, 심신발달의 단계로 보아 종합적으로 다루어져야 할 것이다."[18]라고 제시하여 통합교과로서의 의미를 보다 강조하였다. 교수요목에서 6학년 사회생활과의 절반 이상이 국사 내용이었으나 제1차 교육과정에서는 한국사 내용을 한 개 단원으로 줄이고, 주제별로 세계사 관련 내용, 일반사회나 지리 영역과 묶으면서 통합성을 한층 강화하였다.

국민학교 사회생활과 교육과정의 교과 목표는 5개항으로 제시되었다. 그 중에서 1~3항은 공민 영역, 4항은 지리 영역, 5항이 역사 영역이었다. 역사 영역에 해당하는 5항의 내용은 "각종의 제도, 시설, 습관 및 문화유산이 우리 생활에 있어서 여하한 의의를 가지는가를 이해시켜, 이를 이용하고 개선하는 능력을 기른다."로 되어 있었다. 국민학교에서는

18 문교부령 제44호「국민학교 교과과정」, 1955년 8월 1일.

역사 전체에 대한 이해보다는 현재의 생활과 역사를 관련시켜 민족사를 이해하는 생활사 중심의 접근과 함께 문화사적인 접근 방법을 택하고 있음을 알 수 있다.[19] [표 2]와 같이 역사 관련 내용은 4, 5, 6학년에 걸쳐 편성되어 있다.[20]

[표 2] 1차 국민학교 역사과 교육과정 학년별 내용

<table>
<tr><th>4학년</th><th>5학년</th><th>6학년</th></tr>
<tr><td>2. 우리 고장의 발전</td><td>5. 기계 발달과 산업</td><td>2. 우리나라의 내력</td></tr>
<tr><td>6. 우리나라의 명승고적</td><td rowspan="2">6. 교통과 수송</td><td rowspan="2">3. 우리 역사를 빛낸 이들과 물건</td></tr>
<tr><td>9. 손 연모의 발달</td></tr>
<tr><td>10. 농사의 시작</td><td>7. 산업과 무역</td><td>7. 통일과 부흥</td></tr>
<tr><td rowspan="2">11. 모듬살이
옛날 사람들은 어떻게 살아 왔나?</td><td>9.우리나라의 인구와 도시</td><td rowspan="2">8. 아름다운 것
아름다운 건축물에는 어떤 것이 있나? 남대문, 불국사, 덕수궁 …</td></tr>
<tr><td>10. 세계의 여러 나라
우리나라와 관계 깊은 나라는 어디어디인가?</td></tr>
</table>

4학년은 지역사,[21] 5학년은 경제사, 6학년은 인물사의 내용이 들어가 있는 것이 특징이라고 할 수 있다. 그리고 6학년 2단원 '우리나라의 내력'에서 신라, 고려, 조선이 어떻게 통일했는지를 비중 있게 다루었는데, 또 다시 7단원 '우리나라의 통일과 부흥'에서 재차 이를 강조한 것은 당시 통일이라는 시대적 과제가 역사교육에서 얼마나 강조되었는지를 알 수 있

19 김홍수, 『한국역사교육사』, 대한교과서주식회사, 1992, 191쪽. 방지원은 이처럼 제1차와 제2차 교육과정기의 생활사는 최근 주목받고 있는 역사학 분야사로서 생활사가 지닌 특성과는 거리가 있다고 지적하였다(방지원, 「국사 교육과정에서 '생활사-정치사-문화사' 계열화 기준의 형성과 적용」, 『사회과교육연구』 13권 3호, 2006, 97쪽).

20 1차 국민학교 사회생활과 교육 과정에서 〈국민학교 사회생활과 단원 일람표〉와 그 아래에 있는 '단원별 내용과 세부 지도 내용'의 일부 항목이 서로 맞지 않다. 일람표에는 4학년 9. 손연모의 발달, 11. 모듬살이로 되어 있으나 그 아래의 단원별 내용과 세부 지도 내용에는 9. 모듬살이, 11. 연모의 발달로 되어 있다.

21 4학년에서는 2단원 우리 道의 내력과 명승 고적을 알아본 다음, 6단원에서 우리나라의 명승 고적에서 각 지역의 명승 고적에 대해 배우는 순서로 단원을 구성하였다.

는 대목이다.[22]

1차 국민학교 교육과정의 역사 영역이 이전의 교수요목기와 다른 점은 첫째, 아래 [표 3]과 같이 시대 순으로 대단원을 조직하였던 교수요목과 달리, 주제별로 대단원을 조직하였다는 것이다.

[표 3] 교수요목기와 제1차 교육과정 국민학교 사회생활과 6학년 대단원 비교

교수요목기	1차 교육과정
1. 원시 국가와 상고 문화	1. 아름다운 습관
2. 삼국의 발전과 문화	2. 우리나라의 내력
3. 남북조(南北朝)의 대립과 그 문화	3. 우리 역사를 빛낸 이들과 물건
4. 고려와 그 문화	4. 우리나라의 정치
5. 근세 조선과 그 문화	5. 민주주의
6. 일본인의 압박과 해방	6. 국제 연합
7. 건전한 생활	7. 우리나라의 통일과 부흥
8. 우리나라의 정치	8. 아름다운 것
9. 우리나라의 산업과 경제	9. 종교
10. 우리의 민족성	10. 국민의 본분
11. 우리의 자각과 사명	11.우리들의 앞길

교수요목기의 1~6 단원에서 다루었던 한국사 내용을 제1차 교육과정에서는 '2. 우리나라의 내력'이라는 대단원 하나로 축소하였고, 일부 내용은 대단원 '3. 우리 역사를 빛낸 이들과 물건', '7. 통일과 부흥', '8. 아름다운 것'에서 주제별로 세계사 내용과 함께 다루었다. 이를 통해 제1차 국민학교 교육과정은 교수요목기에 비해 환경확대법에 따른 생활경험 중

22 6학년 사회생활과 대단원 2에서 '5. 신라는 어떻게 하여 우리 나라를 통일했으며, 그들의 생활은 어떠했나?', '6. 고려는 어떻게 하여 우리 나라를 통일했으며, 그들의 생활은 어떠했나?', '7. 조선은 어떻게 하여 우리 나라를 통일했으며, 그들의 생활은 어떠했나?' 등 3개 중단원에서 다루었고, 대단원 7에서는 '5. 옛날의 우리 나라는 어떻게 우리 나라를 통일했나?(신라, 고려, 조선 등)' 1개 중단원에서 반복해서 다루고 있다.

심 구성이 한층 체계화되었음을 알 수 있다.[23]

둘째, 시대별 내용 조직에 있어서는 국사의 일제 강점기 내용이 대폭 축소되었다는 특징을 가지고 있다. 교수요목기에서 일제강점기 내용은 6학년 전체 역사 영역 110시간 중에서 35시간에 해당하여 약 32%를 차지하였다.[24] 반면에, 제1차 국민학교 사회생활과 교육과정에서 6학년은 총 11개 대단원으로 구성되어있는데, 일제 강점기를 다루는 단원은 '2. 우리 나라의 내력은 어떠한가?'와 '7. 우리나라의 통일과 부흥' 2개의 대단원이다. 그 안에서도 '8. 일본은 어떻게 하여 우리나라를 빼앗았으며, 그들의 정치는 어떠했는가?'와 '2. 우리나라의 독립은 어떻게 이루어졌나?' 2개의 중단원에서 다루고 있다. 6학년 사회생활과 총 11개 대단원 중 88개의 중단원에서 2개의 중단원인 것을 고려하면 3%도 안 되는 수준으로 이전 교수요목기에 비하면 대폭 축소된 것이다. 이는 제1차 교육과정에서 이전의 사건이나 시대 순 내용 조직에서 벗어나 인물과 문화 중심으로 주제별로 내용을 조직하면서 새로운 주제에 많은 부분을 할애한 것이 가장 큰 요인으로 생각된다.

셋째, 세계사의 근현대사 내용이 강화되었다. 교수요목기에는 5학년 역사 영역은 세계사 내용으로 30시간이 배정되었는데, 그 내용은 '원시인의 생활(15시간)', '고대 문명(15시간)'과 같은 고대에 한정되었다.[25] 이에 비해 제1차 국민학교 교육과정의 역사 영역에서는 5학년에 세계사 내용이 주로 배정되었는데 산업혁명과 기술발달과 같은 근현대 내용에 초점

---

23 교육과정·교과서연구회 편, 『한국교과교육과정의 변천-중학교-』, 대한교과서 주식회사, 1990, 123쪽.

24 교수요목기 6학년 역사 영역은 국사 내용인데, 원시국가와 상고 문화(8시간), 삼국의 발전(13시간), 남북국의 대립과 그 문화(12시간), 고려와 그 문화(22시간), 근세조선과 그 문화(30시간), 일본인의 압박과 해방(35시간) 총 110시간이 배정되었다.

25 김흥수, 『한국역사교육사』, 대한교과서주식회사, 1992, 180쪽.

이 맞추어져 있다. 오히려 제1차 국민학교 교육과정의 역사 영역에서는 [표 3]에서 나타난 것처럼, 교수요목기의 고대 내용이 거의 사라졌다.

넷째, 주제별로 대단원을 구성하면서 우리나라 역사와 문화의 우수성과 독자성을 강조하였다. 6학년 역사 영역에 '3. 우리의 역사를 빛낸 이들과 물건', '7. 우리나라의 통일과 부흥', '8. 아름다운 것' 등의 대단원을 추가 설정한 것에서 이를 잘 알 수 있다. 이는 "각종의 제도, 시설, 습관 및 문화유산이 우리 생활에 있어서 여하한 의의를 가지는가를 이해시켜 이를 이용하고 개선하는 능력을 기른다."라고 한 제1차 교육과정의 사회생활과 목표 가운데 역사 영역 목표에 충실한 대단원 편성이라고 할 수 있다.

다섯째, 대단원 안의 학습 내용에 대한 진술이 설문적인 방법을 사용하고 있는 것이 특징이다. 이는 교수요목기와 1차 교육과정에서만 보이는 특징인데, 교수요목에서

> 이 敎授 要目의 各 單位에다 設問式으로 細目을 들어 놓은 것은, 아이들에게 이들 問題를 提示하여 敎授를 進行시키라는 것을 意味한 것이다. 그리하여, 그 提示하는 方法으로는, 한 細目씩을 提示할 것인가, 여러 細目을 묶음으로 하여 提示할 것인가를 決定하는 標準은, 그 細目의 그 單位에 對한 意義와 그 細目들의 互相 聯關과 아이들의 理解 能力과 다루는 데에 있어서, 그 便宜 等에 따를 것이다. 그리고 設問式 細目을 解決하는 데에 있어서, 그 解答을 찾을 수 있는 근원(根源)은 여러 가지가 있다는 것을, 아이들에게 알게 하여야 한다.[26]

라며 설문식으로 교육 과정을 구성해야 하는 이유를 밝히고 있다. 즉, 교사가 설문식 세목을 해결하는 방식이 여러 가지 존재한다는 것을 학생들에게 알게 하라는 것이다. 이는 미국 진보주의 교육의 영향을 받아서

26 문교부, 「국민 학교 사회생활과 교수요목」, 1946.

당시 전개된 '새교육운동'에서 중시되었던 교수방법이기도 하였다.[27] 그러나 이러한 설문식 제시 방식의 효과가 교과서 제작이나 실제 교수 학습 현장에서는 미미했던 것으로 보인다.[28]

2. 중학교 역사과 교육과정

역사는 국사와 세계사 영역으로 나뉘었다. 사회생활과에 배당된 총 490시간 중 역사는 140시간이었다. 국사는 교수요목기에 3학년에 배웠던 '우리나라의 생활'을 '우리나라 역사'라는 이름으로 바뀌어 1학년에 배웠다. 세계사는 종전에 '이웃 나라 역사(동양사)'와 '먼 나라 역사(서양사)'라고 분류했던 것을 '다른 나라의 역사'로 통합하여 2, 3학년에 걸쳐 교수하였다. 교수요목기에는 세계사 시수가 주당 4시간으로 주당 2시간인 국사보다 더 많았다.[29] 하지만 제1차 중학교 교육과정에서는 세계사가 주당 4시간에서 2시간으로 50% 감축되었고, 국사 시수는 주당 2시간으로 이전과 동일하였다.[30] 또한 교수요목기에는 세계사를 국사보다 먼저 학습하도록 되어 있었는데,[31] 제1차 중학교 역사 교육과정에서는 국사

---

27 정선영 외, 『역사교육의 이해』, 삼지원, 2001, 283쪽.

28 최상훈, 「역사과 교육과정 60년의 변천과 진로」, 『사회과교육연구』 12-2, 2005, 189쪽.

29 이것은 광복에 기여한 연합국에 대한 이해와 국제사회에서의 선린관계를 중시함으로써 세계사 교육을 통해 국제친선을 도모하려는 의도가 담긴 것이라고 할 수 있다(교육과정·교과서연구회 편, 『한국 교과교육과정의 변천-중학교-』, 대한교과서주식회사, 1990, 94쪽).

30 방지원은 '세계의 역사'가 두 개의 과목을 합쳐 만들어졌기 때문에 학습자의 부담이 클 것이라는 판단도 작용하였을 것으로 짐작하였다. 또한, 국사를 세계사 보다 먼저 가르치는 것은 세계사가 국사에 비하여 방대한 내용을 다루며 '세계'라는 공간적 개념을 갖고 있어야 학습이 용이하다는 점을 생각하면 적절한 변화라고 지적하였다(방지원, 2006, 「초·중고등학교 역사 교육과정의 계열화 분석」, 『역사와 담론』 44, 호서사학회, 271쪽).

31 구난희는 이 시기 교육과정이 미국의 영향 하에서 편성되었고 민주시민 양성이라는 사회과의 기본 정신 하에 세계사적 보편성이 강조되었기 때문에 세계사가 우선시 되었던 것으로 추측하였다(구난희, 「세계사 교육과정의 현황과 개선 방안」, 『역사교육』 93, 역사교육연구회, 2005, 113쪽).

를 세계사보다 먼저 학습하도록 하였다. 이는 학생들의 흥미나 인지 발달 수준 및 공간적 이해 단계에서 볼 때 우리의 역사를 학습하고 나서 다른 나라의 역사를 학습하는 것이 학생의 이해에 도움이 되기 때문에 편제를 바꾼 것이라고 생각된다.[32] 따라서 중학교의 경우에 제1차 교육과정에서 [표 4]와 같이 1학년 때 국사를 학습하고 2학년과 3학년 때 세계사를 학습하도록 한 것은 교수요목의 문제점을 시정하고자 한 것이라고 볼 수 있다.[33]

[표 4] 교수요목기와 1차 교육과정 중학교 학년별 역사과 내용 비교

	1학년	2학년	3학년
교수 요목	이웃나라 생활(2) (동양사)	먼 나라 생활(2) (서양사)	우리나라 생활(2) (한국사)
1차 교육 과정	우리나라의 역사(2)	다른 나라의 역사(2)	
	1. 부족국가생활 2. 세 나라로 뭉친 사회 3. 신라 통일 사회 4. 고려의 재통일 사회 5. 유교 중심의 조선 사회 6. 근대화하여 가는 조선 사회 7. 민주 대한	1. 문화의 발생 2. 고대의 동양과 서양 3. 아시아 세력의 팽창과 유럽 사회의 형성	4. 서양세력의 발전과 근세 문명 5. 근세 동양은 어떠하였는가? 6. 민주주의의 발달과 현대 문명

※ ( ) 숫자는 주당 수업시간

제1차 교육과정부터는 학습목표라는 항목이 설정되었다. 이것은 학습목표라기보다는 교육목적 수준에 해당하는 상위목표인 교과목표라고 할 수 있다. 교수요목은 이를 제정하는 데 충분한 시간적 여유가 없었으므

32 이원순·이정인은 중학교에서 국사를 1학년에 배우고, 2학년과 3학년에 걸쳐 세계사를 학습하도록 바꾼 것은 중학교 1~2학년 단계의 세계사 학습이 학생들의 지적 성숙도와 역사의식 발달 정도에 비추어 무리라는 생각에서 취해진 조치라고 하였다(이원순·이정인, 『역사교육-이론과 실제-』, 정음문화사, 1985, 37쪽).

33 최상훈, 「역사과 교육과정 60년의 변천과 진로」, 『사회과교육연구』 12-2, 2005, 213쪽. 그러나 제2차 교육과정에서는 국사와 세계사를 같은 시기별로 묶어 학생들이 국사와 세계사를 상호 연관시켜서 학습하게 하였고, 국사와 세계사를 시기적으로 구분해서 이해하게 하였다.

로, 교과별로 가르칠 주제를 단순히 열거하는 데 불과하였다. 이마저도 내용과 수준이 학생들의 지적 능력에 비추어 너무 높았다는 평가를 받았다.[34] 그래서 제1차 교육과정에서는 이러한 문제를 해결하고자 학습목표와 단원목표를 설정한 것으로 보인다.

중학교 국사의 경우에 다음의 5가지 교과목표에 해당하는 학습목표를 제시하였다.

> 1) 민족의 형성과 국가 생활의 발전을 이해시키므로서 단일 민족으로서의 통일의 과업을 인식시키고 민주국가 육성에 이바지하게 한다.
> 2) 조상들의 국토방위의 정신과 국난 극복의 활동을 이해시키므로서 애국정신을 길러 국사의 독립 발전에 노력하고 나아가 세계평화 건설에 이바지하게 한다.
> 3) 조상들의 경제생활의 발전을 이해시키므로서 근면 노작의 정신을 길러 경제생활 향상에 이바지하게 한다.
> 4) 조상들의 문화생활의 발전과 그 유산을 이해시키므로서 민족문화를 계승 앙양하게 하며, 세계 문화 창조 발전에 이바지하게 한다.
> 5) 조상들의 협동적 공동생활을 이해시키므로서 책임을 존중하고 의무를 수행하며 신의와 협동정신으로 화락하고 건전한 민주사회를 이루게 한다.

위 학습목표에서 나타난 특징은 정부수립 이후 6·25전쟁을 겪으면서 국난 극복, 통일, 민주국가 건설, 경제 재건이라는 국가적 그리고 시대적 요구를 그대로 반영했다는 것이다. 행동 영역 별로 보면 대부분 기능, 태

---

34 교육과정·교과서연구회 편, 『한국 교과교육과정의 변천–중학교–』, 대한교과서주식회사, 1990, 3쪽.

도 목표로 구성하였고, 지식·이해 목표는 단원목표로만 제시하였다.[35] 민주국가건설을 강조한 것은 6·25전쟁 이후의 국제 관계가 영향을 주었을 것으로 보인다.[36] 이러한 목표는 1차 교육과정의 교육 목표인 도의 교육에 대한 강조가 반영된 것이며, 역사 학습이 학습자 개인의 역사 인식보다는 사회와 국가 발전에 기여하는 방향으로 설정되어 있음을 알 수 있다.[37]

또한, 중학교의 경우에는 각 단원마다 단원 목표 4~6항을 제시하고 있다. 4~6항의 주제를 선정하여 단원 내용을 구성한 것은 단원 목표에 제시한 내용을 단원 내용의 학습 주제로 삼아 목표와 학습내용을 연계시켜 학습방향을 뚜렷이 한 것이라고 하였다.[38] 그러나 단원목표와 내용을 별개로 설정한 것은 의도는 좋았을지 몰라도 비슷한 말의 반복일 뿐이고 별로 의미가 없었다. 이를 테면 단원목표에는 '민족의 형성을 이해시킨다.'가 나와 있고, 내용에는 '우리 겨레는 어떻게 이루어졌는가?'가 나와 있는데 이는 같은 내용을 다르게 표현한 것에 불과하다. 내용을 설문식으로 제시한 것은 전통적인 강의 중심의 수업방식을 지양하려고 한 의도로 보인다.[39] 그러나 이러한 역사 내용 제시 방식이 교수요목과 제1차 교육과정에만 나타나고 그 이후로는 사라진 것으로 보아 실제 교실 현장에서는 별다른 효과가 없었던 것으로 생각된다.

---

35 교육과정·교과서연구회 편,『한국 교과교육과정의 변천-중학교-』, 대한교과서주식회사, 1990, 98쪽. 반면에, 김항구는 교수 요목 시기 중학교 국사 목표는 국사와 세계사의 구분 없이 태도 중심의 종합적인 목표를 제시하였고, 1차 교육과정 중학교 국사 목표는 지식, 기능, 태도 목표의 구분 없이 대체로 태도 목표 위주로 제시하였다고 지적하였다(김항구,「중학교 국사과 교육과정의 변천」,『교원교육』3-1, 한국교원대학교, 1987, 60쪽).

36 김홍수,『한국역사교육사』, 대한교과서주식회사, 1992, 197쪽.

37 역사 영역의 목표와 내용 구성에 대한 진술은 '공민' 영역의 목표와 비교했을 때 분량과 내용이 대단히 소략하다.

38 교육과정·교과서연구회 편,『한국 교과교육과정의 변천-중학교-』, 대한교과서주식회사, 1990, 98쪽.

39 교육과정·교과서연구회 편,『한국 교과교육과정의 변천-중학교-』, 대한교과서주식회사, 1990, 98쪽.

또한, 중학교 국사는 왕조사와 정치사를 중심으로 [표 4]와 같이 7개의 대단원으로 구성되었다. 단원별 단원 목표와 내용이 제시되었는데, 단원 목표는 교사가 행위의 주체로 내용 요소를 '이해시킨다.'고 진술되었다. 특히 '민주 대한'이라는 단원에서 "UN과 국제 협조 정신을 인식시킨다." 혹은 "조국 통일의 사명을 인식시킨다."등의 목표가 설정되었는데, 이는 당시에 6·25전쟁 이후 남북통일과 공산주의 극복이라고 하는 사회적인 요구가 제1차 교육과정의 역사교육 목표 속에 반영된 것이다.

중학교의 국사 교육 내용이 왕조를 중심으로 한 단원으로 구성되었지만, 시대별 안배가 별도로 고려되지 못하였다. 부족 국가와 조선 시대가 똑같이 각각 한 단원으로 편성된 것이 그 예이다. 그리고 한국 근·현대사에 비해서 상대적으로 고대사, 중세사가 큰 비중을 차지하였다.[40] 또한, 제1차 교육과정 중학교 국사와 초등학교 국사의 연계성을 찾을 수 있다. 국민학교 사회생활과 6학년 '2. 우리나라의 내력' 이라는 1개의 대단원이 [표 4]에서처럼 중학교 1학년의 '우리나라의 역사'라는 과목의 7개 대단원으로 심화하고 확대한 것이다. 이는 중학교 국사를 1학년으로 내리면서 국민학교 6학년 국사와 비슷한 내용을 연이어 배우게 되는 문제점을 해결하고, 국민학교 6학년을 주제중심으로 단원을 구성하기 위한 것으로 생각된다.

---

40 이러한 근현대사 비중의 약화는 교수요목 시기에 비해 조금 나아진 것이었다. 교수요목기 국사는 일제에 의해 훼손된 민족적 자긍심을 회복하고 자주적인 민족의식을 되찾고자 하는 시대적 분위기가 반영되어 단군 이래의 고대사가 중시되고 외침을 극복한 민족 역량이 강조되었다는 것이 내용상의 특징이다. 중학교 3학년에 배치된 국사의 경우에 전체 9개의 단원 중에서 고대사에 5개의 단원이 배분되어 고대사가 전체의 56%를 차지하였고, 중세사와 근세사에 각각 1개의 단원이 배분되었으며, 근현대사에는 2개의 단원이 배정되었다. 고등학교의 경우에는 2학년에 한국문화사가 배정되었는데 전체 8개의 단원 중에서 3개가 고대의 문화사이고, 중세와 근세 및 근대의 문화사에 각각 1개의 단원이 배분되었다. 그리고 민족성이란 단원과 조선 문화와 세계 문화라는 단원이 각각 1개씩 제시되어 있어 특이한 모습을 보이고 있었다(윤종영, 「국사 교육의 변천과 과제」, 『실학사상연구』 2, 1991, 98쪽).

내용의 특징을 찾아본다면, 당시에 시대적으로 가장 절박한 문제로 등장한 민족 통일에 관련된 내용과 민족 문화 유산의 전승을 강조하는 내용, 그리고 국난 극복 과정과 민족정신 등과 관련된 내용 등이 중점을 이루었다.[41]

중학교 세계사는 이 시기 처음으로 '세계사'라는 교과가 정식으로 설치되었다는 의의를 가진다. 이로써 '세계사란 무엇인가?', '세계사 연구를 어떻게 할 것인가?', '세계사 교육의 목적과 내용, 구성원리, 학습방법은 어떠해야 하는가?'라는 구체적인 모색이 시작되었다.[42]

제1차 교육과정 중학교 세계사의 경우에는 다음과 같이 학습목표를 제시하였다.

> 1) 인간의 자아완성으로서 가져 온 인류 생활의 향상과 발전을 이해시킴으로써, 인간의 고귀한 사명을 이식하게 하고, 각자의 책임을 존중 완성하게 한다.
> 2) 정치 생활의 발전을 이해시킴으로써 민주 사회의 일원으로서의 자질을 갖추도록 노력하게 하며 자주적이며 통일된 민주국가 건설에 이바지하게 하고, 나아가 인로 평화 건설에 공헌하게 한다.
> 3) 인간이 자연에 적응하고 이를 이용함으로써 가져온 사업의 발달과, 경제 생활의 발전을 이해시킴으로써 자주적 생활 능력을 갖춘 건전한 생산인의 자질을 갖추도록 근로 노작 정신을 기르고, 산업의 발달과 경제생활 향상에 노력하게 하며, 나아가 인류 공영에 이바지하게 한다.
> 4) 인류의 진선미의 탐구로서 이루어진 문화의 발전과 그 유산을

41 김홍수, 『한국역사교육사』, 대한교과서주식회사, 1992, 202쪽.

42 김한식·권오현, 「해방후 세계사 교육과정의 변천과 문제점」, 『역사교육』 61, 역사교육연구회, 1997, 169쪽. 김한식·권오현은 제1차 교육과정을 '세계사 교육의 성립기'라고 부른다.

이해하게 함으로써 문화인의 자질을 갖추도록 노력하게 하며, 민족 문화의 양양과 세계 문화 발전에 공헌하게 한다.

5) 인권의 존중과 사회 정의의 발전을 이해시킴으로써, 서로 애경하며, 신의와 협동 정신으로 질서 있고 화락한 사회를 이루게 한다.

중학교 세계사의 교육 목표는 시대적 요구를 많이 반영하였던 중학교 국사의 교육 목표와는 달리 민주시민의 자질, 자아실현, 인권 존중, 세계 평화 등 교육의 본질적 요구를 많이 반영하였다.

교수요목기 세계사의 구체적인 내용을 살펴보면, 중학교 1학년은 동양사 내용인데, 중국을 중심으로 한 동양제국의 문화와 사회변천의 개요를 다루었다. 2학년은 서양사 내용인데, 그리스, 로마부터 제2차 세계대전까지를 연대기 순으로 다루었다. 특히, 각 학년의 마지막 단원에서는 민족과 지역 간의 관계를 살펴보는 단원을 설정하여 역사 발전 과정에서 상호 관련성을 강조하였다. 이에 비해, 1차 역사과 교육과정 세계사는 중학교 2~3학년에 걸쳐 학습하도록 설계되었다. 특히 같은 시기의 동양과 서양의 역사를 나란히 서술하고 있다. 이것은 교수요목기의 이웃나라, 먼 나라의 순서를 따른 것이다. 또한, 시대별로 동양과 서양을 나란히 서술하여 동양과 서양의 상호관련성을 강화한 것이다. 위 [표 4] 세계사 교육과정 5단원에서 '근세 동양은 어떠하였는가?'라는 일관성이 없는 단원명이 제시되었는데 이는 매우 이례적인 것이다.

1) 국사 학습을 위하여 과하여진 70시간 안에 학습을 마치도록 진도 계획을 세우고 이에 따를 것.
2) 학습의 지도 내용은 학생을 기준으로 할 것이며, 번잡하고 과중한 내용과 분량을 과하지 아니 하도록 할 것이다.

3) 학습을 통하여 얻는 개개의 지식은 정확하여야 할 것이며, 이런 지식은 호상의 연관 밑에 종합적으로 이해되어야 할 것이다.
4) 학습 내용을 구체적으로 이해시키기 위하여 지도, 사진, 도표 등을 제작 활용하게 할 것.
5) 학습 지도에 있어서 그 학습 내용이 어떠한 학습 목표에 의하여 다루어지는가에 유의할 것이다.
6) 연대는 서기를 사용함으로써 세계사와의 관계를 쉽게 이해하도록 할 것이다.
7) 학생들로 하여금 학습 문제를 서로 토의하게 함으로써 학습의 성과를 자동적으로 얻게 할 것이다.
8) 민족의 최대 과업인 남북통일과 공산주의 극복을 학습 목표내용과 관련을 맺어 자각을 새롭게 하고 인식을 심화하게 할 것.

이러한 내용으로 보면, 제1차 교육과정 시기에 이미 강의식 교수법의 문제점을 인식하고 있었고 학생의 활동을 강조할 필요를 느끼고 있었다. 이를 통해서 당시의 역사교육의 내용이나 학습 방법 및 역사 학습의 주안점이 어디에 있었는가를 이해하는 데 도움을 주고 있다. 특히, 토의식 학습 방법을 권장하는 것이 보이고 있는데, 이는 구시대의 교육 방법에서 탈피하여 학생 중심의 교육 방법을 모색하고 아울러 민주적인 교육을 지향하는 모습으로 보인다. 그러나 이러한 교육 방법이 얼마나 성과를 이루었는지에 대해서는 확인할 수 없다.[43] 특이한 것은 지도상의 유의점에 '남북통일과 공산주의 극복'이라는 주제를 학습 목표 내용과 관련을 맺어 자각을 새롭게 하고 인식을 심화하라고 제시하였다는 것이다. 이는 당시 역사교육이 사회적 요구를 반영한 것임을 짐작케 한다. 또한 연대표기 방식을 '서기'로 통일함으로써 국사와 세계사의 상호 관계를 파악하게 하

43 김흥수, 『한국역사교육사』, 대한교과서주식회사, 1992, 198쪽.

였다. 이는 '단기'가 아닌 '서기'로 통일함으로써 세계사에 대비한 국사 인식을 쉽게 하려는 측면도 있지만, 이전 국사 교과서에서 단기와 서기를 혼용해서 생기는 혼란을 막고자 하는 의도도 있었던 것으로 보인다.

제1차 교육과정에서 중학교의 역사분야는 사회생활과의 한 과목으로 종래와 같이 존치하면서 동·서양사를 통합하여 '다른 나라의 역사'로 하였다. 이는 학생들에게 세계의 역사를 종합적으로 학습하여 보다 폭넓은 역사적 시각을 가지도록 하려는 데 있었다. 단원 목표와 단원의 학습 내용의 항목 수가 비슷하여 학습 내용의 목표를 해결할 수 있도록 제시되어 있었던 국사와 달리, 세계사의 경우는 목표에 비하여 학습 내용의 항목 숫자가 2~3배 정도 되어, 상대적으로 단원 목표를 포괄적으로 작성했음을 알 수 있다. 중학교 세계사 교육과정의 내용은 전체적으로 보아 동양사 부분이 중시되고 있으며, 특히 민주주의 발전 과정을 비중 있게 다루고 있다. 또, 현재 세계의 경우는 민주주의에 대한 신념과 반공 의식을 고취하는 데 중점을 두었다.[44]

3. 고등학교 역사과 교육과정

고등학교 사회과는 일반 사회, 도덕, 국사, 세계사, 지리의 5분과로 되어 있었다. 그 중 일반사회, 도덕, 국사의 3분과는 모든 고등학교의 필수이고, 나머지 세계사, 지리의 2분과는 학교에 따라 또는 학생에 따라 선택할 수 있는 선택 과목으로 되어 있다.

고등학교의 사회과는 형식적으로 5분과를 통합한 통합 교과의 모습이지만 실제로는 분과주의로 운영하였다. 그러므로 사회과의 교과 목표는

---

44 김홍수, 『한국역사교육사』, 대한교과서주식회사, 1992, 206쪽.

별도로 설정하지 않았으며, 각 과목 간의 진술 체제가 통일된 형식이 없이 과목의 독립성만 유지된 상태에서 제시되고 있다.[45]

고등학교는 교과명을 중학교의 사회생활과와는 달리 사회과로 바꾸었고 종전의 인류문화사를 중학교와 같이 동·서양사를 통합하여 세계사로 개편하였다. 또 필수와 선택을 구분하여 국사를 필수로, 세계사는 선택으로 하여 국사에 비해 세계사 교육이 약화되었다.[46]

고등학교 국사의 교육 목표는 다음과 같이 제시되었다.

> 1. 국사의 학습을 사담(史譚)이나 사실(史實)의 나열적인 기억에서 탈각시켜 국사 각 시대의 구조적(構造的) 특질과 그 각 시대 호상간의 맥락(脈略)을 골격으로 하여 과학적인 국사의 체계를 파악하게 한다.
> 2. 국사의 전 발전 과정을 통하여 발양된 우리 민족의 미점과 우수성을 발굴하여 민족애에 철저히 하는 동시에 또한 그 결점과 후진성을 판별하여 민족적 과업의 달성에 반성을 주게 하여 항시 현재의 위치와 실천의 계기에서 국사를 이해하게 한다.
> 3. 우리 민족이 각 시대에 있어서 세계사적으로 지니는 연관에 유의하여 세계사에 있어서의 국사의 특수성과 일반성을 아울러 이해케 하여 세계 사조의 진전에 기여하는 태도를 배양케 한다.

고등학교의 경우에는 중학교와 달리 단순한 시대사적 이해를 탈피하여 각 시대의 구조적 특질과 각 시대 상호간의 연계 등을 깊이 있게 파악하고, 민족사를 과학적으로 인식하며 우리 민족의 아름다운 점과 우수성을 발굴하고자 하였다. 또한 한국사와 세계사를 연계하여 이해하도록 하

---

45 김흥수, 『한국역사교육사』, 대한교과서주식회사, 1992, 206쪽.

46 윤종영, 「국사교육의 변천과 과제」, 『실학사상연구』 2, 1991, 175~176쪽.

고 있다. 역사교과가 가지고 있는 학문적인 요구를 많이 반영하였다고 볼 수 있다.[47]

국사과 교과 목표는 행동 영역과는 관계없이 종합적으로 진술되었다. 그 특징은 국사를 구조적으로 이해하여 정치사 중심의 기억 위주의 지식 편중적인 접근에서 벗어나 국사 전체의 체계적인 파악을 통하여, 역사상에서 발양된 민족의 우수함을 현재의 입장에서 이를 이해하고, 현실적 후진성을 극복하는 데 기여할 수 있는 실천적 계기가 될 것을 강조하였다. 또, 국사의 특수성과 세계사의 일반성을 이해하여 국사에 치우쳐 나타날 수 있는 편협한 역사 이해를 벗어나 세계사적인 안목을 가지고 인류 역사 발전에 기여할 것을 내세웠다.

이러한 국사 교육의 목표는 역사를 정치의 변화를 중심으로 하여 교훈적인 입장에서 과거를 보는 역사의 이해 방법에서 벗어나, 민족의 전체적인 활동을 구조적으로 접근하여 이해하는 방법으로의 변화를 보여 주는 것이다. 아울러, 국내의 국사학계의 연구가 그러한 방향으로 나아가고 있음을 말해 주는 것이기도 하였다.[48]

고등학교와 중학교 국사 교육과정의 지도 내용이 '대단원명-목표-내용'이라는 기본적인 틀에서는 크게 다르지 않다. 그리고 전반적으로 왕조 중심의 시대 구분을 취하고 있다. 하지만 아래의 [표 5]처럼 중학교 국사 대단원에서는 각 왕조의 핵심 내용을 왕조 명칭 앞에 서술하여 학생들의 이해를 돕고 있는 반면, 고등학교 국사 대단원에서는 각 왕조 명칭에 '문화'라는 용어를 붙여 반복하고 있다. 또한, 중학교 국사 내용제시 방식은

---

47 최상훈은 1차 교육과정에서 제시된 교과 목표가 다른 교육과정에 비해 매우 자세한 편인데 이는 국가 사회적 요구가 강하게 반영되었기 때문이며, 중학교와 고등학교의 위계나 차별성은 별로 보이지 않는다고 지적하였다(최상훈, 「역사과 교육과정 60년의 변천과 진로」, 『사회과교육연구』 12-2, 2005, 219쪽).

48 김흥수, 『한국역사교육사』, 대한교과서주식회사, 1992, 207~208쪽.

설문식인데 반해, 고등학교의 그것은 학습 내용을 포괄하는 형태로 제시하고 있다.

고등학교의 경우에는 중학교와 달리 지도상의 유의점이 제시되지 않았다. 중학교의 경우와 유사하여 생략했을 것이라고 생각된다.

[표 5] 1차 교육과정 중학교와 고등학교 국사 교육과정 대단원 비교

중학교 국사 대단원	고등학교 국사 대단원
1. 부족국가생활	1. 선사시대의 사회생활 2. 부족국가 시대의 문화
2. 세 나라로 뭉친 사회	3. 삼국 시대의 문화
3. 신라 통일 사회	4. 통일신라와 발해의 문화
4. 고려의 재통일 사회	5. 고려의 문화
5. 유교 중심의 조선 사회	6. 조선 전기의 문화(1392~1592) 7. 조선 중기의 문화(1593~1863)
6. 근대화하여 가는 조선 사회	8. 조선 후기의 문화(1864~1910)
7. 민주 대한	9. 현대 문화와 우리의 사명

고등학교 국사와 중학교 국사 대단원을 비교하면, 고등학교 국사가 문화사 중심의 학습 구조를 갖추었다는 것을 알 수 있다. 고등학교 국사 대단원 전체 9개 단원에서 1단원을 제외하고는 모두 해당 시대의 문화로 표현하고 있다.[49] 이것을 통해 제1차 교육과정의 국사가 국민학교와 중학교, 고등학교 간에 계열성을 고려한 것을 알 수 있다. 국민학교에서는 6학년에서 생활사(인물사) 중심으로 왕조의 변화에 따라 국사 내용을 배우고, 중학교 1학년에서는 정치사 중심의 통사적인 내용을, 고등학교 2, 3학년

49 방지원은 1차 교육과정 구성 내용을 살펴보면 좁은 의미의 분류사로서 문화사 내용이 아니라 넓은 의미 즉 종합적·구조적인 구성을 지향하고 있다고 주장하였다. 이렇게 고등학교 국사를 문화사 중심으로 편성하려는 경향은 교수요목기 중학교 4-5학년에 『인류문화사』와 『우리문화사』를 두었던 데서 찾아볼 수 있다고 하였다(방지원, 「국사 교육과정에서 '생활사-정치사-문화사' 계열화 기준의 형성과 적용」, 『사회과교육연구』 13권 3호, 2006, 99쪽).

에서는 문화사를 중심으로 정치, 경제, 사회, 문화 등 분류사로 세부 내용을 구성한 것이다.[50]

특이한 것은 조선 시대를 전기, 중기, 후기로 시기를 구분한 것이 특징이다. 즉, 임진왜란 직전까지를 전기, 그 이후를 중기, 1864년 흥선 대원군의 집정에서 1910년까지를 후기로 하였다. 이는 임진왜란과 흥선대원군의 집권이라는 중요한 역사적 사건을 기준으로 나눈 것으로 시대적 성격으로 조선시대를 구분한 교수요목기의 『국사교본』과도 비교된다.[51] 또, 조선 중기의 학습 내용에서 다섯째 의 주제를 '조선 말기의 예술'이라고 한 것을 보면 시대 구분에 있어 계통적인 일관성이 없었던 것이 그대로 드러나고 있다.[52]

교수요목기의 고등학교 세계사는 1학년[53]에 주당 2시간씩 문화사를 중심으로 구성되었다. 이후 2학년에 고등학교 국사가 주당 2시간씩 배정되었다. 1차 교육과정에서는 세계사가 사회과에 통합되어 선택과목으로 편성되었다.[54] 하지만 세계사의 시간 배당은 105시간으로, 주당 2시간에서 3시간으로 늘었다. 고등학교 세계사는 2학년이나 3학년에서 또

---

50 방지원은 제3차 교육과정에서 국사교육 계열성 기준으로 초등학교 생활사, 중학교 정치사, 고등학교 문화사 기준이 명시적으로 제시되었지만, 생활사-정치사-문화사 기준의 원형은 교수요목기부터 제 2차 교육과정기에 걸쳐 형성된 것이라고 하였다. 또한, 해방 이후 역사교육의 실천 과정에서 만들어진 흐름과 경험을 바탕으로 초등학교 역사교육이 생활사 중심으로 구성되어야 한다는 시각은 생활중심 교육과정의 영향으로부터 나왔다고 하였다(방지원, 「국사 교육과정에서 '생활사-정치사-문화사' 계열화 기준의 형성과 적용」, 『사회과교육연구』 13권 3호, 2006, 96쪽).

51 교수요목기의 중등학교 국사 교과서인 『국사교본』에서는 조선시대를 근세로 설정하고 전기, 중기, 후기로 나누었다. 근세 전기는 동서의 분당 이전까지, 근세 중기는 영·정조 시대 이전까지, 근세 후기는 일제 강점기 이전까지를 다루었다.

52 김흥수, 『한국역사교육사』, 대한교과서주식회사, 1992, 212쪽.

53 교수요목기에는 중학교와 고등학교가 분리되지 않았기 때문에 6년제의 중학교의 경우에는 4학년에 해당된다.

54 사회과에서 세계사는 지리와 함께 학교에 따라 또는 학생에 따라 선택할 수 있는 선택과목이었다.

는 2, 3학년에 걸쳐 이수하도록 편성되었다. 고등학교 국사가 필수 과목으로 주당 3시간이었던 데 비하면 선택 과목인 세계사는 그 위상이 약화된 것으로 볼 수 있다. 제1차 중학교 교육과정 세계사는 서양사보다 동양사를 먼저 기술하였는데 반해, 고등학교의 경우에는 서양사를 먼저 서술하고 동양사를 나중에 서술하였다. 이러한 점은 중학교와의 계열성에 문제가 있는 것이다. 한국사가 동양사와 밀접한 관련성이 있으며 학생의 인지발달 수준을 고려하면 한국사-동양사-서양사라는 공간확대법에 따른 구성이 더 타당하다.

고등학교 세계사의 학습 목표는 다음과 같다.

1. 세계 사조의 개념을 명확히 이해함으로써 현대 사회의 역사적 지위를 파악하게 하고 따라서 바른 사회관과 건전한 상식의 소유자가 되게 한다.
2. 세계사의 발달과 동향을 이해함으로써 역사적 사고력을 가지고 현대 사회의 제 문제에 대한 정확한 비판과 건전한 판단을 할 수 있는 능력을 기른다.
3. 우리나라의 세계사적 지위를 이해함으로써 민족의 사명을 자각하고 개인 활동의 바른 길을 밟게 한다.
4. 세계사를 통하여 문화유산을 형수함으로써 심미적 정서를 함양하게 하고 숭고한 예술을 감상하고 창작하는 능력을 길러 명랑화락한 생활을 할 수 있는 사람이 되게 한다.
5. 세계사 학습을 통하여 인류 공영의 이상을 실현할 수 있도록 국제 협력의 정신을 육성하게 하고 인류 평화에 기여할 수 있는 사람이 되게 한다.

위 2항에 나타난 역사적 사고력의 의미가 분명치는 않지만 이를 학습 목표로 제시한 것은 단순한 지식습득의 목표에서 벗어나 역사의 본질을 깨닫게 하려는 의도도 있는 것으로 보인다.[55] 또한, 1954년 4월에 제정된 '고등학교 교육과정 시간배당 기준표'에서는 세계사 과목과 관련하여 '現代世界를 理解시키기 爲하여 世界文化의 類型과 그 發展의 歷史를 考察함'이라고 기술하고 있다. 이를 통해 고등학교 세계사의 초점이 '현대'와 '문화'라는 것을 알 수 있다.

세계사 교육과정은 아래 [표 6]의 교육과정에 제시된 단원명을 고려하면 중학교와 고등학교의 차별성이나 계열성이 약하다고 볼 수 있다.

[표 6] 제1차 역사과 교육과정 중학교 고등학교 세계사 대단원 비교

중학교 세계사	고등학교 세계사
1. 문화의 발생 2. 고대의 동양과 서양	1. 고대 문명
3. 아시아 세력의 팽창과 유롭 사회의 형성	2. 중세 유롭과 아시아
4. 서양세력의 발전과 근세 문명 5. 근세 동양은 어떠하였는가?	3. 근세 세계의 성립과 발전
6. 민주주의의 발달과 현대 문명	4. 현대의 세계

제1차 중학교 세계사 교육과정이 '동양과 서양'이라는 이분법적인 구분에 의한 대단원 구성이 특징이라면, 제1차 고등학교 세계사 교육과정은 고대, 중세, 근세, 현대라는 4개의 대단원으로 구성하여 시대구분에 의한 교육과정을 구성하고 있는 것이 특징이다. 또한 고등학교 국사 교육과정과 마찬가지로 아래 [표 7]에서 알 수 있듯이 문화사 중심으로 중단원을 구성하였다. 이는 교수요목기 고등학교 세계사에 해당하는 '인류문화사'의 구성 방식과 크게 다르지 않다. 이러한 내용 구성은 문화권을

55 김한식·권오현은 고등학교 세계사의 학습 목표가 전반적으로 아직 교양주의적 역사관의 색채를 벗어나지 못하고 있지만 고등학교에서 최초로 '역사적 사고력의 배양', '현대 사회의 제문제에 대한 정확한 비판과 건전한 판단'이라는 항목이 등장하고 있는 것은 주목해야 한다고 주장하였다(김한식·권오현, 「해방후 세계사 교육과정의 변천과 문제점」, 『역사교육』 61, 역사교육연구회, 1997, 168쪽).

중심으로 세계사를 보려는 시각으로 지금까지 이어져 내려오는 세계사의 내용선정 및 조직방식이다.

특이하게도, 제1차 교육과정에서는 실업 학교를 위한 세계사 과정을 별도로 편성하였다. 실업학교에서는 실업 과목을 배워야 하기 때문에 세계사를 선택을 하지 못하는 경우에 세계사 과정을 일반사회 시간 안에서 최소한 35시간을 할애하여 이수할 수 있도록 하였다.[56] 실업 학교를 위한 세계사 과정은 [표 7]에서처럼 근대 이전, 근대 그리고 현대의 3단원으로 구성되었다.

[표 7] 제1차 고등학교 세계사 과정과 실업 학교를 위한 세계사 과정 단원 비교

<table>
<tr><th colspan="2">고등학교 세계사 과정</th><th colspan="2">실업 학교를 위한 세계사 과정</th></tr>
<tr><td>1.고대 문명</td><td>(1) 문화의 발생
(2) 고대 중국
(3) 고대 인도
(4) 오리엔트
(5) 그레시아
(6) 로마
(7) 한 문화의 성장</td><td rowspan="2">1. 근대 이전의 세계</td><td rowspan="2">(1) 근대 이전의 동양과 서양
(2) 동서 문화의 특징</td></tr>
<tr><td>2.중세 유럽과 아시아</td><td>(1) 유롭의 형성
(2) 유롭의 봉건사회와 가톨릭교
(3) 서남아시아 문화의 발달
(4) 동아시아 문화의 발전
(5) 유롭의 신 기운</td></tr>
<tr><td>3.근세 세계의 성립과 발전</td><td>(1) 근대 초의 동양과 서양
(2) 민주주의의 진전
(3) 산업혁명과 시민사회의 발달
(4) 아시아의 근대화</td><td>2. 근대 세계의 성립과 발전</td><td>(1) 근대 초의 동양과 서양
(2) 민주주의의 진전
(3) 산업혁명과 시민 사회의 발전
(4) 아시아의 근대화</td></tr>
<tr><td>4.현대의 세계</td><td>(1) 양차의 세계 대전
(2) 국제평화운동과 오늘의 세계</td><td>3.현대의 세계</td><td>(1) 양차의 세계 대전
(2) 국제평화운동과 오늘의 세계</td></tr>
</table>

56 고등학교 일반 사회는 1학년에 105시간, 2학년에 105시간, 3학년에 35시간 씩 배당되어 있었다. 그러나 일반 사회 이외에 세계사와 지리를 전연 선택할 수 없는 학교에서는 1, 2학년 일반 사회에 배당된 시간 수 중 년 35시간씩을 세계사 또는 지리에 충당할 수 있도록 하였다.

[표 7]에서 드러난 것처럼 실업 학교를 위한 세계사 과정은 고등학교 세계사 과정의 1단원의 '고대문명'과 2단원의 '중세 유럽과 아시아'의 2개의 대단원을 '근대 이전의 세계'라는 1개의 대단원으로 대폭 축소하는 방향으로 구성되었다. 또한 두 과정의 고등학교 세계사는 시대구분에 있어 근세와 근대라는 시대개념을 혼용하고 있다.[57] 근대 고등학교 세계사 과정에서 3단원 제목이 '3. 근세 세계의 성립과 발전'이라고 한 반면, 실업학교를 위한 세계사 과정에서는 '2. 근대 세계의 성립과 발전'이라고 하고 있는 점에서 이를 알 수 있다.

제1차 고등학교 세계사 교육과정에서 특이한 점은 다른 중학교 역사 교육과정이나 고등학교 국사 교육과정과는 달리 아래 [표 8]에서처럼 단원 내용보다 단원 목표가 훨씬 구체적이고 그 양도 많다는 것이다. 이는 전체 제1차 역사과 교육과정을 비추어 보면 일관성을 잃은 것이며, 단원 내용보다 단원 목표가 많은 기형적 구조이다. 또한, 단원 내용과 단원 목표 간에 관련성도 약해서 단원 목표를 반영한 단원 내용이 현장에서 어떻게 구현될 수 있을지 의문이다. 특히, 4단원의 '(3) 민주주의에 대한 바른 이해와 실행의 신념을 기른다.'는 세계사 교육과정 각각의 단원 목표와 동떨어지게 태도 목표로 기술하고 있다.

57 이는 4차 교육과정기에 들어 완전히 '근대'로 용어가 통일된다(김한식·권오현, 「해방후 세계사 교육과정의 변천과 문제점」, 169쪽).

[표 8] 제1차 고등학교 세계사 교육과정 목표와 내용

목표	내용
1. 고대 문명 (1) 인간과 자연 환경과 문화와의 관계를 이해시킨다. (2) 선사 생활의 전개를 이해시킨다. (3) 고대 중국의 성장과 선진(先秦)문명을 이해시킨다. (4) 고대 인도와 불교문화를 이해시킨다. (5) 오리엔트 문화의 성장을 이해시킨다. (6) 서양 문명의 원형을 이해시킨다. (7) 지중해 대륙 문화의 유럽 대륙에의 전파와 그리스도교의 성장을 이해시킨다.	(1) 문화의 발생 (2) 고대 중국 (3) 고대 인도 (4) 오리엔트 (5) 그레시아 (6) 로마 (7) 한 문화의 성장
2. 중세 유럽과 아시아 (1) 고전 세계의 종말과 유럽의 형성을 이해시킨다. (2) 중세 서양 봉건 사회의 특성을 이해시킨다. (3) 중세 서양 문화를 이해시킨다. (4) 인도 문화의 변천을 이해시킨다. (5) 이스람 문화권의 성장을 이해시킨다. (6) 중국 문화의 변천을 이해시킨다. (7) 일본 문화의 성장을 이해시킨다.	(1) 유럽의 형성 (2) 유럽의 봉건 사회와 가톨릭교 (3) 서남아시아 문화의 발달 (4) 동아시아 문화의 발전 (5) 유럽의 신 기운
3. 근세 세계의 성립과 발전 (1) 항로 발견 이후의 동 서양의 접촉을 이해시킨다. (2) 유럽 사회의 세계적 발전을 이해시킨다. (3) 민주주의의 진전을 이해시킨다. (4) 아시아의 근대화를 이해시킨다.	(1) 근대 초의 동양과 서양 (2) 민주주의의 진전 (3) 산업혁명과 시민 사회의 발달 (4) 아시아의 근대화
4. 현대의 세계 (1) 양차의 세계 대전을 거친 뒤의 세계 현 정세를 이해시킨다. (2) 국제 질서는 어떻게 세워져 가고 있는가를 이해시킨다. (3) 민주주의에 대한 바른 이해와 실행의 신념을 기른다. (4) 동남아시아의 변천을 이해시킨다. (5) 현대 문화의 특징과 현대 생활의 성격을 이해시킨다.	(1) 양차의 세계 대전 (2) 국제 평화 운동과 오늘의 세계

Ⅳ. 맺음말

제1차 교육과정은 1948년 대한민국 정부 수립으로 독립국가로서 대한민국의 교육을 정비할 필요에서 준비되었으나 1950년 6·25전쟁의 발발로 1955년에야 공포되었다. 제1차 교육과정은 미군정하에서 마련된 교수요목에 의한 교육에서 벗어나 독자적으로 각 교과의 성격, 교수 목표, 교육 내용의 범위와 그 정도에 대한 기준을 설정하려고 노력하였다. 하지만 교수요목과 제1차 교육과정이 시행된 1945~1963년의 시기를 '교과 교수 강조기'라고도 하는 만큼, 여전히 미국의 영향이 강해 우리의 독자적인 교육이 시행되기 어려운 것이 사실이었다. 교육법에 명시된 홍익인간의 이념은 형식상의 제시에 그쳤고, 미국의 진보주의 교육사상이 상당한 영향을 끼쳤다. 자유주의·실용주의에 기초한 진보주의 교육사상은 학습에서 아동의 흥미에 기초한 현재의 생활 경험과 지식의 적절성을 강조하였다. 따라서 기초 교육을 위한 교육 계획이 부족하고 과거의 문화유산을 무시한다는 비판을 많이 받았다. 미국 교육 사절단의 일원이었던 워렌도 이러한 문제점을 지적하였다.[58]

이러한 문제점을 안고 있는 제1차 교육과정에서 역사는 교수요목기와 마찬가지로 공민, 지리와 함께 사회생활과(사회과)라는 큰 틀 안에 자리 잡게 되었다. 사회생활과는 역사, 공민, 지리의 통합을 지향했지만 실제로는 분과로 운영되었다. 제1차 역사과 교육과정의 특징을 요약하자면 다음과 같다. 첫째, '세계사'라는 과목이 처음 도입되었지만 이전보다 세계사 교육은 약화되었다는 것이다. 국민학교와 중학교에서는 이전보다 세계사 과목의 시수가 감소되었고, 고등학교에서는 한 시수가 늘었지만 필수인 국사와 달리 세계사는 선택과목이 되었다. 둘째, 이전의 세계사→한국사의 역사 학습 순서가 한국사→세계사의 순서로 바뀌었으며, '한국사→동양사→서양사'라는 공간확대법이 적용되었다. 이로써 학생들의 발달단계에 맞는 역사교육이 가능하게 되었다. 셋째, 국사에서 국민학교(생활사)-중학교(정치사)-고등학교(문화사)의 계열성이 이전보다 한층 강화되었다.

58 류승렬, 「해방 후 교육과정 변천과 역사교과의 위치」, 『역사교육』 60, 3쪽.

반면에 세계사는 초-중-고 간의 계열성이 이전보다 약화되었다. 세계사의 계열성 약화는 국민학교에서 세계사 내용이 사회생활과라는 큰 틀에서 주제별로 공민과 지리 등 다른 영역과 묶이면서 세계사적 흐름을 파악하기 어렵게 되었기 때문이다. 또한, 고등학교에서 세계사가 선택과목이 되어 버린 것도 중요한 이유이다. 중학교와 고등학교 세계사 교육과정 간에도 뚜렷하게 계열성을 찾아보기 어려웠다. 넷째, 제1차 역사과 교육과정의 특이한 점은 고등학교에서 실업 학교를 위한 세계사 과정을 운영했다는 것이다. 하지만 이러한 특별 과정은 실업 학교 학생들의 특성이나 흥미를 고려한 것에서 마련된 것이 아니라 실업 과목 이수에 따른 시수 부족을 해결하기 위해 임시방편으로 나온 것이었다. 다섯째, 단원 내용에 비해서 단원 목표가 더 구체적이고 진술 분량이 더 많다는 특징을 가지고 있다. 또한 단원 내용의 제시가 설문형태로 되었다는 것이다. 이는 교수요목기의 형식을 따른 것으로 제1차 교육과정 이후에는 나타나지 않는다.

역사 영역을 포함한 제1차 교육과정은 6·25전쟁이라는 어려운 상황에서 제대로 제정되지 못했고 지식 중심이라는 비판을 받았다.[59] 이러한 비판으로 1958년부터 교육과정 개정을 위한 기초연구가 진행되었고, 1960년 12월 23일 「교육과정심의회규정」이 공포되었다. 교육과정 개정을 준비하던 중 1961년 5·16쿠데타가 발생하였다. 교육과정의 개정은 5·16 군사쿠데타의 정당성과 당시 박정희 군사 정권이 내세웠던 이른바 '혁명과업'을 선전하는 방향으로 추진되었다.[60] 1963년 2월 15일 제2차 교육과정이 제정·공포되었고, 교육과정의 개정이 이루어지면서 제1차 교육과정은 막을 내렸다.

59 문교부, 「고등학교 교육과정」, 1963.
60 김한종, 『역사교육과정과 교과서연구』, 선인, 2006, 33쪽.

02

제1차 교육과정 성립기 문교부 조직과 반공 교육정책

조건

Ⅰ. 머리말

1955년 8월에 공포된 제1차 교육과정[1]은 해방 이후 정확히 10년이 지난 시점에 수립된 정부 교육 정책의 기조였다는 점에서 중요하다.[2] 군정기와 교수요목기를 거치며 구체화되고 체계화된 정부의 교육 방침이 수록되어 있기 때문이다. 또한 이후 교육과정의 바탕이 되었다는 점에서도 주목을 요한다. 큰 변란이 없었다면 제1차 교육과정에는 좀 더 미래 지향적이고 무엇보다 민족 통합에 기여하는 내용이 설정되었을 가능성이 높다. 그러나 주지하듯 당시는 한국전쟁의 참화와 혼란이 채 수습되기 전

1 제1차 교육과정은 1955년 8월 1일 문교부령 제44·45·46호로 공포되었으며 원래 명칭은 '교과과정'이었다.

2 제1차 교육과정은 미군정기 교육과정 개발체제와 정부 수립 이후 문교부의 교수요목 제정과정을 토대로 수립된 것이다. 다만 이전의 성과를 바탕으로 하면서도 우리의 실정에 맞춰 독자적인 노력에 의해 개발된 교육과정이라는 점에서 주목할 만하다.(박채형, 「광복 이후 우리나라 교육과정 개발 체제의 변천과정에 대한 분석」, 『교육과정연구』 23-3, 2005, 37~39쪽.)

이었다. 이런 이유로 제1차 교육과정기 교육과정에는 사상 문제에 대해 각별한 주의를 요하는 이른바 반공(反共)지침이 명시되어 있었다. 그리고 이러한 반공 지침은 기성세대뿐만 아니라 미래를 책임져야할 학생들에게 분단의 이념을 각인시키는 결과를 낳았다.

물론 미군정기 이래 교수요목기 교육 방침에도 반공과 관련한 내용이 수록되어 있었다. 그러나 반공주의 교육방침이 공식적이고 체계적으로 교육과정 상에 자리잡게 되는 것은 제1차 교육과정에서 비롯된다는 점을 주목해야 한다.[3] 결국 남북 간의 이념 대립을 비롯하여 분단을 더욱 공고히 할 수 있는 내용이 이후 교육과정에 적시된 것은 한국전쟁이 나은 또 하나의 비극이었다고 할 수 있다.

제1차 교육과정이 수립되던 당시 시대 상황을 고려할 때 정부 방침의 옳고 그름을 단순히 판단하기는 쉽지 않다. 반공사상을 정권 유지의 기반으로 삼고자 했던 이승만 정부의 난맥상을 강조하지 않더라도 일반인들에게 남은 전쟁의 상처를 감안하지 않으면 안 되기 때문이다. 또한 교육정책은 한번 수립되면 근원적인 개변이 없는 한 피교육자의 사회화에 지속적으로 적지 않은 영향을 끼친다는 점도 주의해야만 한다.

제1차 교육과정기 반공교육, 나아가 당시 정부의 교육이념과 관련한 연구는 크게 두 가지로 구분하여 살펴볼 수 있다.[4] 첫째는 해방 이후 반

---

3 조성운은 최근 논문에서 반공을 중심으로 한 교육과정기 시기 구분을 시도한 바 있다. 그는 미군정기부터 제1차 교육과정기를 반공주의 교육체제 성립기, 제2차 교육과정기부터 제4차 교육과정기까지를 반공주의적 교육체제의 강화기로 나누었다.(조성운, 「반공주의적 한국사 교육의 성립과 강화」, 『한국민족운동사연구』 82, 2015, 229쪽) 다만 교수요목기가 미군정기 교육정책의 영향을 적지 않게 받은 반면 제1차 교육과정기는 우리 정부에 의한 독자적인 교육정책이었다는 점에서 의의가 있다.

4 1950년대 정부의 교육 정책과 교육이념에 대해서는 도의교육의 형성과 시행을 중심으로도 연구되어 왔다. 주요한 것으로 이유리의 연구를 들 수 있다.(「1950년대 '道義敎育'의 형성과정과 성격」, 『한국사연구』 144, 2009) 그러나 당시 도의교육의 핵심 역시 반공교육에 있었다고 판단된다. 따라서 이글에서는 반공교육을 중심으로 하여 내용을 전개하였다.

공이념의 형성 과정 및 성격을 고찰한 것이고,[5] 두 번째는 이러한 반공이념이 교육정책과 교과서에 어떻게 투사되었는지를 살펴본 연구이다.[6] 그리고 두 번째 주제와 관련한 연구는 다시 정부의 교육과정 수립 과정과 특징을 밝힌 것, 교과서 발행 및 실태를 규명한 것 등으로 나눌 수 있다. 이중 이글에서 주목하고자 하는 교육과정 수립과 관련하여 선행연구에서는 반공 교육의 연원과 반공 교과서, 또는 교재의 여러 양태를 고찰한 바 있다. 그러나 교육과정 수립 당시 정부의 움직임이나 실제 교육방침에 명시된 반공지침과 관련해서는 부연이 필요하다.

제1차 교육과정기 교육이념이 반공을 주요로 했다는 점에 대해서는 이견이 없다. 그러나 그것이 과연 어떻게 구체화되었는지에 대해서는 상세하게 밝혀진 바가 없다. 반공 이념이 반영된 교육정책은 한국전쟁 이후 이승만 정부의 주요 기조였기 때문에 이것이 어떠한 제도와 조직 속에서 구현되었는지 파악하는 일은 그만큼 중요하다. 따라서 이글에서는 제1차 교육과정 성립기 문교부 내 직제 변경과 주요 인사들의 면면을 통해 반공 이념이 교육정책으로 수립되는 체계와 그 성격에 대하여 살펴보고자 한다.

---

5 대표적으로 다음의 것을 들 수 있다. 정영태, 「일제말 미군정기 반공이데올로기의 형성」, 『역사비평』 16, 1992; 서중석, 「정부 수립 후 반공체제의 확립과정에 대한 연구」, 『한국사연구』 90, 1995.

6 강일국, 「해방이후 초등학교의 교육개혁운동과 반공교육의 전개과정」, 『교육사회학연구』 12-2, 2002; 김태웅, 「신국가건설기 교과서 정책과 운용의 실제」, 『역사교육』 88, 역사교육연구회, 2003; 박진동, 「해방 후 역사교과서 발행제도의 추이」, 『역사교육』 91, 역사교육연구회, 2004; 박해경, 「이승만정권기 반공이념 교육과 '우리나라 역사' 교과서」, 성신여대 교육대학원 석사학위논문, 2006; 이신철, 「국사교과서 정치도구화의 역사」, 『역사교육』 97, 2006; 「한국사 교과서 발행의 과거와 현재」, 『내일을 여는 역사』 35, 서해문집, 2009; 김정인, 「어념이 실증을 압도하다-검인정기(1946~1973) 한국사 교과서-」, 『내일을 여는 역사』 35, 2009; 박형준·민병욱, 「1950년대 반공교과서의 서술 전략 연구-『반공독본』과 『애국독본』을 중심으로-」, 『한국민족문화』 33, 2009; 후지이 다케시, 「1950년대 반공 교재의 정치학」, 『역사문제연구』 30, 2013; 조성운, 「반공주의적 한국사 교육의 성립과 강화」, 『한국민족운동사연구』 82, 2015.

Ⅱ. 제1차 교육과정기 반공이념의 설정 배경

반공 교육정책은 미군정과 교수요목기부터 이어져 온 것이었다. 미군정기 군정청이 공포한 교수요목의 '민주주의 국가의 성실, 유능한 국민'은 바로 반공주의적이며 친미적인 국민을 뜻하는 것이었다.[7] 또한 정부 수립 이후 「국정교과서 사열요항」(1949)에는 교과서의 주요 검정 기준으로 "민주주의 민족교육 이념에 부합"되는가를 묻고 있었다. 여기에서 민주주의 민족교육 이념에 부합되는 교과서란 친일적이고 좌익적이지 않은 교과서를 의미하였다.[8] 1950년 2월 『편수시보』에 행정지침으로 수록된 「'소련', '미국'의 교수상 유의점」이라는 글에서는 교과서 서술이 '친미반소'의 입장에서 반공적으로 기술되어야 함을 강조하고 있다.[9] 이들은 모두 교육과정 내 반공교육을 강조하기 위한 행정적 조치로써 해방 이후 정부의 교육이념 내에 반공주의가 지속적으로 고려되고 있었음을 보여준다. 다만 미군정기와 정부 수립 직후 교육이념은 '홍익인간(弘益人間)'을 대요로 한 것이었고, 여기에 민주주의 민족교육 이념과 같은 일민주의(一民主義)나 반공정신이 더해지는 형국이었다.[10]

반공교육의 급격한 진전은 한국전쟁 개전 직후부터 두드러졌다. 1951년 2월에 발표된 '전시하 교육특별조치요강'은 교육의 중점을 "멸공필승의 신념을 배양하고 전국(戰局)과 국제 집단 안전보장의 인식을 명확

7 조성운, 「반공주의적 한국사 교육의 성립과 강화」, 『한국민족운동사연구』 82, 2015, 230~231쪽.

8 당시 문교부 장관이었던 안호상은 초등·중등·사범대학·전문대학 교원 51,000명에 대한 사상 경향을 조사하여 이 중 상당수를 숙청했다고 한다.(조성운, 「반공주의적 한국사 교육의 성립과 강화」, 『한국민족운동사연구』 82, 2015, 240쪽.)

9 박진동, 「해방 후 현대사 교육 내용 기준의 변천과 국사교과서 서술」, 『역사학보』 205, 2010, 41쪽; 조성운, 「교수요목기 국사교과서의 발행과 편찬」, 『한국민족운동사연구』 86, 2016.

10 미군정기 교육이념에 관해서는 권성아의 글을 참고할 수 있다.(권성아, 「해방 이후 교육이념의 설정과 국사교육」, 『역사와교육』 21, 2015.)

히 하여 전시 생활을 지도하는 데 둔다"라고 하여 도의교육·기술교육·국방교육에 두고 있었다.[11] 또한 1952년 문교부에서는 "우리는 강철같이 단결하여 공산 침략자를 쳐부수자"라는 항목을 포함한 '우리의 맹세'를 제정하여 발표하기도 했다.[12]

전시기 문교부장관을 역임한 김법린은 문교행정의 3대 요소로 건국문교·전시문교·독립문교를 내세웠다. 이중 전시문교의 핵심은 반공교육이었는데 특징적인 것은 공산주의와 민주주의를 반대되는 것으로 설정했다는 데 있었다. 이러한 논리의 연장선 상에서 반공과 민주는 동일한 것이었으며, 반공으로 사상을 무장하고 그것을 실천하는 방안으로 도의교육을 주장하였다.[13]

그러나 정부 수립 직후와 전시의 혼란 속에서 아직까지 이렇다 할 교육방침을 마련하지 못했기 때문에 반공이념 역시 본격적으로 교육과정 내에 편입되지 않고 있었다. 오히려 전쟁이 일단락 된 이후 교육계를 휩쓴 쟁점은 이승만 대통령이 강력한 의지로 관철시키려고 했던 한글간소화와 관련한 논쟁이었다. 당시 한글간소화는 사회 일반의 충분한 의견 조율없이 다소 강압적인 형태로 추진되었고 이로 인해 한글학회와 대한교육연합회 등 학계와 교육계의 반발을 사고 있었다. 결국 한글간소화 논쟁은 편수국장이었던 최현배는 물론 장관이었던 김법린의 사퇴로까지 이어져 파국으로 치닫고 있었다.

최현배가 사퇴한 것은 1953년 12월이었고 김법린이 사의를 표명한 것은

---

11 강만길, 『고쳐 쓴 한국현대사』, 창작과비평사, 1994, 355쪽.

12 조성운, 「교수요목기 국사교과서의 발행과 편찬」, 『한국민족운동사연구』 86, 2016.
'우리의 맹세'는 다음의 세 개 항목으로 구성되어 있다.
첫째, 우리는 대한민국의 아들 딸, 죽음으로써 나라를 지킨다.
둘째, 우리는 강철같이 단결하여 공산 침략자를 쳐부수자.
셋째, 우리는 백두산 영봉에 태극기를 휘날리고 남북통일을 완수하자.

13 이유리, 「1950년대 '도의교육'의 형성과정과 성격」, 『한국사연구』 144, 2009, 256~257쪽.

이듬 해 2월이 되어서였다.[14] 김법린의 표면적인 사퇴 이유는 민의원 선거 출마를 위한 것이었다고 한다. 그러나 두 사람 모두 이승만의 한글간소화를 역점적으로 추진해 왔던 인물이었고 그로 인해 많은 비판을 받고 있었다.[15]

문교부장관의 사퇴라는 파행을 겪은 이후에도 이승만은 한글간소화 주장을 굽히지 않았다. 당시 국무총리였던 백두진은 한글간소화 방침이 지속적으로 추진될 것임을 시사했다. 아울러 후임 장관에는 이를 시행할 수 있는 인사가 선임될 것이라고 밝혔다. 그리고 2개월 여가 지난 1954년 4월 22일 서울대 교수로 재직하고 있던 이선근이 문교부의 수장으로 임명되었다.[16]

이승만의 고집, 그리고 백두진이 시사한 바대로 이선근은 한글간소화를 추진할 적임자로 선임된 것이었다.[17] 그러나 그가 한글간소화만을 전재로 문교부장관에 임명된 것은 아니었다. 이선근은 취임 직후인 1954년 5월 1일 기자단과의 회견에서, 반공민주교육 강화, 교육의 질적 향상, 언어문자의 간소화와 국민생활의 간소화라는 문교행정의 3대 원칙을 발표하였다.[18] 쟁점이었던 한글간소화가 얼마 되지 않아 표류하게 된 것을 고

---

14 「新任文教長官에게 寄함」, 『京鄕新聞』, 1954.4.24, 1면.

15 후지이 다케시, 「1950년대 반공 교재의 정치학」, 『역사문제연구』 30, 2013, 55쪽.

16 후지이 다케시, 「1950년대 반공 교재의 정치학」, 『역사문제연구』 30, 2013, 55~56쪽. 이선근은 제4대 문교부 장관이다. 초대 장관은 안호상, 제2대는 백낙준, 제3대는 김법린이 역임했다. 이선근을 이어 제5대 문교부 장관이 된 인물은 최규남, 제6대 최재유, 제7대는 이병도, 그리고 제8대는 오천석이었다.

17 「新任文教長官에게 寄함」, 『京鄕新聞』, 1954.4.24, 1면. "白國務總理는 月前에 문교장관의 후임이 천연된 데 대한 기자들의 질문에 「한글간소화」를 담당할 인재가 나와야 하겠다는 뜻을 시사한 바 있었고 대통령 또한 三朔 이내에 탁방을 지어야 한다고 분부한 일이 있었던 것과 이번 이선근 박사의 신임과를 아울러 생각할 때 기자회견 때 한글을 간이하여야 한다고 전제한 것이 대통령의 임명상 기대, 분부 혹은 조건 중의 하나이었던가 하는 추측은 할 수 있으나…".

18 「民主教育을 强化, 한글의 簡素化도 斷行」, 『朝鮮日報』, 1954.5.3, 3면. 물론 기자들의 관심은 한글간소화에 쏠려 있었다. 이선근은 구체적인 방안을 수일 내에 마련하겠다고 답변했을 뿐 더 이상의 언급을 피했다. 그로부터 2개월 뒤 정부는 한글간소화안을 국무회의에서 의결하였다. 그러나 이 안은 통용되지 못한 채 사회 일반의 반대에 부딪쳐 표류하다 이듬 해 9월 "민중들이 원하는 대로 하도록 자유에 부치고자 한다"는 대통령의

려할 때 그가 역점을 두고 추진할 문교 정책은 '반공민주교육'이었다.

이선근은 매우 다채로운 인물이었다. 역사학자로 널리 알려졌으나 일제시기 언론과 재계에서도 오랫동안 종사했고, 해방 이후에는 정치와 군에도 몸담은 바 있었다. 무엇보다 문교부장관에 선임되기 전까지 국방부 정훈국장, 자유당 훈련부장 등을 지냈는데,[19] 그 무렵부터 그는 지속적으로 '멸공(滅共)'을 표방하고 있었다. 이선근이 문교부장관에 선임된 것은 한글간소화라는 현안뿐만 아니라 이승만 정권의 반공주의를 교육정책으로 관철시킬 수 있는 적임자였기 때문이었다.[20]

반공이념을 교육정책의 주요(主要)로 하려는 정부의 의지가 분명하게 표출된 것은 1954년 10월 문교부 장관의 훈령으로 공포된 '반공방일교육요항(反共防日敎育要項)'을 통해서였다.[21] 훈령의 제목에서도 나타나듯 반공은 물론 방일을 기조로 한 교육지침을 하달한 것이었다. 그러나 방일은 반공을 주도적으로 표방하기 위한 도구의 성격이 강하였다. 일본 제국주의와 공산주의를 동일시 함으로써 반공에 대한 의식을 더욱 공고하게 고취시키고자 하는 방편이었던 것이다.

'반공방일교육요항'은 문교부가 내린 교육지침이기는 했으나 공식적인 교육과정이 아니었고, 따라서 학교교육 내에 교과로 포함된 것도 아니었다. '반공방일교육요항'이 갖는 의미는 이후 『반공독본』이나 『애국독본』과

발표와 함께 역사 속으로 사라졌다.

19 「新任文敎長官에게 寄함」, 『京鄕新聞』, 1954.4.24, 1면.

20 후지이 다케시, 「1950년대 반공 교재의 정치학」, 『역사문제연구』 30, 2013, 56~60쪽. 후지이는 이선근이 반공주의와 민족주의를 결합시키면서 역사를 이야기할 수 있는 유력한 이데올로그 중 한 명이었고 이러한 면에서, 반공과 반일을 동시에 표방할 수 있는 인물이었다고 평가했다. 당시 이승만에게 문교부장관으로 그러한 인물이 필요했다는 것이다. 그러나 이선근의 일제시기 행적을 볼 때 그가 반일을 적극적으로 주창하기에는 곤란함이 많았을 것으로 판단된다.

21 박진동, 「해방 후 현대사 교육 내용 기준의 변천과 국사교과서 서술」, 『역사학보』 205, 2010, 41쪽.

같은 반공교재의 발행과 확산에서 찾을 수 있다.[22] 이러한 교재들은 정식 교과서는 아니었지만 학교 현장에서 반공교육의 주요 교재로 사용되었다. 제1차 교육과정 내 반공이념은 이러한 과정을 거쳐 설정된 것이었다.

Ⅲ. 문교부 직제 개편과 반공 교육정책의 수립

한글간소화 문제로 표류하던 문교부가 신임 문교부 장관을 맞아 외형적인 정상화를 맞이한 것은 1954년 4월이었다. 이전까지 문교부는 장관은 물론 편수국장을 비롯한 주요 직책자가 공석인 상태였다. 그 주요한 이유는 앞서 언급한 바와 같이 한글간소화 논쟁과 관련되어 있었지만 당시 문교 행정의 난맥상 탓이기도 했다. 전쟁의 혼란이 채 가시기 전이기도 했지만, 문교부의 직제와 역할이 분명하지 않았고, 제대로 된 교육과정도 확립되어 있지 않았던 것이다. 여기에서는 해방 이후부터 제1차 교육과정 성립기까지 문교부의 직제 변화와 반공 교육정책과의 연관성에 대하여 고찰해 보겠다.

정부 수립 이후 처음으로 문교부 직제가 공포된 것은 1948년 11월 4일이었고, 초대 문교부장관은 안호상이었다. 대통령령 제22호로 공포된 문교부 직제에는 문교부의 역할을 "교육, 과학, 기술, 예술, 체육 기타 문화에 관한 사무를 관장한다"라고 규정하였다.[23] 이것은 1950년 3월에 공포된

---

22 1950년대 반공교재에 대해서는 박형준·민병욱, 그리고 후지이 다케시의 연구가 대표적이다.(박형준·민병욱, 「1950년대 반공교과서의 서술 전략 연구–『반공독본』과 『애국독본』을 중심으로–」, 『한국민족문화』 33, 2009; 후지이 다케시, 「1950년대 반공 교재의 정치학」.) 박형준·민병욱은 국어교육사의 관점에서 한국전쟁 이후 다양한 반공교과서들의 구성 방식, 내용, 서술 전략 등을 분석하였다. 교육정책적 측면에서는 후지이의 연구가 유용하다.

23 『官報』, 1948.11.4. 대통령령 제22호 문교부 직제 제1조.

문교부 직제에서도 동일하였다.[24] 그러나 1955년 2월 17일 개정된 문교부 직제에서는 업무 내용이 "문교부는 교육, 과학, 기술, 예술, 체육, 출판, 저작권, 영화검열 기타 문화행정에 관한 사무를 관장한다"라고 바뀌었다.[25]

[표 1] 정부 수립 이후～제1차 교육과정기 문교부 직제 변화

<table>
<tr><th>개편 시기</th><th colspan="2">1948년 11월</th><th colspan="2">1950년 3월 개편</th><th colspan="2">1955년 2월 개편</th></tr>
<tr><td rowspan="25">문교부</td><td rowspan="4">비서실</td><td>총무과</td><td colspan="2" rowspan="2">총무과</td><td colspan="2" rowspan="4">총무과</td></tr>
<tr><td>인사과</td></tr>
<tr><td>기획과</td><td colspan="2" rowspan="2">경리과</td></tr>
<tr><td>경리과</td></tr>
<tr><td rowspan="3">보통교육국</td><td>초등교육과</td><td rowspan="3">보통교육국</td><td>초등교육과</td><td rowspan="3">보통교육국</td><td>기획조사과</td></tr>
<tr><td>중등교육과</td><td>중등교육과</td><td>의무교육과</td></tr>
<tr><td>특수교육과</td><td>특수교육과</td><td>중등교육과</td></tr>
<tr><td rowspan="3">고등교육국</td><td>대학교육과</td><td rowspan="3">고등교육국</td><td>대학교육과</td><td rowspan="3">고등교육국</td><td>대학교육과</td></tr>
<tr><td>사범교육과</td><td>사범교육과</td><td>사범교육과</td></tr>
<tr><td>고등교육과</td><td>고등교육과</td><td>섭외교육과</td></tr>
<tr><td rowspan="4">과학교육국</td><td>과학진흥과</td><td rowspan="4">기술교육국</td><td>과학진흥과</td><td rowspan="4">기술교육국</td><td>실업교육과</td></tr>
<tr><td>농업교육과</td><td rowspan="2">기술교육과</td><td rowspan="2">과학기술과</td></tr>
<tr><td>상공교육과</td></tr>
<tr><td>수산교육과</td><td>실업교육과</td><td>실업교육과</td></tr>
<tr><td rowspan="5">문화국</td><td>성인교육과</td><td rowspan="5">문화국</td><td>성인교육과</td><td rowspan="5">문화국</td><td>사회교육과</td></tr>
<tr><td>생활개선과</td><td>교도과</td><td>문화보존과</td></tr>
<tr><td>교도과</td><td>예술과</td><td>예술과</td></tr>
<tr><td>예술과</td><td rowspan="2">체육과</td><td rowspan="2">체육과</td></tr>
<tr><td>체육과</td></tr>
<tr><td rowspan="6">편수국</td><td rowspan="2">편수과</td><td rowspan="6">편수국</td><td rowspan="3">편수과</td><td rowspan="6">편수국</td><td rowspan="3">편찬과</td></tr>
<tr></tr>
<tr><td rowspan="2">번역과</td></tr>
<tr><td rowspan="3">발행과</td><td rowspan="3">출판과</td></tr>
<tr><td rowspan="2">발행과</td></tr>
<tr></tr>
</table>

※『官報』 1948.11.4 대통령령 제22호 문교부 직제; 『官報』 1950.3.31 대통령령 제308호 문교부 직제; 『官報』 1955.2.17 대통령령 제1000호 문교부 직제를 참고하여 작성.

24 『官報』, 1950.3.31. 대통령령 제308호 문교부 직제 제1조.

25 『官報』, 1955.2.17. 대통령령 제1000호 문교부 직제 제1조.

이전과 달리 1955년의 개정에서는 저작권과 영화검열 등의 사무가 문교부로 이전되었다. 이들 중 특히 영화검열 사무는 공보처의 소관 업무였는데 문교부가 교육과 관련된 행정 외에 검열 업무를 맡게 되었다는 점이 특징적이다. 주목할 점은 문교부의 역할 변경에 따라 그 직제 및 담당 사무 역시 변화한다는 사실이다. 이 과정을 문교부 조직의 변화상과 함께 살펴보도록 하자.

[표 1]에서 보는 바와 같이 1948년 정부 수립 이후부터 제1차 교육과정기까지 문교부 직제는 두 번의 큰 변화를 겪는다. 우선 1950년 개편될 때 직제 변화를 살펴보면 몇몇 부서의 폐지 및 명칭 변경을 발견할 수 있지만 업무 내용에는 큰 변화가 없었던 것으로 판단된다. 구체적인 개편 내용으로는 비서실이 폐지되고 예하 4개 과가 총무과와 경리과로 축소된 것, 그리고 과학교육국이 기술교육국으로 변경되면서 예하 부서 역시 3개과로 축소되고 명칭이 다소 변경된 것, 마지막으로 편수국 예하 번역과가 폐지된 것 등이 있다. 이러한 변화는 문교부 조직과 업무 내용이 바뀌었다기보다 부처 운영 과정에서 효율성을 기하기 위한 개편의 성격을 띠는 것으로 보인다.

그런데 1955년의 개편에서는 1950년 개편 때와는 달리 좀 더 특징적인 변화상이 발견된다. 우선 보통교육국 예하에 기획조사과와 의무교육과가 설치된 것이 눈에 띈다. 이들 부서는 기존에 문교부 행정이 체계적으로 자리 잡지 못했던 부문을 새로 규정한 것이었다. 다만 기획조사과와 의무교육과의 설립은 특징적이기는 하나 문교부 설립 이후 지속적인 조직과 업무의 보완 과정에서 생겨난 것으로 이해될 수 있다.[26]

26 기획조사과에서는 "서울특별시와 도의 교육위원회 및 교육구, 시교육위원회의 행정감독과 초중등교육기관과 재단의 감사, 통계 및 국내 타과 주관에 속하지 않는 사항"을 담당하고 있었다.(『官報』 1955.2.17. 대통령령 제1000호 문교부 직제 제5조.) 이는 기존의 총무과나 기획과에서 담당했을 법한 내용이지만, 이전 직제에서는 이들 부서에 이와 같은

다음으로 고등교육국에 고등교육과 대신 섭외교육과가 새롭게 개설되었다. 1950년 당시 고등교육과는 "고등학교 교육에 관한 사항을 분장"하는 부서였는데,[27] 1955년 개편으로 고등학교 교육에 관한 업무는 중등교육과 내로 편입되었다.[28] 섭외교육과는 1950년 당시 특수교육과의 업무 내용을 좀 더 구체적으로 확장시킨 부서였다.[29]

기술교육국의 소속 부서는 1950년 개편 때 과학진흥과·기술교육과·실업교육과에서 1955년에는 실업교육과·과학기술과·교육시설과로 바뀌었다. 대체적으로 위에서 언급했던 다른 국들과 유사하게 문교부 행정 사무가 구체화되어 가는 과정이라고 볼 수 있다. 즉 업무 내용이 구체적이지 않았던 과학진흥과가 폐지되고, 대신 과학기술과를 신설한 뒤 실업교육과와 더불어 소관 업무를 구체적으로 명시하였다. 또한 교육시설과를 새로 설치하여 각급 학교 시설의 조사, 기획과 자재 및 교구와 학용품에 관한 사항을 담당하도록 규정하였다.[30]

업무 내용이 명시되어 있지 않았다. 의무교육과가 1955년 개편 때 생겨난 것은 의무교육이 이때에 와서야 본격적으로 실시되었기 때문이다. 원래 의무교육은 1950년 6월 처음 시행이 결정되어 1950년 3월의 개편 때는 그와 관련된 내용이 들어 있지 않았다.(「義務教育 드디어 實施」, 『동아일보』, 1950.6.2, 4면.) 그러나 의무교육 시행 결정 직후 일어난 한국전쟁으로 인해 실행에 옮겨지지 못했고 결국 1955년 개정 때에 관련 직제가 규정되었던 것이다. 의무교육과는 "의무교육, 교육구와 시교육위원회의 재정 및 서울특별시 교육위원회의 의무교육에 관한 재정에 관한 사항"을 담당했다.(『官報』 1955.2.17, 대통령령 제1000호 문교부 직제 제5조.)

27 『官報』, 1950.3.31, 대통령령 제308호 문교부직제 제7조.

28 『官報』, 1955.2.17, 대통령령 제1000호 문교부 직제 제5조. "중등교육과는 고등학교와 중등학교의 교육, 특수교육 및 서울특별시와 도교육위원회의 재정(서울특별시 교육위원회의 의무교육에 관한 재정을 제외한다)에 관한 사항을 분장한다."

29 1950년 개편 당시 특수교육과는 "재외국민의 교육, 맹아교육 및 유치원, 서당, 사설강습회 기타 특수교육에 관한 사항을 분장"하는 부서였다. 이중 '재외국민의 교육' 부문을 확장시킨 부서가 1955년 새롭게 설치된 섭외교육과였다고 할 수 있다. 섭외교육과의 업무는 "국제연합 교육과학문화기구, 교수와 학생의 외국유학, 외국 교환교수 및 재외국민의 교육에 관한 사항"으로 규정되었다.(『官報』 1955.2.17, 대통령령 제1000호 문교부 직제 제6조.)

30 『官報』, 1950.3.31, 대통령령 제308호 문교부직제 제8조 및 『官報』 1955.2.17, 대통령령 제1000호 문교부 직제 제7조 참조.

지금까지 문교부 직제 개편 내용을 개략적으로 살펴보았다. 위에서 살펴보았던 부서들의 개편은 모두 문교 행정을 구체화하는 과정 중에 파생된 것이라는 공통점이 있다. 주목할 만한 내용이 적지 않지만 원칙적으로 문교부가 담당해야하는 업무 내용이 구체화되거나 확장되는 지극히 정상적인 변화 과정이라는 것이다.

문교부 직제 개편 내용 중 가장 눈길을 끄는 것은 역시 문화국의 변화이다.[31] 1955년 개편으로 새롭게 규정된 문화국의 업무 내용에는 애초에 문교 행정과는 궤를 달리하는 것들이 포함되어 있기 때문이다.

문교부 직제, 특히 문화국과 관련한 개편안이 논의되기 시작한 것은 1954년 5월 무렵으로 추정된다. 다만 이때는 편수국 폐지론이 주요 골자였다. 편수국 폐지는 운크라(UNKRA; United Nations Korean Reconstruction Agency) 교육사절단이 오래 전부터 권고해 오던 바였다고 한다.[32] 운크라에서 왜 편수국 폐지를 운운했는지에 대해서는 부가 설명이 없지만 문교부의 조직이 적지 않은 폭으로 개편되어야 한다는 정부 내 논의가 진행되고 있었던 것이다. 그러나 문교부 직제 개편은 당장 실현되지는 않았다.

문교부 직제 개편 내용은 1954년 12월 4일 자유당의 정부기구개혁안과 함께 다시 불거져 나왔다. 자유당 측에서 정부조직법개정안을 초안했는데, 문교부 예하의 문화국에 공보처 공보국 출판과와 영화과, 그리고 방송관리국을 통합하여 편제시키는 내용이 논의되었던 것이다.[33] 다만 방송관리에 관한 내용은 12월 말 정부조직법개정법률안 보도 당시에는 빠

---

31 1955년 개편에서 편수국도 예하 부서의 명칭 변화가 있었다. 편수과와 발행과가 각각 편찬과와 출판과로 변경된 것이다. 그러나 이름만 조금 바뀌었을 뿐 업무 내용에는 변화가 없었다. 다만 편수국은 교과서 편찬을 관장하는 주요 부서로 그 활동 내용을 주시하지 않으면 안 된다. 제1차 교육과정기 편수국 운영에 대해서는 편수국장들의 임면관계를 살피면서 부연하도록 하겠다.

32 「문교부 기구 개편, 편수국도 폐할 듯」, 『동아일보』, 1954.5.12, 2면.

33 「자유당측시안내용 정부기구개혁」, 『동아일보』, 1954.12.4, 1면.

져 있었다.[34] 공보처에서 문교부로 이관될 업무 내용을 둘러싸고 다소나마 이견이 분분했음을 짐작하게 하는 대목이다.

결국 직제 개편 과정에서 정부 조직 내 소음이 들려왔다. 소관 업무를 추가로 받게 된 문교부 측에서는 큰 동요가 없었지만 하루 아침에 관장하던 사무를 빼앗긴 공보처에서는 적지 않은 불안이 일었다.[35] 이후 정부조직법개정법률안은 1955년 1월 하순 신정부조직법이라는 이름으로 다시금 신문에 보도되었다. 여기에는 공보처의 우려에도 불구하고 문교부의 업무 내용이 애초 자유당이 초안했던 정부조직법개정안과 유사하게 명시되어 있었다.

> 제19조 문교부장관은 교육, 과학, 기술, 예술, 체육, 출판, 저작권, 영화검열과 기타 문화행정과 방송관리에 관한 사무를 장리한다.
>
> 전항의 사무를 분장하기 위하여 문교부에 보통교육국, 고등교육국, 기술교육국, 문화국과 편수국을 둔다.[36]

즉, 출판 및 저작권, 영화검열과 기타 문화행정 이외에 방송관리에 대해서도 문교부가 관장하도록 개정될 것이라는 보도였다. 이에 따라 문교부 예하 문화국에 방송관리과를 편제하는 안도 검토되고 있었다. 그러나 이러한 개편안은 또다시 다른 부처의 불만을 야기했고 결국 법제처에서는 "동 초안은 대폭수정되어야 한다"는 방침을 시사하기에 이르렀다.[37]

---

34 「정부조직법개정법률안」, 『동아일보』, 1954.12.24, 1면. "제12조 문교부장관은 교육, 과학, 기술, 예술, 출판, 저작권, 영화검열과 기타 문화행정에 관한 사무를 장리한다. 전항의 사무를 분장하기 위하여 문교부에 보통교육국, 고등교육국, 문화국과 편수국을 둔다."

35 「뒤숭숭한 시간만을 허송」, 『동아일보』, 1955.1.24 2면. "공보처=장악하고 있던 통계국 및 출판 관계 사무가 타부로 이관되어 감에 따라 직원은 매일 같이 걱정을 느끼고 잔류되리라는 국·과의 직원들도 자기 소관의 직원 약화에 쓴 웃음."

36 「신정부조직법내용」, 『동아일보』, 1955.1.24, 1면.

37 「각부초안대폭수정시」, 『동아일보』, 1955.2.3, 1면.

결과적으로 앞서 기술했듯 1955년 2월 17일 문교부의 역할 및 직제에는 방송관리와 연관된 내용이 포함되지 않았다.

그럼에도 문교부 직제 개편의 가장 큰 특징 중 하나는 출판 및 저작권, 그리고 영화 검열에 관한 기능이 다른 부처에서 이관되었다는 데 있다. 이관된 업무는 문화국 내 별도의 과를 편성하여 담당시켰다. 문화국은 1948년 문교부 직제가 공포될 당시 예하에 성인교육과·생활개선과·교도과·예술과 및 체육과를 두고 있었다. 1950년 생활개선과가 폐지되어 4과 체제가 되었다. 그리고 1955년 2월 개정에서는 사회교육과·문화보존과·예술과·체육과 등이 편제되어 있었다. 문화국 직제 개편 내용과 각 과별 직무는 다음 표와 같다.

[표 2] 정부 수립 이후 ~ 제1차 교육과정기 문교부 문화국 직제 변화

	소속 부서	업무 내용
문화국 (1948.11)	성인교육과	성인교육에 관한 사항
	생활개선과	생활개선에 관한 사항
	교도과	청소년지도, 명승, 천연기념물, 국보, 성균관, 향교, 고적, 종교, 유도, 각종 유사종교, 유림단체, 전루, 서원, 사우, 박물관, 도서관, 동물원, 식물원, 육영단체 기타 교화에 관한 사항
	예술과	음악, 연극, 무용, 미술, 공예, 극장, 예술단체의 지도 감독, 교육 영화의 제작과 감독 및 기타 예술에 관한 사항
	체육과	체육에 관한 사항
문화국 (1950.3)	성인교육과	성인교육 및 국내 타과 주관에 속하지 않는 사항
	교도과	청소년 지도, 명승, 천연기념물, 국보, 성균관, 향교, 고적, 종교, 유도, 각종 유사종교, 유림단체, 전루, 서원, 사우, 박물관, 도서관, 동물원, 식물원, 육영단체 기타 교화에 관한 사항
	예술과	음악, 연극, 무용, 미술, 공예, 극장 및 예술 단체의 지도 감독, 교육 영화의 제작과 감독 기타 예술에 관한 사항
	체육과	체육에 관한 사항

	소속 부서	업무 내용
문화국 (1955.2)	사회교육과	성인교육, 국민사상의 연구지도, 청소년 지도, 도서관, 사설학술강습소, 유치원, 서당 및 국내 기타 주관에 속하지 않는 사항
	문화보존과	명승, 천연기념물, 국보, 유림단체, 고적, 종교, 유도, 각종 유사종교, 전루, 서원, 사우, 박물관, 동물원, 식물원, 육영단체, 기타 교화에 관한 사항
	예술과	문학, 미술, 공예, 음악, 무용, 연극, 영화검열, 극장과 예술단체의 지도 감독 기타 예술 진흥에 관한 사항
	체육과	체육 및 학도보건, 학도병역에 관한 사항

※『官報』, 1948.11.4 대통령령 제22호 문교부 직제;『官報』, 1950.3.31 대통령령 제308호 문교부 직제;『官報』, 1955.2.17 대통령령 제1000호 문교부 직제를 참고하여 작성.

1948년과 1950년의 문화국 조직 사이에는 생활개선과가 폐지된 것을 제외하고 큰 변화가 없다. 그런데 1955년의 조직 개편에는 사회교육과와 문화보존과 등 이전에는 없던 부서가 신설되었다. 표면적으로 보면, 사회교육과는 성인교육과가, 문화보존과는 교도과가 확대 개편된 것으로 생각된다. 그러나 업무 내용을 토대로 다시 한번 잘 살펴보면, 부서 특징에 맞춰 업무 분장을 좀 더 정밀하게 나누었다는 것을 파악할 수 있다.

교도과에 있던 청소년지도 업무가 사회교육과로 옮겨갔고, 예술과에 영화검열 업무가 추가되었다.[38] 체육과에도 전에 없던 학도 보건 및 학도 병역에 관한 사항이 부가된 것을 확인할 수 있다. 무엇보다 주목되는 것은 사회교육과에 국민사상의 연구지도라는 업무 항목이 새로 생겨난 점이다. 그리하여 궁극적으로 사회교육과는 성인교육, 국민사상의 연구지도, 청소년 지도를 중심으로 사회 일반의 사상 지도와 교화를 담당하는 역할을 맡게 되었다.

38 문화국이 소관하게 된 영화검열 업무는 제한적이었다. 즉 영화의 수입 추천 업무는 여전히 공보처에서 맡게 되어 문화국은 공보처가 한 차례 내용을 걸러서 수입한 영화만을 재차 검열하는 것으로 규정되었던 것이다. 이에 대해 당시 문화국장이었던 조원환은 “추천서라함은 영화 내용을 검열할 것을 전제로 하여 수입해도 좋다는 추천서인데 어찌 추천과 검열이 분리 관장될 수 있는 일이겠는가? 그것은 이론상으로 벌써 모순된 일이라고 생각한다”라며 불만을 토로했다.(「검열·추천분리 웬말」, 『동아일보』, 1955.3.10, 3면.)

문교부 문화국에 사회교육과를 신설한 이유는 반공교육의 논리를 체계적·이론적으로 정리해야만 사회 일반에까지 그 효과를 기대할 수 있었기 때문이었다. 초·중등학교 학생들에게 주로 사용하고 있던 감정을 매개로 반공을 호소하는 방식은 일반인들, 특히 고등교육을 거친 지식인에게는 적합하지 않았다.[39] 문화국은 국민들에게 '공산주의'에 대한 사상적이고 체계적인 대응 논리를 개발·교육시키는 정부의 핵심 조직이었다.

요컨대 1955년 2월, 즉 제1차 교육과정이 공포되기 6개월 전, 문교부 조직은 부서 자체는 물론이고 업무 내용상으로도 적지 않은 변화가 있었다. 학교 교육과 사회 교육을 구체적이고 체계적으로 시행하기 위해 담당 업무를 세분화하고 새로운 부서를 개설했던 것이다. 이 모든 일은 반공이념을 중심으로 하는 새로운 교육과정의 공포에 맞춰 문교부 조직을 미리 개편한 것이라는 점에서 중요하다.

Ⅳ. 문교부 인사와 반공 교육정책의 관계

문교부 조직 개편과 더불어서 주의 깊게 확인해야할 대목으로 장관 및 주요 부서장의 임면과 관련된 내용이 있다. 요컨대 반공 교육정책이 이승만 정부의 의도에 맞게 수립·시행되기 위해서는 문교부 장관과 주요 부서장에 그에 합당한 인사가 채워져야 하기 때문이다.

정부 수립 이후부터 제1차 교육과정기까지 문교부 장관과 문화국, 그리고 편수국 국장 현황은 다음과 같다.

39 박형준·민병욱, 「1950년대 반공교과서의 서술 전략 연구-『반공독본』과 『애국독본』을 중심으로-」, 『한국민족문화』 33, 2009, 6~7쪽.

[표 3] 정부 수립 이후 ~ 제1차 교육과정기 문교부 주요자 임면 현황

문교부장관		문화국장		편수국장	
이름	임기	이름	임기	이름	임기
安浩相	1948.8. ~ 1951.5.	崔永秀	1948	崔鉉培	1945.9. ~ (1947)[40]
白樂濬	1951.5. ~ 1952.10.	趙根泳	1948.10. ~ 1950	孫晋泰	1948.9. ~ 1948.11.
金法麟	1952.10. ~ 1954.2.	林命稷	1953 ~ 1954.2.	申奭浩	1949.11. ~ 1950
李瑄根	1954.4. ~ 1956.6.	曺元煥	1955.3. ~ 1956.6.	崔鉉培	1951.1. ~ 1954.1.
崔奎南	1956.6. ~ 1957.11.	金相弼	1956.9. ~ 1957	辛兌鉉	1954.10. ~ 1955.9.
		邊時敏	1958 ~ 1960	朴萬奎	1955.11. ~ 1956.8.[41]
				安龍伯	1956.8. ~ 1958.2.

※ 국사편찬위원회 한국사데이터베이스(http://db.history.go.kr/) 검색 자료와 『동아일보』·『경향신문』 등의 신문 등을 이용하여 작성.
※ 문화국장과 편수국장의 임면 사항은 확인되는 것만 기록함.

[표 3]과 같이 1948년 정부 수립 이후부터 제1차 교육과정이 성립하는 1955년 전후까지 문교부장관은 안호상을 비롯하여 4명, 문화국장이 약 4명, 그리고 편수국장은 모두 5명이 확인된다. 이중 제1차 교육과정 성립기의 주요 직책자는 장관이었던 이선근, 문화국장이었던 조원환, 그리고 편수국장이었던 신태현 등이었다. 그런데 이들의 임명 시기를 보면 모두 문교부 문화국의 개편이 본격화한 이후거나 개편 직후였음을 알 수 있다. 주목할 점은 당시 정부가 장관을 비롯한 주요 직책의 공석이 문교행정에 차질을 빚을 것이라는 점이 자명함에도 세 직책 모두 전임자 퇴임 후 상당 기간 동안을 후임자를 선임하지 않은 채 공백 상태로 남겨두었다는 사실이다.

우선 장관직은 전임이었던 김법린이 1954년 2월 9일 사임하여 이선근이 임명되는 같은 해 4월까지 2달 이상의 공백상태가 지속되었다. 편

40 최현배는 군정청 문교부 당시부터 편수국장으로 재임했다. 1947년 경 편수국장으로 장지영이 확인되는데 정확한 임면관계는 파악하지 못했다.

41 박만규는 국립도서관장을 역임하다 1958년 3월에 다시금 편수국장으로 부임한다.

수국장 역시 최현배가 1954년 1월 사임했기 때문에 신태현이 임명된 같은 해 10월까지 9개월 여 빈자리로 남아 있었다. 문화국장의 경우에는 1954년 2월 임명직이 사임한 이후 1955년 3월 조원환이 임명될 때까지 1년이 넘는 기간 동안 아무도 자리하지 않았다. 왜 이러한 일이 벌어진 것일까.

1954년 10월 5일자 『동아일보』에는 「수수께끼의 문교부 인사」라는 제목의 기사가 실렸다. 여기에서 기자는 당시 문교부의 인사 행태가 정상적이지 않음을 지적하고 있다.

> 수수께끼의 文敎部 人事
>
> 煙幕 속의 次官 辭表. 兩 局長 任命은?
>
> 이선근씨가 문교장관으로 취임한 이래 공석 중에 있는 두 국장(편수·문화)의 임명에 대해 하등의 성의를 표하고 있지 않는 관계상 문교행정 집행상 막대한 지장을 주고 있어 관계 직원들 간에 물의가 비등되고 있다. 문교부로 보아서는 편수국과 문화구이 보통·고등교육국에 지지않을 만치 가장 핵심적 역할을 해야 할 실정임에도 불구하고 수개월이 지나도록 신국장을 임명하고 있지 않은 점에 대해서 적지 않은 의아감을 사고 있다. 한편 전 金장관(김법린-인용자) 때부터 차관으로 있었던 許增秀 씨도 누차에 걸쳐 사의를 표명하였다고 전문하여지고 있으나 사표를 실제 내어 놓은 일이 있는가에 대해서는 의연 연막 속에 잠겨 있는데 전기한 결위 중의 두 국장 임명과 許 차관의 사임 문제는 문교부 내 인사문제에 하나의 수수께끼가 되고 있다.[42]

1954년 4월, 2개월 동안 공석이었던 장관직에 이선근이 임명된 이후에도 문교부 내 주요 직책이었던 편수국장과 문화국장이 여전히 공석으

42 「수수께끼의 문교부 인사」, 『동아일보』, 1954.10.5. 2면.

로 남아 있는 것에 의구심을 나타냈던 것이다. 아울러 차관의 사의 표명 사실에 관해 에둘러 “사표를 실제 내어 놓은 일이 있는가에 대해서는 의연 연막 속에 잠겨 있는데”라고 표현하며 문교부 인사의 공백 상태에 의문을 던졌다.

위 기사의 표현대로 주요한 국장 두 자리의 공석, 그리고 석연찮은 차관의 사의 문제는 문교 행정에 큰 문제가 빚어지고 있다는 의혹을 짙게 했다. 만일 그것이 아니라면 인사 당국에서 향후 있을 무엇인가 큰 개편을 앞두고 그에 맞는 인물을 선임하기 위해 지체하고 있을 가능성도 있었다.

문교부의 조직 개편 논의가 시작된 것은 1954년 초부터였다. 이선근이 장관에 임명되는 전후 시기였다. 이후 정부조직법 개정과 맞물려 자유당의 정부기구개편안이 나온 1954년 말까지 논의는 계속되었다. 기사가 게재된 때는 정부와 자유당 측에서 문교부 조직 개편안 내용을 구체적으로 조율하고 있었을 가능성이 크다.

그리고 10월 5일자 『동아일보』 기사가 나온 뒤 얼마 지나지 않은 같은 달 13일 문교부 편수국장 인사가 있었다. 국장에 임명된 인물은 부산해양대학 사학과 교수로 재직 중이던 신태현이었다.[43] 신태현은 1913년 생으로 충남 예산 출신이었다. 1937년 4월 경성제국대학 법문학부를 졸업했고,[44] 이후 총독관방 문서과 촉탁으로 근무하기도 했다. 조선총독부속 경성도서관장을 역임한 이력도 있다. 해방 이후에는 미군정청 노동부 행정실장을 거쳐 해양대학교 교수를 지냈다.[45] 일제시기와 해방 후 미군정청, 그리고 문교부 편수국장을 지낸 행정관료였으나 지속적으로 한국 고

---

43 「편수국장임명」, 『동아일보』, 1954.10.15, 2면.

44 『朝鮮總督府官報』, 1937.4.7.

45 국사편찬위원회 한국사데이터베이스(http://db.history.go.kr/).

대사 논문을 발표한 학자이기도 했다.[46]

그러나 그의 편수국장 이력은 오래가지 않았다. 1955년 9월 대한문교서적회사의 중역 인선 과정에서 구설수에 올라 사퇴했던 것이다.[47] 당시 문교부는 국정교과서 용지 부정처분 사건 등으로 수차례 물의를 빚은 바 있었는데,[48] 또다시 대한문교서적주식회사에 문교부장관이 의도한 인물을 중역으로 선출하도록 압력을 가했다는 사실이 세간에 알려지면서 여론이 악화되었고 이를 책임지고 사의를 표명했다고 한다.[49]

문화국장은 편수국장보다도 5개월여가 늦은 1955년 3월에야 선임이 마무리 되었다. 앞서 살펴보았듯 당시는 문교부 직제가 개편된 직후였다. 문화국장에 발탁된 인물은 조원환이었다.[50] 조원환은 1892년생으로 충남 서산 출신이었다. 천주교 교리교사이자 사업가로 알려졌으나 행정관료와도 인연이 있었다.

1914년 관립 한성사범학교를 나온 뒤[51] 용산의 예수성심학교에서 교사 생활을 했고, 1919년부터 재판소 서기, 1921년부터는 경기도청에서 근무하였다. 1935년 이후 만주로 이주하여 한국인 천주교회와 한국인학교연합회 결성에 적극적으로 임했고 이를 통해 천주교회 총회장, 학교연합회 이사로도 활약하였다. 해방 이후 친일 행적으로 인해 친일반민족행

46 논문으로 「朝鮮姓氏の起源-在來式姓と支那式姓」(『朝鮮』 297, 1940), 「三國史記 地理志의 硏究」(신흥대논문집, 1958), 「花郎世代考」(경희대논문집, 1965) 등이 있다.

47 「편수국장사임」, 『경향신문』, 1955.9.13. 3면.

48 「행방불명의 교과서용지 부정처분 사실이 탄로」, 『동아일보』, 1949.4.14. 2면; 「교과서용지부정처분 대한문화사장구속문초」, 『동아일보』, 1954.4.2. 2면.

49 「문교서적에 냉전. 아서원의 비밀회의도 무성과. 감투 쟁탈은 더욱 심각」, 『경향신문』, 1955.9.14. 3면. 신태현의 뒤를 이어 편수국장이 된 인물은 편수과장이었던 朴萬奎였다. 그러나 그 역시 이듬 해 4월 교과서 판매가격을 올려달라는 청탁을 받고 뇌물을 수수한 혐의로 조사를 받았다.(「위신잃은 문교부」, 『동아일보』, 1956.4.16. 1면) 편수국은 온갖 청탁과 뇌물이 오가는 자리로 추문이 끊이지 않았다.

50 「인사」, 『동아일보』, 1955.3.13. 1면.

51 東京上智大學 신문학과를 졸업했다는 기록도 있다.

위자로 규정되어 형무소에 수감되기도 했으나 얼마 지나지 않아 풀려나 정부 요직에서 관료로 근무했다. 특히 오랫동안 공보처에서 근무했는데, 공보처 보도과장을 거쳐 1952년 4월에는 공보국장에 선임되기도 했다.[52] 그가 후에 문교부 문화국장으로 임명된 것은 문교부에 공보처 관련 업무가 이관된 것과 더불어 그의 경력과 무관하지 않았다. 그러나 적임인 것 같았던 그도 1956년 6월 자신의 직책을 남용했다는 의혹에 싸여 사퇴하고 말았다.[53]

앞서 살펴보았듯이 1950년대 문교부 인사는 고하를 막론하고 매우 혼란스러웠다. 적임자가 임명되지 않아 공석으로 남아 있는 경우가 허다했으며 책임자가 선임되어도 얼마 지나지 않아 여러 의혹으로 낙마하는 일이 잦았다. 전쟁 후 사회 자체가 혼란스러웠던 탓도 있었겠지만 지나치게 사리사욕에 몰두하고 가진 권한의 남용을 일삼았기 때문이었다. 그리고 공교롭게도 모두 친일 의혹을 떨칠 수 없는 인물들이었다.

이선근·신태현·조원환 모두 일제 강점기 대학을 졸업하고[54] 식민지 지배정책에 협력한 이력을 가지고 있었다. 이들이 당시 교육정책의 요직에 등용될 수 있었던 것은 역시 정부 교육방침의 기조가 반일보다는 반공정책에 경도되어 있었기 때문이었다. 이승만 정부의 반일정책은 표피적인 것에 불과했던 것이다.[55] 제1차 교육과정을 수립하고 시행했던 문교부의 주요한 인사들은 모두 위와 같은 인물들이었다.

---

52 「공보국장 후임에 조원환씨가 승격」, 『동아일보』, 1952.4.23. 2면.

53 「阿附의 주인공 조원환」, 『경향신문』, 1956.6.14. 3면. 퇴임 이후에는 지속적으로 천주교 선교자와 기업가로 살아 나갔다.

54 이선근은 일본 와세다대학 사학과 출신이다.

55 강만길, 『고쳐 쓴 한국현대사』, 창작과비평사, 1994, 228쪽. "1차 임기로 끝날 처지였다가 6·25전쟁 발발에 힘입어 그 명맥을 이을 수 있었던 이승만 정권은 이후 이데올로기면에서는 철저한 반공주의와 표면적인 반일주의를 기반으로 하고, 물리적으로는 경찰·군부와 청년단체, 그리고 사조직이나 마찬가지인 자유당 등을 기반으로 하여 유지되면서 많은 폭정을 거듭했다."

특히 이선근은 후에 신채호의 민족주의적 영웅사관, 또는 국가주의적 역사관을 호도하여 안보·국방을 구실로 한 박정희 정권의 전체주의 지배체제를 이념적으로 뒷받침하는 역할을 맡았다. 주목할 점은 이선근의 국가주의와 국방사관이 일제가 제2차 세계대전 말기에 주창했던 국방국가, 또는 고도국방국가의 이데올로기와 매우 유사하다는 점이다. 이선근은 젊은 시절 만주국 협화회의 간부를 역임한 바 있는데 이러한 점에서 만주국의 청년 장교로 복무했던 박정희와도 연관성을 갖는다.[56]

한편 1954년 6월 이승만 정부의 주도 아래 진해에서 제1회 아시아민족반공회의가 개최되었다. 여기에는 이른바 진영논리에 의해 아시아를 반공(反共)·접공(接共)·친공(親共)으로 나누고 한국이 '아시아반공진영의 맹주'로 자리잡기를 바라는 이승만의 의도가 깊이 개입되어 있었다. 아시아민족반공회의 직후 대표적인 반공단체인 한국아시아민족반공연맹[57]이 결성되는 것도 이와 연관되어 있었다.[58]

주목할 점은 위와 같은 진영논리 속에서 반공을 국가 정책의 중심으로 설정한 한국에게 반일은 부차적인 것으로 취급되었다는 사실이다. 국민 정서상 반일의 기치를 온전히 포기할 수는 없었지만 반공을 위해서라면 그것은 잠시 보류하거나 형식적인 대응에 머물러야 하는 것이었다. 그리고 정부는 국민들에게 반공주의에 대한 확고한 신념을 심기 위한 여러 정책적 변화를 꾀한다. 문교부 직제가 개정되거나 반공교육을 잘 수

---

56 허은, 「안보 위기론의 주창자, 이선근」, 『내일을 여는 역사』 31, 2008, 120~121쪽. 이선근은 박정희 정권 당시 안보정책의 브레인 역할을 했던 것으로 알려져 있다.

57 한국아시아민족반공연맹은 1964년 1월 1일부로 한국반공연맹으로 명칭이 바뀌었다. 한국반공연맹에 대해서는 2016년 4월 2일 동국대 역사교과서연구소·역사와교육학회 춘계 학술대회 당시 유상수 선생의 가르침을 받았다. 관련 연구로는 최영호, 「이승만 정부의 태평양동맹 구상과 아시아민족반공연맹 결성」(『국제정치논총』 39-2, 1999)와 유상수의 「한국반공연맹의 설립과 활동」(『한국민족운동사연구』 58, 2009) 등을 들 수 있다.

58 이하나, 「1950~60년대 반공주의 담론과 감성 정치」, 『사회와 역사』, 2012, 209, 210, 225쪽.

행할 수 있는 인물들이 임명되는 것은 이러한 과정의 하나로 볼 수 있다.

제1차 교육과정기 반공교육은 하나의 교과목이 아닌 전 교육과정과 학교생활 중에 이루어 질 수 있도록 안배되어 있었다. 이선근은 "반공교육은 교과나 과목이 아니며 물론 특별활동도 아니다. 이는 당면한 교육의 중점 목표이며 중대한 방침"이라고 주장하면서 반공교육이 초교과적 차원에서 실시되어야 함을 역설했다고 한다.[59] 반공교육은 별도의 교과목 없이 모든 교과의 교과서를 학습하는 과정에서 은연중에 인식될 수 있도록 설정되어 있어야 한다는 논리였다.[60] 예를 들어 제1차 교육과정 제정 때 '도의교육요항'을 통해 명시된 도의 교육의 목표 속에는 반공방일이 내포되어 있었다.[61] 반공을 도의의 한 부분으로 나아가 동질의 개념으로 포장하여 "윤리의 외피를 쓰고 피교육자에게 학습"될 수 있도록 하였다.[62] 그러나 이것은 궤변과도 같은 논리에 다름 아니었다.

제1차 교육과정기에는 『애국독본』이나 『반공교본』과 같은 반공 교재들이 이미 전국의 각급학교에서 널리 보급되어 교육되고 있었다. 반공교재는 1955년 경상북도에서만 50만 권 이상이 팔렸을 정도로 널리 보급 되었는데 주목할 점은 이중 적지 않은 수량이 강매에 의한 것이었다는 사실이다.[63] 별도의 교과목만 설정하지 않았을 뿐 그밖에 다른 교과서의 내용 속에서, 그리고 강매된 반공 교재들 속에서 반공교육은 매우 치밀하게

---

59 박형준·민병욱, 「1950년대 반공교과서의 서술 전략 연구–『반공독본』과 『애국독본』을 중심으로–」, 『한국민족문화』 33, 2009, 284쪽.

60 강진웅, 「식민유산과 한국전쟁 속의 규율적 반공교육」, 『역사교육논집』 56, 2015, 294~296쪽.

61 金永敦, 「道義教育의 現況과 文教政策」, 『기독교사상』 2-6, 1958, 61쪽. "도의교육 방침의 첫째는 조국혼과 자유 민주정신의 함양으로 이것이 근본 목표입니다. 애국심이 강하고 자유 민주정신이 강한 학생을 만들자. 민주주의적인 생활을 할 수 있는 착한 마음을 가진 옳은 생활을 할 수 있는 사람을 만들자는데 중심 목표가 있는 것입니다."

62 이유리, 「1950년대 '도의교육'의 형성과정과 성격」, 『한국사연구』 144, 2009, 275~276쪽.

63 후지이 다케시, 「1950년대 반공 교재의 정치학」, 『역사문제연구』 30, 2013, 64쪽.

진행되고 있었다. 그나마 1957년에는 반공을 주요로 한 도의(道義)교과서가 만들어지게 되면서 '초교과적 차원에서 실시되어야 한다'던 이선근의 역설(逆說)은 그치게 되었다.[64]

Ⅴ. 맺음말

한국전쟁 이후 이승만 정부는 반공을 교육이념으로 설정하고 문교부 직제를 개편하는 한편 반공주의에 철저한 인사들을 주요 직책자로 임명했다. 이러한 제도와 인사의 변화는 학생과 일반 국민들의 이념을 통제하고 궁극적으로 정권 유지를 위한 토대 구축을 위한 것이었다는 점에서 적지 않은 문제점이 있다.

사회주의 이념의 옳고 그름, 공산사회에 대한 합리적인 평가도 중요하다. 다만 정부가 어떤 하나의 체제와 이념을 국가의 공식적이고 유일한 가치 지향으로 남겨둔 채 그 외의 것을 배제하는 교육정책을 획일적으로 수립하고 강요하는 일이 민주주의의 대의에 부합하는지에 대한 통렬한 비평이 있지 않으면 안 된다. 주지하듯 민주주의 국가에서 국민의 사상·이념, 그리고 그것을 표현할 수 있는 자유는 선택이 아닌 절대적 가치이기 때문이다.

1950년대 중반, 제1차 교육과정 성립기는 이승만 정부의 반공 교육정책 수립과 이를 통한 국민의 사상 통제가 감행되던 때였다. 문교부는 기존 공보처에서 담당하고 있던 사상 지도와 검열 등의 업무를 이관 받아 그 실행자로 자리매김 하였다. 특히 소속 부서였던 문화국에 사회교육과

64 강일국, 「해방이후 초등학교의 교육개혁운동과 반공교육의 전개과정」, 5~6쪽. 도의교과서가 제작되었던 1957년 이선근은 문교부 장관이 아니었다. 그는 1956년 6월 장관직을 사임한 상태였다.(「서재로 돌아가겠소」, 『경향신문』, 1956.6.6. 3면.)

를 신설하여 성인교육, 국민사상의 연구지도, 청소년 지도를 중심으로 사회 일반의 사상 교육과 교화를 담당토록 직제를 개편하였다.

또한 이승만 정부는 변화한 문교부의 역할, 즉 반공 교육정책의 적극적 시행을 위해 문교부 내 주요 직책자를 자신들의 구미에 맞는 인사들로 채우기도 하였다. 대표적으로 장관으로 임명된 이선근을 비롯하여 편수국장이었던 신태현, 문화국장으로 선임된 조원환 등을 들 수 있다. 이들은 모두 일제시기 친일 행위로 구설에 오르내린 공통점이 있는 인물들이었지만, 반공을 앞세워 정권 유지에 여념이 없었던 이승만 정부에게 친일 행적은 문제가 되지 않았다. 그리고 이선근 등은 교육정책뿐만 아니라 정치적인 면에서도 이승만의 요구에 적극적으로 부응하였다.[65]

제1차 교육과정기 문교부의 개편과 그 정책 내용에 성과가 없었던 것은 아니다. 본문에서도 언급했듯이 정부 수립 이후 문교부는 지속적으로 소속 부서의 업무 내용을 체계화·구체화하고 있었다. 1950년 당시만 해도 다소 형식적이거나 피상적이던 부서별 관할 업무는 1955년 개편을 거치면서 확연히 구체화되는 모습을 보이는 것이다. 다만 이러한 성과에도 불구하고 당시의 개편은 애초 교육과정에 대한 '개방적 연구 개발 체제'에 기초한 것이 아닌 '폐쇄적 단순 개발 체제'였다는 점에서 한계를 지니고 있었다.[66]

이글에서는 교육이념과 정책을 실질적으로 입안하고 시행했던 문교부와 조직 내 인사들의 변화 상황을 구체적으로 살펴보았다. 그러나 조직과 주요 인사들의 변화상만으로 당시 반공 교육이념의 시행 전반과 그

---

65 심지어 이선근은 1956년에 있었던 5·15 정부통령 선거에서 장관 신분으로 충남 등지를 돌아다니며 공공연하게 이승만 지지 연설을 하다 선거법 위반으로 고소를 당하기도 하였다.(「이선근씨 소환장 선거법위반으로 피의」, 『경향신문』, 1956.7.2. 3면.)

66 박채형, 「광복 이후 우리나라 교육과정 개발 체제의 변천과정에 대한 분석」, 『교육과정연구』 23-3, 2005, 40쪽.

효용, 아울러 국민들의 반응까지를 파악할 수는 없었다. 이를 위해서는 이러한 이념과 정책을 입안·시행했던 인사들은 물론이고 이와 관련한 당시 지식인들의 기록이나 증언을 참고해야만 한다. 이 점에 대해서는 추후 연구과제로 삼겠다.

1950~60년대 반공은 단순히 이승만 정부의 정권 유지 차원뿐만 아니라 당시 국제적인 냉전 체제 속에서 취해진 이른바 자유주의 진영의 일반적인 정책의 하나였다. 그럼에도 모든 자유주의 진영의 국가들이 우리와 동일하게 반공을 교육이념으로 그리고 정책으로 구체화시키지는 않았다. 요컨대 국제적인 냉전체제 속에서 다른 국가들이 반공을 어떻게 정책적으로 조율했는지에 대한 검토가 필요하다.

예를 들어 제2차 세계대전 종전과 함께 분단된 서독에서도 한국과 유사한 반공교육의 열풍이 있었다. 1960년대 냉전의 심화에 따라 국가체제를 수호하기 위한 이념 대립이 극심해 졌던 것이다. 그러나 당시 서독에서 발행되었던 사회과 교과서에는 양 국가의 대립이 이념적인 갈등으로 기술되어 있지 않았다고 한다. 오히려 일상적인 부문에서 체제의 다름이 어떠한 결과를 나았는지를 보여주고 학생들에게 비판적인 추론을 할 수 있도록 배려했다.[67] 학생들이 진영논리에 휩싸여 통일을 지향해야할 상대국 '독일'을 파멸시켜야 할 '적국'으로 인식하지 않도록 주의했던 것이다.

독일이 통일된 지 26년여가 지났지만 남북은 여전히 분단되어 있다.[68] 물론 독일 통일과 우리의 분단 상황을 똑같은 잣대로 평가할 수는 없

67 유진영, 「냉전기 서독 반공교육의 변화와 쟁점–사회과 교과서에 나타난 반공교육과 다원주의적 관점」, 『역사비평』 114, 2016, 315~318, 324쪽. 1968년 출판된 직업학교 학생 대상의 사회과 교과서 『자유 안에서 질서(Ordnung in Freiheit)』에는 교과서의 주요 목적을 "헌법 서문에서 밝힌 대로 전 독일 국민은 자유로운 결정으로 독일의 통일과 자유를 달성하는 일에 부름 받았다"라고 명시했다고 한다.

68 주지하듯 독일은 1989년 11월 통일되었다.

다.[69] 그럼에도 우리가 남북통일을 국가의 가장 우선적인 사명으로 인식하고 있는 한 반공에 대한 독일의 사례를 다시금 되새기지 않으면 안 된다. 왜냐하면 반공이데올로기는 한국전쟁 직후 이승만 정부뿐만 아니라 현실에서도 여전히 유효한 정치적 갈등의 씨앗으로 남아 있기 때문이다.

69 독일의 통일에는 우리와는 다른 국제·국내 정치적 지형, 통일에 대한 정책·방략의 차이, 경제적인 여건 등이 존재한다. 아울러 아직까지 독일 통일이 불러온 여러 가지 문제들이 모든 면에서 긍정적으로 해소되었다고 단언하기도 힘들다.

03

제1차 교육과정의 국사 교과서 서술체제와 내용 분석

성강현

Ⅰ. 머리말

교과서는 수업을 위해 적합하도록 편집된 도서로 교수 학습의 기본이 되는 교재이다. 교과서는 각 교과가 지니는 지식이나 경험, 체계를 쉽고 명확하고 간결하게 편집하여 학교에서 학습의 기본 자료로 활용할 수 있도록 제작된다.[1] 이러한 교과서를 제작하는데 기준이 되는 것이 교육과정이다. 교육과정에 어떻게 편성되느냐에 따라 교과서의 편제와 내용도 달라진다. 각 시기별 교육과정이 만들어지고 이에 따라 저술된 교육과정에 따라 만들어진 교과서는 당시까지의 학문적 성과와 시대의 분위기를 반영하고 있다.

특히 국사 교과서와 같이 정권에 따라 교육과정의 편제가 급변하는 과목의 경우는 더욱 확연히 시대상을 파악할 수 있다. 이는 현재 국사 교

1 최상훈 외,『역사교육의 내용과 방법』, 책과 함께. 2007, 133쪽.

과서 편찬 과정을 살펴보면 잘 드러난다. 현 정권은 대다수 국민과 학자들의 반대에도 불구하고 국사 교과서를 국정으로 만들고 있다. 현재 작업 중인 국정 국사 교과서는 누구에 의해 어떻게 만들어지고 있는지도 알려져 있지 않아 밀실 제작이라는 세간의 비난을 받고 있다. 국사 교과서 제작이 역사적 사실에 대한 연구 성과에 기반을 두기보다는 정권의 입맛에 따라 이루어질 것이라는 우려의 목소리가 나오는 이유가 여기에 있다. 그렇기 때문에 각 교육과정의 국사 교과서를 통해 당시의 시대 분위기를 파악할 수 있다.

제1차 교육과정은 우리 손으로 만들어진 최초의 교육과정이란 점에서 큰 의미가 있다. 해방 이후 3년간의 미 군정기를 벗어나 대한민국 정부 수립으로 만들어진 자주적 교육과정이 제1차 교육과정이다. 우리 교육과정의 출발이라고 할 수 있는 제1차 교육과정은 지적인 체계가 중심이 되어 있기는 하나, 학생들의 경험과 생활을 존중하는 생활 중심 교육과정의 개념이 함께 들어있었다는 점에서 특색이 있다.[2] 특히 정부 수립 이후 과거의 일을 정리하고, 새로운 계획을 세워 명실 공히 신생 국가로써 새롭게 출발함에 있어 이제까지의 검인정 교과서에 대해서도 전면적인 재검토를 하는 동시에, 검인정 교과서 저작자에 대해서는 자발적인 개편을 시도하고자 하였다. 따라서 제1차 교육과정기의 교과서는 이전의 해방 이후 교수요목기에 급작스럽게 만들어진 교과서를 벗어나 질적인 향상을 도모한 결과물이기도 하였다. 이러한 방침에 따라 만들어진 국사 교과서가 어떠한 체제로 서술되었는지, 그리고 그 내용이 어떻게 이루어졌는지를 살펴보는 것은 이후 국사 교과서의 간행의 기준을 제시했다는 측면에서 의미가 있다 하겠다.

2 교육과정·교과서연구회, 『한국 교과교육 과정의 변천(고등학교)』, 대한교과서주식회사, 1990, 7쪽.

제1차 교육과정기의 국사 교과서에 대한 지금까지의 연구 성과로는 우선 중학교 국사 교과서의 체제를 분석한 강우철의 연구가 선구적이다.[3] 그는 교과서의 편찬 태도, 흥미의 문제, 내용의 선택, 정확한 내용 등을 주제로 5종의 중학교 국사 교과서의 내용을 살펴 문제점을 제시하고 있지만 교과서의 체제와 내용에 대한 구체적인 분석까지는 나아가지 못하였다. 다음으로 국사 교과서 발행 제도에 대한 연구가 있었다.[4] 박진동은 해방 후 역사 교과서의 발행제도가 국정 및 검인정으로 바뀌었지만 교과서의 변화는 크지 않았다고 보았다. 하지만 그는 교과서 발행제도에 대한 언급 위주로 정리하여 교과서의 내용에 관한 부분의 탐색은 부족했다. 류승렬은 특히 유신 체제에서 '국정'으로 만들어진 국사 교과서의 역사적 함의를 탐색하여 비민주적 제도와 관행의 문제점을 지적하며 새로운 제도의 교과서 발행을 주장하였다. 또 몇몇 주제에 대한 교육과정별 연구를 통해 제1차 교육과정의 교과서의 서술을 분석한 논문이 많았다.[5] 여기에서는 저자의 특성에 따라 각 주제에 대한 교육과정 시기별 내용의 분석이 세밀하게 이루어졌지만 교과서 전반에 대한 내용 분석이 아니라 주제별 교육과정의 서술의 특징만을 살피고 있을 뿐이다.

---

3 강우철, 「교육과정과 교과서-중학교 국사교과서에의 제언」, 『역사교육』 1, 역사교육연구회, 1956.

4 박진동, 「해방후 역사교과서 발행제도의 추이」, 『역사교육』 91, 역사교육연구회, 2004; 류승렬, 「역사교과서 편찬의 문제점과 개선방향」, 『역사교육』 76, 역사교육연구회, 2000.

5 이수정, 「해방 이후 국사 교과서의 가야사 서술 변천과 대안」, 『역사와교육』 19, 역사와 교육학회, 2014; 이부오, 「제1차~제7차 교육과정기 국사교과서에 나타난 고대 영토사 인식의 변화」, 『한국고대사탐구』 4, 한국고대사탐구학회, 2010; 서인원, 「동학농민운동의 한국사 교과서 서술 내용 분석 : 제1차~제7차 교육과정의 고등학교 교과서를 중심으로」, 『숭실사학』 32, 숭실사학회, 2014; 김태웅, 「해방 후 고등학교 '국사' 교과서에서 1894년 농민전쟁 서술의 변천」, 『역사교육』 133, 역사교육연구회, 2015; 배영미, 「고등학교 국사 교과서의 신간회 서술 변화 : 교수요목기부터 제7차 교육과정까지」, 『전농사론』 11, 서울시립대학교국사학과, 2005; 조성운, 「해방 이후 고등학교 한국사 교과서의 신간회 서술 변천」, 『역사와실학』 57, 역사실학회, 2015; 김정인, 「解放 以後 國史 教科書의 '正統性' 인식 : 日帝强占期 民族運動史 서술을 중심으로」, 『역사교육』 85, 역사교육연구회, 2003; 최병택, 「해방 후 역사 교과서의 3·1운동 관련 서술 경향」, 『역사와 현실』 74, 한국역사연구회, 2009.

이상의 제1차 교육과정 국사 교과서에 관한 그간의 연구 성과를 종합해보면 제1차 교육과정의 국사 교과서의 내용에 대한 연구가 미진하였다. 국사 교과서의 내용에 대한 천착보다는 교과서의 발행제도와 교과서의 이념적 성향을 주로 밝히고자 하였다. 일제강점기를 벗어나 임시로 만들어진 교수요목기의 교과서 내용과 제1차 교육과정의 국사 교과서를 비교 연구하거나 제1차 교육과정의 국사 교과서의 내용을 살피는 연구 등 교과서의 내용에 관한 분석은 거의 이루어지지 않고 있었다. 따라서 제1차 교육과정의 국사 교과서의 내용을 체계적으로 분석하는 작업이 요구된다고 하겠다. 본고에서는 제1차 교육과정기의 중등학교 국사 교과서의 서술 체제를 살펴보고 고등학교 국사 교과서의 내용을 분석해 제1차 교육과정기 국사 교과서의 특징을 살펴보고자 한다. 이를 통해 제1차 교육과정 시기 고등학교 국사 교과서가 이전 시기의 교과서보다 얼마나 체계적인 서술을 하고 있는지 또 얼마나 일제의 식민사관을 벗어나려고 시도하였는지를 분석해 보고자 한다.

Ⅱ. 제1차 교육과정 중등학교 국사 교과서 서술 체제

제1차 교육과정은 1954년 4월 20일 문교부령 제35호로 제정, 공포된 '교육과정 시간 배당 기준령' 이후, 1963년 2월 15일 문교부령 제120호로 개정된 '교육과정령'이 공포되기까지의 교육과정을 말한다.[6] 이 시기의 교과서는 국정과 검정 교과서를 표준 교본으로 삼고, 교육의 효과를 높이기 위한 보조 교본으로 인정 교과서 제도를 갖추고 있었다.[7] 원칙적으

6 교육과정·교과서연구회, 『한국 교과교육 과정의 변천(고등학교)』, 5쪽.

7 문교부, 『문교개관』, 1959, 151쪽.

로 국정 교과서가 있을 때는 반드시 국정 교과서를 써야 했고 그렇지 않을 경우에는 검정 도서를 교과서로 쓰도록 하였다. 그러나 현실적으로는 초등학교에서는 모두 국정으로 교과서를 발행하였고 중등학교는 검정 교과서를 사용하였다.

제1차 교육과정의 중등학교의 검인정 교과서 선정은 1956년에 이루어졌다. 질 높은 검인정 교과서를 선정하기 위한 17가지 사열 기준에는 교육 목표 등 교육 활동과 관련한 내용, 보편적 학설과 사실의 정확도 등 역사적 사실 관계, 학생들의 취미나 학습 활동 등과 관련한 내용이 포함되어 있었다.[8] 하지만 제1차 교육과정 시기의 가장 중요한 검정 요건은 사상 검열이었다. 그 내용은 부역자, 적색분자의 검인정 교과서의 허가 취소와 사용 금지 및 이들이 지은 글의 삭제와 수정 개편이었다.[9] 이는 해방 이후 남북 분열과 6·25전쟁으로 인한 분단 체제의 고착에 따른 결과였다. 이러한 시대적 상황에서 국사 교과서는 특히 사상 검열의 주 대상이 되었다.

1. 중학교 국사 교과서의 서술 체제

1956년에 이루어진 제1차 교육과정의 검인정 교과서 사열 기준을 통과해 채택된 중학교 국사 교과서는 10종이었다.[10] [표 1]은 당시 검인정을 통과한 중학교 국사 교과서이다.

8 문교부, 『문교개관』, 1959, 167쪽.

9 문교부, 『문교개관』, 1959, 152~153쪽.

10 1956년 일괄 검정이 이루어졌으나 이후 추가 검정으로 검인정 교과서의 수는 늘어났다. 조좌호의 『중등국사』(영지문화사)는 1957년에, 최영해의 『중등국사』(정음사)는 1962년에 추가되었다.

[표 1] 제1차 교육과정 중학교 국사 교과서 검정 목록

	교과서명	저자	검정 연도	출판사	교수요목기 저술 여부[11]	비고
1	우리나라 역사	김상기	1956	장왕사		
2	새로운 우리나라 역사	김용덕	1956	일한도서 주식회사		
3	국사	신석호	1956	동국문화사	우리나라의 생활 (동국문화사,1952)	검토
4	중등 국사	역사교육연구회	1956	정음사		검토
5	우리나라 역사	유홍렬	1956	탐구당	우리나라의 역사 (조문사,1950)	
6	중등국사	이병도	1956	을유문화사	우리나라 문화의 발달 (백영사, 김정학과 공저, 1953)	
7	우리나라 역사	이홍직	1956	민교사	우리나라 역사 (민교사,1950)	검토
8	우리나라 역사	조계찬	1956	백영사		검토
9	국사	최남선	1956	민중서관	중등국사 (동명사,1947) 우리나라 생활 (민중서관,1952)	검토
10	우리나라 역사	한우근	1956	상문원		검토

※ 출처: 박진동, 「해방후 역사교과서 발행제도의 추이」, 『역사교육』 91, 역사교육연구회, 2004, 32쪽 및 교과서박물관(www.textbookmuseum.com)의 자료 검색.

[표 1]의 제1차 교육과정의 중학교 검인정 교과서의 특징을 살펴보면, 첫째, 교과서의 명칭은 '국사', '중등국사', '우리나라 역사', '새로운 우리나라 역사' 등으로 다양했다. 이는 당시 교과서의 명칭을 하나로 통일하는 기준이 없었음을 의미하기도 하지만 다른 한편으로는 검인정 제도의 장점을 살린 것이라고 할 수 있다. 제1차 교육과정 시기의 교과서의 명칭은 저자가 원하는 명칭을 그대로 사용하였다. 둘째, 개인이 저술한 교과서가 압도적으로 많았다. 9종은 개인이 저술하였고 1종은 단체가 저술하였다. 이전 시기인 교수요목기에는 10종의 교과서가 모두 단독 저술이

11 박진동, 「해방후 역사교과서 발행제도의 추이」, 『역사교육』 91, 역사교육연구회, 2004, 28쪽을 참고하였다.

었던데 비해 역사교육연구회라는 단체명으로 교과서가 만들어졌다는 점은 개인의 연구 성과가 아닌 연구회의 학문적 성과를 바탕으로 하였다는 점에서 교수요목기보다 진일보하였다고 볼 수 있다. 셋째, 교과서의 검정연도는 1956년인데 이는 일괄 접수와 일괄 검정에 따른 결과였다. 교과서에 따라서는 2월 15일, 3월로 검인정을 받았다고 기록되었지만 일괄 접수와 일괄 검정에 따라 1956년 3월말에 검정이 완료되었다. 하지만 이후에도 해마다 교과서에 대한 검인정이 추가되어 제1차 교육과정의 중등학교 국사 교과서는 증가하였다. 넷째, 9종의 저자 가운데 5명이 교수요목기 시기에 교과서를 집필했던 경력이 있었다.[12] 5명 중 이병도와 최남선은 교수요목기 2종의 교과서를 집필하였다. 최남선이 저술한 두 교과서가 동일한 책자인지는 확인할 수 없지만 두 종의 교과서가 저술연도가 다르기 때문에 그런 가능성을 배제할 수 없다. 이병도도 교수요목기인 1950년 '우리나라 생활'을 동지사에서 발간하였는데 제1차 교육과정 시기에는 을유문화사로 출판사를 바꾸어 '중등국사'라는 제목으로 교과서를 간행하였다. 또한 그는 1953년 김정학과 함께 '우리나라 문화의 발달'이라고 하는 교과서를 저술하여 2종의 교과서를 저술하였던 경력이 있었다. 신석호와 이홍직은 교수요목기 교과서와 출판사와 교과서명까지 교수요목기와 같았다.[13] 마지막으로 교수요목기에 교과서를 저술하였지만 이 시기에 참여하지 않은 저자는 김성칠, 손진태, 이인영, 정재각 등이 있었다.[14]

---

12 박진동에 의하면 교수요목기의 중학교 국사 교과서는 10종으로 파악된다. 이 가운데 최남선이 1947년 『중등국사』(동명사), 1952년 『우리나라 생활』(민중서관)의 2종의 교과서를 저술하였다.

13 본 논문의 주제가 제1차 교육과정기에 한정되어 이들 저자의 교수요목기의 교과서를 확인할 수 없어 두 시기의 교과서 내용과 체제의 차이점에 대해서는 확인하지 못했다.

14 김성칠은 경성제국대학 법문학부에서 사학을 전공하였으나 1951년 불의의 사고로 사망하였다. 손진태는 와세다대학을 졸업해 서울대학교에서 근무하였으나 6·25전쟁 중 납북되었다.

다음으로 중학교 국사 교과서의 저자에 대해 살펴보면 [표 2]와 같다.

[표 2] 제1차 교육과정 중학교 국사 교과서 집필자 약력[15]

저자	편찬 당시 직위[16]	학력[17]	경력
김상기 (1901~1977)	서울대학교 문리과대학 교수	보성고등보통학교 졸업(1926) 일본 와세다대학 사학과(동양사 전공) 졸업(1931)	이화여대 강사
김용덕 (1922~1991)	중앙대학교 교수	경기중학교를 졸업(1940) 경성제국대학 법문학부 선과(韓國史專攻) 입학(1942), 수료(1946)	개성고등여학교 교사 배재중학교 교사
신석호 (1904~1981)	성균관대학교 문리과대학 교수	경성제국대학 법문학부 사학과 졸업(1929)	중동학교 교원 고려대학교 교수
유홍렬 (1911~1995)	서울대학교 문리과대학 교수	경성제일보고 졸업(1930) 경성제국대학 사학과(1935)	동성상업학교
이병도 (1896~1989)	서울대학교 교수	중동야학교 일어속성과 졸업(1910) 보성전문학교 법률과 졸업(1915) 일본와세다대 사학 및 사회학과(1919)	중앙고등보통학교 교원
이홍직 (1909~1970)	고려대학교 교수	우라와고등학교(浦和高等學校) 졸업(1931) 동경제국대학 문학부 국사학과 졸업(1935)	이왕직국조보감 찬집 위원회 국립박물관 박물감
조계찬	동아대학 강사	서울대학교 문리대 졸업	육군사관학교 교관
최남선 (1890~1957)	서울시사 편찬위원회 고문	동경부립제일중학교 중퇴(1904) 와세다대학 고등사범부 지리역사과 중퇴(1906)	만주건국대학 교수
한우근 (1915~1999)	홍익대학교 교수	배재고등보통학교 졸업(1935) 동경제국대학 문학부 서양사학과 입학(1941) 서울대학교 문리과대학 사학과 졸업(1947)	동성고등학교 교사 보성고등학교 교사

[표 2]에 따른 중학교 국사 교과서의 저자들에 대해 살펴보면, 첫째,

이인영은 경성제국대학 법문학부에서 사학을 전공하고 서울대학교와 연희대학교에서 겸임했으나 손진태와 마찬가지로 6·25전쟁 중 납북되었다. 정재각은 경성제국대학 법문학부에서 사학을 전공했고 고려대학교에서 근무하였다. 그가 제1차 교육과정기에 국사 교과서를 저술하지 않은 이유는 명확하지 않다.

15 단체가 저술한 역사교육연구회는 제외하였다. 역사교육연구회는 1956년 서울대학교 사범대학의 역사교수들이 중심으로 만들어졌으며 초대 회장은 김성근이었다.

16 교과서에 기술된 직위를 그대로 활용하였다. 다만 교과서에 직위가 적혀있지 않은 경우에는 민족문화대백과사전(http://encykorea.aks.ac.kr)을 통해 집필 시기의 직위를 찾아 보충하였다.

17 저자들의 학력은 민족문화대백과사전(http://encykorea.aks.ac.kr)에서 찾았다.

저자들은 역사를 전문적으로 연구하고 강의하는 역사 전공자였다. 김상기, 이병도, 유홍렬 등 3명은 서울대학교 교수였고 김용덕은 중앙대학교, 신석호는 성균관대학교, 이홍직은 고려대학교, 조계찬은 동아대학교, 한우근은 홍익대학교에서 교편을 잡고 있었다. 다만 최남선은 당시 대학에서 강의하지 않고 서울시사 편찬위원회 고문으로 활동하고 있었다. 하지만 그도 일제강점기 만주건국대학의 교수로 활동한 전력이 있었다. 그리고 단체인 역사교육연구회도 서울대학교 역사교육과를 중심으로 운영되었기 때문에 교과서의 저자들은 모두 역사전문가였다. 둘째, 이들의 학력을 살펴보면, 김용덕, 신석호, 유홍렬, 조계찬, 한우근 등 5명이 서울대학교(경성제국대학 포함) 출신으로 가장 많았고, 김상기, 이병도, 최남선 등 3명이 일본의 와세다대학 출신(중퇴 포함)이었다. 동경제국대학 출신은 이홍직 1명이었다. 이들 중 한우근은 동경제국대학에 입학했으나 해방 후 서울대학교에서 건너와서 학위를 받았다. 이들 가운데 일제 강점기에 대학을 졸업한 경우가 6명이고 해방 이후에 대학을 졸업한 저자는 김용덕, 조계찬, 한우근 3명이었다. 따라서 이들은 모두 일제강점기에 대학을 나왔거나 일제강점기에 교육받은 자들로부터 배웠다. 결국 저자들은 모두 일제의 식민사관을 통한 한국사 인식을 갖고 있었다고 볼 수 있다. 셋째, 저자들은 일선 교육 현장에서 학생들을 지도한 경험이 있었다. 고등학교에서 직접 교편을 잡았던 저자가 5명이었고 나머지는 대학에서 강의를 하였다. 역사교육연구회도 서울대학교 역사교육과를 중심으로 활동하여 저자들 모두가 직접적으로 학생들을 가르친 경험이 있었다. 넷째, 저자 가운데 이병도, 김상기, 신석호, 류홍렬 등 4명은 진단학회 회원으로 활동하던 인물이었다. 한국사의 실증적 연구를 이끌던 진단학회는 1946년 6월 미 군정기에 임시 교재로 발간하였던 고급중학교용 국사 교과서인 『국사교본』를 편찬하였던 학회였다. 이 『국사교본』의 고대부터 고려시대까지는 김상기가, 조선부터 최근세까지는 이병도가 집필하였다.[18] 하지만 진단학회의 교과서는 일제 식민사관을 벗어나지 못했다는 비판을 받기도 하였다. 따라서 이 단체에서 활동했던 인물들이 교수요목기에 이어 제1차 교육과정기의 국사 교과서의 저자로 다수 참여하였다.

제1차 교육과정에서 중학교 국사 교과는 1학년에 주당 2시간 총 70시간을 이수하도록 문교부령으로 정해졌다. 이후 계통적으로 2, 3학년에 주당 1시간씩 다른 나라의 역사(세계사)를 배우도록 하였다. 교수요목기에는 중학교 3학년에 배우도록 되어 있었던 국사 교과가 중학교 1학년으로 내려가 교과서의 수준이나 용어 등이 쉽게 설명되어야 함에도 불구하고 실제로는 학생들의 수준에 대한 고려 없이 교과서가 검정되었다. 3학년용으로 제작된 교과서를 1학년용으로 만들었지만 그 수준에 큰 차이가 없어 1학년에게 무거운 부담을 주어 교과서에 대한 친밀감을 잃어버리고 역사에 대한 흥미를 갖지 못하게 되었다는 문제점이 있었다.[19] 역사교육연구회에서 간행한 『중등국사』에서 "중학교 1학년에 적합하도록 내용의 무게를 다루고, 되도록 쉬운 말로 표시하였다."[20]고 하였지만 중학교 1학년이 배우기에는 어려운 개념이나 용어가 많았다.

중학교 국사과의 학습목표는 민족 통일의 달성, 국난 극복의 정신, 경제생활의 향상, 민족문화의 계승, 협동 정신의 고양 등 당시의 시대적 상황을 해결하기 위한 문제들이 제시되어 있었다. 특히 세계 평화와 세계 문화 창조는 전후의 국제 관계에 영향을 받았음을 할 수 있다.[21] 또 지도상의 유의점으로는 계획적인 학습 지도, 학생의 수준에 맞는 학습 내용

18 진단학회, 『국사교본』, 군정청 문교부, 1946, 3쪽(범례).

19 강우철, 「교육과정과 교과서-중학교 국사교과서에의 제언」, 『역사교육』 1, 역사교육연구회, 1956, 28쪽.

20 역사교육연구회, 『중등국사』, 1956, 머리말.

21 김홍수, 『한국역사교육사』, 대한교과서주식회사. 1992, 197쪽.

의 선정, 정확한 지식과 단편적 지식이 아닌 종합적인 이해, 효과적인 학습을 위한 학습 자료의 활용, 목표와 학습 내용이 연관된 학습, 세계사와의 연계, 토의식 학습 방법의 활용 등이 제시되었다.[22] 세계사와의 연관성을 제외하면 지도상의 유의점은 국사과에만 한정되는 것이 아닌 모든 교과에 적용되는 것이다. 그리고 남북통일과 공산주의 극복의 문제가 지도상의 유의점에 포함된 것은 전후의 특수 상황과 관련이 있다.

[표 3]은 문교부가 지정한 제1차 교과 과정에 따른 중학교 국사 교과서의 지도 목표와 지도 내용이다.

[표 3] 제1차 교육과정 중학교 국사과 지도 목표와 지도 내용[23]

단원명	지도 목표	지도 내용
1. 부족 국가 생활	1. 민족의 형성을 이해시킨다. 2. 부족 국가의 형성을 이해시킨다. 3. 부족 사회의 생활을 이해시킨다. 4. 부족 국가와 한족(漢族)과의 관계를 이해시킨다.	1. 우리 겨레는 어떻게 이루어졌는가? 2. 원시 사회는 어떠하였으며, 그 자취로는 어떤 것이 남아있는가? 3. 부족 국가는 어떻게 이루어졌는가? 4. 부족 국가의 사회 생활은 어떠하였는가? 5. 부족 국가는 중국 민족과 어떠한 관계를 가지고 있는가?
2. 세 나라로 뭉친 사회	1. 삼국은 어떻게 형성되었는가를 이해시킨다. 2. 삼국은 어떻게 발전하였으며, 호상 관계는 어떠하였는가를 이해시킨다. 3. 고구려의 씩씩한 민족 정신을 이해시킨다. 4. 신라의 화랑 정신을 이해시킨다. 5. 백제의 문화 전파의 역할을 이해시킨다. 6. 삼국의 사회와 문화를 이해시킨다.	1. 세 나라는 각각 어떻게 이루어졌는가? 2. 세 나라는 각각 어떻게 발전하였으며, 서로 어떠한 관계가 있었는가? 3. 고구려는 중국의 침략을 어떻게 막아 싸웠는가? 4. 세 나라의 사회와 문화는 어떠하였는가?

22 김흥수, 『한국역사교육사』, 대한교과서주식회사. 1992, 198쪽.

23 김흥수, 『한국역사교육사』, 대한교과서주식회사. 1992, 199~201쪽.

단원명	지도 목표	지도 내용
3. 통일 신라 사회	1. 민족과 문화의 통일을 이해시킨다. 2. 신라의 발전과 발해의 건국을 이해시킨다. 3. 찬란한 신라 문화를 이해시킨다.	1. 신라는 어떻게 삼국을 통일하였으며 어떻게 민족을 다스리었는가? 2. 통일 신라는 어떻게 발전하였고 발해는 어떻게 건국하였는가? 3. 통일 신라는 어떻게 쇠망하여 갔나? 4. 통일 신라의 사회 생활과 문화는 어떠하였는가?
4. 고려의 재통일 사회	1. 고려의 건국 이념을 이해시킨다. 2. 고려의 민족 의식과 북방 민족과의 투쟁 정신을 이해시킨다. 3. 고려의 사회를 이해시킨다. 4. 고려의 문화와 불교와의 관계를 이해시킨다.	1. 고려는 어떻게 하여 후삼국을 통일하였나? 2. 고려는 북방민족의 침입을 어떻게 막아 냈는가? 3. 고려는 어떻게 하여 쇠망하였는가? 4. 고려의 사회 생활과 문화는 어떠하였는가?
5. 유교 중심의 조선 사회	1. 국토의 확립을 이해시킨다. 2. 민족 문화의 형성을 이해시킨다. 3. 당쟁의 폐해를 이해시킨다. 4. 민족의 자각을 이해시킨다. 5. 국토 방위의 정신을 이해시킨다. 6. 유교 중심의 사회와 문화를 이해시킨다.	1. 조선은 어떻게 하여 우리 겨레를 다스리었는가? 2. 조선은 어떻게 왜란과 호란을 겪어 냈는가? 3. 민족의 자각 운동과 부흥 정치는 어떠하였는가? 4. 조선의 사회와 문화는 어떠하였는가?
6. 근대화하여 가는 조선	1. 개화 정책을 이해시킨다. 2. 열강의 침략 정책과 독립 정신을 이해시킨다. 3. 근대화하여 가는 사회와 문화를 이해시킨다.	1. 조선은 어떻게 하여 국제 무대에 나서게 되었는가? 2. 제국주의와 침략은 어떠하였으며, 대한제국은 어떻게 하여 쇠망하여 갔나? 3. 근대적 정치와 문화 시설은 어떠하였는가?
7. 민주 대한	1. 삼일 정신을 이해시키고 민족 의식을 앙양한다. 2. 침략자에 대한 정의의 승리를 이해시킨다. 3. UN과 국제 협조 정신을 인식시킨다. 4. 조국 통일의 사명을 인식시킨다.	1. 일제의 압박 정치는 어떠하였으며 우리 겨레는 어떻게 투쟁하였는가? 2. 8·15해방과 대한 민국의 수립은 어떠하였는가? 3. 6·25동란과 공산 진영에 대한 투쟁은 어떠하였는가? 4. 우리의 사명

[표 3]을 통해 제1차 교육과정의 중학교 국사과 지도 목표와 내용의 특징을 살펴보면, 첫째, 총 7개 단원으로 구성된 교과서의 단원 설정은 왕조를 중심으로 이루어졌다. 부족 국가, 삼국시대, 통일 신라 시대, 고

려 시대를 각각 1단원으로 설정하고, 조선시대는 개화기 이전과 이후를 나누어 2단원으로 서술하였다. 그리고 일제강점기와 해방 이후의 시기를 민주 대한이라는 한 단원에 묶었다. 결과적으로 교과서의 시기 구분은 왕조사를 벗어나지 못하였다. 둘째, 7개 단원 중 전근대 시기가 5단원이고 근대 이후가 2단원으로 하였다.[24] 이를 통해 중학교 국사 교과는 근대 이전의 시기의 역사를 중점적으로 지도하고 근대 이후의 역사는 소략하게 지도하도록 되어 있다. 특히 일제강점기에 대한 내용이 빈약하였다. 일제 강점기 전체가 중단원 하나로 이루어져 있어 일제 식민지 시기의 실상과 폐해, 잔재, 친일파의 제거 등 해방 이후 이루어져야 할 민족적 과제인 친일 청산이 국사 수업에서 거의 이루어질 수 없었다. 일제강점기를 극복해야 하는 시점에서 친일 문제를 국사 수업에서 소략하게 다룬다는 것은 일제식민지 잔재의 청산에 적극적이지 않았음을 보여주는 것이라 할 수 있다. 셋째, 지도 목표에서는 역사적 사실에 대한 이해나 역사적 안목의 양성보다는 추상적이고 이념적인 측면을 강조하였다. 고구려의 씩씩한 기상, 신라의 화랑 정신, 북방 민족과의 투쟁 정신, 국토 방위의 정신, 삼일 정신 등이 지도 목표로 설정되어 학생들은 국사 수업을 통해 과거 역사적 사실의 이해보다는 국난 극복의 정신을 일깨울 수 있도록 하고자 하는 의도가 강조되었음을 알 수 있다. 넷째, 지도 목표를 통해 보면 식민사관의 극복이 이루어지지 못했음을 알 수 있다. 당쟁의 폐해, 열강의 침략정책, 제국주의의 침략에 대한 내용이 과도하게 강조되어 있어 주체적이고 자주적인 역사 인식과 학습 지도가 이루어지기 어려웠다.

이러한 교육 목표를 달성하기 위해 구체적으로 교과서가 어떤 체제로

---

24 2002년 발행한 중학교 국사 교과서의 교과서 본문 324쪽 가운데 근대 이전의 서술이 182쪽(56.17%), 근대 이후의 서술이 142쪽(43.83%)이다. 10개 단원 중 6개 단원이 근대 이전, 4개 단원이 근대 이후이다.

이루어졌는지 살펴보면 [표 4]와 같다.

[표 4] 제1차 교육과정 중학교 국사 교과서 대단원명 비교

신석호	이홍직	역사교육 연구회	최남선, 조계찬	한우근
1. 부족국가사회 2. 3국정립 사회 3. 신라통일 사회 4. 고려 재통일 사회 5. 유교 중심의 조선 사회 6. 근대화하여 가는 조선 사회 7. 민주 대한	1. 부족국가의 사회 2. 삼국시대의 사회 3. 신라통일 사회 4. 고려 사회 5. 근세조선 사회 6. 근대화하는 조선 7. 해방 민주 대한	1. 민족의 새벽과 부족 국가의 자라남 2. 삼국에서 통일 국가로 3. 민족 국가의 발전 4. 오랑캐들과 싸우는 고려 5. 이씨조선 6. 새 시대로의 전환 7. 자라나는 민주 대한	1. 부족국가 생활 2. 세 나라로 뭉친 사회 3. 신라 통일 사회 4. 고려의 재통일 사회 5. 유교 중심의 조선 사회 6. 근대화하여 가는 조선 사회 7. 민주대한	1. 생활환경과 문화 2. 고조선 지방과 여러 부족 사회 3. 세 나라로 뭉친 사회 4. 고대 통일 국가로서의 신라 사회 5. 고려의 재통일 사회 6. 조선시대의 사회 7. 근대화되어 가는 한국 8. 민주대한

[표 4]를 통해 제1차 교육과정 교과서의 대단원명의 특징을 살펴보면, 첫째, 중학교 국사 교과서의 대단원명은 문교부에서 제시하는 교과 과정의 지도 목표에 충실했다. 이는 [표 3]의 지도목표와 대단원명을 비교하면 확연히 드러난다. 한우근은 '생활 환경과 문화'라는 단원을 독립시켜 8단원으로 만들었으나 이 단원은 역사 수업 전개를 위한 기초에 해당하는 내용이어서 본 단원이라고 볼 수 없다. 한우근을 제외한 다른 저자들은 이를 1단원에 포함시켰다. 둘째, 단원의 구분은 왕조사를 중심으로 하였다. 특히 삼국시대부터 조선시대까지의 각 왕조의 정치, 경제, 사회, 문화를 단위로 하는 서술 체제를 벗어나지 못하고 있다. 셋째, 문교부에서 지정하는 지도목표를 그대로 대단원명으로 사용한 교과서가 대부분이었다. 조계찬과 최남선의 대단원명이 동일한데 이는 문교부의 지도목표를 그대로 따랐기 때문이다. 그리고 신석호는 2단원명을 '3국 정립 사회'로 하였을 뿐 다른 대단원명은 조계찬, 최남선과 같았다. 저자들은 문교

부에서 요구하는 지도목표를 벗어난 내용을 교과서에 기술하지 못했음을 의미한다. 넷째, 앞에서도 언급했듯이 근대 이전의 기술이 큰 비중을 차지하고 있다. 이는 교과서의 분량을 살펴보면 더 명백해진다. [표 5]는 중학교 국사 교과서의 분량을 도표화한 것이다.

[표 5] 제1차 교육과정 중학교 국사 교과서 단원별 분량 비교

단원명	중학교			
	중등국사(역사교육연구회)		우리나라의 역사(김상기)	
	페이지(분량)	비율(%)	페이지(분량)	비율(%)
머리말			1-3(3쪽)	1.24
부족국가시대	7-24(18쪽)	10.91	4-15(12쪽)	4.98
삼국시대	25-40(16쪽)	9.70	16-44(29쪽)	12.03
통일신라시대	41-53(13쪽)	7.88	45-60(16쪽)	6.64
고려 시대	54-80(27쪽)	16.36	61-128(68쪽)	28.22
조선 시대	81-117(37쪽)	22.42	129-200(72쪽)	29.88
개항 이후	118-148(31쪽)	18.79	201-229(29쪽)	12.03
일제강점기 이후	149-171(23쪽)	13.94	230-240(11쪽)	4.56
끝말			241(1쪽)	0.42
합계	165쪽	100	241쪽	100

[표 5]에서 알 수 있듯이 교과서의 전체 분량에서 근대 이전의 역사가 압도적으로 많음을 알 수 있다. 역사교육연구회의 『중등국사』는 전체 165쪽 가운데 111쪽(67%)이 근대 이전의 서술이다. 김상기의 『우리나라의 역사』는 더욱 심해 전체 241쪽 가운데 200쪽(83%)이 근대 이전의 서술이었다. 그나마 역사교육연구회에서 발행한 『중등 국사』 교과서가 개항 이후의 비중(18.79%)이 높았다.

다음은 교과서의 세부 서술이 어떻게 이루어졌는지를 실제의 교과서의 모습을 통해서 알아보고자 한다. [표 6]은 중학교 국사 교과서의 고대사 영역의 일부이다.

[표 6] 제1차 교육과정 중학교 국사 교과서의 서술 체제

	중등국사(역사교육연구회)	우리나라의 역사(김상기)
실제 교과서의 서술체제	Ⅱ. 삼국에서 통일 국가로 (1) 삼국의 일어남 고구려 및 백제의 건국	二. 세 나라로 뭉친 사회 (1) 삼국의 일어남과 육가야(六伽耶)의 변천 고구려
실제 교과서의 서술체제	신라와 가야 제국의 일어남	백제 신라 육가야(六伽耶)

[표 6]을 통해서 중학교 국사 교과서의 서술의 특징을 살펴보면, 첫째, 단원의 시작에 학습목표나 단원 길잡이 등이 제시되지 않고 바로 단원명과 본문이 시작되는 방식으로 서술되었다. 둘째, 교과서는 대단원-중단원(-소단원)의 구조로 이루어졌다. 대단원 아래 단원의 분량과 성격

에 따라 중단원에서 바로 본문으로 들어가거나 중단원의 분량이 많아 그 아래 소단원을 두어 단원의 성격을 분명하게 한 이후에 본문에 들어갔다. [표 6]의 『중등 국사』와 『우리나라 역사』 교과서에는 대단원을 제시하고 중단원에서 바로 본문으로 들어갔다. 역사교육연구회의 『중등 국사』는 이러한 대단원–중단원 방식의 서술 체제를 유지하고 있지만, 김상기의 『우리나라 역사』는 대단원–중단원–소단원의 체제로 서술된 단원이 더 많았다. 셋째, 중단원의 끝에 '알아두기'나 '연습 문제'를 두어 본시 학습의 정리를 하도록 하였다. 『중등 국사』는 중요한 중요한 개념이나 유물, 유적 그리고 인물을 '알아두기'의 형식으로, 『우리나라 역사』는 '연습 문제'를 두어 본시 학습의 내용을 정리할 수 있도록 하였다. '알아두기'는 단원의 주요 개념이나 인물을 주제어로 정리한 것이고 '연습 문제'는 서술형의 형식으로 학습자가 교과 내용을 정리하도록 하였다. 다만 『중등 국사』에서는 대단원의 말미에 [그림 1]과 같이 학습 활동을 제시하여 학생들이 단원 전체의 주요한 개념이나 사건을 정리하도록 하였다.

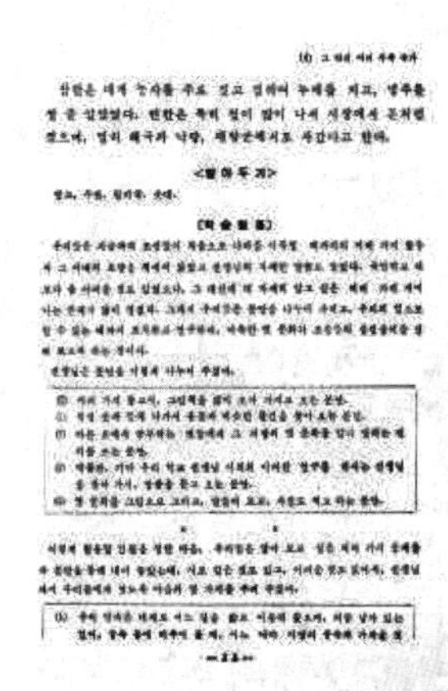

[그림 1] 『중등 국사』의 학습활동

2. 고등학교 국사 교과서의 서술 체제

고등학교 국사 교과서는 1956년 4종이 검정을 통과하였다. 이후 검정을 통과한 교과서는 늘어 지금까지 확인할 수 제1차 교육과정기 고등학교 교과서의 목록은 [표 7]과 같다.

[표 7] 제1차 교육과정 고등학교 국사 교과서 목록[25]

	교과서명	저자	검정 연.월.일	출판사	교수요목기 저술 여부[26]	비고
1	우리나라 문화사	이홍직	1956.3	민교사		검토
2	한국사	유홍렬	1956.3	탐구당	한국 문화사(양문사,1950)	검토
3	고등국사	홍이섭	1956.3	정음사	우리나라 문화사(정음사,1953)	검토
4	고등국사	김상기	1957.3.5	장왕사		검토
5	고등국사	역사교육연구회	1957	교우사		
6	고등국사	최남선	1957.3	사조사		검토
7	우리나라 문화사	조좌호	1957.2	영지문화사		검토

※ 출처: 박진동, 「해방후 역사교과서 발행제도의 추이」, 『역사교육』 제91호, 역사교육연구회, 2004, 32쪽 및 교과서박물관(www.textbookmuseum.com), 우리역사넷(http://contents.history.go.kr)의 자료 검색.

[표 7]을 통해 고등학교 국사 교과서의 특징을 살펴보면, 첫째, 중학교와 마찬가지로 교과서의 제목은 '국사', '고등국사', '우리나라 문화사', '한국 문화사' 등으로 다양했다. 이는 검인정 제도의 특징으로 저자에 따라 교과서명을 정했기 때문이었다. 제목에 문화사가 많이 등장하는 것은 고등학교 국사 교과 내용이 문화사를 중심으로 한 것과 관련이 있다. 둘째, 개인 저술이 압도적으로 많았다. 8종의 교과서 중 개인 저술이 7권,

25 교수요목기에 고등학교(고급중학교)의 국사 교과서의 저자로 오장환이 있다. 오장환에 관해서는 김정인, 「吳璋煥 著」, 『中等文化史 -우리 나라의 문화』(正音社, 1949년, 196쪽), 『韓國史學史學報』 제1권, 한국사학사학회, 2000, 287-298쪽을 참조.

26 박진동, 「해방후 역사교과서 발행제도의 추이」, 『역사교육』 91, 역사교육연구회, 2004, 28쪽을 참고하였다.

단체 저술이 1권이었다. 역사교육연구회는 중학교 국사 교과서와 함께 고등학교 국사 교과서도 저술하였다. 이들 가운데 김상기, 유홍렬, 이병도, 이홍직, 최남선 등 5명은 중학교 역사 교과서도 같이 저술하였다. 셋째, 검인정은 제1차 교육과정기에 수차에 걸쳐 이루어졌음을 알 수 있다. 1956년 검인정 통과 교과서가 4권이고 이듬해인 1957년 검인정을 통과한 교과서가 4종이다. 1956년에는 이병도, 이홍직, 유홍렬, 홍이섭이 교과서를 서술하였고 이듬해인 1957년에 김상기, 조좌호, 최남선과 역사교육연구회에서 검인정을 통과하였다. 중·고등학교 교과서 모두 이러한 방식의 교과서 검정이 이루어졌다. 넷째, 홍이섭과 유홍렬은 교수요목기에 이미 고등학교 국사 교과서를 저술한 전력이 있었다. 유홍렬은 자신이 지은 고등학교 『한국사』 교과서가 교수요목기 『한국 문화사』 교과서를 문교부의 신 교수요목에 따라 수정했다고 밝히고 있어 기존 교과서를 새로운 검인정 체제에 맞추어 일부 수정하였음을 알 수 있다.

다음으로 교과서의 저자에 대해 살펴보면 이병도, 김상기, 유홍렬, 이홍직, 최남선 등 5명은 중학교 국사 교과서 저자에서 소개하였다. 고등학교 국사 교과서만을 저술한 이는 홍이섭과 조좌호이다. 홍이섭[27]은 교과서에 자신의 직책이나 학력을 기재하지 않았다. 그는 1914년 출생하여 배제고등보통학교를 졸업하고 1938년 연희전문학교를 졸업하고 서울기독교청년회학교 교사가 되었다. 8·15광복 이후 국학대학, 고려대학교 문과대학 교수를 역임했고, 1953년부터 연세대학교 문과대학 교수가 되었다. 1944년 일본에서 일본어로 출판되었던 그의 『조선과학사(朝鮮科學史)』는 1946년 한글로 번역되었는데 이 책은 한국의 과학사를 전 시대에 걸쳐 종합적으로 정리한 최초의 저술로서 과학사 연구의 선구로 알려져 있

27 홍이섭의 학력과 경력 사항은 민족문화대백과 사전 등을 참고하였다.

다. 홍이섭은 연세대학교에 재직하면서 교과서를 저술하였다. 조좌호[28]는 1917년 출생하여 배제고등학교를 졸업하고 항일운동 사건과 관련되어 일본으로 유학을 가 마쓰에(松江)고등학교를 졸업하고 1941년 동경제국대학 문학부 사학과에 입학하였다. 1943년 9월 동경제국대학을 졸업하면서 일본의 동아연구소(東亞硏究所)의 연구원으로 활동하다 광복 후 귀국하였다. 그는 1945년 9월 연희전문학교 조교수를 시작으로 1947년 부산대학, 1952년 동아대학을 거쳐 1953년부터 동국대학교에서 근무하였다. 그는 동국대학교에서 근무할 때 교과서를 저술하였다. 그는 교과서에 『세계문화사』와 『동양사대관』을 저술하였다고 자신의 학문적 성과를 기술하고 있다.

고등학교 국사 교과는 2학년 또는 2, 3학년에 걸쳐 105시간을 학습하도록 만들어졌다. 고등학교 국사 교과서의 교육 목표는 행동 영역과 관계없이 종합적으로 기술되었는데 그 특징은 국사를 구조적으로 이해하여 정치사 중심의 암기식 지식 편중에서 벗어나 국사 전체를 체계적으로 파악하고, 역사적으로 발양된 민족의 우수함을 이해하고, 현실적 후진성을 극복하는 데 기여하고, 국사에만 편중되지 않고 세계사적 안목을 가지고 인류 역사 발전에 기여할 것을 내세우고 있다. 고등학교의 국사 교육은 정치사를 벗어나 민족의 전체적인 활동을 구조적으로 이해하고자 의도하였음을 알 수 있다. 하지만 고등학교 지도 내용은 중학교와 큰 차이가 없다. 다만 단원이 7개에서 9개로 늘어났는데 늘어난 부분은 조선시대를 전기와 중기, 후기로 나누었을 뿐 여전히 왕조사를 중심으로 하는 교과서 편제를 벗어나지 못하였다. 중학교와 비교해서 가장 크게 차이가 나는 것은 정

28 조좌호의 학력과 경력 사항은 민족문화대백과 사전 등을 참고하였다.

치사에서 벗어나 문화사 중심의 학습 구조를 갖추었다는 점이다.[29]

고등학교 국사 교과서의 서술이 어떻게 이루어졌는지 교과서의 단원을 통해 살펴보면 [표 8]과 같다.[30]

[표 8] 제1차 교육과정 고등학교 국사 교과서 목차

<table>
<tr><th>단원명</th><th>김상기(고등국사)</th><th colspan="2">유홍렬(한국사)</th></tr>
<tr><td></td><td>머릿말</td><td colspan="2">머리말 민족과 문화
1. 우리 민족의 기원
2. 문화의 발달
3. 한국 역사와 문화의 특성</td></tr>
<tr><td>부족
국가
시대</td><td>제1장 선사시대의 문화
1. 우리 민족의 내력과 선사 시대의 유물 유적
2. 선사 시대의 사회 생활
제2장 부족 국가의 성립과 그 문화
1. 고조선의 변천
2. 한의 군·현의 변천과 그 영향
3. 남북 여러 부족 국가의 발전과 문화</td><td rowspan="2">제1편
고대사</td><td>제1장 선사 시대의 생활과 유적
1. 선사 시대의 사회 생활
2. 선사 시대의 유물 유적
제2장 부족 국가 시대의 생활과 문화
1. 부족 국가의 형성과 분포
2. 부족 국가의 사회 조직
3. 부족 국가의 경제 생활
4. 부족 국가의 법속과 신앙
5. 낙랑 문화와 그 영향</td></tr>
<tr><td>삼국
시대</td><td>제3장 삼국의 성립 발전과 문화
1. 삼국의 성립과 발전
2. 고구려와 수·당과의 충돌
3. 신라의 통일
4. 삼국의 문화
(1) 삼국의 정치제도
(2) 삼국의 재래 신앙과 불교의 전파
(3) 화랑
(4) 한학과 국사의 편찬
(5) 삼국의 예술</td><td>제3장 삼국 시대의 역사와 문화
1. 삼국의 정립과 문화의 특색
2. 사회 계급과 풍습
3. 귀족의 정치 제도
4. 경제 생활
5. 학술의 일어남
6. 원시 신앙과 불교와 화랑도
7. 건축과 예술</td></tr>
</table>

29 김홍수, 『한국역사교육사』, 대한교과서주식회사. 1992, 211쪽.

30 여기에서는 김상기와 유홍렬의 고등학교 교과서로 한정하였다.

<table>
<tr><th>단원명</th><th>김상기(고등국사)</th><th colspan="2">유홍렬(한국사)</th></tr>
<tr><td>통일
신라
시대</td><td>제4장 통일 신라 및 발해와 그 문화
1. 통일 신라의 국가적 발전과 문화
(1) 제도 문물의 발전
(2) 신라 사람의 해외 활동
(3) 학문·문학과 조욕의 발전
(4) 예술
2. 발해의 흥망과 그 문화
3. 신라의 쇠란과 후 삼국의 변천</td><td rowspan="2">제2편
중세사</td><td>제4장 통일 신라 시대의 역사와 문화
1. 신라의 국토 통일과 정치의 변천
2. 민족 통일 사회의 구성과 풍습
3. 민족 통합을 위한 제도 개선
4. 경제 생활의 발달
5. 학술의 발달
6. 불교의 전성과 지리참위설의 전래
7. 건축과 예술
제5장 발해와 태봉의 역사와 문화
1. 발해의 흥망
2. 발해의 정치와 산업
3. 발해의 도시 문화
4. 태봉의 역사와 문화</td></tr>
<tr><td>고려
시대</td><td>제5장 고려 시대
1. 고려 전기의 사회
(1) 고려의 후삼국 통일
(2) 고려 문물의 성장
2. 고려 후기의 사회
(1) 내란의 연속
(2) 몽고와의 관계
(3) 고려의 쇠망
(4) 고려 후기의 문화</td><td>제6장 고려시대의 역사와 문화
1. 고려의 국토 통일과 정치적 변천
2. 민족통일 사회의 재구성과 풍습
3. 정치 제도의 개편
4. 경제 생활의 발달
5. 유학과 저술
6. 불교와 사상
7. 건축과 예술</td></tr>
<tr><td>조선의
전기</td><td>제6장 근세 조선
1. 근세 조선의 전기
(1) 이씨 왕조 확립과 국가제도의 정비
(2) 근세 문화의 형성
(3) 대외 관계</td><td rowspan="3">제3편
근세사</td><td>제7장 조선 전기의 역사와 문화
1. 조선 전기의 정치 변천
2. 사회 계급의 성립
3. 유교적 정치 제도
4. 경제 생활
5. 주자학의 발달과 그 영향
6. 국문의 제정과 국학의 발달
7. 불교의 쇠퇴
8. 건축과 예술</td></tr>
<tr><td>조선의
중기</td><td>2. 근세 조선의 중기
(1) 양반사회의 분렬과 사화당쟁
(2) 외적의 침입과 그의 극복
(3) 제도와 학풍의 변천</td><td rowspan="2">제8장 조선 중기의 역사와 문화
1. 당쟁 정치와 제도 정치의 변천
2. 사회 상태의 변천
3. 제도의 개편
4. 국학의 발달
5. 서양 문물의 전래와 실학의 발달
6. 천주교의 전래와 동학의 발생
5. 건축과 예술</td></tr>
<tr><td>조선의
후기</td><td>3. 근세 조선의 후기
(1) 영·정 시대의 정치와 문운
(2) 실학의 융성
(3) 정치의 문란과 지방동란
(4) 천주교의 전래와 동학의 출현</td></tr>
</table>

<table>
<tr><th>단원명</th><th>김상기(고등국사)</th><th colspan="2">유홍렬(한국사)</th></tr>
<tr><td>조선의
근대화</td><td>4. 조선의 근대화
(1) 흥선대원군의 집정
(2) 국제 무대에의 진출과 국정의 혼란
(3) 동학란과 그 여파
(4) 아·일의 세력 경쟁과 국내의 동태
(5) 아·일 전쟁과 을사 보호 조약
(6) 대한 제국의 종국
(7) 문물의 근대화
(8) 새로운 사조와 문예</td><td rowspan="2">제4편
최근세사</td><td>제9장 조선 후기의 사회와 문화
1. 국제 무대에의 진출과 대한 제국의 흥망
2. 계급 사회의 무너짐
3. 개화된 정치 제도
4. 경제 조직의 개혁과 산업의 개발
5. 통신과 교통의 발달
6. 교육과 후생의 시설
7. 사상과 문예</td></tr>
<tr><td>현대</td><td>1. 일제의 압박과 독립 운동
2. 우리 민족의 해방과 대한 민국의 수립
(1) 제2차 대전과 우리 민족의 해방
(2) 대한 민국의 수립</td><td>제10장 대한민국의 역사와 우리의 사명
1. 일본의 식민 정책과 민족의 항쟁
2. 대한 민국의 수립과 오늘의 형세
3. 우리의 사명</td></tr>
<tr><td></td><td>끝말</td><td colspan="2"></td></tr>
<tr><td>부록</td><td>역대 왕실 계보</td><td colspan="2">역사 역대왕계표</td></tr>
</table>

[표 8]을 통해 고등학교 국사 교과서 단원 설정의 특징을 살펴보면, 첫째, 고등학교 국사 교과서가 문화사를 중심으로 하고 있다는 것을 머리말에서 강조하고 있음을 알 수 있다. 둘째, 대단원 9개 가운데 7개가 근대 이전에 관한 서술이다. 이는 교과서의 2/3 이상을 근대 이전에 치중하고 있음을 의미한다. 중학교 교과서와 마찬가지로 일제로부터 해방을 맞아 신생 국가로서 국가의 정체성 확립을 위해 반드시 필요한 근대사와 현대사의 서술이 적어 일제강점기 역사의 굴욕과 이를 벗어나기 위한 독립운동에 대해서는 소략하여 이후 교과서 서술의 기준이 되었다는 점에서 나쁜 선례를 남겼다. 이는 당시 문교부의 교과서 편찬 담당자들의 잘못된 교육 과정에서 비롯된 측면이 없지 않으나 역사학자들이 이에 대한 대응을 적극적으로 하지 못했다는 측면에서는 아쉬움이 남는다. 셋째, 두 교과서가 다른 시대 구분의 방식을 적용하고 있지만 기본적으로 왕조사의 시기 구분을 벗어나지 못하였다. 다만 조선시대의 시기 구분을

김상기는 전기와 중기, 후기, 그리고 근대화시기로 4분하였고, 유홍렬은 전기와 중기, 그리고 후기에 근대화시기를 포함하여 3분하였다는 특징이 있다. 조선시대 후기 또는 근대화시기를 흥선대원군의 집권인 1864년으로 설정하고 있었다. 이는 역사적 사실보다는 왕조사적인 시기구분을 벗어나지 못했음을 단적으로 보여주는 예이다. 그리고 이러한 시기 구분은 문교부가 제시하는 9단원의 교과 지도 내용의 범위 속에서 이루어졌다. 넷째, 교과서의 편제가 정치, 경제, 사회, 외교, 교육, 신앙, 사상, 예술 등의 영역별로 제시되어 분류사적인 접근을 시도하였다.

고등학교 국사 교과서의 교과서 분량이 어떠하였는지 구체적으로 살펴보기 위해 교과서의 단원별 분량을 살펴보면 다음과 같다. [표 9]는 고등학교 국사 교과서의 분량의 계량화한 것이다.

[표 9] 제1차 교육과정 고등학교 국사 교과서 단원별 분량 비교

대단원명	고등학교					
	국사(김상기)		한국사(유홍렬)		우리나라 문화사(이홍직)	
	페이지(분량)	비율(%)	페이지(분량)	비율(%)	페이지(분량)	비율(%)
머리말	1-2(2쪽)	0.79	1-3(3쪽)	1.35	1-4(4쪽)	1.61
부족국가시대	3-30(28쪽)	11.07	4-22(19쪽)	8.52	5-26(22쪽)	8.84
3국시대	31-68(38쪽)	15.02	23-53(31쪽)	13.90	27-58(32쪽)	12.85
통일신라시대	69-90(22쪽)	8.70	54-83(30쪽)	13.45	59-79(21쪽)	8.43
고려시대	91-138(48쪽)	18.97	84-115(32쪽)	14.35	80-131(52쪽)	20.88
조선시대	139-212(74쪽)	29.25	116-176(61쪽)	27.35	132-199(68쪽)	27.31
개항 이후	213-241(29쪽)	11.46	177-205(29쪽)	13.01	200-231(32쪽)	12.85
일제강점기 이후	242-251(10쪽)	3.95	206-223(18쪽)	8.07	232-245(14쪽)	5.62
끝말	252-253(2쪽)	0.79			246-249(4쪽)	1.61
합계	253쪽	100	223쪽	100	249쪽	100

[표 9]를 통해 고등학교 교과서의 단원별 분량을 살펴보면, 첫째, 3개의 고등학교 국사 교과서가 근대 이전의 서술 분량이 압도적으로 많은 분

량을 차지하였다.[31] 김상기의 『국사』는 전체 253쪽 가운데 근대 이전 시기의 서술이 212쪽으로 83.8%를 차지하였다. 유홍렬의 『한국사』는 근대 이전의 서술이 전체 223쪽 가운데 176쪽으로 78.92%를 차지하여 김상기에 비해서는 비중이 높아졌다. 이홍직의 『우리나라 문화사』 역시 근대 이전의 서술이 199쪽으로 80%를 차지하였다. 둘째, 일제 강점기 및 해방 이후의 역사가 극히 비중이 작음을 알 수 있다. 근대 이후의 서술이 김상기는 41쪽에 해당하여 비율로는 16.2%, 유홍렬은 47쪽으로 21.08%, 이홍직은 50쪽으로 20%에 불과하였다. 특히 일제강점기 서술은 김상기는 4쪽, 유홍렬은 3쪽으로 중단원 하나에 불과하였고 이홍직은 9쪽으로 2개의 중단원으로 구성하였다. 이렇게 적은 분량으로는 일제강점기의 수탈과 폐해 그리고 조국을 되찾기 위한 독립운동에 관해서는 거의 다룰 수 없어 학생들은 학교 수업만으로는 여기에 관해서 정확한 내용을 배울 수 없었다. 셋째, 조선시대의 분량이 중학교 교과서에 비해 많이 늘어났다. 이는 고등학교 국사 교과서의 지도 내용에 조선 시대를 3~4분으로 세분하였기 때문에 저자들이 이 시기에 대한 서술을 늘여 전체 교과서 분량의 약 27~29%를 차지할 정도로 비중이 높아졌다.

이러한 지도 목표와 지도 내용을 바탕으로 제작된 고등학교 교과서가 어떠한 체제로 이루어졌는지를 실제 교과서의 모습을 통해 살펴보면 다음과 같다. [표 10]은 제1차 교육과정의 고등학교 국사 교과서의 실제 모습이다.

31 2014년 발행한 검인정 교과서 고등학교 한국사(한철호 외), ㈜미래엔의 본문 355쪽 중 근대 이전이 162쪽, 근대 이후가 193쪽으로 54.36%가 근대 이후의 서술이다.

[표 10] 제1차 교육과정 고등학교 한국사 교과서 서술 체제 비교

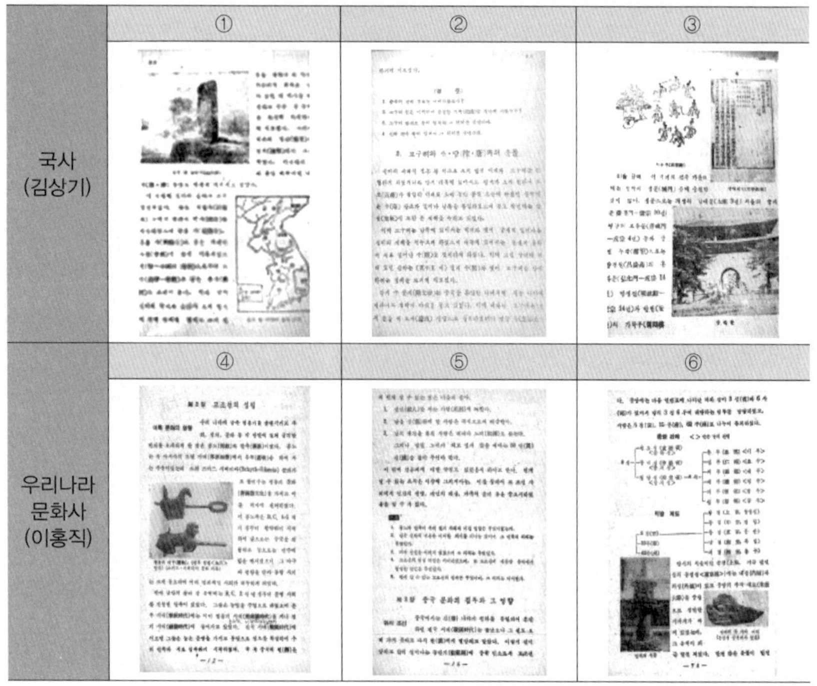

	①	②	③
국사 (김상기)			
	④	⑤	⑥
우리나라 문화사 (이홍직)			

[표 10]을 통해 고등학교 국사 교과서의 서술의 특징을 살펴보면, 첫째, 고등학교 국사 교과서 역시 중학교 교과서와 마찬가지로 학습 목표와 학습 안내를 제시하지는 않았다. 학생들이 수업의 흥미를 이끌 수 있는 부분이 학습 목표의 제시와 본시 학습에 대한 안내이다. 현재 보편화 되어 있는 이 부분이 제1차 교육과정에서는 이루어지지 않았다. 따라서 고등학교 국사 교과서는 학급서의 측면보다는 한국사 개설서의 성격을 갖고 있었다. 둘째, 단원의 마지막에 ②나 ⑤와 같이 '설문'이나 '연습'을 통해 단원의 중요한 내용을 정리할 수 있도록 하였다. 하지만 서술형 문항으로 이루어진 연습문제는 학생들이 쉽게 단원의 내용을 정리할 수 있는 문제도 있었지만 단원 전체의 내용을 잘 숙지하여야지만 해결할 수

있는 수준의 문항도 적지 않아 학생들이 어려움을 겪을 수 있었다. 셋째, 이홍직은 ⑥에서처럼 각 국가의 정치 조직 등을 도표화하여 기술하여 학습자로 하여금 구조적인 학습을 할 수 있도록 하였다. 하지만 이러한 서술 방식은 학습 참고서의 방식으로 보편적인 교과서 서술의 방식을 벗어난 것이다. 넷째, 교과서의 시각 자료가 학습자의 학습에 도움을 받을 수 있도록 삽입되어 있었다. ①, ③, ④, ⑥과 같이 교과서에 사진과 그림, 지도 등을 통해 학습의 도움을 받을 수 있도록 하였다. 특히 이홍직은 문화사를 중심으로 서술한 교과서여서 문화 단원에 시각 자료를 많이 활용하였다. 다만 시각 자료에 대한 설명이 한자어로 되어 있어 교사의 설명이 있어야 이해할 수 있었다.

교과서의 시각적 자료가 얼마나 활용되었는지를 살펴보면 [표 11]과 같다.

[표 11] 제1차 교육과정의 시각 자료 현황

<table>
<tr><th rowspan="3">교과서명 / 시기별</th><th colspan="2">중학교</th><th colspan="6">고등학교</th></tr>
<tr><th colspan="2">우리나라역사(김상기)</th><th colspan="2">국사(김상기)</th><th colspan="2">한국사(유홍렬)</th><th colspan="2">우리나라 문화사(이홍직)</th></tr>
<tr><th>사진</th><th>지도</th><th>사진</th><th>지도</th><th>사진</th><th>지도</th><th>사진</th><th>지도</th></tr>
<tr><td>부족국가</td><td>4</td><td>3</td><td>12</td><td>3</td><td>4</td><td>2</td><td>14</td><td>0</td></tr>
<tr><td>삼국시대</td><td>13</td><td>2</td><td>28</td><td>3</td><td>16</td><td>4</td><td>27</td><td>0</td></tr>
<tr><td>통일신라시대</td><td>9</td><td>1</td><td>16</td><td>2</td><td>16</td><td>4</td><td>22</td><td>2</td></tr>
<tr><td>고려시대</td><td>15</td><td>4</td><td>22</td><td>2</td><td>10</td><td>2</td><td>19</td><td>0</td></tr>
<tr><td>조선시대 전기</td><td rowspan="3">31</td><td rowspan="3">4</td><td>20</td><td>3</td><td>13</td><td>2</td><td rowspan="3">24</td><td rowspan="3">1</td></tr>
<tr><td>조선시대 중기</td><td>8</td><td>1</td><td rowspan="2">7</td><td rowspan="2">0</td></tr>
<tr><td>조선시대 후기</td><td>15</td><td>1</td></tr>
<tr><td>근대</td><td>11</td><td>2</td><td>8</td><td>0</td><td>8</td><td>2</td><td>7</td><td>0</td></tr>
<tr><td>합계</td><td>72</td><td>14</td><td>121</td><td>15</td><td>66</td><td>14</td><td>113</td><td>3</td></tr>
</table>

[표 11]의 같은 저자인 김상기의 중학교 『우리나라 역사』와 고등학교 『국사』를 비교하면 중학교 교과서에 비해 고등학교 교과서의 사진 자료가 많이 삽입되어 있음을 알 수 있다. 반면에 지도는 중학교에 비해 고등학

교에서 1개만 증가하여 별 차이가 없었다. 김상기의 중학교 『우리나라 역사』에 비해 고등학교 유홍렬의 『한국사』가 사진 자료가 적어 고등학교 교과서라고 해서 많은 시각자료를 활용하지는 않았음을 알 수 있다. 유홍렬은 교수요목기 『우리나라 문화』 교과서에서는 시각 자료인 사진과 지도를 한 건도 사용하지 않았는데 비해[32] 제1차 교육과정의 『한국사』에서는 시각 자료를 많이 삽입하였다. 하지만 김상기의 중학교 『우리나라 역사』에 비해서도 시각 자료가 부족하여 학습 내용을 보완할 보조 자료의 활용이 미흡하다고 할 수 있다. 이홍직의 『우리나라 문화사』는 문화사에 중점을 두어서 유물, 유적 등 문화재와 관련된 사진을 주로 사용하였다. 정치 상황과 관련된 지도의 활용이 적은 것도 그런 이유로 보인다.

Ⅲ. 제1차 교육과정 고등학교 국사 교과서 내용 분석

이상에서 제1차 교육과정의 중학교와 고등학교 국사 교과서의 서술 체제를 살펴보았다. 이 장에서는 제1차 교육과정의 국사 교과서 가운데 고등학교 국사 교과서를 대상으로 교과서의 구체적인 내용을 분석해보고자 한다. 총 8종의 고등학교 국사 교과서 가운데 본고에서는 김상기의 『국사』와 이홍직의 『우리나라 문화사』를 대상으로 하였다.[33] 분석은 먼저 교과서의 서술이 어떻게 이루어졌는지 교과서의 각 시대별 주요 주제의 내용을 정리하고 이를 분석하고자 한다.

제1차 교육과정 이전인 미군정체제하의 교수요목기의 중등학교 국사

32 이은령, 「교수요목기 고등학교 '우리나라 문화'의 발행과 내용 체제」, 『역사와 교육』 21, 동국대 역사교과서연구소, 2015, 85쪽.

33 제1차 교육과정기의 검인정 교과서 채택 비율은 확인할 수 없다. 따라서 교과서의 선정의 저자가 임으로 하였다.

교과서는 일제강점기 시대의 교과서를 그대로 번역 또는 모작하여 사용하고 있었기 때문에 교육 내용이 일제식 그대로의 답습하고 있는 한계를 갖고 있었다.[34] 이는 해방 이후 교육계·문필계·언론계 등의 협력을 얻어 교과서를 작성할 수밖에 없었는데 이 당시 이들 가운데서 친일로부터 자유로운 사람들이 얼마나 됐을까를 생각한다면, 교과서의 내용면에서는 더욱이나 일제 잔재를 청산한다는 것은 불가능한 것이었다.[35] 그렇기 때문에 교수요목기의 국사 교과서는 우리 교육의 제1목표라고 할 수 있는 '일재 잔재의 청산'을 실질적으로 이루어낼 수 없었다.

정부 수립 이후 신생 국가의 신교육을 만들어가야 하는 제1차 교육과정기의 교과 가운데 국어 교육과 국사 교육은 '홍국의 사명'을 지닌 것이었다. 그 중에서 일제강점기 왜곡된 우리 역사를 바르게 서술하는 것은 무엇보다 중요한 사업이었다. 하지만 미군정 시기의 국사 교육은 한민족의 역사적 전통과 '민족'을 상실한 채, 친일은 잊어버리고 친미적 애국심과 반소적 '이념'으로 "민족적 각오를 새롭게 하는 교육"으로 전락하였다.[36] 따라서 대한 일제 잔재의 청산이 이루어지지 못하고 일본 교과서의 모방 내지는 번역이라는 한계를 갖고 있었던 교수요목기의 중등학교 국사 교과서에 비해 제1차 교육과정의 국사 교과서는 이러한 문제를 어떻게 극복하고 있었는가를 살펴보는 것이 교과서 내용 분석의 핵심이라고 할 수 있겠다. 즉, 식민사관의 극복이 어느 정도 수준까지 이루어졌느냐를 고등학교 국사 교과서를 통해 확인해보고자 한다.

---

34 권성아, 「해방 이후 교육이념의 설정과 국사교육」, 『역사와교육』 21, 동국대 역사교과서 연구소, 2015, 174쪽.

35 권성아, 「해방 이후 교육이념의 설정과 국사교육」, 『역사와교육』 21, 동국대 역사교과서 연구소, 2015, 151쪽.

36 권성아, 「해방 이후 교육이념의 설정과 국사교육」, 『역사와교육』 21, 동국대 역사교과서 연구소, 2015, 165쪽.

단원의 선정 기준은 일제의 식민사관에서 강조된 내용을 위주로 하였다. 식민사관의 핵심은 타율성론과 정체성론이다. 이와 관련된 교과서의 서술을 살펴보고자 한다. 그리고 어느 특정 시기에 편중되지 않게 선정하였다. 고대는 단군조선, 한군현, 나당전쟁, 장보고의 해상활동, 중세는 묘청의 서경천도운동과 공민왕의 개혁정치, 근세는 붕당정치, 근대는 동학농민운동과 3·1운동을 살펴보았다.

1. 고대

1) 단군조선

고대사의 가장 핵심적인 부분은 단군과 한사군의 문제이다. 일제강점기 조선총독부하의 조선사편수회에서 만든 『조선사』는 단군은 신화속의 인물이기 때문에 이에 대한 서술을 하지 않았다.[37] 교수요목기[38]를 벗어나 우리가 스스로 만든 제1차 교육과정의 고등학교 국사 교과서에서는 단군에 대해 어떻게 서술하고 있는지 교과서의 내용을 살펴보면 [표 12]와 같다.

37 정상우, 「『朝鮮史』(朝鮮史編修會 간행)의 편찬과 사건 선별 기준에 대하여」, 『사학연구』 107, 한국사학회, 2012.9, 164~166쪽.

38 교수요목기의 단군조선에 관한 서술의 예는 "역사상 제일 먼저 나타난 나라가 단군 조선이니, 그 시조는 곧 우리가 민족적 시조로 받드는 단군 왕검이다. 왕검은 환웅 천왕의 아들이라 하여, 4284년전에 서울을 지금 평양에 정하고 나라의 기초를 열었던 것이다. …… 단군은 역시 이러한 제정일치 시대의 군장이니,"(이병도, 우리나라의 생활, 7쪽)이다.

[표 12] 단군조선 서술

	국사(김상기), 13~14쪽	우리나라 문화사(이홍직), 13~14쪽
내용	옛 기록에 의하면 맨 처음에 하느님의 아들 환웅(桓雄 즉 桓雄天王)이 여러 무리를 이끌고 태백산(太伯山) 위 신단수(神壇樹) 아래에 내려와 인간을 다스리며 아들 단군을 낳았는데 이 터전을 신시(神市-神의 都市)라 하였다. 단군은 왕검성(王儉城-平壤)으로 내려와 그곳을 중심으로 하여 나라를 세우고 나라 이름을 조선이라 하여 제정일치(祭政一致)의 정사를 행하셨는데 이를 단군 조선이라 한다.(檀君元年 西紀前 2333) 위에서 든 것이 단군 설화(說話)의 줄거리이거니와 이 설화를 통하여 보면 겨레의 시조 또는 국가의 조상에 대하여 하느님의 자손이라고 믿는 우리 선민(先民)들의 사상이 여실히 나타나 있으며 단군이 왕검성에서 나라를 이룩하였다는 것은 사냥과 목축 생활의 무대(舞臺)인 산악 지대를 벗어나 농사에 알맞은 강가로 내려온 것을 말함이니 이는 농경(農耕) 시기에 이르러 정착적(定着的)인 부족 국가가 형성되었다는 과정을 보여주는 것이다. 이로부터 신정(神政)이 약 천년(千年) 동안 계속되는 사이에 산업도 차차 열리고 사회가 점아 발전됨에 따라 나라가 으를 가름하여 나타나게 되었는데(서기전 1100년경) 이를 가리켜 후조선(後朝鮮)[39]이라 한다.	고조선을 세운 첫 임금은 단군(檀君)이라고 일컫는다. 처음 하늘 위에는 환인(桓因)이라는 하느님이 계셨는데, 그의 아들 환웅(桓雄)이 홍익 인간(弘益人間)의 뜻을 품고 태백산(太白山)에 내려와서 신시(神市)를 베풀고 인간을 다스렸다. 나중에 곰(熊)에서 화신(化身)한 여인(女人)과 혼인하여 아들을 낳으니 그가 곧 단군 왕검(檀君王儉)이었다 한다. 단군 왕검은 도읍을 지금의 평양에 정하고 나라 이름을 조선이라고 하였던 것이다. 이와 비슷한 이야기는 중국 싼뚱성(山東省) 무씨 사당(武氏祀堂)의 화상석(畵象石) 속에 그림으로 나타나 있다. 그러므로 이 신화의 범위가 넓은 것임을 알 수 있다. 그러면 이 단군 신화가 가지는 의의는 무엇일가. 옛날 사람은 흔히 역사를 설화(說話)로 꾸미기를 즐겨하였으나 이 단군 신화도 설화적 역사인 것이다. 현대인의 생각으로는 믿을 수 없는 신화나 설화 속에서도 우리는 역사적인 진실(眞實)을 찾아 볼 수가 있는 것이다. 단군이 부계(父系)로 하느님의 자손임은 태양 숭배(太陽崇拜)의 표현일 것이지마는, 또한 군주로서 특별한 위엄과 권위를 가지고 있었음을 말하는 것이다. 제사장(祭司長)의 뜻을 가진 단군이라는 말과 군장이라는 뜻을 가진 왕검이라는 단어를 함께 썼음은 이 시대가 제정 일치(祭政一致)의 사회였음을 말한다. 단군은 모계(母系)로는 웅녀(熊女)의 아들로 되어 있는 것은 고조선 사람들이 곰(熊)을 자기네의 조상으로 생각하는 토템신앙(Totemism)을 가지고 있었음을 의미하는 것이다. 이같이 고조선의 건국 신화였던 단군 신화는 나중에 민족의 통일을 본 고려 시대에 이르러 민족 신화로써 발전하게 되었다. 단군은 민족의 시조(始祖)로 추앙(推仰)을 받았고 단군 신화는 자주 독립의 정신을 나타내는 상징적인 것으로 되었다. 여기에 단군 신화가 가지는 민족적인 의의가 있다. 그러므로 민족이 환난을 당할 때마다 단군에 대한 신앙은 늘 고조(高潮)되어 온 것이다.

39 후조선은 기자조선을 말한다.

[표 12]의 단군에 대한 서술에 대해 살펴보면, 첫째, 김상기와 이홍직 두 명은『삼국유사』를 인용하여 단군에 관해 서술하였다. 김상기와 이홍직 모두 단군에 관한 최초의 기록인『삼국유사』의 서술 내용을 바탕으로 단군에 대한 내용을 적고 있다. 둘째, 단군은 설화 내지 신화라고 보았다. 김상기는 단군에 관한 기록은 설화라고 하였고, 이홍직은 단군은 신화이지만 역사적 진실을 담고 있다고 보았다. 특히 이홍직은 신화가 역사적인 진실을 담고 있다고 설명하면서 단군 신화는 중국 산둥성의 무씨 사당의 화상석에서도 나타날 정도로 넓은 신화의 범위를 갖고 있다고 단군 신화를 역사적 사실로 증명하고자 하였다. 또 그는 단군의 부계인 환인과 환웅은 태양 숭배의 사상을 가진 부족이며 군주로의 위엄을 갖추기 위한 의도를 가졌으며, 모계인 웅녀는 토템신앙을 가진 부족이라고 환웅과 웅녀를 부족의 신앙으로 설명하여 역사적 사실로 접근하고자 시도하였다. 셋째, 고조선은 선민사상, 농경사회를 바탕으로 한 정착적 부족국가, 신정 정치의 제정일치 사회라고 단군 시대를 정의하였다. 넷째, 단군이 나라를 세운 왕검성이 평양이라고 하였다. 위의 서술에서 김상기는 고조선의 도읍을 평양이라고 밝히고 있고 이홍직은 이에 대해 언급은 없지만 이후의 서술에서 고조선이 대동강 유역에 위치하고 있다고 하였다. 김상기는 단군이 평양에 나라를 세운 이유로 기름진 땅, 수륙이 연결되는 편리한 교통, 대륙의 문화적 영향 등을 근거로 평양 도읍설을 주장하였다.

위의 내용을 통해 단군에 관한 교과서의 서술 내용은 어느 정도 일제의 식민사관을 벗어나고자 노력했음을 알 수 있다. 특히 이홍직은 단군 신화를 역사적 사실로 증명하기 위해 노력하였다. 이는 일면으로 일제의 식민 사관을 벗어나려고 하는 시도를 하였다는 점에서 그 의미를 부여할 수 있다. 하지만 김상기의 서술은 단군을 설화로 보는 일제강점기의 서술 단계를 벗어나지 못하고 있음을 알 수 있다.

현행 교과서에서는 단군이 세운 고조선은 중국의 랴오닝 지방을 중심으로 성장하여 점차 주변지역을 통합하면서 한반도 북부지역까지 세력을 확대하였다고 기술하고 이를 뒷받침하는 유물로 비파형 동검과 고인돌의 분포를 통해 이 시대가 신화가 아니라 역사적 사실임을 밝히고 있다.[40]

2) 한 군현

일제 식민사관의 하나인 타율성론의 대표적인 사례로 꼽히는 내용이 한 군현이다. 한 군현에 대한 제1차 교육과정의 고등학교 교과서의 서술은 [표 13]과 같다.

[표 13] 한 군현 서술

	국사(김상기), 17~19쪽[41]	우리나라 문화사(이홍직), 17~18쪽
내용	한 무제는 위민 조선의 땅을 빼앗아 그곳에 낙랑(樂浪), 진번(眞蕃), 임둔(臨屯), 현도(玄菟)의 4군(郡)을 두고 군 밑에 여러 현(縣)을 설치하여 그의 세력을 동방에 뿌리 박으려 노력하였다. 그러나 이 4군 가운데에도 낙랑 이외의 것은 중국 본토와 멀리 떨어져 있어 다스리기가 어려울 뿐만 아니라 외족(外族)에 대한 우리 원주민(原住民)의 반항이 굳세었으므로 한(漢)에서는 4군을 둔지 20여 년만에 군(郡)의 폐합(廢合)을 행하여 진번, 임둔의 땅을 마침내 명목상(名目上)으로 낙랑에 붙여졌으며 현도군은 만주(滿洲)의 흥경(興京) 방면으로 옮아 가기에 이르렀다. 한의 세력이 이와 같이 줄어들 때 옛 임둔의 땅에서는 북에서 옥저(沃沮)가 일어나고 남에서는 예(濊)가 일어났으며 진번의 땅은 점차 한예(韓·濊)들의 세력에 휩쓸리게 되었다. 특히 낙랑은 중국과의 수륙 교통이 비	위와 같은 형세 하에서 한은 동방의 요지인 조선을 지배하고 흉노의 위협을 없이하기 위하여 이 위씨 조선을 치지 않을 수 없었다. 이 때 위만의 손자 우거(右渠)는 그 세력을 믿고 한에 대하는 태도가 퍽 거칠었으므로 한 무제(漢武帝)는 대군을 보내어 이를 쳐서 드디어 멸망시키고 말았다.(B.C. 108) 한은 위씨 조선을 멸망시킨 후 그 지방을 직속 영토로 편입하고 낙랑(樂浪), 진번(眞蕃), 임둔(臨屯), 현도(玄菟)의 4군(四郡)을 두어 다스리었는데 한강 이북이 대체로 이에 속하였다. 그러나 4군은 당초에 너무 광범한 지역에 걸쳐 설치되었기 때문에 우리 민족의 반항을 받자 이에 견디지 못하고 그 영역을 줄이게 되었다. 즉 4군을 둔지 20여 년 만인 B.C. 82년에는 낙랑군만 그대로 남고 3군은 혹은 없어지고 혹은 멀리 만주로 옮기어 가고 하였다. 이렇게 대동강 유역을 중심으로 한 낙랑군만

40 한철호 외, 『고등학교 한국사』, (주)미래앤, 2014, 16쪽.

41 '한사군의 위치', '대방군의 위치' 지도와 '대방태수 장두이묘전' 사진 수록.

	국사(김상기), 17~19쪽[41]	우리나라 문화사(이홍직), 17~18쪽
	교적 편리하여 동방에 있어서의 한족(漢族) 세력의 발판이 되었으므로 후한(後漢) 말경에 요동(遼東) 지방에서 세력을 펼치던 공손씨(公孫氏)는 이 방면으로 손을 펼쳐 낙랑의 남쪽 지역과 옛 진번의 일부에 걸쳐 대의 남쪽 지역과 옛 진번의 일부에 걸쳐 대방군(帶方郡)을 세워(4군이 설치된 지 3백여 년 뒤 서기 3세기초) 낙랑군을 울타리로 삼았다. 이와 같이 한족의 세력은 고구려와 백제가 남북에서 발전함을 따라 점점 타격을 받은 위에 그의 본토(中國)에도 분렬기(分裂期-五胡十六國)가 시작되어 뒷받침의 힘을 잃은 결과 고구려 미천왕(美川王) 때에(서기313) 마침내 무너지고 말았다.	이 오래 남아 있는 것은 그 지방이 중국 본토와 가장 연락이 잦은 때문이었다. 그 후 후한(後漢) 말에 만주에서 세력을 펴고 있던 공손씨(公孫氏)가 조선에 대한 지배를 강화하려고 낙랑군의 남쪽을 쪼개어 대방군(帶方郡)을 하나 더 두었는데(A.D. 204쯤) 이것은 낙랑군만으로 남쪽 토착 세력(土着勢力)을 억눌러서 다스릴 수가 없었기 때문이었다. 그러다가 A.D.313년 경에야 400여 년 동안 계속하던 중국 군현이 고구려와 백제의 압력으로 우리 나라에서 완전히 물러가 버리었다.

[표 13]을 통해 한 군현에 대한 서술의 특징을 살펴보면, 첫째, 우리 역사의 시련기인 한 군현에 대해 많은 분량을 할애해 서술하고 있다. 김상기는 5쪽에 걸쳐, 이홍직은 4쪽에 걸쳐 한 군현에 대해 상세히 서술하고 있다. 김상기는 한 군현의 설치 유래와 변천 과정을 서술하고 이어 낙랑의 문화를 상세히 기술하고 있다. 그는 낙랑 문화의 동방세계에서의 문화적 가치까지 밝히고 있으며 끝으로 한 군현이 우리 겨레의 사회에 끼친 영향까지도 기술하고 있다. 이홍직은 한 4군의 설치와 변천 과정, 낙랑 문화의 내용과 중국 군현이 우리 역사에 끼친 영향 등을 서술하고 있다. 둘째, 지도와 사진 자료를 통해 낙랑과 대방의 강역과 문화재를 상세히 설명하고 있다. 김상기는 한 4군과 대방군의 위치를 각각 지도에 그려 한 4군과 대방군의 강역을 자세히 알 수 있도록 하였다. 낙랑과 대방의 문화에 관해서 김상기[42]와 이홍직은 각각 5장[43]의 사진 자료를 제시하

42 대방(태수帶方太守) 장무이묘전(張撫夷墓塼), 박산로(博山爐)(낙랑고분출토), 동휴렴(銅携奩)(낙랑고분출토), 칠협채화(漆篋彩畫), 순금제대교구(純金製帶鉸具).

43 낙랑 고분에서 나온 동경, 동기(초두), 칠기, 청동제 검, 청동제 검을 모방한 석검.

여 낙랑 문화에 대해 자세히 안내하고 있다. 셋째, 낙랑 문화의 우수성을 강조하고 있다. 김상기는 낙랑의 문화는 중국에서 들여온 선진 문화이며 우리 나라 남쪽의 여러 나라들이 낙랑을 통해 고도로 발전된 한의 문화 요소를 받아들여 우리 생활에 맞는 문화를 길러내었다고 하면서 결국 낙랑을 통해 청동기 문화가 철기 문화로 발전하였다고 쓰고 있다. 이홍직은 낙랑의 문화는 우리의 문화가 아닌 중국의 문화라고 하여 주체적인 역사 서술을 하고자 하였다. 다만 이 시기의 우리 역사는 낙랑이나 대방인들을 위한 물자 제공에 불과하였을 뿐이라고 하여 자발적인 역사의 진전을 이루지 못하였다고 쓰고 있다.

한 군현에 대한 서술은 일제 식민사관의 타율성론을 한걸음도 벗어나지 못하였다. 이는 해방 이후 국사 교과서 편찬이 자주적 입장에서 서술되지 않았음을 보여준다. 이는 당시까지의 연구 성과의 한계도 있겠지만 제1차 교육과정기의 국사 교과서가 일제강점기의 교과서를 모방하거나 번역한 수준의 교수요목기에 비해 진전되지 못했음을 의미한다.

3) 나·당 전쟁

삼국시대의 서술 가운데 삼국 통일 후 이루어진 나·당 전쟁은 삼국통일 과정에서 당에 의존하였지만 당의 야욕을 물리치고 민족 통일을 달성한 우리 역사의 주체적인 측면이 드러나는 서술이다. 이에 대한 교과서의 서술은 [표 14]와 같다.

[표 14] 나·당 전쟁 서술

	국사(김상기), 43~44쪽	우리나라 문화사(이홍직), 58쪽
내용	신라가 당(唐)을 끌어 백제와 고구려를 멸한 것은 그 목적이 당을 이용하여 삼국을 통일함에 있었다. 그런데 당은 백제 땅에 여러 도독부(都督府)를 두고 평양에 안동 도호부(安東都護府)를 두어 백제와 고구려의 땅을 차지하려 하였다. 이것은 원래 신라에서 용허할 바가 아니려니와 백제 고구려의 유민이 또한 당에 항거하는 부흥 운동을 일으켰다. 이 두 나라 유민의 부흥운동은 크게 당을 괴롭혔으나 그들 내부의 불화(不和)와 대세(大勢)에 끌려 모두 실패로 돌아갔다. 그러나 신라는 마침내 실력으로써 당의 세력을 반도로부터 몰아내고(문무 왕 17년경) 대동강 유역으로부터 원산만(元山灣) 이남의 지역을 회수하기에 이르렀다.	애초 당의 목표는 반도의 완전한 지배에 있었으므로 백제와 고구려의 옛 땅은 모두 그의 직할지(直轄地)로 삼았고, 나아가서는 신라까지도 그들의 영토로 편입하려 하였다. 이것은 신라의 분격하는 바여서 드디어는 실력으로써 당군을 축출하고 삼국 통일의 이상을 실현하려 하니 양국 간에는 전쟁 상태가 벌어지었다. 결국 당은 패하여 물러나가고 평양에 설치했던 안동도호부(安東都護府)를 만주로 옮겨가니, 신라는 반도의 주인공이 되었다.

[표 14]를 통해 나·당 전쟁의 서술의 특징을 살펴보면, 첫째, 나·당 전쟁에 관한 서술의 분량이 많지 않다는 것이다. 김상기는 10줄, 이홍직은 8줄에 불과하였다. 둘째, 당이 백제와 고구려의 영토 및 신라의 영토에 설치하려 했던 기관에 대해 자세하게 기술하지 않았다. 김상기는 도독부, 안동도호부 등 당이 백제와 고구려의 영토에 자신들의 기관을 설치한 내용에 대해 자세하지는 않지만 서술하고 있다. 하지만 이홍직의 경우는 상당이 백제와 고구려의 땅을 직할지로 만들려고 하였다고만 서술하고 신라의 저항으로 안동도호부를 만주로 옮겼다고 하여 우리 민족의 저항에 대해 간략하게 기술하였다. 셋째, 나·당 전쟁에서의 신라와 백제, 고구려 유민의 저항에 대한 기술이 없다. 신라가 당의 세력을 물리치기 위해 벌였던 매소성전투와 기벌포전투에 대한 내용이 두 교과서에 기술되어 있지 않다. 다만 김상기는 '신라는 마침내 실력으로써 당의 세력을 반도로부터 몰아내고'라고 하였고, 이홍직은 양국이 전쟁 상태에 들어가서 '결국 당은 패하여'라고만 이에 대해 간략히 기술하고 있을 뿐이다.

제1차 교육과정기 국사 교과서에서의 나·당 전쟁의 내용의 서술 역시 식민사관의 타율성을 벗어난 자주적이고 주체적인 서술을 하지 못하였다. 삼국통일의 과정에서 당의 야욕이 어떻게 한반도에서 전개되었는지 그리고 이에 대항해 신라가 당의 침략을 물리친 과정에 상세히 기술되어 있지 않다. 결국 우리 역사의 자주적이고 주체적이 활동에 대한 저술을 제대로 이루어지지 못하였다.

4) 장보고의 해상 활동

신라 하대 해상 활동을 통해 동아시아 제해권을 장악했던 장보고에 관한 내용도 주목할 필요가 있다. 장보고의 동아시아 해상권 장악은 우리 역사의 공세적 측면을 드러낼 수 있는 요소가 있다. [표 15]는 장보고의 해상활동에 관한 서술 내용이다.

[표 15] 장보고의 해상 활동 서술

	국사(김상기), 72~73쪽	우리나라 문화사(이홍직), 77쪽
내용	그리고 신라 사람들의 해외 활동은 매우 활발하여 중국 방면으로 많이 진출하였던 것이니 강소(江蘇), 산동(山東), 지방에는 신라인의 집단거류지(集團居留地)인 신라방(新羅坊)이 적지 않게 있었으며, 문등현(文登縣) 적산촌(赤山村)에는 법화원(法化院)이라는 신라 사람의 절(寺)도 있었다. 신라 말경에 신라의 해상(海上)에서는 중국인 해적이 횡행하여 신라인을 노략하여 노예로 팔아먹기도 하였다. 그 무렵에 일찍이 당(唐)에 건너가 소장(少將)으로 있던 장 보고(張保皐)가 이 꼴을 보고 분개하여 본국으로 돌아와 청해(靑海-莞島)에 진(鎭)을 베풀어 실력으로 해적을 소탕하고 제해권(制海權)을 잡기에 이르렀다. 그리하여 장보고는 중국과 일본에 무역 선단(船團)을 자주 보내어 대규모의 국제 무역을 행하였으며 당시 일본과 중국의 해상 교통로는 주로 청해진(淸海鎭)의 선박에 의해 이루어졌다. 장보고의 세력의 중앙정부에까지 미쳐 왕위 쟁탈전에서 신무 왕(神武王)을 도와 큰 공을 세웠더니 문성 왕(文聖王) 때에 이르러 조정의 시기를 받아 마침내 암살되고 말았다.	이러한 지방 세력가의 대표적인 자는 장보고(張保皐)이다. 그는 신라의 정치가 문란하여짐에 따라 당에 가서 군인으로 출세하였었다. 그 당시에 이러한 신라인이 상당히 많아서 그들이 당에 가 사는 거류지를 신라방(新羅坊)이라 하고 거기에 세운 신라인들의 절을 신라원(新羅院)이라고 하였다. 그러나 한편 또 많은 신라인이 당에 잡혀가서 종노릇을 하고 있었는데 이를 분히 여긴 장보고는 본국에 돌아와서 왕에 청하여 청해진(淸海鎭)을 완도(莞島)에 두고 그 대사(大使)에 임명되었다. 그는 1만의 군대를 거느리고 해안 지대를 정비할 뿐 아니라 당 및 일본과 성히 무역을 하여 항해의 왕자(王者) 노릇을 하였다. 또 중앙의 정치에도 간섭하여 신무 왕을 도와 왕위에 오르게 하였는데 뒤에 문성 왕(文聖王)과 사이가 좋지 못하여 죽임을 당하고 그 세력이 몰락하였다.

[표 15]를 통해 장보고의 해상 활동에 관한 서술의 특징은 첫째, 청해진의 활동에 대해 소략하게 기술하고 있다. 장보고의 제해권 장악은 동북아시아의 해상의 안정을 가져오고 이를 통해 동북아시아의 무역권을 장악해 정치적, 경제적 측면에서의 실리 획득이 있었다는 장보고의 해상 활동에 대한 긍정적인 내용이 간략하게 처리되었다. 둘째, 장보고의 몰락 과정에 대해서는 자세히 서술하였다. 장보고의 중앙정부 진출이 왕위쟁탈전과 연계하여 자세히 기록되어 암살당했다거나 왕권에 의해 제거당했다고 하여 장보고의 제거 과정은 상세히 적고 있다.

제1차 교육과정의 국사교과서의 장보고의 해상활동에 관해서는 장보고의 해상 활동의 공적보다 장보고의 제거 과정이 상세하게 기술되어 있다. 장보고가 왕권을 간섭하였거나 왕위쟁탈전에서 신무왕 등극에 공을 세웠다는 내용이 중시되고 있음을 알 수 있다. 결국 장보고에 대한 기술에서도 긍정적은 측면보다 부정적인 측면이 강조되었다.

2. 중세

1) 묘청의 서경천도운동

고려시대에 관한 내용으로 묘청의 서경천도운동에 관해 살펴보고자 한다. [표 16]은 묘청의 서경천도운동에 관한 제1차 교육과정 고등학교 국사 교과서의 서술 내용이다.

[표 16] 묘청의 서경천도운동 서술

	국사(김상기), 113~114쪽	우리나라 문화사(이홍직), 77쪽
내용	이 자겸의 변란에 뒤이어 서경(平壤)의 중 묘청이 반란을 이르켰다. 이 반란의 원인은 여러 가지가 있는 것이다. 당시 수도 개경은 이 자겸의 난으로 황량(荒涼)케 된 바 당시 풍수지리 사상이 성행한 만큼 묘청 일파는 수도의 지덕(地德)이 이미 쇠하였으니 지덕이 왕성한 서경으로 도읍을 옮기면 국운이 융성하여 36국이 조공을 바치리라 하였으며, 또 대외적으로 보면 어제까지 우리나라를 「부모의 나라」라 우러러 보던 여진족이 금국을 세우고 황제라 일컬으며 우리에게 압력을 가하고 있으매, 식자사이에는 우리도 칭제건원(稱帝建元) 즉 황제라 칭하고 연호를 세우자는 의견이 일어났는데 묘청도 또한 이를 주장하여 근신(近臣)인 정 지상(鄭知常) 김 안(金安) 등과 맺어 서경 천도(遷都)와 칭원건제 운동을 일으켰다. 인종도 어느 정도로 이를 믿어 여러차례 서경에 거동도 하고 그곳에 대화궁(大和宮)을 지어 장차 천도하려 하였다. 이에 대하여 유신(儒臣)인 김 부식(金富軾) 일파의 사대주의자(事大主義者)들은 크게 반발하였다. 이와 같이 인종의 곁에 있는 유신들의 반대로 천도운동이 꺾이게 되매 묘청 일파는 인종 13년(서기 1135) 정월에 서경을 근거로 하여 국호를 대위(大爲), 연호를 천개(天開)라 하고 그의 군사를 천견충의군(天遣忠義軍)이라 일컬어 반란을 일으켰다. 조정에서는 김 부식(金富軾) 등이 관군을 이끌고 나나가 서경을 공격하여 마침내 그 난을 평정하였다(그 이듬해 2월).	이자겸의 난에 궁궐이 불타 버리고 또 만주에서 일어난 금(金)이 고려에 대하여 위압을 주고 있는 불안한 분위기 속에서 서경의 일파가 대두하여 풍수지리설을 내 세우고 국수주의적(國粹主義的)인 배타주의(排他主義)를 포방하여, 개경의 유교주의와 사대주의(事大主義)에 대항하게 되었다. 서경 출신의 승려인 묘청(妙淸)은 정지상(鄭知常), 백수한(白壽翰) 등 몇 신하와 함께 개경의 기업(基業)은 이미 쇠하고 서경에 왕기(王氣)가 있으므로 서울을 서경으로 천도하면 주위의 36국이 항복하여 올 것이라 하고, 국가의 정치를 일신(一新)하여 칭제 건원(稱帝建元)할 것을 주장하였다. 인종은 이러한 혁신적인 주장에 움직이어 여러 차례 서경을 내왕하고 거기에 대화궁(大和宮)을 지어 장차 이에 천도하려 하였다. 그러나 이 운동은 원래 서경의 일파가 개경파를 배제(排除)하고 국가의 정권을 장악하려는 데에 그 목적이 있었던 것이므로, 김부식(金富軾)을 선봉으로 하는 개경 일파의 유교주의자, 사대주의자들의 맹렬한 공격을 받아서 점차 서경 천도의 희망이 없어져 갔다. 이에 묘청은 서경에서 반란을 일으키고 국호를 대위(大爲), 연호를 천개(天開)라 하였는데 김부식이 거느린 군대에 패하여 1년만에 평정되어 버렸다.

[표 16]을 통해 묘청의 서경천도운동에 관한 서술의 특징을 살펴보면, 첫째, 묘청의 서경천도운동을 고려의 기상을 되찾고자하는 개혁 정치 운동이 아닌 하나의 반란에 불과한 사건으로 기술하고 있다. 김상기는 이 단원의 소제목으로 '묘청의 반란'으로, 이홍직은 묘청의 이름을 쓰지 않고 '지방 귀족의 난'이라고 하여 제목에서부터 의미를 축소하고 있다. 결국 묘청의 서경천도운동을 고려시대에 발생한 수많은 반란 사건 가운데

하나로 규정하고 있다. 둘째, 묘청 세력을 국수주의적 배타주의를 가진 집단으로 규정하여 부정적으로 서술하고 있다. 이홍직은 묘청의 세력이 자주적 개혁 세력이 아닌 국수주의를 바탕으로 한 배타주의를 갖고 있는 세력이라고 설명하고 있다. 또한 묘청의 천도운동이 풍수지리설을 기반으로 한 허황된 주장을 하는 세력으로 기술하고 있다. 셋째, 김부식 등의 세력이 금과의 군신 관계를 맺은 보수적인 문벌 귀족이라고 기술되어 있지 않다. 다만 보수주의자나 사대주의자로 기술하여 이들의 성격을 정확하게 규명하고 있지 못하다. 넷째, 묘청의 서경천도운동의 실패로 고려의 자주적 개혁 세력의 몰락하였다는 부분에 관한 내용도 서술되어 있지 않다. 다만 김부식 등 유교주의자에 의해 묘청의 반란이 진압되었다고만 서술하여 묘청의 서경천도운동의 역사적 의미에 대한 평가가 빈약하다.

묘청의 서경천도운동은 자주적 전통 사상을 바탕으로 한 서경 출신의 관료와 개경의 문벌 귀족의 대립으로 일어난 사건이며 이로 인해 문벌 귀족 사회의 모순이 심화되어 무신정변으로 가는 과정에서 비롯된 사건임에도 이에 대한 내용이 언급되어 있지 않아 고려 시대를 유기적으로 이해하기 보다는 사건 중심의 단편적 역사 학습을 벗어나지 못하게 서술되어 있다.

2) 공민왕의 개혁정치

공민왕은 고려 말 안으로는 개혁정치를 통해 민생안정을 꾀하고 밖으로는 원에 빼앗긴 영토를 수복하는 등 고려의 부흥을 이끌었다. 제1차 교육과정의 국사 교과서에서는 이 부분에 대해 [표 17]과 같이 서술되어 있다.

[표 17] 공민왕의 개혁정치 서술

	국사(김상기), 121~123쪽[44]	우리나라 문화사(이홍직), 116쪽
내용	공민왕(제31대) 시대는 대외 정체가 실로 복잡하여 대륙에서는 원·명(元·明)이 교체(交替)되고 국내의 사태는 정치 경제 등 각부면이 크게 어지러웠다. 공민왕은 그의 초기에 있어 대외적으로는 자주 정책을 세워 원의 세력을 국내에서 구축하고 안에 있어서는 폐정(弊政)의 개혁에 힘썼다. 원(元)은 그의 말기에 이르러 국세가 쇠약하매 한족(漢族)의 반란이 사방에서 일어나 붕괴의 운명에 처하였다. 공민왕은 이러한 정세를 이용하여 원의 세력을 배제(排除)코자 정동행중서성 리문소(征東行中書省 理問所)를 폐쇄하고 관제(官制)와 직명(職名)을 복구하였으며 간악한 친원파(親元派)를 베었다. 그리고 구강(舊疆) 회수에도 착수하였다. 앞서 몽고병이 침입할 때에 매국 도배의 반역 행위로 말미암아 몽고에서는 화주(和州-永興)에 쌍성총관부(雙城摠管府)를 두어 철령(鐵嶺) 이북의 땅을 지배하였으며 평양에 동녕부(東寧府)를 두어 자비령(慈悲嶺) 이북의 땅을 다스렸다. 그런데 동녕부 소속의 땅은 충렬왕때에 원에 교섭하여 회수하였으나 철령 이북의 땅은 아직도 그대로 있었다. 공민왕은 마침내 쌍성을 공략하여 철령으로부터 북청(北靑)에 이르는 영토를 수복하기에 성공하였다. 그리고 서북에 향하여는 대륙 교통의 요충인 압록강 서편의 지역을 공략하기도 하였다. 당시 극도로 문란한 토지 문제를 처리하고자 전민변정도감(田民辨整都監)을 설치하고 귀족과 호족(豪族)들이 겸병하고 있는 토지를 원소유자에게 돌려주고 불법적으로 노비(奴婢)가 된 자를 풀어주었다. 이와 같이 공민왕의 초기(初期) 정책으로 말미암아 기울어져 가던 고려의 국세는 잠간 동안 피어나는 듯 하였다그러나 공민왕은 그의 말년에 이르러 내우(內憂)와 외환(外患)에 시달린 나머지에 정치를 게을리 하기에 이르렀다. 그리하여 정사를 중 편조(遍照)에게 쓸어 맡기매 편조는 성명을 신 돈(辛旽)이라 일컬고 최고 직위에 올라 횡포한 것과 음학(淫虐)한 일을 마음껏 하였으며 참람한 행동을 하던 끝에 시역(弑逆)을 꾀하다가 마침내 피살되었다. 이와 같이 공민왕 말년에 이르러 정치가 더욱 어지럽고 풍기가 문란하더니 왕도 또한 내시(內寺)에게 암살되고 말았다.	한 민족이 세운 명(明)이 일어나서 원의 세력이 약화되고 드디어는 북으로 쫓겨가는 국제적인 변동기에 즉위한 공민 왕(恭愍王)은 대외적으로 철저한 반원 정책(反元政策)을 쓰고 대내적으로는 귀족들의 억압정책을 써서 일대 개혁(一大改革)을 꾀하게 되었다. 왕은 자신의 몽고식 변발(辮髮)을 폐지하고, 옛 관제(官制)를 회복하였고, 정동행성(征東行省)을 폐지하였으며, 원의 연호(年號)를 버리고 명의 연호를 썼다. 그리고는 기씨(奇氏)를 비롯한 친원파(親元派)를 숙청하고, 원의 직속 영토로 편입된 쌍성 총관부(雙城摠管府)를 무력으로써 회복하는 한편 군사를 랴오뚱 지방(遼東地方)에 파견하여 공격을 가하기도 하였다. 국내에서는 귀족들의 회의 기관으로서 문무관(文武官)의 전주권(銓注權)을 쥐고 있던 정방(政房)을 폐지하고, 뒤에는 신 돈(辛旽)의 채용하여 전민 변정 도감(田民辨整都監)을 설치하고 귀족들이 겸병한 토지를 원 소유주에게 반환하고 불법적으로 노비가 된 자는 해방하여 주었다. 그러나 귀족들의 세력은 여전히 완강하였고, 게다가 신돈이 악행을 자행(恣行)하다가 죽임을 당하고 말았으며, 왕도 모든 것이 여의치 않자 상심한 나머지 정치를 돌보지 않게 되어 개혁은 좌절되고 말았다.

44 '공민왕릉 전경' 사진 수록.

[표 17]을 통해 공민왕의 개혁정치에 관한 서술의 특징을 살펴보면, 첫째, 공민왕의 개혁정치에 대해서는 비교적 상세하기 기술하고 있다. 특히 김상기는 3쪽에 걸쳐 공민왕의 개혁정치의 배경과 내용, 그리고 결과에 이르기까지 소상하게 밝히고 있다. 이에 비해 이홍직은 김상기보다 분량은 적지만 개혁정치의 내용은 기술하고 있다. 둘째, 공민왕의 개혁정치를 공민왕 개인을 중심으로 서술하고 있다. 공민왕의 개혁 정치를 뒷받침하던 세력인 신진사대부를 바탕으로 권문세족의 세력을 억압하고 왕권 강화를 위한 정책이 공민왕의 내적 개혁으로 이루어졌음에도 이에 대한 서술이 포함되지 않았다. 셋째, 공민왕의 개혁정치의 실패를 공민왕과 신돈의 개인적인 측면 위주로 서술하고 있다. 공민왕의 개혁정치는 권문세족의 반발로 인해 비롯되었지만, 신돈이 '악행을 자행하다가' 또는 '횡포한 일과 음학한 일을 마음껏 하였으며'라던가 공민왕이 '상심한 나머지 정치를 돌보지 않아'라고 서술하여 신돈의 전횡과 공민왕의 개인적인 능력이 개혁의 실패를 가져왔다고 서술하고 있다. 넷째, 공민왕 개혁정치의 실패 원인의 하나인 왜구와 홍건적의 침입과 신진사대부 성장의 미흡, 권문세족의 반발 등에 대해서는 서술하지 않아 공민왕 개혁정치의 실패에 대해 구조적으로 학습할 수 없었다.

공민왕의 개혁정치에 대한 서술도 긍정적인 측면의 내용도 있었지만 공민왕과 신돈에 대핸 부정적인 서술이 더 돋보였다. 그리고 개혁정치가 개인의 역량에 의해 이루어졌다는 식의 영웅 중심의 서술로 일관하고 있어 신진사대부의 성장과 이후 조선의 개창과 연결되는 공민왕의 업적에 대한 서술은 미흡하였다.

3. 근세

1) 붕당정치

일제 식민사관에서 강조하는 타율성의 가장 대표적인 예로 들고 있는 것이 붕당정치에 관한 내용이다. [표 18]은 제1차 교육과정 국사 교과서의 붕당정치에 관한 서술 내용이다.[45]

[표 18] 붕당정치 서술

	국사(김상기), 171~172쪽	우리나라 문화사(이홍직), 155~156쪽
내용	여려[46] 차례에 걸친 사화로 말미암아 사류가 혹화를 입었거니와 파벌 싸움의 기습(氣習)은 사류 사이에 뿌리 깊이 며혔으박[47] 사류의 수가 증가됨에 반하여 관직은 국한되어 있으므로 사류 사이에는 관직을 둘러 싸고 서로 다투며 배척하는 버릇이 행케 되었다. 선조(宣祖-제18대) 8년(서기 1575)경에 이조의 낭관(郎官) 자리를 둘러싸고 심 의겸(沈義謙)과 김효원(金孝元) 사이에 싸움이 일어났는데 심의겸을 두돈하는[48] 사람들은 서인(西人)이라 하고 김 효원(金孝元)을 편든 사람들은 동인이라 하여 소위 동서의 당쟁이 시작되었다. 이와 같이 동서의 당쟁이 생기매 조신(朝臣)과 사류는 각각 어느 한편에 가담하여 서로 반목(反目)하고 대립하니 조야(朝野)가 장차 큰 싸움판으로 화하려 하였다. 이에 이이(李珥-栗谷)는 크게 걱정하여 양편을 조정하려 노력하였으나 효과를 걷우지 못하였다. 당쟁은 날이 갈수록 더욱 격화되어 당에서 당이 생기고 파에서 파가 갈려 동인은 남인(南人-禹	거듭되는 사화에 사류(士類)가 해를 입은 바 컸지마는 선조(宣祖)가 다시 이들을 등용함에 따라 결국은 승리를 거두어서 조정의 세력을 잡게 되었다. 그러나 이번에는 그들 자체 속에 파벌(派閥)이 생겨서 서로 정권 다툼을 하게 되었으니 이것이 당쟁이었다. 당쟁은 사화와는 달라서 유학자들이 서로 당파(黨派)를 결성하고 언론(言論)으로 싸워 반대파를 몰아낸 뒤 중앙의 정권을 잡는 것을 목표로 하고 있었는데 그러한 당파는 동족적(同族的)인 결합을 가진 것이었으므로 일시적으로 생겼다가 없어져 버리는 것이 아니라 부자(父子) 대대로 당파를 계승하여 움직이지 않는 당인(黨人)을 가진 것이었다. 그러므로 당파의 지반(地盤)은 단지 서울에만 있는 것이 아니라 지방에도 있었으며 따라서 한때 중앙의 정권에서 쫓기어나는 경우가 있더라도 그 세력을 유지해 나가다가 다시 일어날 수 있는 것이었다.

45 교수요목기 이병도의 『우리나라의 생활』에서는 붕당정치에 대한 서술 말미에 "이런 당쟁의 풍이 자꾸 계속되어 여러 백 년 동안 우리의 정치를 그르치고 우리의 맘자리와 풍속을 나쁘게 하여 왔지만, 이런 버릇은 우리가 이를 악물고 고치지 아니하면 아니 된다." 라고 하여 붕당의 폐해를 벗어나기를 바라는 저자의 의도가 교과서의 본분에 포함되었다.

46 '여러'의 오기.

47 '박혔으니'의 오기.

48 '두둔하는'의 오기.

국사(김상기), 171~172쪽	우리나라 문화사(이홍직), 155~156쪽
性傳)과 북인(北人-李潑)으로 갈렸으며 다시 북인 사이에도 분렬이 생겨 대북(大北) 소북(小北) 등 여러파로 나뉘었다. 이와 같이 동서 양론(論)이 생기고 동인이 다시 세분된 것은 선조 때로부터 광해군(光海君-제15대) 때에 걸쳐서의 일로서 광해군 시대에는 북인이 주로 정권을 잡았다. 이에 오랫동안 세력을 잃고 있던 서인들은 국면 전환(局面轉換)을 꾀하던 나머지에 이 귀(李貴) 김 류(金瑬) 이 괄(李适) 등이 군사를 일으켜 앞서 북인(北人)에게 끌려 아우와 형을 죽이고 모후(母后-仁穆大妃)를 서궁(西宮)에 유폐(幽廢)하는 것을 구실로하여 광해군을 몰아내고 인조(仁祖)를 세우기에 성공하였다. 이에서 북인은 전멸 상태에 빠지고 서인이 득세하게 되었다.	당쟁은 처음 심 의겸(沈義謙)과 김 효원(金孝元)의 두 사람을 중심으로 일어났는데 심 의겸의 일파를 서인(西人)이라 하고, 김효원의 일파는 동인(東人)이라고 불렀다. 이 후 당쟁은 이 이(李珥)와 같은 사람의 노력에도 불구하고 더욱 치열하여져서 양반으로서 이에 가담하지 않은 사람이 없을 정도로 되었고, 파에서 또 파가 나뉘어 수 많은 파를 이루었는데 동인이 분렬된 남인(南人)과 북인(北人), 서인이 분렬된 노론(老論)과 소론(小論)을 4색(四色)이라 하여 당파의 가장 큰 자였다.

[표 18]의 붕당정치에 관한 서술의 특징은, 첫째, 붕당정치에 대해 자세하게 기술되어 있다는 점이다. 김상기와 이홍직 모두 '당쟁'이라는 소제목으로 2쪽에 걸쳐 붕당 정치에 대해 서술하고 있다. 붕당의 발생 원인과 과정에 대해 그리고 당파의 종류까지도 상세히 서술하고 있다. 둘째, 붕당 정치의 부정적 측면이 강조되었다. 붕당의 발생이 관직의 차지와 이조 전랑자리 차지, 사류의 반목과 대립, 더욱 격화, 이괄의 난과 인조반정 등 붕당과 관련된 내용의 부정적인 측면이 강조되고 있다. 셋째, 붕당 정치의 순 기능에 대한 서술이 없다. 초기 붕당간이 견제를 통해 서로를 인정하고 정치 참여를 허용하는 등의 내용에 대한 서술이 없어 붕당이 역기능만 존재한 것으로 조선의 쇠퇴를 가져온 주요인으로 인식할 수 있다. 넷째, 붕당의 분화가 학연에 따른 정책과 이념의 차이에서 비롯되었다는 붕당 정치의 긍정적인 내용이 포함되어 있지 않다. 붕당 정치가 재야 사림까지의 의견을 폭 넓게 수용한 붕당 상호간의 비판과 견제가 가능했다는 이점에 대해서는 서술되어 있지 않다.

붕당정치에 관한 서술은 붕당이 자기 붕당의 이익만을 내세우고 권력을 독점하려는 폐단 등 부정적인 측면이 강조되어 학습자로 하여금 붕당정치에 대한 올바른 이해를 방해하고 있다. 따라서 붕당 정치에 대한 서술을 일제의 식민사학의 수준을 벗어나지 못하였다고 할 수 있겠다.

4. 근대

1) 동학농민운동

1894년의 동학농민운동은 반봉건 반외세를 내건 근대화 운동으로 평가받고 있다. 이러한 동학농민운동에 대한 인식이 제1차 교육과정의 국사 교과서에서는 어떻게 서술되었는지 살펴보고자 한다. [표 19]는 동학농민운동에 관한 제1차 교육과정기의 고등학교 국사 교과서의 서술이다.

[표 19] 동학농민운동 서술

	국사(김상기), 222~223쪽	우리나라 문화사(이홍직), 210~211쪽[49]
내용	동학의 활동은 교조(敎祖) 최제우(崔濟愚)가 순교(殉敎) 한 뒤에 지하(地下)로 들어가 제2세 교주 최시형(崔時亨)의 영도 밑에서 민중 사이에 널리 확장되었다. 그리하여 고종 29년 경에 이르러서는 공공연하게 표면에 나타나 교조의 신원운동(伸寃運動)을 일으키기에 이르렀다. 당시 탐관 오리의 학정과 토호(土豪)의 횡포에 시달리던 민중은 동학 교문(敎門)에 쏠려 그의 기세는 날로 떨쳤다. 고종 30년(癸巳) 경에 고부(古賦) 군수 조 병갑(趙秉甲)이 여러 가지 방법으로 백성을 착취하매 그 이듬해 갑오(甲午-서기 1894) 2월에 동학의 한 간부인 전봉준(全琫準)이 울분한 민중과 교도들을 지휘하여 제포구민(除暴救民)을 부	동학란은 농민들이 주동이 되어서, 점점 그 세력이 확대하여가던 동학의 포(包) 조직(組織)을 이용하여 일으킨 대규모적인 반란이었다. 그러므로 이 난을 지도한 것은 동학 교도들이었으나 그 중심 세력이 된 것은 농민이었다. 농민들은 정부와 양반 관료들의 무작정한 압박에 대한 반항으로서 일어난 것이니 악정을 개혁하여 도탄에 빠진 백성을 구할 것을 요구하였고, 또 외국 세력의 침투에 대한 민족적인 반항으로서 일어난 것이니 일본 및 서양 제국의 세력을 구출할 것을 부르짖었다. 동학란은 고종 31년(1894) 전라도 고부 군수(古阜郡守) 조병갑(趙秉甲)이 농민의 힘을 빌어 수축한 만석보(萬石洑)의 물세를 강제로

49 '잡혀가는 전봉준' 사진 수록.

	국사(김상기), 222~223쪽	우리나라 문화사(이홍직), 210~211쪽[49]
	르짖고 난을 일으켰다. 사방의 민중이 이에 호응하니 전라도 일대는 동학당의 천지로 화하였으며, 전라도 수부인 전주(全州)도 전 봉준에게 점령되었다. 그리고 충청, 경상 내지 경기지방에서도 곳을 따라 동학당의 소동이 일어났다. 전주성에 웅거하던 동학군은 관군의 공격을 받는 위에 정부의 요청으로 청군(淸軍)이 오는 것을 알고 사기가 꺾여 일단 전주로부터 물러서 형세를 관망케 되었다. 그 뒤 일군(日軍)이 들어오고 청·일(淸·日) 전쟁이 일어나매 동학군은 척왜(斥倭)를 부르짖고 정계(政界)를 숙청한다 하여 다시 서울로 향하여 처 올라왔다. 그러나 일본군과 합세한 관군에게 다시 서울로 향하여 처 올라왔다. 그러나 일본군과 합세한 관군에게 공주(公州)에서 크게 패하여 동학란은 마침내 막을 내리고 말았다. 동학군은 원래 훈련이 없는 오합지중(烏合之衆)인 위에 무기도 또한 빈약하여 외군(外軍)의 협조를 얻은 관군에게 패망하였으나, 안에 있어서는 갑오 경장(更張)을 일으켰으며 밖으로는 청·일 전쟁이 도화선이 되어 내외 정세에 커다란 변화를 일으켰다	징수한 것을 계기로 폭발하였다. 조병갑의 처사에 분격한 군민(郡民)들은 동학의 간부인 전봉준(全琫準)을 수령으로 삼아 드디어 난을 일으킨 것이다. 전봉준의 격(檄)에 응하여 각지에서 반란이 연거퍼 일어나니 삼남 일대가 동학교도의 지배하에 들어갔으며 반란군은 전주(全州)를 점령하기에 이르렀다. 청의 원병이 온다는 말을 듣고 일시 후퇴하였으나 청일 전쟁(淸日戰爭)이 발생하자 다시 일어나서 척왜(斥倭)를 부르짖으며 서울로 향하여 북상(北上)하였다. 사기(士氣)는 왕성하지만 변변한 무기도 훈련도 없는 농민군은 공주(公州)에서 일본군과 합세한 관군에게 패하여 흩어지고 전 봉준은 잡히어 죽자 난은 끝나고 말았다. 외국의 간섭으로 동란은 진압되었으나 그 끼친 바 영향은 컸던 것이니 안으로는 갑오경장(甲午更張)을 일으키어 우리나라의 근대화를 촉진시키고, 밖으로는 청일전쟁(淸日戰爭)을 유발(誘發)하여 국제 정세의 변화를 초래하였다.

[표 19]의 동학농민운동에 대한 서술의 특징은 첫째, 동학농민운동을 동학난으로 적어 왕조중심적인 서술 방식을 벗어나지 못하고 있다. 동학농민운동은 반봉건을 주창한 자주적 근대화운동임에도 불구하고 왕조에 대한 반란 가운데 하나로 서술하고 있다. 이런 서술 방식은 교과서 전체를 관통하고 있는데 이는 지극히 왕조 중심적인 서술이다. 둘째, 동학의 발전 과정에 대한 서술이 없이 동학지도부와 농민군이 합세하여 불만을 표출하였다고 동학농민운동의 발생 원인을 협의적으로 인식하고 있다. 동학농민운동의 발생은 동학 발생 이후 30년에 걸친 포교 활동과 동학이 주장하는 이념의 사회적 확산과 학정에 대한 농민들의 반발이 함께 어울려 발생하는데 이에 대한 기술이 이루어지지 않았다. 동학의 성장과

교조신원운동을 통한 공인화 작업 등에 대해서는 서술되지 않았다. 셋째, 동학농민운동의 과정이 구조화되지 않았다. 이는 당시까지의 학문적 성과의 한계가 있었지만 고부농민봉기 시기, 제1차 봉기, 전주화약과 집강소 시기, 제2차 봉기 등의 동학농민운동의 전개 과정이 간략하게 서술되었을 뿐이다. 넷째, 동학농민군이 '훈련이 없는 오합지졸', 무기도 또한 빈약한', '변변한 무기도 훈련도 없는' 자들라고 농민군을 폄하하고 있다. 또 농민군이 황토현전투와 황룡천전투를 통해 관군에 승리를 거둔 부분에 대해서는 서술하지 않아 농민군에 대한 좋지 않은 인식을 갖게 만들고 있다. 다섯째, 동학농민운동의 역사적 의의에 대한 내용이 자세히 기술되어 있지 않다. 동학농민운동은 갑오경장의 근대화 운동의 배경과 청일전쟁으로 국제 사회의 변화를 가져왔다고 간략하게만 서술되어 있다. 동학농민군의 주장인 폐정개혁의 내용과 집강소를 통한 개혁의 실천, 교정청의 설치 등 동학농민운동의 개혁 내용에 대한 서술이 없다.

결과적으로 동학농민운동에 대한 서술 또한 일제의 식민사관의 잔재를 청산하지 못한 서술임을 알 수 있다. 특히 동학농민운동의 제2차 봉기가 일본군과 관군의 연합에 의해 패배하였는데 일본군의 학살을 '외군의 협조를 얻은', 또는 '외국의 간섭'으로 불명확하게 기술하여 일본군의 부정적 역할에 대해 인식하지 못하게 하였다. 결국 동학농민운동이 근대사회로 가는 과정에서 발생한 일련의 사건 가운데 하나로만 처리되고 갑오경장의 배경으로만 바라보고 있다.[50]

---

50 서인원, 「동학농민운동의 한국사 교과서 서술 내용 분석–제1차–제7차 교육과정의 고등학교 교과서를 중심으로–」, 『숭실사학』 32, 2014, 170쪽.

2) 3·1운동

일제강점기 대표적인 독립운동인 3·1운동과 관련한 서술 내용을 살펴보고자 한다. 3·1운동은 일제강점기 독립운동의 전환점을 마련한 사건이었다. 따라서 이 부분에 대한 서술을 통해 일제감점기의 독립운동에 대한 서술의 단면을 파악해보고자 한다. [표 20]은 3·1운동에 대한 교과서 서술 내용이다.

[표 20] 3·1운동 서술

	국사(김상기), 243~244쪽	우리나라 문화사(이홍직), 233~235쪽[51]
내용	안에서는 우리 겨레가 일본의 야만적인 악독한 식민 정치 밑에서 시달리고 있는 동안에 밖에서는 제 1차 세계대전이 끝나고 서기 1919년 일월부터 강화 회의가 파리(巴里)에서 열릴제, 그 강화 회의의 원칙으로서 미국 대통령 윌손은 민족 자결 주의(民族自決主義)를 비롯한 14개조를 부르짖어 세계 약소 민족에게 큰 충동을 주었다. 이에 국내 국외에 있는 우리 겨레는 저절로 일심이 되어 이 기회에 민족해방운동을 일으키기로 하였다. 이 무렵에(1월) 고종(高宗)이 붕거(崩去)하여 3월 3일에 국장(國葬)을 행하게 되었는데, 우리민족 대표 33인을 중심으로 내외의 지사들은 서로 호응하여 전국 인민을 모여들 국장(國葬)의 기회를 타 독립 운동을 대대적으로 일으킬 준비를 갖추었다. 그리하여 이해 즉 기미(己未)년 3월 1일에 민족 대표 33인은 서울 탑골공원에서 수십만 대중들과 더불어 독립 선언서(獨立宣言書)를 발표하고 독립 만세를 부르짖으며, 일대 시위의 운동을 일으키니 이에 호응하여 전국의 방방 곡곡에서 남녀노소가 들고 일어났으며, 세계 각지의 동포도 같이 궐기 하여 우리의 독립정신을 크게 들쳐내었다. 촌철(寸鐵)도 가짐이 없이 일으킨 삼·일(三·一) 운동은 평화적인 시위 운동으로서 조국의	무단 정치의 강압 밑에서 민족의 존재가 말살당하고, 토지를 빼앗기고, 생명이 희생되고, 안식처를 잃어버린데 대한 민족적 분노가 폭발한 것이 1919년 3·1독립운동이었다. 3·1운동은 민족의 운명(運命)을 걸고 온 역량(力量)을 기울이어 싸운 일대 투쟁이었으니, 억압 속에서 오히려 굽히지 않는 민족의 생명을 나타낸 것이다. 3·1운동은 제 1차 세계 대전(世界大戰)이 끝난 후 약소 민족(弱小民族)의 문제를 처리하는데 있어서 미국 대통령 윌슨이 주장한 민족 자결주의(民族自決主義)에 힘 입은 바가 컸다. 이 소식을 들은 우리 민족은 위력(威力)의 시대가 지나고 도의(道義)의 새 시대가 온 것이라고 믿었다. 이에 용기를 얻은 우리 민족은 고종의 인산(因山)을 계기로 국내와 국외의 지사(志士)들이 중심이 되어서 독립운동을 전개 하였던 것이다. 즉 장례 이틀 전인 3월 1일에 손병희(孫秉熙), 이승훈(李承薰 즉 李寅煥) 등 33인은 민족을 대표하여 한국의 독립국임과 한국인의 자주민임을 선언하는 독립선언서(獨立宣言書)를 발표하였다. 이에 호응(呼應)하여 온 겨레가 대한 독립 만세를 부르며 평화적인 일대 시위(示威)를 전개하였으니 실로 민족 전체가 하나의 불덩어리처럼 애국

51 '독립선언서의 첫머리' 사진 수록.

	국사(김상기), 243~244쪽	우리나라 문화사(이홍직), 233~235쪽[51]
	독립에 대한 우리 겨레의 요구를 세계인류에게 호소한 것이다. 그런데 잔인 무도한 일본 정부는 군대를 동원하여 학살, 방화 등 갖은 악독한 수단을 다하여 이를 진압하니 수 많은 애국 동포가 각지에서 희생이 되었다. 이와 같이 삼·일 운동은 일본의 폭력에 의하여 표면상으로는 성공을 걷우지 못하였으나 일로[52] 말미암아 민족 의식은 더욱 굳어지고 일제의 식민 정책에 대한 정신적 무장을 다시금 새롭게 하였다. 한편에 있어 국내 운동과 서로 호응하여 이승만(李承晚), 안창호(安昌鎬) 등 지도자들이 중국 상해에 모여 임시정부를 조직하고(그해 4월)끈기 있는 활동을 계속 해왔으며, 대동단(大同團), 의렬단(義烈團), 대한애국부인회(大韓愛國婦人會) 그 다음 신간회(新幹會) 등 단체의 활동도 국내 국외를 통하여 매우 활발하였다.	심(愛國心)에 타올랐던 것이다. 이와 함께 해외(海外)의 투사(鬪士)들은 국제 연맹(國際聯盟)에 대표를 파견사여 독립을 호소하였다. 3·1운동은 무력적인 반항이 아니라 평화적인 시위 운동이었고 세계와 일본의 도의심(道義心)에 호소한 것이었다. 그럼에도 불구하고 일본은 군대를 동원하여 이를 탄압하고 참혹한 학살을 감행하였으니 사상자(死傷者)가 2만이 넘었고, 검거된 자는 5만이나 되었다. 결국 야만적인 무력(武力)에 의한 탄압으로 인하여 3·1운동은 실패하고 말았다. 그러나 이를 계기로 쌍하이(上海)에 모여든 망명 투사들은 이승만(李承晚)을 대통령으로 받들어 대한민국 임시 정부(大韓民國臨時政府)를 수립하였으며, 국내에서는 종래의 무단 정치가 없어지고 소위 문화 정치(文化政治)가 시작되었다.

[표 20]을 통해 3·1운동에 관한 서술의 특징을 살펴보면 첫째, 3·1운동의 서술 분량이 빈약해 그다지 상세히 다루어지지 않았다. 교수요목기에 비해서는 분량이 많이 늘어났지만 3·1운동의 동기와 전개 과정, 결과와 영향을 설명하기에는 부족한 분량이다. 운동의 전개 과정이 구조적으로 서술되어 있지 않았다. 3·1운동은 서울에서의 만세 시위와 지방의 도시 그리고 농촌으로 전개되었는데 이에 관한 내용이 서술되지 않았다. 둘째, 3·1운동의 주도세력에 대한 설명이 부족하였다. 이홍직은 3·1운동이 민족대표 손병희와 이승훈이 중심으로 한 민족대표의 역할에 대해 서술하고 있지만 김상기는 민족대표의 이름은 거명하고 있지 않다. 다만 이후의 이승만, 안창호의 이름은 거명하여 독립운동가로서의 면모를 강조하고 있다. 이는 3·1운동의 주도세력 보다 이후 독립운동가에 중점을 두는 서술이다. 셋째, 3·1운동의 역사적 의미에 대해서도 자세히 다루지

52 '이로'의 오기.

않고 있다. 3·1운동으로 임시정부가 수립되었고 더불어 민족의식이 앙양되어 일제에 더욱 강하게 저항할 수 있었다는 정도로 짧게 그 의미를 부여하고 있다.[53] 3·1운동은 내적으로는 독립의지의 고양을 통해 대한민국 임시정부의 수립과 무장독립전쟁의 확산되는 의미를 갖고 있고 외적으로는 중국의 5·4운동이나 인도의 비폭력운동 등 약소민족의 독립운동에 영향을 주었다는 역사적 의의 부분에 대한 서술이 기술되지 않아 3·1운동에 대한 체계적인 학습이 이루어질 수 없었다.

결과적으로 3·1운동에 대한 서술 내용이 체계적으로 이루어지지 않았다. 특히 3·1운동이 우발적인 사건으로만 서술되어 있는 측면이 있으며 이후 대한민국임시정부의 수립을 비롯한 일제강점기 독립운동의 전기를 마련한 독립운동사에서의 위치를 바르게 밝히지 못하고 있다. 이 또한 일제의 식민사관의 수준을 아직 벗어나지 못한 것이라 할 수 있겠다.

이상의 9개 주제는 일제 식민사관에 의해 왜곡되거나 축소되었던 주제들이다. 제1차 교육과정기의 고등학교 국사 교과서에서는 이들 주제에 관해 자주적으로 서술되지 않았다. 단군조선은 여전히 신화나 설화이고, 한 군현은 지도를 통해 자세히 설명하였다. 나·당 전쟁의 당군 격퇴 과정은 생략되었고 장보고의 해상활동의 긍정적 측면은 무시되었다. 묘청의 서경천도운동으로 인해 자주세력과 사대세력의 대결이 아닌 유교세력과 전통세력의 대결로 그려졌다. 공민왕의 개혁정치는 공민왕과 신돈의 역량에 따라 성패가 좌우되었다. 붕당정치의 순기능은 기술되지 않고 역기능이 강조되었다. 동학농민운동의 일본군의 학살은 특정되지 않은 외국의 간섭이나 도움이었고 3·1운동의 전개과정과 역사적 의의는 찾아볼 수 없었다. 따라서 제1차 교육과정의 국사 교과서는 일제의 식민사관을

53 최병택, 「해방 후 역사 교과서의 3·1운동 관련 서술 경향」, 『역사와 현실』 74, 한국역사연구회, 2009.12, 228~229쪽.

벗어나려는 노력이 크게 나타나지 않았다. 이는 이 시기의 교과서의 저자들이 일제강점기에 역사 교육을 받아 식민사관의 그늘을 벗어나지 못한 측면이 있다. 또한 '식민잔재 청산'보다 '반공'이 우선되는 전후의 시대적 분위기 역시 국사 교과서의 자주적 서술을 방해하는 요소가 되었다.

Ⅳ. 맺음말

제1차 교육과정은 대한민국 정부수립 이후 이루어진 최초의 교육과정이라는 데 상징적 의미를 갖는다. 첫 단추를 잘 꿰어야 한다는 속담이 있듯이 우리가 자주적으로 만든 첫 교육과정은 미 군정기에 임시방편으로 만들어진 교수요목기의 문제점을 해결하는 과정에서 이루어져야 했다. 하지만 해방 이후 산적한 문제 해결과 6·25전쟁의 발발로 인해 이러한 모습은 갖추지 못하였다. 명목상으로는 제1차 교육과정이지만 교수요목기의 연장이라고 봐도 무방할 정도로 제1차 교육과정은 교수요목기의 한계를 극복하지 못하였다. 따라서 이를 기반으로 하는 교과서도 이전 시기에 비해 발전적으로 저술되지 못하였다.

제1차 교육과정의 중학교 국사 교과서는 1956년 10종의 교과서가 발행되었다. 17개의 사열 기준을 통과한 교과서는 교수요목기의 수준을 그리 크게 뛰어 넘지 못하였다. 국사 교과서는 일제강점기 시기 일본이 발행한 교과서의 모방 내지는 번역에 그치는 수준이었던 교수요목기의 교과서를 새로운 교수요목에 맞추어 편집하고 문교부에서 요구하는 몇 가지 기준을 통과하는 수준에 머물러 있었다. 다만 시각 자료의 사용은 교수요목기에 비해 3~4배가 많아져 학생들이 수업에 활용할 수 있도록 하였다는 측면에서는 발전적이었다.

제1차 교육과정의 교과서 서술 체제의 특징은 첫째, 교과서의 제작이 일괄 신청하여 일괄 검정의 방식으로 선정되었다. 1956년 제1차 교육과정의 17개 사열기준을 통과한 교과서는 중학교 10종, 고등학교 4종이었다. 이후 매년 검인정 교과서가 늘어났지만 소수에 지나지 않아 이틀은 그대로 유지되었다. 다만 검정 교과서 중 어떤 교과서가 학교 현장에서 많이 사용되었는지는 확인할 수 없었다. 둘째, 교과서의 저자는 개인 저술이 대부분이었으며 단체의 저술은 역사교육연구회에서 발행한 중, 고등학교 국사 교과서 각 1종에 불과하였다. 교수요목기 『국사교본』을 간행한 진단학회의 김상기와 이병도는 제1차 교육과정에서 각각 교과서를 저술하였다. 그리고 진단학회의 회원이었던 유홍렬, 신석호 등도 교과서를 저술하여 진단학회 출신 학자의 교과서 저술이 대세를 이루었다. 진단학회의 『국사교본』이 일제의 식민사관을 벗어나지 못하였다는 비판을 받았듯이 이들이 저술한 제1차 교육과정의 국사 교과서도 이런 문제에서 자유롭지 못하였다. 셋째, 교과서의 저자는 일제강점기 동경제국대학, 와세다대학, 경성제국대학 등에서 교육을 받은 학자 출신이었다. 이들은 일제강점기 일본식 교육을 받았다는 측면에서 해방 이후 우리 역사학계를 주도한 학자들이 식민지 역사 교육을 받은 학자이고 이들에 의해 만들어진 교과서를 학교에서 가르치는 순환 고리가 생기게 되었다. 일제강점기 민족 사학 계열의 연구자들은 교과서 제작에 참여하지 못하여 이들의 연구 성과가 교과서에 반영되지 못하였다. 넷째, 교과서의 분량은 전근대 서술이 전체 교과서의 약 80%를 차지하였다. 교과서는 문교부에서 설정한 지도목표와 지도내용을 기준으로 만들어지기 때문에 당시 문교부의 국사 교과서 서술의 분량이 왜 근대 이전의 서술 비중을 극단적으로 높였는지는 정확하게 확인할 수는 없지만 일제강점기 문화 권력을 장악하고 있던 인사들이 해방 이후에도 여전히 영향력을 행사하고 있어 근대 이후의 서술을 적게 만들었을 가능성이 있다. 다섯째, 교과서의 일제강점기의 서술이 극단적으로 빈약하다. 일제강점기는 1~2개의 중단원으로 처리되어 일제에 의한 강압적인 통치방식과 이를 벗어나기 위한 독립운동이 너무도 간략하게 서술되어 있다. 일제강점기 가장 대표적인 독립운동인 3·1운동의 분량도 1쪽 내외로 하여 그 역사적 의미를 파악하기에는 턱없이 부족하였다. 그 외 6·10만세운동, 광주학생항일운동, 신간회 활동 등은 그 내용을 파악하기에 교과서의 내용이 너무 부실했다. 여섯째, 교과서의 시각 자료는 이전 시기에 비해 대폭 늘어났다. 교수요목기의 교과서에서 30건 내외의 자료를 활용하였으나 제1차 교과서의 경우 중학교는 지도와 사진 자료를 합하여 80매 내외, 고등학교는 80~130건의 자료를 활용하여 이전 시기의 교과서에 비해 학습 효과를 높일 수 있게 되었다.

다음으로 제1차 교육과정의 고등학교 국사 교과서의 내용을 시대별로 몇 가지 주제를 선정하여 살펴본 결과 몇 가지 특징을 볼 수 있었다. 첫째, 교과서는 왕조사 중심으로 서술되어 있었다. 교과서의 시대구분이 부족국가, 삼국시대, 통일신라시대(혹은 신라통일시대), 고려시대, 조선시대(전기, 중기, 후기), 근대로 구분되어 왕조사적 서술을 벗어나지 못하고 있다. 근대의 시작을 개항이 아니라 흥선대원군의 집권으로 설정하고 있는 것은 사건 중심이 아닌 왕조의 인물중심의 서술임을 단적으로 보여준다 하겠다. 둘째, 일제의 식민사학이 갖는 타율성론과 반도사관을 벗어나지 못하였다. 우리나라를 반도라고 칭하는 경우가 많았고 식민사관의 타율성론에 의해 저술된 일제 치하의 서술 방식을 그대로 유지하고 있었다. 나당전쟁의 서술에서는 신라의 당 세력 축출 과정이 생략되어 있고, 붕당정치는 당쟁으로 치부되어 붕당정치의 긍정적 측면보다 부정적 측면이 부각된 채 서술되어 있었다. 공민왕은 '상심한 나머지 정치를 돌보지 않는' 나약한 왕이고 동학농민군은 '오합지졸'에 지나지 않았다. 셋째, 역사적 사건의 서술이 구조적으로 이루어지지 못하였다. 어떤 역사적 사건이 발생의 원인, 전개 과정, 사건의 결과와 영향으로 서술되어 있지 않아 학생들이 사실에 대해 구조적으로 학습하기에 어려움이 있었다. 묘청의 서경천도운동, 동학농민운동, 3·1운동 등의 서술이 이러한 방식을 충실히 따르지 않고 있어 사건의 시간적 흐름을 이해하고 역사적 의의를 찾는 데 곤란하였다.

제1차 교육과정 국사 교과서는 이후 만들어진 국사 교과서의 시금석이 된다는 측면에서 중요한 의미를 갖는다. 그러나 신생국가의 건설이 얼마 진행되지 않은 상황에서 저술되어 많은 아쉬움이 남는다. 특히 일제강점기가 우리 민족의 정신을 파괴하려는 고도의 정치적 행위가 이루어졌고 그로 인해 굴절된 우리 역사가 바로 서는 계기가 되어야 했음에도 그러지 못하였다. 이는 일제강점기 문화 권력을 행사하던 이들이 정부 수립 이후에도 지속적인 영향력을 행사하였기 때문이라고 볼 수 있다. 또 해방 이후 이념 갈등 상황에서 우리 역사를 바르게 정립하지 못한 역사학계의 문제점도 없지 않다.

본고는 제1차 교육과정의 고등학교 국사 교과서를 주마간산(走馬看山)격으로 살폈을 뿐이다. 앞으로 이 시기의 교과서를 저자 별로, 과정 별로, 그리고 제1차 교육과정을 전후한 시기의 교과서와 비교 연구하는 작업이 병행되어야 제1차 교육과정에서의 국사 교과서의 서술 체제와 내용 분석이 보다 면밀하게 이루어질 것이라 기대한다.

04

제1차 교육과정 세계사 교과서 서술체제와 내용 분석

남한호

Ⅰ. 머리말

제1차 교육과정은 우리나라 교육사에서뿐만 아니라 세계사 교육에서도 중요한 의미를 가진다. 해방 이후 미군정의 주도 아래 마련되었던 교수요목의 틀에서 벗어나 우리 현실에 맞는 교육과정을 구성하려는 시기였으며, 교육법에 근거하여 이루어진 최초의 교육과정이기 때문이다.[1] 세계사 교육에서 제1차 교육과정기는 중학교에서 동양사와 서양사로 나누어져 있던 내용을 세계사로 통합하여 구성되었던 시기였다. 또한 고등학교에 세계사 과목이 개설되었으며, 세계사 과목의 성격과 세계사교육에 대한 이론적인 모색이 시작되는 시기였다.

세계사는 인류 경험의 총체이자 인류의 거대한 흐름을 다루는 인류 역사로, 인류가 나타난 때부터 현재에 이르기까지 인류 전체의 이야기라

1 유봉호, 『한국교육과정사연구』, 교학연구사, 1992, 308~312쪽.

고 할 수 있다.[2] 특히 세계 각 지역 간의 상호 의존성이 심화되면서 민족, 인종, 종교, 계급 간의 갈등과 대립이 더욱 높아져가는 상황에서 세계사에 대한 이해는 더욱 필요하다. 현대 세계의 문제를 해결하기 위해서는 다양한 문화와 가치를 이해하고 존중하는 태도, 사건이나 문제를 다양한 집단 간의 상호 관계 속에서 파악하고 분석할 수 있는 능력이 필요하다.

세계사는 이러한 요구에 부응하여 여러 지역의 독특한 문화적 특징과 그 역사적 형성 과정을 비교의 관점에서 탐구할 기회를 제공하고, 지역 간의 교류와 갈등을 통해 형성된 인류의 다양한 경험을 심층적으로 이해시키는 것을 목적으로 하는 과목이다.[3] 따라서 세계사교육은 인류 경험의 총체로서 인문교육의 의미뿐만 아니라, 국제이해교육, 세계화 시대에 유용한 지식과 안목을 기르는 과목으로서 중요성을 가진다.

그러나 세계사교육의 중요성과 달리 현실에서는 '세계사교육의 위기'에 대한 우려가 높다. 그 원인으로 세계사의 선택과목에 따른 위상의 약화, '민족 주체의식' 담론의 강화와 세계사교육의 종속화 등이 거론되기도 하였다.[4] 그러나 '세계사교육의 위기'는 세계사 교육이 교육과정에서 갖추어지기 시작하였던 제1차 교육과정기 때 이미 지적된 바 있다.[5] 이 문제를 해결하기 위해서는 교육과정뿐만 아니라 교과서의 체제와 서술의 특징을 검토하는 데에서부터 출발하여야 할 것이다.

---

2 강선주, 「세계화 시대의 세계사교육-상호 관련성을 중심 원리로 한 내용 구성」, 『역사교육과 역사인식』, 책과함께, 2005, 382쪽.

3 교육부, 「세계사」, 『2009 개정 사회과 교육과정』(국가교육과정정보센터 http://www.ncic.go.kr/mobile.kri.org4.inventoryList.do).

4 강선주, 「세계사교육의 '위기'와 '문제': 역사적 조망」, 『사회과교육』 42(1), 2003.

5 제1차 교육과정기의 세계사교육에 대해 이동윤은 세계사 교과서에 심각한 결함이 있어 세계사교육 본래의 의미가 약화되었으며, 세계사의 선택과목화와 대학입시에서 선택과목으로 되어 있어 학생들로부터 외면받음에 따라 세계사교육이 위기에 처해있다고 지적하였다.(이동윤, 「세계사교육의 당면과제」, 『역사교육』 2, 1957, 12~13쪽) 이러한 지적은 이후 역사교육학계에서 계속 제기되었다.

이 글에서는 먼저 제1차 교육과정의 제정 과정을 통해 교육과정의 특징을 찾아내고, 교육과정의 방향에 따라 발행된 세계사 교과서 구성의 특징을 밝혀내고자 한다. 이를 바탕으로 중학교와 고등학교 세계사 교과서를 비교하여 그 서술 체제와 내용의 특징을 찾아냄으로써 제1차 교육과정기 세계사 교육의 특징을 가늠하는 데에 목적을 둔다.

Ⅱ. 제1차 교육과정의 개정과 세계사교육

1. 제1차 교육과정 제정 과정과 특징

1948년 정부가 수립되고 난 뒤 교수요목이 "해방 후 물밀 듯 흘러 들어온 그릇된 외래 사상이 범람하던 시절 된 것으로 …… 우리 대한민국 국책에 적합하지 않"는다고 보아 정부는 교육과정의 개정 작업에 들어갔다.[6]

교육과정 개정은 한국전쟁으로 미루어졌지만 1952년 문교부는 교육과정 전체 위원회를 구성하고 신 교육과정의 기본 원칙을 제시하였다. 신 교육과정은 ▶현실 생활을 개선·향상시킬 수 있는 포부와 이념의 제시 ▶우리나라 교육의 목적을 구현할 수 있는 계획안 ▶학습부담을 줄이고 학생의 심신 발달 과정과 생활 이상에 맞는 교육과정의 내용 ▶학생의 욕구를 충족시키고 개성을 발전시킬 수 있는 종합적인 내용 ▶시대와 지역의 요구를 반영한 반공교육, 도의교육, 실업교육의 강조 등을 중요한 원칙으로 삼고 있었다.

교육과정 전체 위원회에서는 각급 학교 교육과정 시간 배당 기준을 작성한 뒤 1954년 4월 20일 문교부령 제35호로 공포하였다. 문교부는

6 문교부 편수국, 『편수시보』 제1호, 1950, 6~8쪽(이찬희·박진동 편, 『한·일 역사과 교육과정 비교연구』, 경인문화사, 2010, 22쪽에서 재인용).

교육과정 시간 배당 기준을 바탕으로 하여 각 교과 위원회를 구성하고, 교과 과정을 심의·제정하였다.

제1차 교육과정은 교수요목이 교과마다 다른 체제로 개발된 것과 달리 모든 교과가 거의 유사한 목차를 갖는 교과 체계를 갖추었다. 따라서 제1차 교육과정은 교육과정이라는 용어 대신에 교과과정이라는 용어를 사용하였다. 이 때문에 제1차 교육과정을 교과중심 교육과정으로 분류하기도 한다. 그러나 제1차 교육과정은 교과중심 교육과정과 경험중심 교육과정의 성격을 동시에 갖고 있었다. 제1차 교육과정이 통합교과보다는 단일 교과와 기본지식 기능의 숙달을 강조하였다는 면에서는 교과중심 교육과정의 형식을 띠지만, 중학교 역사과목을 '사회생활과'에 포함함으로써 교수요목기의 실생활 경험을 중심으로 하는 교육과정 구성 원리를 유지하였기 때문이다.[7]

2. 제1차 교육과정기 역사과의 편제와 구성

제1차 교육과정에서 국민학교와 중학교 역사 영역은 사회생활과에 포함되었으며, 고등학교 역사 영역은 사회과로 편제되었다.

[표 1] 제1차 교육과정기 역사 영역의 편제

학교급	국민 학교	중학교			고등학교		
교과	사회생활과	사회생활과			사회과		
학년	6학년	1학년	2학년	3학년	1학년	2학년	3학년
과목 (주당 시수)	국사 (190분~150분)	국사(2)	세계의 역사(1)	세계의 역사(1)		국사(필수) (3) 세계사(선택) (3)	

7 김진숙, 「일제강점기부터 제1차 교육과정기 교육과정 문서 체계 분석-총론과 교과의 분화와 독립」, 『한국교육사학』 34(1), 2012, 51쪽.

국민 학교 역사 영역은 6학년 과정에 편제되어 11개 단원 가운데 두 개 단원으로 구성되었다. 2단원에서는 한국사의 전개 과정을 연대기 순으로 정치사와 생활사를 중심으로 구성하였다. 3단원에서는 '우리의 역사를 빛낸 사람과 물건'이라 하여 인물사를 중심으로 내용을 구성하도록 하였다. 중학교 사회생활과는 지리, 역사, 공민 세 부분으로 구성되어 있었다. 배당 시간은 도의교육 35시간을 제외한 시간을 세 영역이 나누어 교수하도록 하였다. 이에 따라 역사 영역은 1학년 국사를 두고 주당 2시간, 2학년과 3학년에 세계사를 두어 주당 1시간을 배당하였다.

중학교 역사 영역의 편제는 교수요목기 중학교의 역사 과목의 배열의 문제점을 해결하기 위한 방안으로 볼 수 있다. 교수요목기 중학교 역사 과목은 세계사를 1학년에서 학습하고 이어 2·3학년에서 국사를 학습하도록 하였다. 이는 학생들의 흥미나 인지 발달 수준, 공간적 이해 단계와 맞지 않다는 지적에 따른 것으로 보인다.[8] 고등학교 과정에서 역사 영역은 국사와 세계사로 구성되었다. 국사는 일반사회, 도덕과 함께 필수과목이었으며, 2·3학년에 걸쳐 주당 3시간을 배당하였다. 세계사는 지리와 함께 선택과목이었으며 역시 2·3학년에 걸쳐 주당 3시간을 이수하도록 하였다. 세계사 과목의 시수는 교수요목 때보다 1단위씩 늘었지만, 세계사가 선택과목이었으므로 시수가 증가하였다고 보기 힘들다.[9] 국사와 세계사 모두 문화를 중심으로 내용을 구성하였지만, 세계사는 현대세계의 이해에 초점을 두었다.

고등학교 세계사교육과정에서 특이한 점은 실업학교를 위한 세계사 과정을 둔 것이다. 이는 실업학교에서 세계사를 선택하지 않을 경우에 대

---

8 최상훈, 「역사과 교육과정 60년의 변천과 진로」, 『사회과교육연구』 12(2), 2005, 213쪽.

9 이찬희·박진동 편, 『한·일 역사과 교육과정 비교연구』, 213쪽.

비한 것으로 일반사회 시간 내에서 최소 35시간을 이수하도록 하였다. 실업학교 세계사교육과정의 내용 구성은 크게 3개의 장으로 이루어져 있다.

[표 2] 실업학교 세계사 교과과정과 교과서의 내용

대단원	목표	교과과정 내용	교과서의 내용 구성 사례[10]
근대 이전의 세계	① 동·서양 사회 발전의 유사점과 상이점을 이해시키고 그 특징을 알게 한다. ② 근대 이전의 동·서 문화의 보편성과 특수성을 이해시키고 그 교류를 살피게 한다.	(1) 근대 이전의 동양과 서양 (2) 동·서 문화의 특징	제1편 근대 이전의 사회 총설 제1장 원시사회 제2장 고대 문명의 발전 제3장 희랍의 문명 제4장 로마와 그리스도교 제5장 아세아 제국의 발전과 그 문화 제6장 아세아의 혼란 제7장 게르만족의 활동 제8장 사라센족과 그 문화 제9장 유롭의 봉건사회 제10장 신기운의 태동 제11장 동양 봉건사회의 성숙과 정책
근대 세계의 성립과 발전	(1) 항로 발견 이후의 동·서양의 접촉을 이해시킨다. (2) 유롭 사회의 세계적 발전을 이해시킨다. (3) 민주주의의 발전을 이해시킨다. (4) 아시아의 근대화를 이해시킨다.	(1) 근대 초의 동양과 서양 (2) 민주주의의 진전 (3) 산업 혁명과 시민 사회의 발전 (4) 아시아의 근대화	제2편 근대사회의 과정과 시민문화 총설 제1장 루네쌍스 제2장 지리상의 신발견 제3장 종교개혁 제4장 절대주의 국가 제5장 자유주의의 대두 제6장 불란서 혁명 제7장 산업혁명과 시민사회 제8장 자유주의의 발전 제9장 국민주의의 발전 제10장 사력동점과 아세아의 여명 제11장 시민사회의 문화

10 정중환, 『세계문화사』, 양문사, 1956.

대단원	목표	교과과정 내용	교과서의 내용 구성 사례[10]
현대의 세계	(1) 양차의 세계 대전을 거친 뒤의 세계의 현 정세를 이해시킨다. (2) 국제 질서는 어떻게 세워져 가고 있는가를 이해시킨다. (3) 민주주의에 대한 바른 이해와 실행의 신념을 기른다. (4) 동남아시아의 변천을 이해시킨다. (5) 현대 문화의 특징과 현대 생활의 성격을 이해시킨다.	(1) 양차의 세계 대전 (2) 국제평화 운동과 오늘의 세계	제3편 현대세계의 움직임과 인류문화 제1장 열국의 세계 정책과 제1차 세계대전 제2장 민족자결주의와 국제평화운동 제3장 민주주의와 사회주의의 발전 제4장 아세아제국의 근대화 제5장 전체주의의 대두와 제2차 세계대전 제6장 제2차 대전 후의 세계 정세

실업학교 세계사교육과정의 내용은 동서양의 역사적 기반을 이해하는 데서 출발하여 유럽을 중심으로 일체화해가는 과정을 거쳐, 19세기 이후 통일적인 세계사의 움직임을 파악하는 데 초점이 맞추어져 있는 것으로 보인다. 결국 세계사의 형성과 발전 과정을 유럽 중심으로 파악하고 있으며, 중·고등학교의 세계사 내용으로 보아 실업학교만의 내용 구성이라기보다는 이 시기 세계사를 구성하는 일반적인 방식으로 보인다.

3. 제1차 교육과정기 세계사교육과정의 특징

제1차 교육과정은 세계사 교육에서 중요한 의미를 가진다. 중등학교에서 세계사 교과가 정식으로 설치되었으며, 세계사교육에 대한 이론적인 모색이 구체적으로 시작된 시기였기 때문이다.[11] 세계사는 역사의 흐름 속에서 우리가 어디에 서 있느냐 하는 문제의식을 가지고 세계사상을 파악하는 과목으로, 그를 위해서는 전 인류를 통일적으로 고찰하여 세계

11 김한식은 세계사 교과가 성립되고 이론적인 모색이 시작되었기 때문에 이 시기를 세계사 교육의 성립기로 구분하였다. (김한식, 「해방후 세계사교육 연구의 경향과 과제」, 『역사교육논집』 25, 1999, 107쪽.)

사의 구조를 해명하는 데에 목적이 있다고 보았다.[12] 이러한 관점으로 미루어 보아 제1차 교육과정기 세계사는 전 세계의 역사적 지식이나 각국사를 나열하는 만국사의 의미나 동양사와 서양사를 단순히 합친 과목으로서의 의미보다는 세계의 역사를 종합적으로 체계화한 것으로 보편사, 일반사를 의미한 것으로 받아들였다.[13]

각 교과의 목표는 제1차 교육과정부터 나타난다. 교수요목기는 사회생활과 전체에 해당하는 교수목적이 제시되었으며 역사 영역에 해당하는 교수목적은 제시되지 않았다. 교육과정에서 제시하고 있는 세계사 과목의 목표는 다음과 같다.[14]

○ 중학교 사회생활과 세계사의 목표

1) 인간의 자아완성으로서 가져 온 인류 생활의 향상과 발전을 이해시킴으로써, 인간의 고귀한 사명을 이식하게 하고, 각자의 책임을 존중 완성하게 한다.
2) 정치 생활의 발전을 이해시킴으로써 민주 사회의 일원으로서의 자질을 갖추도록 노력하게 하며 자주적이며 통일된 민주국가 건설에 이바지하게 하고, 나아가 인류 평화 건설에 공헌하게 한다.
3) 인간이 자연에 적응하고 이를 이용함으로써 가져온 사업의 발달과, 경제 생활의 발전을 이해시킴으로써 자주적 생활 능력을 갖춘 건전한 생산인의 자질을 갖추도록 근로 노작 정신을 기르고, 산업의 발달과 경제생활 향상에 노력하게 하며, 나아가 인류 공영에 이바지하게 한다.
4) 인류의 진선미의 탐구로서 이루어진 문화의 발전과 그 유산을 이해하게 함으로써 문화인의 자질을 갖추도록 노력하게 하며,

12 김학엽, 「세계사연구에 있어서의 기본문제」, 『역사교육』 2, 1957, 1~11쪽.
13 이성수, 「세계사의 성격과 그 교육론」, 『역사교육』 4, 1959, 9~13쪽.
14 교육부, 『초·중·고등학교 사회과·국사과 교육과정 기준(1946~1997)』, 교육부, 2000.

민족 문화의 양양과 세계 문화 발전에 공헌하게 한다.

5) 인권의 존중과 사회 정의의 발전을 이해시킴으로써, 서로 애경하며, 신의와 협동 정신으로 질서 있고 화락한 사회를 이루게 한다.

○ 고등학교 세계사 목표

1) 세계 사조의 개념을 명확히 이해함으로써 현대 사회의 역사적 지위를 파악하게 하고 따라서 바른 사회관과 전전한 상식의 소유자가 되게 한다.
2) <u>세계사의 발달과 동향을 이해함으로써 역사적 사고력을 가지고 현대 사회의 제 문제에 대한 정확한 비판과 건전한 판단을 할 수 있는 능력을 기른다.</u> (밑줄은 필자의 강조에 따른 것임)
3) 우리나라의 세계사적 지위를 이해함으로써 민족의 사명을 자각하고 개인 활동의 바른 길을 밟게 한다.
4) 세계사를 통하여 문화유산을 형수함으로써 심미적 정서를 함양하게 하고 숭고한 예술을 감상하고 창작하는 능력을 길러 명랑화락한 생활을 할 수 있는 사람이 되게 한다.
5) 세계사 학습을 통하여 인류 공영의 이상을 실현할 수 있도록 국제 협력의 정신을 육성하게 하고 인류 평화에 기여할 수 있는 사람이 되게 한다.

세계사 과목의 목표로 중학교에서는 정치·경제·문화 등 영역을 포괄하는 종합적인 지적 목표를 제시하였으며, 태도목표로 당시 전후의 새 국가 건설이라는 시대적 요구를 반영한 항목들이 백화점식으로 제시되어 있다. 고등학교는 전반적으로 교양주의적 역사관을 반영하고 있지만, 처음으로 '역사적 사고력 배양', '현대사회의 제 문제에 대한 정확한 비판과 건전한 판단'을 목표로 제시하였다.[15] 이는 단순한 시대사적 이해에서 벗어나 세계사 각 시대의 특질과 현대사조의 파악을 통해 현대사회 문제에 대한 정확

15 김한식·권오현, 「해방후 세계사 교육과정의 변천과 문제점」, 『역사교육』 61, 1997.

한 판단능력을 가지도록 하는 데에 목표를 둠으로써 역사교육의 본질을 추구하였던 것으로 파악된다. 전체적으로 보아 세계사 목표는 한국전쟁을 통해 절실하게 느낀 국제협력, 인류평화 등의 국가·사회적 요구가 강하게 반영된 결과 다른 교육과정에 비해 자세하게 제시되어 있다. 그러나 중학교와 고등학교 세계사 목표의 위계나 차별성은 나타나지 않는다.[16]

내용의 선정과 구성 원리는 중학교와 고등학교 모두 고대·중세·근세(근대)·현대라는 서양사 중심의 시대 구분법을 따르고 있다.

[표 3] 제1차 교육과정기 중·고등학교 세계사 교육과정 내용 구성

중학교		고등학교	
대단원	내용	대단원	내용
1. 문화의 발생	(1) 인류 문화는 어떻게 시작되었는가? (2) 문명은 어떤 고장에서 어떻게 시작되었는가? (3) 중국 문명은 어떻게 이루어졌는가? (4) 인도 문명은 어떻게 이루어졌는가? (5) 메소포타미아 문명은 어떻게 이루어졌는가? (6) 이집트 문명은 어떻게 이루어졌는가? (7) 에게 문명은 어떻게 이루어졌는가?	1. 고대 문명	(1) 문화의 발생 (2) 고대 중국 (3) 고대 인도 (4) 오리엔트 (5) 그레시아 (6) 로마
2. 고대의 동양과 서양	(1) 중국의 고대는 어떠하였는가? (2) 인도의 고대는 어떠하였는가? (3) 그리시아 문명은 어떠하였는가? (4) 로마 문명은 어떠하였는가? (5) 서양 고대의 변천은 어떠하였는가? (6) 고대 중국의 분열과 아시아 민족의 생활은 어떠하였는가?	〃	〃
3. 아시아 세력의 팽창과 유럽 사회의 형성	(1) 이슬람 세계는 어떻게 이루어졌는가? (2) 당, 송 시대는 어떠하였는가? (3) 몽고와 일본은 어떻게 발전하였는가? (4) 유럽 사회는 어떻게 형성되었는가? (5) 중세 서양의 문화는 어떠하였는가? (6) 동서 문화의 관계는 어떠하였는가?	2. 중세 유럽과 아시아	(1) 유롭의 형성 (2) 유롭의 봉건 사회와 가톨릭교 (3) 서남아시아 문화의 발달 (4) 동아시아 문화의 발전 (5) 유롭의 신 기운

16 최상훈, 「역사과 교육과정 60년의 변천과 진로」, 『사회과교육연구』 12(2), 2005, 219쪽.

<table>
<tr><th colspan="2">중학교</th><th colspan="2">고등학교</th></tr>
<tr><th>대단원</th><th>내용</th><th>대단원</th><th>내용</th></tr>
<tr><td>4.
서양 세력의
발전과
근세 문명</td><td>(1) 근세 서양은 어떻게 일어났는가?
(2) 근대 국가는 어떻게 발전하였는가?
(3) 근대 정치 혁명은 어떠하였으며 여러 나라의 민주주의 발전은 어떠하였는가?
(4) 산업 혁명은 어떻게 일어났으며, 그것은 어떻게 세계에 번지었는가?
(5) 근세 문명은 어떠하였는가?(-19세기까지)</td><td rowspan="2">3.
근세 세계의
성립과
발전</td><td rowspan="2">(1) 근대 초의 동양과 서양
(2) 민주주의의 진전
(3) 산업 혁명과 시민 사회의 발달
(4) 아시아의 근대화</td></tr>
<tr><td>5.
근세 동양은
어떠하였
는가?</td><td>(1) 명, 청의 중국은 어떠하였는가?
(2) 서남 아시아의 변동은 어떠하였는가?
(3) 서양 세력은 어떻게 아시아에 침입하였는가?
(4) 근세 일본은 어떻게 변천하였는가?
(5) 동양 각국의 서로의 관계는 어떠하였는가?</td></tr>
<tr><td>6.
민주주의
발달과
현대 문명</td><td>(1) 제국주의는 어떠하였는가?
(2) 두 차례의 세계 전쟁은 어떠하였는가?
(3) 전후의 민주주의와 국제주의는 어떻게 발전하였는가?
(4) 현대 세계 문명은 어떠한가?
(5) 현대 세계와 우리</td><td>4.
현대의
세계</td><td>(1) 양차의 세계 대전
(2) 국제 평화 운동과 오늘의 세계</td></tr>
</table>

내용의 선정과 조직면에서 중학교와 고등학교 세계사 간의 차별성을 두려는 의도가 보인다. 먼저 중학교 세계사는 정치사·왕조사 중심의 통사적인 내용을 중심으로 조직하였던 반면 고등학교 세계사는 문화사를 중심으로 내용을 조직하였다. 그리고 중학교 세계사의 내용 구성에서 같은 시기의 동양과 서양의 역사를 나란히 서술하는 방식을 취하였으며, 고등학교 세계사에서는 서양사를 먼저 서술하고 동양사를 나중에 서술하는 방식을 취하였다.[17]

그러나 단원명으로 보아서는 중학교와 고등학교의 차별성이 드러나지 않는다. 오히려 중학교의 단원 구성이 고등학교의 단원에 비해 더 상세하게 제시되어 있다. 또한 내용의 제시 방식에서도 중학교와 고등학교

17 최상훈, 「역사과 교육과정 60년의 변천과 진로」, 『사회과교육연구』 12(2), 2005, 223~224쪽.

세계사의 일관성이 보이지 않으며, 단원명에서도 '근세 동양은 어떠하였는가'처럼 단원명과 내용의 형식이 혼재되는 모습이 보이는 등 체계적으로 구성되었다고 보기는 어렵다.[18]

중학교 세계사 교육과정에서는 '학습에 있어서 유의할 조항'을 두어 정확한 역사적 사실의 전달, 사실간의 상호관련을 종합적으로 이해, 학습목표를 반영한 지도, 시수를 고려한 학습내용의 정선, 지도·도표·사진 등의 제작 활용, 토의식 학습의 적극 활용 등에 유의하여 지도하도록 규정하였다. 두드러진 점은 정확하고 정선된 역사적 사실을 토의식으로 수업할 것을 강조하고 있다는 것이다.[19]

고등학교 교육과정에서는 지도상 유의점이 제시되지 않았고, 수업 방법에 대한 언급도 보이지 않는다. 그렇지만 고등학교 역시 중학교와 마찬가지로 학생의 활동을 강조하는 토의식 수업 방법이 강조되었을 것으로 보인다. 이는 강의식, 주입식 등 전통적인 수업방식이 지닌 문제점을 해결하기 위한 방안으로서 실제 세계사 수업에서 적용하려는 시도도 보이지만 한계가 분명하게 나타난다.[20]

---

18 제1차 중학교 세계사 교육과정 내용의 설문식 제시 방식은 교수요목을 이어받은 것으로 보인다. 이는 전통적인 강의 중심의 역사학습에서 벗어나 새로운 문제해결 학습을 모색한 것으로, 미국 진보주의 교육의 영향을 받아 당시 전개된 '새교육운동'에서 중시되었던 교수방법이 반영된 것으로 볼 수 있다.(박진동, 「교수요목에 의거한 '먼나라 역사' 교과서의 발간과 그 구성」, 『역사교육』 137, 2016, 6쪽의 각주 16 참조) 그러나 중학교 대단원과 고등학교 교육과정의 내용 제시 방식은 교과의 학문체계를 강조하는 제1차 교육과정의 특징을 보여주고 있다.

19 중학교 '『세계의 역사』 지도 목표와 유의할 사항'에서는 '학습을 통하여 얻는 개개의 지식은 정확하여야 할 것이며', '학생들로 하여금 학습 문제를 서로 토의하게 함으로써 학습의 성과를 자동적으로 얻게'하는 수업을 강조함으로써 정확한 역사적 사실의 중요성을 강조하였으며, 지식의 습득 방법으로 토의식 수업을 제시하였다.(교육부, 『초·중·고등학교 사회과·국사과 교육과정 기준(1946~1997)』, 251쪽.)

20 황철수, 「역사과 학습지도안 및 평가요령-지도안 형식과 세계사안의 실제」, 『역사교육』 1, 1957. 세계사 지도안에서는 학생들의 사전 조사를 전제로 한 문답식 수업 모형을 제시하고 있다. 방법적인 면에서 역사 사실의 현재와의 관련, 동시대 타 지역의 사실과의 비교, 동일한 영역 간 다른 사실과의 비교 등 관련과 비교를 강조하였지만, 사전 조사와 문답식 수업은 학생들의 자발적인 학습보다는 교사의 효율적인 지식 전달을 위한 수단에 그치고 있다. 또한 발문도 주로 사실의 확인과 전달에 치우쳐 있다.

Ⅲ. 제1차 교육과정기 교과서의 발행과 세계사 교과서의 구성

제1차 교육과정에 따른 세계사 영역의 교과서는 검정도서로 발행되었다. 교과서 검정 기준인 집필상의 유의점은 아직 마련되지 못하였다. 대신 제1차 교육과정기 교과서 검정 기준은 군정법령, 교육조치, 교수요목 등을 근거로 하고 집필요령은 행정지시로 처리한 것으로 짐작한다.[21] 1949년 문교부 편수과에서 제시한 국정교과서의 사열요령으로 검정교과서의 기준을 미루어 볼 수 있다.[22]

이 시기 교과서는 교육법의 규정에 따라 국민 학교는 국정을 원칙으로 하고, 중·고등학교 교과용 도서는 국어와 실업 등 일부 교과만을 국정으로 하고, 기타 교과용 도서는 전부 문교부가 검·인정으로 허가한 것을 사용하도록 하였다. 검인정 교과서의 검정 절차는 교수요목기와 달리 각 학교급별로 모든 교과서를 한꺼번에 검정하는 안을 택하여 이루어져, 1955년 발표된 '검인정 교과서 사열 기준'에 따라 1956년 심사를 확정, 각 학교에 배포되었다.[23] 중학교와 고등학교 세계사 교과서도 1956년 문교부의 검정 심사를 거쳐 각급학교에 배포되었다.

---

21 허강 외, 「교과서의 편찬·발행 등 교과서 제도 변천에 관한 연구」, 2004년도 교육과정 기초연구과제 답신 보고, 한국 교육과정·교과서 연구회, 2004, 24쪽.

22 '교재검정 요령 편수과서 통달', 「동아일보」, 1949.3.1.(허강 외, 「교과서의 편찬·발행 등 교과서 제도 변천에 관한 연구」, 2004년도 교육과정 기초연구과제 답신 보고, 한국 교육과정·교과서 연구회, 2004, 62쪽에서 재인용)
- ㉠ 요목:문교부에서 제정한 교수요목에 맞는가?(순서는 바꾸어도 무방함. 보충할 수는 있어도 삭감할 수는 없음)
- ㉡ 체제: ① 교과서로서 체재가 서 있다. ② 학생들이 이해하기 쉬운가 ③ 문교부에서 채택한 철자법·띄어쓰기 등에 맞는가 ④ 학술용어는 통일이 되었는가 ⑤ 오자·탈자가 없는가 ⑥ 학생시력에 장해는 없는가 ⑦ 사진·삽화·통계 등이 내용과 부합되는가
- ㉢ 정도: 교과정도가 해당 학년에 맞는가
- ㉣ 분량: 교과 분량이 문교부의 제정 시간 수에 맞는가

23 허강 외, 「한국 교과서 목록 작성 및 그 수집 방안에 관한 연구」, 연구보고서 '98-3, 재단법인 한국교과서연구소, 1998, 14~15쪽. 제1차 교육과정기 교과서 검정 과정의 문제점은 적지 않았다. 이에 대해서는 박진동의 연구 참조.(박진동, 「해방후 역사교과서 발행제도의 추이」, 『역사교육』 91, 2004, 31~32쪽.)

[표 4] 제1차 교육과정기 세계사 교과서 목록[24]

중학교 세계사 교과서(10종)	고등학교 세계사 교과서(9종/2종)
ㅇ 김성근, 『중등 세계사』, 을유문화사, 1956. ㅇ 민석홍·고병익, 『세계사』, 상문원, 1956. ㅇ 백락준, 『중등 세계사』, 정음사, 1956. ㅇ 정재각·김성식, 『세계사』, 동국문화사, 1956. ㅇ 채희순, 『세계사』, 창인사, 1956. ㅇ 이해남, 『중등 세계사』, 탐구당, 1957. ㅇ 조의설, 『중등 세계사』, 장왕사, 1957. ㅇ 조좌호, 『중등 세계사』, 영지문화사, 1957. ㅇ 최남선, 『세계사』, 민중서관, 1957. ㅇ 최숙형·김홍주·이성주, 『세계의 역사』, 민교사, 1960.	ㅇ 김상기·민석홍, 『고등 세계사』, 을유문화사, 1956. ㅇ 김성근, 『고등 세계사』, 교우사, 1956. ㅇ 백락준, 『고등 세계사』, 정음사, 1956. ㅇ 이해남, 『고등 세계사』, 탐구당, 1956. ㅇ 조의설, 『고등 세계사』, 장왕사, 1956. ㅇ 조좌호, 『고등 세계사』, 일조각, 1956. ㅇ 채희순, 『고등 세계사』, 창인사, 1956. ㅇ 최숙형·김홍주, 『세계사』, 민교사, 1956. ㅇ 최남선, 『세계사』, 민중서관, 1961. 〈실업학교〉 정중환, 『세계 문화사』, 양문사, 1956. 백락준, 『세계 문화사』, 정음사, 1957.

[표 4]에서 알 수 있듯이 중학교 세계사 교과서는 10종, 고등학교 세계사 교과서는 일반 고등학교 9종, 실업학교 2종이 검정을 통과하여 학교에 배포되었다. 이는 교수요목기 중학교 세계사 교과서 6종, 고등학교 교과서 1종[25]에 비해 양적으로 크게 늘어난 것으로 교육법과 교육법 시행령의 근거 아래 교육과정, 교과서 관련 법 제도가 정비되고, 그에 따라 교과서의 편찬과 검정이 행하여짐으로써 국정과 검정이라는 제도가 정착하게 된 결과로 보인다.[26]

중학교와 고등학교 세계사 교과서의 단원 구성을 통해 그 특징을 찾아보자.

24 교과서 목록은 허강 외, 「한국 교과서 목록 작성 및 그 수집 방안에 관한 연구」(2004년도 교육과정 기초연구과제 답신 보고, 한국 교육과정·교과서 연구회, 2004)의 〈부록〉교과서 목록; 박진동, 「해방후 역사교과서 발행제도의 추이」, 『역사교육』 91, 2004, 33쪽의 [표 2]를 바탕으로 검정을 필한 세계사 교과서를 대조한 뒤 수정하였다.

25 교수요목기 중학교 세계사 영역은 '이웃나라 역사'와 '먼 나라 역사'로 구분되어 있지만, 편의상 세계사 과목으로 통칭한다.

26 박진동, 「해방후 역사교과서 발행제도의 추이」, 『역사교육』 91, 2004, 31쪽.

[표 5] 중학교 세계사 교과서의 단원 구성[27]

교육과정의 단원 구성	김성근(A)	민석홍·고병익(B)	김성식·정재각(C)
(1) 문화의 발생 1. 인류 문화는 어떻게 시작되었는가? 2. 문명은 어떤 고장에서 어떻게 시작되었는가? 3. 중국 문명은 어떻게 이루어졌는가? 4. 인도 문명은 어떻게 이루어졌는가? 5. 메소포타미아 문명은 어떻게 이루어졌는가? 6. 이집트 문명은 어떻게 이루어졌는가? 7. 에게 문명은 어떻게 이루어졌는가?	역사에 대하여 고대 Ⅰ.중국 1.주 · 춘추전국 시대 2.진·한 시대 Ⅱ. 인도 Ⅲ. 오리엔트 Ⅳ. 지중해 나라들	Ⅰ. 문화의 발생 1. 인류문화는 어떻게 시작되었는가? 2. 황하문명은 어떻게 형성되었는가? 3. 인도문명은 어떻게 이루어졌는가? 4. 오리엔트의 문명은 어떻게 이루어졌는가	첫째 가름 문화의 발생 첫째 마디 선사 시대 둘째 마디 역사의 새벽 (1) 개관 (2) 중국의 원시 문명 (3) 인도의 원시 문명 (4) 메소포타미아 문명과 서 아시아 (5) 에집트 문명 (6) 에게 문명
(2) 고대의 동양과 서양 1. 중국의 고대는 어떠하였는가? 2. 인도의 고대는 어떠하였는가? 3. 그리시아 문명은 어떠하였는가? 4. 로마 문명은 어떠하였는가? 5. 서양 고대의 변천은 어떠하였는가? 6. 고대 중국의 분열과 아시아 민족의 생활은 어떠하였는가?		Ⅱ. 고대의 동양과 서양 1. 중국의 고대는 어떠하였는가 2. 인도의 고대는 어떠하였는가 3. 희랍문화는 어떠하였는가 4. 로마문화는 어떠하였는가 5. 고대 중국의 분열과 아시아 여러 민족의 생활은 어떠하였는가	둘째 가름 고대의 동양과 서양 첫째 마디 고대의 중국 둘째 마디 고대의 인도 셋째 마디 그레시아 도시 국가와 그 문화 넷째 마디 로마 제국과 그 문화 다섯째 마디 서양 고대 사회의 몰락 여섯째 마디 고대 중국의 분열과 아시아 민족의 생활

27 [표 5]에 제시되지 않은 세계사 교과서의 단원 구성은 민석홍·고병익의 교과서의 구성과 크게 다르지 않아 제외하였다.

교육과정의 단원 구성	김성근(A)	민석홍·고병익(B)	김성식·정재각(C)
(3) 아시아 세력의 팽창과 유럽 사회의 형성 1. 이슬람 세계는 어떻게 이루어졌는가? 2. 당, 송 시대는 어떠하였는가? 3. 몽고와 일본은 어떻게 발전하였는가? 4. 유럽 사회는 어떻게 형성되었는가? 5. 중세 서양의 문화는 어떠하였는가? 6. 동서 문화의 관계는 어떠하였는가?	중세 Ⅴ. 유럽 사회의 형성 Ⅵ. 동로마와 이슬람제국 Ⅶ. 동부 아시아의 발전 근대 Ⅷ. 세계의 새 기운 Ⅸ. 근대 국가의 성장 Ⅹ. 자유주의의 발전 XI. 아시아의 뒤떨어짐	Ⅲ 아시아 세력의 팽창과 유럽 사회의 형성 1. 이슬람 세계는 어떻게 이루어졌는가 2. 당·송 시대는 어떠하였는가 3. 몽고와 일본은 어떻게 발전하였는가 4. 유럽 사회는 어떻게 형성되었는가 5. 도시는 어떻게 일어났으며 유럽의 중세 사회의 변화는 어떠하였는가 6. 중세 서양의 문화는 어떠하였는가 7. 동서문화의 관계는 어떠하였는가	셋째 가름 아시아 세력의 팽창과 유롭 사회의 형성 첫째 마디 이슬람 세계와 그 문화 둘째 마디 수·당·송 시대와 그 문화 셋째 마디 몽고와 일본의 발달 넷째 마디 유롭 사회의 형성 다섯째 마디 중세의 문화 여섯째 마디 동·서 문화의 교류와 이슬람 제국의 발전
(5) 근세 동양은 어떠하였는가? 1. 명, 청의 중국은 어떠하였는가? 2. 서남 아시아의 변동은 어떠하였는가? 3. 서양 세력은 어떻게 아시아에 침입하였는가? 4. 근세 일본은 어떻게 변천하였는가? 5. 동양 각국의 서로의 관계는 어떠하였는가?		제5장 근세동양은 어떠하였는가 1. 명·청의 중국은 어떠 하였는가 2. 서남아시아는 어떻게 변동 하였는가 3. 서양세력은 어떻게 아시아에 침입하였는가 4. 근세 일본은 어떻게 발전하였는가 5. 20세기 초기의 동부아시아는 어떠하였는가	넷째 가름 근세 유롭의 발전과 그 문화 첫째 마디 유롭의 근세에로의 움직임 둘째 마디 근세 국가의 전제 정치 셋째 마디 다섯째 가름 근세 유롭의 발전과 그 문화 첫째 마디 근세 유롭의 정치와 산업 혁명 둘째 마디 자유주의와 국민주의의 발전 셋째 마디 19세기의 서양 문화

교육과정의 단원 구성	김성근(A)	민석홍·고병익(B)	김성식·정재각(C)
(6) 민주주의 발달과 현대 문명 1. 제국주의는 어떠하였는가? 2. 두 차례의 세계 전쟁은 어떠하였는가? 3. 전후의 민주주의와 국제주의는 어떻게 발전하였는가? 4. 현대 세계 문명은 어떠한가? 5. 현대 세계와 우리	현대 XII. 제국주의와 제1차 세계대전 XIII. 전체주의와 제2차 세계대전	제6장 민주주의의 발달과 현대문명 1. 제국주의는 어떠 하였는가 2. 제일차 세계대전과 그후의 세계는 어떠하였는가 3. 제이차 세계대전은 어떻게 이러났으며 최근의 세계는 어떠한가 4. 현대문명은 어떠 한가 5. 오늘의 세계와 우리의 사명	여섯째 가름 근세의 동양 첫째 마디 명·청 시대의 중국 둘째 마디 서양 세력의 아시아 침입 셋째 마디 근세 일본의 발전과 대륙 침략 일곱째 가름 현대의 세계 첫째 마디 제국주의와 첫 번째 세계 대전 둘째 마디 아시아의 근대화 셋째 마디 독재주의와 두 번째 세계 대전 넷째 마디 오늘의 세계

교과서 검정 기준에서는 문교부에서 제정한 교수요목에 따라 교과서를 편찬하도록 하였다. 교육과정에서 제시하고 있는 대단원과 내용의 구성은 탄력적으로 순서를 바꾸거나 더할 수는 있지만, 내용을 빼서는 안 된다는 점을 분명히 하고 있다.

중학교 세계사 교육과정에서는 내용을 6개의 단원으로 나누고 하위 내용을 5개~7개로 제시하였다. 1단원(문화의 발생)은 문명의 발생 지역과 각 지역 문명의 내용, 2단원(고대의 동양과 서양)은 중국과 인도 고대와 그리스·로마를 다루도록 하고 있다. 3단원(아시아 세력의 팽창과 유럽 사회의 형성)은 당~원까지의 중국 역사와 일본사, 이슬람 세계의 형성, 서양 중세, 동·서 교류를 다루도록 하였다. 4단원(서양 세력의 발전과 근세 문명)은 르네상스와 종교개혁을 기점으로 하고 있으며, 이후 시민혁명과 산업혁명을 거치며 나타난 유럽의 정치·경제·사회·문화의 특징을 다루었다. 5단원(근세 동양은 어떠하였는가)[28]에서는 명·청을 중심으로 한 중국사, 일본의 에도 막부와 개항 직후의 변화, 서남 아시아의 변화, 신항로를 통한 서양 세력의 서세동점의 과정을 다루도록 하였다. 마지막 6단원(민주주의 발달과 현대 문명)은 서구 열강의 제국주의적 속성과 1·2차 세계대전의 과정·영향, 전후 세계 질서와 과제로 구성되어 있다.

중학교 세계사 교과서 구성은 대체로 교육과정의 단원명을 중심으로 대단원을 구성하였으며, 내용에서도 교육과정의 틀을 따르고 있다. 대체적인 내용 구성과 달리 (A)는 교과서의 단원을 고대-중세-근대-현대의 시대구분법에 따라 구성하고 있다. 각 단원의 내용에서는 교육과정에서 제시하고 있는 지역과 시대의 내용을 포괄하고 있지만, 고등학교 세계사 교육과정의 분류에 따른 것이 특징이다.

세계사를 바라보는 시각에서도 (A)는 대부분의 교과서와 다른 모습을 보인다. 즉 교육과정의 (5)단원 3항에서 교과서에서 다루어야 할 내용으로 '서양 세력은 어떻게 아시아에 침입하였는가?'라고 하여 서구열강의 아시아 침략 과정을 '침입'으로 표현하였다. 대부분의 교과서에서는 교육과정의 표현을 이어 쓰고 있다. 그러나 (A)에서는 근대 XI장을 '아시아의 뒤떨어짐'으로 제시함으로써 서구중심적인 시각을 드러낸다.[29]

교과서의 분량도 일정하지 않아 180여 쪽에서 280여 쪽까지 편차가 크게 나타나는 것으로 보아 검정 기준에서 제시하였던 학습량의 적정화는 검정 과정에서 그리 크게 고려하지 않았던 것으로 짐작한다.

28 교육과정에서는 시대구분에 사용하는 용어를 '근세'로 기술하고 있는데 반해 교과서 저자들은 '근세'(김성식 외, 백락준, 이해남, 채희순) 이외에도 '근대'(김성근, 민석홍 외, 조좌호)로 서술하고 있다. 이는 학계에서도 시대구분에 대한 견해가 엇갈리는 경향을 반영하고 있다. 시대구분의 용어에 대한 혼란은 고등학교 세계사 교과서에서도 나타난다. 제3차 교육과정 때부터 '근대'로 통일하였다.

29 이러한 시각은 이해남의 교과서에서도 나타나는데, 이해남은 5장의 제목을 '동양의 퇴보와 서양 문명의 승리'로 제시하였다.(이해남, 『고등 세계사』)

[표 6] 고등학교 세계사 교과서의 단원 구성

교육과정 단원 구성	백낙준(a)	김성근(b)	이해남(c)	조좌호(d)
1. 고대 문명 (1) 문화의 발생 (2) 고대 중국 (3) 고대 인도 (4) 오리엔트 (5) 그레시아 (6) 로마	Ⅰ. 고대의 문명 1. 문화의 발생 2. 고대 중국 3 고대 인도 4. 오리엔트 5. 그리시아 6. 로마 7 한족 문화의 전개	서장 선사인류와 원시 문화 Ⅰ. 고대 세계 1. 고대 중국 2. 고대 인도 3. 오리엔트 4. 그레샤 5. 로마	〈상권〉 Ⅰ. 선사 시대 Ⅱ. 서쪽 역사의 새벽 Ⅲ. 동양 문명의 탄생 Ⅳ. 헬레니즘의 황금 시대 Ⅴ. 로마의 황금 시대 Ⅵ. 한 문화의 성장과 불교의 전파 Ⅶ. 로마의 분해와 이슬람 문명	서설 Ⅰ. 고대 문명 1. 문명의 발생 2. 동양 문명의 형성 3. 오리언트 문명 4. 서양 문명의 원류 5. 고대 동양 문화의 전개
2. 중세 유롭과 아시아 (1) 유롭의 형성 (2) 유롭의 봉건 사회와 가톨릭교 (3) 서남아시아 문화의 발달 (4) 동아시아 문화의 발전 (5) 유롭의 신기운	Ⅱ. 중세 유롭과 아시아 1. 유롭의 형성 2. 유롭의 봉건 사회와 카토릭교 3. 서남 아시아 문화의 발달 4. 동 아시아 문화의 전개 5. 유롭의 신동태	Ⅱ. 중세 세계 1. 서구 기독교 세계 2. 비잔틴과 이스람 세계 3. 한 문화의 발전과 몽고 제국	Ⅷ. 아시아의 황금 시대 Ⅸ. 새로운 서양의 시작 Ⅹ. 몽고 시대의 세계	Ⅱ. 중세의 유럽과 아시아 1. 중세유럽 세계의 형성과 그 문화 2. 이슬람 문화권 3. 몽고족의 활동 4. 유럽의 신기운
3. 근세 세계의 성립과 발전 (1) 근대 초의 동양과 서양 (2) 민주주의의 진전 (3) 산업 혁명과 시민 사회의 발달 (4) 아시아의 근대화	Ⅲ. 근세 세계의 성립과 전개 1. 동양과 서양의 연락 2. 민주주의 발전 3. 산업혁명과 시민사회의 발전 4. 아시아의 근대화	Ⅲ. 근대 세계 1. 근대 유롭의 탄생 2. 절대주의와 시민의 성장 3. 근대 혁명 4. 아시아의 정체	〈하권〉 XI. 서양사회의 혁신과 국가의 성장 XII. 서양 세력의 전진 XⅢ. 근세 동양의 변천 XⅣ. 서양의 개명과 정치 혁명 XⅤ. 서양의 국민주의와 아시아의 몰락	Ⅲ. 근대 세계의 성립과 발전 1. 근대 유럽의 탄생 2. 근대 유럽의 절대 왕정 3. 명·청의 통일과 무갈 제국 4. 시민 사회의 성장 5. 자유주의, 국민주의의 발달 6. 유럽 제국의 아시아 진출

교육과정 단원 구성	백낙준(a)	김성근(b)	이해남(c)	조좌호(d)
4. 현대의 세계 (1) 양차의 세계 대전 (2) 국제 평화 운동과 오늘의 세계	Ⅳ. 현대의 세계 1. 양차의 세계 대전 2. 국제 평화 운동과 오늘의 세계 3. 현대 문명	Ⅳ. 현대 세계 1. 제국주의와 제1차 세계대전 2. 전체주의와 제2차 세계 대전 맺음	XⅦ. 제국 주의와 제1차 세계 대전 XⅧ. 독재 주의와 제2차 세계 대전 XⅨ. 세계 문화의 현 단계	Ⅳ. 현대의 세계 1. 제국주의의 성립 2. 제1차 세계 대전 3. 베르사이유 체제 하의 세계 4. 제2차 세계 대전 5. 현대의 세계

고등학교 세계사 교과서도 중학교 교과서와 마찬가지로 교육과정에서 제시하고 있는 내용과 순서에 따라 교과서의 단원을 구성하고 있다.[30] (b)를 제외한 대부분의 교과서에서는 1단원의 중국 고대를 한 이전과 이후로 나누어 중단원을 구성하고 있으며, (c)는 교과서를 상·하권으로 나누고 중단원을 대단원으로 구성한 점이 구별된다.

세계사의 시각에서도 중학교 세계사 교과서와 마찬가지로 서구중심적인 관점이 나타나는데, (b), (c), (d)는 서구열강의 아시아 침략을 '진출'로, 그 원인을 '정체'로, 그리고 결과를 '몰락'으로 표현하였다.

전체 내용 분량에서 중학교 세계사 교과서와 마찬가지로 고등학교 세계사 교과서는 220여 쪽에서 360여 쪽으로 그 편차가 크게 나타난다. 그러나 중학교와 달리 각 단원의 분량이 저자에 따라 상당한 차이를 보이고 있다.

30 표에 제시하지 않은 교과서는 교육과정의 내용과 순서에 크게 벗어나지 않아 제외하였다.

[표 7-1] 세계사 교과서 단원별 분량(중학교)

단원	김성식외		민석홍 외		채희순		김성근	
	면수	비율	면수	비율	면수	비율	면수	비율
1	22	9%	34	13%	16	6%	41	18%
2	55	22%	38	15%	44	17%		
3	52	21%	48	19%	59	23%	45	20%
4	58	23%	56	22%	59	23%	85	38%
5	35	14%	38	15%	33	13%		
6	25	10%	44	17%	46	18%	53	24%
계	247	100%	258	100%	257	100%	224	100%

중학교 세계사 교과서 단원별 분량은 저자별로 크게 차이가 나지는 않지만, 저자가 어느 시기를 중시여기는지를 짐작할 수 있다. 즉, 김성식은 고대에 대한 비중이 상대적으로 높은 반면 현대의 비중은 낮다. 반대로 김성근은 고대의 비중이 낮은 대신 19세기 이후 현대에 대해 상대적으로 상세하게 기술하고 있다.[31]

[표 7-2] 세계사 교과서 단원별 분량(고등학교)

단원	김상기 외		김성근		백낙준		이해남		조의설		조좌호	
	면수	비율	면수	비율	면수	비율	면수	비율	면수	비율	면수	비율
1	63	24%	68	25%	53	25%	116	34%	54	20%	75	29%
2	68	26%	49	18%	71	33%	62	18%	60	22%	41	16%
3	91	35%	103	37%	64	30%	96	28%	103	38%	91	35%
4	36	14%	55	20%	24	11%	67	20%	55	20%	54	21%
계	258	100%	275	100%	212	100%	341	100%	272	100%	261	100%

고등학교 세계사 교과서의 경우 단원별 분량 배분의 기준을 추론하기 쉽지 않다. 제1차 교육과정 세계사 과목의 목표에서는 '세계 사조의 개념

31 김성근은 머리말에서 '중학교 사회생활과의 취지를 살리기 위하여 각 사실의 관련과, 특히 현대생활과의 연결을 짓기에 힘썼다.'고 하여 현대와의 관련성을 강조하였다.

을 명확히 이해함으로써 현대 사회의 역사적 지위를 파악'하여 '현대 사회의 제 문제에 대한 정확한 비판과 건전한 판단'을 기르게 하는 동시에 '인류 공영의 이상을 실현할 수 있도록 국제 협력의 정신을 육성하게 하고 인류 평화에 기여할 수 있는 사람이 되게 한다.'고 하여 상대적으로 현대 사회가 형성되는 역사적 연원을 바탕으로 전후 나아가야 할 방향을 강조하고 있다. 따라서 고등학교 세계사는 근·현대 시기에 비중을 두는 것으로 보인다. 그러나 교과서의 단원 비율을 보면 교과서 저자의 관점이 단원의 서술 분량에 영향을 주고 있다고 보아야 할 것이다. 이로 미루어 보아 교과서 검정 과정에서 단원 분량의 기준이나 단원간의 균형에 대한 기준이 명확하게 제시되지 않은 것으로 짐작한다.

외형상 나타나는 제1차 교육과정기 중학교와 고등학교 세계사 교과서의 특징은 세 가지로 요약할 수 있다. 먼저, 내용의 선정과 조직에서 중학교 정치사·왕조사/고등학교 문화사를 중심으로 다루었다. 둘째, 서구 중심적인 관점을 보이고 있다. 셋째, 단원 간 비중이 저자에 따라 편차가 심하게 나타난다. 다음 장에서는 세계사 교과서에 반영된 관점과 계열성을 중심으로 서술 내용을 분석하여 그 특징을 찾아보고자 한다.

Ⅳ. 제1차 교육과정기 세계사 교과서의 서술 체제와 내용의 특징[32]

1. 중·고등학교 세계사 교과서의 계열성

일반적으로 교과서 내용은 학교급별로 달리하여 구성한다. 이는 교육

32 계열성을 비교하기 위하여 중학교와 고등학교 교과서를 동일한 집필자가 서술한 교과서를 분석 대상으로 하였다. 그리고 필요한 경우 분석 대상 이외의 교과서를 인용하기로 한다.

내용의 일관성을 유지하면서도 수준별로 차이가 드러나도록 함으로써 선행 경험이나 내용을 기초로 하여 다음 경험이나 내용이 점차 깊이와 넓이를 더해가도록 체계화하려는 의도이다.[33] 역사과에서는 일찍부터 학교급별로 차이를 두려는 계열화 논의가 이어져 왔다.

교수요목기에서는 역사과목을 세계사에서 한국사의 순서로 심화시켜 나가는 한편, 환경확대법에 따라 구성하였다는 데에 특징이 있다. 국민학교와 중학교를 하나의 연결된 과정으로 설정하여 국민 학교 6학년에서 한국사 내용을 학습하고 바로 이어서 중학교 1학년과 2학년 과정에 '이웃나라 역사(동양사)'와 '먼나라 역사(서양사)', 3학년에 '우리나라 역사'를 배정하였다. 그리고 4학년에 '인류문화사', 5학년에 '우리 문화사'를 가르치도록 하였다. 이러한 구성은 상대적으로 세계사 교육이 강조된 형태였으며, 고등학교 단계에서 문화사를 중심으로 학습내용을 구성하는 데에 영향을 주었을 것으로 보인다.[34] 즉 국민 학교 6학년에서 한국사 내용을 학습하고 바로 이어서 중학교 1학년에서 세계사 내용을 배우되 가까운 지역의 역사부터 다루고 점차 먼 지역의 역사로 옮겨가는 환경 확대법이 적용되었다.[35]

제1차 교육과정에서는 학교를 국민 학교-중학교-고등학교로 나누고 '이웃나라의 역사(동양사)'와 '먼 나라의 역사(서양사)'로 구분되어 있던 중학교 세계사 과목을 '세계의 역사' 과목으로 통합하였다. 그리고 고등학교에서는 국사(필수)와 세계사(선택)를 이수하도록 하였다. 이는 세계의 역사를 통합적으로 학습하여 보다 폭넓은 역사적 시각을 가지도록 하고, 이를 바탕으로 우리나라의 역사를 좀 더 객관화하여 심화, 이해하도록 하

33 최상훈 외, 『역사교육의 내용과 방법』, 책과함께, 2007, 34쪽.
34 방지원, 「역사교육의 계열화 연구」, 한국교원대학교박사학위논문, 2006, 44쪽.
35 방지원, 「초·중·고등학교 역사 교육과정의 계열화 분석」, 『호서사학』 44, 2006, 267쪽.

려는 의도에 따른 것이다.[36]

국사에서 국민 학교의 내용을 생활사 중심으로 구성하고, 중학교를 정치사, 그리고 고등학교를 문화사 중심으로 구성함으로써 이후 한국사 영역의 계열성의 근간이 마련되었다.[37] 그러나 세계사 영역에서는 한국사에 비해 계열성이 뚜렷하게 제시되지 않았다. 다만, 세계사 과목 목표로 중학교는 '정치 생활의 발전을 이해'시키도록 하여 정치사를 중심으로 구성하며, 고등학교는 '세계사의 발달과 동향'과 문화를 강조하였다는 점에서 차별성의 한 면을 엿볼 수 있다. 그렇지만 고등학교 세계사는 선택과목이었기 때문에 과목 편제 측면에서 계열성을 갖추었다고 보기는 힘들다.[38]

김성근 교과서에서는 머리말에서 중학교 세계사를 중요하고 기본이 되는 사실을 중심으로 하는 반면, 고등학교는 기초 교양의 완성 과정으로 제시하였다. 중학교 세계사에서는 각 사실과의 관련성을 중시하고 현대생활과 연결하여 서술하며, 고등학교 세계사는 이해력과 시간관계를 중심으로 중학교 내용과 연계성을 가지는 동시에 근현대사와 문화면을 충실히 다룸으로써 중학교 세계사와 차별화시키고 있다.[39]

이에 반해 민석홍 외 교과서에서는 중·고 모두 세계사의 상호 연관성 파악을 강조하고 있으면서도 중학교에서는 세계사의 큰 줄거리를 파악함으로써 역사의 흐름을 이해하는 데 중점을 두고 있다. 고등학교 교과서에서는 사료를 사용하여 역사적 지식을 토대로 스스로 생각하고 반성하

---

36 교육과정·교과서연구회 편, 『한국교과교육과정의 변천-중학교-』, 대한교과서주식회사, 1990, 96-97쪽.

37 최상훈 외, 『역사교육의 내용과 방법』, 책과함께, 2007, 34쪽.

38 방지원, 「초·중·고등학교 역사 교육과정의 계열화 분석」, 『호서사학』 44, 2006, 271~272쪽.

39 김성근, 『중학교 사회생활과 중등 세계사』, 을유문화사, 1956, 머리말; 『고등 세계사 고등학교 2·3학년용』, 교우사, 1956, 머리말.

는 역사적 사고력을 배양하는 데 중점을 두고 있다.[40] 두 교과서의 중·고 중점내용을 비교해보면 다음 [표 8]과 같다.

[표 8] 중학교·고등학교 세계사의 중점

	중학교	고등학교
김성근	·사실 중심 ·현대생활과의 관련성	·이해력과 시간관계 중심 ·문화사 강조 ·근·현대사 강조
민석홍 외	·상호 연관성 중시 ·역사적 흐름 파악 중시	·상호 연관성 중시 ·사료를 활용한 역사적 사고력 육성

민석홍 외 교과서에서 필자들은 중학교와 달리 고등학교에서 사료를 활용한 역사적 사고력을 배양하는 데 초점을 맞추어 집필하였다고 하였지만, 실제 본문 서술 내용에서 사료를 제시하여 학생들이 자기주도적으로 해석하고 판단을 내리는 과정을 제시하지는 않고 있으며, 단지 중학교에 비해 시대적 맥락과 자세한 내용을 서술하는 것에 그치고 있다.

중학교의 정치사 중심, 고등학교에서는 문화사 중심의 원리는 단원 구성에서도 드러난다. 김성근은 중학교와 고등학교 세계사 교과서의 단원 구성의 차이는 크게 나타나지 않지만, 내용 서술에서 중학교에 비해 고등학교 교과서의 문화사 서술의 분량과 내용이 훨씬 자세하다.

40 민석홍·고병익, 『중등 사회생활과 세계사』, 상문원, 1960, 머리말; 김상기·민석홍, 『고등 세계사』, 을유문화사, 1956, 머리말.

[표 9] 김성근 교과서의 문화사 내용 비교(17·8세기의 문화를 중심으로)[41]

	중학교	고등학교
분량	3쪽	10쪽
소제목	(2) 문화의 발달 ·자연과학 ·사상과 다른 학문 ·문학 ·예술 ·계몽사상	제4절 17·8세기의 문화 ·자연과학의 발달 ·철학 ·문학 ·미술·음악 제5절 계몽 사조 ·절대주의의 사상 ·중상주의 ·계몽사조 ·역사관과 인간관 ·불란서의 계몽사상
서술 사례	·문학 각국에 국어가 발달함에 따라서, 국민문학이 크게 일어나, 이름난 작가와 작품이 떼를 지어 나왔다. 영국에서는 천재적 극작가인 섹스피어(1565–1616) "실락원"을 지은 밀튼 등의 활약이 컸으며, 불란서에서는 루이 14세 시대를 전후하여 코르네이유·라시이느·모리에르 등이 모두 뛰어난 극작가로 이름을 날리었다. 독일 문학은 18세기 후엽이 전성기로서, 괴테·쉴러 등의 대가들이 다 이 때에 나타났다.	·문학 국가의 발전과, 중세기의 보편어인 라틴어를 대신하여 국어가 발달함에 따라, 각국에 국민문학이 융성하였다. 스페인에는 문예부흥기에 벌써 셀반테스(1547–1615)가 「동키호테」에서 문학의 새 경향을 보이었으며, 엘리자벧 시대의 영국의 천재 극작가인 섹스피어(1564–1616)는 영국의 고전주의를 대표하는 작가로서 허다한 명작을 남기었다. 혁명시대에는 문학도 역시 당시에 우세한 청교도정신을 반영하여 「실낙원」의 시성 밀튼(1603–1674), 「천로역정」의 쩐·번년 등에 이것을 볼 수 있다. 고전주의는 불란서에서 더욱 성황을 보이어서 루이 14세시대에 콜네이유(1601–84)·라시이느(1639–99), 모리에르(1622–73) 등 우수한 극작가들이 한목에 활약하였다. 국가통일이 지연된 독일은 국민문학의 발달도 느진 편이었으나, 18세기 후엽에 이르러 렛씽(1729–81)·괴테(1749–1832)·쉴러 등 일군의 시인 극작가가 활약하였음, 그 중에도 괴테는 독일의 고전주의를 완성한 작가이다.

김성근은 중학교 문화사의 내용은 유사한 문화 영역을 통합하고 특징

41 중학교와 고등학교 문화 영역의 서술은 고대~현대까지 뚜렷하게 차이를 보이고 있다.(본문 가운데 한자 병기, 영문 표기는 생략하였음.)

적인 사실을 중심으로 서술한 데 반해 고등학교 교과서에서는 문화의 세부 영역을 나누어 서술하였으며, 시대적 배경과 문화 요소의 의의를 자세히 다루고 있다.

민석홍 외 교과서에서는 중학교의 단원명을 정치사 중심의 설문식 형식, 고등학교 교과서에서는 문화를 중심으로 단원명을 제시하였다.

[표 10] 민석홍 외 교과서의 단원명 비교(고대를 중심으로)

중학교	고등학교
제1장 문화의 발생 제1절 인류문화는 어떻게 시작되었는가 제2절 황하문명은 어떻게 형성되었는가 제3절 인도문명은 어떻게 이루어졌는가 제4절 오리엔트의 문명은 어떻게 이루어졌는가 제2장 고대의 동양과 서양 제1절 중국의고대는 어떠하였는가 제2절 인도의 고대는 어떠하였는가 제3절 희랍문화는 어떠하였는가 제4절 로마문화는 어떠하였는가 제5절 고대 중국의 분열과 아시아 여러 민족의 생활은 어떠하였는가	제1편 고대 문명 제1장 문화의 발생 제2장 중국의 고대 문화 제3장 인도의 고대 문화 제4장 오리엔트의 문화 제5장 서양의 고전 문화 제6장 한 문화의 성장

이로 보아 제1차 교육과정에서 제시하였던 중학교 정치사, 고등학교 문화사 중심의 계열성은 교과서에 어느 정도 반영된 것으로 보인다.

2. 세계사 교과서의 시대구분과 서구중심적 관점

교과서는 각 교과가 지니는 지식이나 경험, 체계를 쉽고 명확하고 간결하게 편집해서 학교에서 학습의 기본 자료로 활용하도록 제작한 교재이다.[42] 교과서의 내용 선정과 조직은 교육과정을 근거로 한다. 제1차 교육과정에서

42 최상훈 외, 『역사교육의 내용과 방법』, 책과함께, 2007, 133쪽.

는 문교부에서 제정한 요목에 근거하여 삭감할 수 없다는 점을 분명히 함에 따라 세계사 교과서는 교육과정의 목표와 선정된 내용을 근거로 편찬할 수밖에 없었을 것이다. 근래 학교 현장에서는 교육과정과 교과서를 재구성하여 별도의 학습을 위한 교재를 만들어 활용하고 있지만, 여전히 교육과정의 영향은 절대적이다.

교육과정의 구성에서 내용을 선정하는 기준은 주로 학문적 측면, 학습자 측면, 사회적 측면을 고려하여 교수·학습의 대상으로 다루어질 가치가 있는 교육내용을 선정하기 마련이다. 이중 학문적 측면의 접근은 역사학의 구조 및 학문적 체계와 관련된 지식, 역사학의 기본 지식과 연구 방법, 보편성을 가진 역사학설과 이론을 기반으로 한다.[43] 그렇기 때문에 학문적 측면의 내용 선정에서는 학계의 연구 성과를 바탕으로 한다.

제1차 교육과정기 세계사 교육과정과 교과서는 세계사의 발달 과정을 고대-중세-근세(근대)-현대의 4분법에 따라 조직하였다. 역사교육에서 시대구분은 서구중심주의가 반영된 대표적인 사례로 들고 있다.[44] 시대구분은 르네상스의 근대성을 강조하기 위한 의도로 근대성을 핵심개념으로 하고 있으며, 서구를 중심으로 한 역사진보과정에 따라 모든 민족의 역사가 단일한 과정을 거친다는 인식을 바탕으로 한다.[45]

제1차 교육과정기 역사학계의 세계사 연구는 일제강점기의 연구성과를 기반으로 하였다.[46] 그렇기 때문에 세계사 교육과정과 교과서에 반영

---

43 최상훈 외, 『역사교육의 내용과 방법』, 책과함께, 2007, 83~84쪽.

44 한국교육과정평가원, 『역사과 선택과목 교육과정 개정시안 연구개발』, 연구보고서 CRC2006-20, 2006. 이 보고서에서는 기존의 세계사를 구성하고 있는 시대 구분이 서구 중심주의에 따른 것으로 지적하고 있다.

45 문준걸, 「역사학습에 있어 시대구분의 서구중심주의 시각의 문제와 관점의 재고」, 『역사학보』 105, 2008, 76~77쪽.

46 강성호, 「한국 서양사 연구의 현황과 전망-유럽중심주의 서양사를 넘어 세계사로」, 『내일을 여는 역사』 50, 2013, 185쪽.

된 인식은 서구를 중심으로 한 역사인식에서 크게 벗어나지 못한 것으로 보인다. 서구중심주의는 세 가지 의미로 정의된다. 첫째, 근대 서구문명은 인류 역사의 발전단계 중 최고의 단계에 도달해 있다. 둘째, 서구문명의 역사발전 경로는 서양뿐만 아니라 동양을 포함한 전 인류사에 보편적으로 타당하다. 셋째, 역사발전의 저급한 단계에 머물러 있는 비서구사회는 문명화 또는 근대화를 통해 오직 서구문명을 모방·수용함으로써만 발전할 수 있다.[47]

제1차 교육과정기의 세계사 교과서에도 서구우월주의, 보편주의/역사주의, 문명화/근대화의 관점이 드러난다.

> 서양에 십자군 전쟁과 아시아에 몽고족의 활약을 전기로 역사의 새 기운이 태동하기 시작하여, 15세기를 전후하여 세계사는 근대의 막을 열게 된다. 중세기는 서양에 있어서는 서양에 있어서는 서구 신사회의 형성기로서, 아시아 민족의 활동에 대하여 시종 수동적이었으며, 따라서 그 문화도 침체함을 면할 수 없었으나, 근대의 세계사는 서양이 주도하고, 서구 국가와 민족이 이 시대의 주역을 담당하게 된다. …… 19세기는 근대의 성숙기로서 정치와 사회와 경제의 여러 혁명을 통하여 시민사회의 승리가 확실하게 되는 한편, 시민적 자유의 원리인 민주주의와 근대 국가의 원리인 민족주의를 성취하여, 근대세계는 여기에서 하나의 도달점에 도착하게 된다.(김성근, 『고등 세계사』, 122쪽, 밑줄 필자 강조)
>
> 이태리에서 일어난 루네쌍스운동은 중세사회의 특색인 종교문화에 대항하여 인간중심의 현실적 생활을 위주로하는 인문주의를 중심으로 하여 발전되고 드디어 근대문화의 기준이 되었다. 이러한 루네

47 강정인, 「서구중심주의의 이해」, 『국제정치논총』 43(3), 2003, 36쪽. 서구중심주의는 논자에 따라 유럽중심주의로 사용하기도 한다. 18세기 이후 전 세계로 확대된 '근대' 문명이 서유럽을 중심으로 시작되었기 때문인 것으로 파악되지만, 이 글에서는 지리적 측면보다는 문화적 성격에 주목한 강정인의 논지에 따라 서구중심주의로 통칭한다.

쌍스운동은 곧 유럽세계 전체에도 파급되어 독일에서는 종교개혁 운동으로 폭발되고 …… 근대사회에서 또다시 위엄을 계속 유지할 수 있었다. …… 그 위에 시민계급의 경제적 요구는 새시대의 과학과 기술이 서로 연결되어 지리상의 발견으로 나타나게 되어 유럽인들 앞에는 새로운 활동무대가 출현됨에 이르렀다. 이리하여 근세 유럽의 내면적 발전이 종교개혁과 루네쌍스로 나타났음에 대하여 지리상의 발전이라는 외면적 확대가 있게 된 것이다. …… 이리하여 중국사회는 안정되어 15-16세기에 걸쳐서는 농노제도 밑에서 발전돈 장원 경영이 끝나고 차차 소작제도록 옮아가게 되었고 한편 상공업도 순조롭게 발전하여 객주제의 수공업제도까지 일어나게 되었다. 그러나 그 후 새로 출현한 만주족의 청왕조가 중국을 통치함에 이르러서는 인도의 무갈제국과 같이 옛 제도의 유지만을 목표로 전제 정치를 계속하였기 때문에 사회적 발전은 정체되어 서양인들의 진출로 말미암아 그들 자본주의 앞에 무릎을 꿇게 되고 말았다.(채희순, 『고등 세계사』(하), 9쪽, 31~32쪽.)

위 교과서 서술은 유럽을 중심으로 한 서구의 역사를 다른 국가의 역사를 재단하고 판단하는 표준[48]으로 삼아 유럽에서 안정된 중앙집권국가가 발달하는 동안 이 시기 아시아 지역에서는 혼란스러운 무정부 상태가 계속되었으며, 유럽이 시민사회와 산업사회로 근대국가를 구성한 데 반해 그렇지 못한 아시아는 유럽에 비해 뒤떨어진다는 인식으로 연결된다. 그 결과 서양 이외의 지역은 현실적으로 소외되었고, 동시에 세계사의 발전과정 속에서도 제대로 위치 매김을 받지 못했다. 세계역사를 서양을 중심으로 한 단일한 발전과정이며[49] 결국 세계는 서구의 가치에 통합된다.

교과서의 분량면에서 동양사와 서양사의 차이는 뚜렷하게 나타난다. 이

48 양호환, 「역사교과서의 서술과 유럽중심주의」, 『역사교육』 117, 2011, 239쪽.
49 강성호, 「아시아적 생산양식 논쟁과 시대구분 문제」, 『서양사학연구』 3, 1999, 69쪽.

때문에 제1차 교육과정기의 세계사 교과서가 서양사에 편중되어 있기 때문에 올바른 역사의식을 길러내지 못한다는 비판이 제기되기도 하였다.[50]

[표 11] 중학교·고등학교 세계사 교과서의 단원별 분량 비교(김성근)

분량		동양사		서양사		계	
		비율(%)	분량	비율(%)	분량	비율(%)	
고대[51]	중학교	14	7	9	5	25	12
	고등학교	12	5	29	11	41	16
중세	중학교	26	13	19	9	45	22
	고등학교	28	11	22	9	50	20
근대	중학교	13	6	74	35	87	41
	고등학교	13	5	89	35	102	40
현대	중학교	11	5	42	20	53	25
	고등학교	10.5	4	50.5	20	61	24
계	중학교	64	31	144	69	208	100
	고등학교	63.5	25	190.5	75	254	100

[표 11]에서는 동양사와 서양사의 비중이 3:7 정도로 두어졌지만, 근대 이후 비율은 훨씬 크게 벌어진다. 이는 근대 이후 서양을 중심으로 세계가 일체화되어간다는 논리를 바탕으로 서양의 우위를 분명히 드러내는 구성으로 볼 수 있다. 민석홍 외 교과서는 동양사:서양사의 전체 비율은 4:6이지만, 근대 이후의 비율을 보면 김성근 교과서와 마찬가지로 서양 중심의 서술이 중심이 되며, 동양의 역사는 종속적인 성격을 가진다.

50 이동윤, 「세계사교육의 당면과제」, 『역사교육』 2, 1957, 122~123쪽.

51 고대 오리엔트 문명은 제외함.

V. 맺음말

지금까지 제1차 교육과정기 중학교와 고등학교의 세계사 교육과정과 그를 기반으로 한 세계사 교과서의 서술 체제와 내용 서술상의 특징을 찾아보았다. 제1차 교육과정기의 세계사 교육은 고등학교 세계사 과목이 마련되고 세계사 교육에 대한 이론적인 모색이 시작되었던 시기라는 점에서 의미가 있다.

제1차 교육과정의 제정에 따라 모든 교과는 동일한 체계를 갖추게 되었다. 그러나 역사과목은 중학교는 사회생활과, 고등학교는 사회과로 편제되었다는 점에서 완전한 교과로서의 체계를 갖추었다고 보기는 힘들었다. 그렇지만 교수요목 시기 동양사와 서양사로 나누어져 있던 과목을 세계사로 통합하였으며, 고등학교 편제가 확립되면서 고등학교에 세계사 과목이 편제되었다는 점에서 세계사 교육의 성립기로 규정할 만큼 세계사 교육에서 제1차 교육과정기가 차지하는 의미가 있다.

제1차 교육과정기 세계사 교육과정에서는 교과의 목표를 세계사 각 시대의 특질과 현대사조를 파악하고 이를 바탕으로 현대사회의 문제를 해결할 수 있는 판단능력을 가지도록 하는 데에 두고 있다. 내용의 선정과 구성 원리에서 고대－중세－근세(대)－현대의 시대 구분법에 따르고 있었지만, 중학교 세계사를 정치사 중심의 통사적 구조로, 고등학교 세계사를 문화사 중심으로 구성할 것을 규정함으로써 중·고 세계사 내용의 계열성을 제시하였다는 데에 그 특징이 있다. 이러한 계열성은 이후 세계사 과목의 내용 구성 원리로 이어져 왔다.

제1차 교육과정기 세계사 교과서는 검정도서로 발행되었다. 중학교와 고등학교 세계사 교과서는 대체로 교육과정의 구성에 따랐지만, 교육과정에서 강조하였던 학습량의 적정화는 크게 고려되지 않았던 것으로 보인다. 또한 시대별 분량 또한 교과서별로 편차가 큰 것으로 보아 교과서 발행의 명확한 기준이 아직 수립되지 않았던 것으로 짐작한다.

계열성면에서 중학교 세계사 교과서는 정치사를 중심으로 구성하였으며, 고등학교 세계사 교과서는 문화사를 강조함으로써 차별성이 나타난다. 그렇지만, 학생의 토론을 강조하고, 역사적 사고력을 육성하도록 하는 세계사 교육과정의 요구는 교과서에 뚜렷하게 나타나지 않는다.

한국의 역사학계의 연구성과가 체계적으로 이루어지지 않은 상황이었기 때문에 제1차 교육과정기 세계사 교과서는 서구 중심의 역사관이 강하게 나타난다. 먼저 4분법에 따라 구성된 세계사 교과서는 근대 서구 문명을 인류 역사의 발전단계 중 최고의 단계로 전제한 위에 아시아는 유럽에 비해 뒤떨어진다는 인식을 드러내고 있다. 이는 교과서의 분량에서도 드러난다. 대체로 중세까지 세계사 교과서의 분량은 동양사와 서양사가 균형을 이루고 있으나, 근대 이후 서양사의 비중이 압도적으로 늘어난다. 이는 근대 이후 서양을 중심으로 세계가 일체화되어 갔으며, 현대에 들어 서양의 체제를 중심으로 통일된 세계사가 완성된다는 논리의 흐름을 보여주고 있다.

제1차 세계사 교육과정과 세계사에서 드러난 문제점은 이후 교육과정에서 어느 정도 보완되어 갔다. 세계사의 선택과목에 따른 문제와, 부족한 시수가 보완되어 세계사 교육이 일정 강화되었다. 그러나 세계사 과목이 사회과에 포함되어 운영되어 옴에 따라 한국사와의 관련성이 미흡한 점이나, 대체로 선택과목으로 편성됨에 따른 세계사 교육의 약화 현상이 심화된 점 등은 제1차 교육과정기에서 출발한 문제로 지적할 수 있을 것이다.

3장

2차 역사교육과정

01

제2차 교육과정의 배경과 특징

이화식

Ⅰ. 머리말

본 연구는 제2차 교육과정의 배경을 정치적·철학적·심리적·교육적으로 접근하여 제2차 교육과정의 특징을 새로운 시각에서 조망하고자 한다. 물론 교육과정에 대한 다양한 정의는 있지만, 교육과정이 포함하는 범위와 개설 실체에 따라 구분하는 것이 일반적이다. 본 연구에서는 제2차 교육과정이라고 하는 것은 1963년에 제정되어 1973년까지 적용된 국가 교육과정인 '제2차 교육과정'을 지칭하고 범위는 일반적인 교육과정의 교과목과 시간 등의 일반적인 기준을 제시한 총론과 각각의 교과목의 내용 기준을 제시한 각론을 포함한다.

8·15 광복 이후, 미군정에 의해 교육의 지침(교수요목)이 제정되어 사용되어 오다, 교육법이 제정(1949)되고 개정(1950)되어 교육의 기본 방침이 확립되었다. 기본 방침은 6, 3, 3제의 신학제 실시이다. 이에 따른 후속 조치로 문교부는 「각급 학교 교육 과정 시간 배당 기준령」의 제정하고 이와 관련되

어 교육 과정의 제정에 착수하였지만, 6·25사변을 겪게 되어 그 계획은 일단 좌절되었다. 「교육 과정 시간 배당 기준령」은 6·25사변으로 말미암아 정부가 임시로 부산으로 옮겨간 1951년에 '교과 과정 연구 위원회'의 첫 회의를 열고 기준표를 작성할 것을 결의함으로써 그 심의에 착수하였다. 그 결과 1954년 4월 20일에 문교부령 제 35호로 「국민학교, 중학교, 고등학교, 사범학교 교육과정 시간 배당 기준령」으로 공포를 보았고, 이에 의하여 각급 학교의 교과별 시간 배당과 교과 과정의 기본 원칙이 결정되었다. 그 후 정부가 서울로 환도한 1955년에 이르러 당시의 '교과 과정 연구 위원회'와 '교수요목 제정 심의회'의 합동 위원회는 이 기본 원칙에 따라 115명의 위원으로 26차의 본 회의와 10여 차의 소분과 위원회를 열어 교과 과정을 심의하였다. 그리하여 1955년에 각급학교 교과별 교과 과정이 제정되고, 이에 따른 새 교과서가 편찬되어 그 시행을 보았다. 이처럼 제1차 교육 과정은 6·25사변과 휴전 성립 직후에 걸쳐 제정되었다. 그 후 1963년 2월 15일 1차 교육과정을 개정한 제2차 교육과정을 제정하였다.

제2차 교육과정이 적용된 1963년부터 1973년은 교육적으로 큰 변화가 있었던 시기이다. 1963년 8월 7일에는 「교육법」이 개정되어 후소 조치로 많은 변화가 나타났다. 대표적으로 중견 산업기술인의 양성기관으로 5년제 실업고등전문학교가 창설되었고, 근대화를 위해 실업 교육을 강조하였다. 또한 1964년 12월 7일에 중학교 입시 문제의 복수 정답 문제가 발생하면서 중학교 입시제도에 대한 문제 제기가 나타나 1968년 2월에 중학교 무시험 진학제가 되었다.[1] 그 결과 중학교 진학률의 급증 현상이 발생하였다.[2] 또한 1968년 12월 5일에 국민교육헌장이 선포되어 교육을 통한 국민상(國民像)이

---

1 경향일보, 「무즙도 正策: 말썽난 中學入試문제에 高法 판결」, 1965.

2 한국교육삼십년사편찬위원회, 『韓國教育三十年史』, 1980.

제시되었고, 장기종합교육계획안(1972~1986)이 수립되었다. 이와 같은 제2차 교육과정이 적용된 시기는 다양한 교육적 사건이 발생하였다. 그래서 제2차 교육과정을 바르게 이해하기 위해서는 이들 배경을 사회적, 철학적, 심리적, 교육적 시각[3]에서 다각도로 조망하는 것이 필수적이다. 왜냐하면 교육과정의 구성의 두 축은 철학과 심리학이다. 그러므로 제2차 교육과정을 철학과 심리학에서 조망하는 것이 필수적이다. 또한 제2차 교육과정이 개정되었던 시기는 우리 현대사의 중요한 사건이 일어나서 새로운 정치 세력이 권력을 잡은 중요한 시기이기도 하다. 그러므로 제2차 교육과정을 정치적 관점에서 조망하는 것도 제2차 교육과정에 대한 바른 접근이라 할 수 있다. 마지막으로 제2차 교육과정이 개정되었던 시기는 일제 식민지의 교육에서 미국의 영향으로 새로운 교육이 소개되고 적용되었던 시기이다. 그러므로 교육적 관점에서 조망하는 것도 필요할 것이다. 이와 같은 다양한 관점의 접근은 과거의 교육을 올바르게 판단할 수 있으며 현재 진행형인 2015 개정 교육과정의 현주소와 교육과정의 미래를 올바르게 파악하는 데 도움을 줄 것이다. 2차 교육과정은 배경은 크게 4가지 측면에서 접근으로 연구할 것이고 이를 위해 주로 문헌연구를 통해서 연구로 진행하였다.

첫째는 정치적 배경으로 5·16군사정변에 의해 정치적 주도 세력이 바뀌어 체제의 정당성을 교육적 적용하려는 시도가 정치적으로 있었다. 당시 5·16 군사 세력은 체제의 정당성 확보와 국민의 지지를 얻기 위해 반공을 국시(國是)의 제일로 삼고, 당시 경제적으로 매우 어려운 상황이었기 때문에 경제를 발전하기 위한 도구로 교육을 도구화하기 위해서이다.

둘째는 철학적 배경으로 당시 프래그머티즘이 주된 철학으로 등장하였

---

3 교육과정의 탐구의 기준은 역사적, 철학적, 심리적, 사회적 관점을 제시하는 학자(홍후조, 『알기 쉬운 교육과정』, 2016)도 있으나 본 연구자는 제2차 교육과정의 특수성을 고려하여 역사와 정치를 묶어 사회적 관점을 제시하고, 철학과 심리를 제시하며, 종합적인 조망을 위해 다시 교육적 관점을 제시하였다.

고, 이에 호응하여 진보주의라는 교육철학을 교육 현장에 실제적 도입하려 하였다. 제1차 교육과정은 경험중심 교육과정을 수용한다고 하지만 단편적인 지식 주입에 편중되어 생활과는 멀리 떨어져 지식 중심이었다.

셋째는 심리적 배경으로 당시 서방국가에서 유행했던 행동주의를 교육에 적용하고자 하였다. 또한 일제침략시기 교수법의 잔재가 많이 남아 있어 행동주의가 교수법에 영향을 미친 원인이기도 하다.

넷째는 교육적 배경으로 교육과정 내재적 한계를 극복하려는 시도가 있었다. 제1차 교육 과정은 제정 당시의 비정상적인 사회 상태와 여러 가지 애로나 제약으로 충분한 내용 설정을 하지 못하였고 교육 목표도 설정하는 데 한계를 가지고 있었다. 이로 인해 문교부는 1958년부터 교육 과정 개정에 대한 기초조사를 하며, 자료 수집에 힘써 오던 중 5·16군사정변을 계기로 하여 종래의 교육을 평가하고 새로운 교육 과정으로 전면적 개편을 보게 되었다. 1963년 2월 15일에 이를 공포하기에 이르렀다.

II. 제2차 교육과정의 이해

교육은 어떻게, 무엇을, 왜에 관련된 것이다. 그중에서 교육과정은 교육의 무엇에 해당되는 교육의 내용에 대한 것이다.[4] 그러나 현재 국가 교육과정에서는 국가 교육과정이라는 개념이 교육에 대한 국가 기준으로 사용되기 때문에 교육의 목적, 내용, 교수·학습, 평가 등에 관련된 기준을 제시하고 있다. 그중에서도 제2차 교육과정은 교육 내용이 중심이고 부가적으로 교수·학습이 제시되어 있기 때문에 본 연구에서는 교육 목표와 내용을 중심으로 분석하고 해석한다.

4 김대석, 『쉽게 풀어 쓴 교육과정과 수업』, 2017.

1. 제2차 교육과정의 목표

제2차 교육과정의 교육 목표는 다음과 같이 총 7개로 제시되어 있다.

> 1. 민주적 신념이 확고하고 반공정신이 투철하며, 민주적인 생활을 발전시킬 수 있는 인간을 양성하는데 가장 적합한 학습 경험을 포함하여야 한다.
> 2. 독립자존의 민족적 기풍과 아울러 국제 협조의 정신을 함양할 수 있는 구체적인 학습 경험을 포함해야 한다.
> 3. 일상생활에서 당면하는 문제를 해결하는 데 필요하고 유익한 지식과 유용한 기능 및 과학적 생활 태도를 기르는데 직결되는 학습 경험을 포함하여야 한다.
> 4. 가난을 극복하고 경제적 효율성을 증진시키는데 필요한 학습 활동을 충분히 포함하여야 한다.
> 5. 건전한 정신과 강건한 신체를 가진 국민을 양성하는데 직접 기여할 수 있는 학습 활동을 계획하여야 한다.
> 6. 국민 생활을 순수하고 명랑하게 하는 심미적인 정서 생활을 위하여 풍부한 개성을 개발하도록 하여야 한다.
> 7. 형식적 추상적 지식에 치우쳤던 반공·도덕 교육을 쇄신하여, 일관성 있게 지도할 수 있는 계획을 수립하고, 학생들이 능동적으로 참여하는 실천적 교육에 주력하여야 한다.[5]

교육과정에서 교육목표를 제시하는 방법은 일반 목표인 총괄 목표와 세부 목표인 하부 목표를 구분하는 방법과 학교별 공통 목표와 학교별 목표를 구분하는 방법을 사용하는 방법이 있다. 현재 2015 개정 교육과정에서는 일반 목표와 세부 목표를 구분하고 다시 학교별 목표를 제시하는 방법

---

5 문교부, 『국민학교 교육과정』, 문교부령 제119호 별책, 1963, 4~6쪽.

을 사용하고 있지만 제2차 교육과정에서는 이러한 구분을 하지 않고 일반적인 목표만을 제시하고 있다. 교육 목표에서는 '교육적 인간상'을 제시하는 것이 일반적이며 제2차 교육과정에서도 7가지의 목표에서 교육적 인간상을 제시하고 있다. 7가지의 목표의 인간상 중에서 2번째 목표와 3번째 목표의 인간상이 서로 유사하므로 통합하였고, 7번째의 인간상은 앞의 인간상을 구체화했기 때문에 제외하여 5가지의 인간상을 제시했다고 할 수 있다. 첫째의 인간상은 민주적 시민과 '반공인'이다. 이 두 가지 가치는 현재의 사고로 서로 균형을 이루기 어렵지만 당시에는 가능하다고 판단한 것 같다. 두 번째는 인간상 '자주적인 인간'이다. 자주적인 인간을 강조하기에는 문화적으로 자국 중심 문화주의라는 폐쇄적인 가치를 강조할 수 있기 때문에 부가적으로 국제협력이라는 가치를 첨가했지만 주된 가치는 '자주인'이다. 세 번째와 네 번째의 인간상은 실용인이다. 네 번째의 인간상은 신체인이다. 다섯 번째 인간상은 심미적인 인간상이다. 이것을 종합한다면 제2차 교육과정에서 제시하는 인간상은 한국적 민주주의에 반공정신에 투철하며 신체적으로 건강하고 심미적인 생활을 향유하는 실용인을 기르는 것으로 정의할 수 있다.

2. 제2차 교육과정의 내용

제2차 교육과정 내용은 크게 교과 활동, 반공·도덕 생활, 특별 활동이라는 3가지 활동으로 구분된다. 각각의 활동은 다시 국민학교, 중학교, 고등학교에서 서로 상이하게 적용된다. 현재는 중학교와 고등학교가 중등교육으로 통합되는 성격을 가지고 있지만 이 당시에는 고등학교 교육이 보편화가 되지 않아서 중학교와 고등학교 교육이 서로 다르게 진행되는 특징이 있다. 그래서 [표 1]와 같이 국민학교와 중학교는 교과 활동, 특별 활동, 반공·도덕 생활로 구성되며, 고등학교는 교과 활동과 특별 활동으로 구성된다.

[표 1] 제2차 교육과정의 내용 구성

구분	교육과정의 구성			교육과정의 선택
	교과 활동	특별 활동	반공·도덕 생활	
국민학교	○	○	○	필수
중학교	○	○	○	
고등학교	○	○	×(사회과에 통합)	선택(인문, 자연, 직업, 예능)

제2차 교육과정의 총론 부분의 주요 내용은 교과의 내용과 시간 배당에 관련된 것이다. 제2차 교육과정의 특징은 국민학교와 중학교는 공통 필수 교과를 제시하고 고등학교에서는 4개의 계열을 제시하여 학습자의 흥미와 적성에 따라 자신들의 진로를 선택할 수 있도록 하였다. 고등학교 선택 과정의 성격을 어떻게 정의하느냐에 따라 의미가 달리 해석되겠지만 제2차 교육과정은 국민학교부터 고등학교까지 필수 과목으로 학생들의 교과목 선택권이 없다고 해석해도 될 것이다. 다만 교과목에 대한 선택권은 없지만 중학교 3학년부터 교과목의 변경은 불가능하고 시간 배당은 조절할 수 있었다.

제2차 교육과정의 총론은 학교 교육 계획을 수립하는데 기본이 되는 기준이며 기본적으로 교과목의 명칭과 시간 배당 기준은 제시하였다. 국민학교와 중학교, 고등학교에서 이 기준표는 교과 활동, 반공·도덕생활, 특별활동의 지도를 위한 주당 시간을 최소 시간으로 나타낸 것이다. 또한 학교 수업 일수는 연간 국민학교와 중학교는 35주, 고등학교는 36주를 기준으로 하고, 1시간의 수업 시간은 국민학교는 40분, 중학교는 45분, 고등학교는 50분을 기준으로 한다.[6] 현재 우리 학교 교육에서 수업 일수는 초중등 공통으로 34주를 하는 것에 비하며 다소 많다.[7] 1시간의 수업량은 현재와도 같다.

6 문교부, 『고등학교 교육과정』, 문교부령 제121호 별책, 1963.

7 문교부, 『국민학교 교육과정』, 문교부령 제119호 별책, 1963; 문교부, 『고등학교 교육과정』, 문교부령 제121호 별책, 1963; 교육부, 『초·중등학교 교육과정 총론』, 교육부 고시 제2015~74호, 2015.

1) 국민학교와 중학교 교육과정

[표 2] 국민 학교와 중학교 교육 과정 체계

구분		국민학교						중학교		
		1	2	3	4	5	6	1	2	3
교과	국어	6~5.5	6~7	6~5	5~6	5.5~6	5~6	5~6	5~6	4~6
	산수	4~3	3~4	3.5~4.5	4~4.5	4~5	5~4	3~4	3~4	2~4
	사회	2~2.5	3~2	3~4	3~4	3~4	4~3	3~4	3~4	2~4
	자연	2~2.5	2~2.5	3.5~3	3~3.5	3~4	4~3	3~4	3~4	2~4
	체육	2.5~3	3~2.5	3~3.5	3~3.5	3~3.5	3.5~3	3~4	3~4	2~4
	음악	1.5~2	2~1.5	2~1.5	1.5~2	1.5~2	1.5~2	2	2	1~2
	미술	2~1.5	2~1.5	2~1.5	1.5~2	1.5~2.5	1.5~2.5	2	2	1~2
	실과	·	·	·	2~1.5	2.5~3	2.5~3.5	4~5	4~6	3~12
	외국어	·	·	·	·	·	·	3~5	3~5	2~5
반공·도덕		1	1	1	1	1	1	1	1	1
특별		5%~10%	5%~10%	5%~10%	5%~10%	5%~10%	5%~10%	8% 이상	8% 이상	8% 이상
계		21	22	24	26	28	28	30~33	30~33	30~33

[표 2]와 같이 제2차 교육과정 국민학교와 중학교 교육과정의 교과목과 시간 배당의 특징은 현재와 비교한다면 교과목과 시간 배당을 기준으로 분석할 수 있다. 첫째 교과목을 기분해서 분석하면 국민학교 과정에서 영어나 외국어를 배우지 않는다는 것이고 실과라는 교과목이 독립되어 있으며, 반공·도덕이 교과가 아니라 대영역으로 독립되어 있다는 것이다. 반공·도덕 활동이 영역으로 독립된 것은 당시 반공을 국시(國是)로 하는 정권의 영향을 받았다고 할 수 있다. 그리고 영어나 외국어 교과가 없는 것은 교육목적과 다소 상충된다. 교육 목적에서는 국제협력을 강조했지만 실제 초등교육에서는 다루지 않고 있다. 이것은 당시 국제화된 사회가 아니고 현실적으로 모든 국민학교에서 영어나 외국어를 교육할 교사 수급이라는 현실적인 한계가 반영되었을 것이다. 그리고 실과 교과목이 독립된 것은 교육 목적에서 제시한 실용적인 학문을 강조하겠다는 의도와 연결된다. 시간 배당을 현재 교

육과정과 비교한다면 체육 시간이 다소 많고 사회 시간이 적다.[8] 체육 시간이 많다는 것도 교육 목적에서 제시한 실천적인 인간과 체육인을 강조하는 취지와 연계된다. 그리고 사회 시간이 적다는 것은 당시 정치 사회의 특성을 반영하여 시민의 정치 참여를 제한하고 있는 정치 풍토와 시민의 정치 참여를 제한하겠다는 정치 의도가 반영되었다고 할 수 있다.

2) 고등학교 교육과정

[표 3] 고등학교 교육 과정 체계

구분		인문	자연	직업	예능	비고
공통 필수	국어	24				기타에는 국사 6, 반공 및 국민윤리 6, 체육 18, 교련 12, 음악 6, 미술 6, 산업일반 4, 기술 4가 포함됨.
	사회	16				
	수학	8				
	과학	6				
	실업·가정	8				
	기타	54				
	소계	116				
과정	국어	18	·	10	18	인문과정과 직업과정은 영어와 독어, 불어 가운데 1~2과목을 포함하여 30단위 이수함. 직업과정은 영어만 18단위 이수, 국어는 작품 4, 한문 6 단위 이수함.
	사회	10	6	10	11	
	수학	12	26	12	12	
	과학	16	34	16	16	
	영어/2외국어	30	30	18	30	
	실업·가정	14	14	38	14	
	소계	100	110	104	100	
총 이수 단위		216	226	220	216	

[표 3]과 같이 고등학교 교육과정 체계를 보면 국민학교와 중학교와는 다르게 선택 과정을 제시한 것이 강한 중앙집중형 교육과정임에도 불구하고 특이점이다. 고등학교 1학년은 공동 필수 교과목을 중심으로 이수하고 2학

8 교육부, 『초·중등학교 교육과정 총론』, 교육부 고시 제2015~74호, 2015.

년부터는 진학과 직업 준비에 따라 크게 인문과정, 자연과정, 직업과정, 예능과정으로 구분하여 학습자가 선택하여 이수하도록 했다. 특이점은 제2차 교육과정이 체육 교육을 강조함에도 불구하고 체육과정을 제외하고 예능과정만을 제시했다는 점[9]과 현재 교육과정에서는 예능과 체육을 통합하여 예술·체육 영역이나 과정을 제시하는 것이 서로 비교된다. 교과 이수 단위는 인문과정은 216단위, 자연과정은 226단위, 직업과정은 220단위, 예능과정은 216단위로 미세한 차이를 보이며, 자연과정이 가장 높고, 예능과정이 가장 낮게 설정되어 있다. 예능과정은 인문과정에 준해서 설정되어 있으므로 인문과정과 구성 형식과 비율은 같다. 공통필수 이수 단위는 116단위로 최소 이수 단위 대비 약 52% 정도를 차지하며, 과정별 이수 단위는 약 48%를 차지하고 있다. 현재 교육과정과 가장 큰 교과의 차이는 제2외국어는 영어를 포함한 외국어로 영어만을 필수로 지정하지 않고 있다는 것이다. 제2외국어는 인문과정과 자연과정에서 30단위를 필수로 하고, 직업과정은 영어만을 18단위로 이수하도록 하였다. 또한 현대 교육과정과 비교하여 차이점은 국민학교와 중학교 교육과정에서 실과 과목을 연속성 있고 배우고, 이를 고등학교 때는 심화하고 확대한다. 고등학교 인문계와 자연계는 14 단위를 배우며, 직업계는 38단위까지 배운다. 직접 직업 준비과정이 아니고 상급학교 진학을 위한 준비과정인 인문계와 직업계까지 실과를 14단위까지 배운다는 것은 그 당시 실용성을 강조하는 흐름과 상통한다. 또한 국민학교와 중학교 교육과정에서 대영역으로 반공·도덕 영역이 독립되어 구성했던 형식이 고등학교에서는 반공·도덕 영역이 없어지고 교과 영역인 사회 교과 중 국민윤리 교과로 편성되었다는 점이다.

9 교육부, 『초·중등학교 교육과정 총론』, 교육부 고시 제2015~74호, 2015.

Ⅲ. 제2차 교육과정의 배경과 특징

제2차 교육과정의 가장 큰 특징은 초보적인 형태이지만 경험 중심 교육과정이 교과 내용으로 조직하였고, 반공·도덕이 하나의 교육과정 영역으로 설정하였으며, 고등학교 교육과정에 '과정'을 도입하여 학생의 진로에 따라 2학년부터 인문과정, 자연과정, 직업과정, 예능과정으로 구분한 것이다. 이와 같은 제2차 교육과정의 특성을 명료하게 파악하기 위해서 철학적 관점, 심리적 관점, 정치적 관점, 교육적 관점으로 조망한다. 제2차 교육과정을 [표 4]와 같이 조망한다면 정치적 관점에서 조망한다면 5·16군사정변, 철학적 관점에서 프래그머티즘, 심리적 관점에서 행동주의, 교육적 관점에서 보수주의[10]와 진보주의의 혼합형이다.

[표 4] 제2차 교육과정의 이론적 배경

구분		제2차 교육과정
정치적 배경	주요 이론	5·16군사정변
	주된 주장	반공주의, 경제 발전
	정치 사상	한국적 민주주의
	대표 정치가	박정희
철학적 배경	주요 이론	실용주의
	존재론	유용성에 의한 상대적 실제
	인식론	경험적 방법
	가치론	유용성에 의한 상대적 가치
	대표 학자	제임스(James), 피어스(Peirce), 듀이(Dewey)
심리적 배경	주요 이론	행동주의
	교수-학습 전략	반복연습, 피드백
	교수 설계	환경에 대한 반응
	교수학습	연습과 훈련
	대표 학자	스키너(Skinner), 왓슨(Watson)

10 교육과정을 내용으로 분류한다면 많은 분류방법이 있겠지만 본 연구에서는 교과 중심의 지적 전통주의는 보수주의이고, 사회의 요구나 학습자의 요구를 중시하는 것은 진보주의로 분류하였다.

구분		제2차 교육과정
교육적 배경	주요 이론	보수주의와 진보주의의 절충주의
	교수의 주체	교수자, 학습자
	교육과정의 내용	지식과 경험의 혼합
	교육과정의 구성	미리 계획되면서 현장에서 반영되는 구성
	교육과정의 경계	연성과 경성의 혼합
	대표 학자	듀이(Dewey), 허친스(Hutchins)

1. 정치적 배경

교육과정은 일반적으로 무엇을, 어떻게, 왜 가르칠 것이냐는 질문을 다루는 학문이다. 그중에서도 다시 핵심적인 질문이라면 무엇을 가르칠 것인가에 대한 학문이다. 무엇이라는 교육 내용은 정치와 역사 등의 사회적 영향을 받을 수밖에 없고 제2차 교육과정의 개정 시기는 우리 현대사에서 가장 역동적이고 긴장된 시기이기 때문에 사회적 영향에서 자유로울 수 없다.

먼저 정치적 영향은 수준과 관점에 따라 두 가지로 구분할 수 있다. 첫째는 내용에 따른 구분이다. 교육과정의 내용에서 정치성을 드러내는 방법과 중립을 추구하는 방법이 있고 드러낸다면 현 정권에 수용적인 관점인지 저항적인 관점인지에 따라 구분할 수 있다. 본 교육과정은 정치성을 교육과정에 표면적으로 드러내며 현 정권에 수용적인 가치를 나타내는 정치적 보수주의이다. 물론 교육과정에서 이와 다르게 구분하는 방법도 있다.[11] 둘째는 형식에 따른 구분이다. 이것은 첫째의 정치성을 교육과정에 내용적으로 담는다면 어떤 형식을 따른 것인가이다. 하나는 중앙 집권적 관점을 따른 형식이 있을 것이고 반대의 입장에서 지방 분권적 관점을 따른 형식이 있을 것이다. 중앙 집권적 정치체제는 국가 교육과정을 강조하며 분권화된 교육과

11 김재춘, 「차이의 정치학의 교육적 함의」, 『교육정치학연구』 6(1), 1999, 135~154쪽; 김재춘, 「교육과정의 정치학」, 『교육정치학연구』 7(1), 2000, 93~111쪽.

정을 강조한다. 반면에 지방 분권적 정치 체제는 현장 교육과정을 강조하며 통합된 교육과정을 강조한다. 제2차 교육과정은 형식면에서 현장 학교나 학생의 선택권이 거의 없는 강한 중앙집권식 교육과정이며, 내용으로 반공주의와 경제제일주의를 주된 내용으로 구성하였다. 왜냐하면 제2차 교육과정의 정치적 세력은 반공주의를 바탕으로 한 강력한 대통령 중심제라는 정치 형태를 가지고 있기 때문이다. 물론 제1차 교육과정 탄생[12]의 시대적 한계로 당시 시대가 요구하는 것을 충분히 문서화 하지 못한 반성으로 1958년부터 교육과정 개정에 대한 준비를 하고 있었지만 결정적인 계기는 5·16군사정변으로 인한 정치 세력의 변화이다. 새로운 정치 세력은 정치적 정당성을 확보하기 위해 다양한 개혁을 단행하였고 그중에 하나가 교육 개혁이다. 교육 개혁의 시작은 현재도 마찬가지이지만 국가 교육과정의 개혁이다. 5·16군사정변을 통해 집권한 세력은 통치 이념을 반공을 국시로 하고 산업화를 통한 경제 발전이었다. 제2차 교육과[13]정에서는 7가지의 교육 목표와 교과활동, 특별활동, 반공도덕 생활이라는 교육과정 영역을 제시하고 있다. 이 중 교육목표에서 다음과 같이 3가지가 교육목표와 반공·도덕 생활이라는 영역이 새롭게 권력을 잡은 세력이 주장하는 국시와 그 맥을 같이 한다.

> 1. 민주적 신념이 확고하고 반공 정신이 투철하며,[…]
> 4. 가난을 극복하고 경제적 효율성을 증진시키는데 필요한[…]
> 7. 형식적 추상적 지식에 치우쳤던 반공·도덕 교육을 쇄신하여,[…][14]

첫 번째 교육목표를 보면 "민주적 신념이 확고하고 반공정신이 투철한"[15]

---

12 도면회 외, 『고등학교 한국사』, 비상교육, 2010.

13 함규진, 「한국적 민주주의의 형성과 민본주의의 역할」, 『정치정보연구』 19(1), 2016, 275~300쪽.

14 문교부, 『국민학교 교육과정』, 문교부령 제119호 별책, 1963, 4~6쪽.

15 문교부, 『국민학교 교육과정』, 문교부령 제119호 별책, 1963, 4쪽.

시민 양성을 목적으로 하고 일곱 번째 목표에서 "반공·도덕 교육을 쇄신"[16] 한다는 것은 당시 정치적 상황을 가장 적절하게 표현했다고 할 수 있다. 5·16군사정변을 통하여 권력을 쟁취한 박정희 군부 정권은 세계사적 흐름인 민주주의를 수용하면서 한국적 상황에 맞는 민주주의를 제시하였다. 그것이 반공정신을 기반한 민주주의인 통상 '한국적 민주주의'라는 이념을 제시한 것이다. 개념적으로 반공주의와 민주주의라는 다소 조화가 되지 않는 사상을 조합시켜 한국적 민주주의라고 개념화시키고 이것을 교육을 통해 국민 교육의 가장 중요한 이념으로 제시한 것이다. 또한 교육과정 영역에서 교과 활동과 특별 활동 이외에 반공·도덕 생활이라는 영역을 독립시켜 국민학교와 중학교에서 독립적으로 운영하게 하였다. 또한 1969년에 교육과정을 일부 개정하여 '교련'이라는 군사과목을 고등학교 교과목에 포함시켰다.[17]

한국적 민주주의는 당시 공산주의로 대표하는 북한과 6·25전쟁을 하고 휴전한 지 얼마 되지 않은 특수한 상황이며 경제 발전 후에 정치 발전이 이루어진다는 일반적[18]인 가설을 근거하여 후대에서 긍정적인 평가도 있지만, 정당성이 부족한 정치 세력이 자기 정치적 정당성을 확보하기 위한 수단으로 만들어낸 기만적인 사상으로 평가하기도 한다.[19] 그러나 일반적으로 한국적 민주주의는 다소 왜곡된 민주주의이며 이후 한국 민주주의 발전에 걸림돌로 작용했다는 평가한다. 박정희 군사정권은 사상적으로 반공주의를 국시로 제시하고 경제적인 측면에서는 국가주도의 성장주의 정책을 제시하였다. 경제적인 측면에서 발전은 일제 식민지와 6·25전쟁을 겪으면서 경제적으로 낙후되어 있었고, 국민이 자체적으로 의식주를 해결하는 것도 어려움을 겪

16 문교부, 『국민학교 교육과정』, 문교부령 제119호 별책, 1963, 6쪽.
17 최호성·박창언·최병옥, 『교육과정 이론과 실천』, 교육과학사, 2014.
18 함규진, 「한국적 민주주의의 형성과 민본주의의 역할」, 『정치정보연구』 19(1), 2016, 275~300쪽.
19 강정인, 「박정희 대통령의 민주주의 담론 분석」, 『철학논집』 27, 2011, 287~321쪽.

고 있었기 때문에 당시 시대가 요구하는 정신을 잘 반영하였다고 할 수 있다. 또한 1962년 제1차 경제개발 5개년 계획이 의욕적으로 시작되었기 때문에 국가 주도의 경제제일주의가 교육과정에 반영된 것이다. 그래서 교육과정의 목표에서도 "가난을 극복하고 경제적 효율성을 증진"[20]하는 것을 제시하였다. 지금의 시각으로 본다면 '가난의 극복'을 교육과정 목표로 제시하는 것이 다소 의아스럽지만, 당시의 시대정신에 비추어 본다면 충분히 공감할 수 있다. 또한 광복 이후 민족적 정체성이 훼손되었기 때문에 민족적 정체성 교육을 통하여 회복하고자 하였다. 그래서 재2차 교육과정[21]에서는 교육과정의 배경을 "국가와 겨레의 이상과 현실을 명철히 이해하고, 우리들이 직면하는 과업을 해결하기 위하여 국민 각자에게 부과된 역사적 사명을 완수할 수 있는(…)인간을 양성"[22]이라 하여 민족적 정체성을 위한 교육과정의 개정을 밝히고 있다. 이것은 교육과정의 목표나 내용에서 반영되어 있다. 목표에서는 "독립 자존의 민족적 기풍과 아울러 국제 협조의 정신을 함양"[23]과 같이 민족적 정체성 위기에서 민족적 정체성을 확립하기 위해 교육의 역할에 대한 고민이 녹아져 있다.

2. 철학적 배경

교육 사상에 영향을 미치는 철학은 고대 그리스·로마의 이상주의와 실재주의, 중세사회의 기독교주의, 근대의 자연주의, 현대의 실용주의와 실존주의가 될 수 있다. 이 중에서 '제2차 교육과정'을 철학적 배경을 제시하

---

20 문교부, 『국민학교 교육과정』, 문교부령 제119호 별책, 1963, 5쪽.

21 문교부, 『국민학교 교육과정』, 문교부령 제119호 별책, 1963; 문교부, 『고등학교 교육과정』, 문교부령 제121호 별책, 1963.

22 문교부, 『국민학교 교육과정』, 문교부령 제119호 별책, 1963, 2쪽.

23 문교부, 『국민학교 교육과정』, 문교부령 제119호 별책, 1963, 4쪽.

면 당시 전 세계적으로 영향을 미쳤던 실용주의(pragmatism)이라 할 수 있다. 왜냐하면 프래그머티즘을 교육적으로 적용한 것이 진보주의이며 진보주의가 광복 이후 우리 교육에 큰 영향을 미쳤기 때문이다. 실용주의는 피어스(Charles Sanders Peirce), 제임스(William James), 듀이(John Dewey)로 대표된다.[24] 이들은 현실과 떨어져 있는 형이상학적이며 사변적인 철학을 현실 속으로 재구성하려는 사상이라 할 수 있다.[25] 실용주의는 다윈(Dawin)의 진화론에 영향을 받았으며, 영국의 경험론을 미국의 토양에 맞게 발전시킨 것이다. 실용주의 철학의 근본 특징은 검증될 수 있는 것과 인간 문제 해결에 유용한 것을 진리로 보는 경험주의와 공리주의적 요소가 결합한 성격을 띤다.[26] 이들은 전통적인 철학에서 실재가 정신적인 것과 물질적인 것 중의 하나로 구성되어 있다는 양극단의 이원적인 것을 거부하고 유기체가 환경과의 상호작용을 할 때만 진리라고 한다. 그래서 진리란 문제를 풀기 위해서 적용되는 하나의 가정이며 그것은 잠정적인 것이고, 가치란 오로지 특정의 상황에서 제기되며 특정한 윤리적인 맥락에서만 유효하다.[27] 그러므로 이들은 교육에서 정신적인 교과인 인문교과와 물질적인 교과인 직업교육의 구분, 이론과 실제의 구분을 거부하고 이것을 통합하려 한다. 또한 진리란 문제를 푸는 과정이므로 교육이란 당면 생활 문제를 해결시켜 주는 것이다. 제2차 교육과정에서 이와 같이 실용주의를 반영한 것은 교육목적과 내용 체계에서 나타나 있다. 교육목적을 보면 다음과 같이 일상생활에서 문제해결력을 강조하고 있다.[28]

---

24 박의수·강승규·정영수·강선보, 『교육의 역사와 철학(2판)』, 동문사, 2009.

25 Cowell, T., “The Ecological Perspective in John Dewey’s Philosophy of Education”, *Educational Theory* 35(3), 1985, p. 257.

26 고재희, 『통합적 접근의 교육방법 및 교육공학』, 교육과학사, 2008.

27 박의수·강승규·정영수·강선보, 『교육의 역사와 철학(2판)』, 동문사, 2009.

28 문교부, 『국민학교 교육과정』, 문교부령 제119호 별책, 1963.

3. 일상생활에서 당면하는 문제를 해결하는데 필요하고 유익한 지식과 유용한 기능 및 과학적 생활 태도를 기르는데 직결되는 학습 경험을 포함하여야 한다.[29]

제2차 교육과정에서는 진리와 기능이란 일상생활의 문제를 해결하는 것이라 한다. 듀이는 인간 유기체를 '통합적인 사회적 생물 물리학적 환경(an integrated social and biophysical environment)'과 상호작용하는 존재로 규정했다.[30] 그러므로 교육이란 유기체인 인간이 사회적이며 생물·물리학적인 일상생활과 상호작용하여 문제 사태에서 문제를 해결하는 것이다. 또한 내용 체계를 보면 국민학교와 중학교 교육과정 영역에서 교과 활동, 특별 활동, 반공·도덕 생활을 제시했다. 이 중에서 특별 활동은 실용주의와 밀접한 연관이 있는 영역이다. 듀이의 교육은 '생각'과 '행동'을 현재 경험의 흐름 속에서 이루어져야 한다는 경험을 강조했다. 즉 생각은 경험 속에서 검증되기 전까지는 불안전한 것이며 경험 속에서 검증되고 적용되어야만 참된 지식이다. 그러므로 실용주의는 경험을 강조하며 통합된 학습을 강조한다. 교육과정 영역에서 이것을 가장 잘 대변하고 있는 것이 특별활동이다. 물론 특별 활동이 제1차 교육과정[31]부터 제시되어온 교육과정 영역이지만 이것의 목표와 활동 내용, 유의점 등을 정교하게 적용한 것은 제2차 교육과정이라 할 수 있다.[32] 그러므로 실용주의 영향과 관계가 있다. 다음으로 교과목 중에서 국민학교와 중학교에는 '실과'가 있고 고등학교에는 '실업·가정'을 배우게 하였다. '실과'나 '실업·가정'이라는 교과목은 교육과 현장의 괴리를 좁힌 교과

---

29 문교부, 『국민학교 교육과정』, 문교부령 제119호 별책, 1963, 5쪽.

30 Cowell, T., "The Ecological Perspective in John Dewey's Philosophy of Education", *Educational Theory* 35(3), 1985, p. 257.

31 문교부, 『국민학교 교육과정』, 문교부령 제 44호, 1954.

32 최호성·박창언·최병옥, 『교육과정 이론과 실천』, 교육과학사, 2014.

목이다. 실용주의에서 강조하는 생활 중심의 교육과정의 전형적인 특징이라 할 수 있다. 마지막으로 교육과정 영역에서 실용주의 영향을 받은 것은 고등학교 교육과정이다. 고등학교 교육과정은 학습자의 흥미와 적성에 따라 인문, 자연, 예능, 직업으로 선택하도록 한 것이다. 이것은 보통 교육과 직업교육을 분리하지 않고 보통교육에서 인문교육과 직업교육의 통합을 시도한 것이다. 그러므로 실용주의가 주장하는 진리란 정신적인 것과 물질적인 것의 통합을 시도하고 이로 인해 교육에서 인문교육과 직업교육의 통합을 시도한 전형적인 사례라고 할 수 있다.

그러므로 제2차 교육과정의 목적에서 '일상생활', '문제 해결', '유용성', '경험'을 제시하고 교육과정에서 '특별 활동'의 강조하며, 초중등 과목에서 공통으로 '실과'라는 교과목을 제시한 것은 실용주의와 연관된다. 또한 고등학교에서 학습자의 희망에 따라 '인문 과정', '자연 과정', '예능 과정', '직업 과정'을 선택하도록 하여 일반 고등학교임에도 불구하고 '직업 과정'을 설치한 것은 실용주의와 연관된다.

3. 심리적 배경

교육과정과 심리학은 밀접한 연관이 있다. 철학이 교육 내용의 선정에 기준이 된다면 심리학은 선택된 교육과정의 수행에 기준이 될 수 있다. 그러므로 교육과정과 심리학은 밀접한 관계가 있다. 교육과 관련된 심리학은 크게 두 가지가 있다. 하나는 행동주의이며 다른 하나는 인지주의이다. 물론 일반 심리학에서 중요시하는 정신분석학도 중요하지만 교육과는 서로 역설적 관계이기 때문에 본 연구에서는 제외한다. 그러므로 제2차 교육과정이 영향을 받을 수 있는 심리학은 인지주의와 행동주의이다. 이 중에서 제2차 교육과정을 심리학적 관점으로 접근하면 크게 '행동주의 심리학(behaviorism)'을 배경으로 한다. 구체적으로 '고전적 조건형성(classical conditioning)'을 강조한 파블로프(Ivan Petrovich Pavlov), '도구적 조건형성(instructional conditioning)'을 강조한 손다이크(Edward Less Thorndike), '조작적 조건형성(operant conditioning)'을 강조한 스키너(Burrhus Frederick Skinner) 등으로 설명할 수 있다).[33] 『교수-학습의 이론과 실제』(2005). 이들은 인간의 주체적인 마음을 인정하지 않고 후천적인 매뉴얼에 의해 수동적으로 작동하는 기계와 같이 여긴다. 이들은 인간의 선천적인 마음이란 존재하지 않으며 인간은 자극에 대한 반응의 행동으로 후천적인 마음을 형성한다고 믿는다. 그중에서 고전적 조건형성주의자인 파블로프는 실험실에서 개를 대상으로 한 타액 분비 실험을 했다. 그 실험에서 새로운 행동을 야기하는 과정이 고전적 조건형성이라 했다. 다음으로 손다이크의 도구적 조건형성은 행동주의이지만 고전적 조건형성과는 다른 특성이 있다. 파블로프가 반사 행동이나 비자발적인 반응에 관심을 가졌다면 그는 자기 주도적 행동에 관심을 가졌다. 그는 이 학습 과정을 설명하기 위해 '효과의 법칙(law of effect)', '연습의 법칙(law of experience)', '준비성의 법칙(law of readiness)'을 제시했다.[34] 마지막으로 스키너의 조작적 조건형성은 지금의 행동이 이전의 행동 결과에 따라 결정된다는 주장이다. 지금의 행동은 이전 행동에 대한 자극의 결과이다. 그는 행동은 자극에 의해 형성되는 것이며 이러한 자극은 행동 이전의 자극보다는 행동 이후의 자극에 의해서 형성된다는 것이다. 행동 이후의 자극은 강화나 벌이라고 하며 강화는 행동이 다시 나타나기를 희망하는 자극이며, 벌은 행동이 감소하기를 희망하는 자극이다.[35] 이들의 행동주의를 교육에 적용한 것이 왓슨(John Broadus Watson)이다.

---

33 Gredler, M. E., *Learning and instruction: theory into practice(5th ed.)*, Prentice Hal, 2005.

34 Thorndike, E. L., The psychology of learning. *Educational Psychology* Ⅱ, NY: Teachers' College Press, 1913.

35 Skinner, B. F., *The Technology of teaching*, NY: Appleton-Century-Crofts, 1968.

왓슨은 행동주의 영향을 받아서 모든 사람을 교육을 통해서 변화시킬 수 있다는 교육만능성을 주장한다.[36] 행동주의 심리학자인 파블로프, 스키너, 손다이크, Skinner와 행동주의 교육학자 왓슨은 서로 간의 차이점이 존재하지만 이들은 학습에 대해 네 가지 공통점을 지향점이 있다. 첫째, 교육의 대상은 비가시적인 정신적 사태보다는 가시적인 행동적 사태이다. 둘째, 성장은 통찰에 의한 내면의 변화보다 연습을 통한 외현의 변화이다. 셋째, 학습은 행동의 변화를 요구하고, 행동의 변화는 특별한 자극과 특별한 반응에 의해서 만들어진 결과이다. 넷째, 평가는 목표에 기반하여 명세적으로 제시한다.

이와 같은 행동주의 주장은 제2차 교육과정과 연관된다. 제2차 교육과정의 각 교과목의 지도상 유의점을 보면 다음과 같이 행동주의와 연계할 수 있다. 예를 들면 중학교 체육교과 지도상의 유의점에는 "학습 평가는 주관적인 방법을 지양하고 합리적이고 신뢰도가 높은 객관성 있는 방법으로 평가되어야 한다."[37]로 제시했다. 평가에서 객관성 있는 평가는 외현 행동에 대한 표준화되고 명세적인 평가를 한다는 것이다. 이것은 행동주의 심리학에서 지향하는 평가와 일치한다. 다음으로 고등학교 미술교과 지도상의 유의점에는 "조형 활동을[…]유능한 생산자와 소비자의 태도를 가지게 한다."[38]로 하여 미적 교과의 중요한 목적인 정서의 함양을 강조함에도 불구하고 조형 활동을 유능한 생산자를 기르는 것으로 적시하여 외현적인 기능을 강조하는 것은 행동주의 특성이 반영되어 있다고 할 수 있다.

---

36 Watson, J. B., Psychology as the behaviorist views it, *Psychological Review*, 20, 1920, pp. 158~177.

37 문교부, 『중학교 교육과정』, 1963, 13쪽.

38 문교부, 『고등학교 교육과정』, 문교부령 제121호 별책, 1963, 97쪽.

4. 교육적 배경

교육과정은 내용의 성격에 따라 크게 3가지로 구분할 수 있다. 첫째는 진리는 절대적이므로 전통적인 진리인 교과를 적극적으로 가르쳐야 한다는 보수적 관점이 있다. 이 관점에서는 교과나 교사의 권위와 분권화된 교육과정을 강조한다. 둘째는 진리는 특수적이므로 전통적인 진리보다는 학습자에 의해서 구성되는 지식을 강조하는 진보적 관점이 있다. 이 관점에서는 학습자의 잠재 능력과 반성적 탐구 능력을 강조한다. 마지막 세 번째는 급진주의 관점으로 현 사회 현상을 비판적으로 조망한다. 그래서 현 교육과정은 불평등과 부정의를 심화시키는 매개체이므로 이를 거부하고 새로운 교육과정을 실현해야 한다는 관점이다.[39] 이러한 각각의 관점에서 보수주의적, 진보주의적, 급진주의적 관점으로 구분하는 것이 일반적인 관점이다. 보수주의적 교육과정의 대표적인 것인 교과중심 교육과정과 학문중심 교육과정이며, 진보주의적 교육과정의 대표적인 것이 경험중심 교육과정과 인간중심 교육과정이다. 급진주의적 관점은 비판주의 교육과정이 될 것이다. 제2차 교육과정은 다음과 같이 교육과정을 정의하고 있기 때문에 경험중심 교육과정이고 흐름으로 본다면 진보주의(경험중심 교육과정) 교육과정이라 할 수 있다.[40]

> 교육과정은 곧 학생들이 학교의 지도하에서 경험하는 모든 학습활동의 총화를 의미하는 것이다.[41]

경험중심 교육과정이 강조된 또 하나의 영향은 미국 교육사절단의 내한이다. 1952년 9월부터 1955년 9월까지 미국 교육사절단이 내한한 바 있었고,

---

39 김재춘. 「교육과정의 정치학」. 『교육정치학연구』 7(1). 2000, 93~111쪽.

40 문교부, 『국민학교 교육과정』, 문교부령 제119호 별책, 1963.

41 문교부, 『국민학교 교육과정』, 문교부령 제119호 별책, 1963, 3쪽.

곧이어 조지 피바디(George Peabody University) 사범대학 교수단이 1956년부터 1962년까지 활동하였다. 이들은 현직 교육과 연구협의회 등을 통하여 생활 교육의 강력히 역설하였고 그것이 반영된 것이 제1차 교육과정과 제2차 교육과정이다.[42] 그러므로 제2차 교육과정이 표면적으로는 경험중심 교육과정을 지향하고 있지만 실제 운영면에서는 보수주의(교과중심 교육과정)라 할 수 있다. 왜냐하면 또한 진보주의 교육과정에서는 탈정치화가 특징이지만 제2차 교육과정은 앞의 연구에서와 같이 교육목표에서 반공 정신을 강조하였고, 교육과정 영역에서 '반공·도덕 생활'을 독립시켰으며, 교련이라는 군사과목이 설정된 것은 진보주의보다는 보수주의와 어울린다. 또한 제2차 교육과정이 경험중심의 교육 내용을 강조하였다고 하지만 각 교과의 진술 방식이나 형식은 교과중심의 틀을 사용하였다. 또한 가장 중요한 것이 당시 교사들은 일제 식민지 시대의 교육 방식을 답습했기 때문에 지식과 기능 중심의 전달식 방법을 사용하였으며 학부모들도 중학교 때부터 이루어지는 상급 학교 입시 때문에 지식 중심의 교육이 이루어졌다. 그 결과 진보주의의 가장 큰 특징인 학습자 중심이 아니라 교수자 중심 수업으로 진행되었다. 또한 보수적 교육과정은 교과의 경계가 명료하고 진보적 교육과정은 교과의 경계가 느슨하며 교과 간의 통합을 시도한다. 그러므로 보수적 교육과정의 내용 요소를 반영했다고 하지만 실제 교과의 경계가 명료한 제2차 교육과정은 보수주의 교육과정의 성격도 가진다고 할 수 있다. 그러므로 제2차 교육과정은 형식적으로 진보주의적 교육을 선언했으나 실제적으로는 보수주의적 교육이 이루어지는 혼재된 양상이라 할 수 있다.

또한 교육과정의 유형을 구분할 때 교육과정의 성격과 교육의 주체를 누구로 할 것이냐에 따라 교육과정을 구분할 수 있다. 일반적으로 교과나

42 홍후조, 『알기 쉬운 교육과정』, 학지사, 2016.

지식, 공통성, 교수자를 강조하면 보수적 교육과정의 성격을 가지며, 경험과 활동, 개성, 학습자를 강조하면 진보적 교육과정의 성격을 가진다.[43] 제2차 교육과정에서는 교육과정의 7개의 목적에서 '경험'이나 '활동', '개성', '학습자 중심'을 모든 목표에서 동일하게 강조하고 있다.[44] 그러므로 교육과정의 목표만을 보고 판단한다면 경험과 학습자를 강조하는 진보주의적 교육이라고 할 수 있지만, 교육과정의 내용 체계를 본다면 철저하게 교과 중심으로 편성되어 있으므로 보수주의적 교육이라 할 수 있다.

마지막으로 교육과정의 개발 과정에서 교육과정을 미리 설계하고 현장에 적용하는 방법과 현장에서 다양한 상황을 반영하고 현장에서 개발하는 교육과정으로 구분할 수 있다. 전자의 입장은 타일러(Ralph W. Tyler)의 입장이며,[45] 후자의 입장은 아이스너(Elliot W. Eisner)나 슈왑(Joseph J. Schwab)의 입장이다.[46] 타일러의 모형은 교육과정의 요소를 목표, 교육경험, 경험을 조직하는 방법, 평가로 제시되어 있다. 이것들은 시간의 흐름 속에서 유기적으로 연계된 것이다.[47] 목표를 통해 교육경험이 선택되고 조직되며 이것을 평가하는 순서로 진행된다. 이것은 목표를 중심으로 교육과정이 구성되는 형식이다.[48] 그러므로 보수적 관점에 가깝다. 이에 반해 슈왑이나 아이스너는 교육현장 중심의 교육과정을 강조했다. 슈왑은 실제적 교육과정이라는 것을 제시하여 공식적 교육과정은 현장의 교사와 학습자에 의해 재구성되어야 한

---

43 홍후조, 『알기 쉬운 교육과정』, 학지사, 2016.

44 문교부, 『국민학교 교육과정』, 문교부령 제119호 별책., 1963.

45 Tyler, R. W. *Basic Principles of Curriculum and Instruction*, Univ. of Chicago Press, 1949.

46 Eisner, E. W., *The Educational Imagination: On the Design and Evaluation of School Program*, Macmilan, 1994.

47 김승호, 『교육과정평가 모형 탐색』, 교육과학사, 1998.

48 Tyler, R. W. *Basic Principles of Curriculum and Instruction*, Univ. of Chicago Press, 1949,

다고 주장한다.[49] 제2차 교육과정이 학습자와 경험을 강조한 진보적 입장을 가지고 편성되었다. 하지만 국가교육과정을 미리 설계하고 이것을 중앙집권식으로 제시하고 획일적으로 적용하려고 한 점은 보수적 입장이 반영된 것이다. 이와 같이 제2차 교육과정은 보수주의적 교육과 진보주의적 교육이 혼재되었다고 할 수 있다. 두 가지 교육 과정은 서로 상보적인 성격이 있으나 일반적으로 배타적인 성격을 가지고 있어 현장의 혼란이 가중되었을 것이다

Ⅳ. 맺음말

2017은 한국 현대사에서 중요한 일이 일어났던 시기이다. 정치·역사적으로 본다면 헌정사에 처음으로 대통령이 탄핵되고 대통령을 비롯한 권력이 핵심부에 있었던 많은 권력층이 구속되어 법의 심판을 기다리고 있는 시기이며 선거에 의해 새로운 정치 세력이 탄생된 시기이기도 하다. 이것은 단순히 특정 권력층의 단절과 탄핵에 의한 대통령 선거만을 의미하는 것이 아니라 박정희라는 정치 프레임의 종말이며 새로운 정치의 시작이기도 하다. 또한 교육과정 측면에서 보면 2015 개정 교육과정이 초등학교에 처음 적용되는 시기이다. 그리고 이번 대선을 통해 탄생된 새로운 정치 권력에 의해 또 다른 교육과정이 개발될 것으로 예측되는 시기이기도 한다. 이와 같은 의미에서 3공화국을 대변하는 박근혜 대통령이 탄핵당하고 그에 반한 정치 권력이 탄생되어 새로운 교육과정을 모색하는 시기에 3공화국의 대표적 교육과정인 제2차 교육과정을 정치적, 철학적, 심리적, 교육적으로 분석하는 의미 있는 연구일 것이다.

---

49 Schwab, J. The Practical 4: Something for Curriculum Professors to Do. *Curriculum Inquiry* 13(3), 1983.

제2차 교육과정은 국민학교와 중학교, 고등학교 교육과정으로 크게 학교급별로 구분할 수 있다. 국민학교와 중학교는 3개의 영역인 교과 활동과 특별 활동, 반공·도덕 생활로 구성되어 있다. 고등학교는 반공·도덕 생활 영역이 하나의 교과로 축소되어 교과 활동과 특별 활동으로 구성되어 있다. 국민학교와 중학교, 고등학교 1학년까지는 국가 교육과정에 의한 필수 과목으로 지정되어 있으며 고등학교 2학년부터 3학년까지는 학습자의 적성과 흥미, 진로에 따라 인문, 자연, 직업, 예능 영역으로 구분하여 이수하도록 하였다. 국민학교와 중학교의 교과목은 국어, 산수, 사회, 자연, 체육, 음악, 미술, 실과 외국어로 국민학교에서는 한 주에 21시간에서 28시간이고 중학교는 30시간에서 33시간이며 반공·도덕 생활이 한 주에 1시간씩 구성되어 있다. 고등학교는 국어, 사회, 수학, 과학, 실업·가정, 기타 과목으로 구성되어 있으며 고등학교 1학년 때는 총 116단위를 이수하게 하였고 고등학교 2학년부터 3학년까지는 선택 과정에 따라 216단위에서 226단위까지 이수하도록 하였다.

이와 같은 제2차 교육과정을 보다 면밀히 분석하기 위해 정치적, 철학적, 심리적, 교육적 접근을 시도하였다. 먼저 정치적 배경으로 제2차 교육과정을 분석한다면, 제2차 교육과정은 5·16군사정변에 가장 큰 영향을 받았다고 할 수 있다. 그 결과 3공화국이 강조하는 반공주의와 경제 발전이 교육과정에 적극 반영되었다. 다음으로 철학적 배경을 본다면 실용주의가 배경이 된다고 할 수 있다. 당시 미국에서 유행했던 실용주의가 배경이 되어 교육과정에서 유용성을 바탕으로 하는 지식과 기능을 제시하였다. 다음으로 심리적 배경을 본다면 행동주의가 교육과정에 배경이 되었다고 할 수 있다. 행동주의는 환경에 대한 반응을 교수 설계의 기본으로 하므로 교수학습에서 반복 연습과 피드백을 강조한다. 이러한 교수법이 제2차 교육과정에 적용되었다고 할 수 있다. 마지막으로 교육적 배경을 보면 제2차 교육과정은 보수주의 교육과 진보주의 교육의 절충이라 할 수 있다. 교육과정의 내용은 진보적 관점이 적용되었지만 형식은 보수적 관점이 기본적 틀로 사용되고 있다. 그래서 교수 사태에서 교수자와 학습자를 동시에 강조하며 연성의 교육과정과 경성의 교육과정이 혼합된 형태를 취하고 있다.

본 교육과정을 정치적, 철학적, 심리적, 교육적 관점에서 접근한 것은 다음과 같은 가치가 있을 것이다.

첫째, 우리 현대사에서 가장 중요하다고 평가하는 3공화국과 그 정치사상을 교육에 집약시킨 제2차 교육과정을 연구하였다는 점이다. 이것을 통해 앞으로 우리가 지향해야 하는 새로운 교육의 타산지석이 될 수 있기 때문이다.

둘째, 교육과정을 단순히 교육의 관점에서만 접근하는 것이 아니라 교육 이외의 사회의 관점에서 접근하려는 시도이다. 교육은 사회라는 공동체에 포함되는 하부 체제이다. 그러므로 교육 현상은 교육 체제를 포함하는 상부 체제와 함께 접근해야 한다. 그러므로 교육과정을 정치적 관점에서 접근한 것은 교육의 사회적 배경을 좀 더 명확히 파악할 수 있는 계기를 제공한다.

셋째, 교육과정을 철학적, 심리적 배경으로 접근하여 교육과정의 근원적 탐구를 시도했다는 것이다. 교육학의 이루는 두 가지 학문인 철학과 심리학으로 교육과정을 분석하여 교육과정의 성격을 면밀히 밝혔다는 것이다

02

제2차 교육과정의 제정과 국사교과서의 발행

조성운

Ⅰ. 머리말

해방 이후 역사교육과 역사교과서에 대한 연구는 매우 활발하게 진행되었고, 그 중에서도 국사교과서에 대한 연구가 가장 많다. 이와 같이 국사교과서에 대한 연구가 활발하였던 것은 해방 이후 민족 정체성의 확립이라는 시대적 요구를 실현시킬 수 있는 주요한 수단 중의 하나가 국사교육이었기 때문이다. 특히 1974년 고등학교 국사교과서의 국정화 이후 국사교과서에 대한 사회적, 교육적 관심이 커지면서 연구는 더욱 활발해졌고, 제7차 교육과정기 『한국근·현대사』가 검정으로 발행된 이후에는 더욱 증가하였다. 더욱이 이명박정부 초기 이른바 '건국절' 논란이 제기되면서 국사교과서는 교육적 차원을 떠나 정치적, 이념적인 의미를 갖기까지에 이르게 되었다.

1990년대 이후의 국사교과서 연구의 동향을 정리한 한 연구에 따르면 1990년대 이후의 국사교과서 연구는 국사교과서 기초 연구, 국사교과서 내용 연구, 텍스트로서의 국사교과서 연구, 국사교과서 비교 연구 등으로 전개되었다고 한다.[1] 이러한 구분은 현재의 연구 경향에도 적용될 수 있다고 본다. 특히 텍스트로서의 국사교과서 연구에서 주목되는 점은 해방 이후 각 교육과정기의 국사교과서 서술의 변천에 대한 연구[2]와 국사교과서 저자에 대한 연구[3]가 최근에야 본격적으로 시작되었다는 것이다.

이러한 과정 속에서 본고가 목적으로 한 교과서 발행제도에 대한 연구도 상당히 축적되었다. 이들 연구는 주로 교과서 발행제도 일반에 대한 연구[4]와 1974년과 2015년 국사교과서의 국정화 논란에 대한 연

---

1 김한종, 「국사교과서 연구의 최근 동향-1990년대 이후를 중심으로-」, 『사회과학교육연구』 5, 한국교원대학교 사회과학교육연구소, 2002.

2 김한종, 「해방 이후 국사교과서의 변천과 지배이데올로기」, 『역사비평』 15, 역사비평사, 1991; 김정인, 「해방 이후 국사교과서의 '정통성' 인식-일제 강점기 민족운동사 서술을 중심으로-」, 『역사교육』 85, 역사교육연구회, 2003; 최병택, 「해방 후 역사교과서의 3·1운동 관련 서술 경향」, 『역사와현실』 74, 한국역사연구회, 2009. 박진동, 「해방 후 현대사 교육 내용 기준의 변천과 국사교과서 서술」, 『역사학보』 205, 역사학회, 2010; 이수정, 「해방 이후 국사교과서의 가야사 서술 변천과 대안」, 『역사와교육』 19, 동국대학교 역사교과서연구소, 2014; 서인원, 「동학농민운동의 한국사 교과서 서술 내용 분석-제1차~제7차 교육과정의 고등학교 교과서를 중심으로-」, 『숭실사학』 32, 숭실사학회, 2014; 조성운, 「해방 이후 고등학교 한국사교과서의 신간회 서술 변천」, 『역사와실학』 57, 역사실학회, 2015; 김태웅, 「해방 후 고등학교 '국사'교과서에서 1894년 농민전쟁 서술의 변천」, 『역사교육』 133, 역사교육연구회, 2015; 조성운, 「해방 후 고등학교 한국사교과서의 근대교통사 서술의 변천」, 『역사와교육』 21, 동국대학교 역사교과서연구소, 2015; 조성운, 「해방 이후 고등학교 한국사교과서의 동학농민운동 서술의 변천」, 『민족종교의 두 얼굴』, 선인, 2015.

3 함혜순, 「학산 이인영의 역사인식-신민족주의사관을 중심으로-」, 이화여자대학교 교육대학원 석사학위논문, 1991; 김정인, 「오장환 저, '중등문화사-우리나라의 문화 : 정음사, 1949」, 『한국사학사학보』 1, 한국사학사학회, 2000.; 류시현, 「해방 후 최남선의 활동과 그에 관한 기억」, 『한국사학보』 27, 고려사학회, 2007; 정주란, 「손진태의 신민족주의 국사교육론」, 한국교원대학교 대학원 석사학위논문, 2008; 정민지, 「권덕규의 '조선사'에 나타난 한국사 인식」, 『역사교육연구』 17, 한국역사교육학회, 2013; 민성희, 「해방 직후(1945~1948) 황의돈의 국사교육 재건 활동」, 『역사교육연구』 21, 한국역사교육학회, 2015; 김수태, 「손진태의 한국사교육론」, 『한국사학사학보』 32, 한국사학사학회, 2015; 조성운, 「교수요목기 국사교과서의 발행과 편찬」, 『한국민족운동사학회』 86, 한국민족운동사학회, 2016.

4 이종국, 『한국의 교과서』, 대한교과서주식회사, 1991; 재단법인 한국교과서연구소, 『교과용도서관련법규집』, 1992; 이종국, 『대한교과서사: 1948~1998』, 대한교과서주식회사, 1998; 허강 외, 『한국편수사연구(1)』, 한국교과서연구재단, 2000; 허강 외, 『한국편수사연구(2)』, 한국교과서연구재단, 2000; 이종국, 『한국의 교과서 출판 변천 연구』, 일진사, 2001; 허강 외, 『한국의 검인정교과서 변천에 관한 연구』, 한국교과서연구재단, 2002; 허강, 『한국의 검인정 교과서』, 일진사, 2004; 허강 외, 『한국 교과서의 어제, 오늘 그리고 내일』, 한국교육과정·교과서연구회, 2006.

구,[5] 그리고 해방 이후 국사교과서의 발행제도의 변천에 대한 연구[6]로 나누어 볼 수 있다. 그러나 각 교육과정기의 교과서 발행제도에 대한 연구는 그리 많지 않은 형편이다.[7] 따라서 교육과정기별로 국사교과서의 발행이 어떠한 배경과 과정 하에서 이루어졌는가를 확인하는 것은 정부의 교과서 정책은 물론이고 국사교과서와 관련된 제반 정책들을 확인하는 주요한 계기가 될 것이다.

본고에서는 1961년 5·16군사정변 이후 반공주의적 교육[8]이 강화되는 과정에서 마련된 제2차 교육과정기의 국사교과서의 발행과정을 살피는 것을 목적으로 한다. 이를 위해 먼저 제2차 교육과정의 제정 과정을 살핀

---

5 이병희, 「국사교과서 국정제도의 검토」, 『역사교육』 91, 역사교육연구회, 2004; 안병우, 「한국사 교과서 발행제도에 관한 검토」, 『민주사회와 정책연구』 6, 2004; 서인원, 「역사교과서 검정발행제 분석」, 『역사와실학』 32, 역사실학회, 2007; 유승렬, 「한국사 교과서 발행 국정화 담론의 맥락과 성격」, 『역사교육』 132, 역사교육연구회, 2014.

6 윤종영, 「'국사'교과서의 편찬방향」, 『역사교육』 48, 역사교육연구회, 1990; 김용만, 「한국교과서 변천사 고찰(1)-각 교육과정기별 교과서 편찬상황 개관-」, 『실학사상연구』 13, 1999; 유승렬, 「국사교과서 편찬의 문제점과 개선방향」, 『역사교육』 76, 역사교육연구회, 2000; 윤종영, 「국사교과서 발행제도에 대한 고찰」, 『문명연지』 1-2, 한국문명학회, 2000; 허강 외, 『한국편수사연구(1)』, 한국교과서연구재단, 2000; 박진동, 「해방 후 역사교과서 발행제도의 추이」, 『역사교육』 91, 역사교육연구회, 2004; 김유환, 「교과서 국정 및 검인정제도의 법적 문제」, 『한국교육법연구』 8-1, 한국교육법학회, 2005; 이신철, 「한국사 교과서 발행의 과거와 현재」, 『내일을 여는 역사』 35, 서해문집, 2009; 하일식, 「고교 '국사'의 발행제 변천과 전근대 서술-권력의 의도와 교과서 서술-」, 『역사와 현실』 92, 한국역사연구회, 2014; 양정현, 「한국사 교과서 발행제도 운영의 문제점과 개선 방안」, 『역사와 현실2, 2014.

7 김상훈, 『1945~1950년 역사 교수요목과 교과서 연구』, 서강대학교 박사학위논문, 2015; 김태웅, 「신국가건설기 교과서 정책과 운용의 실제」, 『역사교육』 88, 역사교육연구회, 2003; 조성운, 「교수요목기 국사교과서의 발행과 편찬」, 『한국민족운동사연구』 86, 한국민족운동사학회, 2016.

8 김현선, 「애국주의의 내용과 변화-1960~1990년대 교과서 분석을 중심으로-」, 『정신문화연구』 87, 정신문화연구원, 2002; 신주백, 「국민교육헌장 이념의 구현과 국사 및 도덕과 교육과정의 개편」, 『역사문제연구』 15, 역사문제연구소, 2005; 박해경, 「이승만정권기 반공이념 교육과 '우리나라역사' 교과서」, 성신여자대학교 교육대학원 석사학위논문, 2006; 이신철, 「국사교과서 정치도구화의 역사」, 『역사교육』 97, 역사교육연구회, 2006; 장영민, 「박정희정권의 국사교육 강화정책에 관한 연구」, 『인문학연구』 34-2, 충남대학교 인문과학연구소, 2007; 구경남, 「1970년대 국정 〈국사〉 교과서에 나타난 애국심 교육과 국가주의」, 『역사교육연구』 19, 한국역사교육학회, 2014; 조성운, 「반공주의적 한국사 교육의 성립과 강화」, 『한국민족운동사연구』 82, 한국민족운동사학회, 2015.

후 국사교과서의 발행과정에서 제기된 제반 문제점들을 살필 것이다. 이러한 목적을 달성하기 위해 필자는 교수요목기와 제1차 교육과정기의 국사교과서 발행과정에서는 검인정의 기준이 엄격하지 않아 교과서의 편제라든가 서술 용어가 상대적으로 자유로웠으나 제2차 교육과정기의 국사교과서 발행은 교수요목기와 제1차 교육과정기 국사교과서[9]의 발행과정과 비교해 매우 엄격해졌다는 점을 염두에 두고 서술할 것이다.

Ⅱ. 교육과정의 개편

제2차 교육과정은 1950년 한국전쟁으로 인한 사회경제적 어려움을 극복함과 동시에 1961년 5·16군사정변이 표방한 반공주의와 경제개발의 명분을 달성하기 위하여 민주주의적인 과정보다는 결과를 중시하는 토대 속에서 마련되었다. 그러므로 제2차 교육과정은 5·16군사정변의 교육이념을 반영한 것이라 할 수 있다. 군사정부가 밝힌 교육이념은 다음과 같다.

> 1. 간접 침략의 분쇄 : 반공 국방교육을 강화하고 학원 내외의 부패와 구악을 일소하여 청소년 학도들 의 사상을 순화하고 청신한 생활 태도를 확립하여 북한 괴뢰집단이 평화공세라는 가면 아래 자행하 고 있는 간접적인 침략을 분쇄하는 데 선봉적인 역할을 담당케 함이다.

---

9 제1차 교육과정기의 역사교육과 역사교과서에 대해서는 역사와교육학회와 동국대학교 역사교과서연구 소가 공동 주최한 학술회의에서 제출된 다음의 연구들이 참조된다. 허은철, 「제1차 교육과정의 성립과 역사과 교육과정」, 『역사와교육』 22, 동국대학교 역사교과서연구소, 2016; 성강현, 「제1차 교육과정의 국사교과서 서술 체제와 내용 분석」, 『역사와교육』 22, 동국대학교 역사교과서연구소, 2016; 남한호, 「제1차 교육과정의 세계사 서술 체제와 내용 분석」, 『역사와교육』 22, 동국대학교 역사교과서연구소, 2016; 조건, 「제1차 교육과정 성립기 문교부 조직과 반공 교육정책」, 『역사와교육』 22, 동국대학교 역사교과서연구소, 2016.

2. 인간개조 : 제도를 운영하는 근본이 되는 사람을 참된 한국인으로 육성하는 것인바 특히 교육을 질 적으로 향상시키어 품성을 도야하고 강건한 신체의 육성, 유능한 지식·기능을 습득시킴으로써 바람 직한 한국의 새 인간을 양성하자는 것이다.
3. 빈곤타파 : 우리나라가 아세아적 후진성을 극복하지 못하고 있는 것은 무엇보다도 그 원인이 경제 적 빈곤 때문이므로 우리의 교육은 국민들의 경제적 생활을 윤택하게 하고 국가를 부강하게 할 수 있는 생산인, 기술인을 양성하기 위한 과학기술교육, 실업교육을 강화하는 동시에 교육을 향토생활 과 향토 개발을 직결시킬 수 있는 향토건설에 두자는 것이다.
4. 문화혁신 : 지금까지의 문교행정이 학교교육에만 치우쳐 온 폐단을 시정하고 청소년 학도는 물론 이요 전 국민이 지니고 있는 문화면의 소질과 재능을 충분히 길러주고 발전시키는 데 과감한 시책 을 강구하여 이를 추진함으로써 국민문화를 창건, 향상시키자는 것이다.[10]

이러한 교육이념을 바탕으로 마련된 군사정부의 교육정책은 1961년 12월 발간된 『혁명과업 완수를 위한 향토학교 교과과정 임시 운영 요강(고등학교)』에 잘 나타나있다. 이 『혁명과업 완수를 위한 향토학교 교과과정 임시 운영 요강(고등학교)』은 장차 개정될 교육과정의 방향을 예시하는 것으로서 교육과정이 개정될 때까지 사용하도록 하였다. 여기에서 보이는 주요한 특징은 반공주의와 경제개발이라 할 수 있으며, 이러한 목적을 달성하기 위한 수단으로서 인간개조와 문화혁신을 들고 있다고 판단된다. 특히 인간개조의 항목에서 제기된 '참된 한국인' 혹은 '한국의 새 인간'이란 군사정부의 목표를 달성하기 위하여 설정된 것이라 할 수 있

10 문교부, 『혁명정부 문교시책』, 1961, 44~45쪽(서주연, 「1960년대 박정희정부의 향토학교 정책」, 한국교원대학교 대학원 석사학위논문, 2015, 12쪽, 재인용).

다. 그리하여 군사정부는 '교육에 관한 임시특례법'(1961년 9월 1일)과 '사립학교법'(1963년 6월 26일)을 제정, 공포하는 한편 1963년 2월 15일에는 교육과정을 전면 개편하였다.

군사정부의 고등학교 교육의 목표는 1949년 12월 31일 제정된 교육법 105조의 교육목표를 토대로 중견국민을 육성하는데 두었다. 그리고 중견국민을 다음과 같이 규정하였다.

① 중견국민으로서의 품성과 성능
② 국가 사회에 대한 이해
③ 민족의 사명에 대한 자각
④ 체위 향상
⑤ 개성의 신장과 적합한 진로(또는 직업)의 선택
⑥ 일반 교양의 향상
⑦ 전문적 기술의 도야[11]

이는 군사정부가 요구하는 인간상을 반영한 것이었다. 그리고 사회가 요구하는 중견국민의 내용을 다음과 같이 정리하였다.

첫째, 민족의 사명에 대한 명철한 자각을 갖는 것
둘째, 자기 자신과 그리고 각자가 그 속에 살고 있는 향토사회와 국가사회의 처지를 이해하고 거기 에서 제기되는 공통적 과제에 민감하여 그것을 상호 협동하여 해결함으로써 개인과 사회의 생활현실 을 개선하는 데 필요한 이해, 기능, 태도를 계속적으로 발전시키는 것
셋째, 민주주의 기본 원리에 입각하여 학생, 학교, 주변의 사회 실

11 『혁명과업 완수를 위한 향토학교 교과과정 임시 운영 요강(고등학교)』, 문교부, 1961, 2~5쪽.

정에 적응될 수 있는 현실적인 민주 주의 제 과정을 성실히 추구하는 것[12]

이를 바탕으로 사회과 역사부분에서는 교과의 운영 방향을 다음과 같이 설정하였다.

1. 중학교와 마찬가지로 현대사에 중점을 두어야 하겠다.
2. 각 시대의 성격을 파악하도록 지도하여야 하겠다.
3. 역사를 배우는 목표의 하나는 모든 사물을 비판하고 판단하는 데 역사적으로 생각해 보는 사고 능력을 키우자는 데 있다고 한다.
4. 세계에 대하여 관심을 갖도록 지도하여야 하겠다.
5. 정치와 문화, 농업과 공업, 경제와 문화는 서로 불가분의 관계에 있다. 이 관계를 비교하고 분 석하고 종합하는 능력을 가지도록 지도하여야 하겠다.
6. 과거는 과거대로만 존재하는 것이 아니라 현재 속에 살아 있게 된다는 것을 이해시켜야 한다.
7. 역사 그 자체에만 가치를 나타내는 것이 아니라 다른 모든 학과와 관련을 가짐은 물론 그 바탕 이 된다는 점을 유의하여 지도하여야 한다.[13]

이와 같은 국사과 교육방침은 1963년 제2차 교육과정에 반영되었다. 제2차 교육과정의 국사과 지도목표는 다음과 같다.

(1) 국사의 전 발전 과정을 통하여 발양된 우리 민족의 미점과 우수성을 찾아 민족애를 철저히 하는 한편 민족적 과업의 달성을

12 『혁명과업 완수를 위한 향토학교 교과과정 임시 운영 요강(고등학교)』, 문교부, 1961, 1~2쪽.
13 『혁명과업 완수를 위한 향토학교 교과과정 임시 운영 요강(고등학교)』, 문교부, 1961, 71~72쪽.

위하여 올바른 반성을 가지게 하며, 그를 시정하고 민주 국가 발전에 기 여하는 태도를 기른다.

(2) 국가 발전에 있어서의 각 시대의 정치, 사회, 경제, 문화생활을 종합적으로 이해시킴으로써 각 시 대의 성격과 역사적 의의를 고찰시키는 한편, 경제 부흥과 사회 개선에 노력하며 문화유산을 존중 하는 태도와 새 문화의 창조 발전에 공헌할 수 있는 능력을 기른다.

(3) 우리 민족이 각 시대에 있어서 가지고 있는 세계사와의 연관에 유의하여 국사의 특수성과일반성을 이해시킨다.

(4) 우리나라의 세계적 지위를 올바로 이해시킴으로써 반공 사상을 강화하여 세계 평화 건설에 이바 지하게 한다.[14]

이와 같은 국사과 지도목표는 앞에서 본 『혁명과업 완수를 위한 향토학교 교과과정 임시 운영 요강(고등학교)』의 내용을 보다 구체화시킨 것이었다. 특히 반공주의가 교육과정에 최초로 명기되어 국사교과서의 서술에 반영되었다.[15] 반공교육의 강화에 대해 문교부의 평가는 다음의 공문들[16]에서 확인할 수 있다.

○ 각 중·고교장 귀하

사회과, 반공, 도덕 시간 외에는 민족 주체성 확립 지도가 부진하므로 다음 사항에 유의하여 실시에 만전을 기하기를 바람.

가. 교사의 의욕적인 태도 요망.

나. 민족 주체성 지도 내용을 각 교과내용에 포함하도록 함.

다. 포착한 지도 내용은 학습지도안에 표시하고 강조하여 지도함.

---

14 『문교부령 제121호 고등학교 교육과정』, 문교부, 1963(국가교육과정정보센터 교육과정 자료실에서 인용).

15 조성운, 「반공주의적 한국사교육의 성립과 강화」, 『한국민족운동사연구』 82, 한국민족운동사학회, 2015, 243쪽.

16 이혜영, 『한국근대학교교육 100년사 연구(Ⅲ)』, 한국교육개발원, 1998, 86쪽에서 재인용.

라. 장학지도 시찰시 상기 사항을 확인 지도 할 것임.

○ 문장학 1013-366 (67.7.10) 지시된 문교부 장관의 공문 이첩

가. 반공, 도덕 생활이 전체 교육계획서의 근본이 되어 실효를 거두도록 함.

나. 입시준비교육에 치중하는 경향으로 반공, 도덕교육이 소홀히 됨.

다. 1968학년도 중, 고교 입시에 있어서 반공 도덕의 출제 비중을 높일 예정임.

이와 같은 반공교육의 강화는 교과서의 발행와 교과서의 내용에 대해 정부의 통제와 간섭이 보다 강화된다는 의미이다.[17] 그리하여 후술하듯이 교과서 발행도 제3공화국 이후에는 1종 도서를 확대하는 방향으로 개편되었고, 1950년 4월 제정되었던 '교과용 도서 검인정 규정'을 폐지하고 1967년 4월 17일 대통령령 제3018호로 '교과용 도서 저작·검인정령'을 공포, 시행하였다.

한편 1963년 대통령에 당선된 박정희는 1964년 베트남 파병과 1965년 한일국교정상화 과정 속에서 야당과 시민사회의 반대운동, 1968년 1·21사태와 푸에블로호납치사건에 따른 남북 간의 긴장 고조를 극복하기 위하여 반공논리를 더욱 강화하였다. 그리하여 군사정부는 사회적으로는 지문 날인과 주민등록증의 강제교부와 같이 주민 통제를 강화하는 한편 1968년 12월 국민교육헌장[18]을 제정하고, 1968년에는 제2차 교육과정을

---

17 예를 들면 베트남 파병 훈련 중 사망한 姜在求 소령의 이야기를 국민학교 6학년 바른생활 교과서에 수록하기로 결정하였다(「故姜少領 이야기 국민교 교과서에」, 『조선일보』, 1965년 10월 21일). 그리고 1966년 5월 17일 반공교육을 강화하기 위하여 국민학교 바른생활 교과서를 1학년부터 4학년까지는 반공과 도덕 비율을 각각 50%로, 5, 6학년 교과서는 반공 25%, 도덕 75%였던 것을 반공 75%, 도덕 25%로 편찬하기로 결정하였다(「반공교육을 강화 문교부 바른생활 교과서 개편」, 『조선일보』, 1967년 5월 18일).

18 국민교육헌장의 제정 경위는 다음과 같다.
1968년 6월 18일 대통령 박정희가 권오병 문교부장관에게 교육헌장을 제정해서 생활윤리를 확립하라고 지시→6월 20일 문교부에서 국사, 정치, 철학 등 각계 전문위원 7명

큰 폭으로 개편하였다.

국민교육헌장을 제정할 당시 대통령 박정희가 발표한 다음의 담화문은 국민교육헌장의 의미와 역할을 잘 보여준다.

> 이 헌장을 '생동하고 생산적인 행동규범'으로 만드느냐 않느냐 하는 것은 국민의 마음과 실천에 달 려 있다고 할 것입니다.
>
> 나는 이 헌장에 그려진 이상적인 국민상이 모든 학교교육에 있어서 지표가 될 것을 기대할 뿐만 아 니라, 한걸음 더 나아가서 널리 국민생활 전반에 걸쳐 일상생활 속에 뿌리박기를 마음속으로부터 당부하는 바입니다.
>
> 특히 신문·방송 등 언론기관을 비롯하여 우리나라 성인교육, 사회교육을 담당하고 있는 분들이나 각 계각층의 지도자들이 앞장서서 국민교육헌장의 일상적인 실천에 앞서 주시기를 진심으로 당부하는 바 입니다.[19]

박정희정권은 국민교육헌장을 학교교육뿐만 아니라 언론기관을 통해 성인교육, 사회교육에까지 널리 전파할 것을 목표로 했던 것이다. 1968년 12월 5일 시민회관에서 거행된 국민교육헌장선포식에서 박정희는 "이 헌장에 그려진 이상적인 국민상이 모든 학교 교육에 있어서 지표가 될 것을 기대할 뿐 아니라 한걸음 더 나아가서 널리 국민생활 전반에 걸쳐 일상생

으로 준비위 구성→7월 상순 朴鍾鴻, 李寅基, 柳炯鎭씨 등 기초위원이 헌장초안에 착수→7월 23일 교육, 언론, 문화, 종교 등 각계 인사 48명으로 심의위 구성→7월 하순~9월 31일 심의위가 7차에 걸쳐 수정안을 심의→10월 1일 최종안 확정→10월 22일 89차 국무회의에서 국회의 동의 요청 의결→11월 5일 국회 문공위에서 동의→11월 26일 국회 본회의에서 만장일치로 동의→11월 28일 전체 심의위에서 선포일을 12월 5일로 결정(『동아일보』, 1968년 12월 5일, 「헌장제정경과」). 그리고 국민교육헌장의 제정 배경에 대해서는 신주백의 연구(「국민교육헌장의 역사(1968~1994)」, 『한국민족운동사연구』 45, 한국민족운동사학회, 2005)를 참조 바람.

19 박정희, 「'국민교육헌장' 선포에 즈음한 담화문(1968.12.5.)」, 『박정희대통령연설문집 3(제6대편)』, 대통령비서실, 1973, 283쪽.

활 속에 뿌리박기를 마음속으로부터 당부”(밑줄은 인용자)[20]하였다. 그리하여 1969년 1월 23일 정부는 차관회의에서 ‘국민교육헌장이념구현요강’을 논의하였다.[21] 이 요강에서 교육적 측면에서 국민교육헌장을 구현하기 위한 방안으로 교육과정의 개편, 장학지도, 학생생활지도, 교사 교육, 장기종합교육계획 등 5가지를 제시하였다. 그 중 교육과정 개편의 내용은 다음과 같다.

> (가) 교육과정 개편
> 각급 학교 교육과정 속에 헌장의 이념과 내용을 적절히 반영한다.
> (1) 국민교육헌장의 이념과 내용을 국민학교, 중학교, 고등학교의 전체 교육목표 및 교과별 행동목표로 구체화한다.
> (2) 교과서의 내용 중에서 헌장 이념에 배치되는 내용을 제거하고 적극적으로 헌장 이념을 반영하기 위하여 교과서의 연구, 개편을 계획한다.
> (3) 문교부 간행 교육과정, 교육과정 해설 및 교사용 지도서를 새로운 목표에 의하여 개정한다.
> (4) 교육과정 개편에 있어서는 단기와 장기의 단계적인 고려를 하여 단기계획은 보수적인 면에 치중하 고 장기계획에 있어서는 전면적인 개편을 하도록 한다.[22]

즉 정부는 앞에서 언급한 바와 같이 박정희의 지시를 교육과정과 교

---

20 「세계사교육의 당면과제」, 『경향신문』, 1968년 12월 5일.

21 국민교육헌장에 대해서는 다음의 연구가 참조된다.
신주백, 「국민교육헌장의 역사(1968~1994)」, 『한국민족운동사연구』 45, 2005; 신주백, 「국민교육헌장 이념의 구현과 국사 및 도덕과 교육과정의 개편(1968~1994)」, 『역사문제연구』 15, 2005; 윤해동, 「‘국체’와 ‘국민’의 거리」, 『역사문제연구』 15, 2005; 김석수, 「‘국민교육헌장’ 의 사상적 배경과 철학자들의 역할」, 『역사문제연구』 15, 2005; 황병주, 「국민교육헌장과 박정희체제의 지배담론」, 『역사문제연구』 15, 2005; 김한종, 「학교교육을 통한 국민교육헌장 이념의 보급」, 『역사문제연구』 15, 2005.

22 문교부, 「국민교육헌장이념의 구현 요강」(국가기록원 소장 문서).

과서의 개편을 통해 학생에게 전파하기 위한 방안을 마련하였던 것이다. 특히 교육과정은 1972년까지 연차적으로 개편하기로 하고, 당장 전면적인 개편이 어려운 현실을 고려하여 "가장 긴급을 요하는 것"부터 부분적으로 보강하기로 하였다. 그 결과 1969년 9월 교육과정을 부분 개정하고 1970년 3월 1일부터 시행하기로 하였다. 부분 개정된 교육과정은 "오늘날 우리 사회에서 절실히 요청되는 인간상의 특징과 구현을 위해" 7가지의 일반목표를 설정하였다.[23] 이에 따라 중학교 국사교육을 강화하여 민족주체성의 확립을 기하고, 실업교육의 진흥을 위해 중고교에 기술과목을 신설하며, 반공도덕교육을 강화하기 위해 각급 학교의 반공도덕시간을 늘리며, 인문계 고교의 한문교육을 전문화시켰다.[24] 결국 정부 혹은 정권의 논리를 일방적으로 선포하고 국민들에게 이를 따르라고 하는 독재적 발상을 교육과정에 반영하였던 것이고, 국가 기관을 총망라하여 국민에게 전파하려 하였던 것이라 판단된다.

이러한 결과 문교부는 국민교육헌장 이념의 구현, 한글전용화, 제2경제운동 실천방안의 하나로 모든 교과서에 국민교육헌장의 정신을 반영하여 편찬하기로 하고 국민학교용 교과서는 1969년 9월, 중고등학교용 교과서는 1970년부터 전면 개편할 것을 결정[25]하였다. 뿐만 아니라 1969년 6월 4일 국사를 체계적으로 지도한다는 명분으로 세계사와 국사가 통합되어 있던 교과서를 국사 위주로 개정하기 위해 중학교 사회Ⅱ 교과서의 개정을 결정하였다.[26] 그리고 교육과정 및 교과서 개편과 생산적 인재의 양성을 위해 문교부장관을 위원장으로 한 교학개선협의회를 설치하기로

---

23 신주백, 「국민교육헌장 이념의 구현과 국사 및 도덕과 교육과정의 개편」, 『역사문제연구』 15, 2005, 209쪽.

24 「각급 학교 교과서 명년부터 개편」, 『매일경제신문』, 1969년 9월 4일.

25 「초중고 교과서 개편」, 『매일경제신문』, 1969년 4월 25일.

26 「초중고 교과서 개편 문교부 연내로 교육내용 개선 위해」, 『경향신문』, 1969년 6월 4일.

하였다.[27]

이에 따라 역사교육에 전반적인 변화가 초래되어 1969년 제2차 교육과정을 부분 개정하면서 국사교육의 지도목표도 다음과 같이 수정되었다.

> 1. 민족애를 철저히 하고 민족과업 달성에 기여하는 태도를 기른다.
> 2. 국사의 각 시대의 성격과 역사적 의의를 파악하게 하는 한편 경제 부흥과 사회 개선, 문화 발전 에 공헌하고자 하는 능력을 기른다.
> 3. 국사의 세계사적 지위를 이해시켜 우리 역사의 특수성과 일반성을 파악시키도록 한다.
> 4. 반공사상을 강화하고 세계평화 건설에 이바지하여야 함을 강조한 것이다.[28]

즉 5·16군사정변 이후 박정희정권이 표방하였던 민족주의와 반공주의를 교육과정에 더욱 반영하는 한편 한국사의 특수성을 강조하는 방향으로 교육과정을 변경하였다는 것을 의미한다. 이는『고등학교 교육과정 해설』에서 "대한민국의 건국이념은 인간의 가치를 부인하고 자유를 박탈하며 인간을 기계시하는 공산주의를 철저히 부인하는 민주주의 국가이념"이라 하여 반공을 바탕으로 한 민주주의를 대한민국의 건국이념으로 명시하였다. 더 나아가 "우리나라의 과거를 교육내용으로 삼는 국사는 과거를 이해함으로써 현재생(現在生)에 기여하며 나아가 미래의 발전을 지향하는 역사교육의 일부이다. 당면한 국가 과업의 하나인 공산주의 섬멸운동이 유래하는 바를 여기에서 찾아야 하며, 또 정신무장을 강화함도

27 「교학개선협위 설치」,『매일경제신문』, 1969년 6월 4일.
28 문교부,『고등학교 교육과정 해설』, 1968, 147~148쪽.

국사교육의 중요한 현실적 목적"[29]이라 함으로써 반공교육을 더욱 강조하였다. 이와 같이 제2차 교육과정이 1969년에 개정되면서 반공 이데올로기는 보다 구체적인 모습을 띠게 되었다.

이를 실현하기 위해 중학교 과정에서는 교육과정을 교과활동, 반공·도덕활동, 특별활동으로 구분하고, 사회과는 1·2학년의 경우 매주 3~4시간, 3학년은 2~4시간, 반공·도덕은 각 학년 매주 1~2시간씩 배정하였다. 고등학교에서는 사회과에 반공 및 국민윤리, 국사, 세계사는 4단위에서 6단위로 시수를 증가시키고 일반사회(4단위), 지리(6단위)와 함께 모든 학생들이 이수하도록 편제하였다.[30] 이러한 흐름 속에서 1969년 11월 26일 문교부는 국민윤리의 실천을 위해 덕성교육, 반공교육, 국사교육, 국방교육 등을 강화할 것을 각 시도교육위원회에 시달하였다.[31]

이와 같은 국사교육 강화의 흐름은 1972년 3월 24일 문교부 주최로 대구에서 열렸던 제1회 총력안보를 위한 전국교육자대회의 치사에서 대통령 박정희가 '국적 있는 교육'을 언급함으로써 공식화되었다.[32] 이 자리에서 그는 "올바른 민족사관과 우리의 민족사적 정통성을 확고히 정립, 체득하고 그 위에 투철한 국가관과 자주성을 확립"[33]할 것을 주문하였다. 이어 그는 국사교육강화위원회를 구성하여 5월 10일 첫 회의를 개최하였다. 이 위원회는 연구보고서를 통하여 국사과의 독립과 전 학교에서의 필수화를 건의하였고, 문교부에서는 이를 채택하여 제3차 교육과정에 반영하였다. 이는 박정희정권이 내밀히 준비하고 있던 '10월유신'을 대비한 것이었으나 한국사학계는 이를 모르고 한국사 교육의 홀대를 타개할 필

---

29 문교부, 『고등학교 교육과정 해설』, 1968, 148쪽.

30 『중·고등학교 교육과정 주석(1969년 9월 개정 1970년 3월 시행)』, 21쪽, 260~261쪽.

31 「文敎部 시달 反共 國史敎育 强化」, 『동아일보』, 1968년 11월 26일.

32 대통령비서실, 『박정희대통령연설문집』 4, 1973, 179쪽.

33 문교부 중앙교육행정연수원, 『문교월보』 40, 1973, 9쪽.

요성에서 적극 참여하였다. 그러나 박정희정권은 이러한 역사교육계의 희망을 일부 수용하면서 한국사 교과서의 국정화를 추진하였다.[34]

이렇게 국가주의적 성격을 강화하던 박정희정부는 1972년 '10월유신'을 단행하였다. 이에 따라 국사과 교육과정도 변화하였다. 그러나 유신 직후 바로 교육과정의 개정할 수 없었으므로 1972년 10월 31일 문교부는 『10월유신을 위한 사회과 교사용 지침서』를 발간하여 유신의 정당성을 홍보하도록 하였다. 이에 따라 1973년 실업계 고등학교의 교육과정이 개정되었고, 이듬해인 1974년 12월 31일 인문계 고등학교의 교육과정이 개정되어 제3차 교육과정이 마련되었다.

Ⅲ. 국사교과서의 발행

5·16군사정변 이후 군사정권은 "종래의 교육을 재평가하고 새로운 교육과정으로 전면적인 개편을 한다 하여 1963년 2월 15일 새교육과정을 결정, 공고"[35]하였다. 그리고 1963년 1월 제2차 교육과정의 공표를 앞두고 문교부는 2개년 계획[36]으로 국정교과서 73종, 검인정 교과서 920종을 연차적으로 개편할 계획을 수립하였다.[37] 이에 따라 제1차 교육과정기에 사용하던 검인정교과서는 그 검인정을 모두 취소하고 새로운 교과서를 편찬하기로 결정하고, 실업과는 1963년 9월 25일~30일, 중학교 각 교과서는 1963년 11월 11일~15일, 고등학교 각 교과서는 1964년 2월 11일~

34 이에 대해서는 다음의 연구가 참조된다.
윤종영, 「국사교과서 발행제도에 대한 고찰」, 『문명연지』 1-2, 한국문명학회, 2000; 이신철, 앞의 논문; 차미희, 『한국 중·고등학교의 국사교육』, 교육과학사, 2011.

35 (사설)「중고교 검인정교과서 개편에 단안을 내리라」, 『조선일보』, 1964년 8월 21일.

36 「치열한 경쟁률 검인정교과서 집필자 계출에」, 『조선일보』, 1963년 3월 14일.

37 「초중고교 교과서 개편」, 『조선일보』, 1963년 1월 26일.

15일까지 검인정 신청을 하도록 고지하였다.[38]

이러한 군사정부의 계획에 대해 『경향신문』은 다음과 같이 사설로 비판하였다.

> 우리는 아직도 문교 당국자가 교과서의 전면적 개편이 불가피한 이유를 천명했다는 소리를 듣지 못 했다. …… 교과서의 개편이 불가피하다고 전제하여 보자. 그렇다면 미리부터 그 불가피한 소이를 천명하여 국민의 납득을 구하고 거기 따른 요목의 초안을 공개하여 사계의 학자, 일선 체험자들의 의견 을 종합함으로써 중지의 結晶으로 完美를 기하는 신중성이 있어야 하지 않을까?[39]

또 검인정교과서 발행인들은 건의서를 문교부에 제출하였다. 그 요항은 다음과 같다.

> 1. 혁명정부의 교육이념을 충분히 구현할 수 있는 새 교과서를 저작, 출판하려는 저자와 출판사의 양 식과 의욕을 시간적으로 보장하여 줄 것.
> 2. 혁명시책의 추진에 따라 모든 가지의 제도 개혁과 입법 조치가 있을 것이 예상되므로 국민교육 영 역에 반영되어야 할 교육소재가 서둘러서 집필하게 되므로 粗漏할 것이 우려되는 점.
> 3. 새 교육과정을 심의하는 일에 참여한 각과의 審委들은 이미 그 내용을 알고 있으므로 미리 집필, 저작, 탈고까지 되어 있을 수 있으나 거의 대부분의 다른 저자들로서는 그렇지 못한 점.
> 4. 새 교과서는 1965년도에 발행되도록 개편 조처하여 줄 것.[40]

38 「중고교의 교과서 개편 시비」, 『경향신문』, 1963년 6월 28일.

39 (사설)「교과서 개편에 대한 논의」, 『경향신문』, 1963년 1월 30일.

40 「교과과정 개편에 연구기간 달라 전국검인정 교과서 발행인·재경저자 일동이 건의 집필기간 1년은 필요 심의과정 학계의견 참작도」, 『경향신문』, 1963년 2월 13일.

그리고 출판과정의 소요기간을 다음과 같이 예시, 요청하고 있다.

> ▲집필기간=1년 ▲검인정 신청 수속=2개월 ▲집필내용 사열=3개월 ▲조판, 인쇄, 제책=5개월
>
> ▲전시, 주문=15일 ▲수요량 생산, 공급=3개월 반
>
> 이상의 모든 과정에 소요되는 노력과 시간량이 심대함은 물론 같은 저자가 자기 전공의 같은 계통 교과서를 집필함에 있어 현행 학제와 학년 구분에서만 보더라도 최소한 3권 내지 6권의 교과서 원고를 소정기간 안에 탈고해야 될 뿐만 아니라 교과에 따라서는 같은 교과서라고 하더라도 분야 따라 분 담, 집필을 요하게 되어 4, 5인의 협동노작이 불가피한 실정인 바 교과과정 공포 직후로 교과서 개편 에 이행된다면 새 교육과정에 대한 신중한 연구, 검토의 시간적 여유가 없이 집필하게 되므로 저자나 출판사의 창의적 노력이 결여됨은 물론 심지어는 외국 교과서의 번안, 모식, 표절과 같은 수치스러운 과오가 본의 아니게 생기는 일까지 있게 될 것이 적이 우려된다.
>
> 이러한 이유에서 앞으로의 교과서개편사업에 있어서는 새 교육과정의 입안정신과 구성 내용을 일선 교사, 저자, 출판사에게 충분한 분석, 파악의 시간을 주지 않으면 아니 될 것[41]

또 유진오(고대총장), 최현배(연대명예교수), 이병도(서울대교수), 양주동(동국대대학원장)을 비롯한 184명의 교과서 저자들도 문교부에 다음과 같은 진정서를 제출하였다.

> 중고등학교 교과과정의 개정은 심의과정과 개정초안을 널리 공개하여 학계의 의견을 물은 후 최후 결정을 지음이 마땅한 것이라 생각하며 개정 교과과정을 확정 발표하게 되는 경우의 교과서 개편 시기

41 「교과과정 개편에 연구기간 달라 전국검인정 교과서 발행인·재경저자 일동이 건의 집필기간 1년은 필요 심의과정 학계의견 참작도」, 『경향신문』, 1963년 2월 13일.

는 저작자들의 여유있는 집필기간을 고려에 넣고 결정해 달라.[42]

이외에도 교과서 저자들은 교과과정의 공개와 공청회 등을 통한 학계의 의견 수렴을 요구하였다. 이러한 건의와 비판에도 불구하고 문교부에서는 교과서 개편에 착수하였다. 이에 따라 1963년 2월말 현재 집필자 계출을 접수 중인데 중학교와 고등학교의 신청 건수는 각각 337건(책수 825권)과 851건 신청(책수 978권)이었고, 과목당 3~7권을 사열 예정하였다.[43] 이와 함께 문교부는 검인정 신청 교과서의 조판본을 제출하라고 출판사에 요구하였다. 이는 원고본만을 제출하면 되었던 기존의 검인정과 큰 차이가 나는 조치였다. 과목당 3~7권만 사열한다는 방침과 연결하여 보면 검인정 출원 교과서의 절반 이상이 검인정을 받지 못하여 출판사 경영에 막대한 지장을 주고, 조판비용 역시 막대하여 검인정을 통과하지 못할 경우 출판업자들은 약 1억 5천만원 가량의 손해를 본다는 것이다.[44] 이러한 상황 속에서 기존에 교과서를 발행하던 출판사와 새로이 교과서 시장에 진입하려는 출판사 사이에 경쟁이 생겨 사회적으로 논란 이 되었다.[45]

이와 같이 교과서 개편을 둘러싼 이해 당사자의 반발과 함께 다음에서 보이듯이 용지난, 학부모 부담 가중 등을 이유로 문교부는 계획을 변경하

---

42 「집필기간 짧아 개편에 큰 곤란 교과서저자들 진정」, 『경향신문』, 1963년 2월 14일.

43 『조선일보』, 1963년 3월 14일, 「치열한 경쟁률 검인정교과서 집필자 계출에」. 과목당 3~7권으로 제한한 이유는 첫째, 과거에 지나친 경쟁을 보여 교과서의 질이 아닌 비상수단에 의해 판매량이 좌우되었고 둘째, 경제적으로 볼 때 종류가 적어야 판매부수가 많아져 싼값으로 좋은 교과서를 만들 수 있으며 셋째, 우리나라는 지역적 다양성이 그리 크지 않으므로 7가지 정도면 족하다는 것이었다(「교과서의 체질개선 중학교 검인정 교과서의 사열 뒷이야기」, 『경향신문』, 1965년 6월 12일).

44 「집필기간도 촉박 출판사 저자들 시정토록 진정 조판본 내래서 출혈 강요」, 『경향신문』, 1963년 2월 26일.

45 「헌책이냐 새책이냐 막대한 이권 쟁탈」, 『동아일보』, 1963년 10월 24일.

여 국민학교, 중학교, 실업고등학교용 교과서는 계획대로 1965년 3월부터 실시하기로 하였으나 인문계 고등학교는 1966년부터 실시하기로 변경하였다.[46] 또 사열제출기간도 변경하여 중학교 교과서는 1964년 2월 20일~25일, 고등학교 교과서는 1965년 2월 20일~25일로 연장하였다.[47] 그리고 1963년 11월 10일에는 중학교 교과서의 개편도 다음의 이유로 1년을 늦춰 고등학교와 함께 1966년에 개편하기로 결정하였다.

> ① 최근 종이 값이 50% 이상 뛰었고 교과서 개편에 따른 소요 용지 약 1천여 톤의 수요가 증가되면 용지난이 극심하게 되며 ② 펄프 수입으로 약 20여만 불의 외화가 필요한데 요즘 외화 사정으로는 이를 조달하기가 어렵고 ③ 약 1억 5천여 만 원에 달하는 학부형 부담을 덜어주기 위해 연기조치가 불 가피[48]

즉 중학교 교과서의 개편이 1년간 늦추어진 것은 교과서 용지대의 급등과 펄프 수입 비용의 부담이라는 교육 외적인 요인에 의한 것이며, 이에 따라 예견되는 교과서대의 인상으로 인한 학부모의 부담을 덜어주기 위한 것이었다. 그리하여 1965년 12월 7일 개최된 제104회 국무회의에 공보부를 통해 교과서용지를 수입하자는 '국산용지 부족으로 인한 교과

---

46 「고교 66년부터 교과서 개편 계획을 변경」, 『조선일보』, 1963년 7월 3일. 교과서 출판 계획은 1963년 4월 2일, 7월 6일, 11월 11일의 3번의 변경하였다((사설)「중고교 검인정 교과서 개편에 단안을 내리라」, 『조선일보』, 1964년 8월 21일).

47 「교과서 개편 기정방침대로 이문교담 고교용만 66년도부터 실시」, 『경향신문』, 1963년 7월 2일. 그런데 기존 교과서의 잘못된 서술을 그대로 학생들에게 교육할 수 없었기 때문에 문교부는 1963년 12월 9일 중고등학교 교과서의 틀린 곳만을 수정하여 공급할 것을 지시하였다. 수정지시의 골자는 ① 시대전 변천에 따라 현 실정에 맞지 않는 내용 ② 외래어 한글 표기가 틀린 것 ③ 오자, 탈자, 오식을 수정 ④ 색도판 및 삽화의 선명치 못한 부분 등이었다(「중고교 교과서 틀린 곳만 고쳐 공급에 지장 없도록 지시」, 『경향신문』, 1963년 12월 9일).

48 「교과서 개편 66년 봄부터」, 『조선일보』, 1963년 11월 12일.

서용지 수입 요청'안이 제출되기도 하였던 것이다.[49] 이와 같은 교과서 용지와 관련된 문제는 해방 직후부터 지속되어 온 문제였다. 1950년의 것으로 보이는 '교과서 인쇄용지에 대한 기획처와 문교부의 합의안'[50]이 제출되었고, 1950년대 초반의 문건이라 추정되는 '국정교과서 인쇄용지 확보에 관한 건'에서는 용지의 소요 수량을 다음과 같이 추정하였다.

> (1) 초등 국정교과서 소요량 164,602연(4,115톤)
> (2) 중등 국정교과서 소요량 48,743연(1,218톤)
> (3) 검인정 교과서 소요량 72,640연(1,816톤)
> (4) 공민학교 교과서 소요량 18,528연(463톤)
> 계 304,513연(7,612톤)[51]

이외에도 대부분의 교과서 출판업자들은 너무나 급작스러운 개편 일정으로 출판업계에 큰 혼란을 초래시킬 우려가 있다고 지적하였고, 교과서 집필자들은 교과서 집필에 선행되어야 할 외래어 표기법과 과학용어의

---

49 「국산용지 부족으로 인한 교과서용지 수입 요청」(국가기록원 소장 문서).

50 「교과서 인쇄용지에 대한 기획처와 문교부의 합의안」(국가기록원 소장 문서). 이 합의안의 전문은 다음과 같다.
용지사용 총수요량(단기 4283년도 물동계획)
문교부 소요 수량 : 국정교과서 5,100톤(국산지 3,000톤, 수입지 2,100톤), 검인정교과서 1,200톤(국산지 1,200톤)
以上과 如히 企劃處와 文敎部와의 間에 合意는 되었느나 果然 生産과 輸入에 있어서 企劃대로 實現이 될런지 또는 配給에 있어서도 敏活히 進行이 될런지 念慮되는 바이오니 특히 左記事項을 國務會議에서 決定하여 주시기 바라나이다.
(1) 敎科書 印刷用으로는 菊版紙가 絕對로 必要하오니 國産品에 있어서도 菊版紙로 製造케 하시고 輸入品에 있어서도 菊版紙로 輸入하여 주실 일
(2) 特히 北鮮製紙會士의 生産品은 될 수 있는 限 敎科書 用紙로 돌리어 주실 일
(3) 輸入紙에 對한 對價物資는 政府에서 確保하여 주실 일
(4) 現品을 管理하는 部處에서는 文敎部에서 發行한 配給票에 依하여 現品을 各 出版業者에게 賣渡케 하여 주실 일
(5) 國産紙의 生産이 企劃대로 實現되지 못하는 境遇에는 외國産紙를 企劃 以上으로 輸入케 하여 주실 일

51 「국정교과서 인쇄용지 확보에 관한 건」(국가기록원 소장 문서).

제정조차 이루어지지 않고 있으며 교과서 집필에 필요한 해설서조차 내놓지 않은 상태에서 교과서 개편은 어렵다고 비판하였다.[52] 또한 중고등학교 6년제의 학제를 5년제로 개편하려는 계획과의 연관성도 교과서 개편 시기를 연기한 이유 중의 하나였다.[53] 결국 교과서 개편 논란은 학제 개편과 교과서 집필과 관련한 선행 조건의 미비라는 교육 내적인 요인과 용지난과 외화부족, 그리고 학부모의 부담 가중에 따른 것이었다. 그러나 『조선일보』가 사설에서 비판하였듯이 교과서 개편 논란의 배후에는 출판업자의 농간이 있었음도 명백한 것으로 보인다. 즉 『조선일보』는 1964년 8월 21일 사설에서 이러한 교과서 출판 계획의 변경이 교과서 출판업자의 농간에 따른 것이었다는 비판하였고,[54] 같은해 10월 10일 문교부가 1966년도부터 중고등학교 교과서를 개편하겠다는 발표를 하자 10월 11일자 사설에서는 "오랜 시일을 두고 중고교교과서의 개편시기문제를 둘러싸고 벌어진 교과서 제작업자간의 이권쟁탈전은 일단락을 짓게 된 것"[55]이라 하였던 것이다.

1965년 6월 4일 문교부는 중고등학교 통합 5년제 학제 개편안이 확정될 때까지 고등학교 교과서의 개편을 무기한 연기한다고 발표하는 한편 검인정교과서에 대한 사열신청도 무기 연기하였다.[56] 그러나 중학교 교과서에 대한 검인정은 진행되어 1965년 6월 7일 1차 사열 결과가 발표되었으나 교과서업자와 저자들 사이에 물의가 일어났다. 해방 이후 20년간 교과서업자로 알려진 대출판사들과 원로 저자들의 출원본이 탈락한 경우가 많았기 때문이다. 특히 원로 저자의 탈락은 중견 저자들로의 교과서

52 「중고교의 교과서 개편 시비」, 『경향신문』, 1963년 6월 28일.
53 「중고교 교과서 66년도부터 개편」, 『조선일보』, 1963년 10월 11일.
54 (사설)「중고교 검인정교과서 개편에 단안을 내리라」, 『조선일보』, 1964년 8월 21일.
55 (사설)「중고 교과서 개편 단안을 환영한다」, 『조선일보』, 1964년 10월 11일.
56 「중고교 통합 5년제 거의 확실 고교 교과서 개편 무기 연기」, 『조선일보』, 1965년 1월 5일.

저자의 교체를 의미하는 것으로도 이해되었다.[57] 즉 유진오(사회), 이병도(국사), 고광만(영어), 최현배, 이숭녕(문법) 등 유명 저자의 교과서가 탈락되었고, 사열요원 중 다른 학자의 이름으로 교과서를 저술한 학자가 포함되어 있었다는 소문 때문이었다. 이와 같이 교과서 전문출판사와 권위있는 저자의 교과서가 사열에서 탈락한 이유는 사열 과정에서 저자의 권위보다 교수요목대로 순서 배열 등에 이르기까지 꼬박꼬박 짜임새 있는 편집을 한 교과서가 통과되었고, 사회과목의 경우 역사, 지리, 공민을 한데 묶어 다루는데 책은 각각 저자가 다른 3권으로 되어 있기 때문에 어느 한 권이라도 통과하지 못하면 전체가 탈락하였기 때문이었다.[58]

이에 사단법인 한국검인정교과서발행인협회는 1965년 6월 9일 '교과서 검인정에 대한 건의'를 냈고, 저자들도 사열방법기준, 사열요원의 명단 공개 등을 요구하는 연서건의무(連書建議文)과 ㅁㅁ장(狀)을 문교부에 내고 행정소송까지 준비하였다. 즉 한국검인정교과서발행인협회는 ① 심사기준 및 사업 결과의 공개 ② 매년 신규 접수 여부 ③ 합격한 교과서의 명년부터의 사용 여부 ④ 문교부 정가 사정에 순응하겠으나 7종으로 제한한 종목의 제한을 철폐할 것 등을 건의하였다. 그리고 저자들은 ① 사열방법, 사열기준, 사열요원 명단의 즉시 공개 ② 사열한 채점표 및 채점 등위의 공개 ③ 학설의 차이나 그 이론적인 해명이 필요할 경우 문교부가 단독으로 처리한 처사에 대한 책임있는 답변을 할 수 있는 당무자를 즉시 선정, 공고할 것 등을 요구하는 건의서를 교과서 저자 250명의 연서로 문교부에 제출하였던 것이다. 이에 대해 문교부는 한국검인정교과서발행

---

57 「중학교 검인정 교과서 중견저자들 대거진출」, 『동아일보』, 1965년 6월 10일.

58 64년 10월 20일부터 11월 5일에 걸쳐 검인정 출원된 교과서는 80여 출판사의 324종 724권이었고, 사열 통과 교과서는 43개사 91종, 203권으로 과목 당 7종이었다. 사열 대상 교과서는 음악, 사회부도, 서예, 수학, 문법, 한문, 사회, 미술, 영어, 가정, 체육, 작문, 과학 등 13 과목이었다(「중학교 검인정 교과서 사열에 말썽」, 『조선일보』, 1965년 6월 15일).

인협회의 건의 중 ①은 2~3차 사열이 남아있고, ②와 ④는 할 수 없으며, ③은 내년부터 사용한다고 밝혔다.[59] 그리고 사열경위에 대해서 다음과 같이 밝혔다.

> 이 사열을 위해 대학교수 3, 고교교사 2의 비율로 125명의 사열위원을 위촉, 한문, 서예, 사회부도, 문법, 체육, 음악, 미술, 가정 등은 1개조 5명이, 영어, 수학, 사회, 과학, 작문 등은 3개조 또는 4개조로 나누어 각각 사열했다. 이 사열의 결과 과거 출판부수의 반 이상을 차지하던 최현배씨의 말본, 유 진오씨의 공민, 이병도씨의 국사가 탈락되었다.[60]

문교부의 이러한 조치에 대하여 중학교 검인정 교과서의 불합격 처분을 받은 정음사 대표 최영해(崔映海) 등 30명의 출판업자와 최현배(崔鉉培) 등 191명의 교과서 저자 등 총 221명이 윤천주(尹天柱) 문교부 장관을 상대로 서울고등법원에 '중학교 검인정 교과서에 대한 문교부의 불합격 처분을 취소하라'는 행정소송을 제기하였다. 이들이 소장에서 밝힌 행정소송 이유는 검인정 합격 교과서를 매 과목 당 7종목으로 제한한 것이 부당하다는 것이었다.[61] 이와 함께 서울지검에서도 채점 기준을 극비에 붙이고, 최모, 김모 교수 등 사회 저명인사의 저서를 불합격시킨 교과서 검인정을 둘러싼 부정 의혹에 대해 수사에 착수[62]하여 8월 12일 편수국장 김승제(金承濟)를 검인정교과서 사열표의 변조, 즉 공문서 변조 혐의로 입

59 「중학교 검인정 교과서 사열에 말썽」, 『조선일보』, 1965년 6월 15일.

60 「문교부의 사열 경위」, 『동아일보』, 1965년 6월 25일.

61 「윤천주문교부장관을 걸어 행정소송 불합격한 검인정교과서 업자와 출판사서」, 『조선일보』, 1965년 6월 26일.

62 「문교부 편수국에 메스 검인정교과서 챗점표 위조 혐의」, 『조선일보』, 1965년 8월 12일.

건하였다.[63] 특히 음악과 사열위원이던 김대현(金大賢)은 채점표에 자신의 기억에도 없는 79개소에 정정날인이 있다고 했다가 이를 번복[64]하는 등 혼란을 가중시켰다. 이 결과 문교부 편수국장 김승제는 공문서 변조 혐의로 입건되고,[65] 편수과 직원 이규학(李奎學), 이종욱(李鍾煜)이 사열총점을 이기할 때 착오를 냈으나 사열 당락에는 영향이 없었다고 하면서 파면하였다.[66] 그리고 감사원은 교과서 사열기준에 부정이 있음이 밝히고 이를 시정할 것을 문교부에 요구하였다.[67] 이와 같이 사열과정에서 부정이 발견되자 1965년 8월 13일 불합격저자대회에서 선출된 과목별 대표인 김근수(金根洙)를 비롯한 24명은 8월 16일 7종목의 제한을 즉시 철폐하고 제1차 사열을 재사열하여 교육과정에 부합한 교과서는 모두 검인정하라는 건의서를 관계 요로에 제출하였다.[68]

이러한 논란이 일단락 된 후 1966년 3월 31일 문교부는 고등학교 교과서를 68년부터 개편할 것이라 발표하였다. 이는 학제 개편문제와 맞물려 연기되었던 고등학교 교과서를 학제 개편을 하지 않기로 결정함에 따라 새로이 발행하겠다는 것을 의미한다. 동시에 문교부는 감사원의 시정요구도 있고 기준에 달한 교과서가 검정 탈락하는 모순을 방지하기 위하여 7종으로 제한되었던 과목당 검인정 교과서의 제한을 풀기로 결정하였다.[69]

한편 1967년 10월 대통령 박정희는 시정연설에서 제2차 교육과정의

63 「김편수국장 입건 검인정교과서 사열표 변조 혐의」, 『조선일보』, 1965년 8월 13일.

64 「알쏭달쏭 행소에서 형사사건으로 발전된 검인정교과서 파동」, 『조선일보』, 1965년 8월 14일.

65 「문교부 편수국장을 입건 교과서 심사 부정」, 『동아일보』, 1965년 8월 12일.

66 「편수과 두 직원 파면」, 『경향신문』, 1965년 8월 12일.

67 「중학용 사회과 부문 교과서사열에 부정 감사원 적발」, 『경향신문』, 1966년 2월 2일.

68 「인정교과서 재사열 종목제한 철폐 요구 김근수씨 등 24명」, 『동아일보』, 1965년 8월 19일.

69 「고교 교과 68년부터 개편 검인정교과서 제한해제할 방침」, 『조선일보』, 1966년 4월 1일; 「검인정교과서 제한 해제」, 『조선일보』, 1966년 6월 15일.

부분 개편을 의미하는 것으로 보이는 새로운 교과과정을 제정하겠다고 밝혔다.[70] 그리고 민족문화의 앙양과 발굴, 전통문화의 보존과 창달을 위하여 국사의 편찬, 고전의 번역, 국제문화재 보존관리의 철저를 기할 것이라고 밝혔다.[71] 이 결과 잘 알려진 바와 같이 1967년 교육과정이 부분 개정되었고, 교과서도 개편되었음은 물론이다.

다른 한편 제2차 교육과정에 따른 교과서 편찬이 연기되는 과정에서 1965년 7월 15일 한일국교정상화를 앞두고 문교부는 1965년 11월 끝낼 예정이던 국민학교 5, 6학년용 교과서 개편에 '주체성의 확립'과 '국제간의 호혜평등'을 살려나가는 방향으로 교과서 내용을 바꾸어 나갈 것이라 밝혔다.[72] 이는 제2차 교육과정에서 자주성, 생산성, 유용성을 강조[73]한 것과 관련이 있다. 특히 '국제간의 호혜평등'이란 일본과의 국교정상화를 앞둔 상황에서 교육과정에서 반일교육을 배제한다는 의미를 내포하고 있다. 그리하여 1966년 7월 15일 공포되고 1968년 3월 1일부터 시행될 제2차 교육과정기의 '인문계고등학교교육과정령'의 공포를 앞둔 4월 22일 역사교육연구회에서는 '개정된 교육과정과 역사교육의 제문제'라는 주제로 좌담회를 개최하였다. 이 좌담회는 개정된 교육과정에 의한 교과서의 시안이 나오면서 개최된 것으로 이선근(李瑄根), 천관우(千寬宇), 이정인(李廷仁), 강우철(康宇哲), 김난수(金蘭洙), 황철수(黃哲秀), 민두기(閔斗基), 최태상(崔泰詳) 등 역사학과 역사교육의 담당자들이 참석하였다. 이 자리에서 이정인은 구교육과정, 즉 제1차 교육과정의 특징을 첫째, 민족정신의 앙양 둘째, 반공반일교육 셋째, 민족문화에 대한 육성이라 하면서 1966년

---

70 「박대통령 새해 시정연설」, 『경향신문』, 1967년 10월 16일.
71 「박대통령 새해 시정연설」, 『경향신문』, 1967년 10월 16일.
72 「교과서에도 친일무드 문교부 국민교 5, 6년용 개편할 듯」, 『조선일보』, 1965년 7월 16일.
73 문교부, 『고등학교 교육과정 해설』, 1968, 8~16쪽.

'인문계고등학교교육과정령'에서는 애국애족정신 함양, 민족문화의 계승 발전, 경제자립, 민주사회 육성, 반공사상 강화, 국제간의 협조와 세계평화에 기여라는 목표가 설정[74]되어 있다고 설명하였다. 여기에서 주목되는 점은 제1차 교육과정기까지 강조되었던 반일교육이 배제되고 국제간의 협조와 세계평화라는 목표가 새로이 설정되었다는 점이다.

이와 같은 배경에서 문교부에서는 1965년 한일국교정상화를 앞두고 교과서 내의 일본 관련 내용을 대폭적으로 수정할 방침을 수립하였다. 즉 국민학교 5, 6학년용 교과서 개편에서 왜국(倭寇)의 침입, 왜식(倭食) 등 일본에 대한 표현과 유관순 이야기 중 일본에 대한 과격한 표현 등 광범한 것이었다.[75] 이에 대해 언론과 각종 사회단체에서 비판이 속출하였다. 『경향신문』은 "아직 구체적 발표가 없으나 만약 문교부가 그러한 문제를 검토 중에 있는 것이 사실이라면 이것은 지금까지의 교육 방침이 그릇되었다는 것을 자백하는 것으로 단순한 교과서의 개정 이상의 중대 문제라 아니할 수 없다"[76]고 반대하였다. 『동아일보』는 "교과서의 수정, 개편하는 그 자체에 반대하지 않으나 일본에 영합하려는 목적의식에서 그것이 수정, 개편되는 일은 없기를 바란다. 역사적 사실에 어긋나는 것이거나 과장된 것은 수정될 수 있어도 엄연한 역사적 사실이 수정될 수는 없다. 진실주의에 의하여 수정, 개편되어야 할 것이며 다시 정치주의에 의하여 수정, 개편되어서는 안된다"[77]고 주장하였다.

이러한 흐름은 해방 20년을 맞이하는 과정에서 일제의 잔재를 일소하여야 한다는 사회적 흐름과 맥을 같이 하는 것이었다. 특히 4·19혁명 이

---

74 「개정된 교육과정과 역사교육의 제문제」, 『역사교육』 9, 역사교육연구회, 1966, 164~168쪽.
75 「국민교 5, 6학년용 대폭 고칠듯」, 『동아일보』, 1965년 7월 15일.
76 「문교부와 친일무드-국민학교교과서 내용개정을 반대하며-」, 『경향신문』, 1965년 7월 16일.
77 「외교와 국민학교 교과서」, 『동아일보』, 1965년 7월 16일.

후 고양되었던 민족주의의 영향에서 자유로울 수 없었다. 더욱이 5·16군사정변 당시 정변의 주체들도 혁명공약에서도 '민족정기', '국가자주경제 재건', '민족적 숙원인 국토통일' 등 민족주의적 용어를 사용하여 자신들 역시 민족주의자임을 강조[78]하면서 민족 정체성의 확립을 강조하였다. 이러한 민족주의적 흐름은 1960년대 역사학계와 역사교육계에서는 민족사관 확립과 교육이라는 것으로 나타났고, 여기에 군사정권과 역사학계 및 역사교육계의 교차점이 있었던 것이다. 그러므로 이러한 시대적 흐름 속에서 '국제간의 호혜평등'에 대한 사회적 비판은 정당성을 갖는 것이었나 반공과 경제개발을 명분으로 한 박정희정권은 이를 무시하고 '국제간의 호혜평등'을 교과서에 반영하였던 것이다.

이와 같이 4·19혁명과 5·16군사정변 이후의 흐름 속에서 국사교육은 민족자주성을 강화하는데 필수적인 것이라 인식되었고, 이를 위해 국사교과서의 개편과 역사용어의 수정을 불가피하였다. 더욱이 제1차 교육과정기의 검인정교과서의 교과서별 서술내용이나 용어의 차이는 큰 혼란을 불러일으켜 왔다. 그리하여 제2차 교육과정이 공포된 이후 문교부는 검인정교과서의 경우 교과서별로 서술 내용의 차이가 커 혼란을 빚었기 때문에 이를 통일하기 위하여 자문위원회를 구성하였다. 국사과의 경우 국사교육통일심의위원회[위원장 신석호(申奭鎬)]를 설치하여 심의에 착수하였다.[79] 국사교육통일심의위원회는 중고등학교 국사 교사 6명, 문교부 직원 2명, 각 대학 국사학 교수 및 전문가 12명 등 20명으로 구성되었으며, 1963년 6월 14일 2차에 걸쳐 회의를 개최하여 국사교육내용의 문제

78 오제연, 「1960년대 초 박정희정권과 학생들의 민족주의 분화-'민족적 민주주의를 중심으로-」, 『기억과전망』 16, 민주화운동기념사업회, 2007, 293쪽.

79 「교과서 피라미드식으로 11종 중 부인한 교과서도 있으나 신화기술에 논란 없을 듯」, 『경향신문』, 1963년 6월 18일.

점을 찾아내도록 9명의 전문위원을 선출하였다. 국사교육통일심의위원회는 단군조선 문제, 기자조선 문제, 위만조선 문제, 삼한의 위치, 삼국의 건국문제 등 주로 상고사와 고대사문제와 용어의 통일문제를 다룰 예정이었다.[80] 이는 단군조선이 사실(史實)인지 설화인지를 교과서에 어떻게 반영하는가의 문제를 중심으로 하는 것이었다. 이 위원회의 활동 결과 1963년 8월 8일 다음과 같이 결정하였다.

> ▲ 기자동래 운운은 교과서에서 쓰지 않으며 위만에 대해서는 민족적 소속을 밝히지 않는다.
> ▲ 삼한의 위치는 중학교 교육에 있어 ① 마한을 우리나라 남부의 서쪽 ② 진한은 남부의 동쪽 ③ 변한 은 남부의 남쪽으로 한다.
> ▲ 삼국의 건국연대는 사료에 기록되어 있는 건국연대(BC 57·37·18)는 사용치 않으며 삼국이 고대국가 로 발전한 것은 고구려, 백제, 신라의 순으로 한다.
> ▲ 신라의 삼국통일 연대는 서기 676년으로 한다.
> ▲ 우리나라 근대화 시기는 병자수호조약이 체결된 이후로 한다.
> ▲ 왕의 대수 표시는 신라통일 때까지의 왕에 대해서는 그 대수를 표시치 않고 고려 이후는 사용할 수 있다.[81]

또한 1966년 10월 15일 문교부는 민족자주성을 모독한다며 고등학교 국사 교과서의 을사보호조약(乙巳保護條約)을 을사조약(乙巳條約), 광주학생사건을 광주학생운동, 6·10만세사건을 6·10만세운동, 한4군을 한의 군현, 동학란을 동학혁명, 단군신화는 건국이념으로 그 용어를 수정할 것

80 「국사 내용을 통일 문교부 전문가 20명으로 심의위 구성」, 『경향신문』, 1963년 6월 15일; 「단군신화 검토 국사교과 내용 통일」, 『동아일보』, 1963년 6월 15일.

81 「국사교과를 통일 단군은 민족신화로만 취급키로」, 『경향신문』, 1963년 8월 8일.

을 지시하였다.[82] 이러한 문교부의 수정지시에 대해 역사학자들은 단군신화의 사실화와 동학란의 개칭 문제 외에는 대체로 찬성하였다.[83] 실제 제2차 교육과정기에 사용되었던 국사교과서에는 이 지시가 반영되었음을 확인할 수 있다.

이와 함께 1968년 개편될 고등학교 교과서는 다음과 같이 민족주체성 확립을 위한 교육을 기본방침으로 하였다.

> ▲ 국어 6·25동란을 상기시킴으로써 조국애의 정신을 불러일으키기 위한 단원을 설정
>
> ▲ 국사 통일, 독립된 민족으로서의 역사적 주체성을 지키기 위해 우리 문화가 인접국가문화에 큰 영향 을 미쳤다는 사실을 중시
>
> ▲ 일반사회 추상적 이론에 치우쳤던 종래의 경향을 지양, 반공교육 내용의 보강 등 국가적, 사회적 현 실과 당면과제 해결에 역점
>
> ▲ 지리 외원과 차관이 경제개발계획에 한몫을 차지하고 있다는 점을 알리고 인력수출도 하나의 지적 수출임을 강조
>
> ▲ 음악 歌唱 교재에 있어 30% 이상을 우리나라 민요와 판소리 등으로 채운다.[84]

> ① 국어엔 6·25 수난사로 '피어린 6백리'란 단원을 두고 우수한 고시조도 삽입했고 ② 일반사회엔 반공교육을 보강했고 ③ 국사엔 불교, 문화 등 우리 문화가 인접국가에 미친 영향을 강조했으며 ④ 지리엔 내자에 기반을 둔 국가경제의 발전상과 인력수출에 도움을 준 국군 파월의 의의를 살리고 ⑤ 음 악엔 우리 민요와 가곡을 노래의 30% 이상으로 충당했다.[85]

---

82 「을사보호조약은 을사조약으로만」, 『동아일보』, 1966년 10월 15일. 실제 1968년 검인정된 국사 교과서에는 동학혁명이란 용어로 기술되었다.

83 「뒤늦은 수정 국사용어 문교부의 지시에 대한 학계 의견」, 『동아일보』, 1966년 10월 22일.

84 「고교교과서 개편 새해부터 민족주체성을 강조」, 『동아일보』, 1966년 10월 16일.

85 「국민학교 교과서 내년부터 한글로」, 『조선일보』, 1968년 11월 7일.

이로 보아 1968년 개편된 교과서는 민족주의적 교육과 반공교육이 강화되는 방향에서 편찬되었음을 알 수 있다. 이러한 교과서 편찬의 기본 방침은 교과서에 대한 정부의 통제와 간섭이 보다 강화되었음을 알 수 있는 것이다. 특히 지리교과서에서 '외원과 차관이 경제개발계획에 한몫을 차지하고 있다는 점을 알리고 인력수출도 하나의 지적 수출임을 강조'하기로 한 것은 외자 도입을 통한 경제개발정책에 대한 교육임과 동시에 베트남 파병에 대한 정당성을 부여하기 위한 것으로 이해된다. 이의 연장선에서 대통령 박정희는 1968년 1월 18일 문교부 연두순시에서 "구호만을 앞세운 부실한 학사행정을 지양, 국가가 당면한 문제들을 구체적으로 배울 수 있는 산교육을 실시, 교과서도 이에 따라 적절히 개편할 것을 당부"[86]하였다. 그리고 문교부는 1968년 12월 국민교육헌장이 제정된 이후 국민교육헌장의 정신과 제2 경제의 이념을 구현시키기 위해 교과서를 개편하고자 하였다.[87] 이를 위해 문교부는 1969년도의 각종 교과서 편찬 예산으로 5,935만원을 요구하였다.[88]

한편 교과서 발행도 제3공화국 이후에는 1종 도서를 확대하는 방향으로 개편되었고, 1950년 4월 제정되었던 '교과용 도서 검인정 규정'을 폐지하고 1967년 4월 17일 대통령령 제3018호로 다음의 '교과용 도서 저작·검인정령'을 공포, 시행하였다. '교과용 도서 저작·검인정령'에 따라 1950년 제정되었던 '국정교과용도서편찬규정'과 '교과용도서검인정령'은 폐지되었으나 [표 1]에서 볼 수 있듯이 그 내용에 큰 차이가 없이 국정교과서편찬규정과 교과용도검인정령을 통합한 것에 불과하였다.

86 「교육 문화부로 분리연구 박대통령 지시 체육행정 일원화」, 『경향신문』, 1968년 1월 18일.
87 「초중고 교과서 개편 3개년차로 교육헌장정신 등 반영케」, 『경향신문』, 1968년 9월 17일.
88 「교과서를 전면 개편 초중고 교육과정도」, 『매일경제신문』, 1968년 9월 17일.

[표 1] 교과용도서검인정규정(1950)과 교과용 도서 저작·검인정령(1967)의 차이

	교과용도서검인정규정(1950)	교과용 도서 저작·검인정령(1967)
목적	대학과 사범대학을 제외한 각 학교의 교육목적에 부합하여 교과용 도서로서 적합하다고 사정	대학, 사범대학, 교육대학 및 실업고등전문학교를 제외한 각 학교의 교과용 도서의 저작, 검정 및 인정에 관한 사항을 규정
검정대상	검정은 국민학교, 공민학교 및 이에 준하는 각종 학교를 제외한 각 학교의 정규교과용도서중 따로 국정으로 제정하지 아니하는 교과용 도서	국민학교의 교과목에 관한 학생용 교과용 도서 및 교사용 교과용 도서와 기타 문교부장관이 특히 필요하다고 인정하는 각 학교의 교과목에 관한 교과용 도서, 국정교과서 이외의 각 학교의 교과목에 관한 학생용 교과용 도서
사열위원	교과용 도서의 검인정 출원이 있을 때마다 문교부장관이 위촉한 3~5인	문교부장관이 위촉한 교과목별 3~5인
수정요구권	문교부장관	문교부장관

이후 '교과용 도서 저작·검인정령'은 수차 개정되어 1970년 8월 3일 대통령령 제5252호로 개정되어 국정과 검정의 구분을 명시하였고, 검정교과서의 실시 공고, 책수, 유효 기간(5년), 신청자의 자격, 기타 절차에 대해 세부적으로 규정하였다. 그리고 검정교과서의 사열위원 수, 사열기준, 사열방법, 개편 또는 수정 등을 명확히 하였으며 벌칙으로서 국정교과서의 발행권과 검정교과서의 검정을 취소하는 규정을 두었다.[89] 1972년 7월 11일 개정된 대통령령 제6201호에서는 교육과정이 개편되지 아니하여 교과서를 개편할 필요가 없다고 인정될 때에는 검정 교과서의 유효기간을 연장할 수 있도록 하였고 검정교과서의 내용 검토를 매년 실시하도록 하였다.[90] 특히 이른바 '10월유신' 직전에 개정된 개정령에서는 검정교과서의 내용 검토를 매년 실시하도록 의무화하여 교과서에 대한 정부의 간섭과 통제가 보다 강화되었음을 알 수 있다.

이와 같이 교과서 발행에 관한 규정이 정비되면서 중학교의 사회(Ⅱ)

89 『관보』 제5615호, 1970년 8월 3일.

90 『관보』 제6201호, 1972년 7월 11일.

와 고등학교의 국사교과서도 편찬되었다. 그런데 검인정교과서의 집필은 문교부가 발표한 다음의 '집필상의 유의점'에 따라 이루어졌다.

> ㉠ 교육법에 명시된 교육 목적과 각 교과의 지도목표에 일치되도록 하여 교육과정의 정신과 내용을 충 실히 반영시켜야 한다.
> ㉡ 특정한 종교, 정당 단체에 편파된 사항과 재료를 써서 선전 또는 비난하여서는 안된다.
> ㉢ 내용 및 이용하는 자료는 최신의 것으로 정확하여야 한다.
> ㉣ 내용과 정도는 학생의 심신 발달 과정에 맞도록 배열할 것이며 기초 학력의 충실을 기하도록 하여 야 한다.
> ㉤ 외국 서적을 모방하거나 그 내용을 그대로 옮겨 써서는 안된다.
> ㉥ 특정한 상품을 선전 또는 비난하는 표현이 되어서는 안된다.
> ㉦ 지역성이 고려되어 학습 지도의 편의가 도모되어야 한다.
> ㉧ 편찬의 창의성을 발휘하여 교과서로서의 특색을 가지는 것이어야 한다.
> ㉨ 표기법 및 학술 용어는 정확하고 표준이 되는 것이어야 한다.
> ㉩ 삽화, 사진, 도표, 통계 등은 정확, 간명하여야 한다.
> ㉪ 본문 사용 활자는 5호 이상으로 아름답고 선명한 인쇄효과를 낼 수 있어야 한다. 단 주석이나 참고 사항은 예외로 한다.
> ㉫ 학교별 교과 종목에 별도 지시되어 있지 않는 교과서는 구판 횡서를 원칙으로 한다.[91]

그리고 사열을 거쳐 검인정 교과서로 출판되었다. 사열은 1차, 2차로 나누어 내용 사열과 형식 사열을 하였으나 법령에 의한 사열 기준은 없었고, 사열이 있을 때마다 편수관이 작성하여 장관의 재가를 얻어 실시하

91 허강 외, 『한국의 검인정 교과서 변천에 관한 연구』, 한국교과서연구재단, 2002, 132~133쪽.

였다.[92] 1967년 인문계 고등학교 검인정 교과서 사열 시에는 각 교과마다 20개항의 사열 기준이 있었으며, 15개항은 교과마다 동일 기준이고, 5개항만 교과별 기준이었다.[93] 국사과 사열기준을 찾을 수 없어 참고로 다음의 사회과 사열 기준을 제시한다.

가. 절대 조건

검인정 교과용 도서는 다음 사항을 반드시 갖추어야 한다.

㉠ 교육법과 동시행령에 규제된 우리나라 교육의 목적 및 방침에 위배되는 사항이 없다.

㉡ 국시와 국가정책에 위배되는 사항이 없다.

㉢ 교육과정에 제시된 해당 전 과목의 지도목표에 위배되는 사항이 없다.

㉣ 특정한 종교, 사회단체를 선전, 비난함을 목적으로 한 편파적인 서술이 없이 교육적으로 건전하다.

나. 필요 조건

㉠ 해당 교과목의 교육과정 내용에 따르고 소홀히 다루거나 누락된 부분이 없다.

㉡ 수록된 내용은 편협된 견해나 일부의 의견을 그릇되게 일반화하지 않고 보통 타당성을 띠고 있다.

㉢ 문장은 간명하고 학생의 이해력에 비추어 적절하다.

㉣ 학습 내용의 선정, 분량과 단원의 조직은 지도시간이나 학생의 이해력 정도로 보아 적절하다.(집필 상의 유의사항에 지정된 쪽수를 참작한다).

㉤ 본문의 서술 내용, 문제 등은 정확하다.

㉥ 삽화, 도표, 통계, 기타 자료는 정확하고 효과적이다.

㉦ 오자, 탈자가 없고 맞춤법이 정확하다.

---

92 허강 외, 『한국편수사연구(Ⅰ)』, 한국교과서연구재단, 2000, 334쪽.

93 허강 외, 『한국편수사연구(Ⅰ)』, 한국교과서연구재단, 2000, 334쪽.

ⓞ 학습내용은 계통적으로 발전하여 이해와 능력의 배양에 알맞게 되어 있다.

ⓩ 서술내용은 전후의 모순과 불필요한 중복이 없고 일관되어 있다.

ⓒ 문장의 표현, 외래어의 한글 표현, 한글의 로마자 표기, 용어, 기호 등이 통일되어 있다.

ⓚ 서술내용은 학습경험을 생활화하고 응용할 수 있는 능력이 배양되도록 충분히 고려되어 있다.

ⓣ 예제, 연습문제 등을 적절히 수록하여 기초적 사항을 반복 연습하는 기회가 마련되어 있다.

ⓟ 차례, 부록, 주, 찾아보기 등은 필요에 따라 적절히 배치되고 이용하기 쉽게 되어 있다.

ⓗ 서술과 삽화, 도표 등은 다른 도표를 표절한 일이 없으며 저자의 연구 결과를 반영시켜 충분히 창 의성을 발휘하고 있다.

㉮ 교재의 선택, 조직, 기타에 학생의 흥미를 유발시키고 이해를 촉진시킬 수 있도록 저자의 창의성이 발휘되어 있다.

㉯ 학생으로 하여금 우리나라의 현실 문제를 파악하고 이를 해결하려는 의욕을 일으킬 수 있도록 고려 되어 있다.

㉰ 시사성이 강한 번동 교재 서술에는 충분한 융통성이 고려되어 있다.

㉱ 삽화, 사진, 도표 등은 균형 있게 적소에 배치되고 시사적인 것은 최신의 자료에 근거하고 있다.

㉲ 사회과의 다른 교과목과의 관련이 잘 고려되어 있다.

㉳ 단원, 절 등의 표시, 행바꿈, 본문 주 등의 활자의 변화 등 편찬 체제가 적절하다.[94]

위의 사열기준의 절대조건을 통해 알 수 있는 것은 교과서 검정은 교육법과 그 시행령에 기초한 것이며, 국시와 국가정책에 위배되지 않는

94 허강 외, 『한국편수사연구(Ⅰ)』, 한국교과서연구재단, 2000, 334~336쪽0.

서술을 강제한 것으로 보인다.[95] 이는 교수요목기와 제1차 교육과정기의 국사교과서 사열 요항에 없는 내용으로서 정부 혹은 국가가 교과서의 발행과 서술에 대한 간섭과 통제를 강화하였음을 명백히 보여주는 것이라 할 수 있다.

이와 같이 국사교과서는 교육과정에 따라 지도내용이 결정되었으며, 교과서 집필은 '집필상의 유의점'을 따라야 했다. 그리고 이를 바탕으로 사열기준이 마련되어 검정되었다고 할 수 있다. 국사교과서의 교육 내용과 이를 바탕으로 검정된 『국사』(신석호, 광명출판사, 1968)의 목차는 [표 2]와 같다.

[표 2] 제2차 교육과정 국사과 교육내용과 『국사』(신석호, 광명출판사, 1968)의 목차 비교

대단원	중단원	
	제2차 교육과정 국사과 교육내용	『국사』(신석호, 광명출판사, 1968)
Ⅰ. 역사의 시작	(1) 원시 시대의 유물, 유적	1. 우리 민족의 내력과 국토
	(2) 원시 시대의 사회 생활	2. 원시시대의 생활
	(3) 우리 민족의 내력과 건국	
Ⅱ. 부족국가시대의 생활	(1) 부족 국가의 형성과 그 변천	1. 고조선과 그 문화
	(2) 부족 국가의 사회, 문화	2. 한의 군현과 그 문화의 영향
	(3) 한 문화의 섭취와 그 영향	3. 남북 여러 부족국가의 형성과 그 문화
Ⅲ. 삼국시대의 생활	(1) 삼국의 형성과 변천	1. 삼국의 성립과 변천
	(2) 삼국의 사회, 경제	2. 삼국의 대외관계
	(3) 삼국의 문화	3. 삼국의 사회와 경제
	(4) 삼국의 대외 관계	4. 삼국의 문화

95 교수요목기와 제1차 교육과정기의 국사교과서의 사열기준은 각각 조성운의 연구(앞의 논문, 『한국민족운동사연구』 86, 한국민족운동사학회, 2016, 302쪽)와 강우철의 연구(「교과과정과 교과서」, 『역사교육』 1, 역사교육연구회, 1956, 26~27쪽)를 참조 바람.

<table>
<tr><th rowspan="2">대단원</th><th colspan="2">중단원</th></tr>
<tr><th>제2차 교육과정 국사과 교육내용</th><th>『국사』(신석호, 광명출판사, 1968)</th></tr>
<tr><td rowspan="4">Ⅳ.
통일신라시대의
생활</td><td>(1) 신라의 삼국 통일과 민족 통합
정책</td><td>1. 신라의 삼국통일과
민족통합정책</td></tr>
<tr><td>(2) 통일 신라의 정치, 사회, 경제</td><td>2. 통일신라의 정치·경제·사회</td></tr>
<tr><td>(3) 통일 신라의 문화</td><td>3. 통일신라의 문화</td></tr>
<tr><td>(4) 발해의 흥망과 그 문화</td><td>4. 발해의 흥망과 그 문화</td></tr>
<tr><td rowspan="7">Ⅴ.
고려시대의 생활</td><td>(1) 후삼국과 민족의 통일</td><td>1. 후삼국과 민족의 재통일</td></tr>
<tr><td>(2) 고려의 정치</td><td>2. 고려전기의 정치·경제·사회</td></tr>
<tr><td>(3) 고려의 사회, 정치</td><td>3. 고려전기의 유학과 불교</td></tr>
<tr><td rowspan="2">(4) 고려의 문화</td><td>4. 고려전기의 대외관계</td></tr>
<tr><td>5. 고려후기 사회의 동요</td></tr>
<tr><td rowspan="2">(5) 고려의 대외 관계</td><td>6. 몽고의 침입과 고려의 쇠망</td></tr>
<tr><td>7. 고려후기의 문화</td></tr>
<tr><td rowspan="7">Ⅵ.
조선시대의 생활</td><td rowspan="2">(1) 조선의 성립과 제도의 정비</td><td>1. 조선왕조의 성립과 제도의 정비</td></tr>
<tr><td>2. 민족문화의 발전</td></tr>
<tr><td>(2) 민족 문화의 발달</td><td>3. 양반의 다툼과 정치의 문란</td></tr>
<tr><td>(3) 정치적 문란과 사회 상태</td><td>4. 초기의 대외관계와
왜란 및 호란</td></tr>
<tr><td>(4) 제도의 개편과 경제 생활</td><td>5. 전후의 정치·경제·사회의 변동</td></tr>
<tr><td>(5) 실학의 흥기와 문화의 발전</td><td>6. 실학의 흥기와 문화의 발전</td></tr>
<tr><td>(6) 조선시대의 대외 관계</td><td>7. 세도정치의 부패와 민중의 항쟁</td></tr>
<tr><td rowspan="4">Ⅶ.
조선의
근대화운동</td><td>(1) 국제 무대에의 등장</td><td>1. 국제무대에의 등장</td></tr>
<tr><td>(2) 정치, 사회의 변화</td><td>2. 정치·사회의 변천</td></tr>
<tr><td>(3) 민족적 자각과 신 문화 운동</td><td>3. 민족의 자각과 신문화운동</td></tr>
<tr><td>(4) 일본의 진출과 민족의 수난</td><td>4. 일본의 진출과 민족의 수난</td></tr>
<tr><td rowspan="5">Ⅷ.
민주대한의 발달</td><td>(1) 일본의 침략 정치</td><td>1. 일본의 침략정치</td></tr>
<tr><td>(2) 민족의 독립 운동</td><td>2. 민족의 독립운동</td></tr>
<tr><td>(3) 민족의 해방과 독립</td><td>3. 민족의 해방과 독립</td></tr>
<tr><td>(4) 대한민국의 발달</td><td rowspan="2">4. 대한민국의 발달</td></tr>
<tr><td>(5) 우리의 할 일</td></tr>
</table>

[표 3]에서 알 수 있듯이 재2차 교육과정기 국사과 교육내용과 검정된 국사교과서의 목차 상의 차이는 다음과 같다. 대단원은 교육과정에서 'Ⅷ. 민주대한의 발달'의 (5) 우리의 할 일이 『국사』에서는 장의 번호

를 붙이지 않고 대단원에 편제된 것을 제외하고는 모두 일치한다. 그러나 중단원에서는『국사』는 교육과정 상의 제목과 장의 구성을 달리한 경우도 보인다. 'Ⅰ. 역사의 시작'이 교육과정에서는 3절로 구성되었으나 [표 3]에서는 2절로 구성되어 있으며, 'Ⅱ. 부족국가시대의 생활'은 3절로 구성되어 있으나 중단원의 제목이 전혀 다르다는 점을 확인할 수 있다. 'Ⅲ. 삼국시대의 생활'은 4개의 중단원으로 구성되어 있는 것은 같으나 중단원의 배치가 달리 되어 있으며, 교육과정상의 '(1) 삼국의 형성과 변천'이『국사』에서는 '1. 삼국의 성립과 변천'으로 변경되어 '형성'과 '성립'이라는 용어의 차이를 보이고 있다. 'Ⅴ. 고려시대의 생활'은 교육과정상에는 5개의 절로 구성되었으나『국사』에서는 7개의 절로 구성되었고, 'Ⅵ. 조선시대의 생활'은 교육과정상에는 6개의 절로 구성되었으나『국사』에서는 7개의 절로 구성되어 절의 구성에서도 큰 차이를 보이고 있다. 'Ⅶ. 조선의 근대화운동'은 교육과정과『국사』의 절 구성이 사실상 같으며, 'Ⅷ. 민주대한의 발달'은 앞에서도 언급하였듯이『국사』에서 교육과정상의 '(5) 우리의 할 일'을 단원의 번호 없이 대단원에 편제한 것을 제외하면 같음을 알 수 있다.

따라서 앞에서 언급했듯이 1965년 중학교 교과서 검정과정에서 교과서 저자로 유명한 원로 저자들의 검정 탈락 사태는 저자의 권위보다 교수요목대로 순서, 배열 등에 이르기까지 교육과정을 준수한 교과서가 검정을 통과하였던 것이다. 그러나 [표 3]에서 확인할 수 있듯이 제1차 교육과정기와는 달리 제2차 교육과정기의 국사교과서의 집필과 검정에서는 대단원의 구성이라는 큰 틀에서는 교육과정을 준수하였으나 중단원의 구

성은 집필자의 자율성이 어느 정도 보장되어 있었음을 알 수 있다.[96]

참고로 제2차 교육과정기에 발행된 고등학교 국사와 중학교 역사교과

96 참고로 제1차 교육과정 국사과 교육내용과 『우리나라역사』(김상기, 장왕사, 1956)의 목차는 [표 3], [표 4]와 같다.

[표 3] 제1차 교육과정 국사과 교육내용

대단원	중단원	대단원	중단원
1. 선사시대의 문화	(1) 선사시대의 사회생활	6. 조선 전기의 문화 (1392~1592)	(1) 조선의 성립과 국제 관계
	(2) 선사시대의 유적, 유물		(2) 조선의 사회조직
2. 부족국가시대의 문화	(1) 부족 국가의 형성과 분포		(3) 조선 전기의 정치와 경제 생활
	(2) 부족 국가의 사회조직과 경제		(4) 국문의 제정과 문예의 발달
	(3) 부족사회 산앙과 풍속		(5) 유학의 발달과 불교의 쇠퇴
	(4) 한 문화의 섭취와 그 영향	7. 조선 중기의 문화 (1593~1863)	(1) 정치의 문란과 사회 상태
3. 삼국시대의 문화	(1) 삼국의 성립과 국제 관계		(2) 제도의 개편과 경제생활
	(2) 삼국의 정치와 사회		(3) 실학의 흥기와 국학의 발달
	(3) 삼국의 교육과 학술		(4) 천주교의 전래와 동학운동
	(4) 삼국의 신앙과 화랑도		(5) 조선 말기의 예술
	(5) 삼국의 예술	8. 조선 후기의 문화 (1864~1910)	(1) 국제무대의 진출
4. 통일신라와 발해의 문화	(1) 신라의 삼국 통일과 민족 통합 정책		(2) 정치, 경제의 근대화
	(2) 통일 신라의 정치와 경제		(3) 통신과 교통 및 후생시설
	(3) 통일 신라의 신앙과 학술		(4) 신교육과 신사조
	(4) 통일신라의 예술	9. 현대문화와 우리의 사명	(1) 일제의 침략과 민족운동
	(5) 발해의 흥망과 문화		(2) 대한민국의 성립과 우리의 사명
5. 고려시대의 문화	(1) 고려의 후삼국과 그후의 변천		
	(2) 고려의 정치경제		
	(3) 고려의 교육과 학술 발달		
	(4) 고려의 신앙과 사상		
	(5) 고려의 예술		

[표 4] 『우리나라역사』(김상기, 1956)의 목차

대단원	중단원
국토와 자연환경	
1. 부족국가생활	(1) 우리 겨레의 내력과 원시사회
	(2) 부족국가
	(3) 고조선
	(4) 한 세력의 뻗어듦과 그 영향
	(5) 남북 여러 부족국가의 생활 상태

서는 [표 5]와 같다.

[표 5] 제2차 교육과정기 검정 국사 교과서 목록

	교과서명	저자	검정연월일	출판사
중학교	중학교 사회 II	이지호 윤태림 김성근	1965.12.1	교육출판사
	중학사회2	이홍직 민영규 김성식 김기석 박일경 김준보 서석순 한기언 최홍준	1965.12.1	동아출판사
	중학 새사회 II	전해종 김철준 이보형 오병헌 김명윤 최복현 이정면	1965.12.1	민중서관

대단원	중단원
2. 세 나라로 뭉친 사회	(1) 삼국의 일어남과 육가야의 변천
	(2) 삼국의 발전과 쟁패
	(3) 신라의 강성과 고구려의 무위
	(4) 신라의 통일과 삼국의 문화
3. 신라의 통일사회와 발행의 흥망	(1) 대신라의 전성기
	(2) 발해의 흥망
	(3) 신라의 쇠퇴와 후삼국의 벌어짐
4. 고려의 재통일 사회	(1) 고려의 후삼국 통일
	(2) 고려 태조의 업적과 초기의 국가 경영
	(3) 글안 격퇴
	(4) 고려 중기의 융성
	(5) 고려 후기의 동란
	(6) 고려의 쇠망
	(7) 고려와 외국과의 관계
	(8) 고려의 사회와 문화
5. 근세 조선 사회	(1) 근세 조선의 전기
	(2) 근세 조선의 중기
	(3) 근세 조선의 후기
6. 근대화하여 가는 조선 사회	(1) 흥선대원군의 집정
	(2) 국제 관계의 성립
	(3) 동학란과 그 여파
	(4) 아일전쟁과 을사보호조약
	(5) 한국이 일본에 점령됨
	(6) 근대화의 문물
7. 민주대한	(1) 일제의 압박과 민족의 운동
	(2) 제2차 대전과 우리나라의 해방
	(3) 대한민국
끝말	

	교과서명	저자	검정연월일	출판사
중학교	중학교 사회 II	변태섭 문홍주 이정환 최재희 한태연 김경성	1965.12.1	법문사
	중학사회2	김상기 조의설 육지수 황산덕 김경수 고승제	1965.12.1	장왕사
	새로운 중학사회2	역사교육연구회 김준섭 김성희 김두희 박노식 조동규	1965.12.1	정음사
	새로운 사회2	박성봉 최영희 김계숙 박덕배 이영기 강대헌 선유형순	1965.12.1	홍지사
	새로운 사회2	황철수 이종항 오배근 권혁소 최정희 최병칠 노도양	1966.12.20	사조사
	중학 사회 2	조좌호 김증한 최문환 이찬	1966.12.20	영지문화사
	중학교 사회2	한우근 고병익 민석홍 유진오 서수인	1966.12.20	일조각
	중학교 새사회2	강우철 이정인 강석오 이근수 단춘배	1966.12.20	탐구당
고등학교	국사	이원순	1968.1.11	교학사
	국사	신석호	1968.1.11	광명출판사
	국사	변태섭	1968.1.11	법문사
	최신 국사	민영규, 정형우	1968.1.11	양문사
	새로운 국사	윤세철, 신형식	1968.1.11	정음사
	국사	김상기	1968.1.11	장왕사
	국사	한우근	1968.1.11	을유문화사
	국사	이홍직	1968.1.11	동아출판사
	최신 국사	이현희	1968.1.11	실학사
	국사	이병도	1968.1.11	일조각
	국사	이상옥, 차문섭	1968.1.11	문호사

IV. 맺음말

해방 이후 교과서는 미군정기의 자유발행제를 거쳐 정부 수립 이후 검정제와 국정제를 겸하였다. 고등학교 국사교과서는 제1차 교육과정기 이래 검정제에 의해 발행되다가 제3차 교육과정 이후 제7차 교육과정까지는 국정으로 발행되었다.(제7차 교육과정기의 『한국근·현대사』는 검정제에 의해 발행되었다.)

제1차 교육과정기는 우리나라의 교과서 발행제도의 형식적 틀을 마련했다고 볼 수 있으나 오늘날과 같은 기본적 틀이 제도적으로나 내용적으로 완비된 것은 제2차 교육과정기라 할 수 있다. 제2차 교육과정은 5·16군사정변의 이념을 교육과정에 반영하여 구현한 데 있다고 할 수 있다. 이 시기 교육목표는 교육법에서 규정한대로 중견국민을 양성하는 데 있었고, 5·16군사정변의 주도세력에게 중견국민이란 5·16군사정변의 이념을 구현한 인물이라 할 수 있다. 그리고 중견인물을 양성하기 위한 방법의 하나로서 1963년 제2차 교육과정을 마련하였던 것이라 할 수 있다. 이를 국사과에 한하여 보면 교육과정에 군사정부가 추구하는 인간상을 반영하는 한편 이에 기초한 교과서를 편찬, 발행하는 것이었다.

제2차 교육과정은 5·16군사정변 이후 수립된 박정희정권의 교육정책에 직접적인 관련이 있다. 따라서 경제개발과 반공주의에 입각한 교과서 서술과 검정이 이루어졌다. 그러나 이 과정에서 정부의 교과서 발행정책에 기존의 교과서업자와 저자들은 행정소송을 비롯한 다양한 방식으로 저항하였다. 그것은 교과서 발행제도의 변경에 대한 기존 세력의 저항이라는 관점으로도 이해할 수 있다. 물론 그 기저에는 출판시장이 협소한 한국사회에서 교과서 시장이 차지하는 위상이 대단히 컸다는 경제적인 측면이 있었다고 생각된다. 그러나 정부가 그와 같은 저항을 예상하면서도 이를 강행한 것은 교과서 시장에 대한 정부의 통제와 간섭을 강화하려는 의도를 갖고 있었다는 것을 보여준다고 생각된다. 또한 이 시기 교과서 개편에는 교육 외적인 측면도 작용하였다. 교과서 용지난과 그에 따른 펄프 수입의 증대는 교과서대의 인상으로 이어져 학부모의 부담이 커진다는 측면이 작용하였던 것이다.

한편 이 시기 국사교과서 발행에서 주목되는 것은 교과서 발행에 대한 정부의 통제와 간섭이 강화되었다는 점이다. 이는 교육과정과 그에 따른 '집필상의 유의점'과 사열 기준을 통해 교과서 서술을 강제하였고, 그것에 부합하지 않은 교과서 출원본은 검정과정에 탈락시킨 것에서 확인된다. 이와 같은 방향은 1968년 국민교육헌장의 제정 이후 더욱 강화되어 제3차 교육과정이 적용되는 1974년 국사교과서의 국정화가 단행되었던 것이다. 이러한 과정에서 정부는 국사교과서의 서술용어를 정리하였다. 근대사 부분에만 한정하면 을사보호조약을 을사조약, 광주학생사건을 광주학생운동, 6·10만세사건을 6·10만세운동으로 규정하였다. 이는 1960년대 이래 이른바 '재야사학'계에서 주장하였던 고대사 관련 용어의 변화와 서술에 수반한 조치였다.

요컨대 제2차 교육과정기 국사교과서의 발행은 5·16군사정변에서 표방한 경제개발과 반공주의를 교육과정에 반영하여 이를 교과서 집필과 검정 과정에 강제한 것에 기초한 것이었다. 그리고 '대한민국의 건국이념은 인간의 가치를 부인하고 자유를 박탈하며 인간을 기계시하는 공산주의를 철저히 부인하는 민주주의 국가이념'이라고까지 강제하였던 것이다. 결국 제2차 교육과정기의 국사교과서는 이와 같은 정권의 이념을 구현하는 중요한 수단으로써 기능하였다고 판단된다.

03

제2차 교육과정기 고등학교 국사교과서의 발행과 서술 변화

허은철

Ⅰ. 머리말

1961년 5·16군사쿠데타가 발생한 이후 제2차 교육과정이 개정되었다. 이에 따라 개정된 교육과정을 적용할 교과서도 새롭게 발행되어야 했다. 국사교과서의 경우 1차 교육과정에서 문제로 지적되었던 견해를 달리하는 역사적 사실에 대한 용어나 표기법의 통일이 시도되었다. 그러나 2차 교육과정에 따른 교과서 개편 작업은 예정보다 지연되었다. 1964년 학제 개편이 논의되는 가운데 그것이 확정되지 않았기 때문이었다. 또한 문교부가 1개 교과목에 대한 종수를 7종으로 제한하자 기존의 교과서 업자와 저자들이 다양한 방식으로 저항한 것도 요인이었다. 반발이 커지자 이후 문교부는 일정한 기준에 달하면 모두 검정허가를 해주기로 하면서 7종 제한을 스스로 풀어버렸다. 여러 혼란이 마무리되자 2차 교육과정 개정 내용을 반영한 국사교과서가 1968년부터 발행되었다.

초기 혼란을 겪었던 2차 교육과정과 그에 따른 국사교과서 개편이 안

착되기도 전에 1968년 안보위기로 인해 또 다시 큰 변화를 맞이했다. 박정희 정권은 1968년 1·21청와대 습격 사건과 푸에블루호 납치 사건이라는 사상 초유의 사태를 맞이하여 반공체제를 강화하였다. 예비군을 창설하였고 북파공작원부대를 만들었다. 사회적으로는 지문날인과 주민등록증의 강제교부가 실시되었다. 이러한 변화된 사회분위기가 교육에 반영된 것이 바로 1968년 12월의 국민교육헌장 선포와 이러한 이데올로기를 반영할 교육과정 개정과 교과서 개편 작업이었다. 당장 전면적인 교육과정 개정과 교과서 개편이 어려운 현실을 감안하여 1972년까지 연차적으로 개편하기로 하고 "가장 긴요한 것"부터 부분적으로 보강하기로 하였다. 그 결과 1969년 9월 교육과정을 부분 개정하고 1970년 3월 1일부터 시행하기로 하였다.

이러한 변화에 따라 2차 교육과정기 고등학교 국사교과서를 구분하면 크게 두 시기로 나눌 수 있다. 먼저 학제 개편 논란과 검인정 7종 제한으로 인한 반발이 마무리 되면서 11종의 검정교과서가 발행된 68년부터 69년까지의 시기이다. 다음으로 68년 안보위기로 1968년 12월 국민교육헌장이 발표되면서 이를 반영한 국사교과서가 발행된 1970년부터 1974년 3차 교육과정이 시작되기 직전인 1973년까지의 시기이다.[1] 또한, 2차 교육과정기 고등학교 국사교과서를 국정과 검정이라는 발행체제에 따라 나눌 수도 있다. 비록 검정 국사교과서는 인문계에서, 국정 국사교과서는 실업계에서 구분되어 사용되었지만 같은 고등학생에게 별개의 국사 교육과정을 적용받는 다른 종류의 국사교과서가 사용되었다는 사실은

1 고등학교의 경우 2차 교육과정이 1965년부터 적용될 예정이었으나, 1964년에 학제 개편에 대한 논의가 제기되어 적용을 하지 못하다가 1968년 3월 1일부터 시행되었다. 따라서 2차 교육과정기 63년부터 67년까지의 고등학교 국사교과서는 1955년 1차 교육과정에 의거 검정을 마친 교과서가 그대로 통용되었으며, 이는 1968년까지 계속되었다(김흥수, 『한국역사교육사』, 대한교과서, 1992, 223~224쪽).

역사교육사(歷史敎育史)적으로 특이한 것이다.[2] 하지만 2차 교육과정기 고등학교 국사교과서가 갖는 이러한 역사교육사적 특징에도 불구하고 2차 교육과정기 고등학교 국사교과서에 대한 연구가 미미한 것이 사실이다.[3] 기존 2차 교육과정 고등학교 국사교과서 연구는 3차 교육과정기 고등학교 국정교과서 서술의 문제점을 지적하는 글에서 이전의 국사교과서 서술과 비교하기 위해 2차 교육과정기 고등학교 국사교과서의 서술을 간략하게 소개하는 정도였다. 또는 '신간회', '동학농민운동'과 같은 특정 주제와 관련해 각 교육과정기 국사교과서의 서술 변화를 연구하면서 2차 교육과정기 고등학교 국사교과서의 해당 서술만을 다룰 뿐이었다.[4] 특히, 2차 교육과정기 실업계 고등학교 국정 국사교과서가 해방 이후 최초의 국정 국

---

2 해방이후 최초의 국정교과서를 3차 교육과정기 국사교과서로 보는 연구가 많다. 비록 실업계라는 한정적인 부분에서 사용되었지만 2차 교육과정기 실업계 고등학교 국사교과서를 최초의 국정 국사교과서로 보아야 한다.

3 2차 교육과정기 국사교과서와 관련한 전반적인 이해에는 다음의 논문이 도움이 된다. 조성운, 「제2차 교육과정의 제정과 국사교과서의 편찬」, 『한국사학보』 66, 고려사학회, 2017. 각 교육과정기 별로 역사교육이 어떻게 이루어졌고 교과서의 구성이 어떠했는지에 대한 종합적인 역사연구가 필요하다. 이러한 점에서 1차 교육과정기의 역사교육과 역사교과서에 대한 다음의 학술 연구는 유의미하다고 생각된다. 허은철, 「제1차 교육과정의 성립과 역사과 교육과정」, 『역사와교육』 22, 동국대학교 역사교과서연구소, 2016; 성강현, 「제1차 교육과정의 국사교과서 서술 체제와 내용 분석」, 『역사와교육』 22, 동국대학교 역사교과서연구소, 2016; 남한호, 「제1차 교육과정의 세계사 서술 체제와 내용 분석」, 『역사와교육』 22, 동국대학교역사교과서연구소, 2016; 조건, 「제1차 교육과정 성립기 문교부 조직과 반공 교육정책」, 『역사와교육』 22, 동국대학교역사교과서연구소, 2016.

4 김한종, 「해방 이후 국사교과서의 변천과 지배이데올로기」, 『역사비평』 15, 역사비평사, 1991; 김정인,「해방 이후 국사교과서의 '정통성' 인식-일제 강점기 민족운동사 서술을 중심으로-」, 『역사교육』 85, 역사교육연구회, 2003; 최병택, 「해방 후 역사교과서의 3·1운동 관련 서술 경향」, 『역사와현실』 74, 한국역사연구회, 2009; 박진동, 「해방 후 현대사 교육 내용 기준의 변천과 국사교과서 서술」, 『역사학보』 205, 역사학회, 2010; 이수정, 「해방 이후 국사교과서의 가야사 서술 변천과 대안」, 『역사와교육』 19, 동국대학교 역사교과서연구소, 2014; 서인원, 「동학농민운동의 한국사 교과서 서술 내용 분석-제1차~제7차 교육과정의 고등학교 교과서를 중심으로-」, 『숭실사학』 32, 숭실사학회, 2014; 조성운, 「해방 이후 고등학교 한국사교과서의 신간회 서술 변천」, 『역사와실학』 57, 역사실학회, 2015; 김태웅, 「해방 후 고등학교 '국사'교과서에서 1894년 농민전쟁 서술의 변천」, 『역사교육』 133, 역사교육연구회, 2015; 조성운, 「해방 후 고등학교 한국사교과서의 근대 교통사 서술의 변천」, 『역사와교육』 21, 동국대학교 역사교과서연구소, 2015; 조성운, 「해방 이후 고등학교 한국사교과서의 동학농민운동 서술의 변천」, 『민족종교의 두 얼굴』, 선인, 2015.

사교과서라는 역사교육사적 의의를 갖고 있음에도 불구하고 이에 대한 연구는 일천한 상황이다.[5]

최근 우리 사회는 국사교과서 발행체제를 둘러싸고 큰 홍역을 치렀다. 국민적 반발에 직면하자 교육부는 한발 물러나 국정과 검정을 혼용하자는 타협책을 제시하였다. 2017년 4월 현재 2015 개정 교육과정에 적용되는 고등학교 국사교과서는 법제적으로 검정과 국정의 두 종류이다. 지금처럼 국정과 검정이 혼용된 것은 역사교육사적으로 2차 교육과정기 중에서도 1968년부터 3차 교육과정이 시작되기 전인 1973년까지이다.[6] 1968년부터 1973년까지 6년이라는 짧은 시간이지만 국정과 검정 국사교과서가 혼용된 사례는 국사교과서 발행체제를 둘러싸고 논란이 되고 있는 지금 우리에게 많은 시사점을 줄 수 있을 것이다.

따라서 본고에서는 2차 교육과정기 국사교과서 발행체제를 당시의 정치사회적 상황 가운데 알아보고자 한다. 또한, 1968년 12월 국민교육헌장 공포를 기준으로 그 이전과 이후 고등학교 국정과 검정 국사교과서의 서술에 어떠한 변화가 있었는지 각각 살펴보고자 한다. 이를 통해 국정과 검정 혼용이 현재 우리에게 주는 역사교육적 교훈이 무엇인지 결론을 도출하고자 한다. 이를 위해 1968년과 1972년에 발행된 인문계 고등학

5 실업계 국정 국사 교과서와 관련해서는 다음 논문이 참고 된다. 허은철, 「실업계 고등학교 국사 교육과정 및 국정교과서 검토」, 『역사와교육』 21, 동국대학교 역사교과서연구소, 2015; 박정순, 「교사와 학생의 소통을 위한 실업계 고등학교 역사교육 방안」, 교원대대학원석사학위논문, 2005; 조대신, 「고등학교 국사교과서의 분석연구」, 고려대교육대학원석사학위논문, 1970.

6 2차 교육과정에서는 인문계 국사 교과서가 검정이었던 것과는 달리 실업계 국사 교과서는 국정 교과서였다. 1970년대 초까지 인문계 고등학교에서는 11종의 검정 교과서가 사용되고 있었다. 그러나 3차 교육 과정에서는 인문계와 실업계 모두 각기 다른 국정 교과서를 사용하였다. 하지만 1977년 검인정파동을 겪으면서 실업계용 보통 교과의 교과서는 사라지고 1978년부터 인문계 고등학교와 공통으로 사용하게 되었다. 이후 4차 교육과정부터는 실업계 고등학교 보통교과 교육 과정 역시 인문계 고등학교 교육 과정을 그대로 적용하기 시작하여 지금에 이르고 있다(허은철, 「실업계 고등학교 국사 교육과정 및 국정교과서 검토」, 『역사와교육』 21, 동국대학교 역사교과서연구소, 2015, 653쪽).

교 검정 국사교과서, 1968년과 1972년 발행된 실업계 고등학교 국정 국사교과서를 비교·분석할 것이다.

Ⅱ. 제2차 교육과정기 국사교과서 발행 체제

1. 제2차 교육과정 이전의 국사 교과서 발행

정부 수립 이후부터 진행되었던 교육 관련 작업들이 한국전쟁으로 잠시 중단되었으나, 전쟁이 끝날 무렵부터 재개되어, 1954년 4월 20일 문교부령 제35호 「초등학교, 중학교, 고등학교, 사범학교 교육과정 시간배당 기준령」이 제정·공포되었다. 이듬해 8월 1일 각 급 학교의 교과과정[7]이 공포되어, 한국 최초로 정부 차원의 교육과정이 수립되었다. 1963년 교육 과정 개편 때까지 시행되었는데, 이를 제1차 교육과정기라고 부른다. 교육과정의 공포에 따라 1955년부터 국정, 검정,[8] 인정으로 구분되어 교과서가 편찬, 발행되었다. 국정에는 국민학교의 모든 교과와 중·고등학교의 도의·국어·실과 교과의 교과서가 해당되었고, 나머지는 검인정 교과서로 편찬되었다. 「교과용도서 검인정 규정」에 의해 1955년 11월 문교부 편수국에서 검인정에 대한 세부 지침을 발표하고, 그 이전까지의 수시 검정과는 달리 일괄 접수 및 사열하는 형식으로 진행되어 1956년부터 검정 교과서가 공급되기 시작하였다. 당시 검정을 통과한 검인정 교

7 문교부령 제44호 「국민학교 교과과정」; 제45호 「중학교 교과과정」; 제46호 「고등학교 및 사범학교 교과과정」.

8 교과용도서에 대한 검정이란 용어가 법규적 용어로 공식적으로 등장한 것은 1946년 12월의 「초등학교 규정」과 1947년 4월의 「중학교 규정」에서였으나, 1948년까지는 사실상 많은 교과서들이 자유 발행되고 있었다(허강 외, 『한국의 검인정 교과서 변천에 관한 연구』, 한국교과서연구재단, 2002, 101쪽).

과서는 전국 80개 출판사에서 발행한 900여종으로, 1958년부터 도서전시회를 매년 열어 학교에서 채택하게 하였다.

이 때 검인정 교과서 발행은 회사별 생산, 공동 공급 체제였다. 합격된 교과서를 출판해야 할 대부분의 출판사는 자체 인쇄 시설을 갖추고 있지 않았기 때문에 인쇄를 의뢰해야 했다. 대부분의 검인정 교과서가 한꺼번에 인쇄소로 몰리게 되고, 종이 사정이 나빠 용지를 구하기조차 힘들어 적기에 교과서를 생산, 공급하기가 어려웠다.[9] 이로 인해 신학기에 맞추어 교과서를 공급하지 못하는 경우가 많았다. 1957년 7월 출판사들은 '한국검인정교과서주식회사'를 설립하고, 교과서의 생산은 회사별로 생산하지 않고 모두 '한국검인정교과서주식회사'에 맡겨 공동 생산하기로 하였다. 따라서 회사별 생산은 하지 않게 되었다.

역사는 공민, 지리와 함께 사회생활과에 속하였으며, 중·고등학교의 역사교과서가 검인정으로 편찬되었다. 1956년 사열에 통과된 검정 역사교과서는 중학교 국사 10종·세계사 12종, 고등학교 국사 4종·세계사 7종이었다.[10] 문교부에서 제시하는 역사교과서의 검인정 내용 사열기준은 총 17개 항목이었다. 교육목표의 달성, 내용의 선택 및 배열, 사상의 선도, 내용의 정확·명료성, 실제 지도의 적합성 여부, 보편적 학설의 취급, 삽화·도표·목차·색인·부록 등에 관한 규정이다. 이러한 사열기준은 추상적인 어휘로 되어 있어 검인정권자의 자의적 해석이 들어갈 소지가 많은 것이었다. 또한 역사 과목의 성격을 고려한 것이 아니라 일반적 사열 원칙을 나열한 데 지나지 않았다.[11] 그러나 사열기준이 그리 엄격하게 적용

---

9 이경훈, 「교과서 출판 원로들에게 듣는다」, 『교과서 연구』 10, 1991, 108쪽.

10 이종국, 『대한교과서사(1948~1998)』, 대한교과서주식회사, 1998, 300쪽, 〈표 59〉 내용을 발췌하여 서술함.

11 김한종, 『역사교육과정과 교과서 연구』, 선인, 2006, 31쪽.

되지는 않았던 것으로 보이기 때문에,[12] 검인정 역사교과서의 문제는 통과 여부보다는 내용 측면에서 살펴보아야 한다. 실제 저술기간이 2개월 정도였기 때문에 기존의 교과서 내용과 크게 다르지 않았으며, 「교과과정」에서 제시한 '지도내용'을 토대로 저술되어 교과서마다의 특색이나 서술의 변화를 크게 찾아볼 수 없다.[13]

한편 1차 교육과정기 검인정 업무가 과거와 다르게 시도되면서 여러 논란이 있었다. 가장먼저 심사기일이 너무 짧다는 논란이었다. 제1차 교육과정이 공포(55.08.01)되고 심사본 접수 마감이 같은 해 12월 15일이었기 때문에 4개월 15일 사이에 저자와 계약하고 저작하며 교정 및 심사본 제작을 해야 했다. 실질적인 저술 기간이 2개월을 넘기지 못하면서 '교과서 집필에 얼마나 소홀히 했겠는가'[14]라는 비난을 면치 못했다.

둘째는 심사의 공정성 논란이었다. 심사위원회에서 심사하고 의견을 제출하면, 문교부장관이 결정을 내리는 것이 관례였다. 그러나 이 심사위가 광범위로 조직되어 있지 못한데다가 그 권한이 미미한 것이어서 관료독선의 경향을 조장하고 있다는 점이 지적되었다.[15]

셋째는 편수국 관계 공무원이 교과서를 저작한 것에 있었다. 관계 공무원이 교과서를 저작하지 말라는 규정은 없으나, 교과용도서에 대한 검인정권을 가진 공무원이 동시에 검인정을 받아야 할 교과서의 저작자가 되는 것에 대한 문제였다. 더구나 전국 중고등학교장에게 자기가 저술한 교과서의 채택을 서신으로 요구하고 있다는 점에 대한 문제가 제기되었다.[16]

---

12 김한종, 『역사교육과정과 교과서 연구』, 선인, 2006, 31쪽.

13 김한종, 『역사교육과정과 교과서 연구』, 선인, 2006, 31쪽.

14 「교과서행정에 신중하라」, 『동아일보』, 1956년 1월 12일 사설.

15 「교과서 개정문제」, 『동아일보』, 1955년 8월 12일 사설.

16 『조선일보』, 1956년 2월 16일 사설.

이 밖에도 검인정을 받은 교과서가 한 과목에 많게는 30~40종에 달해 판매 경쟁이 심하다는 것이나, 금품이나 교제에 의한 채택이 이루어진다는 등 많은 논란이 계속되었다. 결국 이러한 여러 비판은 2차 교육과정 때 시행된 교과서 검정에서 각 교과마다 교과서의 종수를 제한하고 검정제도를 강화하는 교과서정책의 역행을 가져온다.[17]

2. 제2차 교육과정 개정에 따른 국사 교과서 발행

1958년부터 교육과정 개정을 위한 기초연구가 진행되고 1960년 12월 23일 「교육과정심의회규정」이 공포된다. 교육과정 개정을 준비하는 중 5·16군사쿠데타가 발생하였고, 개정은 5·16의 정당성과 당시 군사 정권이 내세웠던 이른바 혁명과업을 선전하는 방향으로 추진되었다.[18] 1963년 2월 15일 2차 교육과정이 제정·공포되었고, 교육과정의 개정에 따라 중·고등학교 교과서도 전면 개편되었다.[19] 이후 2차 교육과정은 69년 9월 부분 개정이 이루어졌다. 1968년 국민교육헌장의 제정, 중학교 무시험 진학 제도의 실시, 대학 입학 예비 고사제 실시 등에 따라 개정되었다. 1969년에는 교련 교과가 신설되어 12단위를 이수하도록 하였고, 고등학교의 국민윤리가 반공 및 국민 윤리로 바뀌면서 4단위에서 6단위로 늘어났다. 1972년에는 중학교에 다시 한문과를 설치하여 한자 교육이 재개되었으며, 1973년에는 국사 교육 강화 방침에 따라 사회과에서 국사과가 독립하

---

17 김한종, 『역사교육과정과 교과서 연구』, 선인, 2006, 32쪽.

18 김한종, 『역사교육과정과 교과서 연구』, 선인, 2006, 33쪽.

19 2차 교육과정의 특징적인 것은, '교과별로 학년 목표를 설정한 것과 종래 사회생활과를 사회과로 변경한 것, 중학교에서 반공·도덕이 독립교과가 된 것, 중학교 수업시간을 50분에서 45분으로 감축한 것, 한글 전용 교육 방침에 따라 한자교육을 폐지한 것, 고등학교에서 종래 필수와 선택의 구분이 공통 과목과 인문과정·자연과정·직업과정의 선택으로 바뀐 것, 국어문법과 국사내용을 통일한 것' 등을 들 수 있다.

게 되었다.

2차 교육과정 개정에 따라 역사 교과서도 새롭게 발행해야만 했다. 문교부는 제1차로 1963년 2월 15일 검정 실시를 공고하였고, 동시에 「교과서 집필상의 유의점」[20]을 작성·배포하였다. 1개 교과목에 대한 검인정 허가는 과거 무제한이었던 것을 7종으로 제한하였다.

이에 따라 중학교의 경우 1964년 검인정 교과서의 1차 신청을 받았고, 1965년에 2차로 추가 접수하였다. 인문계 고등학교의 경우 1967년으로 출원공고를 미루고 그해 9월 합격발표를 하였다. 1964년 중·고등학교 통합을 전제로 한 학제 개편안이 정부에 건의되어, 학제개편 논의가 활발해지자 고등학교 검인정 교과서의 출원시기를 학제 개편이 확정될 때까지 보류하게 되었던 것이다. 반면 중·고등학교가 설령 5년제로 통합되는 경우라도 중학 3년 과정까지는 약간의 수정이 있으면 대체로 그대로 사용할 수 있기 때문에 중학교 교과서의 개편은 중단하지 않고 진행되었다.

검정교과서 신청본을 사열하기 위한 별도의 기구는 구성되어 있지 않으며 사열 기준, 사열 위원 등은 비공개로 진행되었다. 사열 위원은 대개 교과당 대학 교수 3명과 중고교 교사 2명꼴로 구성하였고, 1965년 사열 시부터 편수관의 사열 위원 참여는 중지되었다. 사열 기준은 사열이 있을 때마다 편수관이 작성하여 장관의 재가를 얻어 실시하였는데, 1967년 인문계 고등학교 검인정 교과서 사열 때는 교과마다 20개항을 기준으로 정하였다. 15개항은 교과마다 동일한 기준이고, 5개항만이 교과별 기준이었다. 당시 사회과의 사열 기준에서 '절대 조건'으로 제시된 것은 다음

20 집필에 대한 일반적 원칙과 교과목별 세분된 집필상의 유의점으로 나뉜다. 그 중 일반적 원칙 몇 가지를 제시한다. '특정한 종교, 정당 단체에 편파된 사항과 재료를 써서 선전 또는 비난하여서는 안 된다. 내용 및 이용하는 자료는 최선의 것으로 정확하게 하여야 한다. 외국 서적을 모방하거나 그 내용을 그대로 옮겨 써서는 안 된다. 표기법 및 학술 용어는 정확하고 표준이 되는 것이어야 한다.' 등이다(허강 외, 『한국의 검인정 교과서 변천에 관한 연구』, 한국교과서연구재단, 2002, 133쪽).

과 같다.[21]

㉠ 교육법과 동시행령에 규제된 우리나라 교육의 목적 및 방침에 위배되는 사항이 없다.
㉡ 국시와 국가 정책에 위배되는 사항이 없다.
㉢ 교육과정에 제시된 해당 전 과목의 지도 목표에 위배되는 사항이 없다.
㉣ 특정한 종교, 사회단체를 선전, 비난함을 목적으로 한 편파적인 서술이 없이 교육적으로 건전하다.

검정을 통과하여 발행된 교과서의 채택은, 前학년도 9월경 검인정 교과서의 종합전시회를 개최하여 교사들에게 선정의 기회를 주었으나, 1967년부터는 교과서 전시회를 중단하고 발행된 검인정 교과서 전체를 각 학교에 견본으로 발송하였다.

개정된 검정 교과서 발행제도에서 가장 큰 논란거리는 각 교과목의 교과서를 7종으로 제한한 문제였다. 제한 이유는 교과서 가격의 저렴화와 자금 낭비의 방지 등이었다. 그러나 1964년 출원된 30과목 총 724책 중 197종만 검인정에 합격하자, 불합격된 출원자들은 감사원을 통한 시정 요구, 문교부 장관을 상대로 하는 검인정 불합격처분 취소 및 합격 확인에 관한 행정소송을 제기하는 등의 반발하였다. 이에 문교부는 당초의 방침을 굽히고 일정한 기준에 달하면 모두 검정허가를 해주었다. 이후 추가 합격본을 발표하면서 정부의 교과서 정책에 대한 신뢰가 떨어지게 되었다. 사열 과정의 문제도 제기되었다. 예를 들어 중학교 사회교과서는 사회 1(지리), 사회 2(역사), 사회 3(공민) 교과서가 별도로 검정된 것

---

21 허강 외, 『한국의 검인정 교과서 변천에 관한 연구』, 한국교과서연구재단, 2002, 135쪽.

이 아니라 한 묶음으로 취급되어 검정통과 여부가 결정되었다. 따라서 세 부분 중 한 부분의 교과서가 불합격일 경우 함께 탈락하게 되는 것이었다. 이로 인해 유명 집필진들이 저술한 교과서가 탈락하는 사태가 벌어졌다. 이에 약 260명의 불합격 교과서의 저자들은 사열방법과 기준 및 사열 위원 명단 즉시 공개, 사열한 채점표 및 채점 등위의 공개 등을 요구하였다. 이렇듯 검정교과서 발행 종수 제한, 사열 과정 및 사열 기준의 강화 등으로 여러 문제들이 발생하였으나, 정부의 교과서 정책은 전반적으로 검인정 심사를 강화하는 추세로 나아갔다.

Ⅲ. 제2차 교육과정기 국·검정 고등학교 국사교과서 서술 변화

1. 제2차 교육과정 부분개정 전후 교육이념의 변화

교과서는 한 사회의 지배적인 가치나 이념을 명시적이고 공식적으로 전달해주는 주요한 학습매체이다. 지배집단은 입시체제와 교과서 정책 결정권을 독점함으로써 교과서에 대한 효과적인 통제를 한다. 교과서의 발행을 국가가 독점할 경우 다양한 해석이나 설명은 제도적으로 원천 봉쇄된다. 따라서 국정 교과서는 지배집단의 이데올로기를 안정적으로 전달하는 데 효과적으로 기여할 수 있다. 이러한 점에서 국정 국사교과서는 지배집단의 이데올로기를 반영하고 이를 전달하는 중요한 교육적인 매체이다. 국정 국사교과서는 검정 국사교과서 보다 지배집단의 이데올로기를 효과적으로 전달할 수 있고, 동시에 학생들은 국사교과서를 통해서 지배집단이 요구하는 역사의식을 형성하게 된다. 학생들은 지배 이데올로기를 반영하는 국정 국사교과서로 학습함으로써 지배집단의 입장을 정당한 것으로 받아들이게 된다. 결국 역사에 대한 다양한 비판적 관점들을 접할 기회를 차단당하게 되면서, 역사교육의 중요한 목표인 비판적인 해석과 안목을 형성할 수 없게 되는 것이다. 심지어는 현재의 사회 상태를 가장 민주적이고 경제적으로 발전된 것으로 받아들일 위험성이 있다.

따라서 지배집단의 이데올로기 변화에 따라 국사 교과서 서술이 어떻게 달라지는지 더 나아가 국정과 검정 등 발행체제에 따라 지배집단의 이데올로기를 어떻게 국사 교과서가 반영하고 있는지 검토하는 것이 중요하다. 이러한 작업에 앞서 국사 교과서 서술에 영향을 미치는 지배 이데올로기가 어떠한 시대적 상황에서 만들어졌는지를 고찰해보는 것이 필요하다. 따라서 2차 교육과정 시기에 어떠한 시대적 배경이 있었는지 알아보고 그러한 지배 이데올로기가 교육관련 지침에 어떻게 반영되었는지 밝히고자 한다.

1958년부터 교육과정 개정을 위한 기초연구가 진행되고 1960년 12월 23일에는 「교육과정심의회규정」이 공포된다. 5·16군사쿠데타로 정권을 장악한 군사정부 아래에서도 교육과정 개정 작업은 계속되어 1961년 8월 심의위원 약 380명을 위촉하였다. 그러나 교육과정의 개편은 5·16의 정당성과 당시 군사정권이 내세웠던 이른바 혁명과업을 선전하는 방향으로 추진되었다.[22] 이와 같은 방향이 제2차 교육과정에 반영되었다. 제2차 교육과정의 국사과 지도목표는 다음과 같다.[23]

> (1) 국사의 전 발전 과정을 통하여 발양된 우리 민족의 미점과 우수성을 찾아 민족애를 철저히 하는 한편 민족적 과업의 달성을

---

22 김한종, 「지배이데올로기와 국사교과서 해방 이후 국사교과서의 변천과 지배이데올로기」, 『역사비평』 17, 역사비평사, 1991, 71쪽.

23 문교부, 『문교부령 제121호 고등학교 교육과정』, 1963(국가교육과정정보센터 교육과정 자료실에서 인용).

위하여 올바른 반성을 가지게 하며, 그를 시정하고 민주 국가 발전에 기여하는 태도를 기른다.

(2) 국가 발전에 있어서의 각 시대의 정치, 사회, 경제, 문화생활을 종합적으로 이해시킴으로써 각 시대의 성격과 역사적 의의를 고찰시키는 한편, 경제 부흥과 사회 개선에 노력하며 문화유산을 존중하는 태도와 새 문화의 창조 발전에 공헌할 수 있는 능력을 기른다.

(3) 우리 민족이 각 시대에 있어서 가지고 있는 세계사와의 연관에 유의하여 국사의 특수성과 일반성을 이해시킨다.

(4) 우리나라의 세계적 지위를 올바로 이해시킴으로써 반공 사상을 강화하여 세계 평화 건설에 이바지하게 한다.

2차 교육과정 국사과 지도목표를 통해서 '민족의 우수성', '문화유산을 존중하는 태도', '반공사상의 강화' 등이 강조되었음을 알 수 있다. 지도상의 유의점에서는 국사 교육을 역사적 사실의 이해를 바탕으로 국가 발전에 공헌할 국민을 양성할 것을 강조하였다. 그리고 각 시대의 성격과 시대 간의 관련성을 이해하고 전체적으로 체계적인 이해를 하도록 하여 정치, 제도의 이해에 중심을 두고 있는 중학교와의 차이점을 제시하고 있다.[24] 특히 반공주의가 교육과정에 최초로 명기되어 국사교과서의 서술에 반영되었다.[25] 반공교육의 강화에 대해 문교부의 평가는 다음의 공문들에서 확인할 수 있다.[26]

○ 각 중·고교장 귀하

사회과, 반공, 도덕 시간 외에는 민족 주체성 확립 지도가 부진하

24 김흥수, 『한국역사교육사』, 대한교과서, 1992, 242쪽.

25 조성운, 「제2차 교육과정의 제정과 국사교과서의 편찬」, 『한국사학보』 66, 고려사학회, 2017, 243쪽.

26 이혜영, 『한국근대학교교육 100년사 연구(Ⅲ)』, 한국교육개발원, 1998, 86쪽.

므로 다음 사항에 유의하여 실시에 만전을 기하기를 바람.

가. 교사의 의욕적인 태도 요망.

나. 민족 주체성 지도 내용을 각 교과내용에 포함하도록 함.

다. 포착한 지도 내용은 학습지도안에 표시하고 강조하여 지도함.

라. 장학지도 시찰시 상기 사항을 확인 지도 할 것임.

○ 문장학 1013-336 (67.7.10) 지시된 문교부 장관의 공문 이첩

가. 반공, 도덕 생활이 전체 교육계획서의 근본이 되어 실효를 거두도록 함.

나. 입시준비교육에 치중하는 경향으로 반공, 도덕교육이 소홀히 됨.

다. 1968학년도 중, 고교 입시에 있어서 반공 도덕의 출제 비중을 높일 예정임.

이와 같은 반공교육의 강화는 교과서에 대한 정부의 통제와 간섭으로 이어졌다.[27] 1968년 1·21사태와 푸에블루호 납치사건이 발생하자 반공 논리 강조는 더욱 심화되었다. 박정희 정권은 사회 분야에서 지문 날인과 주민등록증의 강제교부를 실시하여 주민 통제를 강화하는 한편 교육 분야에서는 1968년 12월 국민교육헌장을 제정하고, 1969년에는 2차 교육과정을 큰 폭으로 개정하였다. 이에 따라 역사교육에서도 전반적인 변화가 불가피하였다. 1969년 2차 교육과정이 부분 개정되면서 국사교육의 지도목표는 다음과 같이 수정되었다.[28]

1. 민족애를 철저히 하고 민족과업 달성에 기여하는 태도를 기른다.
2. 국사의 각 시대의 성격과 역사적 의의를 파악하게 하는 한편 경제 부흥과 사회 개선, 문화 발전에 공헌하고자 하는 능력을 기른다.

27 조성운, 「제2차 교육과정의 제정과 국사교과서의 편찬」, 『한국사학보』 66, 고려사학회, 2017, 337쪽.

28 문교부, 『고등학교 교육과정 해설』, 1968, 147~148쪽.

3. 국사의 세계사적 지위를 이해시켜 우리 역사의 특수성과 일반성을 파악시키도록 한다.
4. 반공사상을 강화하고 세계평화 건설에 이바지하여야 함을 강조한 것이다.

1968년 12월 5일 국가주의적 교육과 반공주의적 교육을 핵심 내용으로 한 국민교육헌장이 반포되어 각 급 학교 교과서에 수록되기 시작하였다. 국민교육헌장에서는 "반공 민주 정신에 투철한 애국애족이 우리의 삶의 길"이며, "자유세계의 이상을 실현하는 기반"이라 명시하였다.[29] 이렇듯 박정희 정권에 의한 교육 통제는 1969년 행해진 2차 교육과정의 부분 개정에서 더욱 강화되었다. 교육과정의 부분적인 개편은 융합형 교과조직에 대한 비판 및 지식을 체계화해야 한다는 주장에 따른 것이었으나, 실제로는 정치사회적 영향에 의한 개편이라고 할 수 있다. 즉 68년 1·21사태 이후에 나타난 남북 사이의 갈등 고조와 이에 따른 반공 이데올로기 강화, 경제개발 강조 등 정치경제적인 변화에 의한 것이었다. 부분 개정된 교육과정의 방향은 대입예비고사 실시, 중학교 무시험진학 등 교육에 대한 국가의 전반적인 통제강화와 정부정책을 관철시키기 위한 교육과정 개정으로, 이는 반공도덕 및 국민윤리의 강화, 고등학교에서의 교련의 신설, 한글 전용정책 등으로 나타난다. 당시 문교부는 교육과정 개정의 취지를 자주성의 강조, 생산성의 강조, 유용성의 강조라는 세 가지로 설명하였다. 그러나 실제로는 일반목표에서 볼 수 있는 바와 같이 반공정신, 경제발전, 도덕교육 등이 두드러지게 강조되었다.[30] 당시 국사교과서

29 조성운, 「반공주의적 한국사 교육의 성립과 강화-미군정기~제4차 교육과정기를 중심으로-」, 『한국민족운동사연구』 82, 한국민족운동사학회, 2015.

30 김한종, 「지배이데올로기와 국사교과서 해방 이후 국사교과서의 변천과 지배이데올로기」, 『역사비평』 17, 역사비평사, 1991, 74쪽.

에 새롭게 들어간 주요 정부시책은 월남파병, 경제개발 5개년계획 등이며 '5·16군사혁명'을 '5·16혁명'이라고 바꿈으로써 정당화하려 했다.

즉, 박정희 정권은 앞에서 언급한 바와 같이 자신들의 의지를 교육과정과 교과서의 개편을 통해 관철시키고자 하였다. 이러한 1969년 이래로 행해진 교육개편 작업은 1974년부터 시행된 3차 교육과정으로 완성된다. 3선 개헌, 미국과 중국 간의 국교 정상화 등의 국내외 정세의 변화 속에서, 1972년 3월 대구에서 '총력안보를 위한 전국교육자대회'가 열리게 되었다. 그 자리에서 당시 대통령 박정희는 "국가 현실을 정확히 인식하고 올바른 국가관에 입각한 교육"을 위해 주체적인 민족사관의 정립과 민족주체사상의 확립을 강조하고 그 방편으로 '체계 있는 국사교육'의 필요성을 역설하였다. 이러한 과정에서 1972년 4월 14일 사학자간담회를 개최하여 국사교육 강화를 위한 역사학계의 건의를 받아 이를 수용하였다. 이 간담회에서 역사학자들의 발언 내용은 다음과 같다.[31]

1. 일본의 식민지정책 또는 우리의 의타적인 추세에 의하여 왜곡되어 온 사관을 속히 정하여야 한다.
2. 이 점에서 주체적 민족사관의 정립은 무엇보다도 중요한 과제이다.
3. 표어에 그쳐서는 안 되고 장기간의 착실한 노력으로 추상적 이론보다도 하나하나 구체적인 문제를 연구하여 실질적인 결과에 있어서 내용이 갖추어져야 한다.
4. 모든 지식인을 비롯하여 자기 민족에 대한 애착과 사명을 느끼도록 양식을 기르되 특히 전체적인 분위기 조성에 힘써야 한다.
5. 국민교육에 있어서는 국사교육이 가장 필요하다. 어떠한 사정

31 조성운, 「제2차 교육과정의 제정과 국사교과서의 편찬」, 『한국사학보』 66, 고려사학회, 2017, 341쪽.

보다도 민족의식이 강조되어야 한다. 서술된 사실의 득달보다도 민족의 긍지를 마음속에 심어주는 것이 필요하다. 한 민족이 다른 민족과 구별되어 살 수 있는 활력소는 민족의식이다.

6. 연구가 부족하여 우리의 장점을 모르기 때문에 단점만 드는 경향이 있다. 유능한 사학자가 연구에 전념할 수 있게 되어야 하겠다.
7. 초등학교 교과서에서부터 애국심을 일깨워 주도록 개편하여 점차적으로 중고등학교 교과서도 개편, 보완해 나가야 한다.
8. 국민 각자의 개별적인 직분을 완수하는 것이 진정한 애국임을 사실로써 밝혀 이러한 민족의 저력위에 우리의 역사가 형성되어 왔음을 알려야 한다.
9. 우리 국민은 일반적으로 국사에 대한 지식수준이 낮다. 국민학교 국사과목을 사회생활과로부터 독립시켜 교과서도 따로 만들어야 한다.
10. 적어도 한국학만은 한국에서 하게 되어야 한다. 우리 학자가 외국에 가서 한국학을 공부하게 된다면 국가적으로 중대한 문제다. 원래 우리의 것을 남의 힘에 의하여 연구할 때 왜곡되기 쉽다.[32]

1972년 5월에는 국사 교육 강화시책이 마련되었고, '10월유신'이 강행된 뒤인 1973년 7월에는 국사교육강화위원회의 검토를 거쳐, 국사교과서의 국정화가 강행되었다. 그리하여 1974년 1학기부터는 "국난 극복과 주체적 민족사관에 투철한" 국정교과서에 의해 독립된 교과로서의 국사 교육이 이루어지게 되었다.[33]

---

32 「보고번호 제2호 사학자간담회보고」(국가기록원 소장).

33 남지대, 「고교 국사교과서 근현대편의 서술과 문제점」, 『역사비평』 3, 1988, 301쪽.

2. 제2차 교육과정 부분개정 전후 국·검정 고등학교 교과서 서술 변화

1) 인문계 고등학교 검정 국사교과서의 서술 변화

2차 교육과정은 1963년 개정되었지만 우여곡절 끝에 고등학교의 경우 1968년부터 국사 교과서가 발행되었다. 이때 특이한 점은 인문계와 별도로 실업계 교과서가 발행되었다는 것이다. 1966년부터 인문계와 실업계 고등학교 교육 과정이 분리되면서 실업계용 교과서가 과목에 따라 별도로 국정으로 발행되었다.[34] 국사의 수업 시수가 인문계 6단위, 실업계 4단위로 정해졌다. 국사 시수가 6단위에서 4단위로 줄어들면서 실업계 국사 교육과정과 교과서에서 내용 축소는 불가피했다.[35] 실업계가 인문계와 별도로 교육과정을 둔 것은 2차 교육 과정(1963~1973)부터다.[36] 별도로 실업계 국사 교육 과정을 만든 것은 실업계 고등학생의 수준이나 흥미를 고려한 것이 아니라 실업 과목을 배우기 위한 시간을 확보하기 위한 것이었다.[37] 2차 교육과정 시기의 고등학교 국사 교육과정은 1963년 2월, 1966년 10월, 1967년 4월, 1971년 8월 등 4차례 개정되었다. 이 중에서 1963년 개정내용은 인문계와 실업계 고등학교가 공통으로 해당되는 것이었지만 여러 가지 이유로 실제로 국사 교과서로 반영되지 못했다. 1967년

---

34 세계사도 이때 국정으로 교과서가 발행되었다. 제2차 교육과정 시기의 경우, 1963년 교육과정의 전면개정과 더불어 가능한 검인정 교과서를 줄이고 국정 교과서를 늘리는 국정 중심 교과서 체제가 형성되었다. 이러한 조치는 교과서 판매경쟁에서 비롯되는 부작용을 제거하고 가격을 낮추어 학생 부담을 덜어준다는 명목 하에 단행되었다(한국교과서연구재단, 『교과서 발행제의 다양화에 따른 자유발행제 도입 방안 연구』, 2004, 23쪽).

35 1차 교육과정에서 국사는 2, 3학년에 걸쳐서 총 105시간을 이수하게 되어 있었다. 세계사도 마찬가지다.

36 2차 교육과정은 1968년 시행에 앞서 1967년에 부분 개정된다. 2차 고등학교 교육과정에서 국사 과목 관련 인문계 교육과정은 1963년과 1967년 내용이 거의 차이가 없다.

37 허은철, 「실업계 고등학교 국사 교육과정 및 국정교과서 검토」, 『역사와교육』 21, 동국대학교 역사교과서연구소, 2015, 645쪽.

은 인문계에, 66년과 71년은 실업계 고등학교에 해당되는 것이었다. 따라서 2차 고등학교 국사 교육과정이 별도의 국사교과서로 적용 되는 시점은 1968년이라고 할 수 있다. 또한, 1968년은 실질적으로 2차 고등학교 국사 교육과정이 시작되는 시점이기도 하다. 따라서 2차 교육과정 국사교과서가 1968년부터 3차 교육과정이 시작되는 1974년 직전까지 실업계에서는 국정, 인문계에서는 검정 국사 교과서가 별도로 사용되었다.

이 장에서는 2차 교육과정 시기 발행체제별 국사 교과서의 서술 변화를 파악하기 위해 먼저 1968년과 1972년에 발행된 인문계 고등학교 검정 국사교과서의 서술변화를 비교·분석하고, 1968년과 1972년 발행된 실업계 고등학교 국정 국사교과서의 서술변화를 비교·분석하고자 한다. 우선 1968년과 1972년에 발행된 인문계 고등학교 검정 국사교과서 서술을 비교한 구체적 서술 변화 내용은 다음의 [표 1]과 같다.

[표 1] 1968년과 1972년 인문계 고등학교 검정 국사교과서 근현대 서술 변화 내용

저자(출판사)	1968년 발행본	1972년 발행본
이홍직(동아)	군사정부	혁명정부
	삼일운동	3·1운동
신석호(광명)	6·25동란	6·25사변
	소위 조선인민공화국이라는	삭제
		윤보선을 대통령 추가
	5·16군사혁명	5·16혁명
	월남	베트남
	군사정부	혁명정부
이현희(실학사)	5·16군사혁명	5·16혁명
	4·19시민혁명	4·19의거
		(추가) 연구과제 8 5·16 혁명의 이념은 무엇인가

[표 1]를 통해 1968년에 발행된 인문계 고등학교 검정 국사교과서와

1972년에 발행된 인문계 고등학교 검정 국사교과서 서술을 비교하고 분석한 결과, 주목할 만한 큰 변화가 없었다는 것을 알 수 있다. 단순한 조사의 변경이나 한자 병기를 철폐하는 수준이었다. 다만 선사시대 부분에서 그 동안의 고고학적 발굴 성과를 반영하여 일본 학자들에 의하여 무시되어 왔던 구석기 시대와 청동기 시대를 인정하였으며, 고려시대 원의 '지배'라는 표현을 원의 '간섭'또는 '압력'이라고 바꾸고 조선시대 당쟁 과정의 서술이 대폭 줄어드는 등 민족사의 자주성을 부각시키려는 측면이 엿보이고 있다.[38] 두드러진 변화라 할 수 있는 것이 '군사정부'를 '혁명정부'로, '5·16군사혁명'을 '5·16혁명'으로, '4·19시민혁명'을 '4·19의거'로 각각 그 명칭을 바꾸는 정도였다. '군사혁명'을 '혁명'으로 명명함으로써 5·16군사쿠데타를 합리화하려 한 것이다. 또한 월남 파병, 경제개발 5개년 계획, 새마을 운동과 같은 당시 주요 정부 시책이 새롭게 추가되었다. 결국 국사교과서를 박정희 정권의 정당성을 홍보하기 위한 수단으로 이용한 것이다.[39] 이러한 국사 교과서 현대사 부분의 서술 변화는 당시 한국사학계의 연구 성과와는 무관한 것이었다.[40] 이에 비해, 실업계 국정 교과서는 68년 발행본에 이러한 내용들을 이미 반영하여 서술하고 있었다.

인문계 고등학교 검정 국사 교과서에서 1968년부터 거의 매년 조금씩 서술변화가 있었지만 1972년 발행된 고등학교 검정 국사교과서에서도 보이는 것처럼 거의 차이가 없었다. 이는 당시 정권의 입장에서 보면 만족할 만한 수준이 아니었을 가능성이 크다. 따라서 박정희 정권은 인

38 김한종, 『역사교육과정과 교과서연구』, 선인, 2006, 39쪽.

39 김한종은 이처럼 현대사 부분에서 처음으로 구체적인 정부의 시책을 홍보하는 내용들이 들어가기 시작한 것은 장차 개정될 교육과정과 국사교과서의 방향을 짐작하게 해준다고 지적하였다(김한종, 『역사교육과정과 교과서 연구』, 선인, 2006, 39쪽).

40 차미희, 「3차 교육과정기(1974~1981) 중등 국사과의 독립 배경과 국사교육 내용의 특성」, 『한국사학보』 25, 2006, 402쪽.

문계 고등학교 검정 국사 교과서에 대한 좀 더 강한 통제를 가하게 된다. 이는 1972년 7월 11일 개정된 대통령령 제6201호로 검정교과서의 내용 검토를 매년 실시하도록 한 조치를 통해 추론할 수 있다. 즉, '10월유신' 직전에 개정된 개정령에서는 검정교과서의 내용 검토를 매년 실시하도록 의무화하였다. 이를 통해 교과서에 대한 정부의 간섭과 통제가 보다 강화되었음을 알 수 있다.[41] 하지만 이와 같은 박정희 정권의 고등학교 검정 국사교과서에 대한 서술 강제는 순조롭게 이루어지지는 못했던 것으로 생각된다. 이러한 상황은 결국 3차 교육과정에서 박정희 정권이 정권의 의지를 잘 반영할 수 있도록 실업계처럼 인문계도 국정 국사교과서로 발행하게 된 배경이 되었을 것이다.

박정희 정권이 검정 국사교과서에 대한 서술을 통제하려 하자 검정 국사교과서 필자들이 반발하였다. 이는 이후에 필자들이 국정 국사교과서 집필에 대거 불참하는 것으로 짐작할 수 있다. 당시 검정교과서들의 점유율을 정확히 파악할 수는 없지만, 보고서에 파악된 저자들의 인세수입을 기준으로 점유율을 추정해 보면, 고등학교의 경우, 이병도(27.6%), 신석호(17.7%), 한우근(11.4%), 이홍직(10.3%) 등의 순이었다. 박정희 정권이 검정교과서 상위권 점유율의 필자들을 국정교과서 집필에 참여시키지 않은 것은 해당 필자들이 박정희 정권이 원하는 방향으로 국사교과서를 서술하지 않을 것이라는 우려가 반영된 것으로 풀이된다.

상위권 검정 국사교과서의 필자들이 국정교과서 집필에 왜 참여하지 않았는지 정확하게 알아내는 것은 현실적으로 어렵다. 하지만 당시 필자들이 국정교과서 집필에 참여하지 않음으로써 박정희 정권이 국사교과서를 자신의 정치선전 도구로 만들려는 의도에 말려들지 않은 것은 분명하

41 조성운, 「제2차 교육과정의 제정과 국사교과서의 편찬」, 『한국사학보』 66, 고려사학회, 2017, 360쪽.

다. 이러한 필자들의 의지는 국사교육강화위원회 위원들의 국정국사교과서 집필 불참으로도 나타나게 된다. 이는 당시 필자들은 국사교육의 강화 필요성에는 넓게 공감하고 있었지만, 국정화에는 동의하지 않았음을 보여주는 것이다. 즉, 검정 교과서 집필자들이 국정화에 불참한 것은 필자들의 국정화에 대한 반감을 드러내 주는 지표로 이해할 수 있다. 또한 이들의 동참을 이끌어 내지 못한 정부 당국은 해방이후 20여 년 이상 축적된 저자들의 오랜 경험을 살려내지 못했다는 평가를 피하기 어렵게 되었다.[42]

2) 실업계 고등학교 국정 국사교과서의 서술변화

1968년과 1972년 발행된 실업계 고등학교 국정 국사교과서의 서술이 변화한 내용을 비교하고 분석하면 실업계 고등학교 국정 교과서가 성격이 무엇이었으며, 어떠한 방향으로 변화하였는지를 파악할 수 있다.[43] 우선 분량의 경우 본문만 197쪽에서 229쪽으로 32쪽 늘어났다. 상당히 많은 분량이 늘어난 것이다. 추가된 서술을 반영하기 위해 72년 발행본은 역사적 사실을 나열하는 것을 줄였고, '삼한의 위치에 대해서는 아직도 학문적 논쟁이 있다'는 등의 학계에서 논쟁이 되는 교과서 각주 내용은 삭제되었다. 68년 발행본에 비해 72년 발행본에서 변화된 서술 내용은 크게 5가지로 요약할 수 있다.

(1) 민족의식과 민족공동체 강조

민족의식과 민족공동체를 강조하는 내용이 이전보다 대폭 증가하였

---

42 이신철, 「국사교과서 정치도구화의 역사」, 『역사교육』 97, 역사교육연구회, 2006, 204쪽.

43 2차 교육과정 부분개정 실업계 고등학교 국정교과서와 3차 교육과정 실업계 고등학교 국정교과서의 서술 내용 변화와 관련하여 다음의 논문을 참고할 만하다. 허은철, 「실업계 고등학교 국사 교육과정 및 국정교과서 검토」, 『역사와교육』 21, 동국대학교 역사교과서연구소, 2015.

다. 민족의식과 민족공동체의 뿌리로 단군신화를 강조하였고, 민족의식이나 국민성과 같은 단어가 자주 등장하였다. 더 나아가 이러한 민족의식을 바탕으로 만들어진 민족문화가 자주적이며 우수한 성격을 지녔다는 점을 부각하였다. 한편으로는 이렇게 찬란한 민족문화가 있더라도 외세의 침입을 막아내지 못한다면 한순간에 잃어버릴 수 있다는 점을 상기시키며 국방을 강조하였다.

단군신화에 담긴 당시의 시대상을 소개하는 것을 넘어 단군신화를 민족공동체의 민족정신으로 기술하고 그 의의를 강조하였다. 이를 통해 공동체 의식을 가진 민족이라는 실체가 한반도에 사람이 살기 시작한 이래로 존재했고, 이러한 단군신화에서 비롯되는 민족정신이 국가적 위기가 있을 때마다 빛을 발하였으며 고조선-고려-조선-일제 시대를 거쳐 오늘날 개천절로 이어지고 있다는 것이다.

> 단군 신화 속에는 우리 민족의 원시 사회의 문화와 고대인의 생활과 정신이 깃들여 있음을 찾을 수 있다. 특히, 단군 신화는 오랜 세월을 거치는 동안, 민족이 고난을 겪을 때, 민족 정신으로 더욱 강조되었다.
>
> 즉, 고려 시대에는 몽고와의 항쟁 과정에서 민족의 신화로, 조선 시대 초기에는 민족 문화가 크게 발달되었던 때이니만큼 민족정신의 온상으로, 일제 시대에는 자주 독립의 상징으로 여겼던 것이다. 그리고 지금 우리는 개천절을 정하여 국경일을 삼고 있다.[44]

또한, 72년 발행된 실업계 국정 교과서에는 유난히 민족의식이나 애국심이라는 단어들이 많이 등장하고, 민족의식이나 애국심을 강조하는 서술이 대폭 증가하였다.

---

44 문교부, 『실업계 고등학교 국사』, 1972, 대한교과서, 10쪽.

몽고와의 항쟁 시대에는 민족의식과 국가 의식을 앙양하려는 문학 작품이 나타났는데,[45]

동학 혁명 운동으로 민중의 개화사상은 더욱 고취되어 민족의식이 크게 강조되게 되었다.[46]

그러나 비록 성과를 거두지 못하였으나, 이 개혁 운동을 통하여 우리 민족의 자주 정신, 근대화 정신은 살아 있었던 것이니, 그 표현이 곧 홍범 14조의 공포였다.
이 홍범 14조의 선서에는 우리 민족의 자주 독립 의식이 깃들여 있는 것이며, 또 이것은 최초의 헌법적 의의를 가지고 있는 것이다.[47]

이 운동은 전 국민의 호응 가운데 전개되었으나, 매국 단체인 일진회의 방해와 일본의 탄압으로 열매를 맺지 못하였는데, 우리 국민의 애국심은 유감없이 발휘되었던 것이다.[48]

이와 같이 자연 조건이 불리하였기 때문에, 그 국민성은 근면하고 검소하고 진취적이었으며, 무예를 숭상하였다.[49]

이러한 자주적 민족의식은 민족문화 우수성의 바탕이 되며 세계적인 수준 내지는 유례를 찾아볼 수 없을 정도라고 서술하였다. 석굴암을 이전 서술에서 '동양의 최고'라고 표현했던 것을 '세계적' 작품으로 한 단계 끌어올려 표현하였다. 반면에, 민족문화의 우수성을 강조하기 위해 중국의 영향을 받은 유물에 대한 서술도 바뀌었다. 이전 '당의 영향을 받은 석등은 웅건하고 화려한 모습이었다.'라는 서술을 '우수한 불상, 석등은 불교 예술이 성하였음을 보여주고 있다.'로 바꾸어 석등이 당의 영향을 받

45 문교부, 『실업계 고등학교 국사』, 1972, 대한교과서, 76쪽.
46 문교부, 『실업계 고등학교 국사』, 1972, 대한교과서, 164쪽.
47 문교부, 『실업계 고등학교 국사』, 1972, 대한교과서, 165쪽.
48 문교부, 『실업계 고등학교 국사』, 1972, 대한교과서, 171쪽.
49 문교부, 『실업계 고등학교 국사』, 1972, 대한교과서, 15쪽.

은 사실을 지우기도 하였다.

> 또, 문화적으로도 자주적인 민족 문화 발전의 토대를 쌓아 사회와 문화의 독립자존의 발전을 이루게 되었다.[50]
>
> 향가는 신라인의 아름다운 종교 문학으로, 후대 시가의 모범이 되었으며, 우리나라 고대 언어 연구에 귀중한 자료를 제공해 주고 있다.[51]
>
> 통일 신라 시대에도 삼국 시대와 같이 불교적인 색채의 특징을 보였다. 이리하여, 건축, 미술, 공예 등의 우수함을 과시하였다.[52]
>
> 고려 대장경은 불교 문화사상 그 유례를 찾아보기 어려운 뛰어난 업적이다.[53]

한편 민족의 우수성을 저해하는 내용은 삭제되었다. 거란 2차 침입을 서술하는 부분에서 68년 교과서에서 거란의 침입 원인을 '2차 거란의 침입 원인을 친조를 하지 않아'로 명시하였다가 72년 발행된 교과서에서 그 부분을 삭제하고 '양규가 분전하였다.'는 내용만 실었다.

하지만 이러한 자주적인 민족문화의 우수성을 가지고 있더라도 근본적인 대책을 세우지 않고 국방을 튼튼히 하지 않으면 모든 것을 잃을 수 있다고 강조하였다. 이를 위해 전쟁으로 인한 폐해를 구체적으로 서술하였다.

> 고려는 왜구의 침해로 인적, 물적 피해가 상당히 심하여 국력이 크게 소모되었다.[54]

---

50 문교부, 『실업계 고등학교 국사』, 1972, 대한교과서, 25쪽.
51 문교부, 『실업계 고등학교 국사』, 1972, 대한교과서, 42쪽.
52 문교부, 『실업계 고등학교 국사』, 1972, 대한교과서, 43쪽.
53 문교부, 『실업계 고등학교 국사』, 1972, 대한교과서, 72쪽.
54 문교부, 『실업계 고등학교 국사』, 1972, 대한교과서, 92쪽.

고려는 몽고와의 전쟁으로 말미암아 막대한 인명과 재산을 잃었을 뿐만 아니라, 경주 황룡사의 9층탑과 대구 부인사의 대장경판 등 많은 귀중한 문화재가 모두 이때에 불타버렸는데, 이는 참으로 애석한 일이 아닐 수 없다.[55]

당시 우리 조정은 왜구에 대하여 근본적인 대책을 세우지 못하고, 안일 속에서 국방을 소홀히 한 것은 큰 실책이었다.[56]

(2) 체제의 정당성 홍보

박정희 체제에 대한 정당성을 홍보하는 내용이 많이 추가되었다. 1961년 5·16군사 쿠데타로 박정희가 정권을 장악했지만 이는 구국의 결단이었으며, 사회 혼란을 종식시키고 공산주의의 확산을 막는 '혁명'이었다는 점을 서술하였다. 이러한 혁명이 있었기에 경제를 발전시키고 강력한 법 제도를 시행할 수 있었고 국가의 기반을 튼튼히 하고 체제가 안정되었다는 논리를 폈다. 또한 체제의 정당성을 부각시키기 위해 북한 체제를 '惡'으로 규정하고 '민중'과 같은 북한식 표현을 삭제하는 작업을 병행하였다.

쿠데타로 집권한 박정희 정권은 쿠데타를 합리화하고 체제의 정당성을 옹호하였다. 68년판에서는 '연개소문은 쿠데타를 일으켜 스스로 막리지가 되어'를 72년판에서는 '쿠데타를 일으켜 스스로'를 삭제하고 '연개소문은 막리지가 되어'로만 기술하였다. 이성계의 위화도 회군 이후의 권력장악을 68년 판에는 '이성계의 천하가 되었다.'로 기술하였다가 72년 판에는 '왕조를 세워 기반을 튼튼히 하였다.'로 기술하여 연개소문과 이성계가 쿠데타로 인해 집권 했다는 사실을 삭제하고 이성계의 집권을 미화

---

55 문교부, 『실업계 고등학교 국사』, 1972, 대한교과서, 90쪽.

56 문교부, 『실업계 고등학교 국사』, 1972, 대한교과서, 117쪽.

함으로써 쿠데타로 인한 자신의 부당한 집권을 희석시키고자 하였다. 또한, 정권의 정당성을 강조하기 위해 3공화국의 업적에 대한 서술을 늘렸고, 베트남 파병도 국위를 선양하는 일이라고 선전하였다.

[표 2] 2차 교육과정 실업계 고등학교 국정 국사 교과서 베트남 파병 서술 변화 내용

1968년 발행본	1972년 발행본
세계 평화에 공헌하기 위하여 1964년 공산 침략에 신음하는 베트남을 구하고자 파병을 단행하여 많은 성과를 올리고 있다.	세계 평화에 공헌하기 위하여 1964년부터는 공산 침략에 신음하는 베트남을 구하고자 파병을 단행하여 국위를 선양하고 있다.

쿠데타로 집권한 박정희는 쿠데타를 군사혁명으로 그리고 다시 혁명으로 바꾸어 정권의 정당성을 강조하였다. [표 3]처럼 72년 판에는 유독 '세습'이라는 단어가 많이 추가되었다.

[표 3] 2차 교육과정 실업계 고등학교 국정 국사 교과서 삼국시대 왕에 대한 서술

	1968년 발행본	1972년 발행본
신라	씨족 사회의 풍속이 오래 계속되어 박, 석, 김 3성 중에서 왕이 선출되었다.	씨족 사회의 풍속이 오래 계속되어 박, 석, 김 3성 중에서 왕을 선출하였으나, 내물왕 때부터 김씨가 왕위를 세습하게 되었다.
백제	백제는 전제적인 왕권 밑에 6좌평의 제도가 있어 국무를 분장하였으며, 후에 중앙 관서로 22부를 두어 정치 체제를 갖추었다.	백제는 세습적인 왕권 밑에 6좌평의 제도가 있어 국무를 분장하였으며, 후에 중앙 관서로 22부를 두어 정치 체제를 갖추었다.
고구려		(추가) 왕은 처음 선거에 의하여 선출되었으나, 뒤에 세습되었다.

고구려, 백제, 신라 모두 왕이 '세습'되었다는 내용을 추가로 서술하였다. 이를 통해 학생들에게 '왕은 선출되었다가 뒤에는 세습되기 마련이다.'라는 역사적 일반화를 이끌어내서 '왕처럼 대통령도 선출되었다가 뒤에는 세습될 수 있다'는 인식을 심어주려는 의도가 엿보인다. 이러한 서술 변화는 이후에 있었던 1972년 10월의 유신체제를 연상케 한다.

경제 분야를 강조하는 것도 변화된 서술의 큰 특징으로 꼽을 수 있다. 이는 박정희 정권의 산업화 정책과 이에 대한 성과인 경제개발 5개년 계획, 해외무역의 증가를 전면에 내세운 것과도 관련이 있는 것으로 보인다. 경제를 강조하면서 '위만의 군사력'을 '위만의 군사력과 경제력'으로 단순하게 '경제'라는 단어만 추가하는 방식부터 고대에도 무역이 왕성하게 이루어졌다는 것을 부각시키기 위해 다음과 같이 장보고의 해상무역 활동에 대한 서술 내용을 구체적으로 서술하는 방식까지 다양하게 이루어졌다.

> 장보고는 청해진을 중심으로 당과 대규모의 무역을 행하여, 자주 무역 사절인 견당 매물선의 인솔 아래 교관선을 운송하였다. 당시, 장보고의 대당 무역의 범위는 대개 양쯔강으로부터 산뚱 반도에 이르는 연안 일대가 그 중심 지역이었다. 한편, 일본과도 무역하면서 완전히 해상권을 장악하여 당시 동아시아에 있어서 해외 발전의 전성시대를 맞이하였다.[57]

이외에도 인문계 고등학교 검정 국사교과서 서술에는 없는 다음과 같은 관영수공업이나 시전 등 경제 분야에 대한 서술을 늘리기도 하였다.

> 관영 수공업에는 천민 집단인 소의 주민이 종사하여 국가에서 필요로 하는 각종 물품을 생산하였으며, 이를 관장하는 기관을 두어 생산을 독려하였다. 관영 수공업의 발달은 귀족의 화려한 생활을 뒷받침하였으며, 신라의 번영을 말하여 주고 있다.[58]
>
> 이들 시전은 관청의 수요를 공급하였을 뿐 아니라, 일반 백성의 수요도 공급하였다.[59]

---

57 문교부, 『실업계 고등학교 국사』, 1972, 대한교과서, 49쪽.

58 문교부, 『실업계 고등학교 국사』, 1972, 대한교과서, 48쪽.

59 문교부, 『실업계 고등학교 국사』, 1972, 대한교과서, 48쪽.

강력한 법 제도의 시행으로 체제가 안정되었음을 서술하기도 하였다. 이를 위해 다음과 같이 고조선의 8조법, 부여나 고구려의 법과 그에 대한 해석이 추가되었다.

> 고조선에 대해서는 자세한 내용을 찾을 길은 없으나, 군왕이 있고, 신분의 분화와 사유 재산 제도가 발달하였음을 알 수 있다. 즉, 고조선 사회의 8조 법금은 당시 사회 상태를 말하여 주는 것인데, 이 가운데 3개조의 내용이 전해지고 있다. 여기서, 고조선 사회는 개인의 생명과 노동력, 사유재산, 가부장적 가족 제도 등이 발달했었음을 시사해 주고 있음을 알 수 있다.[60]
>
> 법률은 대단히 엄격하여, 살인자는 사형에 처하고, 그 가족은 노비로 삼았으며, 남의 물건을 훔친 자는 12배의 배상을 물렸다. 특히, 부여에서는 가부장 중심의 가족 제도가 발달하고 있었다.[61]
>
> 왕 밑에는 패자, 대로 등의 관등이 있었다. 지배 계급은 생산 활동에 종사하지 않았으며, 그 생활은 호화스러웠다. 감옥은 없었으며, 죄인은 부족장들이 의논하여 처형하였다.[62]

반면에, 남한 체제의 우월성을 강조하려고 북한 체제를 '악(惡)'으로 규정하고 그 '악(惡)'을 피해 많은 사람들이 남한의 자유체제로 왔다는 식으로 서술하였다. 6·25전쟁 때 북한 사람들이 남한으로 온 사실을 '전선의 혼란을 틈 타'에서 '자유를 찾아'로 바꾸었고, 반공포로 석방을 다룰 때에도 '북한으로의 귀환을 거부하고'를 '공산치하로의 귀환을 거부하고'로 바꾸어 남한은 '선(善)'이고 북한은 '악(惡)'이라는 대결 구도를 부각시켰다.

---

60 문교부, 『실업계 고등학교 국사』, 1972, 대한교과서, 8쪽.
61 문교부, 『실업계 고등학교 국사』, 1972, 대한교과서, 14쪽.
62 문교부, 『실업계 고등학교 국사』, 1972, 대한교과서, 14쪽.

한편, 4·19혁명을 다루는 부분에서는 [표 4]처럼 북한에서 흔히 사용하는 단어인 '민중'을 삭제하거나 '국민'이라는 단어로 대체하였다.

[표 4] 2차 교육과정 실업계 고등학교 국정 국사 교과서 4·19혁명 서술 변화 내용

68년 발행본	72년 발행본
4월 의거는 기미 독립 운동, 광주 학생 운동에서 발휘되었던 우리 학생들의 구국 정신이 다시금 내외에 과시된 운동이었으며, 또한 불의와 독재에 대하여 맨주먹으로 싸워 이긴 우리 역사상 최초의 민중 혁명이었다.	4월 의거는 3·1운동, 광주 학생 운동에서 발휘되었던 우리 학생들의 구국 정신이 다시금 내외에 과시된 운동이었으며, 또한 불의와 독재에 대하여 맨주먹으로 싸워 이긴 빛나는 승리였다.
한편, 오랜 독재에 눌려 오던 민중들 가운데는 자유를 그릇 해석하는 방종적 행동으로 흐르는 자가 속출하여 각종 명목의 데모 속에 사회는 극도로 혼란하였다.	한편, 오랜 독재에 눌려 오던 국민들 가운데는 자유를 그릇 해석하는 방종적 행동으로 흐르는 자가 속출하여 각종 명목의 데모 속에 사회는 극도로 혼란하였다.

(3) 국난극복 이데올로기 주입

국난극복 이데올로기 주입은 68년 안보위기와 69년 닉슨독트린으로 인한 미군 철수에 대한 우려를 드러낸 것이다. 우리의 현실은 전쟁 가능성이 상존한 상황이며, 전쟁이 일어나면 누구라도 전쟁에 뛰어들어 불굴의 투쟁 정신으로 적을 막아내는 국난극복의 주인공이 되어야 한다고 강조하였다. 이를 위해 화랑도와 6·25전쟁 서술이 대폭 늘었다. 박정희 정권은 외세의 침략을 받았을 때 신분 고하를 막론하고 항전태세를 갖추며 자신의 목숨을 바쳐 싸워야 한다는 인식을, 국사교육을 통해 각인시키고자 하였다. 한편으로 '권율은 후퇴하는 적을 행주에서 맞아 큰 승리를 거두었다.'에서 '관민과 힘을 합하여' 라는 서술을 추가함으로써 이러한 국난극복에는 관민이 힘을 합해야 한다는 점을 강조하였다.

> 몽고 침입 당시 고려는 무신 집권 시대로, 항전의 결의를 굳게 하여, 강도를 중심으로 작전을 펴 각지의 백성들을 섬과 산성으로 옮겨

방위하고, 군사 면에서 있어서는 주로 삼별초를 주축으로 하여 싸워 몽고군을 고전하게 하였다. 전쟁이 장기화함에 몽고는 여러 차례 육지로 나와 강화하기를 요청하였으나, 최씨 정권은 끝까지 항전 태세를 버리지 않았다. 몽고와의 항전이 계속되고 있을 때 유명한 8만 대장경이 호국 정신에서 판각되었다.[63]

왜군의 불의의 공격을 받은 우리나라는 군비의 부족, 관군의 무능력으로 크게 불리하였으나, 차차 전세를 가다듬어 항전의 태세를 굳히고, 민족의 의분을 불러 일으켜, 각지에서 조국의 운명을 구하기 위하여 궐기하였다.[64]

한편, 조국의 운명이 위태롭게 되매, 신분이 높고 낮음을 가리지 않고 일어나 적을 무찔렀다.[65]

이 밖에도, 신분, 계급의 높고 낮음을 막론하고, 수많은 우국지사들이 항일 구국의 민족적 결의를 죽음으로 나타냈다.[66]

이들의 의병은 비록 일본의 무력 앞에 꺾이고 말았으나, 나라를 위해 발휘된 정신은 맥맥히 살아 있다.[67]

몽골과 싸웠던 고려인들과 임진왜란의 의병, 항일 의병들을 자기희생을 통해 국가와 민족을 지키는 구원자이자 국난 극복의 주인공으로 묘사하였다. 국난극복의 주인공으로 서희를 높이 평가하였다.

서희는 올바른 사태 판단과 외교적 수완으로 적을 물러나게 한 공헌을 세웠다.[68]

---

63 문교부, 『실업계 고등학교 국사』, 1972, 대한교과서, 90쪽.
64 문교부, 『실업계 고등학교 국사』, 1972, 대한교과서, 118쪽.
65 문교부, 『실업계 고등학교 국사』, 1972, 대한교과서, 119쪽.
66 문교부, 『실업계 고등학교 국사』, 1972, 대한교과서, 183쪽.
67 문교부, 『실업계 고등학교 국사』, 1972, 대한교과서, 184쪽.
68 문교부, 『실업계 고등학교 국사』, 1972, 대한교과서, 86쪽.

특히 비슷한 나이 또래인 화랑도를 나라를 위해 목숨을 바친 영웅으로 기술하였다. 이를 위해 그 분량이 [표 5]와 같이 1쪽으로 확대되었다. 내용 또한 청소년들과 비슷한 나이인 화랑도처럼 평화시에는 학문을 연마하지만 전쟁이 일어나면 국가를 위해 전사가 되어야 한다는 점을 은연중에 심어주고자 하였다. 박정희 정권은 교과서를 읽는 학생들에게 '민족'이라는 이름으로 외세의 침략을 물리쳐야하는 국난극복의 주인공이 되라고 강요한 것이다.

[표 5] 2차 교육과정기 실업계 고등학교 국정 국사 교과서 화랑도 서술 비교

68년 발행본	72년 발행본
신라에는 씨족 사회의 청년 집단에 기원을 둔 화랑도가 있어, 신라가 삼국을 통일하는 원동력이 되었다. 이 화랑도가 대체로 편성된 것은 진흥왕 때로서, 귀족 청소년을 중심으로 서로 훈련하여 신체를 단련하고 정신을 수양하여 국가 사회에 헌신하도록 교육하였는데, 이들은 원광법사가 가르쳤다는 세속 오계를 신조로 삼았다.	화랑도는 씨족 사회의 청년 집단에 기원을 둔 것으로, 신라가 삼국을 통일하는 원동력이 되었다. 이 화랑도는 화랑과 낭도로 구성되었으며, 진흥왕 때에 국가적 규모로 편성되었다. 화랑도는 평화시에 몸과 마음을 수련하고, 무술을 연마하였으며, 전시에는 전장에 나아가 국가를 위하여 싸우는 전사단의 성격을 지녔다. 화랑도의 지도 정신은 곧 신라인의 정신적 지주가 된 것으로, 이른바 원광법사의 세속 오계에 나타난 유교와 불교적인 요소는 그 단적인 일면을 짐작하게 하는 것이다. 그들은 나라에 충성하고, 어버이에게 효도하고, 친구를 믿음으로 사귀고, 싸움에 있어서는 용맹하고 물러서지 않으며, 살생을 가려서 하였던 것이다. 이와 같이 화랑도는 국가 발전의 원동력으로, 핵심적인 인물이 많이 배출되었다. 즉, 사다함, 관창, 김유신 등은 모두 화랑 출신이며, 이들은 신라 발전에 큰 공을 세운 인물들이다.[69]

화랑도 관련 서술 증가는 당시 교련교육이 확대되는 있던 상황과 그 맥을 같이 한다. 1968년 2학기에 교련시범학교가 시작되고, 이듬해 7개 도시의 대학교과 고등학교에 교련교육이 실시되었다. 교련교육은 1970년부터 전국 대학교와 고등학교로 확대되었다. 1970년 2학기에는 여자고

69 문교부, 『실업계 고등학교 국사』, 1972, 대한교과서, 30쪽.

등학교와 교육대학의 여학생들에게도 교련교육을 확대하여 제식훈련과 구급법 등을 가르쳤다.[70] 교련교육의 목적이 기초적인 군사지식과 기능을 습득하는 것 외에 '단체훈련을 통하여 규율 생활을 익히고 단결심을 굳게 함으로써 활달한 기풍과 국가에 봉사하는 태도'[71]를 기르는 데 있었다는 사실은 추가된 화랑도의 서술과 연결된다고 볼 수 있다. 또한 화랑도와 같은 국난극복의 주인공이 되기 위해서는 불굴의 투쟁정신을 가져야 하며, 이러한 정신으로 우리가 무장한다면 어떠한 외부의 적도 막아낼 수 있다는 점을 대외항쟁 서술을 통해 재차 강조하였다.

> 이와 같이 고구려가 수·당을 물리친 사실은 우리 역사상 그 예가 드문 일로서, 그 동안의 국력의 성장과 불굴의 투쟁 정신을 잘 나타내고 있는 것이다.[72]

> 이 때, 요 군은 살아 돌아간 자가 수천 명에 불과하였다. 3차에 걸쳐 침입한 요는 고려인의 끈기와 불굴의 정신에 꺾여 이후 침입을 단념하여, 외교를 맺어 국교를 텄다. 그리고 송과도 계속적으로 통교하면서 평화를 유지하였다.[73]

> 고려는 강도에서 개경으로 환도할 때까지 실로 꺾일 줄 모르는 정신으로 모든 힘을 다하여 대항하였던 것이니,. 당시 몽고가 세계를 제패한 것으로 미루어 본다면, 고려의 항전은 그 유례를 찾아보기 힘든 것이었다.[74]

> 광주 학생 운동은 비단 학생 운동에 그친 것이 아니고, 전 국민의

---

70 김한종, 「교육 통제와 학교 교육」, 『내일을 여는 역사』 63, 2016, 90쪽.
71 「실업계 고등학교 교육과정」(1971.8), 교련 '지도목표'.
72 문교부, 『실업계 고등학교 국사』, 1972, 대한교과서, 23쪽.
73 문교부, 『실업계 고등학교 국사』, 1972, 대한교과서, 87쪽.
74 문교부, 『실업계 고등학교 국사』, 1972, 대한교과서, 90쪽.

적개심을 불러일으켰으며, 민족의 운명에 궐기하는 우리 학생 운동의 전통이 뿌리박게 되었다.[75]

이렇게 추가된 내용은 역사적 가치판단을 바탕으로 한 것이다. 이처럼 가치판단에 관한 서술을 늘린 것은 국난극복을 위해서 강인한 대결 의식을 학생들에게 심어주어야 한다는 생각이 깔려있기 때문이다. 전체적으로 이러한 가치판단 서술은 대외항쟁의 역사 서술에 특히 많은 것으로 나타났다. 이처럼 국정 국사 교과서의 추가 서술에 나타난 두드러진 특징은 전근대로부터 일제강점기를 거쳐 현대에 이르기까지 민족이라는 이름으로 적국의 침략에 저항한 국난극복사로 점철되어 있다는 점이다. 국난극복의 역사를 자랑스럽게 여김으로써 민족에 대한 애정을 깊게 하려는 것이다.[76]

화랑도와 같이 서술 변화의 폭이 큰 단원 중 하나가 6·25전쟁이다. 먼저 단원명이 '6·25사변의 시련'에서 '북한 괴뢰의 불법 남침'으로 바뀌었다. '공산군' 또는 '이북의 공산세력' 등 북한을 나타내는 단어를 '북한 괴뢰'로 통일하여 북한의 실체를 인정하지 않고 괴뢰집단으로 묘사하였다. 또한 6·25전쟁에서 남침의 불법성을 강조하기 위해 모든 '남침'이라는 단어 앞에 '불법'이라는 단어를 추가하였다. 그리고 6·25전쟁에서 국군의 활약상을 부각시키기 위해 [표 6]과 같이 '유우엔군'을 '국군과 유우엔군'으로 변경하고, 국군이 6·25전쟁에서 한 일을 자세하게 서술하였다. 본문 옆 사진도 부산에 있는 유우엔군 묘지 사진을 국군의 평양 입성 사진으로 교체하는 등 국군의 활약상을 강조하였다.

---

75 문교부, 『실업계 고등학교 국사』, 1972, 대한교과서, 203-204쪽.

76 구경남, 「1970년대 국정 〈국사〉 교과서에 나타난 애국심 교육과 국가주의」, 『역사교육연구』 19, 한국역사교육학회, 2014.

[표 6] 2차 교육과정기 실업계 고등학교 국정 국사 교과서 6·25전쟁 서술 변화 내용

68년 발행본	72년 발행본
유우엔군은 부산 교두보에서 반격을 개시하고, 한편 인천 상륙 작전을 전개하여 전세를 만회하고, 유우엔의 결의에 따라 38°선 이북의 압록강, 두만강까지 진격하였다. 그러나, 중공군의 불법적 개입으로 유우엔군은 한때 서울 이남으로 전략적 후퇴를 하지 않으면 안 되었으나, 1951년 4월에 유우엔군은 적을 38°선 이북으로 다시 몰아 냈다. 전세가 불리하여지자 공산군은 소련을 통하여 휴전을 제의해 왔으며, 2년간에 걸친 휴전 회담은 국토의 통일 완수를 바라는 한국의 맹렬한 반대에도 불구하고 1953년 7월 휴전 협정의 조인을 보게 되니, 3년 1개월에 걸친 전란은 일단 휴전에 들어갔다.	① 국군과 유엔군은 부산 교두보에서 반격을 개시하고, 한편 인천 상륙작전을 전개하여 ② 9월 28일에 서울을 탈환하고, 계속 북진하여 38°선을 돌파하고, ③ 그들을 추격하여 동해안으로는 청진, 중부는 초산, 혜산, 서부는 선천까지 진격하여 민족의 숙원인 국토 통일을 목전에 바라보게 되었을 때, 중공군의 불법적인 개입으로 ① 유우엔군과 국군은 부득이 한때 서울 이남으로 후퇴를 하지 않으면 안 되었으나, 다시 반격을 가하여 1951년 4월, ① 유우엔군과 국군은 적을 38°선 이북으로 다시 몰아 냈다. 그러나 ④ 전선이 교착 상태에 빠지자, 공산군은 도저히 전쟁에 승리할 수 없음을 알고, 소련을 통하여 휴전을 제의해 왔으며, 2년간에 걸친 판문점에서의 휴전 회담은, 국토의 통일 완수를 바라는 한국의 맹렬한 반대에도 불구하고 1953년 7월 휴전협정의 조인을 보게 되니, 3년여에 걸친 ⑤ 민족의 비극은 일단 휴전에 들어갔다.

38선을 넘은 것은 '유우엔의 결의에 따라' 이루어진 것임을 강조하였다가 72년판에는 이 부분을 삭제하였다. 대신에 '서울을 탈환하고, 계속 북진하여 38°선을 돌파하고, 그들을 추격하여'라고 서술함으로써 제거해야 하는 대상인 북한 괴뢰를 무서운 기세로 몰아냈다는 식으로 서술하였다. 이외에도 6·25전쟁의 의의를 다음과 같이 긍정적으로 추가 서술하였다.

> 민족의 중대한 시련인 6·25사변을 당하여, 우리 민족은 평화와 독립의 수호를 위해서 전 민족의 역량을 유감없이 발휘하였음은 물론, 세계 자유 국가의 일원으로 민주주의 수호와 인류의 평화를 위하여 세계사적 사명을 다함으로써, 한국의 명성을 국제 사회에 드높이게 되었다.[77]

77 문교부, 『실업계 고등학교 국사』, 1972, 대한교과서, 218-219쪽.

이렇게 6·25전쟁에 대한 서술을 늘린 것은 당시의 국내외 안보 위기 상황에서 북한 공산세력에 맞서 만반의 준비를 갖추어야 한다는 점을 강조하기 위한 것으로 보인다.

(4) 사회 통합 강조

당시의 위기 상황을 타개하기 위해서 사회통합을 강조하였다. 현 체제를 유지하기 위해서는 강력한 힘을 가진 정치 세력이 장기간 개혁을 이끌어야 하며, 내부 분열은 있어서는 안 되는 것이다. 따라서 동맹을 강화하는 한편 개인뿐 아니라 종교까지도 적극 힘을 보태야 한다는 점을 강조하였다. 세도정치 시기, 대원군의 개혁, 갑오개혁과 같은 근대에 이루어졌던 각종 개혁에 대한 국정 교과서의 서술이 다음과 같이 추가되었다.

> 정부의 개혁이 큰 성과를 얻지 못하자, 북은 함흥으로부터 남은 삼남 지방과 제주도까지 파급되었다. 민란 방지를 위한 근본적인 대책이 마련되지 않아 사회의 불안과 민심의 동요는 더욱 심하기만 하였다.[78]

> 그러나 10년간에 걸친 대원군의 집정은 대내적으로 여러 가지 개혁을 시도하였으나, 결과적으로 정치적 모순을 근본적으로 해결하지 못하였고, 밖으로는 근대화라는 세계사의 조류에 역행하는 결과를 빚었다. 이리하여, 안으로 반 대원군 세력이 성장하고, 민심을 잃게 되어, 마침내 정계에서 실각되고, 민비 일족이 정권을 장악하여 대원군을 대신하게 되었다.[79]

> 갑오경장은 분명히 근대적 개혁이었으나, 이 개혁을 성공시키기에는 강력한 시책이 장기간 진행되어야 할 것인데, 당시 위정자들은 이

78 문교부, 『실업계 고등학교 국사』, 1972, 대한교과서, 145쪽.
79 문교부, 『실업계 고등학교 국사』, 1972, 대한교과서, 150쪽.

사업을 추진하기에 역량이 부족하였다. 또, 이 개혁은 일본의 간섭으로 소기의 성과를 거두지 못하였다.[80]

서술을 분석하자면 근대 시기의 3번의 개혁이 모두 실패한 이유가 강력한 힘을 가진 장기집권 정치세력을 중심으로 전 국민이 단결하지 못하였기 때문이라고 보았다. 그 결과 심각한 사회적 혼란이 발생하게 되었으며 근대 개혁이 결국 실패할 수밖에 없었다는 것이다. 이는 강력한 힘을 가진 대통령이 장기 집권하여 개혁을 이끌어가야 사회적으로 안정이 되고 순조롭게 개혁을 완성할 수 있다는 논리가 담겨 있는 것이다.

종교의 역할도 개인의 신앙 차원을 넘어 국가의 보호를 받으며 국민의 사상 통합에 이바지해야 한다는 점이 추가 서술되었다.

고구려에 전래된 불교는 왕실에 의하여 보호를 받으면서 국민 사상 통일에 크게 이바지하였다. 불교는 왕실과 나라를 수호하고 개인의 수행 및 복을 빌기 위한 것이었다. 그리하여, 불교는 종래의 민간 신앙과도 결부되어 질병과 재앙에서 개인을 구할 뿐 아니라, 나라에 우환이 없어져 국운이 융성하여진다고 생각하였다.[81]

이러한 사회통합 강조는 밖으로는 한미동맹을 강화하고 안으로는 체제를 공고히 하여야 남북통일의 확고한 기반을 쌓아갈 수 있다는 당시 박정희 정권의 현실 인식이 담겨있는 것으로 이해할 수 있다. 다음의 서술처럼 비록 이전에는 고구려, 백제, 신라처럼 내부가 분열되었더라도 힘을 합하여 체제를 공고히 해야 외부의 적을 막아낼 수 있다는 것이다.

---

80 문교부, 『실업계 고등학교 국사』, 1972, 대한교과서, 165쪽.

81 문교부, 『실업계 고등학교 국사』, 1972, 대한교과서, 30쪽.

> 신라는 한강 유역을 확보함으로써 삼국 중 가장 유리한 위치를 차지하게 되었으며, 특히 바다 건너 당과 외교를 강화하고, 안으로 국력을 튼튼히 함으로써 삼국 통일의 확고한 기반을 만들었다.[82]

> 비록 고구려 유민들에 의한 부흥 운동은 열매를 맺지 못하였으나, 신라는 고구려 유민을 받아들여 당의 세력을 한반도로부터 몰아내는 데 성공하였다.[83]

(5) 감정적 표현과 가치 판단 서술 증가

형식적인 측면에서 감정적 표현이나 가치 판단과 관련된 서술이 늘어났다. '참으로 애석한 일', '국제적 흥정에 의하여 이루어진', '심금을 울릴 수 있었기 때문에', '실로 꺾일 줄 모르는' 등 일반적인 국사 교과서나 학습용 교재에서 찾아보기 힘든 표현들을 가감 없이 쓰고 있다. 학습자의 감성을 자극하기 위한 서술이었다. 이는 집필자가 은연중에 교과서를 읽는 학생들에게 이러한 감정을 불러일으키려는 의도를 갖고 있는 것이다.

> 고려는 몽고와의 전쟁으로 말미암아 막대한 인명과 재산을 잃었을 뿐만 아니라, 경주 황룡사의 9층탑과 대구 부인사의 대장경판 등 많은 귀중한 문화재가 모두 이때에 불타버렸는데, 이는 참으로 애석한 일이 아닐 수 없다.[84]

> 이로써 일본은 강제적으로 우리의 주권을 합법을 가장하여 침해하니, 그것은 우리 민족의 의사와는 전혀 상반되는 국제적 흥정에 의하여 이루어진 처사였다.[85]

---

82 문교부, 『실업계 고등학교 국사』, 1972, 대한교과서, 21쪽.
83 문교부, 『실업계 고등학교 국사』, 1972, 대한교과서, 24쪽.
84 문교부, 『실업계 고등학교 국사』, 1972, 대한교과서, 90쪽.
85 문교부, 『실업계 고등학교 국사』, 1972, 대한교과서, 182쪽.

우리나라의 해방은 연합군의 승리가 가져온 단순한 선물은 아니다. 유명 무명의 수다한 독립 운동이 연합군의 심금을 울릴 수 있었기 때문에 얻어진 고귀한 성과이며, 피를 흘려 쟁취한 독립인 것이다.[86]

광주 학생 운동은 비단 학생 운동에 그친 것이 아니고, 전 국민의 적개심을 불러일으켰으며, 민족의 운명에 궐기하는 우리 학생 운동의 전통이 뿌리박게 되었다.[87]

고려는 강도에서 개경으로 환도할 때까지 실로 꺾일 줄 모르는 정신으로 모든 힘을 다하여 대항하였던 것이니, 당시 몽고가 세계를 제패한 것으로 미루어 본다면, 고려의 항전은 그 유례를 찾아보기 힘든 것이었다.[88]

감정적 표현이나 가치판단 서술은 집필자의 관점이나 가치관에 따라 어떤 역사적 사건을 판단한 것으로, 역사서술을 통해 읽는 사람에게 교훈을 주려고 할 때 이러한 서술이 흔히 나타난다.[89]

위에서 언급한 68년에 비해 추가된 서술을 통해 1972년 발행된 실업계 고등학교 국정 교과서의 특징들을 이해할 수 있지만 [표 7]에서처럼 단원 마지막에 있는 이전보다 늘어난 연구 과제를 통해서도 이러한 서술 변화를 단적으로 짐작할 수 있다.

---

86 문교부, 『실업계 고등학교 국사』, 1972, 대한교과서, 213쪽.

87 문교부, 『실업계 고등학교 국사』, 1972, 대한교과서, 203~204쪽.

88 문교부, 『실업계 고등학교 국사』, 1972, 대한교과서, 90쪽.

89 김한종, 「역사의 표현형식과 국사교과서 서술」, 『역사교육』 76, 역사교육연구회, 2000, 149쪽.

[표 7] 1972년 발행 실업계 고등학교 국정 국사 교과서 연구과제 추가 문항

단원	번호	추가 내용
2	6	통일 신라 시대의 해외 발전 상황을 연구해 보자.[90]
3	6	고려인의 자주 독립, 불굴의 정신을 들어 토론해 보자.[91]
4	5	왜란을 통하여 우리 민족문화가 일본에 어떠한 영향을 끼쳤는가를 연구해보자.[92]
4	7	조선 중기 이후 경제 체제의 변화와 신분 제도의 변화에 관하여 알아보자.[93]
5	6	각종 의병 운동을 도표화하고 각각 그 특색을 알아보자.[94]
6	5	반탁운동에서 발휘했던 민족의 독립정신을 연구해보자[95]
6	6	공산 괴뢰의 만행에 대하여 여러 가지 실례를 들어 토론해보자.[96]

1968년에서 1972년으로 넘어가면서 대내외적으로 굵직굵직한 사건들이 많았다. 정치적으로 1968년부터 계속된 무장 게릴라 침투와 간첩사건으로 반공분위기가 조성되었고, 1969년 3선 개헌 추진 반대투쟁에 대해 '국가발전'과 '국가안보'를 내세우며 박정희 정권은 저항세력을 억누르고 있었다. 경제적으로는 1960년대 후반이 되면서 그동안 추진해 온 경공업 중심의 수출정책에 한계가 드러나는 등 경제 위기가 왔다. 대외적으로도 베트남 전쟁의 장기화와 닉슨독트린 발표로 주한 미군의 단계적 철수가 논의되면서 안보 위기에 직면하였다. 이에 박정희 정권은 '자주국방'과 '총력안보'를 내세우며 '민족주체성 확립'을 강조했다. 이러한 대내외적 위기 인식은 72년 실업계 고등학교 국정교과서에 그대로 반영되었다.

본 연구를 통해 박정희 정권의 특정 이데올로기 주입이 2차 교육과정기 인문계 고등학교 검정 교과서 서술에서도 일부 나타나지만 실업계 고

90 문교부, 『실업계 고등학교 국사』, 1972, 대한교과서, 52쪽.
91 문교부, 『실업계 고등학교 국사』, 1972, 대한교과서, 92쪽.
92 문교부, 『실업계 고등학교 국사』, 1972, 대한교과서, 150쪽.
93 문교부, 『실업계 고등학교 국사』, 1972, 대한교과서, 150쪽.
94 문교부, 『실업계 고등학교 국사』, 1972, 대한교과서, 188쪽.
95 문교부, 『실업계 고등학교 국사』, 1972, 대한교과서, 229쪽.
96 문교부, 『실업계 고등학교 국사』, 1972, 대한교과서, 229쪽.

등학교 국정 교과서 서술에서 더 심각하게 나타난다는 것을 알 수 있었다. 인문계 보다 실업계 국정 국사교과서가 삼별초, 화랑도, 현대사의 서술과 단원 마지막의 연구문제 등에서 박정희 정권의 의도를 빠르게 그 분량도 상당한 정도로 반영하였다. 3차 교육과정 국정교과서에서 지적되는 정권의 정당성 홍보, 반공 이데올로기 주입, 국난 극복 사례, 민족문화의 우수성과 같은 내용들이 1972년 2차 실업계 고등학교 국정 교과서에 이미 상당 부분 발견된다.[97] 삼별초의 항쟁이나 화랑도는 거의 한 페이지 분량으로 추가되었다. 박정희 정권의 국사교과서에 대한 통제와 정권의 의지가 비록 실업계라는 한정적인 영역이지만 이미 2차 실업계 고등학교 국정교과서부터 나타나고 있었다. 많은 연구들에서 박정희 정권의 의지가 반영된 것이 3차 교육과정 국정 국사교과서부터 시작되었다고 지적하지만 실제로는 2차 실업계 고등학교 국정 국사교과서부터 이미 차근차근 반영되고 있었다. 따라서 박정희 정권의 특정 이데올로기 주입은 2차 실업계 고등학교 국정교과서에서 부분적으로 시작되었다가 3차 교육과정 개편으로 국사교과서가 국정화되면서 전면화된 것으로 파악해야 한다. 이처럼 2차 교육과정 실업계 고등학교 국정교과서는 3차 교육과정 국정교과서의 실험적 성격을 가진다는 점에서 역사교육적 의의가 크다. 또한 일부 이견이 있을 수 있지만 해방 이후 최초의 국정 국사교과서라는 점도 역사교육사적으로 중요한 의의를 가진다. 이러한 의의에도 불구하고 2차 실업계 고등학교 국정교과서가 조명을 받지 못한 이유는 실업계 국사교과서 뿐만 아니라 다른 실업계 관련 교과서가 경제적 부담 감소라는 이유로 국정제로 발행되었고, 대상이 되는 학생의 숫자도 인문계에 비해 적

97 유신 정권하에서는 '자신과 국가를 동일시하는' '호국정신'이 신라 화랑에게, 반공을 앞세운 '안보의식'은 고구려와 수당전쟁 및 고려와 몽고전쟁, 그리고 임진왜란과 병자호란에 겹쳐진다고 지적하였다(하일식, 「고교 '국사'의 발행제 변천과 전근대 서술」, 『역사와현실』 92, 한국역사연구회, 2014, 61쪽).

었기 때문으로 추측된다.

Ⅳ. 맺음말

1차 교육과정기에 여러 종류의 검정교과서가 발행되면서 내용상의 혼란이 심각하게 제기되었다. 이는 이후에 국사 교과서 국정화에 결정적인 이유가 되었다. 이에 1963년에는 견해를 달리하던 역사적 사실에 대한 용어나 표기법의 통일이 시도되었고, 1969년에는 문교부의 지원으로 11종 국사 교과서의 서술 내용을 검토하고 새로운 교과요목의 시안을 작성하기도 하였다. 이러한 작업의 연장에서 이후 제3차 교육과정 개정에서 교과서 편찬의 준거를 부여하려고 하였다. 2차 교육과정 시기까지는 국사교육의 내용과 용어에서 통일적 기준을 세우고 교과서에 적용하지는 않았으나 그것을 마련하고 있었다는 점에서 3차 교육과정 시기 전면적인 국정 국사 교과서를 대비하고 있었던 것이다.

2차 교육과정 시기 1968년부터 1973년까지 고등학교 국정과 검정 국사교과서 비교를 통해 1968년에는 국정과 검정이 내용 서술에서 크게 차이가 나지 않았지만 1972년을 거치면서 두 교과서에서 차이가 생겨났음을 알 수 있었다. 인문계 검정 국사 교과서는 큰 변화가 없었지만 실업계 고등학교 국정 국사 교과서는 정부가 강조하는 특정 이데올로기와 당시 사회적 요구를 충실히 반영했다. 이를 통해 검정에 비해 국정 국사 교과서가 정권의 의도를 잘 반영할 수 있는 장치라는 결론에 이르렀다. 2차 교육과정기 고등학교 국사교과서 발행과 서술 변화에 대한 연구를 통해 첫째, 2차 실업계 고등학교 국정 교과서가 최초의 국정 국사교과서임을 확인하였고 둘째, 국정과 검정이 혼용되었을 때 국사교과서의 서술에는 각각 어떠한 변화가 나타날 수 있는지를 보여주었다. 셋째, 2차 실업계 고등학교 국정 교과서가 3차 교육과정 개정에 따른 전면적인 국사교과서 국정화의 실험대였다는 것을 밝혀내었다.

정부의 국사교과서에 대한 통제는 여러 상황과 맞물려 때로는 강화되기도 약화되기도 하였으나 통제를 한다는 기본방침은 현재까지 유효하다. 정부가 교과서에 대한 통제를 지속하는 이유는 무엇일까? 1차 교육과정기 초기에 문교부 장관을 역임한 제4대 이선근 문교부 장관[98]은 문교정책으로 '철저한 반공 의식을 함양함으로써 교육을 통한 국민적 사상 통일을 도모함'[99]을 내세웠다. 당시 정부 정책은 철저한 반공 의식으로 국민의 사상을 통일하는 것이며, '교육을 통한' 방법으로 그 목적을 달성하려는 것임을 알 수 있다. 정부는 양성하고자 하는 국민의 모습을 교육목표로 제시하고, 교육과정을 편성하며, 이를 토대로 제작된 국사교과서가 학교에서 교육행위를 통해 구현되는 순간 정부의 목표는 현실화된다. 이것이 정부가 국사교과서 통제를 지속하고 국정화 하려는 의도이며, 이러한 정부의 의지가 적극적으로 반영되기 시작된 것이 바로 2차 교육과정기 실업계 고등학교 국정교과서부터이다. 이렇게 시작된 국사교과서 통제는 3차 교육과정에서 국사교과서를 국정화하면서 본격화되었다.

정에 비해 국정 국사 교과서가 정권의 의지를 잘 반영할 수 있는 장치라는 결론에 도달할 수 있었다. 1차 교육과정이 반공에, 2차 교육과정은 민족정체성 함양에 초점을 맞추고 있음을 알 수 있다. 주제는 다르지만 결국은 체제유지라는 목적에 부합하는 방향으로 국사교과서가 발행된 것이다.

---

98 1954.04.21-1956.06.07 재임.

99 이종국, 『대한교과서사(1948~1998)』, 대한교과서주식회사, 1998, 244쪽.

2차 교육과정기 고등학교 국사 교과서 발행과 서술 변화에 대한 연구를 통해 첫째, 2차 실업계 고등학교 국정 교과서가 최초의 국정 국사교과서임을 확인하였고 둘째, 국정과 검정이 혼용되었을 때 국사교과서의 서술에는 각각 어떠한 변화가 나타날 수 있는지를 보여주었다. 셋째, 2차 실업계 고등학교 국정 교과서가 3차 교육과정 개정에 따른 전면적인 국사교과서의 국정화의 실험대였다는 것을 밝혀내었다.

정부의 국사교과서에 대한 통제는, 여러 상황과 맞물려 때로는 강화되기도 약화되기도 하였으나 통제를 한다는 기본방침은 현재까지 유효하다. 당시 정부 정책은 철저한 반공 의식으로 국민의 사상을 통일하는 것이며, '교육을 통한' 방법으로 그 목적을 달성하려는 것임을 알 수 있다. 교육은 정부가 정책을 달성하는데 있어 효과적인 수단이었다. 정부는 양성하고자 하는 국민의 모습을 교육 목표에 제시하고, 교육과정을 편성하였다. 이를 토대로 제작된 국사교과서가 각 급 학교에서 교육행위를 통해 구현되는 순간 정부의 목표는 현실화되는 것이다. 이를 위해 정부는 국사교과를 통제하고 국정화 하려고 하였다. 이러한 정부의 의지가 적극적으로 반영되기 시작된 것이 바로 2차 교육과정 시기 실업계 고등학교 국정교과서부터이다. 결국 이렇게 시작된 정부의 국사교과서 통제는 3차 교육과정에서 국사교과서를 국정화하면서 본격화되었다.

04

제2차 교육과정기 '사회 2'에 적용된 중학교 역사의 통합 방식과 검정 교과서의 내용 구성

박진동

Ⅰ. 머리말

대단원 내에서 한국사와 세계사 내용을 통합하는 방식은 2차 교육과정에서 시도된 것이었다. 2차 교육과정은 1963년 2월 15일에 공포되었고, 1969년 9월 4일에 부분 개정이 있었으며 1973년 8월 31일 3차 교육과정 개정 전까지 지속되었다. 공포되면서부터 부분 개정될 때까지 중학교 역사는 대단원 내에 시기별로 세계사를 먼저 서술하고 이어서 한국사를 서술해서 거의 같은 시기의 세계 여러 지역의 모습을 비교할 수 있도록 구성한 것이다. 이러한 통합 방식은 1969년 부분 개정부터는 10개 대단원에서 전반부 6개까지는 한국사, 후반부 4개에는 세계사 내용을 배치하였고, 3차 교육과정부터는 국사과는 독립되고 세계사는 사회과에 속하면서 지속되지 못했다. 이렇게 보면 부분 개정 전까지 2차 교육과정에서

적용된 한국사와 세계사 통합 방식은 매우 특이한 것이었다.[1]

이러한 특징을 가졌지만, 2차 교육과정기 중학교 사회 2학년의 역사 교육과정과 교과서에 대한 연구는 심화되지 못했다. 오히려 전후 교육과정 개정의 흐름과 연속성이 낮아서 교육과정별 변화를 다룰 때에도 부분적으로 언급하는 정도였다. 나영길이 사회과 통합의 움직임 속에서 2차 교육과정기 중학교 역사교육을 다루었고 3종의 교과서를 분석한 것이 거의 유일한 본격 연구였다.[2] 한편 이 시기를 본격적으로 다룬 연구는 아니었지만 국사와 세계사 교육의 단절을 검토하면서 부분적으로 통합의 경험으로써 거론하거나,[3] 4·19혁명 이후 민족주의 역사학의 수립 노력이 경주되면서 나타난 성과와 관련된 교과서 서술 내용을 분석[4]한 연구들이 있었다. 2차 교육과정기 역사교육을 대략 파악할 정도의 선행연구가 있었던 것이다. 최근에는 교과서 검정 발행제도와 시행을 정리한 연구도 등장했고,[5] 2차 교육과정기 역사교육을 다룬 학술대회도 개최되는 등 관심이 높아지고 있다.[6]

---

1 2차 교육과정 당시에는 '종합', '융합' 등 용어를 통합과 함께 사용하였다. 본고에서는 엄밀하게 구분하지 않고 '통합'이나 '연계'를 사용했다. 또한 역사교육의 선상에서 '중학교 역사'를 쓰면서 당시 중학교 사회 2학년 과정을 의미하는 '중학교 사회2'도 함께 사용하였다.

2 나영길, 「제2차 교육과정기 중학교 역사 교과서 구성 분석: 국사·세계사 통합 구성에 주목하여」, 공주대학교 교육대학원 석사학위논문, 2001.

3 김한종, 「해방 이후 국사교과서의 변천」, 『역사교육과정과 교과서연구』, 선인, 2006, 34~37쪽; 천은수, 「국사와 세계사 교육의 연계 방안 모색」, 『청람사학』 11, 2005, 127쪽; 최재호, 「한국사와 연계한 세계사, 세계사와 연계한 한국사」, 『역사교육논집』 40, 2008, 121쪽.

4 박평식, 「조선시대사 연구의 성과의 국사교육」, 『역사교육』 125, 2013, 339~342쪽을 들 수 있다. 1960년대 역사학의 연구성과와 역사 교과서 서술 내용을 함께 검토한 연구는 다수가 있지만 본고와 직접 관련이 없으므로 일일이 소개하지 않는다.

5 조성운, 「제2차 교육과정의 제정과 국사교과서의 편찬」, 『한국사학보』 66, 고려사학회, 2017.

6 역사와교육학회, 역사교과서연구소가 공동주최한 '제2차 교육과정기 역사교육과 역사 교과서' 주제의 학술대회가 2017년 4월 15일에 개최되었다. 여기서 발표된 논문들은 『역사와교육』 24집에 기획특집으로 게재되었다.

본고는 1963년 공포되어 1969년 부분 개정까지 지속된 2차 교육과정 중학교 사회과 2학년 과정에서 적용된 역사의 통합 방식에 주목하였다. 2차 교육과정기라면 3차 교육과정 이전까지를 살펴야겠으나 부분 개정 이후에는 내용상 국사와 세계사가 분리되는 형태이므로 통합 방식이 전혀 다른 두 가지 교육과정을 모두 분석할 수 없었다. 그러므로 본고가 다루는 2차 교육과정의 중학교 역사의 내용 구성은 대단원 속에서 국사와 세계사를 결합하는 형태이다.[7]

본고에서 연구한 내용은 다음과 같다.

첫째, 한국사와 세계사를 통합한 중학교 2학년 사회 교육과정이 등장한 배경과 방향이 무엇인지 살펴보았다. 특히 해방 이후 전개된 사회과 교육과 관련된 흐름에서 분석하였다.

둘째, 교육과정의 내용 체계와 단원 구성은 무엇이며, 이것이 교과서에 어떻게 반영되었는지를 살펴보았다. 교육과정이 강조한 한국사와 세계사의 통합 방식과 검정 교과서의 연계 내용 구성을 비교 분석하였다.

교육과정과 해설서, 교과교육 관련 문헌, 11종의 검정 교과서 등을 일차적인 연구 대상으로 삼았다. 이 작업을 통해서 한국 현대 역사교육사의 부족했던 부분을 복원하는 동시에 앞으로도 계속될 한국사와 세계사의 통합 방식을 모색하는 데에 참고할 수 있을 것이다.

---

7 김한종 등은 단원 구성면에서 첫째, 대단원 속에 한국사와 세계사를 한꺼번에 넣는 것, 둘째, 한국사와 세계사를 대단원별로 분리하되 시대순으로 배치하여 학습 순서에 연계를 꾀하는 방법, 셋째, 단원상으로는 한국사와 세계사를 연계하지 않되 단원구성이나 구체적인 내용 서술에서 두 영역을 관련시키는 것으로 연계 방식을 구분하였다(김한종·방지원·고재연, 「〈역사〉 교과서 단원구성을 위한 한국사와 세계사의 연계방안」, 『사회과교육연구』 15(4), 한국사회교과교육학회, 2008, 132쪽). 양정현은 해방 후 중학교 역사교육의 유형을 첫째, 국사와 세계사가 분리 병립하는 형태, 둘째, 국사와 세계사가 하나의 교육과정과 교과서로 묶인 형태, 셋째, 이웃나라–먼나라–우리나라 형식의 구성 등 3가지로 구분하였다. 그는 2차 교육과정 중학교 역사를 둘째 유형과 셋째 유형이 섞인 것으로 보았다(양정현, 「중등 역사과에서 한국사와 외국사의 연계 논리와 형식」, 『역사교육연구』 23, 2015, 99~104쪽). 이러한 유형 분류에서 대단원 속에서 국사와 세계사를 결합한 형태를 하나의 연계 유형으로 볼 수 있을 것이다.

Ⅱ. 중학교 사회과의 통합 방식과 검정 교과서 발행

2차 교육과정은 1차 교육과정이 강조한 경험 중심 교육이 제대로 이루어지지 못했다는 반성에서 출발하였다. 교육과정 개발은 1958년부터 시작되어 기초 조사, 자료 수집, 심의회 조직까지 했다가 4·19혁명, 5·16정변을 거치게 되면서 잠시 중단되었다. 1961년 8월에 시안을 작성하여 각종 위원회를 통해 심의하고, 1962년 10월부터 원안을 작성하고 1963년 2월 15일에 고시되었다.[8] 교육과정 개정은 문교부 편수국(또는 학무국)이 담당하였다.[9]

2차 교육과정은 내용에 있어서는 자주성, 생산성, 유용성을 강조하고 조직에 있어서는 합리성을, 운영에 있어서는 지역성을 강조하였다. 교육과정 개정의 요점은 기초 학력의 충실 및 교육과정의 계열과 일관성을 기하고자 하였고, 지식 위주의 주지주의를 탈피하고 생활 경험 중심의 종합지도와 교육과정 전체 구조의 개선 및 고등학교의 단위제 실시, 시간 배당 계획의 융통성, 교육과정 형식의 통일, 관리교육의 강화 등을 들 수 있다. 특히 진보주의 교육의 영향을 받아 생활 경험을 중심으로 하는 교과의 통합 또는 내용 통합을 하여 생활 경험 중심의 교육을 위한 노력이 많았다. 교육과정의 개념상 생활 중심 교육과정 또는 경험 중심 교육과정이라고 부른다.[10]

---

8 문교부, 『중학교 교육과정 해설』, 1963, 3~8쪽.

9 국가재건최고회의는 정부 조직을 개편하면서, 1961년 10월 2일에 편수국을 폐지하고 학무국에 편수 기능을 통합하였다. 이후 편수국은 1963년에 다시 부활되었다(허강 외, 『한국 편수사 연구(Ⅰ)』, 한국교과서연구재단, 2000, 312~314쪽). 5·16정변 전까지 사회과 편수관은 최병칠(사회), 이상선(사회), 최홍준(지리), 이정인(역사) 등이 근무하였다. 이후에도 이정인(역사)은 계속 남았고, 이영택(지리), 황오성(역사)이 새로 보충되었다. 1962년 후에는 임광재(역사)가 공채 전형 시험을 거쳐 편수관이 되었다(허강 외, 『한국 편수사 연구(Ⅰ)』, 한국교과서연구재단, 2000, 269~271쪽).

10 유봉호, 『한국 교육과정사 연구』, 교학연구사, 1992, 326쪽; 함종규, 『한국 교육과정 변천사 연구』, 교육과학사, 2003, 295~310쪽.

특히 중학교 사회과 교육과정은 큰 변화가 있었다. 교과의 명칭은 "고등학교와의 통일을 기하고 간명하기 위하여" 사회생활과에서 사회과로 바뀌었고,[11] 1학년에서는 지리적 고찰, 2학년에서는 역사적 고찰, 3학년에서는 사회 형태와 제도적 고찰을 중심으로 사회과의 종합학습을 할 수 있도록 편성되었다. 즉, [표 1]과 같이 1학년에서 지리 분야, 2학년에서 역사 분야, 3학년에서 공민 분야가 배치되었고, 반공·도덕이 분리되었다.

[표 1] 2차 교육과정 중학교 사회과 편제와 주당 시수

	사회과			반공·도덕 활동
	지리	역사	공민	
1학년	3~4			1
2학년		3~4		1
3학년			2~4	1

※ 출처: 중학교 교육과정(문교부령 제120호, 1963.2.15.)

2차 교육과정 중학교 사회과 편제는 1차 교육과정의 그것과는 크게 달랐다. 1차 교육과정에서는 지리, 역사, 공민, 도의가 1주에 1~2시간씩 1학년에서 3학년까지 川자형으로 병렬되어 전체로서 '사회생활과'를 구성하고 있었다.[12] 각 부분은 공동생활·국가생활, 국토지리·세계지리, 국사·세계사와 같은 계열로써 생활권 확대 원리에 입각해서 통일적인 체제를 갖추기는 했지만 각 부분간 횡적 관련은 거의 무시되었다. 학생 입장

11 문교부, 『중학교 교육과정 해설』, 1963, 69쪽.

12 〈별표〉 1차 교육과정 중학교 사회과 편제와 주당 시수.

	사회과			반공·도덕 활동
	지리	역사	역사	
1학년	1	2	1	1
2학년	2	1	1	1
3학년	1	1	1	1

※ 출처: 중학교 교육과정(문교부령 제45호, 1955.8.1.)

에서 보면 네 사람의 다른 교사에게서 '사회생활'을 배우고 있었다.[13]

2차 교육과정은 한 학년에서 네 명의 교사로부터 사회과를 학습하지는 않지만 통합이라기보다는 지리·역사·공민의 분과로 인식될 수 있었다. 개정 작업을 한 위원회가 현장에서 혼란을 초래할 것을 우려해서 통합형으로 완전히 개편하지 않았던 것이다.[14] 사회과 통합이냐 분리냐의 대립은 해방 후 지속된 쟁점이었지만, 교육과정 개정을 추진한 측에서는 통합형을 지향하면서도 절충하였다. 강우철[15]은 통합과 분리 중에서 어느 쪽이 좋을지는 쉽게 결론이 날 문제가 아니고 수업에서 학생 활동이 얼마나 가미되느냐에 따라 사회과 교육의 발전을 결정지을 것이라고 하여[16] 논쟁이 쉽게 결론나지 않을 것임을 예견했다.

학교급별로는 국민학교는 완전 종합학습인 통합, 고등학교는 과목 구분이 있는 분과, 중학교는 그 중간적 성격에 있었다. 그러므로 어느 학교급에 주목하느냐에 따라서 사회과를 통합 또는 분과로 달리 평가할 수 있었다.

통합을 지향하면서도 외형상 분과적으로 나타난 중학교 사회과 편제는 지리를 먼저 학습하고 이어서 역사와 일반사회를 학습하는 방식의 계열성이 적용되었다. 구체적이며 직접적인 경험이 가능한 지리 내용으로 공간 감각을 익히고, 이어서 시간 감각을 습득한 다음 현실 사회의 문제를 종합적으로 배운다는 논리였다. 이같은 구성은 당시 일본 중학교 사회

13 함종규, 『한국 교육과정 변천사 연구』, 교육과학사, 2003, 315쪽.

14 강우철, 『사회생활과 학습지도』, 일조각, 1962, 129쪽.

15 강우철은 문교부교육과정심의위원이었다(강우철 외, 『중학교 새사회 2』, 탐구당, 1968, 판권지). 그는 1955년에 문교부 편수관이 되었다가 1957년부터 이화여자대학교 교수로 재직하면서 사회과 교육과정에 영향을 끼쳤다(안영순, 「사회과 교육학자로서의 강우철 연구」, 한국교원대학교 대학원 석사학위논문, 2004, 8쪽, 57쪽).

16 강우철, 「사회과 교육의 기본원리」, 『사회과 교육』 현대교육실천총서 제4권, 현대교육총서출판사, 1963, 32쪽.

과 내용 구성 방식과 유사한 측면이 있었다.[17] 일본의 중학교 교육과정인 1955년판 학습지도요령에서 역사, 지리, 공민의 3분야로 구성된 사회과가 등장하였고, 1958년판에서는 1학년에 지리, 2학년에 역사, 3학년에 공민 분야를 학습시키는 이른바 三자형 방식이 적용되었다. 이때 2학년의 역사 분야에서 세계사를 배경으로 일본사를 학습시키는 식으로 내용을 구성하였다. 1969년부터는 1, 2학년을 통해서 지리와 역사를 병행 학습하고, 3학년에서는 공민을 학습하게 하는 파이(π)형 구성이 등장하였다.[18]

2차 교육과정은 三자형 방식을 적용하고 국사와 세계사를 혼합 편성했다는 점에서 일본의 영향을 받았을 가능성이 크다. 당시에도 중학교 사회의 큰 변화가 일본의 사회과와 비슷하다는 비난이 있었다. 이에 대해 강우철은 일본의 교육과정과 흡사한 점이 많지만 근본 정신은 같지 않다고 주장하였다. 중학교 사회과 교육과정이 그동안 우리의 경험을 바탕으로 작성되었다는 것이다.[19] 외적 영향을 거론한다면 미국 교육사절단의 영향이 더 컸다고 판단된다. 사회과 교육과정의 개정 작업은 1956년부터 내한하여 활동 중이었던 제4차 미국 교육사절단(조지 피바디 사범대학 교수단)의 활동과 밀접한 관계가 있다. 교육사절단이 1961년 8월에 개최된 사회과교육 전국협의회의 산파역을 맡으면서 협의한 내용을 교육사절단의 대표였던 알렌(Jack Allen)이 『한국 사회생활과 협의회 보고서』로 정리하

---

17 방지원, 「역사교육의 계열화 연구」, 한국교원대학교 박사학위논문, 2006, 51쪽.

18 김한식·권오현, 「해방후 세계사 교육과정의 변천과 문제점」, 『역사교육』 61, 1997, 171쪽.

19 강우철은 다음과 같은 1차 교육과정기 중학교 사회과의 문제점을 지적한다. ① 주당 시수가 적어 토막 지식의 연결작용에 불과한 결과 ② 도덕과목은 형식적에 흐르거나 사회과 내용이 많이 중복 ③ 내용 풀이에 시간이 모두 소비되고 실제로 행동화하는 훈련을 할 수 있는 지도계획은 불가능 ④ 중학교 내용이 고등학교에서 반복되는 것이 많았고, 그 내용도 암기 중심의 것 ⑤ 단원학습을 권장하고 있으며, 문제해결의 접근 방식은 현재 조건으로서는 불합리하다는 점 ⑥ 시험공부로 수험용 참고서가 사회과의 교육자로 되어버려서 새로운 이념을 구현시켜 보려 해도 난점이 많다는 점 등을 들었다(강우철, 「사회과 교육의 기본원리」, 『사회과 교육』 현대교육실천총서 제4권, 현대교육총서출판사, 1963, 18~20쪽).

였다. 이 보고서에는 1차 교육과정에 따른 사회과 실천을 검토한 후 교육과정 개정을 위한 제안이 담겼다. 그 중 하나가 중학교 사회과에서 통일성을 갖는 방법으로 매년 한 과목을 가르친다는 것이고, 또 한 가지 방법은 사회 문제를 중심으로 세 코스를 조직하여 매년 한 코스씩 다루는 것이었다. 2차 교육과정은 이 제안 중에서 첫 번째 제안을 따른 것이었다.[20]

일본 사회과든 미국 교육사절단의 영향이든 해방 이후 줄곧 진행되었던 사회과 통합의 방향이 초등학교에서 어느 정도 자리 잡았다는 판단 하에 2차 교육과정에 이르러 중학교에까지 확대 강화된 것이었다.[21]

사회과 통합이기 때문에 과목명을 지리, 역사, 공민라고 하지 않고 사회1, 사회2, 사회3이라고 불렀다. 그리고 지리, 역사, 공민의 부분을 학년 단계에 따라 기계적으로 재배치한 것이 아닌 종합학습이라는 점을 강조하였다.[22] 총론에서 생활 경험 중심의 종합지도를 지향하였고, 중학교 사회과 교육과정에서도 종합학습을 구성하면서 통합을 지향한 것이었다. 강우철은 중학교 사회가 종합적으로 구성되었다는 점에 대해 다음과 같이 해설하였다.

> 1학년에서는 外國 地理와 國土 地理를 합쳐서 가르친다는 것이 아니고, 2학년에서도 國史와 世界史를 뒤범벅을 해 놓은 것은 아니다. 지리적으로 고찰하고 역사적으로 능력을 키우는 데 보다 많은 기회

20 최용규, 「사회과 중등교육과정론」, 『사회과교육』 22, 1989, 165쪽.

21 강우철, 「사회과 교육의 기본원리」, 『사회과 교육』 현대교육실천총서 제4권, 현대교육총서출판사, 1963, 55쪽; 안영순, 앞의 논문, 24쪽. 내적인 정착 측면에서 최근 사회과 교육의 역사를 정리한 연구에서는 교수요목기와 제1차 교육과정기를 사회과의 '도입기'로 구분하고, 우리나라의 시대적 상황을 반영하여 우리나라의 고유한 교육과정으로 뿌리를 내리게 하는 시대를 사회과의 '정착기'로 구분하여 2차, 3차, 4차 교육과정기를 포함시킨 시기구분을 제시하였다(옥일남, 「한국 사회과교육과정의 시기별 특징 고찰 : 초·중·고 교수요목기에서 2015 개정 교육과정기까지」, 『교육과정평가연구』 20(1), 2017, 62쪽).

22 문교부, 『중학교 교육과정 해설』, 1963, 144쪽.

를 주고, 主로 된 問題點은 우리나라의 현실에서 찾아야 한다는 뜻이 나타나 있다. …(중략)… 특히, 3학년에서는 구체적인 우리나라의 당면 과제가 단원으로 등장하여야 할 것을 기대하며, 1학년이나 2학년에서 얻은 공간적·시간적 사고력이 3학년의 문제해결 과정에서 충분히 驅使되기를 바라고 있다.[23]

인용문을 보면, 지리, 역사 내용은 학년별 분과적 배치가 아니라 사회과의 목표를 달성하기 위한 것이었다. 역사를 통해서 능력을 신장하는 기회를 주고 이를 기반으로 해서 문제해결 과정에서 사고력으로 구사되는 종합학습으로서 사회과를 지향한 것이었다. 이에 따라 중학교 역사교육의 내용 구성은 국사·세계사의 구분을 철폐하고 우리나라와 동·서양사의 내용을 유기적으로 융합하는 통사형으로 편성하였다. 교재를 단원화하여 학습자들의 창의적 활동을 통한 문제해결 학습을 이용하여 역사를 파악하고 역사적 능력을 키우는 단원학습이었다. 이런 학습을 통하여 우리나라의 우수하고 아름답고 밝은 면, 건설적인 면을 강조하여 민족적 긍지와 애국애족의 정신이 고무되도록 지도할 것을 요구하였다.[24] 2007 개정 교육과정 이후 중학교 역사는 사회과 통합과 거리를 둔 것이었지만, 2차 교육과정의 중학교 역사는 사회과 통합의 구성 원리에서 시도되었다는 점에서 차이가 있었다.

당시 중학교 2학년에서 한국사와 세계사를 통합한 역사의 등장에서 역사학계가 어떤 참여를 했는지를 살펴보고 싶지만, 역사(학)측의 논의는 찾기 어렵다. 당시 분위기를 짐작할 수 있는 자료로서 1966년 4월 22일에 역사교육연구회가 주관한 간담회가 있었다. 2차 교육과정을 다룬 이

23 강우철, 「사회과 교육의 기본원리」, 『사회과 교육』 현대교육실천총서 제4권, 현대교육총서출판사, 1963, 20~21쪽.

24 이원순 외, 『역사과 교육』, 한국능력개발사, 1977, 96~97쪽.

자리에서 사회자는 중학교 역사 통합의 문제를 역사학계가 어떻게 보았는지를 참석자들에게 질문했는데 별다른 의견이 없었다.[25] 이처럼 통합의 문제는 새로운 과제였음에도 역사(학)측에서는 이슈화되지 못했다. 교육과정으로는 경험 중심의 총론 입장과 사회과 통합의 입장이 관철되는 가운데, 역사학자들은 사회과 교과서이기 보다는 중학교 역사책을 집필하는 것으로 이해했던 것이다.

교육과정에 따르면 역사교육의 내용은 한국사와 세계사의 구획 부분을 철폐하고 시대별로 함께 기술하는 병행형(竝行形)으로 구성하였다.[26] 한국사를 중심으로 하면서 세계사를 관련시키는 방법이라 해도,[27] 단순한 연대기적 구성으로 세계사를 우리나라 역사 전개 순서에 맞추어 기계적으로 배열 구분함으로써 역사의 구조적인 특징이나 사회적인 성격 등을 비교 이해하기에 많은 어려움이 있다고 평가받았다.[28] 역사를 체계적으로 파악하는데 한층 어려움을 주었기 때문에 국사교육 강화 정책에 맞물려 지속되지 못하였다.

1969년 9월에는 2차 교육과정의 부분 개정이 있었고 이에 따른 교과서가 1971년부터 적용되었다. 특히 중학교 사회2 교육과정을 우선적으로 개정한 이유는 국사와 세계사가 혼합하여 다루어져 국사의 체계적인 교수·학습이 곤란하고, 우리의 전통적 민족문화와 민족적 긍지 확립에 미

25 문교부 편수관으로 재직하다가 명지대학 교수가 된 이정인은 참석자들에게 해방후 역사교육과정의 경과를 정리하면서 중학교 역사의 집중 실시와 세계사와 국사를 한데 묶은 것이 논란의 대상이 되어 있다고 지적하였다. 아울러 중학교 역사는 국사교육을 중심으로 하는 세계사 교육이라는 유의사항이 일선에 시달되었다고 강조하였다. 좌담회 말미에서 사회자인 강우철은 이 문제에 대한 반응을 요청했으나 천관우가 문화권의 구분에 대해 짧게 말했을 뿐이었다(이선근·천관우·이정인·강우철·김난수·황철수·민두기·최태상, 「지상좌담 : 개정된 교육과정과 역사교육의 제문제」, 『역사교육』 9, 1966, 166쪽, 179쪽).

26 조미영, 「해방 후 국사교과의 사회과화와 '국사과'의 치폐」, 『역사교육』 98, 2006, 42쪽.

27 최상훈, 「역사과 독립의 필요성과 내용조직 방안」, 『호서사학』 35, 2003, 215쪽, 220쪽.

28 방지원, 「역사교육의 계열화 연구」, 한국교원대학교 박사학위논문, 2006, 51~53쪽; 조미영, 「해방 후 국사교과의 사회과화와 '국사과'의 치폐」, 『역사교육』 98, 2006, 43쪽.

흡한 점이 있다는 것이었다. 한마디로 개정의 취지는 "중학교 사회과정에서 종래의 혼재된 국사·세계사를 분리하여 국사부분을 강화하는데" 있었다.[29] 부분 개정은 1968년경부터 지식의 체계화라는 교육계의 움직임과 또 융합형 교과조직에 대한 시행상의 문제점 및 불평이 점차 높아졌으며 남북간 갈등 고조와 반공 이데올로기 강화, 민족 주체성의 확립과 새로운 국민정신의 제창을 표방하는 국민교육헌장이 1968년 12월에 반포되는 것 등을 배경으로 하였다. 이때부터 시작된 국사교육 강화 정책은 결국에는 국사과를 사회과로부터 독립시키고 국사 교과서의 국정화로 나아가게 하였다.[30]

2차 교육과정에 따른 중학교 역사 검정 교과서는 11종이었다.[31] [표 2]는 검정 교과서 11종의 목록을 정리한 것이다.[32]

[표 2]에서 연번 ①~⑦번은 1965년 검정에서 합격한 7종이고, ⑧~⑪번 교과서는 1966년 추가 검정에서 합격한 4종에 해당한다.[33] 1차에서 불합격되고 추가 합격한 4종의 저자 중에는 1차 교육과정까지 교과서를

---

29 이정인, 「역사과 교육과정」, 『역사교육』 13, 1970, 125쪽.

30 김한종, 「해방 이후 국사교과서의 변천」, 『역사교육과정과 교과서연구』, 선인, 2006, 38~40쪽; 차미희, 『한국 중』고등학교의 국사교육: 국사과 독립 시기(1974~1994)를 중심으로』, 교육과학사, 2011, 24쪽.

31 2차 교육과정기 교과서 발행에 대해서는 조성운, 앞의 논문이 참조된다. 부분 개정에 따른 역사 교과서의 판권지 다수가 발행일이 1971년 초인 점에서 1971년 적용임을 알 수 있다.

32 박진동은 「해방후 역사 교과서 발행제도의 추이」, 『역사교육』 91, 2004, 33~35쪽을 통해 이 시기 역사 교과서 목록을 제시했지만, 사회 1-3학년 교과서를 뒤섞어 중학교 사회 2학년 역사 교과서만을 분리해서 정확하게 제시하지 못하였다. 한편 나영길, 앞의 논문, 3쪽에서는 교과서 종수를 약 12종이라 했고, 방지원, 「국사교육에 나타난 한국사와 세계사의 연계」, 『역사교육연구』 7, 2008, 137쪽은 9종이라고 해서 출처 없이 잘못 제시하였다. 이제 본고를 통해서 2차 교육과정기 중학교 역사 교과서 11종의 정확한 목록을 제시할 수 있게 되었다.

33 관보를 통해서 1965년 최초 7종 합격본을 확인하였다(『관보』 제4218호, 1965년 12월 10일). 또한 교과서 실물 표지의 검정필증 발급일자가 1965년 합격본은 1965년 12월 1일자였으며, 1966년 추가 합격본은 1966년 12월 20일자임을 통해서도 재확인하였다.

집필한 유명 저자나 2차 교육과정의 취지를 가장 잘 이해했을 저자도 있었다.[34]

[표 2] 제2차 교육과정기 중학교 2학년 사회 교과서 목록

번호	저자			교과서명	출판사	발행년도	비고
	역사	지리	공민				
①	김상기, 조의설	육지수	고승제, 김경수, 황산덕	중학 사회 II	장왕사	1965	1968년판
②	김성근	이지호	윤태림	중학교 사회 II	교육 출판사	1965	미상
③	박성봉, 최영희	강대현	김계숙, 박덕배, 선우형순, 이영기	새로운 사회 2	홍지사	1965	1968년판
④	변태섭, 문홍주	김경성	이정환, 최재희, 한태연	중학교 사회 II	법문사	1965	1966년판
⑤	이원순, 김철, (역사교육연구회)	박노식, 조동규	김두희, 김성희, 김준섭	새로운 중학 사회2	정음사	1965	1967년판
⑥	이홍직, 민영규, 김성식	최홍준	김기석, 박일경, 김준보, 서석순, 한기언	중학 사회2	동아 출판사	1965	미상
⑦	전해종, 김철준, 이보형	최복현, 이정면	오병헌, 김명윤	중학 새사회 2	민중 서관	1965	1965년판
⑧	강우철, 이정인	강석오, 단춘배	이근수	중학교 새사회 2	탐구당	1966	1968년판
⑨	조좌호	이찬	김증한, 최문환	중학 사회 2	영지 문화사	1966	1967년판
⑩	한우근, 고병익, 민석홍	서수인	유진오	사회 2	일조각	1966	1967년판
⑪	황철수, 오배근, 최정희	노도양	권혁소, 이종항, 최병칠	새로운 사회 2	사조사	1966	1967년판

※ 비고: ④, ⑨번은 목차만 확보하였음. ②, ⑥번은 판권지가 없어 발행년 미상이지만, 국민교육헌장이 없는 것을 1967년, 있는 것을 1969년으로 추정함.

※ 이하 [표 2]의 교과서를 인용할 때에는 원문자 연번과 첫번째 저자명으로 약칭하겠음.

34 「회오리 바람 일으킨 檢認定敎科書 査閱」, 『경향신문』, 1965년 6월 16일; 「方法基準 公開를」, 『동아일보』, 1965년 6월 16일; 「崔鉉培씨등 行訴를 제기 檢印敎科書 싸고」, 『경향신문』, 1965년 6월 25일.

역사 저자가 아닌 지리와 공민 저자들도 함께 표시된 이유는 중학교 사회 교과서 1, 2, 3학년 3책을 공동 집필로 간주하였으므로 모두 합격해야 사용허가를 받는 것이었다. 이 때문에 대부분의 1, 2, 3학년 사회 교과서의 표지 및 판권지에 역사, 지리, 공민 저자들을 모두 표기하였다. 실제로는 해당 전공자가 집필하였을 것이므로 [표 2]에는 전공별 저자를 최대한 확인해서 구분하였다.[35] 특이하게도 정음사 간행 교과서는 개인 저자명 외에 역사교육연구회라는 학회명을 표기하였다.[36] 비고란에는 초간본을 모두 구할 수 없었으므로 검토본의 발행년도를 표시하였다.

Ⅲ. 중학교 역사 교과서의 한국사와 세계사 내용 통합 분석

1. 교육과정과 교과서의 단원 구성

2차 교육과정은 소단원 수준까지 내용을 제시했으며, 교과서는 300여 쪽 내외의 분량으로 6~8개의 대단원 밑에 한국사와 세계사가 혼합된 중단원, 소단원 등을 배치하였다. 교육과정과 교과서를 대단원 수준에서 살펴보기 위해 [표 3]을 작성하였다. 실제 교과서의 대단원 구성은 교육과정과 다른 경우가 있어서, 교육과정의 대단원을 축으로 하고 교과서의 단원을 그것에 맞추어 배치하였다.

---

35 저자의 전공 구분은 교과서에 표시된 저자 소개 내용, 인터넷 검색 등을 통해 판단하였고, 특히 1학년은 지리, 2학년은 역사, 3학년은 공민 저자를 앞세워 교과서 저자를 표기하는 경우가 있어 이 점을 확인하고 분류하였다.

36 1차 교육과정에서는 학회가 교과서 신청을 할 수 있었으나 2차 교육과정에서는 금지되었기에 학회 회장인 이원순이 대표 집필자로 나섰고, 신형식, 윤세철이 집필했고 마무리를 김철이 했다고 한다. 공식적으로 역사교육연구회가 저자로 인정받은 것은 아니지만 교과서에는 역사교육연구회를 표기하였다(이원순, 「역사교육연구회 50년을 회고하며(1)」, 『역사교육』 97, 2006, 10~11쪽).

[표 3] 중학교 사회2 교과서별 대단원 구성

단원	ⓞ 중학교 교육과정 (1963)	① 김상기 (1968)	② 김성근 (1969?)	③ 박성봉 (1968)	④ 변태섭 (1966)	⑤ 이원순 (1967)
1	1. 인류 문화의 시작	1. 인류 문화의 시작	1. 인류 문화의 새벽	1. 인류 문화의 시작	1. 인류 문화의 시작	1. 움돋아 오르는 인류 문화
2	2. 삼국 시대와 고대 세계의 생활	2. 삼국 시대와 고대 세계의 생활	2. 고대 세계와 삼국 시대의 우리나라	2. 고대 세계와 우리 삼국 시대의 생활	2. 삼국 시대와 고대 세계의 생활	2. 자라나는 고대 문화
3	3. 민족의 통일과 세계의 발전	3. 민족의 통일과 세계의 발전	3. 중세세계와 통일국가(통일신라 고려)의 발전 4. 근대 세계와 조선 시대의 우리나라	3. 민족의 통일과 세계의 발전	3. 민족의 통일과 세계의 발전	3. 자리잡히는 중세 문화 4. 유교 중심의 조선 시대
4	4. 우리나라와 세계의 근대화	4. 우리나라와 세계의 근대화	5. 제국주의와 민족의 수난	4. 우리 나라와 세계의 근대화	4. 우리 나라와 세계의 근대화	5. 근세 세계의 형성과 그 발전
5	5. 대한민국의 발달	5. 대한민국의 발달	6. 오늘의 세계와 대한민국의 발전	5. 대한민국의 발달	5. 대한민국의 발달	6. 우리나라의 근대화
6	6. 오늘의 세계와 우리의 할 일	6. 오늘의 세계와 우리의 할 일		6. 오늘의 세계와 우리의 할 일	6. 오늘의 세계와 우리의 할 일	7. 세계의 시련과 대한민국

단원	⑥ 이홍직 (1965?)	⑦ 전해종 (1965)	⑧ 강우철 (1967)	⑨ 조좌호 (1967)	⑩ 한우근 (1967)	⑪ 황철수 (1967)
1	1. 인류 문화의 시작	1. 문명의 시작	1. 원시 시대의 생활	1. 인류 문화의 시작	1. 인류 문화의 시작	1. 인류 문화의 시작
2	2. 3국 시대와 고대 세계의 생활	2. 삼국 시대와 고대의 세계	2. 고대 국가의 자라남	2. 삼국 시대와 고대 세계의 성립	2. 삼국 시대와 고대 세계의 생활	2. 삼국 시대와 고대 세계의 생활
3	3. 민족의 통일과 세계의 발전	3. 민족의 통일과 세계의 변천 4. 우리나라와 동서의 신기운	3. 통일 국가의 형성과 세계 4. 조선 시대의 생활과 세계의 발전 5. 조선 시대의 변천과 근대 세계의 성장	3. 민족의 통일과 세계의 발전	3. 민족의 통일과 세계의 발전	3. 민족의 통일과 세계의 발전 4. 고려 시대의 생활 5. 조선 시대의 생활

단원	⑥ 이홍직 (1965?)	⑦ 전해종 (1965)	⑧ 강우철 (1967)	⑨ 조좌호 (1967)	⑩ 한우근 (1967)	⑪ 황철수 (1967)
4	4. 우리나라와 세계의 근대화	5. 우리나라와 세계의 근대화	6. 세계의 움직임과 우리나라의 근대화	4. 우리나라와 세계의 근대화	4. 우리나라와 세계의 근대화	6. 우리나라와 세계의 근대화
5	5. 대한민국의 발달	6. 세계 대전과 대한민국의 발전	7. 두 차례의 세계 대전과 우리나라	5. 대한민국의 발전	5. 대한민국의 발달	7. 대한민국의 발달
6	6. 오늘의 세계와 우리의 할 일	7. 오늘의 세계와 우리의 할 일	8. 현대의 세계와 우리나라	6. 오늘의 세계와 우리의 할 일	6. 오늘의 세계와 우리의 할 일	8. 오늘의 세계와 우리의 할 일

[표 3]을 통해 대단원 수준에서 교육과정과 교과서를 분석한 결과는 다음과 같다. 첫째, 많은 교과서가 교육과정의 단원 구성을 따랐지만, 적지 않은 교과서에서 교육과정의 단원을 수정하여 구성하였다. 우선 대단원 수에서 교육과정과 교과서는 차이가 있었다. 교육과정은 6개 대단원을 제시했으나, 교과서는 6개 대단원이 6종, 7개 대단원이 2종, 8개 대단원이 2종이었다. ②번 김성근 교과서는 6개 대단원이지만 교육과정의 구분과 달랐다. 많은 교과서가 재구성해야 할 만큼 교육과정의 단원 구성은 파격적이었다. 그 이유는 당시 풍미했던 단원학습과 관련해서 종전의 역사 내용 구성을 달리한 것으로 이해된다.[37] 6개 단원 중에서 3개 단원을 근현대사에 배당한 것도 파격적인 배분이었다. 단원학습의 관점은 역사에서는 연대기적 통사구조로 재배열 되었다. 5종의 교과서는 통일신라~조선 시대까지 긴 시기를 한 단원에서 다룬 3단원을 분할하였다. 이 중에서 3종은 2개로 분리해서 통일신라와 고려를 하나로, 조선을 다른

37 "單元은 학생들에게 의미있는 비교적 큰 대목의 문제에 대한 계획적이고 조직적인 학습을 함에 있어서 필요한 일련의 상호 관련된 학습 활동을 포함해서 하는 말"이라면서 교과서의 章을를 무조건 단원이라고 할 수 없다는 연수 자료가 참고된다(서명원 김기석 김선호 문영한 이영덕 정원식, 『중등교육의 제문제 -교원연수자료-』, 교학도서주식회사, 1963, 57~59쪽).

하나로 하였다. 2종은 3단원을 3개로 분리했는데, 하나는 통일신라, 고려, 조선을 각각 한 단원으로 한 것이다. 1종은 3개로 분리했지만 통일신라와 고려를 한 단원, 조선 전기를 한 단원, 조선 후기를 한 단원으로 분리하였다. 사실 교육과정에서 삼국과 통일신라를 구분하고 통일신라, 고려, 조선을 한 단원에 포함한데다 그 사이에 세계사 내용이 들어가니 계통을 파악하거나 시대상을 이해하기 어려웠다. 역사 교과서 집필에서 이것을 가장 큰 문제점으로 보았던 것이다. 이로써 현행 교과서 검정은 대단원은 교육과정을 준수하고 그 하위 단위에서 재구성을 허용한다는 점[38]과 달리 2차 교육과정기의 교과서는 대단원을 수정할 수 있었다는 점을 확인하였다. 수정한 경우 그 방향은 단원학습을 명분으로 파격적으로 시대를 통합한 구성을 수용하지 않고 시대별로 안배하는 통사 구조를 지향한 것으로 보인다.

둘째, 교과서의 대단원의 명칭은 대체로 교육과정과 같거나 유사한 명칭을 사용하였지만, 일부 교과서는 한글식 표현, 시대구분 용어 등을 도입하였다. ①번 김상기 교과서, ④번 변태섭 교과서, ⑥번 이홍직 교과서, ⑩번 한우근 교과서 등은 교육과정과 같이 6개 대단원으로 구성했으며 대단원 명칭도 동일하게 사용하였다. 교육과정보다 대단원 수를 추가한 경우는 명칭도 추가되었다. ⑪번 황철수 교과서는 교육과정의 대단원명을 준수하면서 단원만 추가하였다. 한편 단원명이 교육과정과 전혀 다른 경우도 있었다. 더욱이 시대구분 용어의 도입과 같은 새로운 시도도 있었다. ⑤번 이원순 교과서는 대단원명을 '시작' 대신에 '움돋아 오르는', '성장' 대신에 '자라나는'처럼 순한글식 표현을 사용하는 등 교육과정의 단원명을 모두 고쳤다. 또한 고대, 중세, 근세, 근대 등 시대구분 용어를

38 교육부·한국교육과정평가원, 『2015 개정 교육과정에 따른 교과용도서 개발을 위한 편찬상의 유의점 및 검정기준』, 2015.

사용하였다. ⑧번 강우철 교과서는 '인류 문화의 시작' 대신에 '원시 시대의 생활'로 하고 '오늘의 세계' 대신에 '현대의 세계'라고 했고, 원시, 고대, 근대, 현대 등 시대구분 용어를 사용하였다. 이들 교과서에서도 모든 단원명에 시대구분 용어를 일관되게 적용하지는 못했으나, 시대구분 용어를 통한 시대상을 표현하려고 노력하였다.

셋째, 대단원명은 한국사와 세계사의 통합을 나타내는 방법으로 대체로 한국사와 세계사를 의미하는 용어를 병렬해서 사용하였다. 그런데 교육과정에서 5단원 '대한민국의 발달'은 한국사만 제시한 것이었다. 이 때문에 오히려 일부 교과서는 5단원명에 세계사 용어를 추가하였다. ①번 김성근 교과서는 '오늘의 세계와 대한민국의 발전'이라거나, ⑦번 전해종 교과서는 '세계 대전과 대한민국의 발전', ⑧번 강우철 교과서는 '두 차례의 세계대전과 우리나라'라는 식으로 일관된 단원명을 붙이고자 하였다. 한편, 교육과정은 대체로 한국사와 세계사의 순서로 명칭을 제시했다면, ②번 김성근 교과서는 세계사와 한국사의 순서로 일관성있게 제시하였다.

이상에서 대단원 수와 명칭을 중심으로 교육과정과 여러 교과서를 비교하였다. 비교한 결과 교육과정이 제시한 것을 수정한 교과서가 적지 않았고, 교과서 수정의 방향은 시대별 배분과 내용의 연결에 중점을 두었다고 볼 수 있다. 수정 여부가 최초 검정합격본과 추가 검정합격본 간을 갈라서 검정 불합격의 이유가 아니었다. 그렇지만 오늘날 대단원 수준의 교육과정 준수를 엄격히 요구하고 있는 점에서 2차 교육과정에서는 검정의 엄격성은 현행보다 약했다고 볼 수 있다.

2. 한국사와 세계사 내용의 학습 순서

과거의 교육과정과 교과서를 분석하는 연구는 대체로 대단원 수준에서 대략을 살펴보는 데 그치는 경우가 많았다. 지면 관계 및 연구의 효율성 때문이었을 것이다. 본고는 한국사와 세계사 내용의 통합 방식에 주목하였으므로 대단원보다 하위 수준에서 내용 연계를 분석하였다. 11종의 검정 교과서들을 효과적으로 비교하기 위해서 학습 순서를 살펴보는 방법을 선택하였다. 먼저 교육과정의 내용 순서를 살펴보고 이어서 교과서의 내용 순서를 검토할 것이다.

[표 4]는 교육과정이 제시한 단원 구조를 국사와 세계사, 동양과 서양을 구분하고 대단원별로 1. 대단원-(1) 중단원-① 소단원을 의미하는 번호와 함께 순서를 의미하는 화살표로 나타낸 것이다. [표 4]에서 알 수 있듯이 교육과정이 제시한 순서는 세계사를 먼저 학습한 후 한국사를 학습하도록 했다. 대체로 서양→동양→한국의 순서이지만 2단원에서는 동양→서양→한국의 순서였다. 비중은 마무리 단원인 6단원을 제외하고 중단원 수준만 보아도 세계사 7개, 한국사 12개였다. 특히 한국사 내용만을 화살표로 이어도 무리가 없어 보일 정도로 한국사를 중심으로 구성한 것이었다. 이처럼 큰 골격은 세계사를 배경으로 한국사를 교육하는 것이나, 단원별로 한국사와 세계사 내용 배열에서 일관된 원리를 지키지 않은 점이 특징이었다.

[표 4] 2차 교육과정에서 제시된 내용의 흐름

대단원	한국사	세계사	
		동양	서양
1. 인류 문화의 시작	⇓ (2) 우리 민족의 원시 생활 ⇓ (3) 단군 신화와 건국 이념	⇐ (1) 인류의 기원과 세계 문명의 발생	
2. 삼국 시대와 고대 세계의 생활	⇓ (3) 삼국시대의 생활과 대외 관계	⇒ (1) 고대 동양의 생활	⇐ (2) 고대 서양의 생활
3. 민족의 통일과 세계의 발전	⇓ (2) 통일신라 시대의 생활 ① 신라의 삼국 통일과 민족의 단결 ② 통일신라의 사회와 문화 ③ 통일신라의 해외 활동 ⇓ 3) 고려 시대의 생활 ① 고려의 발전 ⇒ ② 고려의 사회 생활 ⇓ ④ 고려의 대외 관계 ⑤ 고려의 문화 ⇓ (4) 조선 시대의 생활 ① 국토의 발전과 제도의 정비 ② 민족 문화의 발전 ③ 조선 시대의 사회 생활 ④ 조선 시대의 대외 관계 ⑤ 제도의 개편과 문화의 발달	⇐ (1) 서양 중세 생활과 동양의 발전 ② 중국(수, 당)의 생활 ③ 이슬람 세계의 발전과 동서 문화의 교류 ⇐ (3) 고려 시대의 생활 ③ 동양 여러 나라의 변천	⇐ (1) 서양 중세 생활과 동양의 발전 ① 중세 서양의 생활
4. 우리나라와 세계의 근대화	⇓ (3)우리나라의 개방과 민족의 수난 ⇓ (4) 우리나라의 근대화를 위한 노력	⇐(2) 서양 세력의 해외 진출과 아시아	⇐(1) 서양 근세 국가의 형성과 그 발전
5. 대한민국의 발달	⇓ (1) 제1차 세계 대전과 민족의 독립 운동 ⇓ (2) 8·15 해방과 대한민국의 수립 ⇓ (3) 6·25사변과 우리의 반공 투쟁 ⇓ (4) 대한민국의 발전		
6. 오늘의 세계와 우리의 할 일	⇓ (1) 오늘의 세계 ⇓ (2) 우리의 할 일		

※비고: 화살표는 연구자가 학습 순서를 나타낸 것임

일관된 구성 원리를 지키지 않은 이유는 단원별, 시대별로 역사의 내용적 특징이 달라 학습하는 차이를 두었던 것으로 보인다. 이원순은 교과서의 내용 구조에 대해 다음과 같이 정리하였다.

> 엄격한 검정을 거쳐 선정된 社會 2 교과서는 國史와 世界史가 융합 조직되었다가 하나로 묶은 세계 역사 전개를 구상한 것이었다. 예를 들면 先史時代의 개관은 세계사와 국사를 하나로 묶어보고, 고대나 중세의 국사와 세계사는 각기 독립적으로 전개된 역사였으나 漢代 이후로 동』서양의 접촉이 형성되고, 元代의 東西關係나 사라센 시대의 동서 교섭 등은 하나로 묶어 취급해야 한다는 의식에서 나온 구성이다. 특히 地理上 신발견 시대의 세계나, 帝國主義 시대에 들어서서의 역사 전개는 世界史와 國史를 구분함이 없이 하나로 묶어 학습함이 대국적 이해가 가능할 뿐만 아니라 世界史에 鳥瞰되는 韓國史의 참모습을 파악할 수 있을 뿐더러 역사적 감각과 역사 의식을 키워 역사적 능력을 가진 인간을 키울 수 있다고 믿었기 때문이다.[39]

요약하면, 국사와 세계사를 선사시대는 통합, 고대나 중세는 분리하나 교섭은 통합, 근대 이후는 통합하는 식으로 단원별로 통합과 분리의 방식을 달리한 것이다. “엄격한 검정을 거쳐 선정”되었다는 표현에서 교육과정의 요청 사항을 교과서가 반영하였음을 알 수 있다.

검정 교과서별 한국사와 세계사의 학습 순서를 살펴보기 위해서 [표 5]를 작성하였다. 시작 단원인 ‘1. 인류 문화의 시작’과 마지막 단원인 ‘6. 오늘의 세계와 우리의 할 일’ 단원은 제외하였다. 여러 교과서를 동일한 수준에서 비교 분석하기 위해서 시대를 의미하는 대단원을 기준으로 구분하되 비교적 긴 시기에 많은 내용이 담긴 3단원은 통일신라 시대, 고려 시대, 조선 시대로 나누었다. 교육과정은 우리나라의 발전과 시간적

39 이원순 외, 『역사과 교육』, 한국능력개발사, 1977, 97쪽.

으로 거의 같은 때에 세계 여러 지역의 생활은 어떻게 발전하고 있었는지 그 생활의 모습은 어떠하였는가를 항상 비교할 수 있도록 지도 내용의 선택과 지도를 요구하였다.[40] 이 기준에서 보면 2단원 삼국 시대는 기원전 400년 그리스 시대부터 7세기 이슬람교 탄생과 당 왕조의 전성기까지, 3단원 신라의 삼국통일부터 흥선 대원군 집권까지로 세계사에서는 영국, 독일, 프랑스, 이탈리아 등 탄생부터 프랑스 혁명, 아편전쟁 무렵까지이다. 4단원은 강화도 조약부터 국권피탈까지로 영국의 인도 지배, 남북전쟁부터 1911년 중화민국 탄생까지이다. 5단원은 일제 강점부터 박정희 정부까지로 1차 대전부터 인공위성 발사 시기까지이다.[41] 교과서명은 간단히 [표 2]의 번호를 제시했고, 지도 내용에는 한국사, 동양사, 서양사 내용을 계량적으로 분류하기 위해서 일종의 코드를 붙였다. 한 개의 코드에 해당하는 내용은 중단원에 해당한다. 이때 한 개의 코드는 중단원 전체가 그 영역이라는 의미이며, 예컨대 '東韓東韓'은 중단원 내에 소단원 4개가 각각 동양사, 한국사, 동양사, 한국사 내용이 순서대로 서술되었다는 의미이다. 여기서 중단원 코드 1개를 1로 보면 동양사는 0.5, 한국사는 0.5가 된다. 중단원 단위에서 소단원을 코드로 처리하여 내용의 배열 순서를 나타내는 동시에 수치화해 본 것이다. 코드명 옆에는 중단원의 핵심어로써 내용을 제시하였다. 처리한 결과는 [표 5]와 같다. 이를 통해서 11종 검정 교과서에서 적용한 한국사와 세계사 내용의 배열에서 유사점과 차이점을 쉽게 비교할 수 있다.

---

40 문교부, 『중학교 교육과정 해설』, 1963, 162쪽.

41 단원별 시대구분은 ⑤번 이원순 교과서의 연표를 참고하여 제시하였다. 대체로 이러한 시대구분을 따르고 있지만, 경계선상에 있는 내용은 대단원 배치가 다를 수 있다.

[표 5] 2차 교육과정 중학교 사회과 2학년 지도 내용의 흐름

단원 구분		교과서 번호	지도 내용의 순서	코드 분류		
				韓	東	西
2. 삼국 시대와 고대 세계의 생활		⓪	東東 고대 동양→西西 고대 서양→韓韓韓 삼국 시대	1	1	1
		①	東東 고대 동양→西西 고대 서양→韓韓韓 삼국 시대	1	1	1
		②	西西 그리이스와 로마→東東 동양의 고대 →韓韓韓 삼국 시대	1	1	1
		③	西西 고대 서양→東東 고대 동양→韓韓韓韓韓 삼국 시대	1	1	1
		④	西西 고대 서양→東東 고대 동양→韓韓韓 삼국 시대	1	1	1
		⑤	東韓東韓 고대 동양→東東韓 대륙 세력과 우리 삼국 →西 고대 서양	0.8	1.2	1
		⑥	東東 고대 동양→西西 고대 서양→韓韓韓韓 삼국 시대	1	1	1
		⑦	西西 고대 서양→東東 고대 동양 →韓韓韓韓韓韓 고조선과 삼국 시대	1	1	1
		⑧	西西西 서양 고대→東東東 아시아 고대 →韓韓韓韓 우리나라 3국	1	1	1
		⑨	東東 고대 동양→西西 고대 서양→韓韓韓 삼국 시대	1	1	1
		⑩	東東 고대 동양→西西 고대 서양→韓韓韓 부족 국가 →韓韓韓 삼국 시대	2	1	1
		⑪	東東 고대 동양→西西 고대 서양→韓韓韓 삼국 시대	1	1	1
3. 민족의 통일과 세계의 발전	통일 신라 시대	⓪	西東東 서양 중세와 동양의 발전→韓韓韓 통일신라 시대	1	0.7	0.3
		①	西東東 서양 중세와 동양의 발전→韓韓韓 통일신라 시대	1	0.7	0.3
		②	東 아시아의 발전→東 이슬람 세계→西 중세 유럽 →韓韓韓 신라의 통일	1	2	1
		③	西東東 서양 중세와 동양의 발전→韓韓韓韓 통일신라 시대	1	0.6	0.3
		④	西西西東 중세 서양과 이슬람 세계 →東韓韓韓 수당과 통일신라 시대	0.8	0.5	0.8
		⑤	韓韓韓 통일신라 시대	1		
		⑥	西東東 서양 중세와 동양의 발전→韓韓韓韓 통일신라 시대	1	0.7	0.3
		⑦	西東東 서양 중세와 동양의 발전→韓韓 통일신라의 발전과 문화	1	0.7	0.3
		⑧	韓韓韓韓 신라의 민족 통일	1		
		⑨	西東東 서양 중세와 동양의 발전→韓韓韓 통일신라 시대	1	0.7	0.3
		⑩	西東東 서양 중세와 동양의 발전→韓韓韓 통일신라 시대	1	0.7	0.3
		⑪	西東東 서양 중세와 동양의 발전→韓韓 통일신라 시대	1	0.7	0.3

단원 구분		교과서 번호	지도 내용의 순서	코드 분류		
				韓	東	西
3. 민족의 통일과 세계의 발전	고려 시대 고려 시대	⓪	韓韓東韓韓 고려 시대	0.8	0.2	
		①	韓韓東韓韓 고려 시대와 동양 여러 나라	0.8	0.2	
		②	韓韓韓韓韓韓 고려 시대와 동양 여러 나라	1		
		③	韓韓韓韓韓韓 고려 시대	1		
		④	韓韓東韓韓韓 고려 시대와 동양 여러 나라	0.8	0.2	
		⑤	韓韓 고려 사회→東韓韓 아시아 형세→韓韓 쇠망과 문화 →西西 서양 중세	2.7	0.3	1
		⑥	韓韓東韓韓韓 고려 시대와 동양 여러 나라	0.8	0.2	
		⑦	韓韓韓韓韓韓東韓韓 동양 제국의 변천과 고려 사회	0.9	0.1	
		⑧	韓韓韓韓 북진하는 고려→韓韓韓東 고려 후기 →西西西 서양 중세	1.8	0.3	1
		⑨	韓韓東韓韓 고려 시대	0.8	0.2	
		⑩	韓韓東韓韓韓 고려 시대와 동양 여러 나라	0.8	0.2	
		⑪	韓韓韓 고려의 발전→韓韓韓韓 고려 사회→東東東 동양 여러 나라→韓韓韓韓韓韓 대외 관계→韓韓韓韓韓韓 고려 문화	4	1	
	조선 시대	⓪	韓韓韓韓韓 조선 시대	1		
		①	韓韓韓韓韓 조선 시대	1		
		②	西西西西西 서양의 근대화→東東 아시아의 뒤떨어짐 →韓韓韓韓韓 조선 시대	1	1	1
		③	韓韓韓韓韓韓韓 조선 시대	1		
		④	韓韓韓韓韓 조선 시대	1		
		⑤	韓韓韓韓 조선 성장→韓韓韓韓 새 움직임	2		
		⑥	韓韓韓韓韓韓 조선 시대	1		
		⑦	西西西西 새로운 유럽→東東東 동양 여러 나라 →韓韓韓韓韓 조선 시대	1	1	1
		⑧	韓韓韓 국토의 발전→韓韓 민족 문화의 발전 →東東東 아시아 여러 나라→西西西西 유럽의 새시대 →韓韓韓 조선의 혼란→西西西 유럽 근대→西西 혁명 시대 →韓韓韓 근대화 이전 우리나라	4	1	3
		⑨	韓韓韓韓韓 조선 시대	1		
		⑩	韓韓韓韓韓韓 조선 시대	1		
		⑪	韓韓韓韓 국토의 발전→韓韓韓韓 민족 문화 →韓韓 조선 사회→韓韓韓韓 대외 관계 →韓韓韓韓韓韓韓 제도 개편, 문화의 발달	4		

단원 구분	교과서 번호	지도 내용의 순서	코드 분류		
			韓	東	西
4. 우리나라와 세계의 근대화	⓪	西西西西西西 서양 근세→東東東韓 서양의 해외 진출과 아시아→韓韓 개방과 수난→韓韓 근대화 노력	2.3	0.5	1.3
	①	西西西西西西 서양 근세→東東東韓 서양의 해외 진출과 아시아→韓韓韓 개방과 수난→韓韓 근대화 노력	2.3	0.8	1
	②	東 제국주의→韓韓韓韓韓 조선의 식민지화	1	1	
	③	西西西西西西西西 근대 서양→東東東韓 서양의 해외 진출과 아시아→韓韓韓 개방과 수난→韓韓韓韓 근대화 노력	2.3	0.8	1
	④	西西西西西 서양 근대→東東東 서양의 진출과 아시아→韓韓韓韓 우리의 근대화와 수난	1	1	1
	⑤	西西西西 서양 근세→東東東 서양의 진출과 아시아→韓韓 근대화 노력→韓韓 대한 제국	2	1	1
	⑥	西西西西西西西 서양 근세→東東東韓 서양의 진출과 아시아→韓韓韓韓韓韓韓 개방과 수난	1.3	0.8	1
	⑦	西西西西西 서양 근대화→東東 제국주의→韓韓韓韓 개국과 수난	1	1	1
	⑧	西西西 19세기 서양→東東東 아시아 여러 나라→韓韓韓 근대화 노력→韓韓韓 대한제국과 수난	2	1	1
	⑨	西西西西西西 서양 근대→東東東韓 서양의 해외 진출과 아시아→韓韓 개방과 수난→韓韓 근대화 노력	0.8	1	
	⑩	西西西西 서양 근대→東東東韓 근세 아시아와 서양의 동방 진출→韓韓韓 개방과 수난→韓韓 근대화 노력	2.3	0.8	1
	⑪	西西西西西西 서양 근세→西東東東韓 서양의 해외 진출과 아시아→韓韓韓 개방과 수난→韓韓 근대화 노력	2.2	0.6	1.2
5. 대한민국의 발달	⓪	東西韓韓韓 1차 대전과 독립운동→世韓 해방과 대한민국 수립→韓韓 6·25사변→韓韓 대한민국의 발전	3.1	0.5	0.5
	①	西韓西韓韓 1차 대전과 독립운동→世韓 해방과 대한민국 수립→韓韓韓韓 6·25사변과 대한민국의 발전	2.1	0.3	0.7
	②	西西韓 1차 대전과 식민지 조선→世世韓 2차 대전과 해방→世世世世 2차 대전 후의 세계→韓韓 두 세계 사이의 한국	1.6	1.1	1.1
	③	東西韓韓韓 1차 대전과 독립운동→世韓世 2차 대전과 대한민국 수립→韓韓 6·25사변→韓韓 대한민국의 발전	2.9	0.5	0.5
	④	韓西韓韓 1차 대전과 독립운동→世韓 2차 대전과 대한민국 수립→韓韓韓 6·25사변과 대한민국의 발전	2.3	0.3	0.6
	⑤	韓韓 민족의 시련과 1차 대전→世韓 2차 대전과 해방→韓世 대한민국과 오늘의 세계	2	0.5	0.5
	⑥	西西韓韓 1차 대전과 독립운동→世世韓 2차 대전과 대한민국→世韓韓 6·25사변과 사변 후 부흥→韓韓 대한민국의 발전	2.5	0.8	0.8

단원 구분	교과서 번호	지도 내용의 순서	코드 분류		
			韓	東	西
5. 대한민국의 발달	⑦	西西韓 1차 대전과 독립 운동→世世韓韓 2차 대전과 해방, 6·25사변→世世韓 대한민국의 발전	1.1	0.6	1.3
	⑧	西西韓韓西東 1차 대전과 민족의 시련→世世韓 2차 대전과 해방→世西世東 전후 세계→韓韓 대한민국 독립과 발전→世世 대립된 세계	1.6	1.6	1.6
	⑨	韓西韓韓 1차 대전과 독립운동→世韓 해방과 대한민국 수립→韓韓 6·25사변→韓韓 대한민국의 발전	3.3	0.3	0.6
	⑩	韓西韓韓 1차 대전과 독립운동→世世韓 해방과 대한민국 수립→韓韓 6·25사변→韓韓 대한민국의 발전	3.1	0.3	0.6
		韓西韓韓 1차 대전과 독립운동→世韓 해방과 대한민국 수립→韓韓 6·25사변→韓韓 대한민국의 발전	3.3	0.3	0.6

※ 비고: 교과서 구분에서 ⓞ은 교육과정이고, 교과서는 [표 3]의 원문자 구분을 사용함.
코드는 동양사=東, 서양사=西, 세계사=世, 한국사=韓 내용으로 구분하여 표기함.
1개의 중단원 코드를 1로 처리하고 n개의 소단원 내용이 있으면 1/n로 계산하고 소수 둘째 자리에서 반올림하여 환산함. 世는 東, 西에 반분하여 환산함.
'1. 인류 문화의 시작', '6. 오늘의 세계와 우리의 할 일' 단원은 제외함.

[표 5]를 분석한 결과를 대단원별로 간략하게 정리하면 다음과 같다.

'2. 삼국 시대와 고대 세계의 생활' 단원은 교육과정이 동양사→서양사→한국사 순서를 제시했지만 10종 중에서 4종이 이를 따랐을 뿐 오히려 5종은 서양사→동양사→한국사 순서로 하였다. 이렇게 하면 동양에서 서양으로 갔다가 다시 한국으로 돌아오는 문제점을 해결하고 한국사와 동양사를 연결짓기는 자연스럽다. 반면에 서양사를 먼저 학습해야 하는 문제점이 발생한다. 이 때문에 ⑤번 이원순 교과서는 중단원 내에서 한국사와 동양사를 교차 배치하고 서양사를 말미에 학습하는 순서를 선택했다. 고대 동양의 서술에서도 대체로 중국, 인도의 순서이지만, ④번 변태섭 교과서는 인도, 중국의 순서로 배치해서 먼 곳에서 가까운 곳으로의 원칙을 보였다.

'3. 민족의 통일과 세계의 발전' 단원에서 통일신라 시대는 서양사→동양사→한국사의 순서로 그 내용은 중세 유럽→수·당, 일본, 동남아→이슬람교, 동서 문화 교류→통일신라가 된다. ②번 김성근 교과서는 동서양의 순서를 달리하였고, ④번 변태섭 교과서는 수·당 부분을 통일신라와 하나의 중단원으로 했다.

고려 시대는 대외관계를 포함한 한국사를 서술하면서 중간에 동양사 내용을 소단원으로 삽입한 것이 많았다. 서양 중세부터 3단원을 시작하지 않은 ⑤번 이원순 교과서, ⑧번 강우철 교과서는 통일신라→고려→서양 중세의 순서로 통일신라와 고려를 '통일 국가' 또는 '중세'로 묶어서 한국사→서양사의 순서로 하고 수·당은 삼국 시대에 배치하고 송·원은 고려의 서술에 포함시켰다.

조선 시대는 세계사 내용을 담은 소단원 없이 서술한 교과서가 많았다. 이것은 통일신라와 고려 시대를 다루는 방식과 다른 것이었다. 시대별 특성에 맞춰 구성을 달리할 수 있어도 한국사와 세계사를 비교한다는 취지에는 맞지 않았다. 이 때문에 ②번 김성근 교과서와 ⑦번 전해종 교과서는 서양사→동양사→한국사는 순서로 배열했고, ⑧번 강우철 교과서는 유독 조선 시대에 단원을 세분하였지만 조선 전기와 후기를 구분하면서 해당 시기의 서양사를 연결시켰다. 흥미로운 점은 조선 시대 부분에 서양사를 배열하지 않은 ③번 박성봉 교과서, ⑤번 이원순 교과서, ⑥번 이홍직 교과서, ⑩번 한우근 교과서, ⑪번 황철수 교과서는 르네상스 이후 유럽사인 서양 근세(또는 근대) 내용을 4단원을 시작하는 곳에 배열한 것이다. 이것은 교육과정이 제시한 배열을 따른 것이지만, 관련 시대를 비교하는 취지와 맞지 않고 서구 중심적 구성에 해당하는 것으로 볼 수 있다.

'4. 우리나라와 세계의 근대화' 단원은 대부분 교과서들이 서양사→동양사→한국사의 순서로 배치하였다. 대부분 교과서들이 르네상스부터 시작해서 시민혁명, 산업혁명까지 서술한 후 제국주의 팽창의 대상인 아시아의 명·청, 무굴 제국과 에도 막부와 메이지 유신까지를 다룬 다음, 개항 이후 국망에 이르는 조선을 다룬다. 우리의 자주적, 주체적 노력을 담기 어려운 구조였다.

'5. 대한민국의 발달' 단원은 일제강점기를 포함했지만 단원명만으로는 알 수 없다. 국망의 시기를 의도적으로 표현하지 않았던 것이다. 여하튼 대한민국이란 용어로 일제강점기를 포괄한 점은 주목된다. 코드명을 보면 두 차례의 세계 대전을 중심으로 세계사와 한국사 내용이 구성되었다. 두 차례의 세계 대전과 관련된 지역을 서양사와 동양사로 구분하기 곤란하므로 세계사로 처리하였다. 순서 배열은 세계사→한국사가 교차하는 것이었다. 마무리는 대한민국의 발전으로 한국사 내용이지만 여기에는 국제연합과의 관련 부분이나 냉전 서술 등이 포함되었다.

[표 5]에서 코드화해서 계량한 결과를 [표 6]으로 나타내었다.

[표 6]에서 코드 분류는 중단원 수준에서 소단원의 지역 구분 코드를 결합해서 코드화했다. 동일 지역만으로 구성되면 '중단원 분리 유형'이고 지역이 혼합되면 '중단원 통합 유형'이다.

[표 6] 역사 교과서 중단원의 코드 분류 결과

교과서 번호	중단원 수	중단원 분리 유형			중단원 통합 유형				코드 분류 환산 결과		
		韓	東	西	韓+東	韓+西	韓+東+西	東+西	韓	東	西
⓪	15	7	1	2	2	0	2	1	9.2	2.9	3.1
①	14	6	1	2	2	1	1	1	8.2	3	3
②	17	6	5	3	0	2	0	1	6.6	6.1	4.1
③	15	8	1	2	1	0	2	1	9.2	2.9	2.8
④	13	4	2	2	2	1	1	1	6.9	3	3.4
⑤	17	8	1	3	3	0	2	0	10.5	3	3.5
⑥	14	5	1	2	2	1	2	1	7.6	3.5	3.1
⑦	15	4	3	3	1	1	2	1	6	4.4	4.6
⑧	24	10	3	6	1	0	2	2	11.4	4.9	7.6
⑨	15	7	1	2	2	1	1	1	9.4	3	2.9

교과서 번호	중단원 수	중단원 분리 유형			중단원 통합 유형				코드 분류 환산 결과		
		韓	東	西	韓+東	韓+西	韓+東+西	東+西	韓	東	西
⑩	16	8	1	2	2	1	1	1	10.2	3	2.9
⑪	19	11	2	2	0	1	2	1	15.5	3.6	3.1
평균	16.3	7.0	1.9	2.6	1.5	0.8	1.5	1.0	9.2	3.7	3.7

※ 비고: 평균에서 교육과정에 해당하는 ⓞ는 제외함

중단원 분리 유형은 한국사 분리 단원이 평균 7.0인데 비해서 동양사와 서양사 중단원 통합 유형 평균을 합한 세계사가 4.8이어서 분리 유형에 비해서 통합 유형이 적었다. 교육과정의 코드 분류 ⓞ가 한국사 7, 세계사가 3인 것보다 교과서의 세계사 비중은 높아졌다. 코드 분류를 환산한 결과도 교과서에서 韓 : 東 : 西의 비율이 9.2 : 3.7 : 3.7로 교육과정이 제시한 9.2 : 2.9 : 3.1과 비교하면 한국사가 같고 동양사와 서양사의 비중이 높아졌다. 한국사와 동서양사를 합한 세계사의 비율은 9.2 : 7.4로 한국사의 비중이 좀 더 높았다. 하지만 한국사 중심이란 점에서 큰 차이가 없기 때문에 재량 범위에서 증대한 것이었다.

그런데 평균이 아닌 개별 교과서를 보면, 세계사의 비중이 한국사보다 높은 경우가 있었다. 분리 유형 및 통합 유형을 합한 한국사와 세계사의 환산 결과로 보면, ②번 김성근 교과서가, ⑦번 전해종 교과서, ⑧번 강우철 교과서에서 한국사보다 세계사 비중이 높았다. 이렇게 된 이유로 집필자 특성이 있다고 판단되지만, 이 역시 최초 검정 심사의 당락을 판단하는 기준은 아니었다.

한국사와 세계사의 비중과 단원 내에서 한국사와 세계사의 통합 서술은 다른 문제이다. 통합 유형의 비중이 높아야 통합의 노력이 강하다고 볼 수 있다. 결과적으로 중단원 분리 유형과 중단원 통합 유형의 평균 비중은 11.5(71%) : 4.8(29%)이다. 이것은 교육과정이 제시한 10(67%) :

5(33%)와 큰 차이가 없지만 통합 유형 비중이 교육과정에 비해서 교과서에서 낮아졌다. 통합 유형 비중이 높은 교과서는 ⑥번 이홍직 교과서가 통합 유형 비중이 43%, ④번 변태섭 교과서가 38%였다. 반면에 통합 유형 비중이 낮은 교과서는 ②번 김성근 교과서가 18%, ⑧번 강우철 교과서가 21%, ⑪번 황철수 교과서가 21%였다. 통합 유형 비중이 대체로 평균에 근접하면서도 일부 교과서는 비중을 높이거나 낮추었다. 흥미롭게도 김성근, 강우철의 교과서는 세계사의 비중이 높았지만 통합 유형 비중은 낮았다. 중단원 내에서 한국사와 세계사의 내용을 함께 서술하는 것은 세계사를 비중있게 다루는 문제와는 달리 고려할 문제였던 것이다. 한편, 교육과정에서는 韓+西 유형이 없었지만 교과서에서는 韓+西 유형이 있다는 점에서 교과서 저자들이 통합 내용을 어떻게 구성할 것인가를 고민한 결과로 볼 수 있다.

이상에서 보면 검정 역사 교과서들은 대단원, 중단원, 소단원 등 다양한 수준에서 한국사와 세계사 내용을 통합하려고 했다. 하지만 각 단원 수준에서 통합의 정도와 비중이 달랐고 배열의 순서도 일정하지 않아 일관된 통합의 원리를 확인할 수 없었다. 교육과정이 제시한 바와는 달리 재량권 범위내에서 구성한 교과서들도 다수 있어서, 현재식으로 표현하면 저자의 자율성이 있어 보였다. 하지만 이 시기의 다양성은 취약한 것이었다. 한국사로 귀결되는 구조를 가지다보니 세계사를 먼저 서술한 후 한국사를 서술하는 순서였으나, 이렇게 구성하면 한국사를 배우기 이전에 학습해야 하는 세계사 내용이 압도적이고 그 내용 역시 한국사 내용과 직결되지 않아서 한국사 학습에 효과적인 통합으로 보기 어려웠다.

3. 한국사와 세계사의 연계 내용

한국사와 세계사의 연계를 어떤 내용에서 적용하였는지를 확인할 필요가 있다. 마침 교육과정 해설에서는 한국사의 지도 내용에서 세계사와의 관련 내용을 제시한 것이 있었다.[42] 이를 정리한 [표 7]을 통해 한국사와 세계사의 연계 내용을 살펴보고자 한다.

[표 7] 교육과정이 제시한 한국사 분야의 세계사 연계 내용

대단원	교육과정 한국사 분야에서 제시한 세계사 연계 내용
1. 인류 문화의 시작	ⓐ 우리 민족의 생활 모습과 대륙 민족의 생활과 비교
2. 삼국 시대와 고대 세계의 생활	ⓑ 중국 민족과의 정치적 접촉, 문화의 도입으로 제 부족 국가가 발전한 과정 학습을 통한 외래 문화가 미친 문화 생활면의 영향 ⓒ 삼국의 대외 관계 학습을 통한 민족 통일을 위한 조상의 노력
3. 민족의 통일과 세계의 발전	ⓓ 〈통일신라〉 해외 활동으로 이루어진 이웃 나라와의 정치, 경제, 문화면에서의 접촉과 그 결과로서 민족의 생활 면에 나타난 변천과 생활 모습 ⓔ 〈고려시대〉 중국과 이웃나라의 정치, 사회, 문화 생활의 변천 이해, 몽고족의 세계적 세력 확대, 동서간의 생활 문화 교류 ⓕ 〈조선시대〉 왜란과 호란에 의한 민족의 수난과 외침에 대한 조상들의 거국적 항쟁
4. 우리나라와 세계의 근대화	ⓖ 우리나라에 접근한 서양 제국을 우리나라에서는 어떻게 대하였으며, 그 후 어떤 과정을 거쳐서 문호를 개방하였는가, 문호개방 후 우리나라에서 일어난 열강의 세력 경쟁 ⓗ 서양, 중국, 일본 세력이 우리나라의 정치, 사회, 경제, 문화 생활에 준 영향
5. 대한민국의 발달	ⓘ 제1차 세계대전이 발생한 동기와 그 진행의 대강, 대전 후의 세계의 움직임과 국제 평화를 위한 노력 ⓙ 대전후의 세계 정세와 국제 평화를 위한 민주 진영의 노력 ⓚ 6·25사변으로 인한 국제 정세의 긴장과 민주 진영의 견고한 결합 ⓛ 국제연합의 구실과 국제연합과의 관계
6. 오늘의 세계와 우리의 할 일	ⓜ 민주진영과 공산진영간 열전과 냉전 ⓝ 현대 문화 활동과 인류 평화를 위한 국제 활동

※ 비고: 문교부, 『중학교 교육과정 해설』, 1963, 162-167쪽. 연계 내용의 원문자 번호는 편의상 붙인 것임

42 문교부, 『중학교 교육과정 해설』, 1963, 162~167쪽.

[표 7]의 연계 내용은 교과서를 통해 구체적인 사실과 결합된다. 전쟁과 교역, 문화 교류를 포함한 갈등과 교류, 관계와 영향 관련 내용이 많았다. 주요 내용을 순서대로 정리하면 다음과 같다.

ⓐ 우리 민족의 생활 모습과 대륙 민족의 생활과 비교는 민족의 형성과 단군신화, 위만조선 등에 관한 것이었다. 민족의 이동이 북방에서 중국을 거쳐 여러 갈래로 이동했다는 점, 철기 문화 등 대륙 문명의 영향을 다루었다. 당시 수준에서 고조선의 중심을 대동강 유역으로 보았다. 단군신화를 길게 제시한 교과서도 있으나(①번 김상기 교과서, 15쪽) 건국 신화를 건국 이념으로 치환시킨 교과서(⑧번 강우철 교과서, 19쪽)도 있어 편차가 있었다. 우리 문명이 북방과 연결되는 계통임을 토기의 분포를 통해 설명하기도 했다(③번 박성봉 교과서, 8쪽; ⑩번 한우근 교과서, 12쪽). 위만은 이동과 전환을 설명하는 좋은 사례이지만 그 출자를 처리하는 문제가 있었다. 그래서 위만을 망명 유민(③번 박성봉 교과서, 26쪽; ⑤번 이원순 교과서, 17쪽)이라 서술한 것은 소수였으나, 중국의 통일로 어수선한 시기에 위만이 등장하였다는 서술하였다(①번 김상기 교과서, 35쪽; ②번 김성근 교과서, 25쪽; ⑩번 한우근 교과서, 41쪽). 학습의 순서상 선행한 춘추전국 시대 학습이 위만조선의 등장을 이해하는 데 도움이 되었을 것이다.

ⓑ 중국 민족과의 정치적 접촉, 문화의 도입은 한사군의 설치와 낙랑문화, 고구려의 대외 항쟁, 신라의 삼국 통일 등에 관한 것이었다. 우리 민족의 치열한 항쟁에 의해 이민족을 축출하였음을 강조했지만, 기본적으로는 낙랑 문화가 선진적이었고, 주변 국가들이 이를 통해 성장한 것으로 서술하였다.

ⓒ 삼국의 대외 관계 학습은 고구려의 수, 당과의 전쟁, 삼국간의 경쟁, 신라의 통일 등에 관한 것이었다. 이러한 대외 항쟁과 민족 통일과 함께 문화 교류도 매우 강조하였다. 불교의 전파는 인도, 중국, 한국, 일본을 연계

하는 주제였다. 불교 전파를 지도로 제시하거나(⑦번 전해종 교과서, 36쪽) 삼국에 불교를 전한 순도와 마라난타의 출신을 밝히고(⑥번 이홍직 교과서, 60쪽; ⑦번 전해종 교과서, 63쪽) 나아가 고구려에 불교가 들어오는 배경으로 전진이 동진과 대항하기 위해 고구려와 외교관계를 맺었음을 서술하기도 했다(⑦번 전해종 교과서, 50쪽). 대부분 교과서에서 담징, 아좌태자 등의 활동을 서술해서 일본에 영향을 준 사실을 강조하였다. 간다라 미술이 인도, 중국, 우리나라, 일본에 전해졌다거나(①번 김상기 교과서, 50쪽), 백제 겸익과 통일신라 혜초가 인도로 간 사실을 통해 교류의 경로와 범위를 제시하였다.

ⓓ 해외 활동으로 이루어진 이웃 나라와의 정치, 경제, 문화면에서의 접촉과 그 결과는 당의 제도, 무역과 문화 교류, 장보고의 해상 활동 등에 관한 것이었다. 정치적으로 당의 율령제도의 영향을 받은 제도를 마련하였고(③번 박성봉 교과서, 52쪽; ⑤번 이원순 교과서, 67쪽; ⑦번 전해종 교과서, 92쪽; ⑩번 한우근 교과서, 80쪽), 경제적으로는 무역 관계를 서술하고, 대부분의 교과서는 문화적으로 유학생, 유학승 사례나 장보고의 청해진 활동을 크게 서술하였다.

ⓔ 중국과 이웃나라의 정치, 사회, 문화 생활의 변천 이해, 몽고족의 세계적 세력 확대, 동서간의 생활 문화 교류는 고려의 대외 관계, 제도 정비, 문화 변천 등에 관한 것이었다. 고려 초기의 제도가 당의 제도를 본받았음을 서술하였고(②번 김성근 교과서, 100쪽; ③번 박성봉 교과서, 77쪽; ⑥번 이홍직 교과서, 105쪽) 대외 관계로 송, 거란, 여진, 몽고, 왜구 관계를 다루었다. 교역은 벽란도에 아라비아 상인이 고려까지 출입했다고 서술하여(⑦번 전해종 교과서, 108쪽) 동서교류와 연결지었다. 그런데 의외로 동서간 교류는 부각되지 못하였다. 동서 교통로를 원 나라 때가 아닌 이미 한 나라 때에 서술한 경우가 많았고, 지도를 제시하더라도 교통로 대신에 몽고 제국의 영역을 제시한 교과서가 많았다.

ⓕ 왜란과 호란에 의한 민족의 수난과 외침에 대한 조상들의 거국적 항쟁은 주로 항쟁사로 서술되었고 대부분 교과서에서 왜란의 영향을 서술했다. 그 내용은 중국과 일본의 왕조와 막부의 교체, 납치된 학자와 도공에 의한 일본 문화 발전, 국교 재개 등이었다.

ⓖ 우리나라에 접근한 서양 제국을 우리나라에서는 어떻게 대하였으며, 그 후 어떤 과정을 거쳐서 문호를 개방하였는가, 문호개방 후 우리나라에서 일어난 열강의 세력 경쟁은 조선 후기 서양 문물과의 접촉, 하멜 등 외국인 서술, 천주교 전파와 박해, 양요와 척화비, 쇄국 정책과 문호개방, 신사유람단과 영선사, 거문도 사건, 청일전쟁, 러일전쟁 등으로 이어진다.

ⓗ 서양, 중국, 일본 세력이 우리나라의 정치, 사회, 경제, 문화 생활에 준 영향은 교과서별로 여러 가지 내용이 다루어졌다. 문화 생활에 영향을 준 사례로 교통, 의료 등을 보면, 경인선 부설을 최초의 철도(⑤번 이원순 교과서, 222쪽)라는 기본 사실만을 서술하거나, 나아가 미국인에 의해 시작되어 뒤에 일본인이 완성(⑦번 전해종 교과서, 233쪽)되었다는 이권의 측면, 경부, 경의선은 러일전쟁에 따른 일본의 군사 수송 때문에 건설되었고(③번 박성봉 교과서, 248쪽), 일본이 한국의 전 철도망을 독점하여 온갖 착취를 수행하였다(⑩번 한우근 교과서, 227쪽)는 성격 규정까지 다양하였다. 광혜원(또는 제중원) 설립과 관련해서는 관련 인물을 미국인 의사(①번 김상기 교과서, 236쪽)라고 해서 인명을 밝히지 않은 교과서도 있지만 대부분 알렌(⑦번 전해종 교과서, 234쪽) 또는 미국인 알렌(③번 박성봉 교과서, 249쪽; ⑤번 이원순 교과서, 222쪽; 223쪽; ⑩번 한우근 교과서, 225쪽)이라고 해서 해당 사실이 외국 중에서도 어느 국가와 관계되는지를 밝히는 식이었다. 한편 알렌은 선교사로도 서술되어 선교와 의료과 관련성을 보여주었다(⑩번 한우근 교과서, 223쪽).

ⓘ~ⓝ은 한국사가 세계사의 전개와 밀접하게 전개되는 현대사 내용이었다. 세계대전과 일본의 강점, 3·1운동과 독립운동, 2차 대전, 8·15 해방과 대한민국 수립, 제3세계 여러 민족의 독립을 다루었다. 전쟁을 겪은 분단국가로서 특히 국제연합의 탄생과 우리가 국제연합에 가입하지 못한 이유를 빠짐없이 서술하였다.

2007 개정 교육과정에 따른 중학교 역사 교과서(상)를 분석한 연구는 세계사와 한국사의 연계성 목적을 첫째, 유의미한 배경, 둘째, 시간적·공간적 공유성과 상대성, 셋째 교류사적 접근을 통한 시각의 전환 등 3가지를 제시하였다.[43] 2차 교육과정의 세계사와 한국사의 통합 서술에서도 한국사 이해의 배경으로서 세계사, 한국사의 전개와 함께 다른 세계의 진행, 상호관계 속에서 타자 인식에 도움이 되는 것이다.

이러한 목적에서 한국사와 세계사의 흐름을 비교할 수 있는 연표의 제시가 중요하다. 2차 교육과정의 중학교 역사 교과서에서도 연표를 제시하였다. 대부분의 교과서가 연표를 부록으로 제시하였으나, ⑤번 이원순 교과서, ⑦번 전해종 교과서는 단원을 시작할 때마다 연표와 세계 지도를 제시하여 통합학습의 효과를 높였다.

2차 교육과정이 문제해결학습을 강조하였으므로 교과서가 제시한 학습 활동에 주목할 필요가 있다. 한국사와 세계사를 연계한 탐구과제를 살펴보았으나 대부분 교과서는 그러한 측면에서 과제를 선정한 것으로 볼 수 없었다. 다만, ①번 김상기 교과서는 연계와 관련된 연습문제가 많은 편이었다. 이를테면 "송의 문화를 설명하고 우리나라와 깊은 관계가 있는 것은 무엇인가 생각하여 보자." "여·원의 문화 교류는 어떠한 영향을 끼쳤는가?"(121쪽) "8·15 해방 후의 국내외 정세는 어떠하였는가, 또

43 정소영, 「중학교 역사(상) 교과서의 세계사와 한국사 연계성 분석 및 활용 방안」, 『역사교육논집』 47, 2011, 91~92쪽.

대한민국 수립 과정을 살펴보자." "두 세계의 대립 동향을 비교하여 연표를 만들고 지도를 그려보자."(285쪽) 등이었다.

학습 활동의 체계적 제시는 ⑧번 강우철 교과서가 뛰어났다. 이 교과서는 단원 도입부에 단원 개관의 내용으로 〈학습 목표〉를 제시하였고, 소단원마다 〈주요 용어〉, 중단원마다 〈연습 문제〉, 대단원 말미에는 〈학습 활동〉을 배치하였다. 예를 들면 3단원의 학습 활동은 분단을 나누어서 활동할 내용과 방법을 제시하였다(100쪽).

이상에서 검정 교과서의 한국사와 세계사의 연계 내용을 검토하였다. 문제는 한국사와 세계사의 통합 방식과 함께 제시된 많은 내용들이 분리 구성한 경우와 별 차이가 없어 보인다는 점에 있다. 오히려 각각에 대한 기초학습 없이 통합 내용을 학습하게 되면서 혼란스러울 수 있었다. 2차 교육과정의 한국사와 세계사의 통합 시도는 이러한 취약점과 함께 한국사 교육 강화라는 국가 정책과 맞물려 지속될 수 없었다.

Ⅳ. 맺음말

본고는 2차 교육과정에서 사회과 교육과정의 통합을 강화하는 가운데 중학교 2학년 역사가 탄생하였으며 그에 따라 11종의 검정 교과서가 교육과정에 제시한 내용 체계와 지도 내용을 준수하면서 일부 교과서에서는 단원 구성을 달리하거나 배열을 달리한 것을 검토하였다. 통합 방식은 대단원 수준에서 한국사와 세계사의 조합, 중단원 및 소단원 수준에서 세계사와 한국사 내용의 배열 순서 등을 고려하면서 서술한 점을 검토하였다.

2차 교육과정에서 중학교의 역사교육은 사회과 2학년 과정에서 이루어졌다. 과목명도 사회2였다. 그것은 해방 후 꾸준히 추진된 생활 중심, 경험 중심 교육과정에서 중심에 있었던 사회(생활)과가 중학교 사회과에서도 통합화를 강화했기 때문이었다. 그전까지는 초등 통합, 중등 분과의 형태로 편제되었고, 중등 역사는 사회과 편제에 속하지만 분과적으로 운영되었다. 사회과 편제상으로는 일본의 교육과정과 비슷하였고, 미국 교육사절단의 영향도 있었지만, 기본적으로 사회과 통합화를 강화하는 흐름에서 추진된 것이며, 이전보다 세련된 것이었다.

통합을 추구하면서 형태로는 중학교 2학년에 한국사와 세계사 내용이 배정됨으로써 역사 단독으로 내용을 구성하게 되었다. 1963년 고시된 중학교 사회 2학년 교육과정은 대단원 내에서 한국사와 세계사 내용이 통합된 것이었고, 1968년 부분 개정에서 대단원별로 분리되어 전반부는 한국사, 후반부는 세계사 내용으로 분리되기 전까지 적용되었다. 역사 통합은 새로운 시도였으나 역사학 및 역사교육측에서 이슈화되지 못했다. 한국사나 세계사에 따른 전공별 분담과 협업으로 역사 내에서 교과서 내용을 구성하고 서술하면 되는 것이기 때문이었다.

2차 교육과정 시기에 사용한 검정 교과서에는 각각 여러 명의 집필자가 참여하였다. 그만큼 교과서 구성과 내용은 다양하게 나타날 수 있었다. 사회 1, 2, 3학년 교과서를 공동 집필하고 합격하는 방식이어서 역사 교과서뿐만 아니라 중학교 사회 교과서는 11종이 발행되었다. 이 중에서 1965년 합격본이 7종, 1966년 추가 합격본이 4종이었다.

중학교 사회 2학년 역사에서 적용된 한국사와 세계사의 통합 방식을 교육과정과 함께 검정 교과서를 비교 분석하였다.

사회과 통합의 일환으로 시도된 한국사와 세계사의 통합이었으므로 그동안 한국사와 세계사 교육체계가 분리되어 운영된 경험과는 다른 교육과정이 나와야했고 이에 따른 교과서 서술이 필요하였다.

대단원 명칭은 한국사와 세계사 용어를 병렬하여 사용함으로써 통합 단원임을 표현하였다. 단원 구성에서 교육과정은 6개 대단원을 제시하였는데, 종전의 통상적인 구분과 달리 6개 단원 중에서 파격적으로 3개 단원을 근현대사에 배당하였다. 통일신라, 고려, 조선을 3단원이라는 한 단원에 포함한 것도 독특하였다. 당시 풍미했던 단원학습과 관련된 것으로 이해된다. 교과서 집필자인 역사학자들은 교육과정이 제시한 시대별 배분과 내용의 연결이 자연스럽지 못하다고 인식할 수 있었다. 그 결과 교육과정이 제시한 단원 구성을 따른 교과서도 많았으나 수정한 교과서도 적지 않았다. 특히 3단원을 분할하였다. 분할은 통일신라, 고려, 조선을 왕조별로 구분하거나, 조선 전기와 후기를 나누기도 하였다. 대단원 재구성이 검정합격 여부와 무관하였다는 점에서 교육과정 위반이 아니었고 오히려 교과서별 차이가 드러날 수 있었다.

대단원 내 한국사와 세계사 내용의 통합은 한국사와 세계사의 내용을 연결해서 학습하게 만든다. 이 점에서 학습의 분량과 순서가 중요하다. 교육과정의 중단원 수준에서 6단원을 제외한 나머지의 분량을 보면 세계사 7개, 한국사 12개로 한국사 중심이었다. 큰 골격은 세계사를 배경으로 한국사를 교육하는 것이었다. 검정 교과서들을 살펴보면 학습의 순서는 동양사→서양사→한국사 순서로 세계사를 학습한 후 한국사를 학습하는 것이었다. 그러나 세계사 내용은 한국사 학습의 배경 정도의 비중이 아니라, 그 이상이었다. 한국사와 세계사가 분리된 체계에서 통합하다 보니 세계사 교육의 독자성도 이전과 차이가 없었다. 이 문제는 비교적 한국사와 관계가 높은 동양사보다 서양사에서 심할 수밖에 없었다. 이 때문에 한국사 뒤에 서양사를 배치하는 교과서도 있었다. 한편, 한국사 서술 내에서도 모든 시기에 세계사 내용을 고르게 배치할 수 없었다. 시기별로 대외관계의 내용이 달랐기 때문이었다. 즉, 삼국 시대에 비해서 조선 시대의 세계사 내용이 적었다.

소단원 단위로 서양사, 동양사, 한국사 내용을 코드화해서 계량화해 보았다. 내용이 분리된 유형과 내용이 통합된 내용을 비교하면 분리 유형에서 한국사 평균 7.0으로 세계사 4.8보다 많았다. 이는 한국사 중심으로 구성되었음 의미한다. 분리 유형과 통합 유형의 평균 비중은 11.5(71%) : 4.8(29%)였다. 중단원 내에서 한국사와 세계사를 통합해서 서술한 것이 분리해서 서술한 것을 포함한 전체에 비해서 30%정도로 나타난 것이다. 비중의 적정 여부를 판단하기는 어렵지만, 통합 서술의 경험이 없던 속에서 나타난 결과로서는 낮다고 보기 어렵다. 40%대로 통합 유형 비중이 높은 교과서도 있었다.

교육과정은 한국사와 세계사의 연계 내용까지 제시하였다. 그 내용은 이전의 교류 및 관계사로 처리된 내용과 크게 차이가 없었다. 교과서 서술에서도 전쟁과 교역, 문화 교류 및 상호 영향에 대한 내용들이었다.

학습 활동 및 자료 측면에서는 단원 마무리의 익힘 문제 형식에서 일부 교과서에서 통합과 관련된 설문이 있었지만, 대부분은 통합 내용과 거리가 있었다. 자료로서는 한국사와 세계사의 흐름을 비교할 수 있는 연표가 제공되었다. 일부 교과서는 연표를 부록이 아니라 단원 도입에서 처리함으로써 연계 학습의 활용도를 높였다.

이상에서 살펴본 바와 같이 2차 교육과정기의 중학교 역사는 한국사와 세계사의 분리를 없애고 유기적으로 융합하는 통사형 편성을 표방한 것으로 당시 용어로는 종합학습의 시도였다. 의도와는 달리 시기를 구분하고 그 안에 포함될 적정한 내용 구성과 배치를 이루지 못했다. 결국 내적으로는 체계적 학습의 곤란, 외적으로는 국사교육의 강화의 흐름에서 중단되었다. 이후 오랫동안 국사 독립, 세계사 사회과 편입의 구조 속에서 돌아볼 필요가 없는 경험이 되어 버렸다.

2007 개정 교육과정에서 한국사와 세계사의 내용을 통합한 중학교 역사가 등장하면서 2차 교육과정의 경험을 상기하기도 했다. 그러나 2007, 2009 개정 교육과정은 대단원간 통합 방식이어서 2차 교육과정의 경험과는 거리가 있었다. 그런데 2015 개정 교육과정에서는 대단원 내에서 세계사와 한국사를 통합적으로 구성했기 때문에 2차 교육과정과 유사성이 높아졌다. 그런데 2015년에 개발된 역사 교육과정은 '국정 역사교과서 파동'으로 적용하지 못하고 폐기되었다. 이어서 2018년에 개정한 역사 교육과정은 세계사와 한국사를 완전히 분리하였다. 하지만 앞으로도 역사에서 통합 주제의 개발은 어떤 식으로든 필요할 것이다. 2차 교육과정은 통합의 측면만이 아니라 당시 역사학의 수준에 따른 교과서 내용이 현재와 많은 차이가 있다는 점에서 직접적인 활용 가능성은 많지 않겠으나, 당대 역사학자들이 교과서에서 시도한 방식을 살펴볼 필요는 있을 것이다.

본고만으로 2차 교육과정 중학교 역사교육에 대한 검토가 충분해진 것은 아니다. 오히려 이 시기 교육과정과 교과서를 검토하다보니 그 학술적 기반이 현행 교과서와 많은 차이가 있어 생경함을 느낄 정도였다. 1960년대 역사 교과서 내용을 읽으면서 발생하는 이질감은 당시 역사학이 식민사관을 탈피 못하여 발전적인 전망이나 주체적인 인식이 부족한 상태에 머물렀기 때문에 발생한다. 한국사와 세계사의 통합이라는 시도와는 다른 각도에서 검토해야 할 문제이다. 특히 2차 교육과정 시기에 국사교육의 내용 통일을 추진했으므로 이것에 의해 서술 내용이 어떻게 바뀌어 가는지를 당시 역사학의 성과와 함께 본격적으로 검토할 필요가 있다. 또한 역사 교과서 측면에서 이전 시기에 비해 강화된 검정과 발행, 한글 전용에 따른 개고본 발간, 부분 개정 이전과 이후의 차이, 교과서 집필에 참여한 역사학자 등에 대해서도 추후 검토할 과제로 남겨둔다.

05

제2차 교육과정기 한국 고대사연구와 국사 교과서의 서술 검토

신선혜

Ⅰ. 머리말

제2차 교육과정기는 1963년에 교육과정이 공포된 후 1969년 부분적인 개정을 거쳐 1973년 제3차 교육과정이 공포될 때까지의 시기를 말한다.[1] 제1차 교육과정이 6·25전쟁의 후유증으로 인한 사회혼란 속에서 충분한 내용이 설계되지 않았던 것에 비하면[2] 제2차 교육과정은 개정을 위한 연구와 여론조사 등을 비교적 체계적이고 오랜 시간 진행한 후 단행하였다는 점에서 진일보한 성과라고 할 수 있다.[3] 그러나 1961년 5·16군사정변, 1968년 국민교육헌장의 공포 등으로 인해 군사정부의 교육이념이 교육내용에 반영되면서 국사 교육과 교과서는 정치 도구화되어, 제3차

1 『고등학교 교육과정(문교부령 제121호)』.

2 『고등학교 및 사범학교 교과과정(문교부령 제46호 별책 단기 4288년 8월 1일 제정)』.

3 교육과정 개정의 과정은 『고등학교 교육과정 해설(문교부령 제121호 1963년 2월 15일 공포)』에 자세하다.

교육과정기에는 국사교과서의 국정화가 단행되기에 이른다. 이러한 점에서 제2차 교육과정기 국사과 교육내용은 반공주의로 특징지워져 주로 군사정부의 국사교육 강화정책의 일환으로서 연구되었다.[4] 다만 이들 연구는 제3차 교육과정에 중심을 두고, 제2차 교육과정은 그 전사(前史)로서 서술된 점에서 2차기만의 특징을 발견하기 쉽지 않다. 또한 일제강점기의 교육과 비교하는 관점에서 해방 후 국사교육과 교과서의 흐름 속에서 혹은 한 주제에 대한 교육과정기별 교과서 서술의 변화 속에서 2차기는 비교적 소략히 다뤄졌다.[5]

그러나 최근 제2차 교육과정기 국사 교육내용을 전론적으로 다룬 연구가 진행되었는데,[6] 교육과정 개정을 전후하여 발표된 각종 정부 자료 및 신문 자료를 근거로 개정의 배경에 주목하여 군사정부가 표방한 민족주의와 반공주의가 교육내용에 반영되는 과정을 소상히 밝혔다. 이 중 특히 이 시기 『편수자료』 등에 고대사에 대한 내용이 다수 언급되어 있음

4 김한종, 「지배이데올로기와 국사교과서 해방 이후 국사교과서의 변천과 지배이데올로기」, 『역사비평』 15, 1991; 신주백, 「국민교육헌장 이념의 구현과 국사 및 도덕과 교육과정의 개편(1968~1994)」, 『역사문제연구』 15, 2005; 이신철, 「국사 교과서 정치도구화의 역사-이승만·박정희 독재정권을 중심으로」, 『역사교육』 97, 2006; 장영민, 「박정희 정권의 국사교육 강화 정책에 관한 연구」, 『인문학연구』 34-2, 2007; 조성운, 「반공주의적 한국사 교육의 성립과 강화」, 『한국민족운동사연구』 82, 2015.

5 김정인, 「해방 이후 국사교과서의 '정통성' 인식-일제 강점기 민족운동사 서술을 중심으로-」, 『역사교육』 85, 2003; 신주백, 「한국근현대사에서 고구려와 발해에 관한 인식」, 『역사와 현실』 55, 2005; 양정현, 「국사 교과서 고대사 서술에서 민족·국가 인식의 변천」, 『한국고대사연구』 52, 2008; 최병택, 「해방 후 역사교과서의 3·1운동 관련 서술 경향」, 『역사와현실』 74, 2009; 이부오, 「제1차~제7차 교육과정기 국사교과서에 나타난 고대 영토사 인식의 변화」, 『한국고대사탐구』 4, 2010; 박진동, 「해방 후 현대사 교육 내용 기준의 변천과 국사교과서 서술」, 『역사학보』 205, 2010; 이수정, 「해방 이후 국사교과서의 가야사 서술 변천과 대안」, 『역사와교육』 19, 2014; 서인원, 「동학농민운동의 한국사 교과서 서술 내용분석-제1차~제7차 교육과정의 고등학교 교과서를 중심으로-」, 『숭실사학』 32, 2014; 조성운, 「해방 이후 고등학교 한국사교과서의 신간회 서술 변천」, 『역사와실학』 57, 2015; 김태웅, 「해방 후 고등학교 '국사'교과서에서 1894년 농민전쟁 서술의 변천」, 『역사교육』 133, 2015; 조성운, 「해방 후 고등학교 한국사교과서의 근대교통사 서술의 변천」, 『역사와교육』 21, 2015; 조성운, 「해방 이후 고등학교 한국사교과서의 동학농민운동 서술의 변천」, 『민족종교의 두 얼굴』, 선인, 2015.

6 조성운, 「제2차 교육과정의 제정과 국사교과서의 편찬」, 『한국사학보』 66, 2017.

이 주목된다.[7] 실상 고대사 연구는 1960년대를 전후하여 새로운 고고학적 발견 등으로 인해 상당한 연구성과가 축적되었다는 점에서 이로 인한 다수의 이설(異說)이 교과서에 제시되었음을 보여준다고 할 수 있다. 이와 함께 민족의 원류, 건국 신화, 이민족과의 전쟁 등의 주제는 정부의 교육이념을 뒷받침해 주기에 효과적이었기 때문에 고대사가 강조된 것으로도 해석할 수 있다.

이러한 점에서 각 시기 교과서의 고대사 서술은 주목된 바 있으며, 근래 재추진된 한국사 교과서 국정화와 관련하여 그 시원으로서 제2차 교육과정기 교육과정 및 교과서의 전근대사 서술에 대해 재조명되기도 하였다.[8] 이 역시 제3차 국정화 시기에 초점이 맞춰져 있지만 부분적이나마 제2차 교육과정기 교과서의 내용이 분석되었다는 데에 의미가 있다.

지금까지의 연구들을 토대로 제2차 교육과정기 교육내용의 특징을 파악하기 위해 본고에서는 먼저 교육과정을 비롯한 각종 지침들의 고대사 서술기조를 정리하고 내용의 변화양상을 검토하고자 한다. 대상이 되는 자료는 1963년 공포된 제2차 교육과정과 그 해설, 그리고 대부분의 내용이 고대사를 대상으로 한 1964년의 『편수자료』,[9] 이와 함께 1966년 작성된 『민족주체성 확립을 위한 교육과정 운영지침』으로,[10] 1968년 제2차 교육과정이 적용된 교과서 집필의 배경이 되는 자료들이라 할 수 있다.

다음으로는 1968년 발행된 11종 고등학교 국사교과서의[11] 고대사 서

7 조성운, 「제2차 교육과정의 제정과 국사교과서의 편찬」, 『한국사학보』 66, 2017, 355~356쪽.

8 하일식, 「고교 국사의 발행제 변천과 전근대 서술」, 『역사와현실』 92, 2004.

9 본고에서 인용한 자료는 1964년 발행된 『편수자료』 5권인데, 이는 1972년에 3~6권 합집으로 발행된 책에 실려 있다. 참고로 3~6권은 각각 1960년, 1963년, 1964년, 1970년에 발행되었다.

10 문교부, 『민족주체성 확립을 위한 교육과정 운영지침』, 1966.

11 11종의 고등학교 국사 교과서 목록은 국립중앙도서관, 『한국교과서목록, 1945-1979』,

술을 분석하여 앞서 살핀 각종 지침들의 반영여부와 함께 당시까지의 고대사 연구성과의 출입과 그 배경을 검토해보고자 한다. 서술을 비교할 주요 주제는 교과서 간 공통점과 차이점이 발견되는 주제 중 선사시대의 구분문제, 국가 발전 단계의 설정 그리고 신라와 발해의 관계 등으로 선정하였다.

한편 1968년 교과서 발행 후 1969년 12월 말, 『중·고등학교 국사교육개선을 위한 기본방향』이라는 보고가 문교부에 제출되었음이 주목된다.[12] 이는 김용섭·이기백·이우성·한우근에 의해 공동연구된 결과물로, 문교부의 연구비로 작성되었다는 점에서 국사 교육 방향에 대한 정부의 의도가 반영된 연구라 볼 수 있다. 이에 서술된 기 발행 교과서 서술의 문제점과 고대사 중 당시 정부와 학계가 주목하고 있던 주제의 파악을 통해 차후 고대사 교육의 방향과 의도를 가늠해 볼 수 있으리라 생각되어 이를 교육내용의 변화라는 관점에서 살펴보고자 한다.

이러한 본고의 흐름은 2장의 경우 제2차 교육과정이 제정된 1963년부터 1968년, 교과서가 발행되기 이전까지를, 이후 3장에서는 1968년을 전후한 교과서 집필시기를 대상으로 한다. 그리고 4장에서는 교과서 발행 후 1969년에, 기 발행된 교과서 내용에 대한 분석 및 보완점이 제시된 자료를 검토하므로, 이러한 구성은 1963년부터 1969년까지의 교육내용뿐 만 아니라 고대사 연구의 변화양상을 짚어내는 데에도 효과적일 수 있다고 생각된다. 본고의 사학사적 의미를 기대할 수 있는 부분이라 할 수 있다.

1979, 273~274쪽과 조성운, 「제2차 교육과정의 제정과 국사교과서의 편찬」, 『한국사학보』 66, 2017, 365쪽을 참고하였다.

12 김용섭·이기백·이우성·한우근, 『중·고등학교 국사교육개선을 위한 기본방향』, 1969(영남대학교 중앙도서관 고문헌실 소장본). 최근 이에 대한 소개와 해제가 진행되어 참고 된다(장신, 「해제_『중·고등학교 국사교육개선을 위한 기본방향』」, 『역사문제연구』 36, 2016).

Ⅱ. 교육과정 및 편수·운영 자료의 고대사 서술 검토

1. 제1·2차 교육과정의 비교

제2차 교육과정은 생활중심 또는 경험주의 교육과정으로 별칭된다.[13] 이는 고대사 부분의 지도 내용을 통해서도 그러한 특징이 드러나는데, 이를 제1차 교육과정과 비교해보면 다음과 같다.

[표 1] 제1·2차 교육과정의 지도내용 비교

제1차		제2차	
대단원	중단원	대단원	중단원
1. 선사 시대의 문화	(1) 선사 시대의 사회 생활 (2) 선사 시대의 유적 유물	1. 역사의 시작	(1) 원시 시대의 유물, 유적 (2) 원시 시대의 사회 생활 (3) 우리 민족의 내력과 건국
2. 부족 국가 시대의 문화	(1) 부족 국가의 형성과 분포 (2) 부족 국가의 사회 조직과 경제 (3) 부족 사회 신앙과 풍속 (4) 한 문화의 섭취와 그 영향	2. 부족 국가 시대의 생활	(1) 부족 국가의 형성과 그 변천 (2) 부족 국가의 사회, 문화 (3) 한 문화의 섭취와 그 영향
3. 삼국 시대의 문화	(1) 삼국의 성립과 국제 관계 (2) 삼국의 정치와 사회 (3) 삼국의 교육과 학술 (4) 삼국의 신앙과 화랑도 (5) 삼국의 예술	3. 삼국 시대의 생활	(1) 삼국의 성장과 변천 (2) 삼국의 사회, 경제 (3) 삼국의 문화 (4) 삼국의 대외 관계
4. 통일 신라와 발해의 문화	(1) 신라의 삼국 통일과 민족 통합 정책 (2) 통일 신라의 정치 와 경제 (3) 통일 신라의 신앙 과 학술 (4) 통일 신라의 예술 (5) 발해의 흥망과 문화	4. 통일 신라 시대의 생활	(1) 신라의 삼국 통일 과 민족 통합 정책 (2) 통일 신라의 정치, 사회, 경제 (3) 통일 신라의 문화 (4) 발해의 흥망과 그 문화

가장 먼저 확인할 수 있는 것은 서술의 중심이 "문화"에서 "생활"로 변화되었다는 점이다. 이는 "오늘의 교육을 더욱 실생활과 직결시키고

13 이홍우 외, 「교육과정과 교과서 개선을 위한 기초 연구」, 『문교부 정책 연구 보고서』, 문교부, 1979, 24쪽.

학교를 사회와 접근시키려면 교육 과정 내용은 우리 생활 주변에서 중점적으로 정선되어야 하며, 이것을 생활과 경험을 통한 학습 방법으로 습득하게 한 뒤에는 일상 생활에 그대로 활용할 수 있게 하여야 한다"는 교육과정의 내용에 부합한다.[14] 또한 이 시기 교과서에서도 "정치·경제·사회·종교·문예 등 문화의 각 부면에 있어 편중된 서술을 지양하고 균형된 서술을 꾀하여, 문화 생활의 발전 양상을 종합적으로 이해하도록 하였다"거나[15] "종전의 정치·문화 중심의 서술을 피하고 경제·사회면을 중요시하였다"고 도입부에 제시함으로써[16] 교육과정의 반영에 유의하였음을 밝혔다. 즉 역사라는 것이 현재의 생활과 동떨어진 추상적인 것이 아닌, 과거에서 현재로 이어지는 삶의 모습이라는 측면에서 "생활"로 명기한 것으로 보인다.

다음으로는 민족의 내력에 대한 부분이 추가된 점이 발견된다. 이는 제2차 교육과정기가 민족을 극단적으로 강조하고, 내부 단결과 대외 투쟁을 중심으로 민족사를 구성한 제3차 교육과정기 교육내용의[17] 시작점으로 평가될 수 있는 대목이기도 하다. 1967~1968년을 전후하여 역사학계에서도 국가의 성립과 함께 민족 형성에 대한 연구가 진행되었다.[18] 한국 민족의 독립단위설을 주장하여 한국 문화의 형성이 독립성을 가지고 있음을 주장하였고,[19] 본격적으로는 한국 민족의 구성과 예맥(濊貊)에 대해 고찰하여 예맥이 남쪽의 한족(韓族)과 아울러 민족 구성의 근간이라고

14 『고등학교 교육과정 해설(문교부령 제121호 1963년 2월 15일 공포)』.

15 한우근, 『(고등학교) 국사』, 을유문화사, 1968, 「일러두기」.

16 이상옥·차문섭, 『(고등학교) 국사』, 문호사, 1968, 「머리말」.

17 양정현, 「국사 교과서 고대사 서술에서 민족·국가 인식의 변천」, 『한국고대사연구』 52, 2008, 147쪽.

18 김정학, 「한국민족형성사」, 『한국문화사대계1』, 1964; 尹武炳, 「濊貊考」, 『백산학보』 1, 1966.

19 김정학, 「한국문화 형성의 재인식」, 『세대』 2월, 1968.

밝히기도 하였다.[20] 이러한 연구들은 당시의 민족주의적 욕구를 충족시켜 주면서 이를 더욱 확산시키는 의미도 가지고 있어 교과서 집필에 영향을 주었을 것임이 짐작된다.

한편 두 시기 단원 구성의 가장 큰 차이점은 통일신라와 발해에 대한 부분이라 할 수 있다. 즉 제1차에서는 통일 신라와 발해가 대단원의 제목으로 병기되었지만, 제2차에서는 통일 신라만을 제목에 넣음으로써 두 나라가 남·북국으로 존재했던 사실보다는 통일 신라사에 발해사가 포함되어 있는 듯한 인상을 준다. 물론 "발해의 흥망과 그 문화에 대해서는 국민의 대다수가 말갈족이었기는 하나 국가적 성격으로 보아 고구려의 후신(後身)이라 하겠으니 우리 민족의 한 둘레로서 이해시키도록 하며 그 성격을 충분히 고찰시킨다"고 하여[21] 지도 내용에 있어서는 이전 시기와 크게 다르지 않지만 그러한 의도가 드러나지 않도록 구성한 것으로 보인다. 이에 대해 통일 신라를 강조한 식민사학의 잔재가 청산되지 않은 양상으로 파악할 수도 있으나, 이미 1차기 단원 구성에서 두 국가가 병기된 양상을 상기한다면, 2차기에 있어 다시금 식민사학적 경향이 대두한 것으로 설명할 수는 없을 것이다. 아울러 1960년대가 식민사학이 왜곡한 역사에 대한 광범한 점검이 경쟁적으로 추진되었던 시기였다는 점을 통해서도 그러하다.

이와 관련하여 당시 북한의 역사 해석이 1961년 조선노동당 제4차 대회를 전후로 새롭게 정립되어 부여-고구려-발해로 이어지는 정통성을 강조하였기 때문에 그에 대한 반대 입장에서 신라에 의한 통일의 자주성이 강조된 것으로 파악한 견해가 있다.[22] 즉 이 시기 북한 역사학계에서

---

20 金貞培, 「濊貊族에 關한 硏究」, 『백산학보』 5, 1968.

21 『고등학교 교육과정 해설(문교부령 제121호 1963년 2월 15일 공포)』.

22 신주백, 「한국근현대사에서 고구려와 발해에 관한 인식」, 『역사와 현실』 55, 2005, 121~122쪽.

발해사에 대한 인식이 높아졌다는 점이 주목된다. 사실 북한 학계가 처음부터 신라의 삼국통일을 부정적으로 평가했던 것은 아니다.[23] 그러나 한국 역사상의 외세 의존적인 사대주의를 배격하라는 김일성의 교시로 인해 발해를 고구려의 후계국가라고 주장하는 학계의 기운이 차츰 강력해진 것이다.[24] 이러한 상황에서 남한의 군사정부는 북한의 정통성과 관계된 발해를 부각시키는 것에 소극적이었을 가능성이 충분하다고 할 수 있다.[25]

이렇게 본다면 제2차 교육과정에서 발견되는 반공주의 교육이념은 고대사 서술에 있어 북한학계의 성과를 받아들이지 않는 방법으로 발현되었는데, 이에 대해서는 후술할 구석기, 청동기 시대의 구분 문제와 함께 재론하고자 한다.

2. 편수·운영 자료의 검토

이 시기 교과서의 『편수자료』는 부정기적으로 발행된 것으로 보이는데, 특히 1963년 교육과정이 공포된 후 뒤이어 1964년에 작성된 『편수자료』에는 "국사 교육 내용의 통일"이라는 제목으로 고대사에 대한 내용을

---

23 1956년 4월에 나온 『조선통사』만 하더라도 제3장의 제목은 '신라에 의한 삼국통일'로 되어 있었다(이기동, 「북한 역사학의 전개과정」, 『전환기의 한국사학』, 일조각, 1999, 157~158쪽).

24 이기동, 「북한 역사학의 전개과정」, 『전환기의 한국사학』, 일조각, 1999, 158쪽.

25 이는 발해와 통일 신라의 관계가 대립적이었다고 강조한 2차 교과서의 서술과도 관련된다. 대부분의 교과서에는 두 국가 간 아무런 교류도 없었고, 나아가 대립적 관계를 가지고 있었다고 서술하고 있는데, 실상 사료에 따르면, 발해의 남해부와 신라의 천정군 사이에 역이 39개 설치되어 있었다는 것을 통해 그들의 왕래가 오늘날 생각하는 것보다 훨씬 빈번했음을 알 수 있다. 그리고 발해가 멸망할 즈음에 거란으로부터 공격을 받았을 때도 제일 먼저 원조를 청했던 것도 신라였다는 점도 두 국가의 관계를 대립 일변도로 해석할 수 없음을 방증한다(금경숙, 「고등학교 국사교과서 내용분석-고대사 부분을 중심으로」, 『강원사학』 8, 1992, 34~35쪽).

주요하게 다루고 있어 주목된다.

1. 단군 : 단군에 대하여서는 민족신화로서 취급하되, 교육 과정의 정신을 반영시키도록 한다.
2. 기자 조선, 위만 조선 : 기자 조선 및 위만 조선에 대한 史實은 고조선에 포함시켜 취급하되,
   ㉠ 기자 조선, 한씨 조선, 개아지 조선, 위만 조선, 위씨 조선 등 용어는 사용하지 않는다.
   ㉡ 기자 동래 云云 및 기자 云云하는 서술은 교과서에서 하지 않는다.
   ㉢ 위만에 대하여서는 민족적 소속을 밝히지 않는다.
3. 삼한의 위치와 부족 국가 수 : 〈생략〉
4. 한사군의 위치 : 한사군의 위치에 대하여서는,
   ㉠ 진번의 위치-자비령 이남~한강 이북의 지역
   ㉡ 현도의 위치-압록강 중류 지역
   ㉢ 임둔의 위치-함경 남도의 대부분~강원도의 일부 지역
   ㉣ 낙랑의 위치-대동강 유역 지역으로 한다.
5. 삼국의 건국 및 건국 연대 : 〈생략〉
6. 신라의 삼국 통일 연대 : 신라의 삼국 통일 연대는 676년으로 한다.
7. 국내성과 환도성 : 국내성과 환도성은 별개의 것이 아니라 동일한 것으로 한다.
8. 신라에서 불교를 공인한 연대 : 신라에서 처음 불교를 공인한 연대는 법흥왕 14년으로 한다.
9. 위례성의 위치 : 〈생략〉[26]

---

26 고대사 부분만을 제시하되, 본고에서 논의할 부분은 전문을 옮기나, 그 외의 내용은 대주제만을 제시하고자 한다. 자료의 전문은 『편수자료』 5(1964), 문교부를 참고할 것. 이후 인용되는 자료들은 대체로 한글과 한자가 병기된 사례가 대부분이나, 인용의 편의를 위해 필요한 부분만을 한자로 표기하였다.

위의 내용은 '이설이 있는 내용에 대한 조치' 부분에 해당하는 서술로, 이와 함께 "통일한 국사 교육 내용의 지도" 부분에서는 각 항목의 내용 통일의 연유를 상세히 후술하였다. 이를 참고하여 주요한 몇 개 항목의 이설(異說) 발생 배경과 그 의미를 살펴보고자 한다.

먼저 기자·위만조선의 항목에 보이는 한씨조선과 개아지조선은 모두 기자조선을 가리키는 것으로, 전자는 기자조선의 지배씨족이 토착 사회의 씨족으로서 요동방면에서 대두하여 아사달 사회의 구 지배씨족을 몰아내었는데, 그 씨족의 성이 한씨(韓氏)였다고 고증한 연구에서 비롯되었다.[27] 후자 역시 기자의 동래설(東來說)을 부정하고 기자조선의 실체는 해씨(解氏)의 개아지조선이라고 본 연구에 근거한다.[28] 이 두 용어를 비롯하여 위만조선(위씨조선)을 사용하지 않는다는 것은 앞서의 연구내용이 통설로 받아들여지지 못하였다는 점과 함께 이들이 고조선과 별개의 정치체로 성립되지 않았다는 점을 강조하기 위한 것으로 생각된다. 그런데 그렇게 본다면 위만이 고조선을 유지시킨 이유를 설명하기 위해 그의 민족적 소속이 밝혀져야 함에도 이를 밝히지 않도록 하면서 오히려 이것이 "같은 계열의 민족이었음을 암시하여 주는 것"이라 하여[29] 고조선에 대한 계통적 이해를 방해한다. 이에 제1차기 교과서에서는 그가 조선인일 가능성이 언급되거나,[30] "중국인 망명자의 한 사람"으로 서술되어,[31] 교과서 별 시각의 차이가 뚜렷하나, 2차 교과서에는 위만이 "중국에서 망명

27 이병도, 「삼한문제의 신고찰(2)」, 『진단학보』 3, 1935, 97~102쪽.

28 최남선, 「조선사의 기자는 지나의 기자가 아니다」, 『月刊 怪奇』 2, 1929; 『육당최남선전집2』, 현암사, 1973, 366~367쪽.

29 『편수자료』 5, 문교부, 1964, 22쪽.

30 위만이 조선인일 가능성을 제1차에 이어 제2차기 교과서에도 명기하였다(이병도, 『(고등학교) 국사』, 일조각, 1968, 12~13쪽)

31 이홍직, 『(고등학교) 국사』, 동아출판사, 1968, 17쪽.

한 무리를 이끌고 준왕을 내쫓았다"고 표현하거나,[32] "요동 지방에서 들어왔다"고 하여[33] 대체로 중국인으로 이해되는 결과를 낳았고, "위만이라는 사람이 조선에 귀화하였다"고 하여[34] 중국인임을 확정하는 표현으로도 서술되었다.

한사군의 위치에 대해서는 이 시기 대체적인 합의를 보았던 것으로 서술하고 있다. 이는 제1차 교과서에서 "한강 이북이 대체로 이에 속하였다"고 보는 등[35] 한반도 내에 위치를 비정한 것과 달리 요동지역설을 장황하게 설명한 교과서도 발견되는 것을 보면[36] 이에 대한 합의가 필요했던 것으로 생각된다. 한사군의 위치비정에 대한 견해들은 조선 후기 실학자들에 의해 일단의 정리가 이루어졌다고 할 수 있다. 훗날 한사군의 위치에 대해 추정 가능한 논리가 대부분 조선 후기에 도출되었다는 평가를 받을 정도로[37] 다양한 관점에서 한사군의 위치에 접근한 것이다. 한사군을 한반도 내 비정하는 설 역시 그 중 하나였다. 그럼에도 한국사의 시작을 식민지로 만들어 현실의 식민지배를 정당화하기 위해 일본학계에서 '한사군 한반도설'을 창작, 강조한 것으로 받아들여져 요동지역설이 강조되어, 식민주의의 극복이라는 기치를 내세운 제1차 교육과정기에 이러한 연구성과가 반영된 것이라 하겠다. 그러나 이후 사료에 의한 실증주의적 연구들이 진행되면서 조선 후기의 한반도설이 신뢰되었고, 국정교과서 기간을 거쳐 현재까지도 교과서를 비롯한 교재에 이를 중심으로 서술되

---

32 김상기, 『(고등학교) 국사』, 장왕사, 1968, 13~14쪽.

33 이홍직, 『(고등학교) 국사』, 동아출판사, 1968, 19쪽.

34 신석호, 『(고등학교) 국사』, 광명출판사, 1968, 13쪽.

35 이홍직, 『(고등학교) 국사』, 동아출판사, 1968, 17쪽.

36 홍이섭, 『고등국사』, 정음사, 1957, 21~22쪽.

37 윤용구, 「1920~1930년대 한사군의 위치논쟁」, 『한군현 및 패수 위치 비정에 관한 논의』, 한국 상고사 대토론회 자료집, 2015, 93쪽.

어있음이 확인된다.

상고사에 대한 내용이 주로 문헌자료의 미비로 인한 학자 간 연구시각의 차이에서 이설이 발생한 것이라면, 고대사의 경우는 다양한 문헌에 기록된 연대의 착종에 의한 것이다. 즉 신라의 불교 공인 연대는 제1차기 교과서에서 법흥왕 14년(527)과 15년(528)으로 대별되어 서술되었는데, 이는 "교육 내용의 지도"에서도 밝히고 있듯이 『삼국사기』에는 15년으로, 『삼국유사』에는 14년, 그리고 『해동고승전』에는 16년(529)으로 기록되어 있음에 기인한다. 즉 취신한 사료에 따른 서술의 차이인데, 1960년대를 전후하여 『삼국유사』의 기록을 신빙한 연구가 진행되어[38] 이것이 반영된 결과로 보인다. 이에 따르면 『삼국사기』 신라본기 법흥왕대의 연대는 지리지나 직관지의 연대보다 1년씩 뒤떨어지고, 「대각국사비(大覺國師碑)」에도 신라 불교의 기원적 연대를 법흥왕 14년으로 잡고 있음을 알 수 있다. 다만 학계에서는 이후 공인(公認)의 의미가 재론되면서 연대 역시 그에 따라 다른 시기로 비정되기도 하지만,[39] 현재까지도 불교 공인 연대는 법흥왕 14년으로 통설화되어 있다.

한편 위의 자료에서 삼국의 통일 연대를 676년으로 규정한 것은 신라가 백제, 고구려를 멸망시키고 당군을 축출한 시기를 연대로 삼음으로써 신라의 자주적 통일을 강조한 것인데 이는 『민족주체성 확립을 위한 교육과정 운영 지침』(이하 『운영 지침』)과 관련시켜 이해할 수 있다.[40] 이 자료는 1966년 문교부에서 발행된 것으로, 이전 시기 자료에 민족의 자주성으로 표현된 교육이념은 민족주체성으로 한층 강조된다. 또한 민족주체성 확

---

38 李基白, 「삼국시대 불교 수용과 그 사회적 의의」, 『역사학보』 6, 1954; 『신라사상사연구』, 일조각, 1986, 11~12쪽.

39 앞서 인용한 이기백의 글에서도 補論을 통해 불교 공인 연대를 법흥왕 22년(535)로 수정한 견해를 밝히기도 하였다.

40 문교부, 『민족주체성 확립을 위한 교육과정 운영지침』, 1966.

립은 "교육을 통하여서만 근원적으로 이루어질 수 있다"면서 "국사 교육을 중시하고 우리의 역사적 전통을 살펴 그 터전 위에 새로운 문화 창조를 도모하여야 할 것이다"라고 하여 이를 국사 교육을 통해 구현하고자 하였음을 알 수 있다. 이 자료가 제2차 교육과정기 국사 교육내용을 민족 주체성 확립의 시각에서 특징지울 수 있는 대표적인 것이라 판단되는 이유이기도 하다.

이 자료의 작성 배경과 관련하여 63년부터 67년까지 한국사 연구의 특징으로 민족주체의식의 태동과 시대구분논쟁의 발단이 손꼽아질 만큼[41] 이 시기 역사학계에서 민족주체성에 대한 논의가 중심을 이룬 사실을 지적할 수 있다. 다만 역사학자들이 현실 정치와는 직접 관계없이 학문적 견지에서 민족주체의식의 문제를 연구했음을 스스로 강조하기는 하였지만 민족주체성의 문제는 주요한 연구과제였다.

『운영 지침』에서는 사회과에 대한 각론으로서 다양한 학습 내용의 예를 제시하고 있는데, 총 17항목 중 8항목이 고대사를 대상으로 하고 있어 민족주체성 확립을 위한 고대사 교육 방향의 설정이 중요하게 여겨졌음이 다시 한번 확인된다. 다소 방대하나, 내용의 구체성으로 인해 자료의 제시만으로도 의미를 가질 수 있다고 생각되어 해당 부분의 전문을 제시한다.

> 2. 통일 독립된 민족으로서의 역사적 주체성을 수호하기 위한 학습 내용의 예
>
> (1) 통일 독립된 민족으로서의 역사적 전통
>
> 하나의 민족은 통합되는 것이 역사적 법칙이다. 우리의 고대

41 이우성, 「총설」, 『역사학보』 39, 1968; 역사학회, 『한국사의 회고와 전망 I』, 역사학회, 1996, 18쪽.

부족이 삼국으로 통일되고, 삼국이 통일 신라로 뭉쳐졌고, 신라 말의 후삼국이 또한 고려에 의해서 다시 통일된 것도 결국 하나의 민족으로서 불가피한 숙명적인 역사 법칙이었다는 것을 일깨워, 현안의 민족 통일에 대한 의욕을 강조한다.

(2) 삼국 시대의 고구려의 대 중국과의 관계

① 고구려의 한 군현과의 싸움 : 만주 벌판을 주름잡고 남으로 대동강 유역의 낙랑군을 쳐 물리친 고구려인의 씩씩한 기질을 강조한다.

② 고구려의 수당과의 싸움 : 수나라 대군을 살수에서 크게 섬멸한 살수 대첩과 당 태종의 대군을 막아 낸 안시성의 혈전을 통해서 고구려인의 우월한 민족 역량과 굳은 단결력을 본받도록 한다.

(3) 신라의 화랑도 정신

신라 흥륭의 원동력이 된 화랑도 정신을 본받아 오늘의 우리의 민족적 취약성을 극복하는 데 기여하도록 한다.

3. 민족의 문화적 주체성을 일깨워 주기 위한 학습 내용의 예

(1) 고구려의 고분에서 발굴된 벽화와 고분의 구조 등을 통해서 고구려인의 씩씩하고 진취적인 문화적 자주성에 긍지를 갖도록 한다.

(2) 백제인의 문화 전파 활동에 대하여 자부심을 갖도록 한다. 즉, 유학과 불교 등의 문화를 일본에 전하여 일본의 고대 문화를 일깨워 준 백제인의 탁월한 문화적 활동을 강조함으로써 오늘 우리의 문화적 낙후상에 대한 민족적인 반성과 아울러 이를 극복하고자 하는 불굴의 의욕을 북돋워 준다.

(3) 신라인의 천재적인 문화적 재질에 대하여 자부심을 갖게 한다. 즉, 동양 최고의 천문대인 첨성대, 불국사와 석굴암의 사탑을 위시해서 불상 조각과 금관 공예 등에 뛰어난 솜씨를 남긴 후예로서의 자부심을 갖도록 하고, 이제부터라도 노력하면 신라 시대와 같은 천재적인 문화적 재질을 재현시킬 수

있다는 신념을 길러준다.

4. 애국 애족의 민족적 기상을 길러 줄 수 있는 학습 내용의 예

(1) 수나라의 대군을 살수에서 격파한 을지 문덕 장군의 빛나는 슬기와 애국적 무훈에 대하여 존경심을 갖게 한다.

(2) 당 태종의 대군을 맞아 안시성의 혈전을 지휘한 양 만춘 성주의 슬기를 찬양하는 마음을 길러 준다.

지금까지 살핀 교육과정 및 편수·운영 자료들은 이후 제2차 교육과정기 국사교과서 서술에 지침이 되었다. 이는 교과서에 "높은 건국 이념으로서의 홍익인간 사상은 우리 민족에게 참된 정신과 이상을 불어넣어 준, 진정한 민족 주체성의 기본 방향을 제시한 이정표였다"라거나, "(발해는) 범국민적인 통일 의식이 결핍되어 민족 문화 형성에 실패함으로써 비극을 낳게 된 것이다"라고 서술된 점에서도[42] 확인된다. 이렇듯 이들 자료들에 나타난 고대사 서술은 1963년 민족과 반공을 강조하는 서술기조 속에서 1966년을 기점으로 민족주체성 확립에 효과적인 이론을 제시하였음을 알 수 있다.

Ⅲ. 고등학교 국사 교과서의 고대사 서술 분석

제2차 교육과정이 적용된 국사 교과서는 고등학교의 경우 1968년 3월부터 사용되었다. 총 11종의 교과서가 검정을 통과하였는데, 제1차 교육과정기 교과서의 집필자 1/2이 제2차 교과서 집필에도 참여하였다. 특히 이병도, 김상기, 이홍직, 신형식, 변태섭 등 고대사 전공자 및 관련 연구업적이 많은 필자들이 참여하였던 점에서 고대사 서술 분석의 범위는 이

42 윤세철·신형식, 『(고등학교) 새로운 국사』, 정음사, 1968, 13~14, 73~74쪽.

들 5인이 집필한 교과서를 주요 대상으로 하는 것이 효과적이라 생각된다. 다만 그 외 특기할만한 서술을 있는 교과서의 경우도 해당 부분에 인용하여, 앞서 살핀 각종 자료들의 반영여부와 각 교과서 간 공통점과 차이점을 밝히고자 한다.

1. 선사시대의 구분

선사시대에 대한 서술에서 주목되는 부분은 먼저 구석기 시대에 대한 서술이 없거나, 혹은 당시의 발굴성과를 반영하고는 있으나 구석기 시대의 존재에 대해 의심하는 어조를 발견할 수 있다는 점이다.

[표 2] 석기시대에 대한 서술

이병도(3쪽)	이홍직(6쪽)	변태섭(3쪽)
신석기 시대의 유물과 유적 (이는 소제목임) 근래 우리나라에서도 구석기 시대의 유물과 유적이 나타난다고 하나, 아직 확실하지 않다.	근래 우리나라에서도 남북에서 각각 구석기 시대의 유물과 유적이 발견되어 가고 있으나 아직 충분한 결과를 발표할 단계에는 이르지 못하고 있다. (이하 보충설명) [구석기의 발견] 1933년 두만강의 동관진에서 구석기 시대의 것으로 보이는 석기와 골각기를 채집한 일이 있었으나 애매한 점이 많아서 일반적으로 믿어지지 못하고 있다. 그러나 1964년 이래로 충남 공주군 장기면 석장리의 금강 가에서도 구석기 시대에 속한다고 보는 석기를 많이 발굴하였으며, 이 유적에서 토기가 반출되지 않은 것은 확실한데 그것이 중석기 시대 것인지 또는 더 올라가서 구석기 시대 것인지는 장차 더 연구하여야 밝혀질 것이다. 하여간에 이와 같은 발견은 우리 나라 선사 시대에 대하여 중요한 문제를 제시하고 있다.	우리나라에서는 종래 구석기 시대의 유물이나 유적이 발견되지 않고 있어서, 일반적으로 한국에 인류가 살기 시작한 것은 신석기 시대에 들어와서부터였다고 말하여 왔었다. 그러나, 최근 공주 근처에서 타제석기가 많이 발굴되어, 만주나 중국·일본 열도 등 한국을 둘러싼 여러 지역과 같이 신석기 시대를 선행한 無土器 시대에 인간이 살고 있었으리라는 것이 추측된다. (이하 각주) 함경 북도 동관진에서 발견된 석기와 골각기를 구석기 시대의 유물로 주장하는 학자가 있으며, 근래에는 충청 남도 공주에서도 구석기 시대의 유물과 유적이 많이 발굴되었다.

3종 교과서 서술의 가장 큰 차이점은 분량이기도 하거니와, 구석기 시대의 유적으로 동관진 유적과 공주 석장리 유적의 언급여부 역시 차이점으로 지적할 수 있다. 동관진 유적은 1932년에 함경북도 동광진에서 동물뼈 화석이 드러나, 한반도에서 구석기 시대 유적의 존재 가능성이 적극적으로 검토된 바 있다.[43] 그런데 발굴물이 아니어서 무시당한 것인지 일본학자들에 의해 부정된 영향인지 교과서에서도 그것을 확신하는 어조는 보이지 않는다. 특히 이홍직은 동관진 유적에 대한 견해를 피력한 바 있는데,[44] 여전히 그에 대한 신빙성을 의심하고 있다. 그럼에도 채집된 유물의 종류를 소개하고 있어 이 부분에 대한 가장 자세한 서술태도를 보이고 있다.

한편 공주 석장리 유적은 1964년에 발견된 것으로, 이 시기가 선사시대 연구의 획기로 여겨질 만큼 중요한 유적이라 하겠다. 다만 1964년 이래 4차의 발굴을 거듭한 석장리 유적에 대해 1965년에 간단히 보고되었던 때문인지[45] 교과서에 이 유적을 통한 구석기 시대의 구분을 확정짓지 못하고 있다. 이후 1967년, 중간보고를 통해[46] 구석기 유적의 가능성이 높아졌지만 교과서 집필에는 영향을 주지 못하였다. 이와 함께 석장리 발견시기와 유사하게 1960년부터 함경북도에서 굴포리유적의 발굴이 시작되었지만[47] 석장리에 비해 주목되지 않은 탓인지 그에 대한 내용도 역시 반영되지 않았다.

---

43 德永重康·森爲三, 「豆滿江沿岸潼關鎭發掘物調査報告」, 『第一次滿蒙學術調査硏究團報告』 2-1:1-43, 1939; 直良信夫, 「朝鮮潼關鎭發掘舊石器時代ノ遺物」, 『第一次滿蒙學術調査硏究團報告』 6-3:1-12, 1940.

44 이홍직, 「여명기의 한일관계와 전설의 검토」, 『국사상의 제문제2』, 국사편찬위원회, 1959.

45 孫寶基, 「公州 石壯里 無土器文化」, 『고고미술』 6-3·4, 1965.

46 孫寶基, 「층위를 이룬 석장리구석기문화」, 『역사학보』 36·37, 1967.

47 都宥浩, 「굴포리 서포항동 발굴 보고」, 『고고민속』 2, 1963.

그렇지만 교과서라는 특성 상 학계 연구성과의 즉각적인 반영이 쉽지 않은 상황에서 유적 발견 및 연구와 비교적 멀지않은 시기에 공주 석장리 유적이 소개되었다는 점은 당시 연구성과가 교과서에 반영되지 않는 것을 아쉬워하여 60년대 중후반에 이를 위한 '국사교육심의회' 같은 기구의 수립이 제안하기도 하였던 점을 참고하면[48] 주목할 만한 부분이라 할 수 있다.

선사시대의 구분 중 다른 한 가지 살필 점은 청동기 시대, 철기 시대의 구분이 보이지 않고 대신 이 시기를 금석병용기로 설정한 점이라 하겠다.

[표 3] 금석병용기에 대한 서술

이병도(5쪽)	윤세철·신형식(2·7쪽)	김상기(7쪽)
금석 병용기의 유물·유적 (이는 소제목임) 신석기 시대에 만들어진 여러 가지 도구를 사용할 때, 새로이 몽고 고원을 중심으로 북아시아의 초원 지대에서 유목 생활을 하던 흉노족에 의하여 스키토 시베리아 문화계통의 청동 문화가 이 땅에 전해졌다. 한편, 남하해 오는 흉노족을 억누르려고 한족이 동진해 오면서 청동 및 철기 문화를 전하게 됨을 따라, 석기와 금속기를 아울러 쓰던 시대로 되었다. 이 시대는 일반적인 문화 단계로 보아 과도기적인 시대이지만, 우리 나라에서는 그 시기가 비교적 오래 계속되었다.	우리 민족은 無文厚肉 土器와 櫛目文 土器를 가진 북방 계통의 부족 국가로, 기원 전 4세기경에 흉노의 청동기 문화, 한민족의 철기 문화가 흡수되고 잇달아 금석병용기의 출현을 보았다. … 일반적으로 역사 발전의 단계는 신석기 시대를 지나면 청동기 시대가 오고 다음은 철기 시대가 출현하는 것이 통례이다. 그러나 우리 민족은 신석기 문화를 가진 지가 오램에도 불구하고 금속기 문명을 갖지 못했다. 그러므로 이집트의 나일 강 유역이나 중국 황하 유역의 경우보다 훨씬 늦게, 금속기 문화를 받아들이게 되었는데, 그것이 바로 우리 나라에서의 금석 병용기 시대이다.	금석 병용기의 유물·유적 (이는 소제목임) 오랫동안 석기 문화의 생활을 하던 나머지 人知가 차차 깨어가고 또한 대륙의 영향을 받아 석기 이외에 쇠붙이로도 연장을 만들어 쓰기에 이르렀다. 이때는 금석기와 아울러 석기도 얼마 동안 그대로 사용하였으므로 금석 병용기라 한다.

금석병용기란 일본 고고학계에서 1930년대 이후, 야요이시대의 성

48 金龍德, 「國史」, 『역사학보』 44, 1969; 역사학회, 『한국사의 회고와 전망 I』, 역사학회, 1996, 105쪽.

격이 석기와 금속기가 공반되는 현상을 가리킨 용어이다. 실상 이 용어는 이미 구미권에서 사용되던 것이었지만, 일제강점기 한반도의 선사시대에 적용되면서 그 의미가 변하게 되었다. 1942년 등전량책(藤田亮策)은 한반도의 역사를 석기시대-금석병용시대-낙랑대방시대-삼국시대 순으로 설명하여 식민지라는 개념과 금석병용기를 동일의 단계로 설정하였는데,[49] 이러한 점이 타율성론의 근거가 되었다. 즉 한반도의 선사시대는 석기 사용 단계에서 청동기, 철기가 동시에 사용되는 단계로 이행하였다는 것으로, 그것은 한반도가 미개한 석기시대에 정체되어 있는 동안 청동기시대를 거쳐 철기를 사용하게 된 중국이 한반도를 침략하여 청동기와 철기를 동시에 파급시켰다는 의미로 사용된 것이다. 이러한 이유로 해방 후 고고학계를 비롯한 역사학계에서는 금석병용기를 청산해야 할 대상으로 설정하였다.

이에 한국고고학을 구석기시대 및 중석기문화-신석기시대-청동기문화-초기철기문화-김해문화-삼국 고분문화로 시기를 구분하면서, "최근의 연구에 따라 청동기시대의 존재가 밝혀지게 되었으므로 금석병용기라는 것은 정확한 사용법이 아니다"라는 주장이 있었다.[50] 그러나 이러한 시각은 교과서에 반영되지 않았는데, 청동기시대의 존재를 인정하려는 노력이 있었지만 1968년까지도 그 가능성이 희박하다고 역설한 사례가 있는 것을 보면[51] 여전히 금석병용기를 설명하고 있는 교과서의 서술이 무리가 아님을 알 수 있다.[52]

---

49 藤田亮策, 「朝鮮の石器時代」, 『동양사강좌』 18, 1942.

50 김원룡, 「한국문화의 고고학적 연구」, 『한국문화사대계1』, 고려대 민족문화연구소, 1964.

51 金元龍, 「先史時代」, 『역사학보』 39, 1968; 역사학회, 『한국사의 회고와 전망 I』, 역사학회, 1996, 33쪽.

52 다만 이병도는 단원 구성에서 철기 문화의 보급과 한사군의 변천을 함께 서술하여 철기 문화가 한사군의 설치와 함께 본격적으로 보급되었다고 해석한 점이 주목된다.

반면 이 시기에 북한에서는 고고학 분야에서 도유호의 주재 아래 눈부신 성과를 이루어내었다.[53] 구석기 시대의 유적을 계속 들추어냈을 뿐만 아니라 신석기 시대 문화의 구명에도 큰 진전을 보였다. 한국에 독자적인 청동기 시대가 존재했음을 입증해 낸 것이다. 그럼에도 남한학계에서는 이러한 성과를 인정하지 않은 채 북한 지역의 발굴성과를 교과서에 언급하지 않았던 것이다. 이 역시 신라와 발해의 관계에 대한 시각과 동일하게 반공교육이라는 이념이 고대사 서술방향을 결정짓는 데에 투영된 사례라 할 수 있다. 이후 제3차 교육과정기 교과서에서 구석기시대-신석기시대가 구분, 명기되고 청동기 "문화"가 설정됨으로써 소극적이나마 금석병용기의 설정이 청산되었다.

2. 국가 발전 단계의 설정

한국의 고대 사회가 부족국가-부족연맹체-고대국가의 단계로 발전하였다는 것과 그 발전의 축이 왕권의 성립과 강화에 있었다는 점은 오랜 기간 여러 학자들에 의해 받아들여졌다. 다만 그 원리나 체제에 대한 세부내용까지 동일하지는 않았는데, 교과서의 서술 역시 집필자에 따라 국가 발전 단계를 달리 설정한 점이 찾아진다.[54]

---

53 都宥浩, 『조선원시고고학』, 1962.

54 국가 발전 단계에 대한 교과서 서술의 비교에 대해서는 서의식(「고대·중세초 지배세력 연구의 동향과 「국사」 교과서의 서술」, 『역사교육』 45, 1989)의 분석을 참고하여 정리하였다.

[표 4] 국가 발전 단계에 대한 서술

김상기(10–11쪽)	이병도(10쪽)	이홍직(10·22·34쪽)
서로 관계가 밀접한 여러 씨족이 모여 보다 큰 사회를 이룩하였으며 이것이 부족 사회이다. … 그리고 부족과 부족 사이의 공동 문제를 처리하기 위하여 부족장들이 중심이 되어 부족 연맹이 이루어졌으며 이에 따라 부족 국가도 나타나게 되었다. … 부족 국가의 단계를 거쳐 삼국의 시대가 열리게 되었다.	금석병용기에 들어서게 되자, 씨족 사회의 내적인 변화 발전과 외래의 영향으로 보다 큰 사회 단체를 만들게 되었다. 즉, 부족을 이루고, 나아가서는 몇 개의 부족이 모여 부족 국가를 이루었고, 다시 몇 개의 부족 국가가 연결하여 부족 연맹을 이루었다. 여기는 이를 통솔하는 군장이 있고, 중요한 국사를 의결하는 족장 회의가 있었다. 이러한 지도자들의 세력이 커짐을 따라, 점차 같은 부족 안에서도 빈부의 차가 생기고, 계급이 생겨서, 드디어는 집권 체제의 고대 국가로 발전을 보게 되었다.	몇 개의 씨족이 모여서 보다 큰 부족이라는 사회를 이루게 되었다. … 금속 문화가 들어와 산업과 교역이 발달하게 되면서부터 부족 상호간에 긴밀한 관계를 맺기도 하고 또 충돌을 일으키기도 하였으며, 혹은 어떤 강력한 부족이 주위의 부족을 정복하는 경우도 있었다. 이러한 과정을 밟아서 여러 부족이 다시 결합하여 보다 큰 사회가 나타나게 되었는데 이것을 부족 연맹 국가라고 한다. … 고대 국가가 부족 연맹 국가와 구별되는 점은 왕권의 전체화가 이루어지고 왕위가 자손에게 세습되었다는데 있다.

정리한 바와 같이 김상기는 부족사회–부족연맹–부족국가–고대국가의 단계로, 이병도는 부족국가–부족연맹–고대국가, 이홍직은 부족사회–부족연맹국가–고대국가로 국가의 발전단계를 서술하였다. 이홍직의 부족연맹국가 단계는 부족국가와 동일하게 보아도 좋을 것이지만, 문제가 되는 것은 부족연맹과 부족국가의 선후관계이다. 부족국가와 부족연맹의 용어는 1933년 백남운에 의해 처음 사용되었는데, 이때 부족국가는 부족연맹에 선행하는 개념이었다.[55] 또한 앞서 제시한 부족국가–부족연맹체–고대국가로의 발전 단계는 1964년 김철준에 의해 제시된 바 있다.[56] 이에 따른다면 이병도가 당대의 연구성과를 충분히 이해하고 반영하였음을 알 수 있을 뿐만 아니라 제3차기 교과서에서 이에 따라 국가 발

55 白南雲, 『朝鮮社會經濟史』, 1933, 123~130쪽.

56 김철준, 「한국고대국가발달사」, 『한국문화사대계 I』, 1964, 466~491쪽.

전 단계가 서술되었다는 점에서도 통설화되었다고 볼 수 있다. 그러나 1971년 월간잡지 『신동아』가 5회에 걸쳐 진행한 토론회에서 기존의 용어들이 재검토되기에 이른다.[57] 이기백은 이러한 논의를 재빠르게 받아들여 성읍국가–연맹왕국–중앙집권적 귀족국가의 단계로 수정하는 한편, 1970년대 이후 미국 인류학계의 국가 형성에 관한 제이론이 국내 역사학계에 소개되면서 부족국가의 용어가 비판되고 군장사회(君長社會)의 단계가 설정되기도 하였다.[58]

이렇듯 국가 발전 단계에 대한 연구를 바탕으로 교과서에서도 이에 대한 서술내용이 변화하였으나, 여전히 부족국가 내지 성읍국가의 용어가 통용되고 있음이 확인된다.

3. 신라 불교의 전래

앞서 신라 불교의 공인 연대와 관련한 『편수자료』의 내용을 살핀 바 있다. 이에 따라 제2차기 교과서에는 모두 법흥왕 14년(527)을 공인연대로 서술하고 있다. 그런데 신라 불교의 전래자를 아도(阿道), 묵호자(墨胡子) 2인으로 서술하거나, 불교의 공인에 중국(梁)과의 교통을 하나의 요인으로 지적하는 등의 차이점이 발견된다.

57 千寬宇, 「三韓의 國家形成(上)」, 『한국학보』 2, 1976, 6~18쪽.

58 김정배, 「한국고대국가 기원론」, 『백산학보』 4, 1973; 「소도의 정치사적 의미」, 『역사학보』 79, 1978; 김정배, 『한국고대의 국가기원과 형성』, 고려대출판부, 1986.

[표 5] 신라 불교 전래에 대한 서술

이홍직(49–50쪽)	이병도(41–42쪽)	신형식(43–44쪽)
눌지왕(417~457) 때에 고구려로부터 묵호자라는 중이 일선군(지금 선산)에 와서 모례의 집에 머물면서 전도를 하였으나 일반의 박해를 받을 뿐이었다. 그러다가 중국과의 교통이 열림에 따라서 점점 왕실에까지 불교가 알려지게 되었고 법흥왕 14년(527) 이 차돈의 순교를 계기로 하여 비로소 국가의 공인을 받아 불교가 성행하게 되었다. (이하 보충설명) [불교 전래에 대한 문제] 위에 소개한 것은 「삼국사기」에 전하는 바이지마는 원래 이러한 전래에 관한 것은 전설적인 성격도 있는 것이다.	신라에는 고구려나 백제보다 훨씬 뒤인 417~458년(눌지왕 때) 사이에 고구려로부터 胡僧 묵호자가 비밀리에 지금의 선산에 들어와 전도한 것이 처음이고, 그 뒤 아도란 중이 제자 세 사람을 데리고 들어와 신라에 불교를 전하게 되었다. 그러나 신라에는 고유의 신앙이 뿌리깊이 박혀 있었기 때문에, 좀처럼 불교의 포교가 허용되지 않더니, 527년(법흥왕 14년) 이차돈의 순교를 계기로 공인되었다.	눌지왕 때 묵호자가 고구려로부터 들어와 일선군에 사는 모례의 집에서 전파하다가 실패한 후, 梁나라 사신인 元表가 건너 온 후 이차돈의 순교로 법흥왕 14년(527)에 공인 발전되었다.

신라 불교의 전래자에 대해서는 『삼국유사』 집필 당시부터 논의되었다. 일연은 전래자에 대한 여러 전승을 정리하면서, 374년 고구려로 들어간 아도와 눌지왕대 신라로 들어온 묵호자, 그리고 소지왕대 역시 신라로 들어온 아도 등 3인의 관계를 모두 동일인을 가리키는 것으로 보았던 것이다.[59] 현재까지도 3인의 동일인 가능성에 대해서는 여러 견해가 개진된 상황이나, 고구려로 들어간 아도와 신라로 들어온 아도는 활동의 시간적 격차가 크므로 대체로 다른 인물로 파악되었다. 다만 신라에 있어서의 묵호자와 아도 역시 별개의 인물로 볼 수 있음에도[60] 이와 달리

59 『三國遺事』 권3 興法3 阿道基羅. 이기백은 이러한 일연의 인식에 동의하였다(「三國遺事의 사학사적 의의」, 『진단학보』 36, 1973; 『한국의 역사인식(상)』, 1976, 115쪽; 「삼국시대 불교수용과 그 사회적 의의」, 『신라시대의 국가불교와 유교』, 1978, 7~9쪽).

60 김영태, 「新羅佛教初傳者考」, 『동국대논문집』 17, 1978, 18~19쪽; 『三國遺事所傳의 新羅佛教思想研究』, 신흥출판사, 1979; 신선혜, 「신라의 불교 전래와 교단의 확립」, 『불교연구』 33, 2010.

이 시기 다수의 교과서에는 눌지왕대 묵호자에 의한 전래를 중심으로 서술하고 있다. 이는 고구려의 불교 전래자로 언급한 아도와의 혼동을 염두에 둔 서술이 아닌가 한다. 이러한 점에서 묵호자와 아도에 의한 두 차례의 불교 전래를 언급한 이병도의 서술은 주목된다고 할 수 있다.

한편 이홍직과 신형식은 전래 초기에 수용되지 않았던 불교가 중국(梁)과의 교통을 계기로 왕실에 불교가 알려지면서 공인된 것으로 서술하였는데, 이는『해동고승전』의 내용을 신빙한 때문으로 보인다.[61] 즉 양(梁)으로부터 원표(元表)라는 사신이 신라에 침단(沈檀)과 경전, 불상 등을 전해주었다는 점에 주목하여 이를 계기로 불교의 포교가 가능해졌다는 것이다. 그러나 이는 눌지왕대 이후 법흥왕대에 이르기까지 신라에서 불교가 민간뿐 만 아니라 왕실에도 널리 퍼졌던 사실을 간과한 시각이라 할 수 있다.[62] 이러한 이설 때문인지 제3차기 교과서에는 전래자를 표기하지 않은 채 불교 공인의 연대만을 제시하였다.

이 밖에도 신라 불교와 관련하여 5교(敎) 9산(山)의 성립에 대해서는 공통적으로 서술하고 있지만,[63] 교종(敎宗)과 선종(禪宗)의 관계를 대립적으로 보았는가에 대해서는 서술경향이 양분되어 있음을 언급해 두고자 한다.

---

61 『海東高僧傳』 권1 阿道·黑胡子·元表·玄彰.『三國遺事』 권3 興法3 阿道基羅에 부분 수록됨.

62 소지왕대 內殿焚修僧과 僧徒의 존재 등을 통해 알 수 있다(『三國遺事』 권1 紀異1 射琴匣;『新羅雲住山安國寺事蹟』).

63 金映遂,「五敎兩宗에 對하여」,『진단학보』 8, 1937; 金映遂,「曹溪禪宗에 就하야」,『진단학보』 9, 1938. 5교 9산에 대한 논의는 두 논고의 영향이 크다.

Ⅳ. 고대사 교육내용의 변화

1968년 국민교육헌장의 제정과 이에 의거한 1969년 교육과정의 부분 개정은 제2차 교육과정기의 특기할만한 사건이라 하겠다.[64] 다만 교육과정의 부분개정을 통해 국사 수업시간이 늘어나게 되어[65] 국사 교육의 강화라는 측면은 부각되었지만, 이에 따라 고등학교 국사교과서의 내용 자체가 크게 달라지거나, 서술 비중이 급격히 변동되지는 않았다.[66]

그런데 1969년 12월, 『중·고등학교 국사교육을 위한 기본방향』(이하 『기본방향』)이 집필되었다. 이는 자료에서도 밝히고 있듯이 "당시에 사용되던 중·고등학교 국사교과서의 검토와 새로운 교과요목의 시안 작성"을 위해 문교부의 연구비로 작성된 보고서이다. 아울러 김용섭, 이기백, 이우성, 한우근이 각각 시대별 집필을 맡았는데, 그들은 당대 학계의 명망 있는 학자들이었을 뿐만 아니라 교과서 집필에도 참여한 바 있어 이 보고서를 통해 차후 교과서 집필의 기조와 당대 학계의 연구성과 파악이 가능하다고 할 수 있다. 이러한 시각에서 이 보고서를 학계가 국사교육의 내용을 새롭게 하려고 민족사관 교육의 필요성을 역설한 것으로 보거나,[67] 앞서 살핀 『편수자료』에 나타난 국사교과서의 용어통일의 연장선으로도 해석하기도 하였다.[68]

---

64 국민교육헌장과 한국사 교육, 교과서에 대해서는 신주백(「국민교육헌장의 역사(1968~1994)」, 『한국민족운동사연구』 45, 2005; 「국민교육헌장 이념의 구현과 국사 및 도덕과 교육과정의 개편」, 『역사문제연구』 15, 2005)의 글이 참고 된다.

65 김용섭·이기백·이우성·한우근, 『중·고등학교 교육과정 주석(1968년 9월 개정 1970년 3월 시행)』, 배영사, 1970, 260~261쪽.

66 한글 전용 표기의 원칙에 따라 한자 병기의 사례가 삭제되는 변화는 발견된다.

67 차미희, 「3차 교육과정기(1974~1981) 중등 국사과의 독립 배경과 국사교육 내용의 특성」, 『한국사학보』 25, 2006; 차미희, 『한국 중·고등학교의 국사교육』, 교육과학사, 2011.

68 박진동, 「해방 후 현대사 교육 내용 기준의 변천과 국사교과서 서술」, 『역사학보』 205, 2010, 42~43쪽.

특히 고대사는 이기백이 집필을 담당하여 고대 국가의 성격과 체제 등에 대한 초기 연구들의 성과를 확인할 수 있다는 점에서 주목되는데, 이는 그가 제시한 교과과정 시안에서도 확인된다.

[표 6] 『기본방향』에 서술된 교과과정 시안

대단원	중단원	소단원	대단원	중단원	소단원
원시시대	Ⅰ. 석기 시대의 사회와 문화	1. 구석기시대 2. 신석기시대의 씨족 사회와 그 문화	고대	Ⅳ. 고대 귀족 국가 발전기의 문화	1. 한학의 발달과 국가의 도모 2. 불교의 수용과 발전 3. 과학기술의 발달 4. 예술의 발달
고대	Ⅰ. 부족 국가의 성립	1. 청동기의 사용과 족장세력의 대두 2. 고조선의 탄생		Ⅴ. 고대 귀족 국가의 융성	1. 신라의 반도통일과 발해의 건국 2. 귀족세력과 농민 3. 해상발전과 대외무역 4. 고대귀족국가 융성기의 문화
	Ⅱ. 부족 연맹의 성장	1. 고조선의 발전과 철기의 사용 2. 중국민족의 침략과 고조선의 투쟁 3. 남북 제 부족 연맹의 성장 4. 부족세력과 하호 5. 부족연맹 시대의 문화		Ⅵ. 고대 귀족 국가의 동요	1. 귀족지배층의 동요와 호족세력의 대두 2. 지배층의 수취강화와 농민의 부담 3. 신라에 있어서의 지방호족
	Ⅲ. 고대 귀족 국가의 발전	1. 고구려, 백제, 신라의 발전 2. 고대귀족 사회와 정치 3. 삼국의 이민족과 의 투쟁			

이기백은 국가 발전 단계를 1967년에 개정한 『한국사신론』에서 부족국가-부족연맹체-고대국가로 규정하였는데, 『기본방향』에 『한국사신론』의 시각이 반영된 것으로 볼 수 있다. 다만 고대국가를 고대귀족국가로 명명

한 것이 다르다. 이는 중앙집권적 귀족국가를 고대적 특징으로 보아 이를 장의 제목으로 드러낸 것인데, 지배층 중심의 개념이라 판단된 때문인지 이러한 시각은 제3차 교육과정의 지도 내용에는 반영되지 않는다.

한편 시안과 함께 『기본방향』에는 시안 내용의 보설(補說)이 부기되어 있는데, 이를 통해 시안 작성 시점을 전후한 고대사 연구의 향방을 가늠할 수 있다. 보설 중 원시시대와 고대 부분에서 이전 시기 교육내용과 달라진 부분을 제시해 보면 다음과 같다.

> 原始時代
> ② 舊石器時代의 存在를 明示한다.
> 古代
> ② 過去 B.C. 3~4世紀頃에 青銅器와 鐵器가 同時에 傳來된 것으로 取扱했으나 그보다 以前에 대략 B.C. 7世紀頃부터 獨自的인 青銅器時代가 시작된 것으로 敍述한다.
> ⑤ 古朝鮮의 發生地에 대하여는 大同江流域說과 遼河流域說의 兩說이 있음을 적는다.
> ⑦ 部族聯盟國家로 發展한 古朝鮮의 領域은 遼河流域에서 大同江流域에 걸친다.
> ⑧ 衛滿은 燕의 占領地域에 살고 있었던 古朝鮮人으로 본다.
> ⑪ 漢四郡의 位置에 대하여는 상세한 敍述을 하지 않고 大體로 古朝鮮의 領域內에 있었다는 정도로 다룬다.
> ⑲ 百濟와 高句麗의 南쪽 一部를 統合한 新羅와 高句麗의 故土의 大部分을 차지한 渤海와의 南北 두 王朝를 對等하게 說明한다.[69]

먼저 구석기 시대와 청동기 시대가 명시되어야 함을 지적하였다. 구석기 유적의 경우 1969년에 공주 석장리 유적 이외에 구석기 문화분포에

69 번호는 『기본방향』에서 기재한 것을 그대로 옮겼다.

대한 총설격의 연구 역시 진행된 바 있다.[70] 여기서는 공주 이외에 경주, 연기, 화성, 안성 등 12개소의 구석기 유적 발견장소가 정리되어, 이 시기를 기점으로 구석기시대 설정의 명백한 근거가 마련되었다고 볼 수 있다. 이와 함께 한강 유역의 무문토기 유적을 정리한 연구도 진행되었는데,[71] 소위 청동기시대와 초기철기시대를 토기 면에서 구별한 것으로 남한 무문토기 편년에 대한 큰 전진이라 하겠다.

다음으로 고조선 발생지의 요하유역설과 대동강유역설을 모두 제시하도록 한 점이다. 교육과정 제정 시기만해도 대동강 유역설에 대한 이견이 두드러지지 않는 상황이었던 듯하다. 이는 1963년 리지린의 선구적인 연구서가 등장하면서 고조선 요동중심설로 공식적인 입장이 정리된 북한학계의 동향이 영향을 미쳤을 가능성이 있다. 그러나 민족주체성이 강조되는 상황에서 이미 민족주의 사학자로 지칭되는 신채호·정인보 등이 주장한 요하유역설이 다시금 부각된 것으로, 1970년대 중반 이후 재야사학자들이 기존 사학계와 교과서 서술에 문제를 제기하기에 이르게 되는 것과 궤를 같이 한다고 하겠다.

한편 앞서 『편수자료』에서의 위만 출자와 고조선의 관계에 대한 서술의 문제점을 지적한 바 있는데, 『기본방향』에서 위만을 고조선인으로 보고 있는 점은 이러한 문제점을 해소하기 위한 것이라 하겠다. 물론 이는 기자 동래의 부정과 더불어 중국에 대한 고조선의 자주성을 드러내기 위한 것으로 민족주체성의 강조와 관련된다. 이러한 시각에서 한사군의 위치를 기재하지 않도록 한 것과 한사군의 세력을 축출한 데서 우리 사회가 성장하였음을 강조하여야 한다는 자료의 내용을 관련지을 수 있다. 즉

70 손보기, 「석장리이외의 구석기 문화분포가능성」, 『백산학보』 7, 1969.
71 林炳泰, 「漢江流域無文土器年代」, 『李弘稙博士回甲紀念韓國史論叢』, 1969.

그간 이병도의 연구를 비롯하여 한사군의 위치에 대한 여러 연구가 나왔지만 이를 종래 일본학계의 견해를 답습한 것이라 평가하는 등 이 시기에 그에 대한 반론이 나왔던 점이 참고된다.[72] 또한 이미 군현 설치 이전에 토착사회에 철기문화가 받아들여졌고, 한군현을 몰아낼 만큼 성장해 있었다고 보아야 한다는 연구도 진행되어 이러한 1960년대 말의 연구경향이 반영된 것으로 해석할 수 있다.[73]

『기본방향』의 시각은 차후 교육 지침으로 전달되었을 것이지만, 그 실상은 찾기 힘들다. 다만 제3차 교과서에 일부 반영되거나 혹은 이설이 있을 경우 서술하지 않는 등의 방향으로 참고되었던 것이라 생각된다.

V. 맺음말

지금까지 제2차 교육과정기 교육내용의 특징을 교육과정과 편수 및 운영자료, 그리고 교과서 서술의 검토를 통해 살펴보았다. 검토한 바와 같이 이 시기는 이전 시기의 과제이기도 했던 식민사관의 탈피를 여전히 목표로 삼았으며, 동시에 정부로부터의 교육내용 통제가 이루어지기 시작한 시점이라고 볼 수 있다. 군사정부의 통치 정당성 확보를 위해 국사교육이 정치도구화되면서 민족주체성과 반공주의의 강조라는 목표에 부합되는 방향으로의 통제였다. 물론 학계에서 추구한 민족주체성은 현실정치와는 직접 관계없이 학문적 견지에서 민족 주체의식의 문제를 연구한 것이라고는 하나 군사정부의 의도에 부합되는 방향으로 연구가 진행된 것도 사실이다.

---

72 金容燮, 「우리나라 近代歷史學의 발달2-1930, 40년대의 實證主義史學」, 『文學과 知性』 가을호, 1972, 489쪽.

73 김원룡, 「삼국시대의 개시에 관한 일고찰」, 『동아문화』 7, 1967, 2~10쪽.

한편 한국사의 시대구분 중 민족주체성의 경우 고대사, 반공주의의 경우 근현대사 서술을 통해 그 이념이 부각될 것이라고 생각할 수 있지만, 본고에서 살펴보았듯이 고대사에서도 역시 반공주의적 경향을 발견할 수 있었다. 즉 동시기 북한학계의 연구성과를 염두에 두고 그에 대한 반박의 입장에서 서술한 것이 그것이다. 제2차 교육과정기를 관통하는 민족주체성과 반공주의의 강조는 한국사의 전 시기 서술에 일관되게 반영되었다고 할 수 있겠다.

차후 본고에서 다루지 않은 이 시기 각종 교육 자료들에 나타난 세부 지침을 동시기 남·북한 역사학계의 동향과 정치하게 대조하여 제2차 교육과정의 특징을 더욱 부각시키고, 제2차 교육과정기에 발행된 교과서들을 연도별로 비교하여 그 변화상을 파악하는 등의 연구를 진행하고자 한다.

06

제2차 교육과정기 『고등국사』(11종) 고려시대 불교사 서술

- 제3차~7차 교육과정기 『고등국사』와의 비교를 중심으로 -

황인규

Ⅰ. 머리말

해방 이후 교과과정은 검인정 교과서 제도하에서 운용되었다. 제2차 교육과정기의 검인정 『고등국사』의 경우 교수요목기 『고등국사』가 6종, 제1차 교육과정기의 『고등국사』가 8종인데 비하여 무려 11종에 달하였다.[1] 각기 다른 집필자의 사관에 의해서 국사 교과서가 나름대로 서술 체재와 내용을 이루고 있다.[2] 하지만 60년대 이후 국가 주도의 역사 교육의 미명하에, 특히 군부독재 정권의 국적 있는 교육과 민족문화의 육성이라

1 본고에서는 인문계 11종의 고등국사를 대상으로 하였다. 실업계 고등학교 고등국사는 제외하였는데(문교부, 『실업계 고등학교 국사』, 대한교과서, 1968) 다른 검인정 교과서의 서술내용과 거의 비슷하다. 고등국사는 통칭 『고등국사』로 통칭하며, 인용 면수는 뒤의 참고문헌을 참조하기 바란다.

2 제2차 교육과정기의 검인정 국사 교과서에 관한 연구는 다음과 같다. 조성운, 「제2차 교육과정의 제정과 국사교과서의 편찬」, 『한국사학보』 66, 고려사학회, 2017; 허은철, 「제2차 교육과정기 고등학교 국사교과서의 발행과 서술 변화」, 『역사와교육』 24, 2017; 조건, 「제2차 교육과정기 민족주체성 교육의 시행과 국사교과서 근현대사 서술내용 분석」, 『역사와교육』 24, 2017; 박진동, 「제2차 교육과정기 '사회2'에 적용된 중학교 역사의 통합 방식과 검정 교과서의 내용 구성」, 『역사와교육』 24, 2017.

는 시각에서 단행된 교과서의 국정화 체제가 1973년 제3차 교육과정의 시행과 더불어 국사 교과서도 1종의 국정화로 편찬되었다.[3]

그 이후 제3차 교육과정기의 국사교과서는 검인정 1종 교과서 체제로 변모하여 검인정 교과서로 발행되어 사실상 국정이었다.[4] 2002년 『고등국사』는 주제별 서술로 처음으로 편찬되었고 『한국근·현대사』가 검인정 6종으로 편찬되다가 2011년 2009개정 교육과정 『한국사』로 편찬되어 현재에 이르고 있다. 그런데 2015년 처음 국정화를 단행하였던 박정희 대통령의 딸인 박근혜의 정부가 다시 국사 교과서의 국정화가 다시 시도되기도 하였다. 박근혜 정부가 추진한 국정 『고등학교 한국사』는 '4-1 사상과 종교'라는 항목에 1면의 반도 채 안되는 분량으로 간략히 불교사를 서술했으며,[5] 『중학교 역사』의 경우는 본문에는 서술 자체가 없고 학습자료란에 세계적인 문화유산에 팔만대장경을 그림과 더불어 소개하였을 뿐이다.[6] 이렇듯 교과서를 국정화할 경우 획일화의 위험을 배제하기 어려우며 교과서의 전면 국정화는 교육적으로도 큰 마이너스 효과를 가져올 우려가 있다.[7] 이와 같이 국사 교과서의 국정화에서 발생하는 폐단은 교육의 획일화라는 측면뿐만 아니라 국가 주도의 국사교육의 강화에서 오는 역사교육의 편협성을 가져올 것은 당연하다.[8]

---

3 「국사교과서 국정으로 검정제 폐지 국적있는 교육 강화」, 『경향신문』, 1973년 6월 23일; 황인규, 「제3차 교육과정 국정 『고교국사』의 편찬과 중세사 서술」, 『역사와교육』 27, 2018 참조.

4 한국교과서연구재단, 『한국 편수사 연구』 1, 2000, 455~499쪽.

5 국사편찬위원회, 『고등학교 한국사』, 교육부, 2017, 101쪽.

6 국사편찬위원회, 『중학교 역사 1』(검토본), 교육부, 2015, 121쪽.

7 「피해야 할 교육의 획일화」, 『동아일보』, 1976년 8월 28일: https://newslibrary.naver.com/search

8 「(사설) 국사교과서의 문제점」, 『동아일보』, 1974년 6월 18일: https://newslibrary.naver.com/search

본고는 이러한 문제 제기의 틀 속에 고려시대 불교사[9] 부분을 대상으로 하여 제2차 교육과정기 11종의 검인정『고등국사』의 서술 내용을 비교 분석하고자 한다. 아울러 국가 주도하에 시행된 제3차~7차 교육과정기의 국정『고등국사』의 서술 내용과도 비교 검토하여 서술 내용을 살펴 보고자 한다. 그런데 2015년 처음 국정화를 단행하였던 박정희 대통령의 딸인 박근혜의 정부가 다시 국사 교과서의 국정화가 다시 시도되기도 하였다. 박근혜 정부가 추진한 국정『고등학교 한국사』는 4-1 사상과 종교라는 항목에 1면의 반도 채 안되는 분량으로 간략히 불교사를 서술했으며,[10]『중학교 역사』의 경우는 본문에는 서술 자체가 없고 학습자료란에 세계적인 문화유산에 팔만대장경을 그림과 더불어 소개하였을 뿐이다.[11] 이렇듯 모든 교과서를 국정화할 경우 성격상 획일화의 위험을 배제하기 어려우며 교과서의 전면 국정화는 교육적으로도 큰 마이너스 효과를 가져올 우려가 있다.[12] 이와 같이 국사의 국정화에서 발생하는 폐단은 교육의 획일화라는 측면뿐만 아니라 국가 주도의 국사교육의 강화에서 오는 역사교육의 편협성을 가져올 것은 너무나 당연하다.[13]

---

9 그 동안 제2차 교육과정기의 검인정 국사의 고려시대 불교사 서술에 대한 연구는 이루어진 적이 없다. 그동안 국사 교과서의 불교사 연구성과를 소개하면 다음과 같다. 황인규, 「중등 국사교과서에 나타난 고려후기 불교사의 서술과 문제점」,『역사와 교육』9, 2000 : 황인규,『고려후기·조선초 불교사연구』, 혜안, 2003; 박미선, 「고등학교『한국사』교과서의 고대 '불교사' 서술 검토」,『한국사상과 문화』5, 한국사상문화학회, 2011; 신선혜, 「고등학교 국사 교과서의 신라 불교사 서술 획일화 과정」,『신라사학보』41, 2017; 한상길, 「한국 근대불교 연구와 국사교과서의 근대불교 서술」,『선문화연구』10, 2011; 황인규, 「중학교『역사』(한국사) 교과서에 나타난 불교사 서술 체재와 내용-제 7차 교육과정에서 현행 교육과정까지」,『전법학연구』4, 2013. 그리고 사상사 입장에 부분적으로 언급한 논고들이 있다.

10 국사편찬위원회,『고등학교 한국사』, 교육부, 2017, 101쪽.

11 국사편찬위원회,『중학교 역사 1』(검토본), 교육부, 2015, 121쪽.

12 「피해야 할 교육의 획일화」,『동아일보』, 1976년8월 28일: https://newslibrary.naver.com/search

13 「(사설) 국사교과서의 문제점」,『동아일보』, 1974년 6월 18일: https://newslibrary.naver.com/search

본고는 이러한 문제 제기의 틀 속에 고려시대 불교사[14] 부분을 대상으로 하여 11종의 검인정 『고등국사』의 서술 내용을 비교 분석하고자 한다. 아울러 국가 주도하에 시행된 제3차~7차 국정 『고등국사』의 서술 내용과도 비교 검토하여 서술 내용의 장단점을 살펴 보고자 한다.

Ⅱ. 고려불교와 고려초기 불교제도의 확립

1. 고려불교의 성격

제2차 교육과정기 검인정 『고등국사』의 고려시대 불교사 관련 대단원은 대부분 '고려시대의 생활'이라고 설정하였다. 『중학국사』와 달리 서술 내용의 중복성을 피하기 위하여 사회문화사의 서술을 중심으로 한 제목을 사용한 것으로 생각된다.

중단원은 '고려의 문화'나 '고려의 유학과 불교', '고려의 불교문화' 등을 표제로 삼았다. 필자의 소견으로는 '고려시대 생활'이라고 하였으므로 '고려의 불교문화' 정도로 했었으면 한다. 소단원은 대단원이 '고려시대의 생활'이므로 고려시대 불교복지나 장학금 등 불교 사회 내용도 추가되었어야 한다. 그러한 의미로 '불교중심의 (종교)생활'이나 '고려불교의 사회활동'처럼 사용하는 것이 바람직하지 않을까 한다.

14 그 동안 제2차 검인정 국사의 고려시대 불교사 서술에 대한 연구는 이루어진 적이 있다. 그동안 국사 교과서의 불교사 연구성과를 소개하면 다음과 같다. 황인규, 「중등 국사교과서에 나타난 고려후기 불교사의 서술과 문제점」, 『역사와 교육』 9, 2000; 황인규, 『고려후기·조선초 불교사연구』, 혜안, 2003; 박미선, 「고등학교 『한국사』 교과서의 고대 '불교사' 서술 검토」, 『한국사상과 문화』 5, 한국사상문화학회, 2011; 신선혜, 「고등학교 국사 교과서의 신라 불교사 서술 획일화 과정」, 『신라사학보』 41, 2017; 한상길, 「한국 근대불교 연구와 국사교과서의 근대불교 서술」, 『선문화연구』 10, 2011; 황인규, 「중학교 『역사』(한국사) 교과서에 나타난 불교사 서술 체재와 내용–제 7차 교육과정에서 현행 교육과정까지」, 『전법학연구』 4, 2013. 그리고 사상사 입장에 부분적으로 언급한 논고들이 있다.

소단원 가운데 '불교의 개화', '불교의 융성'[15]이나 '불교의 발달이나 발전',[16] '불교의 변천' 등의 용어의 사용은 지양되어야 할 것이다. 불교의 개화, 융성, 발달, 변천이라는 개념은 막연할 뿐만 아니라 그에 상응하는 서술이 이루어지지 않았기 때문이다.

아울러 고려의 불교의 성격을 호국불교와 귀족불교, 현세불교로 규정하였다.[17] 또한 고려시대 불교를 현세불교나 현세구복[18]적이거나, 특히 귀족종교[19]라고 서술한 것도 역시 지나치다. 불교를 현세(現世) 구복종교(求福宗敎)로 간주하는 것은 불교를 고등종교라는 사실을 염두에 두지 않은 것이며, 고려시대 불교를 귀족종교라고 간주하는 것도 귀족이하 대부분의 기층민의 불교신앙을 무시한 것으로 사실과 다르기 때문이다.

특히 호국불교는 불교의 국가적인 역할을 강조한 것이며, 현재도 일부 사용되고 있지만 불교와 권력이라는 측면이 강조되어 불교의 세속성이 부각되므로 '국가불교'라는 용어를 사용해야 할 것이다.[20] 그렇다고 고려불교를 국교로 간주하는 것도 역시 지나치다. 고려불교가 국교였다[21]거나 '사실상 불교적 시대'[22]라고 간주하는 것은 사실과 다르며, 제3차 교육과정기의 국정 『고등국사』에서도 마찬가지로 답습하였다. 제 4차 교육과

---

15 민영규, 『(고등)최신 국사』, 양문사, 1968; 한우근, 『(고등)국사』, 을유문화사, 1968; 이상옥·차문섭, 『(고등)국사』, 문호사, 1968.

16 신석호, 『(고등)국사』, 광명출판사, 1968; 이현희, 『(고등)국사』, 실학사, 1968; 이병도, 『(고등)국사』, 일조각, 1968.

17 이병도, 『(고등)국사』, 일조각 1968.

18 이병도, 『(고등)국사』, 일조각, 1968; 이원순, 『(고등)국사』, 교학사, 1968.

19 변태섭, 『(고등)국사』, 법문사, 1968; 이병도, 『(고등)국사』, 일조각, 1968; 이홍직, 『(고등)국사』, 동아출판사, 1968.

20 김종명, 「'호국불교' 개념의 재검토-고려 인왕회의 경우-」, 『불교연구』 17, 2000, 146~147쪽. 하지만 아직도 호국불교라는 용어를 사용하는 사례가 적지 않다. 김용태, 「한국불교사의 호국 사례와 호국불교 인식」, 『대각사상』 17, 2012; 고영섭, 「국가불교의 '호법'과 참여불교의 '호국' -호국불교의 전개와 의미」, 『불교학보』 64, 2013 참조.

21 변태섭, 『(고등)국사』, 법문사, 1968.

22 이원순, 『(고등)국사』, 교학사, 1968.

정기의『고등국사』에서 '국가의 보호를 받으며' 정도로 수정되었으나 현재도 일부의 교과서에서 사용되고 있다.[23] '호국불교'라는 용어 대신 '국가불교'라는 용어를 사용하는 것이 좋을 듯하다. 고려시대는 성종대 최승로 상소문에서 '이국(理國)은 유교, 수신(修身)은 불교'[24]였다는 기록에서 단적으로 알 수 있듯이 고려시대는 불교 뿐만 아니라 유교 등이 공존하는 사회였다. 이러한 서술 내용은 제7차 교육과정기의 1종『고등국사』에서 '정치이념으로 삼았던 유교와 신앙인 불교를 서로 배치되는 것으로 생각하지 않았다'고 시정되었다.[25]

고려시대 불교의 위상을 '정신계의 지도적 역할을 담당하고 국가 사회를 비익(裨益)하며 문화를 향상시킨 바가 적지 않았다'[26]고 하거나 사상계의 지도적 위치에 있었다[27]는 정도의 서술 내용은 잘 규정하였다. 이러한 측면에서 '불교는 국가나 개인을 보호하여 준다는 신앙심으로 역대 왕이 불교의 보호와 육성에 노력한 결과 많은 사원이 비보사찰(裨補寺刹)로 각처에 세워졌다.'[28]는 서술은 대체로 무난하지만 다른 검인정『고등국사』10종이나 제3차 교육과정기의 국정『고등국사』나 그 후의 개설서에서는 다루어지지 않았다. 필자가 이미 제시한 바와 같이, 고려왕조는 신라의 불교 정신을 계승 발전시켜 전국의 사찰을 국가 비보사찰설로 재배치하여 국가 불교적인 면모가 찾아진다.[29] 비보사사(裨補寺社)는 진전사원(眞

23 국사편찬위원회,『고등국사』, 대한교과서, 1974; 국사편찬위원회,『고등국사』, 두산, 2002.

24『고려사』, 최승로열전.

25 국사편찬위원회,『고등국사』, 두산, 2002.

26 변태섭,『(고등)국사』, 법문사, 1968.

27 민영규,『(고등)최신 국사』, 양문사, 1968; 이홍직,『(고등)국사』, 동아출판사, 1968.

28 이홍직,『(고등)국사』, 동아출판사, 1968.

29 이에 대해서는 다음의 논저들이 참조된다. 황인규,「선각국사 도선과 비보사찰」,『선각국사 도선』, 영암군 월출산 도갑사 도선국사연구소, 2007; 황인규,「고려시대 사찰과 불교문화-비보사사와 그 문화를 중심으로」,『역사와 교육』12, 역사와 교육학회, 2011;

殿寺院)의 존재와 국사(國師)·왕사제(王師制)와 더불어 고려왕조가 불교시대였다는 것을 단적으로 표징하는 것이다.[30]

이와 아울러 고려 불교의 사회 문화 활동을 다음과 같이 긍정적으로 서술된 것은 바람직하다.

> 고려 불교가 이처럼 성함에 따라 그 영향도 사회 각 방면에 미쳤다.
>
> 첫째로 사회 교화에 큰 역할을 하였다. 상·하를 막론하고 불교에 귀의(歸依)하였기 때문에 불교적 예술이 널리 일반화 하였다.
>
> 문화적으로는 세계적 자랑인 대장경을 조판했을 뿐만 아니라 대각국사나 대감국사(大鑑國師)와 같이 한문과 서예에 능한 승려가 나타났으며, 균여(均如)의 향가, 일연의 삼국유사 등은 우리 문화에 큰 공헌을 남겼고, 또한 불교 예술의 발달을 뒷받침하였으며, 대륙과의 문물 교류에도 이바지한 공이 크다.
>
> 또 한편, 질병자의 수용과 치료, 행려자(行旅者)의 보호 등 사회 사업을 배풀어 편익을 도모하였고, 축성(築城)·건축 등 각종 토목공사나 군사 작전에도 승병으로 활약한 바 크다.[31]

위의 서술처럼 불교의 사회교화와 사회사업 부문 내용은 필히 강조되어야 한다. 이와 아울러 균여(均如, 923~973)의 향가, 대감국사 탄연(坦然, 1070~1159), 일연(一然, 1206~1289)의 『삼국유사』 등이 고려문화에 기여하였다는 서술도 역시 중요하게 다루어져야 한다.

황인규, 『고려 불교계와 불교문화연구』, 국학자료원, 2011.

30 허흥식, 『고려불교사연구』, 일조각, 1986, 60쪽; 황인규, 「고려시대 사찰과 불교문화–비보사사와 그 문화를 중심으로」, 『역사와 교육』 12, 역사와 교육학회, 2011 참조.

31 이원순, 『(고등)국사』, 교학사, 1968.

2. 불교시책과 제도

태조의 훈요십조 가운데 불교 조항은 다른 항목과 마찬가지로 국가의 시책으로 행하여지기 때문에 매우 중요하다. 후대의『중등국사』에서도 그 중요성을 인식하고 그 조항을 대부분 학습자료로서 소개하였지만 제2차 교육과정기의 검인정『고등국사』처럼 본문에 서술하지 않았다. 제2차 교육과정기의 검인정『고등국사』 가운데 교과서 의 본문에서 다음과 같이 서술한 것은 매우 고무적이다.

> 고려시대에는 불교를 믿으면 국가가 번영한다는 사상이 있고, 태조도 불교에 귀의(歸依)하여 그의 만년(晩年)에 자손에게 훈계한 훈요십조(訓要十條)에서 국가의 대업(大業)이 불교의 도움을 받아 이룩되었다고 하였으므로, 그 후의 역대 왕은 모두 열심히 불교를 믿고 그의 보호와 장려에 노력하였던 것이다.[32]

태조 왕건의 유언(遺言)인 십훈요(十訓要)에서 '국가의 대업은 반드시 부처의 호위(護衛)에 의하는 것'[33]이며 역대 왕실에서 대개 준수하려고 하였다. 이러한 것은 고려말 수선사 제13세 법주 각진국사(覺眞國師) 복구(復丘, 1270~1355)의 비문[34]에도 강조되어 실려 있는데서 알 수 있듯이 고려시대 국가의 중요 지침이었던 것이다.

그리고 태조대 불교시책으로 개경 도성에 10대 사찰을 지은 사실을 서술하였다.[35]

---

32 변태섭,『(고등)국사』, 법문사, 1968.

33 김상기,『(고등)국사』, 장왕사, 1968; 신석호,『(고등)국사』, 광명출판사, 1968; 이병도,『(고등)국사』, 일조각, 1968; 이홍직,『(고등)국사』, 동아출판사, 1968.

34 이달충,「覺眞國師碑銘」,「동문선」 권118, '오히려 뒷날 혹은 게을러질까 염려하여 信誓 10조를 만들어서 조서로 반포하였다.': http://db.itkc.or.kr/

35『고려사』 권1, 태조세가 태조 2년 3월, '創法王王輪等十寺于都內 兩京塔廟 肖像之廢缺者

태조 이후로 역대의 군주는 대개 불교를 크게 숭상하여 법왕사(法王寺) 왕륜사(王倫寺) 등 도성(都城)의 10 사(寺)를 비롯하여 지방에도 개태사(開泰寺) 등 많은 절을 창건하였으며[36]

태조가 국도 개경에 10대 사찰을 건립하고 연산에 개태사(開泰寺)를 건립한 사실[37]은 위의 교과서가 유일한데, 훈요십조와 더불어 매우 중요하다. 개경 10대사의 건립이후 개경에만 300여사가 건립되었다고 한다.[38] 그 가운데 대표적인 사찰로 흥왕사를 꼽고 있다.[39] 즉, 문종이 거찰 흥왕사를 지었다[40]는 것이나 '불교가 널리 성행함에 따라 각지에 많은 사찰이 세워졌는데 문종 때에 세운 2,800 간(間)의 흥왕사(興王寺) 등으로도 그의 성황을 추측할 수가 있다.[41]'는 것이다. 흥왕사는 화엄종의 본산이 설치된 사찰이며, 앞서 언급한 개경의 10대 사찰과 더불어 제3차 교육과정기의 『고등국사』 이후 대부분 사라지게 되지만, 고려시대의 중요의 사찰이라는 점에서 좀 더 부각되어 서술될 필요가 있다.

고려시대 국가의 성격을 두드러지게 알 수 있는 중요한 표징은 국사와 왕사제와 승과의 실시 등이다.

並令修葺.'; 『三國遺事』 王曆 1, '太祖即位于鐵原京 己夘移都松岳郡 是年創法王慈雲王輪内帝釈舍那 又創天禪院 即普膺新興文殊通地藏ㅁ…ㅁ前十大寺皆是年所創.': http://www.history.go.kr/

36 김상기, 『고등국사』.

37 『고려사』 卷2, 태조세가 태조 23년 12월, '開泰寺成 設落成華嚴法會 親製疏文.'; 『新增東國輿地勝覽』 권18, 連山縣 佛宇 開泰寺.

38 車天輅, 「五山說林草稿」, 『대동야승』 권5, '高麗王氏 事佛甚謹 城中名刹三百 演福寺最大 五層殿高出天。有若靈光巋然獨存.'

39 변태섭, 『고등국사』.

40 민영규·정형우, 『고등국사』.

41 김상기, 『고등국사』; 한우근, 『고등국사』; 『고려사』 권8, 문종세가 문종 21년 1월 11일(경신), '興王寺成 凡二千八百間 十二年而功畢 王欲設齋以落之 諸方緇流 坌集無算 命兵部尙書金陽 右街僧錄道元等 擇有戒行者一千赴會 仍令常住.'

> 승려를 우대하여 학식과 덕망이 높은 중[42]을 뽑아 국사(國師)·왕사(王師)에 봉하여 왕실의 고문을 삼았으며, 또 승려의 법계(法階)를 제정하고 승과(僧科)를 설치하여, 승과에 급제한 자에게 법계를 주어 출세의 길을 열어주었다. 그러므로 왕자와 양반 중에서 중이 되는 자가 많아 승려의 사회적 지위는 매우 높았으며, 모든 사람의 존경을 받았다.[43]

위의 서술과 같이 고려시대 불교의 특징이라고 할 수 있는 국사와 왕사제의 실시, 승려의 법계(法階) 제정,[44] 승과(僧科)의 실시에 대하여 대부분의 제2차 교육과정기의 검인정『고등국사』교과서에 비교적 자세히 다루고 있다. 이는 제3차 교육과정기의 국정『고등국사』에서 다음과 같이 간략하게 서술되어 비교가 된다.

> 불교는 고려 시대에 와서도 국교로서 크게 발달하였다. 사원은 사원전 외에 왕실과 귀족의 희사로 토지와 노비가 증가하였고, 광종 때에는 승과 제도를 마련하여 승려에게 법계를 주었으며, 문종 때에는 별사전이라 하여 승려 개인에게까지 토지를 주었다.[45]

위의 서술에서 보듯이 광종대 승과와 법계에 대해서만 서술했을 뿐이며, 그 후의 국사 교과서에서도 대부분 그렇듯 서술하고 있다. 승과를 구

---

42 '중'이라는 용어는 비하하는 느낌이 있으므로, '승려'라고 칭해야 할 것이다.

43 신석호,『(고등)국사』, 강명출판사, 1968. 다음의 교과서에서도 이런 내용을 서술하였다. 이병도,『(고등)국사』, 일조각, 1968.

44 신석호는 법계도를 본문에, 이병도는 각주에 아래처럼 제시하여 이해를 돕고자 한 것도 고무적이다.

교종시	대선	대덕	대사	중대사	삼중대사	수좌	승통
선종시						선사	대선사

45 국사편찬위원회,『고등국사』, 대한교과서, 1974.

체적으로 '교종선(敎宗禪)과 선종선(禪宗選)으로 나뉘어,[46] 전자는 왕륜사(王輪寺)에서, 후자는 광명사(廣明寺)에서 각각 시험을 치르게 된다. 승과의 합격자는 대선(大選)이 되어 교과는 승통(僧統), 선과는 대선사(大禪師)까지 승진되었다.'[47]라고 서술하고 광종대 혜거(惠居)와 탄문(坦文)을 부기한 것이나 문종 대 승려에게 별사전(別賜田)을 지급한 사실도 서술[48]한 것 역시 고려 불교 뿐만 아니라 고려사를 이해하는데 중요하다.

국사는 신라시대에 국통이나 국존이라 하여 있었던 제도이지만 왕사제는 고려시대에 존재했던 것으로 특기해야 할 것이다. 국사나 왕사가 왕실로부터 존경받았다거나[49] 왕실의 고문처럼 떠 바쳤다[50]는 서술은 국사의 특징이 들어나지 않으므로, '덕망이 있는 승려는 국사나 왕사로 국가와 왕실로부터 존경을 받았다[51]라는 식으로 바꾸어야 할 것이다. 좀 더 바람직한 서술은 '덕이 특별히 뛰어난 승려는 국가와 왕실의 고문의 자격을 가진 국사(國師)나 왕사(王師)에게 왕도 그들에게 예경(禮敬)할 정도였다.'이다.[52] 후대의 국사 교과서에서도 그 중요성에 비추어 이런 정도의 서술이 이루어져야 할 것이다.

그리고 학식과 덕망이 있는 승려[53] 가운데 왕사와 국사가 책봉되었으

---

46 승과를 교종선과 선종선으로 나누어 실시하였다는 서술 내용은 제7차 교과정기의 『고등국사』(국사편찬위원회, 『고등국사』, 두산, 2002)이후 본문에서 사라졌는데 아쉬운 부분이다. 그동안 승려의 法階도 제7차 교육과정기의 『고등국사』에서도 僧階라고 서술되기 시작한다.

47 윤세철·신형식, 『(고등)새로운 국사』, 정음사, 1968; 허흥식, 「고려시대의 승과제도와 그 기능」, 『역사교육』 19, 역사교육연구회, 1976 참조.

48 다만 문종대 승려에 별사전이라는 토지를 지급한 것은 새롭게 추가된 것이다. 『고려사』 권78, 식화지 전시과, '地理業僧人 別賜田. 四十結·柴十結 大德 田三十五結, 柴八結大通 田三十結 副通 田二十五結.'

49 신석호, 『(고등)국사』, 광명출판사, 1968.

50 김상기, 『(고등)국사』, 장왕사, 1968.

51 민영규, 『(고등)최신 국사』, 양문사, 1968.

52 허흥식, 「고려시대의 국사·왕사제도와 그 기능」, 『역사학보』 67, 역사학회, 1974 참조.

53 이홍직, 『(고등)국사』, 동아출판사, 1968.

며, 그 가운데 의천이 대표적으로 사례를 들어 서술하면서 '왕족이나 귀족의 자제로서 출가하여 중이 되는 자도 많았다.'[54]고 한 것은 무난하지만 승려를 최고의 귀족으로 규정하거나 승관으로 출세하는 승려가 많았다[55]는 서술은 세속적인 측면을 강조하게 되는 듯하므로 개선해야 할 듯하다.

그리고 제3차 교육과정기의 국정 『고등국사』에서는 '그의 저서인 원종문류나 석원사림도 그러한 목적에서 나온 것이었다.'[56]라는 사실을 추가했는데 바람직하다. 하지만 제5차 교육과정기의 『고등국사』부터 이런 내용은 사라지게되어 아쉽다.[57]

검인정 국사 교과서 가운데 사원경제 부분에서 윤관의 항마군 설치에 대하여 다음과 같이 서술한 것은 고무적이다.

> 사원은 그들의 경제적인 지위를 옹호하기 위하여 승병(僧兵)을 길렀는데, 이들은 때로는 항마군(降魔軍)이라 불리워 전쟁에 나가 공을 세우기도 하였다.[58]

하지만 항마군은 윤관의 별무반 설치 즈음하여 설치한 것이며,[59] 그 이후의 시기에 있어서 그 운용 여부는 밝혀진 바 없다. 참고로 조선중기 병자호란시 고승 부휴선수(浮休善修, 1543~1615)의 제자 벽암각성(碧巖覺性, 1575~1660)이 항마군이라고 사용한 사례는 있기는 하다.[60] 하지만 항마군을 서술하면서 다음과 같은 서술은 지양해야 한다.

---

54 이병도, 『(고등)국사』, 일조각, 1968.

55 이현희, 『(고등)국사』, 실학사, 1968.

56 이현희, 『(고등)국사』, 실학사, 1968.

57 국사편찬위원회, 『고등국사』, 대한교과서, 1990.

58 민영규, 『(고등)최신 국사』, 양문사, 1968.

59 『고려사』 권81, 兵志 兵制 숙종 9년(1104) 12월, '尹瓘奏 始置別武班… 又選僧徒 爲降魔軍.'

60 白谷處能(1617~1680), 「賜報恩闡教圓照國一都大禪師行狀」, 『大覺登階集』 卷2, '丙子變募義僧三千 號降魔軍 師爲僧大將.' : http://kabc.dongguk.edu/

그러므로 승려들의 정치 참여와 사회적·경제적인 진출은 점차로 불교를 타락을 가져 왔으며, 광범한 토지의 점유(占有)와 그를 유지하기 위한 막대한 승병(僧兵)을 양성을 보았으니 항마군(降魔軍) 따위가 그것이다.[61]

다른 교과서에서도 '사원은 이러한 경제적 부를 보호하기 위하여 막대한 승병(僧兵)을 양성하였는데, 이들 승병은 때로는 항마군(降魔軍)으로 전쟁에 출정하여 국가에 충성을 바치기도 하였다. 그러나, 승려는 때때로 정치에도 간섭하여 사원은 점차 정치·경제에 관여하고 세속하게 되었다.'[62]고 서술하였는데 마찬가지로 지양해야 할 사실이다.

3. 불교행사와 천태종

고려시대 국가적인 행사인 연등회와 팔관회에 대해서는 일부 교과서에서만 크게 다루고 있다.

불교를 중심으로 하는 각종 행사는 계속되어 연등회(燃燈會)와 팔관회(八關會)로 다채롭게 행하여졌다. 연등회는 부처를 높이는 행사로 궁중은 물론 전국 방방 곡곡에서 등불을 밝히고 노래와 춤으로 즐겼다. 팔관회는 천령(天靈)·명산(名山)·대천(大川) 등 토속신(土俗神)을 위한 제전으로 11월에는 개경에서, 10월에는 서경에서 개최하는 바, 이 날은 각 지방의 지방관과 외국 사신들이 다투어 왕에게 예물을 바치었다.[63]

---

61 윤세철·신형식, 『(고등)새로운 국사』, 정음사, 1968.
62 변태섭, 『(고등)국사』, 법문사, 1968.
63 윤세철·신형식, 『(고등)새로운 국사』, 정음사, 1968.

위의 연등회와 팔관회에 내용은 상세면서도 잘 서술된 것이라고 하겠다. 하지만 불교행사 표제하에 '왕의 생일마다 열리는 기복도량(祈福道場)을 비롯하여 팔관회(八關會)와 연등회(燃燈會) 같은 국가적인 행사가 있었고,[64]'라는 서술은 다소 문제가 있어 보인다. 연등회와 팔관회를 불교계 행사로 국한하고 왕실의 생일에 열리는 기복도량이 불교행사 가운데 대표적 행사로 오인할 수 있기 때문이다. 연등회와 팔관회는 고려시대 속절 가운데 가장 대표적인 국가행사이자 국가적 행사[65]였다. '연등회(燃燈會)와 같은 국가적 행사'[66]라고만 기술한 것은 자칫 팔관회의 중요성을 누락시킬 가능성이 있으므로 지양해야 할 것이다.

연등회와 팔관회를 2대 연중행사로, 국왕이 스스로 봉은사(奉恩寺)와 법왕사(法王寺)에 행향(行香)하였다[67]고 하여 구체적인 사실도 추가하는 것이 좋겠다. 그 외에 불교행사로 2종의 교과서[68]만 다음과 같이 서술하였다. 즉, '승려들에게 식사를 대접하여 복을 비는 반승(飯僧), 법복을 입은 승려들이 독경(讀經)하면서 시가를 걸어 다니는 경행(徑行)이 있었다.'[69]고 서술하였지만 고려시대 불교행사로 인왕회와 무차대회, 반승, 경행을 언급한 것은 좋으나 이에 대한 보충 설명이 필요하다. 제2차 교육과정기의 검인정 『고등국사』 교과서 이후 현재까지 대부분 교과서에서 이러한 내용을 서술되지 않고 있다. 그런데 이러한 불교행사를 호국불교라고 규정

64 민영규, 『(고등)최신 국사』, 양문사, 1968.

65 이상옥·차문섭, 『(고등)국사』, 문호사, 1968.

66 이상옥·차문섭, 『(고등)국사』, 문호사, 1968.

67 그 외에 각주에서 '국가적 불교행사의 대표적인 것은 연등회와 팔관회이고, 그 밖에 기복도량(祈福道場)·기신도량(忌辰道場)·불탄일 법회(佛誕日法會)·보살계 도량(菩薩戒道場)·우란분 도량(盂蘭盆道場)·제야 도량(除夜道場)·경행(徑行) 등이 있었다.'고 첨부하였다. 이원순, 『고등국사』. 구체적으로 불교도량과 법회를 언급한 것은 좋으나 기복도량이나 기신도량등 구체적인 설명이 없어서 학습자의 이해에 부담이 된다고 생각된다.

68 민영규, 『(고등)최신 국사』, 양문사, 1968; 윤세철·신형식, 『(고등)새로운 국사』, 정음사, 1968.

69 민영규, 『(고등)최신 국사』, 양문사, 1968.

하면서도 '민리민복(民利民福)이라는 이름으로 국가 경제를 좀먹고 경제적 출혈을 강요하는 폐해와 혼란을 조장하였다'[70]는 서술은 불교사에 대한 몰이해이다. '반승(飯僧)의 무차(無遮) 대회'라고 한 것은 아마도 최승로 시무상소 가운데 '혹은 중을 구정(毬庭)에 모아 공양하기도 하고 혹은 무차수륙회(無遮水陸會)를 귀법사에서 베풀었다'[71]는 것을 잘못 해석한 것 같다. 무차대회는 승려나 속인을 구별하지 않고, 또 남녀를 가리지 않을 뿐만 아니라 귀천의 차별없이 다같이 평등하게 널리 대중을 대상으로 하여 잔치를 베풀며 또는 물품을 나누어 주는 법회이므로[72] 우리와 더불어 사는 동·식물까지도 평등성을 지닌 법회이므로, 서술 내용에 포함시켜야 할 것이다.

고려의 천태종을 창종한 대각국사 이전의 시기에 천태종을 서술한 제2차 교육과정기의 검인정 교과서는 없으나 제3차 교육과정기의 국정『고등국사』의 교과서에서 다음과 같이 서술한 것은 불교사의 흐름을 이해하는데 중요하다.

> 교·선의 교리와 사상을 절충한 중국의 천태종을 국초부터 받아들여 연구하였으며, 광종 때 고려승 의통과 체관이 오월에 건너가 오히려 중국의 천태종을 부흥시키는 데 큰 공을 세웠다.
>
> 즉, 의통은 중국 천태종의 13대 교조가 되어 그 곳 교세를 떨치게 하였고, 체관은 천태사교의라는 명저를 남겼다. 이것은 천태종의 기본 교리를 정리한 것으로, 천태종 발달에 주요한 공헌을 하였고, 오늘날까지 교과서로 사용되고 있다.[73]

---

70 윤세철·신형식,『(고등)새로운 국사』, 정음사, 1968.

71『고려사』권93, 최승로열전 상소문.

72 국사편찬위원회,『한국사』6.「불교의 발달-항례적인 불교행사」: http://db.history.go.kr/.

73 국사편찬위원회,『고등국사』, 대한교과서, 1974.

이와 같이 고려 건국초 부터 천태종을 중국으로부터 수용하여 연구하였으며 광종대의 의통(義通, 927~988)과 체관(諦觀, ?~970)이 중국의 오월(吳越)에 가서 중국의 천태종을 부흥시켰다는 서술 내용은 향후 국사 교과서에서 보강 서술되어야 할 것이다.[74] 하지만 제3차 교육과정기의 국정 『고등국사』부터 이러한 서술은 사라지게 되며, 그 바로 뒤에 의천의 천태종 창종을 서술하였다.

> 이와 같이 천태종의 사상은 깊이 연구되었으나, 초기에는 종파로서는 성립되지 못하고 있더니, 후에 대각국사 의천이 중국에 건너가서 송의 불교계를 시찰하고 천태 사상을 더 연구하여 해동의 천태종을 창설하였다.[75]

널리 알려진 바와 같이 왕족 출신 의천의 서술은 '의천은 문종의 넷째 아들로 일찍이 출가하여 중이 되었는데, 1085년에는 몰래 중국에 건너가 천태종과 화엄종의 교리를 듣고 돌아왔다.'[76]는 서술도 무난하지만 송에서 천태종과 화엄종을 수용한 사실도 유의해야 한다. 의천이 화엄종 출신 승려는 맞지만 천태종이 아닌 화엄종을 지나치게 부각한 듯해 보이기 때문이다.[77]

제2차 교육과정기의 한 검인정 『고등국사』에서는 '새 종파의 성립' 부분에서 의천에 대해서 다음과 같이 매우 상세하게 서술하였다.

---

74 허흥식, 「고려전기 불교계와 천태종의 형성과정」, 『한국학보』 11, 일지사, 1978; 『고려불교사연구』 일조각, 1986, 261쪽; 이영자, 「천태사교의」의 성립 배경과 특징」, 『한국 천태사상의 전개』, 민족사, 1988, 100~113쪽.

75 국사편찬위원회, 『고등국사』, 대한교과서, 1974.

76 이병도, 『(고등)국사』, 일조각, 1968.

77 『고려사』 권90, 종실열전 문종 왕자 大覺國師 王煦.

이러한 불교의 숭상에 따라서 왕족과 귀족들 중에 승려가 되는 사람도 많아졌고, 학식과 덕행(德行)이 높은 승려들도 많이 나오게 되었다.

문종(文宗)의 아들로써 중이 된 대각 국사(大覺國師) 의천(義天)은 불교만이 아니라 유학(儒學)에도 뛰어난 학승(學僧)이었다. 그는 송에 가서 더욱 불교의 학문적 경지를 넓혔는데 자변 대사(慈辯大師)로부터 천태(天台)를 정원 대사(淨源大師)로부터 화엄(華嚴)을 배우고 귀국한 뒤에 교종(敎宗)과 선종(禪宗)의 일치(一致)를 주장하고 지관(止觀)을 중시하는 천태종(天台宗)을 폈다.[78]

그리고 지관(止觀)을 '잡념(雜念)을 멎게 하고 바른 지(智)로써 대상을 보는 것을 말함'이라고 하여 각주에 풀이해준 것은 바람직하다.[79]

하지만 제3차 교육과정기의 국정 『고등국사』에서는 다음과 같이 축약 서술하였다.

이와 같이 천태종의 사상은 깊이 연구되었으나, 초기에는 종파로서는 성립되지 못하고 있더니, 후에 대각국사 의천이 중국에 건너가서 송의 불교계를 시찰하고 천태 사상을 더 연구하여 해동의 천태종을 창설하였다.[80]

위의 이러한 서술은 앞의 서술 맥락과 이어진 부분이지만, 제2차 교육과정기의 검인정 『고등국사』에서는 천태종의 창종보다 5교 9산(五敎九山)이 5교양종으로 확립되었다는 서술이 대부분이다.[81] 이러한 사실은 제

78 이홍직, 『(고등)국사』, 동아출판사, 1968.

79 이홍직, 『(고등)국사』, 동아출판사, 1968.

80 문교부, 『고등국사』, 대한교과서, 1974.

81 5교 9산이 5교양종으로 확립되었다는 것은 일제강점기 김영수의 설이다(「五敎兩宗에 대하여」, 진단학보』 8, 1937; 김영수, 「曹溪禪宗에 就하야」, 『진단학보』 9, 1938). 이에 대한 비판이 크게 두 가지로 대두되고 있다. 하나는 종파의 존재를 전면적으로 부정하

3차 교육과정기의 『고등국사』부터는 사라지게 되어 바람직하다고 하겠다. 다만 제3·4차 교육과정기의 『고등국사』에서 '신라 말부터 시작된 5교 9산의 사상적 대립은 그대로 계속되고 있었다.'고 하여 5교 9산의 사상적 대립을 강조하였으나 제6차 교육과정기의 『고등국사』 이후 더 이상 서술되지 않았다.

Ⅲ. 고려중기 초조대장경 조판과 불교종파

1. 초조대장경의 조판

고려시대 불교사 서술 가운데 가장 많은 분량으로, 강조한 부분이 초조대장경의 조판과 『속장경』의 서술이다. 『대장경』이 무엇인지 다음과 같이 구체적으로 설명을 할 필요가 있다. 즉 '불교를 지극히 신봉하던 고려인이 우리 민족의 문화적 솜씨를 세계에 빛내 준 고귀한 문화재는 고려대장경이다'라고 하면서 각주이지만 '대장경이란 경(經-불설의 집성), 율(律-불교단의 법칙), 논(論-후세의 불교 연구론)의 3장(三藏)을 말하며, 일체경(一切經), 해장(海藏)이라고도 한다.'[82]고 한 것은 적절해 보인다.

> 그러므로 고려의 불교는 개인적 신앙 이외에 호국 불교(護國佛敎)로 발전하여 왕과 신하가 불전에 나아가 국운의 장구를 기원하고, 어려운 일에 부딪칠 경우에는 항상 부처의 힘을 빌어 해결하려고 하였다. 1010년(현종〈顯宗〉 원년)에 거란군이 침입하였을 때, 현종이 백

는 것이고, 다른 하나는 종파의 존재를 인정하되 5교 9산은 수정되어야 한다는 것이다. 허흥식, 고려전기 불교계와 천태종의 형성과정」, 『한국학보』 11, 1978 : 「교종 5종파설의 비판」, 「선종 9산설의 비판」, 『고려불교사연구』, 일조각, 1986, 108~111쪽.

82 이원순, 『(고등)국사』, 교학사, 1968.

관을 거느리고 불전에 나아가 대장경판(大藏經板)을 새길 것을 맹세하고, 부처의 힘으로 거란군을 물리쳐 줄 것을 발원(發願)한 것도 이러한 신념에서 나온 것이다.

거란군이 물러난 뒤, 현종은 대장경을 새기기 시작하여 문종 때에 이르기까지 60여 년의 세월을 들여 6천여 권의 대장경을 완성 하였으니, 이것을 고려 대장경(高麗大藏經)이라 한다.[83]

현종대 거란의 침입을 물리치기 위하여 『대장경』을 조판하기 시작하였으며 세계사적 위상도 설명하면서 고려 불교의 흥성의 토대를 마련하였다고 하였다. 구체적으로 '그 뒤 60여 년간에 6,000여 권의 대장경판을 완성하여[84] 불교 문화 사상에 금자탑을 이루었다.'[85] 하였지만 '문종 때 완성된 것이 초조 대장경(初彫大藏經)이었다.'[86]고 초조대장경이라는 용어를 명확히 사용하고 그 완성한 시기를 부기하는 것이 좋을 듯하다. 하지만 제3차 교육과정기의 국정 『고등국사』에서는 '불교가 발달함에 따라 고려는 사상의 통일과 지도를 위하여, 현종 때부터 조판을 시작하여 문종 때에 와서 제1차로 6,000여 권으로 된 고려 대장경의 간행을 완성하였다.'[87]고 축약 서술하여 아쉬움이 크다.

---

83 신석호, 『(고등)국사』, 광명출판사, 1968.

84 이병도도 이러한 내용을 서술하고 있다. 이병도, 『(고등)국사』, 일조각, 1968. 대장경의 성격에 대하여 '현종 때부터 시작하여 문종 때 완성된 이 6,000여 권의 정장(正藏)은 대구 부인사(符仁寺)에서 고종 19년(1232)에 몽고의 난으로 타버렸다.'고 서술한 것도 고무적이다 윤세철·신형식, 『(고등)국사』, 정음사, 1968.

85 김상기, 『(고등)국사』, 장왕사, 1968.

86 이원순, 『(고등)국사』, 교학사, 1968.

87 제3차 교육과정기 국정 『고등국사』.

2. 교장의 편찬과 간행

대부분의 제2차 교육과정기 『고등국사』에서 초조대장경의 조판이후 대각국사 의천은 『속장경』을 편찬 간행하였다고 기술하였다.[88]

> 대각국사는 문종의 넷째 아들로서 어려서 출가(出家)하여 불교뿐만 아니라 유학(儒學)도 깊이 연구하였다. 선종(宣宗) 때에 송에 건너가 천태종 등의 교리를 닦고 돌아올 때에 3,000여 권의 불서(佛書)를 가지고 왔으며 다시 요와 일본에서 불서를 사들여 4,700여 권을 조판(彫板)하였다. 이것이 유명한 의천의 속장경(續藏經)이거니와 이 속장경판을 앞서 된 대장경판과 더불어 세계 불전(佛典) 판본 중에서 가장 방대한 것이며 가장 완전한 것이다. 이 속장경판도 대구 부인사에서 대장경판과 더불어 몽고(蒙古)의 병화(兵火)로 타버린 듯하다.[89]

그런데 의천의 『속장경(續藏經)』 서술 부분은 일제강점기 일인 학자의 설에 따른 내용이다.[90] '부족한 것을 보충한다는 뜻'[91]에서 『속장경』[92]이 아닌 것이다. 1975년 무렵에 한국 학자들에 의해 수정된 것이나 최근까지 반영되지 않은 부분이다. 즉, 『속장경』이 아니라 『교장(敎藏)』으로 수정되어야 하며 최근의 교과서에서야 비로서 제대로 실린 사항이다.[93]

의천이 수집한 범서(梵書)는 송 뿐만 아니라 요와 일본 등도 포함한 것

---

88 신석호, 『(고등)국사』, 광명출판사, 1968.

89 김상기, 『(고등)국사』, 장왕사, 1968.

90 의천의 續藏經 서술 부분은 일제강점기 일인 학자의 설에 따른 내용으로(小野玄妙 「高麗祐世僧統義天の大藏經板雕造の事蹟」 『東洋哲學』 18編2(明治44년 1월).

91 이병도, 『(고등)국사』, 일조각, 1968.

92 이병도, 『(고등)국사』, 일조각, 1968.

93 1975년 무렵에 한국 학자들에 의해 수정된 것이나 최근까지 반영되지 않은 부분이다. 즉, 속장경이 아니라 敎藏으로 수정되어야 하며 최근의 교과서인 제7차 교육과정기의 『고등국사』에서부터 바로 잡혀 실리기 시작하였다. 속장경은 교장이라고 하여야 하지만 당시 교과서 표현 그대로 사용하였다.

이므로 '송나라에 건너가 불법(佛法)을 구하고 불서 3천여 권을 가져왔으며 다시 요(遼)·일본으로부터도 불서를 사들여 속장경(續藏經) 4,760여 권을 간행하였다.'[94]고 서술해야 할 것이다. 그리고 간행한 기구인 교정도감도 흥왕사에 설치에 대한 사실도 부기하여야 할 것이다.[95]

대부분의 제2차 교육과정기의 검인정 교과서가 '대장경과 속장경의 경판(經板)은 대구 부인사(符仁寺)에 보관하였으나, 고종 때 몽고 병화(兵火)에 의하여 다 타버렸다.'[96]고만 기술하였으나 '송(宋)으로부터 얻어 온 많은 불경과 요(遼)·본 등지에서 진본희서(珍本稀書)를 모아 속장경(續藏經)을 완성했으나, 역시 몽고의 난으로 불타버리고, 현재 일본과 송광사(松廣寺)에 그 일부가 남아 있을 뿐이다.'[97]라고 하였다. 『교장』의 완성 시기도 문종대[98]라고 하였지만 현재까지 알려진 고려 교장도감판 번각본에 실린 마지막 조판 연대는 길장(吉藏)이 찬술한 『법화현론(法華玄論)』 제 3·4권 영본의 '건통(乾統) 2년 임오(壬午) 고려 흥왕사(興王寺) 개판(開板)'의 간기(刊記)에서 볼 수 있는 의천의 입적시 무렵인 숙종 7년(1102)이므로 재고를 요하는 부분이다.[99]

제3차 교육과정기의 국정 『고등국사』에서는 다음과 같이 축약하여 서술했을 뿐이다.

---

94 변태섭, 『고등국사』; 신석호, 『고등국사』, '귀국 후 다시 요·송·일본 등지에 사람을 보내어 1천 여 권을 수집한 다음, 4천 7백 여 권의 속장경(續藏經)을 새겼다.' : 의천, 「新編諸宗敎藏總錄序」, 『大覺國師文集』 卷1 : http://kabc.dongguk.edu/

95 이원순, 『고등국사』, '대각국사 의천이 널리 아시아 일대에서 불전을 수집하여 교장도감(敎藏都監)으로 하여금 4,700여 권에 이른 속장경(續藏經)을 간행(刊行)케 한 바 있었다.'

96 신석호, 『(고등)국사』, 광명출판사, 1968.

97 윤세철·신형식, 『(고등)새로운 국사』, 정음사, 1968.

98 한우근, 『(고등)국사』, 을유문화사, 1968.

99 국사편찬위원회, 『신편 한국사』 16, 2) 속장의 조판 (2) 장소 수집 및 조판 경위: http://db.history.go.kr

그 뒤, 대각국사는 송, 요, 일본 등지에서, 대장경에 빠진 불경을 수집하여, 먼저 신편제종교장총록이라는 불서 목록을 만들고, 이에 의하여 4700여 권을 다시 출판하였는데, 이를 속장경이라 한다.

이 속장경에는 불경도 포함되어 있으나, 불교 연구서인 논(論), 소(疏), 초(抄) 등도 모은 것을 보면, 대각국사가 불교 사상 정리에 얼마나 노력하였는지를 짐작할 수 있다.[100]

3. 불교종파의 확립과 전개

고려의 불교계는 의천의 천태종과 선종의 조계종 창종 등으로 5교 9산에서 5교양종으로 전개되었다. 이와 관련 제2차 교육과정기의 검인정 『고등국사』의 서술에 대하여 살펴보기로 한다. 대부분의 제2차 교육과정기의 검인정 『고등국사』에서 '신라의 뒤를 이어 5교 9산이 병립되어 있었는데 의천의 천태종을 창종하였다'[101]고 하였는데 한 것처럼 '천태종을 재창'[102]하였다는 서술은 문제가 있어 보인다. 그리고 '천태종(天台宗)을 국청사(國淸寺)에서 열었다.'[103]고 하여 국청사의 서술도 보충되어야 할 것이다. 의천이 국청사를 창건하였다는 서술은 제7차 교육과정기의 『고등국사』에서 비로서 서술되기에 이른다.[104]

의천이 '선교상의(禪敎相依)'를 주장하였다고 하였다거나, '선교 합장',[105] '교종(敎宗)과 선종(禪宗)의 융합'[106]이나 '교종(敎宗)과 선종(禪宗)의 합

---

100 국사편찬위원회, 『고등국사』, 대한교과서, 1974.
101 신석호, 『(고등)국사』, 광명출판사, 1968.
102 이현희, 『(고등)국사』, 실학사, 1968.
103 윤세철·신형식, 『(고등)새로운 국사』, 정음사, 1968.
104 국사편찬위원회, 『고등국사』, 두산, 2002.
105 이병도, 『(고등)국사』, 일조각, 1968.
106 변태섭, 『(고등)국사』, 법문사, 1968.

일'[107]이라는 것보다는 '교·선 일치(敎禪一致)'[108]이나 '선(敎禪) 일치를 주장하여 교관겸수(敎觀兼修)'[109]를 주장하였다고 하여야 할 것이다.

그리고 대부분의 제 2차 교육과정기의 검인정 교과서가 '신라 말 이래 불교에 5교 9산의 종파가 있어 서로 대립'[110]을 강조하였다.

> 당시의 불교는 신라 때에 발생한 교종(敎宗)의 5파와 선종(禪宗)의 9파가 서로 대립하여 분쟁을 일으키고 있었다. 의천은 천태종을 개창한 후, 선교합작(禪敎合作)을 주장하였으나 성공하지 못하였다. 그러나, 얼마 후 9산(九山)이 합하여 조계종(曹溪宗)을 이루어 선종은 조계종과 천태종의 양종(兩宗)으로 나누어졌다. 이후 고려의 불교는 5교 양종(五敎兩宗)으로 나누어지게 되었다.[111]

혹은 '이에 자극받아 선종(禪宗) 구산(九山)은 단결하여 조계종(曹溪宗)을 성립시켜'[112]라고 이해되고 있다. '그뒤 선종(禪宗)은 9산(九山)을 합쳐 조계종(曹溪宗)이 되어 천태종과 함께 양종(兩宗)을 이룬 결과 고려의 불교를 오교 양종(五敎兩宗)이라 부르게 되었다. 이리하여 불교의 종파는 종래의 5교 9산에서 오교 양종으로 통합되었다.'[113]

그후 '이에 자극된 선종은 보조(普照) 국사 지눌(知訥)에 의하여 조계종(曹溪宗)으로 통합되어…갔다.'[114]고 하였다.

---

107 변태섭, 『(고등)국사』, 법문사, 1968.
108 민영규, 『(고등)최신 국사』, 양문사, 1968.
109 윤세철·신형식, 『(고등)새로운 국사』, 정음사, 1968.
110 이병도, 『(고등)국사』, 일조각, 1968.
111 신석호, 『(고등)국사』, 광명출판사, 1968.
112 이홍직, 『(고등)국사』, 동아출판사, 1968. ; 이병도, 『(고등)국사』, 일조각, 1968.
113 김상기, 『(고등)국사』, 장왕사, 1968. 허홍식의 앞의 책 참조.
114 윤세철·신형식, 『(고등)새로운 국사』, 정음사, 1968.

무신 정권 시대를 전후하여 종래의 선종(禪宗) 9산이 조계종(曹溪宗)으로 통일되더니, 지눌(知訥)에 의하여, 그 교리가 더욱 정리되어 마침내 고려 불교의 종파는 5교 양종(五教兩宗)으로 나뉘게 되었다.[115]

제2차 교육과정기의 검인정 교과서에 '이렇게 불교의 여러 종파가 대립하여 발전하는 사이에 어느 정도 불교 자체의 진전을 보았고, 또 여러 가지 사회 사업과 문화 사업에도 이바지한 바가 많았다.'[116]고 그 의의를 부각시켰으나 제3차 교육과정기의 국정 『고등국사』에서는 '신라 말부터 시작된 5교 9산의 사상적 대립은 그대로 계속되고 있었다.'[117]고 하여 사실과 다르게 서술하고 있다.

그리고 9산이 조계종으로 통합된 사실은 그 이후 제 6차 교육과정기의 『고등국사』에서도 서술되고 있는데 재고를 요한다.[118] 필자는 9산문이 조계종으로 성립한 것은 고려 국초라고 보고 있다. 「선봉사 대각국사비」 음기에 '국초에 조계(曹溪)·화엄(華嚴)·유가(瑜伽)·궤범[軌範(율업律業)] 등으로 더불어 같았으므로 세상에서 이를 일러 4대업(大業)이라 하였다'[119]라고 한 기록이 그것이다.[120] 즉, 국초에 조계업(曹溪業)·화엄업(華嚴業)·유가업(瑜伽業)·율업(律業)이 크게 행하여졌다고 보고 있기 때문이다.[121]

---

115 이원순, 『(고등)국사』, 교학사, 1968.

116 이병도, 『(고등)국사』, 일조각, 1968.

117 국사편찬위원회, 『고등국사』, 대한교과서, 1974.

118 국사편찬위원회, 『고등국사』, 대한교과서, 1996.

119 林存, 「선봉사 대각국사비」, 『조선금석총람』 상, "與先 國初大行 曹溪 華嚴 瑜伽 軌範 齊等 世爲之四大業也"

120 허흥식, 「14,5세기 조계종의 계승과 법통」, 『동방학지』 73, 1991, 8쪽.

121 황인규, 「고려시대 조계종의 성립과 전개」, 『역사와교육』 17, 2013 참조.

Ⅳ. 고려후기 재조대장경의 조판과 사원경제

1. 결사와 재조대장경의 조판

고려후기에 대한 불교사 서술의 기본적인 기조는 다음의 서술로 이루어진 것이 대부분이다.

> 대각 국사 의천 때 극히 융성하였던 불교는 무신 집권시대인 신종 때 보조국사(普照國師) 지눌(知訥)이 나와 선(禪)으로서 교(敎)를 겸수하여야 한다고 하니, 다시 조계종(曹溪宗)의 종풍(宗風)이 크게 떨치어 고려 불교는 새로운 활기를 띠게 되었다. 그러나, 고려 후기의 불교는 점차 타락하고 그의 폐해가 심하여 국민의 배척을 받게 되었다.[122]

위의 서술은 대체적으로 고려후기 불교사의 흐름을 비교적 잘 서술하였다고 생각된다. 고려후기의 문화 부분을 서술하면서 '고려 후기의 문화는 거듭된 무신 귀족의 동요와 수차에 걸친 외란으로 근본적인 면에서 심각하게 반성하는 경향이 나타나, 옛것을 비판하고 새로운 경지를 모색하려는 풍조가 짙게 보였다.'는 서술도 마찬가지다.[123]

> 무신 정권 시대를 전후한 불교의 새로운 경향은 조계종이 크게 떨친 점이다. 여기에 이바지한 승려는 보조 국사(普照國師) 지눌(知訥)이며, 그는 의천과는 달리 선(禪)을 주로 하는 정혜 겸수(定慧兼修)를 주장하고 정혜사(定慧社)〈지금 송광사(松廣寺)〉를 창설하여 천태종에 비하여 미약했던 조계종의 교세를 떨치게 하였다.[124]

---

122 변태섭, 『(고등)국사』, 법문사, 1968.
123 이현희, 『(고등)국사』, 실학사, 1968.
124 이홍직, 『(고등)국사』, 동아출판사, 1968.

하지만 '이 시기의 유명한 승려로는 의천 외에 무신 정권 때 지눌(知訥; 보조국사)이 나와 업적을 남겼으며,'[125]라는 서술은 의천이 고려후기가 아닌 고려전기의 인물이므로 수정해야 할 것이다. 무신정권 시대를 전후한 시기에 조계종이 크게 떨쳤다는 사실도 재고의 여지가 있다. '순천(順天) 송광산(松廣山)에 정혜사(定慧寺)를 열어 정혜겸수(定慧兼修)에 힘썼다.'[126] 라는 서술도 맞다. 지눌이 '선(禪)을 주로 하는 선교겸수(禪敎兼修)를 주장하여 화엄교와 천태종에 눌려 있던 조계종을 크게 융성시켰다.'[127]라는 서술도 지나치며 '지눌은 선종의 입장에 서서 화엄종의 교리를 포섭할 것을 주장하였다.'[128]로 정도로 수정되면 좋을 듯하다.[129]

지눌의 결사운동에 대한 서술은 제2차 교육과정기 검인정 국사교과서와 제3차 교육과정기의 국정 『고등국사』에서 이 보강되었어야 하며, 천태종의 강진 백련사 결사운동도 부기되었어야 한다. 실제 백련사 결사는 제7차 교육과정기의 『고등국사』에서 비로소 처음으로 서술되기에 이른다.[130]

재조대장경에 대한 서술은 다음의 교과서 서술이 무난해 보인다.

> 고려인의 불교에 대한 신앙은 사회적 동요가 심한 후기에도 조금도 변하지 아니하였다. 몽고군이 침입하여 부인사에 있는 대장경판을 태워버리자, 당시의 집정자 최우는 강화도에서 피난 생활을 하고

---

125 이현희, 『(고등)국사』, 실학사, 1968.

126 김상기, 『고등국사』; 知訥, 「勸修定慧結社文」, 『普照全書』, 普照思想研究院, 1989; 『한국불교전서』 5: http://kabc.dongguk.edu/

127 신석호, 『(고등)국사』, 광명출판사, 1968.

128 이병도, 『(고등)국사』, 일조각, 1968.

129 황인규, 「목우자 지눌과 고려후기 조선초 불교계의 고승들」, 『보조사상』 19, 2003; 황인규, 『고려후기·조선초 불교사연구』, 혜안, 2003 참조.

130 국사편찬위원회, 『고등국사』, 두산, 2002. 필자가 수선결사와 더불어 양대 결사인 백련결사를 교과서에 포함시킬 것을 처음으로 주장한 바 있다. 황인규, 「중등 국사교과서에 나타난 고려후기 불교사의 서술과 문제점」, 『역사와 교육』 9, 2000.

있음에도 불구하고 부처의 힘으로 몽고군을 물리친다는 신념에서 불전에 발원한 다음, 강화도에서 대장도감(大藏都監), 진주(晉州)에 분사(分司)를 설치하고, 1237년(고종 24년)부터 1251년까지 15년 동안 8만 여 장의 대장경판을 새겼다. 이것이 오늘날 해인사(海印寺)에 남아 있는 팔만대장경(八萬大藏經)으로서 우리가 세계에 자랑하고 있는 국보의 하나이다.[131]

이러한 대장경 조판사업에 있어서 16년이 아닌 '15년 만인 고종 38년에 완성'[132]하였다는 서술은 16년으로 정정해야 한다. 그리고 3차로 『대장경』을 간행하였다[133]는 것은 재고의 여지가 있다, 아마도 의천의 『교장』을 『속장경』으로 보았기 때문에 3차로 본 듯한데 이는 오류이다.

대장경판의 조성의 목적이 호국불교신앙에서 '거란과 몽고 등의 외적을 불력(佛力)으로 막아 내려는데 그 목적[134]이었지만 좀 더 현실감이 있게 '온 국민이 합심하여 팔만 대장경을 만들었다.'[135]는 사실을 강조해야 한다. 대장경 조판의 의의는 '오늘날 남아 있는 것 중에 세계에서 가장 오래되고, 가장 훌륭한 경판'[136] 뿐만 아니라 '대장경(大藏經)의 조판은 인도(印度)·중국(中國) 또는 일본(日本)에도 있었지만, 우리 나라의 것이 가장 내용이 충실하여 세계적으로 유명하다.'[137]는 평가도 중요하다.

---

131 신석호, 『(고등)국사』, 광명출판사, 1968.

132 윤세철·신형식, 『(고등)새로운 국사』, 정음사, 1968.

133 이병도도 ' 고려 전기에는 2차에 걸친 대장경 조판의 간행이 있었으나, 1236년(고종 23년) 몽고의 병화로 모두 불타버렸다.'라고 하여 같은 인식하에 있다. 이병도, 『(고등)국사』, 일조각, 1968.

134 이상옥·차문섭, 『(고등)국사』, 문호사, 1968; 민영규, 『(고등)최신 국사』, 양문사, 1968.

135 이현희, 『(고등)국사』, 실학사, 1968; 李奎報, 「大藏刻板君臣祈告文」, 『東國李相國集』 卷25 雜著.

136 이병도, 『(고등)국사』, 일조각, 1968.

137 이원순, 『(고등)국사』, 교학사, 1968.

2. 고려후기 사원경제의 확대

대부분의 제 2차 교육과정기의 검인정 교과서에 서술되었듯이 '불교가 국가적으로 숭상되자 사원(寺院)은 정신적인 지도를 담당하였을 뿐 아니라, 또한 광대한 토지와 노비를 소유하여 경제력도 매우 강대하였다. 사원은 국가에서 많은 사원전을 받았고 또 왕실 귀족 및 일반 평민에게도 막대한 토지의 기진을 받아 고려의 대지주가 되었다.'[138]

'그리하여 불교의 발전은 승려의 지위를 상승시켰고, 국가에서 지급한 사원전(寺院田)의 해택과 면세(免稅)·면역(免役)의 특권을 얻어 국가 정치와 경제에 커다란 영향을 끼쳤다.[139] 즉, '당시 사원은 왕실과 신도의 시사에 의하여 많은 토지와 노비를 가졌으며, 대곡업(貸穀業) 등 영리 사업도 하여 부유한 경제력을 가졌다.'[140] 그러하여 사원을 중심으로 상업, 목축, 고리대금 등 사원경제(寺院經濟)가 형성되었다.'[141]는 것이다.

이러한 사원의 경제의 비대화로 인한 폐해를 강조하였는데[142] 이후 현행 『고등국사』에서도 대동소이하다. 고려후기 불교 사원에 대한 부정적인 시각은 유불교체로 이어지고 있다. 즉, '승려는 조세와 부역을 면하는 특권이 있었으므로 평민들이 다투어 승려가 되어 국가의 재정은 점차 곤란함을 면치 못하게 되었다.'[143] 그리하여 '같은 특권 의식은 뒤에 방종으로 흘러 고리대(高利貸)란 방식으로 사리 사욕을 채우며, 면세하려는 자는 자연히 사원으로 몰려 승려가 되고, 재산을 사원에 도피시킨 자도 늘어

---

138 변태섭, 『(고등)국사』, 법문사, 1968.

139 윤세철·신형식, 『(고등)새로운 국사』, 정음사, 1968; 민영규, 『(고등)최신 국사』, 양문사, 1968.

140 신석호, 『(고등)국사』, 광명출판사, 1968.

141 이상옥·차문섭, 『(고등)국사』, 문호사, 1968; 김상기, 『(고등)국사』, 장왕사, 1968.

142 이원순, 『(고등)국사』, 교학사, 1968.

143 변태섭, 『(고등)국사』, 법문사, 1968; 한우근, 『(고등)국사』, 을유문화사, 1968.

국가 재정의 파탄을 초래하였으니, 이에 환멸을 느낀 유학자들은 척불론(斥佛論)을 강력히 주장하였다.'[144] 결국 영리를 일삼게 된 불교 사회는 그 자체 내의 부패가 심하였다. 이제현·이색 등은 불교의 교리는 인정하되, 승려들의 비행과 사원의 폐단을 배격하였고, 정몽주·정도전 등 극단적인 불교 배척론자는 불교 자체를 맹렬히 공격하여, 그것이 인륜을 멸하고 국가를 해치는 종교라고까지 하였다.[145] 이는 정도전 등 신진사류들이 당시 숭유억불을 위한 인식 수준에 머문 것에 지나지 않는것이므로,[146] 고려말 불교사의 이해를 유불교체가 마치 당연한 사실처럼 인식한 학계의 수준을 반영한 것에 지나지 않는다. 현재도 고려말 불교 사원경제에 대한 올바른 이해가 필요하다.

3. 불교계의 보수화와 쇠락

앞서 살펴본 바와 같이 고려후기 사원경제의 폐해뿐만 아니라 고려말 고승의 비리도 부각시켰다.

> 특히 장생고(長生庫)를 비롯한 고리 대금 활동은 불교계의 세속화를 격렬히 조장시켰으며, 여말 신돈(辛旽)의 정치 활동에서도 승려의 탈선 행위는 두드러지게 나타났다.[147]

고려말 공민왕대 매골승(埋骨僧) 출신 신돈(辛旽)의 개혁정치는 의미가 있는 것으로 적극적으로 평가할 필요가 있다.[148] 다행스럽게도 고려 말기

---

144 이현희, 『(고등)국사』, 실학사, 1968.
145 이병도, 『(고등)국사』, 일조각, 1968.
146 정도전, 「佛氏雜辨」, 『삼봉집』 권5.
147 윤세철·신형식, 『(고등)새로운 국사』, 정음사, 1968.
148 『고려사』 권1213, 신돈열전; 李達衷, 「辛旽」, 『霽亭集』 卷1, 詩; 황인규, 「편조신돈의 불

의 태고(太古), 나옹(懶翁) 등은 조계종의 명승들을 부각시켜 긍정적으로 서술하였다.[149]

> 공민왕 때에 태고(太古)·나옹(懶翁)의 두 화상(和尙)이 나타나 더욱 이것을 발전시켜, 마침내 조계종이 우리 나라 불교계를 지배하게 되었다.[150]

즉, '고려 말에 태고(太古)·나옹(懶翁) 두 선사가 나와 조계종의 선풍(禪風)을 널리 퍼뜨렸다.'[151] 하지만 '고려 말기에는 태고·나옹 등 명승이 나왔으나 점차 현실 세계와 유리되어 갔으며 불교 자체가 저지른 사회적 폐단으로 말미암아 사회와의 거리가 멀어갔다.[152] 태고·나옹과 그 제자 자초(무학)가 나와 이를 조선에 전하여 주었다.'[153]고 하여 여말선초 불교계의 사실을 서술한 것은 고무적이다.[154] 나옹혜근(懶翁慧勤, 1320~1376)은 태고보우(太古普愚, 1301~1382), 백운경한(白雲景閑, 1299~1375)과 더불어 여말선사(麗末三師)로 불린다. 특히 나옹과 무학자초를 비롯한 일부 불교계의 선각자들은 고려말 불교계의 혁신을 위해 노력[155]하였을 뿐만 아니라 조

교계 행적과 활동」, 『만해학보』 6, 2003; 황인규, 『고려말·조선전기 불교계와 고승연구』, 혜안, 2005 참조.

149 이홍직, 『(고등)국사』, 동아출판사, 1968; 이상옥, 『(고등)국사』, 문호사, 1968. : 이현희, 『(고등)국사』, 실학사, 1968.

150 신석호, 『(고등)국사』, 광명출판사, 1968.

151 김상기, 『(고등)국사』, 장왕사, 1968; 윤세철·신형식, 『(고등)새로운 국사』, 정음사, 1968.

152 이원순, 『(고등)국사』, 교학사, 1968.

153 이병도, 『(고등)국사』, 일조각, 1968.

154 이에 대해서는 다음의 논고가 참조된다. 황인규, 『무학대사연구여말선초 불교계의 혁신과 대응』, 혜안, 1999.

155 황인규, 『무학대사연구여말선초 불교계의 혁신과 대응』, 혜안, 1999.; 황인규, 「여말선초 선승들과 불교계의 동향」, 『백련불교논집』 9, 1999; 황인규, 『고려후기·조선초 불교사연구』, 혜안, 2003; 황인규, 『고려말·조선전기 불교계와 고승연구』, 혜안, 2005 참조.

선전기 불교계를 주도하였을 뿐만 아니라 조선시대 이후 현재까지 그의 스승 지공과 그의 제자 무학과 더불어 불교계 최고의 증명법사로 존경받고 있기 때문이다.[156] 하지만 제5차 교육과정기의 『고등국사』부터 지공에 대한 서술은 사라졌으며,[157] 태고와 나옹 부분도 마찬가지다.[158]

Ⅴ. 맺음말

이상으로 제2차 교육과정기의 검인정 『고등국사』의 고려시대사 불교사 서술 내용에 대하여 검토하여 보았다. 특히 제2차 교육과정기 11종의 국사 교과서 서술 내용을 제3차 교육과정기의 국정 『고등국사』와 이후 제 7차 교육과정기의 『고등국사』의 서술 내용과 비교하였다.

제2차 교육과정기의 11종의 검인정 『고등국사』 교과서에 실린 고려시대 불교사의 서술 내용은 국가가 요구하는 이념적 부분에 해당하지 않기 때문인지 그러한 영향은 거의 없어 보인다.

제2차 교육과정기의 11종의 검인정 『고등국사』의 서술 내용을 제3차 교육과정기의 국정 『고등국사』 이후 제 7차 교육과정기의 『고등국사』의 서술 내용과 비교했을 때 종파 문제 등 학계의 연구수준을 반영하여 바람직한 부분도 없지 않지만 승과와 승계 등 불교사에 있어서 중요한 내용이 본문 서술에서 사라지게 되었다. 무엇보다도 적지 않은 집필자의 다양한 시각에서 서술된 내용이 대폭 축소되거나 퇴보한 내용을 어렵지 않게 찾을 수 있었다. 획일화된 1종의 국가 주도의 국정 교과서의 서술 폐해이다.

---

156 황인규, 「여말선초 三和尙(指空·懶翁·無學)의 선사상」, 『정토학연구』 27, 2017 참조.

157 국사편찬위원회, 『고등국사』, 대한교과서, 1990.

158 다만 제 7차 교육과정기의 『고등국사』에서 보우에 관한 서술이 매우 간략하게 실려 있을 뿐이다. 국사편찬위원회, 『고등국사』, 두산, 2002.

하지만 제2차 교육과정기의 검인정 『고등국사』 교과서에 실린 교과서 서술 내용은 당시의 학계의 수준을 반영한 것이라서 미흡한 구석도 없지 않으나, 적지 않은 서술이 현재도 적극 참조할 내용이 많다. 『중등국사』가 정치사 중심으로 서술된다고 할 때, 『고등국사』는 문화사 중심의 서술 내용을 담는 것이 좋을 듯하다. 예컨대 세계유산인 『직지심체요절』이나 고려 문화의 결정체인 불화(佛畫)에 대한 서술도 강조되어야 할 것이다.

07

제2차 교육과정기 민족주체성 교육의 시행과 국사교과서 근현대사 서술내용 분석

조건

Ⅰ. 머리말

1963년 2월 공포된 제2차 교육과정은 5·16군사정변 이후 성립되었다는 점에서 주목된다.[1] 즉 제2차 교육과정은 군사정변으로 집권한 박정희 정권의 교육정책이 반영되어 있는 최초의 교육과정이었던 것이다.[2] 아울러 1973년 제3차 교육과정에 의한 국사교과서 국정화 직전의 교육정책과 실태를 살펴볼 수 있다는 점에서 제2차 교육과정과 이 시기 국사교과서 내용에 대한 분석은 중요하다.

그런데 1963년에 제정된 제2차 교육과정을 비롯하여 당시 발행된 교과서에 대한 분석은 아직 본격적으로 진행되지 못하였다. 학계에서 제2차

1 제2차 교육과정은 1963년 2월 15일 문교부령 제119호(국민학교), 제120호(중학교), 제121호(고등학교), 제122호(실업계고등학교)로 제정·공포되었다.

2 물론 제2차 교육과정이 담고 있는 내용 모두가 박정희 정권의 산물이라고 볼 수는 없다. 그럼에도 역시 군사정변 이후 가장 먼저 공포된 교육과정이라는 점에서 제2차 교육과정은 박정희 정권 성립에 따른 제반 변화상을 담고 있다고 판단된다.

교육과정을 중심 주제로 한 연구는 거의 없다.[3] 특히 국사교과서에 대한 면밀한 내용분석은 거의 찾아보기 힘들다. 다만 해방 이후 특정 주제에 관한 역사교과서 서술내용 변천을 분석하면서 제2차 교육과정기 교과서 역시 분석 대상에 포함된 사례가 있다.[4] 또한 박정희 정권이 집권기 내내 정권의 정당성과 관련하여 지속적으로 국사교육 강화를 위한 시도를 펼쳐왔음에 착목하여 이를 중심으로 한 연구들도 진행된 바 있다.[5] 그럼에도 제2차 교육과정기 국사교과서 서술 내용에 대한 연구는 아직 미진하다고 여겨진다.

이렇듯 제2차 교육과정기 교육정책과 국사교과서에 대한 연구가 부족한 것은 1968년 「국민교육헌장」 선포 직후 개정 교육과정이 공포되면서[6] 관심의 초점이 이후 제3차 교육과정과 그로 인한 교과서 국정화로 옮아

3 발표자가 확인하기에는 최근에 발표된 조성운의 연구가 유일하다(「제2차 교육과정의 제정과 국사교과서의 편찬」, 『한국사학보』 66, 2017). 이 외에는 해방 이후 역사교육 내용의 변천을 고찰하는 과정에서 제2차 교육과정이 언급되는 정도이다. 김한종, 「해방 이후 국사교과서의 변천과 지배이데올로기」, 『역사비평』 15, 1991; 윤종영, 「국사교과서 발행제도에 대한 고찰」, 『문명연지』 1-2, 2000; 박진동, 「해방 후 역사교과서 발행제도의 추이」, 『역사교육』 91, 2004.

4 해방 이후 특정 주제에 관한 역사교과서 서술내용을 분석한 것으로는 다음과 같은 것들이 있다. 최병택, 「해방 후 역사교과서의 3·1운동 관련 서술 경향」, 『역사와현실』 74, 2009; 박진동, 「해방 후 현대사 교육 내용 기준의 변천과 국사교과서 서술」, 『역사학보』 205, 2010; 이수정, 「해방 이후 국사교과서의 가야사 서술 변천과 대안」, 『역사와교육』 19, 2014; 서인원, 「동학농민운동의 한국사 교과서 서술 내용 분석-제1차~제7차 교육과정의 고등학교 교과서를 중심으로-」, 『숭실사학』 32, 2014; 조성운, 「해방 이후 고등학교 한국사교과서의 신간회 서술 변천」, 『역사와실학』 57, 2015.

5 박정희 정권기 국사교육 강화와 국민교육헌장을 주제로 한 연구도 제2차 교육과정기 교육정책과 관련된 주요 주제이다. 이에 관해서는 다음의 논저가 참고된다. 신주백, 「국민교육헌장 이념의 구현과 국사 및 도덕과 교육과정의 개편」, 『역사문제연구』 15, 2005; 김한종, 「학교교육을 통한 국민교육헌장 이념의 보급」, 『역사문제연구』 15, 2005; 장영민, 「박정희 정권의 국사교육 강화정책에 관한 연구」, 『인문학연구』 34-2, 2007; 이봉규, 「박정희 정권기 역사교육학계의 민족주체성 인식과 국사교육 강화」, 『역사문제연구』 37, 2017.

6 제2차 교육과정은 1969년 9월 4일 문교부령 제251호에 따라 개정 공포되었다. 이때의 개정은 전해에 공포되었던 「국민교육헌장」의 이념을 구현한 것으로 평가된다. 그러나 실제 「국민교육헌장」 공포 이후 교과서 내용의 개정 폭은 크지 않았다.

갔기 때문이었다.[7] 그리고 제3차 교육과정은 박정희 정권을 떠받치고 있던 경제성장 신화가 붕괴되지 시작하면서 정치적으로 '유신체제'라는 비상 상황 아래 수립된 것으로 인식하는 것이 일반적이었다.[8] 한편 식민사관 극복에 따른 연구성과가 교과서에 반영되는 것이 제3차 교육과정기 이후였다는 점도 제2차 교육과정기 국사교과서 연구를 더디게 한 측면으로 작용하였다.

그러나 유신체제 교육정책은 한순간에 수립된 것이 아니었다. 제2차 교육과정기 내내 정권은 그들 나름의 교육정책을 여러 과정을 거쳐 강구하였고 교과서 역시 그러한 고려 아래 발행되었다.[9] 즉 1968년 1월 검정을 통과한 국사교과서가 제작된 시점은 1967년으로, 제2차 교육과정이 공포된 때부터는 다소 늦은 감이 있지만 「국민교육헌장」 선포 이전이라는 점에서 특징적이다. 제2차 교육과정기 국사교과서는 「국민교육헌장」 및 1969년 개정 교육과정과는 별도의 교육방침이 적용되어 있었던 것이다.

제2차 교육과정기 국사교과서에 직접적인 영향을 준 것은 1963년 2월 공포된 「고등학교 교육과정」과 1966년 5월에 문교부에서 발행된 「민족주체성 확립을 위한 교육과정 운영지침」,[10] 그리고 1966년 7월 공포된 「인

---

7 강만길은 박정희 정권의 교육정책을 "박정희정권 약 20년간의 교육이념 및 교육정책의 방향은 「국민교육헌장」의 제정으로(1968.12.5.) 특징지어진다."라고 규정한 바 있다.(강만길, 『고쳐 쓴 한국현대사』, 창작과비평사, 1994, 360쪽) 「국민교육헌장」이 박정희 정권 교육정책의 매우 상징적이고도 핵심적인 교육관이었다는 점은 사실이다. 다만 「국민교육헌장」과 이후 유신체제 국정교과서 체제는 이전 제2차 교육과정기 교육방침과 국사교과서에서 이미 구현되고 있었다는 점을 간과해서는 안 된다.

8 박정희 정권의 경제성장과 한계에 대해서는 다음의 책들을 참고할 수 있다. 이병천 엮음, 『개발독재와 박정희 시대』, 창비, 2003; 김보현, 『박정희정권기 경제개발-민족주의와 발전-』, 갈무리, 2006 등.

9 조성운도 제2차 교육과정기 교육정책과 교과서 발행이 5·16군사정변 이후 박정희 정권의 경제개발과 반공주의에 입각하여 시행된 점이라는 사실을 밝혔다.(조성운, 「제2차 교육과정의 제정과 국사교과서의 편찬」, 290~291쪽) 다만 조성운은 국사교과서 발행과 그 내용을 「국민교육헌장」이나 1969년 교육과정 개정에 더 중점을 두어 설명하고 있다.

10 조성운은 이글의 주요 논지에 관한 조언은 물론 「민족주체성 확립을 위한 교육과정 운영지침」 등의 자료를 제공해 주었다. 지면을 빌어 감사함을 전한다.

문계 고등학교 교육과정령」 등이었다.[11]

요컨대 1968년 1월 검정 국사교과서의 내용을 살펴보면 박정희 정권 초기 교육정책의 실상과 더불어 이것이 1960년대 말 이후부터 제3차 교육과정기 국정교과서 체제로 어떻게 이어지고 있는가 하는 점이 드러난다.

이 글에서는 제2차 교육과정기 국사교과서의 근현대사 서술 체제와 내용을 집중적으로 분석하겠다. 제2차 교육과정기 국사교과서 저자 중 다수가 집필과정에서 근현대사에 비중을 두고 교과서를 제작했음을 밝히고 있다. 주목할 점은 이것이 제2차 교육과정을 통한 문교부의 교육방침에 따른 것이었다는 사실이다.[12]

이에 따라 당시 국사교과서가 근대현대사를 어떻게 서술하고 있었는지, 그리고 이러한 서술 내용에 나타난 '민족주체성 교육과정'의 실체는 무엇인지를 파악해 보고자 한다.[13] 다만 단순히 교과서 내 근현대사 서술 내용이 어떻게 구성되었는가에 그치지 않고 교과서가 당대를 어떻게 평가하고 있었는가에 대해서도 기술하겠다. 나아가 제2차 교육과정기 교과서의 마지막 장에 특징적으로 삽입되어 있는 '우리의 할 일', 또는 '우리의 사명' 등의 내용과 그 의미도 살펴보도록 하겠다.[14]

---

11 1966년 7월 15일 공포된 「인문계고등학교교육과정령(문교부령 제173호, 1968.3.1. 시행)」은 1963년 「고등학교 교육과정」과 큰 차이가 없다. 「인문계고등학교교육과정령」은 국가기록원 관보 검색 시스템에서 살펴볼 수 있다.(http://theme.archives.go.kr/next/gazette/viewMain.do)

12 이점에 대해서는 3장에서 후술하겠다.

13 이른바 민족주체성이라고 하는 개념은 1960년대 초 박종홍에 의해 이미 제기된 바 있다. 박종홍은 1962년 『사상계』에 「민족적 주체성」이라는 글을 발표하였다. 그는 여기에서 주체성의 핵심은 자타의 차이를 인식하는 것이라고 하면서 열등감의 극복을 주요한 과제로 제시했으며 人乃天 사상이 한국의 민족적 주체성을 형성하는 토대였다는 주장을 펼쳤다고 한다(박성현, 「박정희 정권의 '화랑도' 교육-내용의 연원과 관철의 방식-」, 『역사와 현실』 96, 2015, 69쪽).

14 이글을 최종적으로 완성하는데 익명의 심사위원들께 큰 도움을 받았다. 내용과 구성은 물론 구체적인 서술 방식에 이르기까지 조언을 아끼지 않은 심사위원 제위께 감사를 전한다.

이글에서 분석대상으로 하고 있는 교과서는 1968년 1월 11일자 문교부 검정 제86호로 발행된 인문계 고등학교용 국사교과서 11종이다.[15] 단 경우에 따라 1970년 초에 발행된 교과서도 분석 대상에 포함하였다.[16]

Ⅱ. 제2차 교육과정의 수립과 민족주체성 교육의 시행

제2차 교육과정이 공포된 것은 1963년 2월 15일이었다. 이 중 이 글의 대상이 되는 고등학교 교육과정은 문교부령 제121호이다. 문교부령 제121호의 머리말에는 이 교육과정이 수립된 이유를 이전 교육과정이 급박한 과정에서 만들어졌을 뿐만 아니라 이후 사회가 변모했기 때문에 개정이 불가피하다는 지극히 일반적인 내용으로 설명하고 있다.[17] 그런데

15 제2차 교육과정기 인문계 고등학교 국사교과서는 모두 11종이 발행되었다. 이들은 모두 1968년 1월 11일(문교부 검정 제86호)에 의한 것들이었다. 다음은 11종 국사교과서의 제목과 저자 및 발행사항을 정리한 것이다.(저자명 가나다 순)

연번	제목	저자	출판사	발행일
1	국사	김상기	장왕사	1968.2.20.
2	최신 국사	민영규·정형우	양문사	1967.12.5.
3	국사	변태섭	법문사	1968.1.
4	국사	신석호	광명출판사	1967.
5	새로운 국사	윤세철·신형식	정음사	1967.
6	국사	이병도	일조각	1968.
7	국사	이원순	교학사	1968.1.10.
8	최신 국사	이현희	실학사	1968.1.
9	국사	이홍직	동아출판사	1967.12
10	국사	이상옥·차문섭	문호사	1968.1.10.
11	국사	한우근	을유문화사	1968.

16 1968년 1월 검정되어 발행된 교과서는 이후 매년 약간의 수정을 거쳐 발간·배포되었던 것으로 보인다. 특히 현대사 부분의 내용이 조금씩 수정되어 있음이 확인된다. 주로 정권의 업적을 교과서에 포함하려는 목적이 있었는데 그 서술 내용과 의미를 살펴보고자 한다.

17 "구 교육과정은 6·25사변과 휴전 성립 직후에 걸쳐 제정되었고, 그 후 상당한 시일도 경과되었다. 그 동안 문화는 발달되고 국내의 정세는 급격히 변동되어 사회 생활의 양상은 크게 변하였으므로 구 교육과정은 전면적으로 개정하여야 하게 되었다"(문교부, 「문교부령 제121호 고등학교 교육과정」, 1963.2.15, 국가교육과정 정보센터 http://www.ncic.go.kr/).

개정의 일반론에 이어 다음과 같은 대목이 눈에 띈다.

> 구 교육과정은 제정 당시의 비정상적인 사회 상태와 여러 가지 애로나 제약으로 충분한 내용 설정을 하지 못하였고 자주적으로 구체적인 한국 고유의 교육 목표도 설정하지 못하였다. …… 이러한 실정에 비추어 문교부는 1958년부터 교육과정 개정에 대한 기초 조사를 하며, 자료 수집에 힘써 오던 중 5·16혁명을 계기로 하여 종래의 교육을 평가하고 새로운 교육과정으로 전면적 개편을 보게 되어 1963년 2월 15일에 이를 공포하기에 이르렀다.[18]

이에 따르면, 기존의 교육과정이 자주적이고 구체적인 한국 고유의 교육 목표를 설정하지 못하였기 때문에 '5·16혁명'을 계기로 이를 재평가하고 개정하기에 이르렀다는 것이다. 새로운 교육과정 개편에 따라 설정해야할 교육 목표를 구체적으로 제시하지는 않았지만 그것이 5·16군사정변을 계기로 한 것이고 무엇보다 '자주적'이어야 한다는 예시를 주고 있다.

이러한 점은 머리말에 이어 기재되어 있는 '총론'에서도 드러난다. 총론에는 이번 교육과정의 내용을 세 가지로 나누어 정리했는데, 첫째 자주성의 강조, 둘째 생산성의 강조, 셋째 유용성의 강조였다. 특히 자주성의 강조에서는 교육을 통하여 형성하려는 인간상을 "고유의 역사와 전통을 지니고 역사적 현실 속에서 명확한 사명감을 자각하고 수행하는 대한민국의 국민"이라고 명시하였다. 그러면서 기존 교육과정에 우리의 특수성과 자주성이 결핍되었음을 지적하였다.[19] 역시 자주성이 강조되고 있으며 아울러 이를 극복하기 위해 국민으로서의 사명감이 제기되어 있다.

---

18 문교부, 「문교부령 제121호 고등학교 교육과정」, '머리말'.

19 문교부, 「문교부령 제121호 고등학교 교육과정」, '총론'.

또한 교육과정의 각론으로 들어가 확인할 수 있는 국사과 지도목표에서는 민족애를 철저히 하고 민족적 과업을 달성하며 민주 국가 발전에 기여토록 해야 한다는 점이 첫 번째로 기술되었다. 그리고 이어서 각 시대를 종합적으로 이해하여 역사적 의의를 고찰하는 한편 경제 부흥과 사회 개선을 통한 새 문화 창조 발전에 공헌토록 하고, 세계사와의 연관성에 유의하여 국사의 특수성과 일반성을 이해시키며, 반공사상을 강화하여 세계 평화 건설에 이바지해야 한다는 점 등을 강조하였다.[20]

위의 내용을 통해 볼 때, 제2차 교육과정 중 국사교육의 특징은 민족적 자주성을 함양하고 시대적인 사명을 자각하며 반공사상을 투철히 하는 것으로 요약할 수 있다.

그런데 당시 공포된 제2차 교육과정은 내용상 소략하였다. 특히 각론 부문에 기재되어 있는 각 교과의 교육방침에 대해서는 구체적인 설명이 거의 이뤄지지 않고 있었다. 교육과정에서 잘 설명되지 않은 부분을 이해하기 위해서는 1963년 7월 1일 별도로 편찬되었던 제2차 교육과정 해설안을 살펴보아야 한다.[21]

1963년 7월 1일자로 공표된 「고등학교 교육과정 해설」(이후 「교육과정 해설」로 약칭)은 제2차 교육과정과 거의 동일한 구성 아래 각각의 항목별로 상세한 해설을 덧붙인 것이었다.[22] 목차 구성은 1. 개정의 요점, 2. 지도목표, 3. 지도 내용, 4. 지도상의 유의점 등이다. 우선 「교육과정 해설」에

---

20 이 중 반공주의에 관해서는 조성운, 「반공주의적 한국사 교육의 성립과 강화」, 『한국민족운동사연구』 82, 2015; 조성운, 「제2차 교육과정의 제정과 국사교과서의 편찬」 참조.

21 문교부, 「고등학교 교육과정 해설(문교부령 제121호 1963년 2월 15일 공포)」, 1963.7.1. 국가교육과정 정보센터. 이하 「교육과정 해설」로 약칭.

22 "이 해설서는 교육과정 개정의 정신과 방침, 또는 각 교과의 과정 내용과 운영의 방법을 일선 교육자에게 주지시켜 교육과정 재구성의 참고 자료로 하도록 엮은 것이다. …… 이 해설서는 항상 교육과정과 대조하여 보아 주기를 바란다"(문교부, 「고등학교 교육과정 해설」).

서는 개정의 요점으로 다음 네 가지를 들고 있다.

> 첫째, 전 교육과정에 반영되어 있는 자주성, 생산성, 그리고 유용성을 강조하여 국사 교육을 할 수 있게 하였다.
> 둘째, 조직면에 있어서 합리성을 강조하였다.
> 셋째, 교육과정 구성 체제에 있어, 국사 지조(지도-필자) 목표를 명시하였을 뿐 지도 내용의 각 항목별 목표는 이를 생략하였다.
> 넷째, 현재생(現在生)을 중시하여야 하는 역사 교육관에 비추어 현대사에 무게를 두도록 편성하였다.[23]

위 요점에서는 첫째와 넷째 항목이 눈에 띈다. 첫째는 교육과정의 머리말과 총론에서도 수차례 강조했던 자주성, 생산성, 유용성에 관한 내용이었다. 특히 「교육과정 해설」에서는 피교육자가 역사적인 존재이며 고유의 역사와 전통 가운데 자란 국민의 한 사람이라는 인식과 더불어 현재의 자신과 자신에 부과된 사명을 자각하도록 해 주어야 하다고 기술하였다. 방법론에 해당할 수 있는 생산성, 유용성보다는 '자주성'을 어떻게 해석해야 할 것인지에 대한 설명으로 받아들일 수 있는 대목이다. 유독 사명을 강조하는 것도 특징적이다.

넷째 항목은 '현재생'이라는 용어를 사용하여 역사교육 역시 현대사에 무게를 두도록 편성했음을 명시하고 있다. 아울러 이에 대한 해설로 "우리 나라 근대화 이후의 내용을 충분히 다루도록 하였고, 민주 대한의 발달을 대단원으로 설정하였다"고 밝히고 있다. 근대 이후의 역사에 중점을 두었고 특히나 현대를 대단원으로 설정함으로써 현대사 교육에 집중

---

23 문교부, 「고등학교 교육과정 해설」, 'Ⅵ. 국사 -1. 개정의 요점'. 각 요점별 설명은 생략하였다.

하도록 하였던 것이다. 교과서에 군사정권이 시행한 당대의 업적을 기술하고 평가하도록 규정한 것인데 역사교육을 지극히 정치적으로 이용하고자 하는 의도가 엿보인다. 이러한 점은 후에 살펴볼 교과서 내용에서도 확인할 수 있다.

다음으로 지도 목표에서는 다음 네 가지 항목을 기조로 관련 내용을 설명하고 있다.

> 제1항 민족애를 철저히 하고 민족 과업 달성에 기여하는 태도를 기른다.
> 제2항 국사의 각 시대의 성격과 역사적 의의를 파악하게 하는 한편 경제 부흥과 사회 개선, 문화 발전에 공헌하고자 하는 능력을 기르도록 한다.
> 제3항 국사의 세계사적 지위를 이해시켜 우리 역사의 특수성과 일반성을 파악시키도록 한다.
> 제4항 반공 사상을 강화하고 세계 평화 건설에 이바지 하여야 함을 강조한 것이다.

이러한 항목 중에서 근현대사 서술과 관련하여 제1항과 제2항, 그리고 제4항에 주목할 만한 대목이 나온다. 우선 제1항에서는 현대 한국의 구성원의 한 사람인 국민으로서 우리 역사 발전에 어떻게 기여하여야 할 것인가를 스스로 생각하고 스스로 민족의식을 체득하도록 지도하여야 한다고 하면서 역시 역사적 책무, 사명감을 강조하고 있다. 이어 제2항에서는 "인간은 자기가 사는 시대를 벗어나서 살 수 없다. 우리는 현대 속에서 호흡하며 살고 있다. 우리는 현실 사회를 떠나서 살 수 없는 인간일 뿐만 아니라 한편으로 과거의 유산을 담뿍 받고 있는 존재이며, 또한 사회 발전에 있어 주체적 역할을 하여야만 하는 존재이다"라고 하면서 현대사에 대한 중요성과 더불어 역시 '주체적 역할'을 언급하고 있다. 마지막으로 제4항에서는 "당면한 국가 과업의 하나인 공산주의 섬멸 운동"의 과거를 이해함으로써 현재생에 기여하며 나아가 미래의 발전을 지향하는 역사교육의 일환으로 삼아야 한다고 기술하고 있다.

지도 내용은 크게 여덟 부분으로 구성되었는데, 1. 역사의 시작, 2. 부족국가 시대의 생활, 3. 삼국 시대의 생활, 4. 통일 신라 시대의 생활, 5. 고려 시대의 생활, 6. 조선 시대의 생활, 7. 조선의 근대화 운동, 8. 민주 대한의 발달 등이다. 이중 근대 이후에 관한 내용은 일곱 번째와 여덟 번째 항목에서 찾아볼 수 있다.

아래에서는 7항과 8항의 주요한 내용을 검토하는 한편 민족주체성 교육과 관련한 내용을 살펴보겠다. 7항의 주요 내용은 근대의 기점을 병자수호조약, 즉 1876년 조일수호조규(강화도조약)로 설정하는 것을 비롯하여 문호개방 이후 외세의 침략과 국권 피탈 과정을 통해 민족적 각성의 중요성을 각성시켜야 한다는 것이었다.[24] 또한 8항은 일제강점기 식민지 지배 정책과 민족독립운동을 시작으로 '해방 후 군정과 정부수립', '6·25사변과 재건', 그리고 '4·19혁명과 5·16혁명'을 통한 민주주의 발달의 역사적 의의를 이해시키도록 규정되었다. 마지막으로는 국사 학습을 마무리하면서 국민적 각오와 태도가 육성되도록 지도되어야 함을 강조하고 있다.[25]

7항과 8항의 내용을 세 가지, 즉 시대구분, 역사인식, 그리고 집필방침의 측면에서 분석해 보자. 첫째, 시대구분은 7항을 근대, 8항을 현대로 파악할 수 있다. 선사시대부터 현대에 이르기까지 각 시대를 항목별로 구분한 점에서도 확인할 수 있지만 7항의 제목을 '조선의 근대화 운동'

---

24 문교부, 「고등학교 교육과정 해설」, 'Ⅵ. 국사 –3. 지도내용 –(7) 조선의 근대화 운동'.
25 문교부, 「고등학교 교육과정 해설」, 'Ⅵ. 국사 –3. 지도내용 –(8) 민주 대한의 발달'.

이라고 하여 근대의 시작이라는 사실을 부각한 데서도 드러난다. 그리고 당시까지 근대의 기점에 대한 논쟁을 불식하는 의미에서 그 시점을 병자수호조약으로 삼았다는 점을 명시하고 있다. 병자수호조약을 시점으로 삼은 이유에 대해서는 '편의상'이라고 기술했으나, 실질적으로는 문호개방으로 인한 열강 제국과 국교 관계의 성립이 주요한 계기였음을 밝히고 있다.[26] 아울러 현대는 1910년 한국병탄을 시점으로 하고 있는 것으로 판단된다. '현대'라는 용어를 사용하고 있지는 않지만 8항 '민주 대한의 발달'이라는 제목 아래 그 시작을 1910년 일제의 한국병탄에 대한 항거 투쟁으로부터 산정하고 있기 때문이다.[27]

다음으로 역사인식을 살펴보면 우선 근·현대를 통틀어 외세의 침략에 맞서 항거한 민족적 투쟁의 역사라는 점을 강조하고 있다. 근대시기는 외세의 침략시기 근대화를 통해 민족을 구출하기 위한 정치·사회·문화 각 방면의 노력이 있었던 시기로, 현대는 일제의 식민 지배에 맞서 국내·외 독립운동과 이후 민주국가로 발전하기 위한 과정을 기술하도록 하고 있다. 또한 5·16군사정변을 4·19와 함께 '혁명'으로 규정하는 동시에 이것이 '우리 나라 민주주의 발달'의 한 과정이었다고 기술하였다.

마지막으로 7항과 8항 모두 각 시대의 세부적인 내용을 학습하도록 하면서도 유독 민족적·국민적 각오를 깨닫도록 하는데 역점을 두고 있는

---

26 이에 대하여 1964년「편수자료」에는 다음과 같이 밝히고 있다.
"병자 수호 조약 이후를 근대화 시기로 한다는 제약 비슷한 것을 가하여 놓은 것은, 우선 사학적 입장에서 대원군 시대를 이른바 최근세 시대로 보려는 견해에 대한 반격이요, 또 하나는 우리 나라의 시대 구분이 좀 더 옳게 되기 위하여 어느 기점을 설정하지 않고 다만 병자 이후라고 한 것에도 뜻이 있음을 이해하여 지도하여야 할 것이다"(문교부,「편수자료」 제5집, 대한교과서주식회사, 1964.6.10, 26쪽).
한편,「편수자료」 제5집에는 1. 학교 문법 및 국사 교육 내용의 통일, 2. 수학, 물리, 화학 용어의 개정과 통일 등의 내용이 담겨 있다.

27 근대나 현대를 명확히 구분하고자 하는 의도가 없었다고도 생각된다. 이는 교육과정 상에서 두 시기를 혼용하여 사용하고 있는 데서도 짐작할 수 있다.

점이 눈에 띈다. 특히 지도내용의 맨 마지막에 다음과 같은 '요구'를 적시하고 있는 점에 특징적이다.

> 국사 학습을 끝마침에 있어서 과거의 역사를 총괄하고 민족의 과제를 재확인하여 민주 대한의 발전, 복지 사회의 건설에 헌신하고자 하는 국민적 각오와 태도가 육성되도록 지도되어야 한다.[28]

국사교육이 과거의 역사를 총괄하여 민족적 과제를 확인하는데 있으며, 여기서 민족적 과제란 민주 대한의 발전과 복지 사회 건설에 '헌신'하려는 국민적 각오와 태도를 의미한다는 것이다. 이 내용은 8항의 마지막에 부기되어 있기는 하지만 전체 교육내용의 궁극적인 목표인 것처럼 기술되어 있다는 점에서 간과하기 힘들다.

교육내용에 드러나 있는 민족적·국민적 각오와 사명은 같은 해설서 내 지도상의 유의점에도 거듭 강조되어 있다. 해설서는 지도상의 유의점을 '연간 실천 계획의 필요', '역사적 태도의 조장', '기득 지식의 활동', '향토 자료의 활용', '현대사의 중시', '시청각 자료의 활용' 등으로 열거하고 있다. 이중 '역사적 태도의 조장'이라는 항목에서는 "역사적인 이해와 역사적인 기능은 과거를 파악하는 데만 필요한 것이 아니라 현재에 충실할 수 있고, 미래의 발전을 기대할 수 있는 길이기도 하다"라고 하면서 "중대한 민족적 과업을 지닌 우리들에게 진정한 역사적 태도가 필요한데, 이는 과거를 조감함으로써 전철을 피하고, 참 길을 찾아 부과된 과업을 옳게 실천할 수 있는 힘이 되기 때문이다"라는 대목이 보인다.[29]

더욱이 다음 장에서 살펴볼 교과서 체제를 보면 국사교과서 내용과는

---

28 문교부, 「고등학교 교육과정 해설」, 'Ⅵ. 국사 -3. 지도내용 -(8) 민주 대한의 발달'.

29 문교부, 「고등학교 교육과정 해설」, 'Ⅵ. 국사 -4. 지도상의 유의점 -(2) 역사적 태도의 조장'.

특별히 관계없이 8단원 마지막에 '우리의 할 일', 또는 '우리의 사명' 등의 제목이 눈에 띄는데 바로 여기에 위의 '요구'가 반영되어 있다고 판단된다. 그리고 무엇보다 이러한 교육내용은 박정희 정권이 추구하고자 했던 제2차 교육과정기 국사교과의 교육 방침이었다는 점에서 주목된다.[30]

Ⅲ. 근현대사 강화 방침과 국사교과서 근현대사 서술 체제

1. 국사 교과 내 근현대사 강화와 운영 방침

국사교과서의 근현대사 서술 체제를 살펴보기에 앞서 제2차 교육과정이 근대 이후에 어느 정도 비중을 두고 있었는지 살펴보자. 박정희 정권은 국사교육, 특히 근현대사 교육에 중점을 두어야 한다는 방침을 여러 번 밝힌 바 있다.

우선 1964년 6월 발간된 문교부 「편수자료」에는 '국사 교육 내용의 통일에 대하여'[31]라는 항목에 국사 수업의 비중이 근대사 이후에 있어야 한다고 기재되어 있다.

> 역사 교육의 이념으로 보아 많은 비중이 근대사 이후에 기울어져야 할 것임에도 불구하고, 많은 교사들이 시간 부족을 호소하고 올

---

30 이러한 측면에서 1968년 12월 5일자로 공표된 「국민교육헌장」의 첫 문장 "우리는 민족중흥의 역사적 사명을 띠고 이 땅에 태어났다"는 문구는 이미 제2차 교육과정과 그 해설서에서 여러 번 강조한 내용을 선포한 것이었다고 할 수 있다.

31 국사 교육 내용의 통일에 관한 논의는 1963년부터 진행되어 왔다. 즉 1963년 5월 정부는 국사학자와 국사 교과서 저자, 역사 교사 28명으로 구성된 '국사 교육 내용 통일심의회'를 만들어 12회에 걸쳐 관련 회의를 개최한 바 있다. 나아가 회의 결과를 토대로 1963년 8월 8일에는 교과서 내용의 통일을 합의하게 되었다(김한종, 『역사교육으로 읽는 한국현대사』, 책과함께, 2013, 146쪽). 1964년 「편수자료」에 수록된 국사 교육 내용 통일에 관한 내용은 이때 이미 그 기조가 정해진 것이었다.

바른 역사 교육을 실시하지 못하는 것은, 우리 나라 고대사에 대한 교육 자료가 아직도 잘 정리되어 있지 않기 때문이라고 할 수 있다.

……

역사를 가르치려면 학생이나 교사가 역사 속에서 문제 의식을 가져야 한다. 이것은 중학교나 고등학교를 불문하고 그들에게 주어져야 할 당면 과제인 것이다. 시대가 현대와 멀어 질수록 학생들의 역사 의식은 얕아지고 현재와 단절되기가 쉬우며, 자연히 단편적 사실의 기억에만 그치고 만다.[32]

이 글에 따르면 역사 교육은 그 본래의 이념으로 볼 때 근대사 이후에 비중이 두어져야 하는데 실제 학교 현장에서는 고대사에 대한 교수의 어려움으로 인해 근대 이후 교육이 제대로 시행되지 못하고 있다는 것이다. 더불어 역사 교육을 근대 이후에 집중해야 하는 이유로 시대가 지금과 멀어 질수록 학생들의 역사 의식이 얕아지고 현재와 단절되기 쉽다는 점에서 찾았다.

앞서 살펴보았던 「교육과정 해설」에도 근대 이후 교육에 역점을 두어야 한다는 논지의 글을 찾아 볼 수 있다. 예컨대 「교육과정 해설」 중 다섯 번째로 '현대사의 중시'라는 제목 아래 다음과 같은 서술이 있다.

역사 교육의 목적의 하나가 현재 생애에 기여라는 것을 상기할 때, 현재의 생활에 보다 충실하기 위하여는 아득한 옛날의 역사보다 우리와 가까운 시대의 역사가 더욱 중요하다. 이러기에 고대사나 중세사보다 현대사가 더욱 중요시되어야 한다. 이는 단지 지금과 가장 가까운 시대였다는 이유에서뿐만 아니라, 복잡한 현대 문화 생황의 급격한 발달은 근세 이후의 일이니 우리가 취급하여야 할 역사적 내용도 이 때부터 많아지는 까닭이다.

32 문교부, 「편수자료」 제5집, 17쪽.

이런 관점에서 전 국사 시간의 반 이상은 근대 이후를 취급하는 데 소비하여야 할 것이다.(밑줄은 필자)[33]

위 글에는 교과서 상의 '현대'가 어느 시기부터인지 밝히고 있지는 않다. 이는 앞서도 확인했던 바이다. 다만 '우리와 가까운 시대', 그리고 '고대사나 중세사보다 현대사'라는 문구를 통해 볼 때 근대 이후시기를 가리키고 있다는 점을 알 수 있다. 중요한 점은 인용문에서 분명히 하고 있듯 "전 국사 시간의 반 이상"을 근대 이후에 소비해야 한다고 규정했다는 사실이다.

이렇듯 제2차 교육과정기에는 국사교과서 교수를 근현대사에 역점을 두어 시행해야함을 강조하였다. 그렇다면 과연 제2차 교육과정기 국사교과서에서 근현대사의 양적 비중은 얼마나 될까. 필자가 확인한 11종의 교과서를 검토한 결과 전체 분량 중 근대 이후가 차지하는 비율은 약 1/4 정도인 것으로 파악된다.[34] 요컨대 국사교과서 내 근현대사 서술 부분은 그 분량에 비해 중요도가 매우 높게 차지하고 있었던 것이다.

한편, 제2차 교육과정기 국사교과서는 교육과정 공포 이후 5년이나 지난 시점에 발간되었다. 교과서 발행이 이토록 늦어진 것은 교과서 개편을 둘러싼 이해 당사자의 반발, 발행에 필요한 용지의 수급난, 학부모의 부담 가중 등의 이유가 있었다.[35] 주목할 점은 이 과정 중에 박정희 정권의 국사교육방침이 구체적으로 확립되었고 이에 바탕하여 교과서가 제작되었다는 사실이다. 그리고 여기서 눈에 띄는 문건이 바로 「민족주체

33 문교부, 「고등학교 교육과정해설」, 'Ⅵ. 국사 -4. 지도상의 유의점 -(5) 현대사의 중시'.

34 예를 들어, 신석호가 집필한 『국사』(광명출판사)의 경우 전체 250쪽 중 근대 이후는 62쪽이었다. 이현희의 『최신 국사』(실학사) 역시 전체 252쪽 중 근대 이후는 59쪽 정도였다. 정음사에 발행한 윤세철·신형식의 『새로운 국사』는 250쪽 중 65쪽이 근대 이후 부분이었다. 다른 교과서도 거의 비슷한 수준을 보인다.

35 조성운, 「제2차 교육과정의 제정과 국사교과서의 편찬」, 271쪽.

성 확립을 위한 교육과정 운영 지침」[36]이다.

문교부는 「운영지침」을 발간한 목적을 직접 밝히고 있지 않다. 다만 머리말 첫단락에서 1965년 12월 18일 한일 국교정상화를 언급하면서, 과거에 사로잡히지 말고 장래의 안전과 번영을 위하여 오늘의 현실을 직시하는 동시에 우리에게 주어진 역사적 과제를 과감하게 해결해 나가야 한다고 역설하였다. 그리고는 "이 역사적 전환기에 서서 우리 교직자는 국민의 사표로서의 긍지를 가지고 '우리 겨레의 운명은 우리들 국민 한 사람 한 사람의 손에 달려 있다.'는 투철한 사명감으로 민족 주체성 확립에 불굴의 신념을 견지하고..."라는 언설이 이어진다. 또한 "지난날 우리 민족이 겪은 쓰라린 역사적 경험에 비춰 양국 간의 진실한 우호관계의 발전을 위해서라도 우리는 항상 경각심을 잊지 않고 우리의 민족 주체성을 확고히 견지해 나가야 할 것이다"라고 기술하였다.

그렇다면 1965년 한일협정과 민족주체성과는 어떠한 관련성이 있을까. 이에 대해서는 다음의 신문 기사를 참고할 수 있다.

> 한일국교정상화를 위한 교섭이 본격화한 뒤 "대일국민적주체의식확립"이라는 명제는 한일협정조인을 강행실현시킨 정부·여당이나 한사코 반대한 야당, 또는 국민의 어느 부분이거나 간에 공통된 욕구로 되어 있다.
>
> "한일양국교정상화가 앞으로 우리에게 좋은 결과를 가져오느냐 아니냐하는 관건은 우리의 주체의식이 어느 정도 건재하느냐에 달려있다."(6.22 正調印에 즈음한 대통령 특별담화)
>
> ……
>
> 정부는 또 한일협정이 '매국적'이고 '굴욕적'이라는 이유로 반대하

36 문교부, 「민족주체성 확립을 위한 교육과정 운영 지침」, 국정교과서주식회사, 1966.6.1.(이하 「운영지침」으로 통칭함).

> 는 많은 사람들에게 '열등의식', '피해의식'에 사로잡힌 자들이라고 공박하고 국민은 부정적인 면만을 보지 말고 긍정적인 면을 내다 보아야 된다고 주장하기도 했다.[37]

즉 한일국교정상화를 놓고 야당과 국민들이 '매국적'이고 '굴욕적'인 협정이라는 비판이 일자 이에 대해 이는 '피해의식'에서 발현하는 것이며 결국 이것을 이겨 내는 것도 우리에게 주체의식이 어느 정도 있느냐에 달린 것이라는 내용이었다. 당국의 인식은 차치하고라도 이러한 측면에서 '민족주체'라고 하는 말이 더더욱 강조되기 시작하였고 이것이 일선 교육방침에까지 영향을 미치게 된 것이었다. 이는 앞서 서론에서 지적했던 박종홍의 민족주체성이 열등감의 극복과 연관된다는 논지와도 상통하는 바이다.[38]

한편, 「운영지침」은 총론과 각론 두 부분으로 구성되어 있다. 우선 총론 중 '5. 교육과정 운영의 기본 방침'을 살펴보자. 「운영지침」은 교육과정 운영 기본 방침을 크게 여섯 가지로 나누어 설명하고 있는데 이 중에서 세 번째가 국사교육의 중시이다.

> 오늘날 국제 정세하의 우리 나라의 위치를 직시할 때, 국사 교육은 특히 중시되지 않을 수 없다. 이는 민족 주체성 확립을 위한 교육과정 운영에 있어서 가장 중요한 학습 내용이 되는 것이다.[39]

위에서 보는 바와 같이 국사는 민족주체성 확립을 위해 가장 중요한

---

37 「비준 뒤에 오는 것 (2) 주체성 확립. 법에 의한 강제력보다 국민자의식과 운동에, 정부의 대일자세가 더 중요」, 『동아일보』, 1965.8.17. 1면.

38 박성현, 「박정희 정권의 '화랑도' 교육-내용의 연원과 관철의 방식-」, 『역사와 현실』 96, 2015, 69쪽.

39 문교부, 「민족주체성 확립을 위한 교육과정 운영 지침」, 14쪽.

교과로 지목되었다. 그리고 그 이유는 다음 사료의 내용을 통해 확인할 수 있다.

> 지금까지의 국사 교육은 역사적 사실에 편중되어 그 본래의 교육 목표에서 이탈되고 있음을 지적하지 않을 수 없다. 국사 교육은 무엇보다도 우리 나라가 개국이래 어떻게 발달되어 현금에 이르렀는가 하는 것을 이해시킴으로써 민족적 주체 의식을 함양하고, 당면한 여러 문제에 대하여 역사적 사명감을 자각하게 함으로써 국민으로서의 책임감과 협조 정신을 기르는 데에 그 사명이 있는 것이다.[40]

이에 따르면, 국사 교육은 역사적 사실의 전달보다는 민족적 주체 의식 함양에 따른 국민적 책임감을 각성시키는 데 있는 것이었다. 또한 기존에 역사적 사실만을 교수하던 방식은 오히려 본래의 교육 목표에서 벗어난 잘못된 교육방침이었음을 지적하였다. 이는 제2차 교육과정과 그 해설서에서도 유사하게 거듭되던 주장이었다. 다만 이것을 민족주체성 확립이라고 하는 이념 틀로 규정했다는 것에서 의미를 찾을 수 있다.

한편 민족주체성 확립을 위한 국사교육 강화를 언급한 뒤에 뜬금없이 다음과 같은 내용이 이어지고 있다.

> 모든 사물에는 어두운 면과 밝은 면이 있는 것과 같이, 우리 역사에도 어두운 면과 밝은 면이 있음은 두말 할 필요가 없다. 그러나, 자라는 청소년에게는 밝은 면이 더욱 강조되어야 함은 학교 교육에 있어서 당연한 요청인 것이다. 밝은 면을 강조하기 위하여 어두운 면도 알아야 하겠지마는, 우리는 현재보다 더욱 빛나는 역사적 창조를 다음 세대에 기대하는 까닭에, 밝은 면이 더욱 적절히 다루어져야 할 것으로 안다.[41]

---

40 문교부, 「민족주체성 확립을 위한 교육과정 운영 지침」, 14쪽.

41 문교부, 「민족주체성 확립을 위한 교육과정 운영 지침」, 15쪽.

어두운 면보다 밝은 면을 더욱 강조하여 빛나는 역사적 창조를 다음 세대에 기대하자는 위의 언설은 마치 군사정변을 통해 권력을 탈취한 박정희 정권의 과오를 그늘로 가리고 경제성장이라는 빛만 두드러지게 서술해야 한다는 논리로 비춰진다. 당연히 국사교과서 서술과 교수에 대한 방침을 전달한 것으로 볼 수 있다. 단, 한일협정을 매국적이라고 비판하는 국민들에게 피해의식 운운했던 정부가 자신들의 과오를 빛과 어둠의 논리로 가리려는 태도가 자못 안쓰럽다.

「운영지침」의 각론으로 들어가 사회과 교육방침을 살펴보자.[42] 「운영지침」이 내세운 사회과 교육방침은 크게 두 부분으로 구성되어 있다.[43] 이중에서 근대 이후 서술과 관련한 부분을 발췌하면 다음과 같다.

> (6) 한일 합방 후의 민족의 항일 정신
>
> 조선 시대 말엽의 일부 집권층의 실정과 민족 의식의 박약으로 주권을 빼앗기게 된 내력을 냉철히 비판하게 함과 동시에, 조국 광복을 위하여 헌신한 독립 투사들의 불굴의 항일 애국 정신을 본받게 하여 앞으로 조국 수호의 귀감이 되도록 한다.[44]
>
> (5) 한일 합방 후의 국민의 의병 활동과 독립을 위한 싸움에서 순

---

42 「운영지침」은 머리말과 총론, 그리고 각론으로 나누어진다. 총론에는 1. 민족 주체성의 확립, 2. 주체성과 교육, 3. 과거의 반성, 4. 역사적 발전과 인간 형성, 5. 교육과정 운영의 기본 방침, 6. 교육과정 운영상의 유의점으로 구성되어 있다. 각론은 국어, 사회, 과학, 음악, 미술, 실업, 가정, 그리고 반공·도덕생활 등 여덟 가지 교과목으로 구분되어 있다.

43 사회과 교육방침은 다음 네 가지 항목으로 구성되어 있다.
1. 민족 주체성 확립과 사회과 교육
2. 통일 독립된 민족으로서의 역사적 주체성을 수호하기 위한 학습 내용의 예
3. 민족의 문화적 주체성을 일깨워 주기 위한 학습 내용의 예
4. 애국 애족의 민족적 기상을 길러 줄 수 있는 학습 내용의 예.
다만 위 네 항목은 사회과 교육에서 민족 주체성 확립을 위한 지침과 그 구체적인 예시로 양분할 수 있다.

44 문교부, 「민족주체성 확립을 위한 교육과정 운영 지침」, '각론 –사회 –2. 통일 독립된 민족으로서의 역사적 주체성을 수호하기 위한 학습 내용의 예', 33쪽.

국한 여러 선열에 대하여 존경하는 마음과 순국 정신을 본받도록 강조한다.

(6) 광주 학생 운동을 비롯하여 6·10만세 운동 등 애국 학도의 빛나는 조국 수호의 정신을 사모하고 본받도록 한다.[45]

사회과 교육방침의 예시이기 때문에 소략하고 또 매우 제한적인 내용만이 기술되었지만 여기서도 몇 가지 특징을 찾아볼 수 있다.

첫째, 용어 문제이다. 민족의 항일 정신을 이야기 하면서도 '한일 합방'이라는 용어를 그대로 사용하는 것은 아직 '합방'이라는 용어에 대한 적확한 정의와 역사적 평가가 이뤄지지 않았기 때문이었다. 그러나 '광주학생운동'이나 6·10만세운동'이라는 용어를 쓰고 있는 것은 긍정적으로 당시 근대사 관련 용어 수정에 관한 논의의 결과라고 판단된다.[46]

둘째, 제한된 예시이기는 하지만 유독 국가에 대한 희생과 이에 대한 추종 사례만을 열거했다는 점이다. 일본 제국주의에 의한 침략과 식민지배에 항거하기 위해 펼쳤던 민족 독립운동을 긍정적으로 평가하는 것은 당위로 생각할 수 있지만 유독 이러한 측면을 강조하는 것은 민족적·국민적 사명의 각성이라는 민족주체성 교육의 이념을 짙게 떠올리게 한다.

셋째, '순국'이나 '애국'이라는 용어가 반복하여 사용되고 있다. 국민을 상대로 국가를 위한 희생과 애국을 강요하는 교육을 통해 현 집권 세력에 대한 맹목적 충성을 유도하려는 의도가 있다고 판단된다. 선열의 희생을 본받아 조국(=정권)을 수호하지 않으면 애국이 아니라는 논리가

---

45 문교부, 「민족주체성 확립을 위한 교육과정 운영 지침」, '각론–사회–4. 애국 애족의 민족적 기상을 길러 줄 수 있는 학습 내용의 예', 34쪽.

46 1966년 10월 문교부는 민족자주성을 모독한다며 고등학교 국사교과서의 을사보호조약, 광주학생사건, 6·10만세사건, 동학란 등을 각각 을사조약, 광주학생운동, 6·10만세운동, 동학혁명 등으로 수정할 것으로 지시했다고 한다(조성운, 「제2차 교육과정의 제정과 국사교과서의 편찬」, 281쪽). 「운영방침」은 이러한 문교부 방침보다 앞서지만 같은 논의 선상에 있는 것으로 파악해 볼 수 있다.

성립하는 지점인 것이다.[47]

제2차 교육과정기 국사교과서는 이러한 과정과 방침을 통해 제작되었다. 특히 근대 이후 서술은 그 형식과 내용을 살펴볼 때, 제2차 교육과정(해설) 및 민족주체성 확립을 위한 교육과정 운영 지침에서 규정한 사항을 그대로 따르고 있었다.

2. 국사교과서 근대 이후 서술 체제

그렇다면 과연 제2차 교육과정기에서 분량에 비해 중점을 두고자 했던 근현대사 서술 체제는 어떻게 구성되어 있을까. [표 1]은 제2차 교육과정기 11종 교과서의 근대 이후 목차 구성을 나타낸 것이다.

[표 1] 제2차 교육과정기 국사교과서 근대 이후 서술 체제

연번	저자 및 교과서명	근대	현대
1	김상기 『국사』	Ⅳ. 근대·현대 14. 근대화의 여명 1. 쇄국과 개국의 시련 2. 왕조의 동요와 몰락 3. 근대화의 첫 걸음	15. 민주 대한의 탄생과 성장 1. 일제의 압박과 독립 운동 2. 광복과 대한 민국의 수립
2	민영규·정형우 『최신 국사』	제7장 조선의 근대화 운동 1. 국제 무대에의 등장 2. 정치·사회의 변화 3. 민족의 자각과 신문화 운동 4. 일본의 진출과 민족의 수난	제8장 민주 대한의 발달 제1절 일본의 침략 정치 제2절 민족의 독립 운동 제3절 민족의 해방과 독립 제4절 대한 민국의 발달 제5절 우리의 할 일

47 에르네스트 르낭은 1882년 파리 소르본 대학에서 「국민이란 무엇인가?」를 주제로 강연하는 도중 "국민이란 매일 매일 치르는 인민투표"라는 말을 했다고 한다. 즉, 국민이란 국가의 소속원으로서 국가를 위한 희생을 애도하고 자신도 희생할 용의가 있음을 매일 매일 선언하며 투표하는 존재라는 뜻이다. 다카하시 데쓰야 지음, 이목 옮김, 『국가와 희생—개인의 희생 없는 국가와 사회는 존재하는가—』, 책과함께, 2008, 120~146쪽.

연번	저자 및 교과서명	근대	현대
3	변태섭 『국사』	제7장 조선의 근대화 운동 1. 국제 무대에의 등장 2. 조선의 개화 운동 3. 근대 사회로의 발전 4. 제국주의의 침략 5. 민족의 자각과 신문화 운동 6. 일본의 침략과 민족의 수난	제8장 민주 대한의 발달 1. 일본 제국주의의 침략 정치 2. 일제하에 있어서의 민족 운동 3. 민족의 해방과 독립 4. 대한민국의 발달 5. 우리의 사명
4	신석호 『국사』	Ⅶ. 조선의 근대화 운동 1. 국제 무대에의 등장 1. 대원군의 개혁 정치 2. 쇄국 정책과 양요 3. 민비 일족의 집정과 나라의 개방 2. 정치·사회의 변천 1. 신문화의 수입 2. 임오군란과 갑신정변 3. 러시아의 남하와 일본의 경제 침략 4. 동학 혁명 운동 5. 청일 전쟁과 갑오경장 6. 을미사변과 아관파천 7. 대한 제국의 성립 3. 민족의 자각과 신문화 운동 1. 여러 정치 단체의 활동 2. 신교육과 언론기관 3. 종교운동 4. 국학 연구와 국문학 5. 재정 경제와 산업의 근대화 6. 통신 교통과 후생 시설 4. 일본의 진출과 민족의 수난 1. 러일전쟁 2. 을사조약과 민족의 항쟁 3. 일본의 독도 강탈과 간도 양여 4. 헤이그 밀사 사건과 고종의 양위 5. 의병과 의사의 무력 항쟁 6. 민족의 수난	Ⅷ. 민주 대한의 발달 1. 일본의 침략 정치 1. 무단 정치 2. 경제적 침략 2. 민족의 독립운동 1. 3·1 운동 2. 국내외의 독립 운동 3. 일제 통치 방침의 변경 3. 민족의 해방과 독립 1. 일제의 민족 말살 정책 2. 8·15 해방 3. 대한 민국의 성립 4. 대한 민국의 발달 1. 6·25 동란 2. 이 승만의 독재 정치와 자유당의 부정부패 3. 4·19의거와 민주당 정부 4. 5·16 군사 혁명과 공화당 정부 우리의 할 일

연번	저자 및 교과서명	근대	현대
5	윤세철 ·신형식 『새로운 국사』	제7장 조선의 근대화 1. 쇄국에서 개국으로 2. 근대 사회에로의 변천과 진통 3. 제국주의 세력의 침투 4. 민족의 자각과 새 문화 운동	제8장 대한 민국의 탄생 1. 일제의 식민 통치와 민족의 항쟁 2. 일제 식민 정책의 발전과 민족 문화의 수난 3. 민족의 해방과 독립 4. 대한 민국의 발전 5. 우리의 나아갈 길
6	이병도 『국사』	8. 조선의 근대화 운동 Ⅰ 나라의 개항과 그 후의 혼란 문호개방 신문물의 수입과 신구 세력의 대립 갑신정변 러시아의 남진과 일본 상인 진출 Ⅱ 동학 혁명과 제국주의 세력의 침투 동학 혁명 갑오 경장 청·일 전쟁과 삼국 간섭 을미 사변과 아관 파천 독립 협회의 활동 Ⅲ 대한 제국의 말로 러·일 전쟁 을사 조약 민족의 반항 영토 문제 최후의 노력 한일 합방 Ⅳ 민족의 자각과 신문화의 수입 과학 문명의 수입 건축 및 의료 기관 새 교육의 보급 정치 의식의 고조 신교의 전래와 새 종교의 발생 국학의 발달과 신문학의 발생	9. 민주 대한의 발달 Ⅰ 일제의 무단 정치와 민족의 항쟁 무단 정치 일제의 토지 약탈 정책 3·1 운동 Ⅱ 일제의 통치책 전환과 민족의 항쟁 문화 정치 식량의 약탈 군수 공업의 발전 독립운동의 발전 Ⅲ 일제하의 민족 문화 국학의 사수와 연구 일본인의 한국 문화 연구 현대 문학의 발달 Ⅳ 해방과 독립 일본의 최후 발악 8·15 해방 독립 Ⅴ 사변과 혁명 6·25사변 휴전의 성립 사변의 영향과 재건 민주주의의 시련 5·16 혁명 Ⅵ 우리의 할 일

연번	저자 및 교과서명	근대	현대
7	이원순 『국사』	제5편 조선의 근대화 운동 제1장 국제 무대에의 등장 1. 일본 세력의 침투 2. 서양 열강과의 통교 제2장 조선 말기 정치 사회의 변화 1. 개화와 보수의 갈등 2. 외세의 각축 3. 동란과 개혁 4. 러·일의 항쟁 제3장 민족의 자각과 신문화 운동 1. 민족의 자각 운동 2. 신문화 운동 제4장 민족의 수난 1. 국권의 박탈 2. 민족의 항거와 국치	제6편 민주 대한의 발달 제1장 일제의 침략 정치와 민족의 투쟁 1. 일제의 침략 정치 2. 세계의 신동향과 기미 독립 운동 3. 식민지 수탈의 강화 4. 피어린 민족 해방 투쟁 5. 일제 시대의 문화 활동 제2장 대한 민국의 발전 1. 대한 민국의 수립 2. 대한 민국의 시련 3. 혁명과 오늘의 한국 제3장 우리의 사명
8	이현희 『최신 국사』	Ⅶ. 조선의 근대화 운동 1. 국제 무대에의 등장 2. 정치와 사회의 변화 3. 민족의 자각과 신문화 운동 4. 일본의 진출과 민족의 수난	Ⅷ. 민주 대한의 발달 1. 일본의 침략 정치 2. 민족의 독립 운동 3. 민족의 해방과 독립 4. 대한 민국의 발달 5. 우리의 할 일
9	이홍직 『국사』	단원 7. 조선의 근대화 운동 Ⅰ. 국제 무대에의 등장 1. 조선의 개국과 열국과의 통상 2. 열강의 진출 Ⅱ. 정치 사회의 변화 1. 신 제도의 수입과 반발 2. 개화·수구당의 대립과 농민 봉기 Ⅲ. 민족의 자각과 신문화 운동 1. 민족의 자각 2. 새로운 종교의 대두와 민족 정신의 성장 3. 신문화 운동 Ⅳ. 일본의 진출과 민족의 수난 1. 청·일 전쟁과 갑오경장 2. 삼국 간섭과 러·일의 대립 Ⅴ. 민족의 항쟁과 국권 상실 1. 일본의 보호 정치와 국민의 항쟁 2. 국권 상실	단원 8. 민주 대한의 발달 Ⅰ. 일제 하의 민족의 항쟁과 문화의 옹호 1. 일본의 침략 정치 2. 민족의 독립 운동 3. 민족 문화의 옹호 Ⅱ. 민족의 독립과 민주주의의 시련 1. 해방과 독립 2. 민주주의의 시련 Ⅲ. 우리의 할 일 1. 독립 정신의 앙양 2. 민주주의의 육성과 자주 경제의 건설

연번	저자 및 교과서명	근대	현대
10	이상옥 ·차문섭 『국사』	단원 7. 조선의 근대화 운동 개관 Ⅰ. 국제 무대의 등장 1. 쇄국과 개국 2. 열국과의 통상과 신 문화의 수입 Ⅱ. 정치 사회의 변화 1. 임오 군란과 갑신 정변 2. 동학 혁명과 갑오 경장 3. 제국주의의 침략 Ⅲ. 민족의 자각와 신 문화 운동 1. 민족의 자각 2. 신 문화 운동 Ⅳ. 일본의 진출과 민족의 수난 1. 일본의 진출 2. 민족의 수난	단원 8. 민주 대한의 발달 개관 Ⅰ. 일본의 침략 정치 1. 일본의 무단 정치 2. 식민 정책의 강화 Ⅱ. 민족의 독립 운동 1. 3.1 운동 2. 항일 민족 운동의 전개 3. 수난기의 민족 문화 Ⅲ. 해방과 독립 1. 해방과 대한 민국의 수립 2. 6·25 동란 Ⅳ. 대한 민국의 발전 1. 사변 후의 경제와 정치 2. 민주 국가 발전을 위한 노력 Ⅴ. 우리의 할 일 1. 국토의 통일 과업과 경제 부흥 2. 국제적 지휘 향상과 문화의 발전
11	한우근 『국사』	단원 Ⅵ 근대화의 시작과 주권의 상실 제1장 국제 무대에의 등장 1. 대원군의 개혁과 쇄국 2. 개국과 개화 운동 제2장 청·일의 각축과 보수·개화의 대립 1. 임오 군란과 갑신 정변 2. 열강의 각축과 일본의 경제적 진출 제3장 동학 혁명과 근대화의 진전 1. 농민의 자각과 동학 혁명 2. 청·일 전쟁과 갑오 경장 제4장 제국주의의 침략과 주권의 상실 1. 러시아와 일본의 각축 2. 일본 제국주의의 한국 강점 제5장 민족의 자각과 신문화 운동 1. 신문화 시설 2. 신사조의 보급	단원 Ⅶ 해방과 민주 대한의 발전 제1장 일제의 압박과 민족의 항거 1. 일제의 압박과 3·1 운동 2. 일제 식민 정책의 변천 3. 독립 운동과 민족 문화의 옹호 제2장 해방과 독립 1. 8·15 해방과 독립 2. 남북의 대립과 6·25 동란 3. 자유당 독재와 4·19 의거 4. 민주당의 무능과 5·16 혁명 5. 우리의 할 일

[표 1]의 교과서들은 모두 1967년에 제작되어 1968년 1월 문교부 검정을 통과한 것들이다. 아래에서는 국사교과서 11종의 체제를 전체 단원의 구성과 내용, 그리고 각 교과서별 특징과 차이점을 중심으로 살펴보겠다.

우선 전체 단원 구성을 보면, 11종 모두 제2차 교육과정에서 명시하고 있는 지도 내용을 그대로 따르고 있음을 알 수 있다. 2장에서 언급했던 제2차 교육과정의 지도 내용은 시대별 여덟 개의 항목으로 구성되어 있었는데 교과서 11종 모두 이 체제를 거의 그대로 준용하고 있다. 다만 다른 교과서들이 모두 지도 내용에 따라 8단원 구성을 하고 있는데 반해 김상기 『국사』가 4단원 체제를, 이병도 『국사』는 9단원 체제를, 이원순 『국사』는 6단원, 그리고 한우근의 『국사』는 7단원 체제를 취하고 있는 점에서 차이가 있다.

이병도 『국사』의 체제가 9단원으로 구성된 것은 다른 교과서와 달리 조선시대를 전기와 후기로 나누어 서술했기 때문이었다. 또한 이원순 『국사』는 지도 내용에서 제시했던 '역사의 시작'과 '부족 국가 시대의 생활'을 제1편 '우리 역사의 시작'으로 묶고, '삼국 시대의 생활'과 '통일 신라 시대의 생활'을 역시 제2편 '삼국시대와 통일 신라 시대'로 묶음으로써 6단원 체제가 된 것이었다. 마지막으로 한우근의 『국사』가 7단원 체제로 되어 있는 것은 지도 내용 중의 '역사의 시작'과 '부족 국가 시대의 생활'이 '원시 사회와 부족 국가 시대'라는 제목의 단원 Ⅰ로 묶여 있는 까닭이다.

그러나 단원의 제목이나 내용 등은 11종의 교과서 모두 지도 내용을 충실히 따르고 있다. 즉, 「교육과정 해설」의 7항 제목인 '조선의 근대화 운동'과 8항 제목인 '민주 대한의 발달'은 각 교과서의 근대·현대 부문의 제목에 틀림없이 전재하고 있음을 알 수 있다. 물론 윤세철·신형식의 『새로운 국사』에서는 7단원의 제목을 '조선의 근대화', 8단원의 제목을 '대한 민국의 탄생'이라고 썼고, 한우근의 『국사』에도 각각 '근대화의 시작과 주권의 상실', '해방과 민주 대한의 발전' 등으로 조금의 차이는 있지만 「교육과정 해설」의 그것과 대동소이하다.[48] 이러한 사실은 제2차 교육과정기 국사교과서 검정 당시 지도 내용을 반드시 지켜야 할 필요는 없지만 어느 정도의 강제성이 부과되어 있었음을 짐작하게 한다.

다음으로 목차를 통해 내용 구성의 특징을 살펴보자. 목차 구성은 근대와 현대 부문이 다른 양상을 띠고 있다. 우선 근대 부분의 경우 각 교과서 목차의 구체성 여부에서는 차이가 있지만 기본적인 골격은 유사하게 구성되어 있다. 심지어 똑 같은 장 제목을 사용하고 있는 교과서도 여럿 눈에 띈다. 민영규·정형우의 『최신 국사』, 변태섭의 『국사』, 신석호 『국사』, 이원순 『국사』, 이현희 『최신 국사』, 이홍직의 『국사』, 이상옥·차문섭의 『국사』 등의 교과서는 근소한 차이가 있을 뿐 거의 같은 장 제목으로 이루어져 있다. 이에 비해 윤세철·신형식의 『새로운 국사』와 이병도의 『국사』는 전혀 다른 제목의 장으로 구성되어 있다.

근대 부분 장 구성 내용은 대체로, 첫째 조선의 개항, 둘째 조선 내부의 변화와 청·일전쟁, 셋째 러·일 전쟁과 신문화 운동, 넷째 국권 상실의 순으로 나타난다. 앞서 언급했듯 교과서마다 조금씩의 구조적 차이가 있지만 내용 구성은 유사한 형태를 띠고 있는 것이다. 아울러 장 이하는 비교적 자유로운 체제로 서술하고 있음을 알 수 있다.

김상기 『국사』와 윤세철·신형식의 『새로운 국사』, 이병도 『국사』의 장 제목이 다른 것들과 상이하지만 여타의 교과서에서 똑같은 제목과 체제가 다수 확인되는 것으로 보아 단원 제목과 함께 장 제목에 대해서도 별도의 '지도'가 있었음을 추정케 한다. 물론 장 제목의 통일이 검정을 통과하는 핵심 요소가 아니었다는 점만은 분명하다.

48 윤세철·신형식 『새로운 국사』의 7단원과 8단원 제목이 작은 차이지만 지도 내용과 다르다는 점은 단원 제목에 철저한 규제가 있었던 것은 아니라는 점을 알게 한다.

한편 현대 부분의 장 제목 역시 별도의 '지도 내용'이 있었다는 것을 어렵지 않게 확인할 수 있다. 다만 근대 부분 보다는 좀 더 자유로운 제목으로 장을 구성하고 있다. 특히 근대 부분의 장이 통상 4개에서 5개로 구성되어 있는 것과 달리 현대 부분은 장 구성 자체에 차이가 많다. 한우근 『국사』의 경우 2장 구성으로 되어 있는가 하면 이병도는 6개의 장으로 교과서를 구성하였다.

현대 부분의 장 구성 내용은 일제 강점기 식민 지배와 독립운동, 그리고 해방에 이은 '6·25 동란'과 민주주의 발전이라는 도식 구조를 가지고 있다. 근대 부분과 마찬가지로 장 이하의 세부 체제는 자유롭게 구성되어 있지만 기본적인 내용과 방향성은 공유되어 있다.

현대 부분에서 가장 특징적이면서도 모든 교과서에서 준수하고 있는 구조와 내용은 교과서 맨 마지막에 장이나 절을 할애하여 기술되어 있는 '우리의 할 일', 또는 '우리의 사명' 등이다.[49] 이 부분은 역사적 사실(史實)과는 별개로 이념적인 지향을 서술하고 있는 대목으로 제1차 교육과정기 국사교과서에서는 두드러지지 않았던 내용이다.

물론 제1차 교육과정기 국사교과서에도 유사한 서술 내용이 있다. 제1차 교육과정기 국사교과서인 김상기의 『고등 국사』에 등장하는 '끝말'이나 유홍렬의 『한국사』에 있는 '우리의 사명' 등이 그것이다.[50] 또한, 홍이섭 지은 『고등 국사 우리나라 문화사』 속에도 맨 마지막 부분에 '대한민국의 성립과 우리의 사명'이라는 제목 아래 유사한 내용이 담겨 있다.[51] 그러나 제1차 교육과정기 국사교과서에서는 이 부분이 비교적 소략하게만

---

49 10종의 교과서에서는 이 부분이 '우리의 할 일', '우리의 사명', '우리의 나아갈 길' 등 세 가지 형태로 기재되어 있다. 이후로는 편의상 '우리의 할 일'로 통칭하겠다.

50 제1차 교육과정기 국사교과서의 내용에 대해서는 성강현, 「제1차 교육과정의 국사 교과서 서술체제와 내용분석」(『역사와교육』 22, 2016) 참조.

51 홍이섭 지음, 『고등 국사 우리나라 문화사』, 정음사, 1965, 193~194쪽.

서술되어 있었다.[52]

제2차 교육과정기 국사교과서의 마지막에 자리하고 있는 '우리의 할 일'은 이전과 달리 그 체제와 내용이 대폭 확충되었다. 이전 교과서들이 교과를 마무리하면서 각성과 당부의 의미를 담고자 했다면 제2차 교육과정기 국사교과서의 '우리의 할 일'은 그 방향성과 요구되는 행위가 매우 구체적으로 적시되어 있다. 이는 교과서의 발행 이전 단계에서 이미 다분히 정치적인 목적 아래 그에 관한 지침을 하달했기 때문이었다.

앞의 2장에서 언급했듯「교육과정 해설」'지도 내용'의 마지막에는 "국사 학습을 끝마침에 있어서 과거의 역사를 총괄하고 민족의 과제를 재확인하여 민주 대한의 발전, 복지 사회의 건설에 헌신하고자 하는 국민적 각오와 태도가 육성되도록 지도되어야 한다"는 '요구'가 기술되어 있었다. '우리의 할 일'은 이러한 '지도 내용'의 '요구'에 따라 기술된 것이었다.

Ⅳ. 민족주체성 교육에 따른 근대현대사 서술 내용의 특징

1. 제2차 교육과정기 국사교과서의 근현대사 서술 내용

제2차 교육과정기 국사교과서의 근현대사 서술 내용에 대해서는 해방 때부터 현재까지를 대상으로[53] 다음 두 가지 점에 집중해 분석하고자 한다. 첫째, 현대사 서술 태도, 둘째 '우리의 할 일'의 서술 의도 등이 그것이다. 아래에서는 이 두 가지를 중심으로 박정희 정권의 민족주체성 교

52 홍이섭의『우리나라 문화사』에는 '우리의 사명'에 해당하는 부분이 한 쪽 정도로 간략하게 기술되었다.

53 국사교과서에 민족주체성 교육 방침이 가장 적나라하게 드러난 부분이 해방 이후이기 때문이다.

육이 교과서 근현대사 서술에 어떻게 반영되고 있었는지에 초점을 맞추어 고찰하겠다. 단, 분석 대상은 11종의 교과서 중 비교적 특징적인 내용을 담은 것들을 중심으로 하였다.

우선 해방 이후 상황에 대한 서술 태도에 관해 고찰해 보자. 당시 국사교과서에는 해방 이후부터 1960년대 중반에 이르는 20년 간의 시기를 '해방과 분단', 그리고 '시련과 극복'이라는 수순으로 기술하고 있다. 즉 제국주의 일본의 압박을 벗어나 독립하고 정부를 수립하였으나 분단으로 전쟁의 참화를 겪었고, 이후 독재로 시련을 당했지만 이를 '5·16혁명'으로 극복했다는 논리이다. 구체적으로 '해방과 분단'에 대한 다음 교과서들의 서술 내용을 살펴보자.

[표 2] 제2차 교육과정기 발행 국사교과서 중 해방 직후 상황 서술 예시

구분	저자 및 교과서명	서술 내용	수록 쪽
㉠	이홍직 『국사』	**해방** 1945년 8월 15일, 일본은 드디어 연합국에 무조건 항복을 하고 우리 민족은 36년간의 압박에서 해방되었다. …… 그러나 독립의 염원은 쉽게 달성되지 않았다. 뜻하지 아니한 38선이 생기고 미·소의 양군이 각기 남북을 점령하였다. …… 온 민족은 하루 바삐 이러한 상태가 청산되고 민주주의의 원칙 위에서 통일된 완전한 독립국가를 건설하기를 희망하고 있었다. 그러나 소련의 힘을 이용하여 그들의 세력을 확장하려는 공산주의자들은 신탁통치를 지지하여 이를 방해하였다.	241 ~ 242
㉡	이현희 『최신 국사』	**민족의 해방** …… 일본은 1945년 8월 초 히로시마와 나가사키 등에 세계 최초의 원자탄 세례를 받아 전의를 상실하고 말았다. 이 때, 러시아는 대일 선전 포고를 하고 북한으로 쳐들어오니 국제적으로 고립된 일본은 그 해 8월 15일 드디어 연합군에게 무조건 항복을 선언하고 말았다. …… 이 결의(카이로 회담의 결의-필자)는 1945년 포츠담 선언을 통해 재확인되어 한국민은 독립이 속히 올 것이라고 벅찬 기대를 걸고 있었다. 이 기대는 적중하였으나 독립은 즉시 오지 않았다. 이 해 9월 2일 미주우리 함상에서 일본 대표가 연합국 극동 사령관 맥아아더 장군 앞에서 항복 문서에 조인함으로써 우리 민족은 1910년 합방당한 이래 36년만에 질곡과 신음 속에서 풀려나와 자유와 민족의 해방을 맞이하였다. **미·소의 대립** …… 1945년 12월 소련의 모스크바에서 미·영·소의 3개국 외상이 모여 신탁 통치안을 결의하였다. 이에 한국은 결사적으로 공산주의자들의 신탁 통치를 반대하는 반탁 운동을 전개하였다.	239 ~ 241

구분	저자 및 교과서명	서술 내용	수록쪽
ⓒ	이원순 『국사』	**민족의 해방** …… 도이칠란트의 항복과 혹심한 공습으로 전의를 상실한 일본은 원자탄 공격을 받게 되자 1945년 8월 15일 연합군에게 무조건 항복하였으며, 우리는 36년간의 일제의 학정으로부터 해방되었다. …… 그러나 얄타 밀약에 의하여 우리 국토는 북위 38도선으로 미국과 소련에 양단 점령되었고, 미·소 양국은 각각 군정을 실시하게 되니, 현재 우리 민족이 겪고 있는 분단의 비극은 이로부터 초래되었다. **반탁 운동과 미소 공위** 북한의 소련군은 공산주의자의 세력을 조장하여 후일 공산 독재 정치의 기초 조성에 광분하였다. …… 그러나 1945년 말, 모스크바에서 열린 미·영·소 외상 회의에서 한국의 신탁 통치안이 가결되자, 국제적 신의를 위배하고 우리 민족을 모독하는 이 신탁 통치안에 대하여 민족 진영에서는 일치 단결하여 반탁 운동을 전개하였다.	240 ~ 241
ⓔ	신석호 『국사』	2. 8·15 **해방** 연합군이 …… 무조건 항복을 권고하였다. 일본은 이에 곧 응하지 아니하다가 8월에 미군이 히로시마와 나가사키에 세계 최초로 원자탄을 투하하고, 소련이 또한 일본에 선전 포고하여 만주와 한국 국경에 쳐들어오니, 일본도 할 수 없이 그 달 15일에 무조건 항복하고 말았으며, 이와 동시에 36년간 일제의 압정에서 신음하던 우리 민족은 해방되었다. **3. 대한 민국의 성립** …… 우리는 해방과 동시에 곧 독립할 줄 알았으나, 일본군의 무장 해제라는 구실 아래 뜻하지 않은 38선이 생겨 미·소 양군이 남북에 진주하여 국토는 양단되고 민족은 분열되었다. 38선은 소련의 요구에 의하여 결정된 것이며, 소련은 러일 전쟁 직전에 39도선으로 한국을 분할하려던 제정 러시아의 침략 정책을 이제야 실현한 것이다. …… 그 해 연말에 미·영·소 삼국 외상이 모스크바에서 한국 통일 문제를 협의하여 5개 년간 신탁 통치할 것을 결정 발표하자, 이승만·김구·김성수 등을 주로 한 우익은 맹렬한 반탁 운동을 전개하여 즉시 독립 국가의 수립을 주장하였으나, 좌익은 찬탁 운동을 전개하여 이를 방해하였다.	240 ~ 241

위 인용문들은 제2차 교육과정기 국사교과서 중 해방 직후 상황에 대한 특기할 만한 것들을 간추린 것이다. ㉠은 이홍직 『국사』 단원 8 “민주 대한의 발달” 중 2장 1절 ‘해방과 독립’ 부분의 일부이다. ㉡은 이현희 『최신 국사』의 8장 3절 ‘민족의 해방과 독립’, ㉢은 이원순이 집필한 『국사』의 제6편 제2장 1절 ‘대한 민국의 수립’, ㉣은 신석호의 『국사』 중 8단원 3장 2절 ‘8·15 해방’의 내용을 인용하였다.

㉠은 가장 일반적이고 간결한 서술 형태이다. 8월 15일을 기점으로 해방이 되었으나 38선을 경계로 남북이 분단되고 이후 모스크바 3상회

의와 뒤이은 좌익의 찬탁 운동으로 인해 이념적으로 극심한 혼란을 겪었다는 내용이다. ㉡과 ㉢, 그리고 ㉣ 모두 기본적으로 유사한 형태의 내용 구조를 가지고 있다. 다만 밑줄 친 부분과 같이 나름의 독특한 서술 및 해석을 가미하고 부분이 눈에 띈다.

㉡의 경우 해방의 시점을 다른 교과서들과 다르게 8월 15일이 아니라 9월 2일로 산정하고 있다. 8월 15일이 해방의 기점이라는 것은 지금도 일반적으로 통용되는 사실이다. 그런데 ㉡에서는 8월 15일을 일제가 연합군에게 항복한 날로 제한하여 서술하면서, 실질적인 해방을 연합국 대표와 일본 당국 간의 항복조인식이 있었던 9월 2일로 파악한 것이다. 이것은 일반의 통념과는 다소 거리가 있지만 오히려 항복 직후 상황을 냉정하게 판단한 서술이라고 평가할 수도 있다. 실제 9월 2일은 물론이고 미군이 서울에 진주하여 총독 당국과 항복조인식을 맺은 9월 9일까지 조선총독부와 조선 주둔 일본군은 무장을 유지한 채 한반도 내에서 건재를 과시하고 있었기 때문이다.[54] 이러한 측면에서 8월 15일을 해방, 또는 광복의 기점으로 기념하는 데 대한 문제 제기가 있어 온 것도 사실이다.[55]

㉢은 다른 교과서와 달리 좌익의 찬탁지지 운동을 적극적으로 기술하지 않은 점이 특징적이다. 여타 교과서의 서술에서 볼 수 있는 바와 같이 모스크바 3상 회의 이후 비판의 초점은 소련과 좌익에게 맞춰져 있었다. 그런데 ㉢ 교과서에서는 이러한 점이 두드러지게 기술되지 않은 것이다. 이것이 필자의 의도적 서술인지 아니면 사안 자체를 중요하게 여기지 않은 탓인지는 알 수 없으나 다른 교과서와 차별성을 갖는 서술임에는 분명하다. 즉 모스크바 3상 회의의 결정이 국제적 신의를 위배하고 우리 민족

54 조건, 「해방 직후 일본군의 한반도 점령 실태와 귀환」, 『한국학논총』 47, 2017, 339~351쪽.

55 이와 관련해서는 정근식·신주백, 『8.15의 기억과 동아시아적 지평』(선인, 2006)과 사토 다쿠미의 『8월 15일의 신화』(원용진·오카모토 마사미 옮김, 궁리, 2007) 등의 저서를 참고할 수 있다.

을 모독하는 행위였다고 평가하면서 좌익의 찬탁 운동에 대한 언급 없이 민족 진영의 반탁 운동만을 언급하고 있는 것이다.

주지하듯 모스크바 3상 회의 직후 찬탁을 둘러싼 논쟁에 불을 지핀 것은 1945년 12월 27일 『동아일보』의 소련이 신탁통치를 고집했다는 오보 때문이었다. 이 보도로 인해 신탁통치를 찬성한 소련을 비난하는 국내 여론은 들끓게 되었고 결국 좌익과 우익 간 첨예한 갈등의 빌미가 되었다.[56] 그러나 당시 모스크바 3상 회의의 주요 안건은 신탁통치 문제가 아니었고 더욱이 신탁통치를 애초 제기하고 주장한 것은 미국이었다.[57] 이러한 측면에서 ㉢ 교과서의 서술은 다른 교과서의 내용과 비교할 때 이목을 끈다.

㉣은 38도선을 경계로 한 분단 원인에 관해 다른 교과서와는 차별되는 논거를 들고 있다. 소련이 러일전쟁 직전부터 한반도를 분할하여 점령하려는 의도가 있었고 38도선은 그러한 의도의 연장선상에 있다는 논리였다. 1904년 러일전쟁 직전 소련, 즉 러시아가 '만한교환론(滿韓交換論)' 등과 같이 한반도 문제를 둘러싸고 일본과 협상을 추진했다는 것은 역사적 사실이다. 1903년 8월 일본이 6개조 대러 협상 기초안을 건네자 이에 대응하여 러시아가 대안을 제기했는데 여기에 북위 39도를 경계로 한 분할안이 담겨 있었던 것이다.[58] 다른 교과서들이 현상에 치중한 서술을 하고 있는 반면 ㉣ 교과서는 이를 역사적인 연원에서 찾고 있다는 점에서 특징적이라고 평가할 수 있다.

이어서 '시련과 극복'을 주제로 한 교과서 서술 내용을 살펴보겠다. 여기서는 5·16군사정변의 정당성이 언급되어 있는 부분을 중심으로 들여

56 이동현, 『한국 신탁통치 연구』, 평민사, 1990, 84~85쪽.

57 송남헌, 『解放三年史 I 1945-1948』, 까치, 1985, 244~250쪽.

58 구체적으로 러시아 측의 협상안은, 한국 영토의 북위 39도 이북을 중립지대로 간주하여 양 체약국이 이곳에 군대를 끌어들이지 않는다고 서로 약속하자는 내용이었다.(최문형, 『국제관계로 본 러일전쟁과 일본의 한국병합』, 지식산업사, 2004, 203~209쪽.)

다보겠다.

[표 3] 제2차 교육과정기 국사교과서 중 5·16군사정변 관련 서술 예시

구분	저자 및 교과서명	서술 내용	수록쪽
㉠	이상옥·차문섭 『국사』	서울에서는 4월 18일에 일어난 고려 대학생의 데모를 계기로 4월 19일에는 시내의 거의 모든 대학의 학생들이 총궐기하였다. …… 학생들을 주축으로 한 온 국민의 항거로 4월 26일 마침내 이승만은 대통령직을 물러나니, 12년간의 자유당 독재는 최후의 발악도 효과없이 끝이 났다. …… **제2공화정** 7월 29일 총선거에 의하여 상하 양원의 새국회가 소집되고 새 내각이 수립되니, 여기에 제2공화정이 탄생하였다. 그러나 집권당인 민주당은 국민 앞에 공약한 정책을 실천하기에 앞서 신·구파 간에 권력 다툼이 일어났고, 국민들에게 언론, 집회, 결사에 관하여 너무 자유를 허용하였기 때문에 오히려 사회적 혼란을 가져오게 되었다. 여기에 경제면의 불안이 겻들여 정국은 또 다시 어지럽게 되었다. **5·16혁명** 제2공화정이 수립되어 1년도 되지 않는 1961년 5월 16일에 5·16혁명이 일어났다. 혁명 정부는 경제 개발 5개년 계획을 비롯하여 부정 축재 정리, 공무원 자가 숙청, 농어촌 고리채 정리 등 과감한 혁명 정책을 수행하였다. …… 동년(1963년–필자) 11월의 총선거를 거쳐 12월에는 제6대 국회가 구성되고, 혁명의 지도자 박정희가 정식 대통령에 취임함으로써 제3공화정이 탄생하였다. 대통령 중심제의 제3공화정은 제1차 5개년 계획을 강력히 추진하는 등 조국근대화를 위하여 많은 힘을 써 왔고, 다원적인 외교 활동을 전개하여 국위 선양에 노력하고 있다.	250 ~ 251
㉡	이홍직 『국사』	4·19의거는 맨주먹 밖에 가지지 못한 민중이 독재 정권을 타도하는데 성공한 한국 사상 최초의 의거이었으며, 그 주역은 학생이었다. …… 총 선거의 결과 민주당이 압승하였으며 상하 양원의 국회가 열리고 민주당의 새 내각이 성립되어 제2공화국이 탄생하였다. …… 정권 담당자들의 일거 일동을 주시하고 있던 국민들의 실망은 컸으며, 더욱이 4·19의거를 주도하던 학생들의 정국에 대한 불신은 점점 높아갔다. 여러 가지 불만이 과격한 방법으로 나타났고, 마침내 학생들은 남북 통일도 우리의 손으로 이룩해야 되겠다는 생각에서 순진한 마음으로 충분한 이론적 준비와 하등의 전략 전술도 없이 남북 학생 회담을 제의하기에 이르게 되었다. 이와 같이 오랫동안 억압되었던 자유가 풀리자 도리어 정치·사회면에 커다란 혼란을 가져와서 정부는 수습하기 어려운 상태에 빠졌다. **5·16혁명** 민주당 정권이 집권한지 1년도 되지 않은 1961년 5월 16일에는 혁명이 일어나게 되었다. 이 혁명은 박정희 장군의 영도 아래 추진되었으며 전격적으로 무혈 혁명을 완성한 것이었다. 그리하여 정치·사회의 혼란을 수습하여 밝은 민주 정치의 터전을 마련하였다. …… **제3공화국** 혁명 정부는 1962년 12월 우리 나라 최초의 국민 투표로서 제5차 개헌을 단행하고 다음 해 11월의 총 선거를 거쳐 12월에는 제3공화국이 성립하였다. 이에 혁명 주체 세력을 중심으로 형성된 공화당이 집권하게 되었으며 혁명 정부가 추진하던 경제 계획을 그대로 계승해서 조국의 근대화를 이룩하겠다고 약속하고 있다.	245 ~ 247

구분	저자 및 교과서명	서술 내용	수록쪽
㉢	이원순 『국사』	**4월 혁명** 4월 19일, 독재 정권의 타도와 부정 선거 규탄의 구호는 서울 장안을 진동하였으며 시민마저 이에 호응하니 …… 영구 집권을 꿈꾸던 독재 정부는 12년 만에 무너지고 4월 혁명이 성취되었다. …… 집권당 내의 신·구의 치열한 대립으로 정권의 불안정이 계속되고, 이권에 얽힌 파벌 인사로 정치 기강이 문란해진 위에 경제 정책의 부조로 인플레가 초래되어 농촌 경제는 더욱 악화되었다. 한편, 오랜 독재에 시달린 민중들 가운데 자유를 남용하는 자들의 데모가 범람하여 사회를 더욱 혼란시켰다. **5·16혁명** 정부의 무능·부패와 사회의 혼란·불안 가운데 38 이북 공산 세력의 야심마저 꿈틀거리게 되었다. 이 혼란과 파쟁을 일소하고 공산 마수를 물리쳐 국가와 민족을 수호하고자 군인들에 의한 5·16군사혁명이 일어났다. 5·16혁명은 4·19혁명의 계승이요 발전이었다. 그러나 4·19혁명과는 달리 기존 정권의 타도만이 아니라 그 후의 새 국가 건설을 위한 의욕과 각오에 넘친 조직적 혁명이었다. …… 제3공화국은 자주 독립, 경제 자립에 입각한 조국 근대화를 지향하여 타성과 인습에서 탈피하고자 다변 외교, 사회 쇄신, 봉건 타파, 문화 발달에 매진하는 한편, 경제 개발 5개년 계획 완수에 헌신적 노력을 경주하였다.	247 ~ 249
㉣	민영규·정형우 『최신국사』	집권당이 된 민주당은 전국민의 성원과 기대를 어기고 신·구파간의 정권 싸움만을 일삼을 뿐 아니라 구정권의 부정 선거 책임자 및 부정 축재자 등 반민주주의자들의 재판을 애매하게 처리함으로써 4·19 의거 정신을 부정하는 사태를 빚어 내었다. 이 틈에 경제는 파탄되고 폭력배가 날뛰며, 친공분자들은 불안을 선동하게 되어 사회 질서는 무너지고, 전반적인 무정부 상태를 초래하게 되었다. 이에 국민은 강력한 정부를 요구하게 되어 5월 혁명이 일어날 소지가 마련되었다. **5월 혁명** 자유당 정부가 부패와 부정을 거듭하자 군부 내의 혁명 세력은 군부의 개입 없이는 혼란한 사태를 바로 잡기가 어렵다고 생각하게 되었다. 당시 박정희 육군 소장을 지도자로 하고, 육군 사관 학교 제8기생을 모체로 하는 한 그루프는 비밀 조직망을 차츰 확대하여 갔다. 이러던 중에 1960년 4·19의거가 일어나서 자유당 정부가 무너지자, 군부 내의 비밀 조직체는 자진 해체하였다. 그러나 장 면의 민주당 정권은 확고한 경제 시책도 세우지 못하고 무능과 혼란과 파쟁만을 거듭하고, 6·25 무력 남침에 실패한 북한 괴뢰는 간접 침략을 계속하여 왔으며, 역사적인 4·19의거가 일어난 것을 계기로 정치·경제·사회의 각계 각층에 걸쳐 암암리에 공산주의 세력을 잠입시켜 남한의 전복 음모에 광분하였다. …… 이에 군부 내의 혁명 세력은 다시 뭉쳐 1961년 5월 16일에 군사 행동을 개시하여 서울을 점령하고 장 면 민주당 정부를 타도하고 혁명 공약 6개조를 국내외에 선포하는 한편 국회를 해산하고 3권을 혁명 위원회에 귀속시켰으며, 19일에는 혁명 위원회를 국가 재건 최고 회의로 고쳤다.	254 ~ 256

㉠은 이상옥·차문섭이 집필한 『국사』의 단원 8 중 4장 2절 '민주 국가 발전을 위한 노력', ㉡은 이홍직 『국사』 단원 8중 2장 2절 '민주주의의 시

련', ㉢은 이원순 『국사』에 수록된 제6편 제2장 '혁명과 오늘의 한국', 끝으로 ㉣은 민영규·정형우가 쓴 『최신 국사』의 제8장 4절 '대한 민국의 발달'에 서술된 내용이다.

위 네 교과서 중 4·19혁명과 5·16군사정변이 언급되어 있는 부분의 기본 구도는 다음과 같다. 첫째, 이승만 독재를 타도하기 위해 학생들을 중심으로 4·19혁명이 일어났고 그 결과로 민주당이 제2공화국을 열었다. 둘째, 그러나 제2공화국은 혼란만을 자초했을 뿐 이전의 정치세력과 다를 바가 없었다. 셋째, 이에 박정희를 중심으로 한 군인들이 '5·16혁명'을 일으키고 정치·경제·사회를 일신하였다. 예컨대 ㉠ 교과서와 같은 내용이 가장 일반적인 서술 형태이다. 여기에 교과서별로 특징적인 기술을 가미하고 있는데 대표적으로 ㉡, ㉢, ㉣ 교과서를 들 수 있다.

㉡ 교과서에는 4·19혁명을 주도했던 학생들이 '순진한 마음으로' 남북 통일을 하겠다고 나섰는데 이는 오랫동안 억압되었던 자유가 풀리면서 나타난 부작용과 같은 것이라는 논조를 보이고 있다. 주목할 점은 이러한 '방종'이 사회 혼란을 가져왔고 이것이 '5·16혁명'의 원인이 되었다는 것이다. 지나친 자유가 사회 혼란의 원인이라는 식의 주장은 ㉠ 교과서에서도 잘 확인할 수 있다. 이러한 사회 혼란이 공산주의의 침략을 불러올 수 있다는 전제는 더 이상 강조할 필요도 없는 것이었다.

㉢ 교과서의 특징은 5·16군사정변을 4·19혁명의 계승을 넘어 발전으로까지 평가하고 있다는 점이다. 다만 4·19가 기존 정권의 타도만을 이뤘다면 5·16은 새 국가 건설을 위한 조직적 혁명이었다는 점에서 더욱 높은 위상을 점하고 있었다.

㉣ 교과서의 가장 큰 특징은 여타의 교과서와 달리 4·19혁명 이전에도 국가의 난맥상을 바로잡으려는 박정희 중심의 군인들의 조직적 움직임이 존재했었다는 사실을 기술한 점이다. 교과서에 따르면, 이들은

4·19 이후 해체되었다가 다시금 사회가 혼란을 되풀이하자 재결집하여 1961년 5월 16일 군사 행동을 전개한 것이라고 하였다. 물론 여기에서도 사회 혼란의 중심에는 공산주의 세력의 침략 위협이 존재하고 있었다.

위에서 인용한 교과서는 아니지만 변태섭이 지은『국사』의 경우 당대사 서술에 가장 많은 분량을 할애하고 있어 눈여겨 볼 만하다. 4·19혁명의 원인과 과정을 비롯하여 5·16군사정변의 발발 배경·과정·의의, 그리고 이후 박정희 정권의 경제성장 등에 관한 내용을 매우 구체적으로 서술하고 있기 때문이다. 기본 논지는 유사하지만 경제성장의 성과를 구체적인 통계 수치까지 제시하며 '경제를 부흥'하여 "조국 근대화를 위한 민족적인 과업에 매진하고 있다"고 기술하였다.[59]

2. 민족주체성 교육 지침의 반영 실태

제2차 교육과정기 국사교과서는 민족주체성 교육 지침이 반영된 것을 가장 큰 특징으로 꼽을 수 있다. 그렇다면 민족주체성 교육이란 무엇일까. 일반적으로 우리 민족의 고유한 문화와 전통을 되살리는 한편 이를 지켜나가기 위한 국난 극복의 의지를 가르치는 것으로 이해해 볼 수 있다.[60] 그런데 "민족주체성 교육이 무엇인가"하는 것과 별개로 "이러한 교육을 하려는 궁극적인 목적은 무엇이었는가"라는 점을 생각하지 않을 수 없다.

59 변태섭,『국사』, 239~245쪽.

60 김한종은 박정희 정부가 민족주체성의 원천을 국난을 극복하고 뛰어난 문화를 발전시킨 조상들의 모습과 우리의 전통에서 찾고자 했다고 밝혔다. 아울러 손인수·주채혁·민병위의『국민교육헌장의 민족사적 기저』라는 책을 인용하여 "민족주체성이란 민족적 자아, 역사적 자아, 역사적 현실에 처한 민족적 실존의식이라 할 수 있다"라고 기술하였다(김한종,『역사교육으로 읽는 한국현대사』, 책과함께, 2013, 181~182쪽).

일반적으로 말하여 우리 나라는 아직도 정체적 사회의 특징을 극복하지 못하고 있다 할 것이다. 그러므로, 조국 근대화를 이룩하기 위해서는 무엇보다도 주체 의식의 확립과 함께 진취적 기상이 필요한 것이다. ……

그러므로, 앞으로의 교육은 넓은 의미에서 국민성의 개조까지 내다보아야 할 것이며, 일상 교육 활동을 통하여 주체 의식을 강조하고 일상 생활에서 부딪치는 여러 문제를 적극적인 태도로 해결해 나가는 진취적 기상과 함께 과학적 창의성의 배양에 중점을 두어야 할 것이다.[61]

위의 글에 따르면, 주체 의식과 진취적 기상을 통해서만 조국 근대화가 이룩될 수 있고, 따라서 앞으로의 교육은 국민성의 개조와 함께 진취적 기상과 과학적 창의성 배양에 중점을 두어야 한다고 말한다. 다시 말하면, 민족주체성 교육은 결국 조국 근대화를 위해 필요한 것이며, 이러한 교육은 국민성의 개조와 진취적 기상, 과학적 창의성 배양을 통해 가능하다는 것이다.

조국 근대화, 이것은 박정희 정권이 1966년 1월 연두교서에서 발표한 것으로 한일협정 체결의 정당성과 베트남전 파견부대 증원의 불가피성을 역설하면서 내세운 정책 이론이었다. 박정희는 당시 '조국근대화' 달성을 위해, 첫째 민족 주체의식과 밝고 명랑한 사회 분위기의 확립, 둘째 인간개발을 위한 교육의 쇄신이 필요하다는 점을 분명히 하였다.[62] 결국 민족주체성 교육은 조국 근대화론과 표리일체한 논리 구조를 가지고 있었던 것이다.

---

61 문교부, 「민족 주체성 확립을 위한 교육과정 운영 지침」, 12쪽.

62 허은, 「1960년대 후반 '조국근대화' 이데올로기 주조와 담당 지식인의 인식」, 『사학연구』 86, 2017, 254쪽.

한편 「민족주체성 확립을 위한 교육과정 운영지침」에는 교육과정 운영의 기본 방침으로 총 여섯가지를 들고 있는데, 첫째 교직자 스스로의 자각과 자세의 확립, 둘째 도의교육의 철저, 셋째 국사교육의 중시, 넷째 국어교육과 예능교육의 강조, 다섯째 과학 기술의 중시, 여섯째 명확한 목표와 방향성 제시 등이다. 그리고 여섯째 항목을 위한 학습지도 방안으로 다음과 같은 언급을 하고 있다.

> 학습지도에 있어서는 국가의 계획과 그 진전 상황을 학습 영역에 도입하여, 학생들로 하여금 희망과 민족적 자부심을 가지고 국가 시책을 이해하고 이에 적극적으로 협조하는 태도를 길러, 학습 활동이 국민 생활과 유리되지 않도록 유의하여야 할 것이다.[63]

요컨대 국사교과서에도 현 정부의 계획과 그 진전 상황을 잘 기술하여 이에 대한 자부심을 가지고 국가 시책을 이해하는 한편, 적극 협조토록 해야 한다는 것이었다. 아울러 민족 주체성을 확립하기 위해서는 "민족 고유의 전통을 터전으로 한 앞으로의 창조적 활동이 필요한데, 이 창조적 활동은 미래의 명확한 이상과 진로 의식에서 출발하여야 한다"라고 기술하였다.

앞서 3장에서 살펴보았듯이 제2차 교육과정기 국사교과서에는 박정희 정권기 정책의 성과가 비교적 소상히 밝혀져 있고 무엇보다 '조국근대화'라는 용어가 빠짐없이 수록되어 있다. 흥미로운 점은 당시 교과서 내용, 특히 박정희 정권의 성과를 기술하는 내용이 해마다 개정되어 출판되었다는 사실이다.

---

63 문교부, 「민족 주체성 확립을 위한 교육과정 운영 지침」, 17쪽.

[표 4] 이홍직 『국사』 중 제3공화국 서술 내용

발행년월	제3공화국 서술 내용
1968년 1월	군사 혁명 정부는 1962년 12월 우리나라 최초의 국민 투표에 의해 제5차 개헌을 단행하고 다음 해 11월의 총 선거를 거쳐 12월에는 제3공화국이 성립하였다. 이에 혁명 주체 세력을 중심으로 형성된 공화당이 집권하게 되었으며 군사 정부가 추진하던 경제 계획을 그대로 계승해서 조국의 근대화를 이룩하겠다고 약속하고 있다. 한편 오랫동안 끌어 오던 한·일 국교를 타개하여 경제·외교면에 새로운 국면을 전개하였으며, 1967년에는 다시 제2차 경제 개발 5개년 계획을 진행시켜 산업 구조의 근대화, 자립 경제의 달성을 기본 목표로 하는 대담한 계획이 이룩되어 오늘에 이르고 있다.
1969년 1월	혁명 정부는 1962년 12월 우리 나라 최초의 국민 투표로서 제5차 개헌을 단행하고 다음해 11월의 총 선거를 거쳐 12월에는 제3공화국이 성립하였다. 이에 혁명 주체 세력을 중심으로 형성된 공화당이 집권하게 되었으며 혁명 정부가 추진하던 경제 계획을 그대로 계승해서 조국의 근대화를 이룩하겠다고 약속하고 있다. 한편 오랫동안 끌어오던 한·일 국교를 타개하여 경제·외교면에 새로운 국면을 전개하였으며, 1967년에는 다시 제2차 경제 개발 5개년 계획을 진행시켜 산업 구조의 근대화, 자립 경제의 달성을 기본 목표로 하는 대담한 계획이 이룩되어 오늘에 이르고 있다. 한편, 공산 침략을 받고 있는 베트남에 1964년부터 현재까지 총 4만 7천의 병력을 파견, 침략 격퇴에 일익을 담당하고 있다.
1971년 1월	혁명 정부는 1962년 12월 우리 나라 최초의 국민 투표로써 제5차 개헌을 단행하고 다음 해 11월 총선거를 거쳐 12월에는 제3공화국이 성립되었다. 혁명 주체 세력을 중심으로 형성된 공화당이 집권하여 현재에 이르고 있으며 공화당 정부는 혁명 정부가 추진하던 경제 계획을 그대로 계승해서 조국의 근대화를 적극 추진하고 있다. 한편, 오랫동안 끌어오던 한·일 국교를 타개하여 경제·외교면에 새로운 국면을 전개하였으며, 1967년에는 다시 제2차 경제 개발 5개년 계획을 진행시켜 산업 구조의 근대화, 자립 경제의 달성을 기본 목표로 하는 대담한 계획이 이룩되어 오늘에 이르고 있다. 한편, 공산 침략을 받고 있는 베트남에 1964년부터 현재까지 수 만의 병력을 파견, 침략 격퇴에 일익을 담당하고 있다.
1972년 1월	위와 같음.
1973년 1월	혁명 정부는 1962년 12월 우리 나라 최초의 국민 투표로써 제5차 개헌을 단행하고 다음 해 11월의 총선거를 거쳐 12월에는 제3공화국이 성립되었다. 혁명 주체 세력을 중심으로 형성된 공화당이 집권하여 현재에 이르고 있으며 공화당 정부는 혁명 정부가 추진하던 경제 계획을 그대로 계승해서 조국의 근대화를 적극 추진하고 있는데 1962년부터 시작된 경제 개발 5개년 계획은 제1차 및 제2차 계획이 성공적으로 끝남에 따라 1972년부터는 다시 중공업 건설과 농어촌 근대화에 역점을 둔 제3차 경제 개발 5개년 계획과 4대강 유역 개발을 포함한 방대한 국토 개발 계획이 추진되고 있다. 한편 1972년 초부터 자조·자립·협동을 기본 정신으로 하는 새마을 운동이 농촌에서부터 일어나 정부와 기타 유관 기관의 강력한 후원 아래 전국적인 국민 운동으로 번지고 있는 바, 농어촌을 중심으로 한 생활 기풍의 쇄신, 향토 개발을 통한 소득 증대 등에 크게 이바지 할 것으로 기대되고 있으며, 한편으로 남북 접십사 회담을 추진하고 1972년 7월 4일에는 남북 공동 성명을 발표하여 민족의 숙원인 국토 통일을 위한 평화적 방책의 모색에 노력하고 있다.

[표 4]는 이홍직이 집필한 『국사』 중 제3공화국 부분의 서술 변화를 살펴본 것이다. 1968년 1월 검정판 이후에도 시기가 지날수록 관련 내용이 변화 또는 증보되고 있는 것을 확인할 수 있다. 처음 1968년 1월 발행될 때는 베트남 전쟁에 관한 내용이 기술되어 있지 않았으나 1969년 1월 발행본에는 1964년부터 총 4만 7천의 병력이 파견되었음을 명시하였다. 1971년 1월에 발행된 교과서는 이전과 내용에 큰 차이를 찾아볼 수는 없지만 문장을 부드럽게 하고 파견 병력 인원을 '수 만'으로 바꾸는 등 소폭의 변화가 있었다. 1972년 1월 판은 이전과 동일하였다. 그러다가 1973년 1월에는 전체적인 내용과 형식에 변화가 일어났다.

제2차 경제개발 5개년 계획이 1971년으로 마무리 됨에 따라 1973년 판에는 제3차 경제 개발 5개년 계획과 4대강 유역 개발 등의 내용이 추가되었다. 그리고 새마을 운동의 개시와 활동 내용, 마지막으로 7·4남북공동성명에 관한 내용이 첨가되어 있다.

국사교과서가 발행된 이래 거의 매년 현 정권의 활동에 따라 그 내용이 변화하고 있는 것이다. 물론 의미 있는 변화라고 볼 수 없는 해도 존재하고, 맞춤법 개정에 따른 수정·보완도 있을 수 있다. 그러나 이렇게 거의 매년 국사교과서의 내용이 변화하는 것은 박정희 정권이 국사교과서를 정부 제반 정책의 성과 홍보를 위한 팜플릿처럼 수정·발행하고 있다는 생각을 갖게 한다. 요컨대 경제 개발과 사회 개조의 활동과 성과를 국사교과 내에서 가르침으로써 조국근대화론의 이념적 타당성을 획득하려는 의도가 있다고 판단된다.

그런데 역시 제2차 교육과정기 국사교과서의 특징을 가장 잘 살펴볼 수 있는 곳은 현대의 맨 마지막에 장, 또는 절로 구성되어 있는 '우리의 할 일', 또는 '우리의 사명' 등으로 구성된 부분이라고 할 수 있다.

정음사에서 발행한 윤세철·신형식 편의 『새로운 국사』에는 현대사의 마지막에 제5절 '우리의 나아갈 길'이라는 제목의 문단이 있다. 앞서 누차 언급했듯, '우리의 나아갈 길'은 제2차 교육과정기 국사교과서 발행 목적의 핵심적인 사항이 담겨있다. 이 절에서는 우리의 나아갈 길을 크게 여섯 가지로 나누어 기술하고 있다. 첫째는 '역사의 반성', 둘째는 '남북 통일', 셋째는 '경제 부흥과 조국 근대화', 넷째는 '민주주의의 발전', 다섯째는 '민족 문화의 애호와 창조', 그리고 마지막으로 다시금 '역사의 반성'이다.

'경제 부흥과 조국 근대화' 부분에서는 농업에 치우쳐 경제적 후진을 초래했던 과거를 일신하고 더욱 분발하여 보다 밝은 내일을 설계해야 한다고 서술하였다. 또한 경제 개발을 위해 우리가 가진 천혜(天惠)의 조건, 즉 3면의 바다, 풍부한 노동력, 우수한 두뇌 등을 이용해야 한다고 기술했는데, 위 세 가지 조건이 하늘로부터 부여받은 것이라는 다분히 선민사상적 논지를 펴고 있다.

'역사의 반성'의 서술 내용은 앞으로 반성이 필요하다기보다 이미 역사의 반성을 통해 "역사를 승리로 이끌어 가는 큰 능력을 감득(感得)하고" 있기 때문에 앞으로 더 현명하고 용기 있는 판단력으로 우리의 역사를 밝고 행복하게 창조하는 일꾼이 되어야 한다는 논조이다.

박정희 정권은 제2차 교육과정기 국사교과서를 통해 이른바 민족주체성 교육이라고 하는 교육방침을 수립하고 이를 현장에서 지도하였다. 민족주체성 교육은 민족 고유의 문화와 전통을 보존·발전시키고 이를 지키기 위해 힘써왔던 고난의 역사를 각성하며 나아가 미래의 새로운 역사를 창조하기 위한 주체적이고 창의적이며 진취적인 인간을 형성시키는 것이었다. 그러나 이는 민족주체성 교육의 명분이었고 실제 그것의 궁극적인 목적은 박 정권의 정치·경제 정책을 따라 그에 순응하고 적극 협조하는

인간을 만들어 내는 데 있었다고 할 수 있다.[64]

V. 맺음말

제2차 교육과정기는 1963년부터 1973년까지 근 10년 간 박정희 정권 초중반기의 교육정책이 시행된 때였다. 이 기간의 한 가운데인 1968년에 「국민교육헌장」이 선포되었으니 이 시기는 그야말로 박정희 정권 교육정책의 핵심이 만들어져 가는 과정이었다고 할 수 있다. 즉 제2차 교육과정기에는 「국민교육헌장」의 시안이라 할 수 있는 이른바 민족주체성 교육 지침이 만들어졌고 이것은 당시 발행되었던 국사교과서 서술에도 반영되어 있었다.

이글에서는 제2차 교육과정기 공포된 교육과정과 관련 문건의 내용을 고찰하여 민족주체성 교육의 실체를 파악하였다. 아울러 1968년 발행된 고등학교 국사교과서 근현대사 서술 내용 분석을 통해 제2차 교육과정기 역사교육의 특징과 민족주체성 교육 지침의 시행 실태, 그리고 그 의미에 관하여 살펴보았다. 이를 위해 당시 발행되었던 국사교과서 총 11종을 수집하여 서술 체제와 내용을 검토하였다.

제2차 교육과정이 공포된 것은 1963년 2월이었다. 이는 제1차 교육과정 이후 약 8년 만에 공포된 것으로 이 사이에는 이승만 독재와 반공주의의 강화, 4·19혁명과 5·16군사정변 등 정치적으로 급격한 변동이 있었다. 따라서 제2차 교육과정의 내용에는 이러한 사회적, 정치적 변동이 어

64 이봉규, 「박정희 정권기 역사교육학계의 민족주체성 인식과 국사교육 강화」, 『역사문제연구』 37, 2017, 37쪽. 이봉규 역시 민족주체성 교육의 궁극적 목적이 "정권이 요구하는 새로운 인간형 창출에 기여하는 것"이라고 서술한 바 있다. 다만 그는 1968년 국민교육헌장 선포와 1970년대 초 국사교육강화정책 이후의 시기를 대상으로 삼았다.

느 정도 수렴되어 있었다. 특히 군사정변으로 권력을 찬탈한 박정희 정권의 교육방침이 반영되어 있었는데 이것이 바로 민족주체성 교육이었던 것이다.

제2차 교육과정기의 「고등학교 교육과정」과 「교육과정 해설」에는 국사교육의 목적을 유독 민족적 과업을 달성하기 위해 헌신해야 한다는 점에 초점을 맞추고 있었다. 그리고 민족적·국민적 각오와 사명을 깨닫고 실천하기 위해 진정한 역사적 태도가 필요하다고 역설하였다. 아울러 국사교육은 수업 시간의 반 이상을 근현대사에 투여하도록 명시하고 있었는데 이는 1972년에 수립된 국사교육강화정책을 선도하는 것이었다.

특히 제2차 교육과정기 민족주체성 교육 지침에 대해서는 1966년 6월에 발간된 「민족주체성 확립을 위한 교육과정 운영 지침」을 주목할 수 있다. 「운영지침」에는 민족주체성 확립을 위해 가장 중요한 교과로 국사를 지목하면서 국사교육이 역사적 사실의 전달보다 민족적 주체의식 함양에 따른 국민적 책임감을 각성시키는 데 있다고 적시되어 있다.

이렇듯 「교육과정」과 「교육과정 해설」, 그리고 「운영지침」이 지속적으로 민주주체성 교육에 대해 강조하는 가운데 1968년 드디어 제2차 「교육과정」에 따른 국사교과서가 발행되었다. 11종으로 발행된 국사교과서의 서술 체제는 기본적으로 교육과정의 지도 내용을 따르고 있었다. 이 글에서 분석대상으로 삼은 근현대사 서술의 경우 「교육과정 해설」이 규정하고 있는 7항 '조선의 근대화 운동'과 8항 '민주 대한의 발달'이라는 근대와 현대사 서술 체제를 큰 틀에서 준용하고 있었던 것이다.

국사교과서 근현대사 부분의 분석은 해방 이후시기를 대상으로 해방직후 상황과 5·16군사정변에 대한 서술 내용을 중심으로 하였다. 해방직후 상황에 대해서는 11종 교과서 모두 8·15해방 이후 분단과 뒤이은 좌익의 찬탁운동, 그리고 이를 계기로 한 이념적 혼란 구도를 기본적인 서술 태도로 하고 있다. 또한 5·16군사정변에 대한 서술은 이승만 독재와 이를 타도하기 위한 4·19혁명의 의의 언급하면서도 뒤이은 제2공화국의 난맥상을 부각시켜 결국 '5·16혁명'의 당위성을 역설하는 서술 태도를 갖추고 있었다.

한편 제2차 교육과정기 국사교과서의 근현대사 서술 중 가장 특징적인 것은 발행년을 거듭 할수록 박정희 정권의 치적사항이 교과서에 추기되고 있다는 점과 현대사 단원 맨 마지막에 '우리의 할 일', '우리의 사명' 등의 절이 편성되어 있다는 것이다. 이들은 모두 박정희 정권이 내세웠던 민족주체성 교육 지침과 밀접하게 연관되어 있었다.

요컨대 제2차 교육과정기 국사교과서는 민족주체성 교육이라는 명분 아래 5·16군사정변을 합리화하고 이를 바탕으로 박정희 정권의 정치적·경제적 치적을 선전하는 도구로 이용되었다. 즉 제2차 교육과정기 국사교과서는 국정으로 이행되는 과도기적 체제의 산물이 아니라 이후 국사교과서 체제의 기틀을 잡고 실질적인 박정희 정권의 정책이념이 반영된 교과서였다는 점에서 중요하다.

이 글에서는 민족주체성 교육을 중심으로 관련 내용을 일괄한 탓에 근현대사 서술 내용 전체를 면밀히 분석하는 데는 미치지 못하였다. 따라서 향후 이 글에서 다루지 못한 주제는 물론, 근대사와 현대사 서술 모두를 종합적으로 고찰할 필요가 있다. 뿐만 아니라 제1차와 제3차 교육과정기 교과서를 제2차의 국사교과서와 체제 및 내용면에서 비교·검토하는 것도 요구된다.

참고문헌

1. 자료

『三國遺事』

『高麗史』

『三峯集』

「東文選』

『新增東國輿地勝覽』

『大覺國師文集』

『普照全書』

『大覺登階集』

『韓國佛敎全書』

『官報』

권점례·박은아·김현경·이영미·강민규·송민영·배영권·서영진, 『2015 개정 교과 교육과정 적용방안(Ⅰ) -초·중학교를 중심으로-(연구보고 RRC 2016-8-1)』, 한국교육과정평가원, 2016.

문교부, 「국민학교·중학교·고등학교·사범학교 교육과정 시간배당 기준령(문교부령 제35호 檀紀4287.4.20. 제정)」.

문교부, 「고등학교 및 사범학교 교과과정(문교부령 제46호 별책 檀紀 4288.8.1. 공포)」.

문교부, 「국민학교 교과과정(문교부령 제44호 檀紀 4288.8.1. 공포)」.

문교부, 『고등학교 및 사범학교 교과과정(문교부령 제46호 별책 檀紀 4288년 8월 1일 제정)』.

문교부, 「중학교 교과과정(문교부령 제45호 별책 檀紀 4288.8.1. 공포)」.

문교부, 「교과서 인쇄용지에 대한 기획처와 문교부의 합의안」(국가기록원 소장 문서).

문교부, 「국민학교 교육과정」, 문교부령 제44호. 1954.

문교부, 「국민학교 교육과정」, 문교부령 제119호 별책, 1963.

문교부, 『고등학교 교육과정(문교부령 제121호)』.
문교부, 「고등학교 교육과정」, 문교부령 제121호 별책, 1963.
문교부, 『고등학교 교육과정 해설(문교부령 제121호 1963년 2월 15일 공포)』.
문교부, 『문교부령 제121호 고등학교 교육과정』, 문교부, 1963.
문교부, 「중학교 교육과정」, 1963.
문교부, 『편수자료』 5, 1964.
문교부 편, 「편수자료」 제5집, 대한교과서주식회사, 1964.
문교부 편, 「민족주체성 확립을 위한 교육과정 운영 지침」, 국정교과서주식회사, 1966.
문교부, 「국민교육헌장이념의 구현 요강」(국가기록원 소장 문서).
문교부, 『민족주체성 확립을 위한 교육과정 운영지침』, 1966.
문교부, 『고등학교 교육과정 해설』, 문교부, 1968.
문교부, 『중·고등학교 교육과정 주석(1968년 9월 개정 1970년 3월 시행)』, 배영사, 1970.
문교부령 제119호 「초등학교 교육과정」(1963.2.15. 공포).
문교부령 제120호 「중학교 교육과정」 및 「중학교 교육과정 해설」(1963.2.15. 공포).
문교부령 제121호 「고등학교 교육과정」 및 「고등학교 교육과정 해설」(1963.2.15. 공포).
문교부령 제173호 「인문계고등학교교육과정령」(1966.7.15. 공포, 1968.3.1. 시행).
이홍우 외, 「교육과정과 교과서 개선을 위한 기초 연구」, 『문교부 정책 연구 보고서』, 문교부, 1979.
진재관 외, 『2015 개정 교과 교육과정 시안 개발 연구Ⅱ: 역사과 교육과정』, 연구보고(CRC 2015-25-7)』, 한국교육과정평가원, 2015.
최상훈·류승렬·양호환·신성곤·오정현·방대광, 『문·이과 통합 역사과 교육과정 재구조화 연구』, 교육부 정책연구, 2014.
한국교육과정평가원, 『역사과 선택과목 교육과정 개정시안 연구개발(연구보고서 CRC2006-20)』, 2006.

2. 교과서

강우철·이정인, 『중학교 새사회 2』, 탐구당, 1968.
국사편찬위원회, 『고등국사(상)』, 대한교과서, 1974.
국사편찬위원회, 『고등국사(상)』, 대한교과서, 1983.

국사편찬위원회, 『고등국사(상)』, 대한교과서, 1991.
국사편찬위원회, 『고등국사(상)』, 대한교과서, 1996.
국사편찬위원회, 『고등국사(상)』, 두산, 2002.
김상기, 『고등국사』, 장왕사, 1957.
김상기, 『(고등학교) 국사』, 장왕사, 1968.
김상기, 『국사』, 장왕사, 1968.
김상기 · 민석홍, 『고등 세계사』, 을유문화사, 1956.
김상기 · 조의설, 『중학교 사회Ⅱ』, 장왕사, 1968.
김성근, 『고등 세계사』, 교우사, 1956.
김성근, 『중등 세계사』, 을유문화사, 1956.
김성근, 『중학교 사회Ⅱ』, 교육출판사, 발행년 미상.
김용덕, 『새로운 우리나라 역사』, 일한도서주식회사, 1956.
도면회 외, 『고등학교 한국사』, 비상교육, 2010.
문교부, 『실업계 고등학교 국사』, 대한교과서, 1968.
민석홍 · 고병익, 『세계사』, 상문원, 1956.
민영규 · 정형우, 『최신 국사』, 양문사, 1967.
민영규 · 정형우, 『(고등학교) 최신 국사』, 양문사, 1968.
민영규, 『최신 국사』, 양문사, 1968.
박성봉 · 최영희, 『새로운 사회 2』, 홍지사, 1968.
변태섭, 『(고등학교) 국사』, 법문사, 1968.
변태섭, 『국사』, 법문사, 1968.
백락준, 『고등 세계사』, 정음사, 1956.
백락준, 『중등 세계사』, 정음사, 1956.
백락준, 『세계 문화사』, 정음사, 1957.
변태섭 · 문홍주, 『중학교 사회Ⅱ』, 법문사, 1966.
신석호, 『국사』, 동국문화사, 1956.
신석호, 『국사』, 광명출판사, 1967.
신석호, 『(고등학교) 국사』, 광명출판사, 1968.
신석호, 『국사(인문계)』, 광명출판사, 1968.
역사교육연구회, 『중등 국사』, 정음사, 1956.
유홍렬, 『한국사』, 양문사, 1956.
윤세철 · 신형식, 『새로운 국사』, 정음사, 1967.
윤세철 · 신형식, 『(고등학교) 새로운 국사』, 정음사. 1968.

이병도, 『국사』, 일조각, 1956.
이병도, 『국사』, 일조각, 1968.
이상옥, 차문섭, 『국사』, 문호사, 1968.
이원순, 『(고등학교) 국사』, 교학사, 1968.
이현희, 『(고등학교) 최신 국사』, 실학사, 1968.
이홍직, 『우리나라 역사』, 민교사, 1956.
이홍직, 『우리나라 문화사』, 민교사, 1957.
이홍직, 『국사』, 동아출판사, 1967.
이홍직, 『(고등학교) 국사』, 동아출판사, 1968.
이홍직 · 민영규 · 김성식, 『중학 사회 2』, 동아출판사, 발행년 미상.
이해남, 『고등 세계사』, 탐구당, 1956.
이해남, 『중등 세계사』, 탐구당, 1957.
전해종 · 김철준 · 이보형, 『중학 새사회 2』, 민중서관, 1965.
정재각 · 김성식, 『세계사』, 동국문화사, 1956.
정중환, 『세계문화사』, 양문사, 1956.
조계찬, 『우리나라 역사』, 백영사, 1956.
조의설, 『고등 세계사』, 장왕사, 1956.
조의설, 『중등 세계사』, 장왕사, 1957.
조좌호, 『고등 세계사』, 일조각, 1956.
조좌호, 『중등 세계사』, 영지문화사, 1957.
조좌호, 『우리나라 문화사』, 명지문화사, 1957.
조좌호, 『중학 사회 2』, 영진문화사, 1967.
진단학회, 『국사교본』, 군정청 문교부, 1946.
채희순, 『고등 세계사』, 창인사, 1956.
채희순, 『세계사』, 창인사, 1956.
최남선, 『국사』, 민중서관, 1956.
최남선, 『세계사』, 민중서관, 1957.
최남선, 『세계사』, 민중서관, 1961.
한우근, 『우리나라 역사』, 상문원, 1956.
한우근, 『(고등학교) 국사』, 을유문화사, 1968.
한우근, 『국사』, 을유문화사, 1968.
홍이섭, 『우리나라 문화사』, 정음사, 1953.
홍이섭, 『고등국사』, 교우사, 1957.

홍이섭, 『고등 국사 우리나라 문화사』, 정음사, 1965.

3. 단행본

강만길, 『한국현대사』, 창작과비평사, 1984.
강만길, 『고쳐 쓴 한국현대사』, 창작과비평사, 1994.
강우철, 『사회생활과 학습지도』, 일조각, 1962.
고재희, 『통합적 접근의 교육방법 및 교육공학』, 교육과학사, 2008.
국립중앙도서관, 『한국 교과서 목록, 1945-1979』, 1979.
곽병선 외, 『교과서 발행제의 다양화에 따른 자유발행제 도입 방안 연구』, 한국교과서연구재단, 2004.
교육개혁심의회, 『한국교육이념의 정립』, 정민사, 1986.
교육과정·교과서연구회 편, 『한국교과교육과정의 변천(중학교)』, 대한교과서주식회사, 1990.
교육과정·교과서연구회 편, 『한국교과교육과정의 변천(고등학교)』, 대한교과서주식회사, 1990.
교육부, 『초·중·고등학교 사회과·국사과 교육과정 기준(1946~1997)』, 교육부, 2000.
교육부, 『초·중등학교 교육과정 총론, 교육부 고시(제2015~74호)』, 2015.
국립중앙도서관 편, 『한국교과서목록: 1945~1979』, 국립중앙도서관, 1979.
국민교육협의회, 『국민교육헌장의 자료총람』, 1972.
국사편찬위원회, 『한국사』, 국사편찬위위원회, 1976.
국사편찬위원회, 『자료대한민국사 1』, 탐구당, 1970.
국사편찬위원회, 『한국교육정책자료 1』, 극동디엔씨, 2001.
군정청 문교부, 『초중등학교 각과 교수요목집(4) 국민학교 사회생활과』, 조선교학도서주식회사, 1947.
권성아, 『홍익인간 사상과 통일교육』, 집문당, 1999.
김대석. 『쉽게 풀어 쓴 교육과정과 수업』, 박영사, 2017.
김보현, 『박정희 정권기 경제개발-민족주의와 발전-』, 갈무리, 2006.
김상훈, 『1945~1950년 역사 교수요목과 교과서 연구』, 서강대학교 박사학위논문, 2015.
김선규·김인식·최호성 공저, 『남북한 국사교과서 분석』, 교육과학사, 2000.
김성열, 『인촌 김성수-인촌김성수의 사상과 일화』, 동아일보사, 1985.

김승호, 『교육과정평가 모형 탐색』, 교육과학사, 1998.
김영태, 『三國遺事所傳의 新羅佛教思想研究』, 신흥출판사, 1979.
김운태, 『美軍政의 韓國統治』, 博英社, 1992.
김용섭, 『남북 학술원과 과학원의 발달』, 지식산업사, 2005.
김재춘, 『교육과정』, 서울: 교육과학사, 2012.
김정배, 『한국고대의 국가기원과 형성』, 고려대출판부, 1986.
김정환, 『교육의 본질과 과제』, 서울: 경지사, 1973.
김한종, 『역사교육과정과 교과서연구』, 선인, 2006.
김한종, 『역사교육으로 읽는 한국현대사』, 책과함께, 2013.
김흥수, 『한국역사교육사』, 대한교과서주식회사, 1992.
다카하시 데쓰야 저, 이목 역, 『국가와 희생』, 책과함께, 2008.
대통령비서실, 『박정희대통령연설문집3(제6대편)』, 1973.
대한교육연합회, 『한국교육연감(부록 한국교육 연지사)』, 새한신문사, 1971.
문교부 조사기획과, 『문교행정개황』, 조선교학주식회사, 1947.
문교부 편수국, 『편수시보』 제1호, 조선서적인쇄주식회사, 1950.
문교부, 『초, 중등학교 각과 교수요목집(12) 중학교 사회생활과』, 조선교학도서주식회사, 1948.
문교부, 『교수요목집: 중학교 사회생활과』, 조선교학도서주식회사, 1948.
문교부, 『문교개관』, 1959.
문교부, 『혁명정부 문교시책』, 1961.
문교부, 『혁명과업 완수를 위한 향토학교 교과과정 임시 운영 요강(고등학교)』, 1961.
문교부, 『중학교 교육과정 해설』, 1963.
문교부, 『중학교 교육과정』, 1963.
박득준, 『조선근대교육사』, 사회과학출판사, 1988.
박부권·정재걸, 『교육이념과 홍익인간』, 한국교육개발원, 1989.
박승배, 『교육과정학의 이해』, 학지사, 2007.
박의수·강승규·정영수·강선보. 『교육의 역사와 철학(2판)』, 동문사, 2009.
사토 다쿠미 저, 원용진·오카모토 마사미 역, 『8월 15일의 신화』, 궁리, 2007.
서명원·김기석·김선호·문영한·이영덕·정원식, 『중등교육의 제문제 -교원연수자료-』, 교학도서주식회사, 1963.
서울대학교 사범대학 30년사 편찬위원회, 『서울대학교 사범대학 30년사 -민주교육의 요람』, 1976.

서울신문사, 『한국독립운동지혈사』, 1946.
손인수, 『한국의 민족교육과 일제교육과의 갈등』, 한국정신문화연구원, 1988.
손인수, 『한국교육사』 Ⅱ, 문음사, 1992.
송남헌, 『解放三年史 Ⅰ(1945-1948)』, 까치, 1985.
숭문중·고등학교 총동문회, 『숭문 100년사』, 2007.
신효숙, 『소련군정기 북한의 교육』, 교육과학사, 2003.
심태진, 『석운교육론집』, 우성문화사, 1981.
阿部洋 외, 『해방 후 한국의 교육개혁』, 한국연구원, 1987.
안재홍, 『안재홍선집』 2, 서울: 지식산업사, 1983.
안호상, 『일민주의 본바탕』, 조문사, 1950.
안호상, 『민주주의의 역사와 종류』, 일민출판사, 1953.
역사학회, 『한국사의 회고와 전망Ⅰ』, 역사학회, 1996.
오장환, 『중등 문화사 -우리나라의 문화-』, 정음사, 1949.
오천석, 『民主主義 教育의 建設』, 國際文化公會, 1946.
오천석, 『한국신교육사』, 현대교육총서출판사, 1964.
오천석, 『아름다운 조국 -국민정신무장독본』, 현대교육총서출판사, 1968.
오천석, 『발전한국의 교육이념 탐구』, 배명사, 1973.
오천석, 『민주교육을 지향하여』, 광명출판사, 1975.
오천석, 『외로운 城主』, 光明出版社, 1975.
오천석, 『韓國新教育史』, 光明出版社, 1975.
오천석, 『한국신교육사』 하, 광명출판사, 1975.
유봉호, 『한국교육과정사 연구』, 교학연구사, 1992.
유봉호·김융자, 『한국 근/현대 중등교육 100년사』, 교학연구사, 1998.
유홍렬, 『한국문화사』, 양문사, 1954.
윤재천, 『신교육서설』, 조선교육연구회, 1946.
윤종영, 『국사교과서 파동』, 혜안, 1999.
이경섭, 『한국현대교육과정사 연구(상)』, 교육과학사, 1997.
이기백, 『신라시대의 국가불교와 유교』, 일조각, 1978.
이기백, 『신라사상사연구』, 일조각, 1986.
이길상 편, 『해방전후사자료집(Ⅰ·Ⅱ)』, 원주문화사, 1992.
이길상, 『미군정하에서의 진보적 민주주의 교육운동』, 교육과학사, 1999.
이길상·오만석 공편, 『한국교육사료집성 -미군정기편(Ⅰ·Ⅱ·Ⅲ)』, 한국정신문화연구원, 1997.

이대의, 『나와 검인정 교과서』, 중앙출판공사, 2002.
이동현, 『한국 신탁통치 연구』, 평민사, 1990.
이만규, 『조선교육사 Ⅱ』(1949), 거름, 1991.
이병도 · 김정학, 『우리나라 문화의 발달(상)』, 백영사, 1954.
이병천 엮음, 『개발독재와 박정희 시대』, 창비, 2003.
이상선, 『사회생활과의 이론과 실제』, 금룡도서문구주식회사, 1946.
이상선, 『종합교육과 단위교수: 사회생활과 교육의 기초이념』, 동지사, 1947.
이상선, 『고장생활』, 동지사, 1948.
이선근, 『건국이념과 학생』, 민중서관, 1954.
이영자, 『「천태사교의」의 성립 배경과 특징』, 『한국 천태사상의 전개』, 민족사, 1988.
이원순 · 김철, 『새로운 중학 사회 2』, 정음사, 1967.
이원순 · 김철 · 이민호 · 이정인 · 은용기 · 최양호, 『역사과 교육』, 한국능력개발사, 1977.
이원순 · 이정인, 『역사교육 −이론과 실제−』, 정음문화사, 1985.
이응호, 『미군정기의 한글운동사』, 성청사, 1974.
이종국, 『한국의 교과서』, 대한교과서주식회사, 1991.
이종국, 『대한교과서사: 1948~1998』, 대한교과서주식회사, 1998.
이종국, 『한국편수사연구 1』, 한국교과서연구재단, 2000.
이종국, 『한국의 교과서 출판 변천 연구』, 일진사, 2001.
이찬희 · 류승열, 『국사 교과서 발행제도와 검정제의 검토』, 미래한국재단, 2011.
이찬희 · 박진동 편, 『한 · 일 역사과 교육과정 비교연구』, 경인문화사, 2010.
이해영, 『역사교과서 서술의원리』, 책과함께, 2014.
이향규 · 김기석, 『북한사회주의 형성과 교육』, 교육과학사, 1999.
이혜영 외, 『한국 근대 학교교육 100년사연구(Ⅱ): 일제시대의 학교교육』, 한국교육개발원, 1997.
이혜영, 『한국근대학교교육 100년사 연구(Ⅲ)』, 한국교육개발원, 1998.
장진호, 『민족교육의 전개: 민족이념 형성과정을 통해서 본 민족교육의 지향』, 실학사, 1974.
재단법인 한국교과서연구소, 『교과용도서관련법규집』, 1992.
정근식 · 신주백, 『8.15의 기억과 동아시아적 지평』, 선인, 2006.
정선영 외, 『역사교육의 이해』, 삼지원, 2001.
정영훈 외, 『홍익인간 이념 연구』, 한국정신문화연구원, 1999.
정용욱 외 공저, 『'주한미군사'와 미군정기 연구』, 백산서당, 2002.

정용욱 외 공저, 『해방 전후사 사료 연구Ⅱ』, 선인, 2002.
정인보(저)·박성수(편역), 『정인보의 조선사연구』, 서원, 2000.
정태수 편, 『미군정기 한국교육사자료집(1945~1948)(상)』, 홍지원, 1992.
정태수, 『광복 3년 한국교육법제사』, 예지각, 1995.
정태수, 『미군정기 한국교육사자료집(상·하)』, 홍지원, 1992.
조동걸, 『현대한국사학사』, 나남출판, 1998.
중앙대학교부설 한국교육문제연구소, 『문교사』, 중앙대학교출판부, 1974.
차미희, 『한국 중·고등학교의 국사교육: 국사과 독립 시기(1974~1994)를 중심으로』, 교육과학사, 2011.
최남선, 『육당최남선전집 2』, 현암사, 1973.
최문형, 『국제관계로 본 러일전쟁과 일본의 한국병합』, 지식산업사, 2004.
최병칠, 『새교육사전』, 홍지사, 1952.
최병칠, 『교육과 인생』, 문천사, 1972.
최상훈 외, 『역사교육의 내용과 방법』, 책과함께, 2007.
최숙형·김홍주, 『세계사』, 민교사, 1956.
최숙형·김홍주·이성주, 『세계의 역사』, 민교사, 1960.
최승만, 『나의 회고록』, 인하대학교출판부, 1985.
최호성·박창언·최병옥, 『교육과정 이론과 실천』, 교육과학사, 2014.
한국교과서연구재단, 『한국편수사 연구 1』, 한국교과서연구재단, 2000.
한국교육삼십년편찬위원회, 『韓國教育三十年史』, 1980.
한국교육십년사간행회, 『한국교육십년사』, 풍문사, 1960.
한국사학회, 『한국 현대사의 제문제Ⅱ』, 을유문화사, 1987.
한국정신문화연구원 편, 『해방 전후 미국의 「대한인식」 자료』, 선인, 2001.
한우근·고병익·민석홍, 『사회2』, 일조각, 1967.
함종규, 『미군정시대의 교육과 교육과정』, 한국교육개발원, 1984.
함종규, 『한국 교육과정 변천사 연구』, 교육과학사, 2003.
허강 외, 『한국편수사연구(1)』, 한국교과서연구재단, 2000.
허강 외, 『한국편수사연구(2)』, 한국교과서연구재단, 2000.
허강 외, 『한국의 검인정교과서 변천에 관한 연구』, 한국교과서연구재단, 2002.
허강 외, 『한국 교과서의 어제, 오늘 그리고 내일』, 한국교육과정·교과서연구회, 2006.
허강, 『한국 검인정 교과서 변천에 대한 연구』, 한국교과서연구재단, 2001.
허강, 『한국의 검인정 교과서』, 일진사, 2004.

허대녕, 『吳天錫과 美軍政期 教育政策』, 한국학술정보, 2009.
허은, 『미국의 헤게모니와 한국 민족주의』, 고려대 민족문화연구원, 2008.
허흥식, 『고려불교사연구』, 일조각, 1986.
혜암유홍렬박사화갑기념사업위원회 편, 『유홍렬박사화갑기념논총』, 탐구당, 1971.
홍웅선, 『신교육과정의 연구』, 연세대학교출판부, 1973.
홍웅선, 『초등교육과정』, 교학사, 1976.
홍웅선, 『광복 후의 신교육운동: 1946-1949 조선교육연구회를 중심으로』, 대한교과서주식회사, 1991.
홍후조, 『알기 쉬운 교육과정』, 학지사, 2016.
황인규, 『무학대사연구 여말선초 불교계의 혁신과 대응』, 혜안, 1999.
황인규, 『고려후기·조선초 불교사연구』, 혜안, 2003.
황인규, 『고려말·조선전기 불교계와 고승연구』, 혜안, 2005.
황인규, 『고려 불교계와 불교문화연구』, 국학자료원, 2011.
황철수·오배근·최정희, 『새로운 사회 2』, 사조사, 1967.
Gredler, M. E. 저, 이경화·최병연·김정희 역. 『교수-학습의 이론과 실제』, 아카데미프레스, 2006.

高橋濱吉, 『朝鮮教育史考問』, 京城: 帝國地方行政學會 朝鮮本部, 1927.
大野謙一, 『朝鮮教育問題管見』, 京城: 朝鮮教育會, 1936.
小沢有作, 『民族教育論』, 明治圖書株式會社, 1967.

Department of Education The State of Colorado, *Course of Study for Secondary Schools: Social Studies*, 1940.
Dewey, J., *Body and Mind. The Later Work*, 3, 1928.
Eisner, E. W., The Educational Imagination: On the Design and Evaluation of School Program, Macmilan, 1994.
McKenzie, F. A., *Korea's Fight for Freedom*, Seoul: Reprinted by Yonsei University Press, 1969.
Skinner, B. F., *The Technology of teaching*, Appleton-Century-Crofts, 1968.
State of Colorado Department of Education, *Course of Study for Elementary School*, 1942.
Thorndike, E. L., *The psychology of learning. Educational Psychology. II*, Teachers' College Press., 1913.

Tyler, R. W.. *Basic Principles of Curriculum and Instruction*, Univ. of Chicago Press, 1949.
Watson, J. B.. *Psychology as the behaviorist views it*, Psychological Review 20, 1920.

4. 논문

강명숙, 「해방 후 천원 오천석의 고등교육개혁」, 『민주교육』 10, 천원기념회, 2000.
강선주, 「세계사교육의 '위기'와 '문제': 역사적 조망」, 『사회과교육』 42(1), 2003.
강선주, 「세계화 시대의 세계사교육 –상호 관련성을 중심 원리로 한 내용 구성」, 『역사교육과 역사인식』, 책과함께, 2005.
강선주, 「해방 이후 역사 교육과정 개정을 둘러싼 쟁점」, 『역사교육』 97, 역사교육연구회, 2006.
강성호, 「아시아저 생산양식 논쟁과 시대구분 문제」, 『서양사학연구』 3, 1999.
강성호, 「한국 서양사 연구의 현황과 전망 –유럽중심주의 서양사를 넘어 세계사로–」, 『내일을 여는 역사』 50, 2013.
강우철, 「교육과정과 교과서 –중학교 국사교과서에의 제언」, 『역사교육』 1, 1956.
강우철, 「사회과 교육의 기본원리」, 『사회과 교육(현대교육실천총서 4)』, 현대교육총서출판사, 1963.
강일국, 「미군정기 한국 중등교육 연구」, 서울대학교 석사학위 논문, 1993.
강일국, 「해방이후 초등학교의 교육개혁운동과 반공교육의 전개과정」, 『교육사회학연구』 12(2), 2002.
강재언, 「일본에서 본 한국학 연구」, 한국정신문화연구원 연구협력실, 『한국학의 세계화』 1, 1990.
강정인, 「서구중심주의의 이해」, 『국제정치논총』 43(3), 2003.
강정인, 「박정희 대통령의 민주주의 담론 분석」, 『철학논집』 27, 2011.
강진웅, 「식민유산과 한국전쟁 속의 규율적 반공교육」, 『역사교육논집』 56, 2015.
고영섭, 「국가불교의 '호법'과 참여불교의 '호국' – 호국불교의 전개와 의미」, 『불교학보』 64, 2013.
교육개혁심의회, 「교육개혁심의회 발족의 역사적 의미」, 1985.
교육부, 「초·중등학교 교육과정 총론, 교육부 고시」 제2015-74호, 2015.
구경남, 「1970년대 국정 〈국사〉 교과서에 나타난 애국심 교육과 국가주의」, 『역사교육연구』 19, 2014.

구난희, 「세계사 교육과정의 현황과 개선 방안」, 『역사교육』 93, 2005.
구난희, 「고등학교 국사 교과서의 일제강점기 서술의 양상 관련 변화와 요인」, 『사회과교육연구』 17(4), 2010.
구희진, 「일제강점 후반기(1930~1945) '황민화'교육론」, 『한국근현대의 민족문제와 신국가 건설』, 지식산업사, 1997.
권성아, 「근·현대 민족교육과 한민족 공동체 문제」, 『근현대사강좌』 13, 2002.
권성아, 「교육 분단 60년의 회고와 통일 교육이념의 모색」, 『정책연구』 147, 2005.
권성아, 「일제강점과 반일민족교육」, 『통일시대 근현대 민족정신사 연구』, 백산서당, 2006.
권성아, 「『조선력사』를 통해서 본 북한 이념교육의 변화와 남북통합의 방향」, 『통일과 평화』 3(2), 2011.
권성아, 「한국 교육사 속에서의 단군민족주의」, 『고조선단군학』 28, 2013.
권성아, 「해방 이후 교육이념의 설정과 국사교육」, 『역사와교육』 21, 2015.
권오현, 「임시 역사교과용도서 조사위원회의 활동과 황국신민화 역사교육」, 『역사교육논집』 30, 2003.
권오현, 「황국신민화 교육정책과 역사교육의 변화」, 『사회과교육연구』 18(4), 2011.
금경숙, 「고등학교 국사교과서 내용분석-고대사 부분을 중심으로」, 『강원사학』 8, 1992.
김경혜, 「천원 오천석의 새교육운동과 최근의 열린교육(Open Education)운동」, 『민주교육』 8, 1998.
김동구, 「미군정 기간 중 한국에서의 미국교육사상 수용과정」, 『교육발전』 6, 1987.
김동구, 「미군정 기간 중 미국의 한국에 대한 교육정책」, 『교육학연구』 30(4), 1992.
김동구, 「천원이 미군정기 교육정책에 미친 영향」, 『민주교육』 8, 1998.
김보림, 「일제하 중등학교 국민과 도입과 '국사'(일본사) 교육」, 『역사교육논집』 50, 2013.
김상훈, 「해방 후 사회생활과의 도입과 역사교육의 방향」, 『서강인문논총』 41, 2014.
김상훈, 「1945~1950년 역사 교수요목과 교과서 연구」, 서강대학교 박사학위논문, 2015.
김상훈, 「미군정기 교육정책 수립과 한국인의 역할」, 『역사연구』 28, 2015.
김상훈, 「해방 전후 중등 교육과정의 변화」, 『역사와교육』 21, 2015.
김석수, 「'국민교육헌장' 의 사상적 배경과 철학자들의 역할」, 『역사문제연구』 15, 2005.

김선양, 「천원오천석의 교육사상」, 『한국교육사학』 18, 1996.
김선양, 「천원 교육사상의 재조명」, 『민주교육』 7, 1997.
김선양, 「미군정하의 교육과 천원」, 『민주교육』 9, 1999.
김성자, 「역사 교육과정 개정 절차와 내용 구성에 대한 연구」, 서울대학교 박사학위논문, 2014.
김성재, 「한국 교육의 과제와 기독교의 역할」, 『교육의 이념과 과제』, 한국 기독교사회문제연구원, 1982.
김수태, 「손진태의 한국사교육론」, 『한국사학사학보』 32, 2015.
김영돈, 「도의교육의 현황과 문교정책」, 『기독교사상』 2(6), 1958.
김영수, 「五教兩宗에 대하여」, 진단학보』 8, 1937.
김영수, 「曹溪禪宗에 就하야」, 『진단학보』 9, 1938.
김영수, 「삼균주의와 그 헌법정신: 임정헌법을 중심으로」, 『삼균주의연구논집』 7, 1986.
김영주, 「국정 국사교과서에 나타난 지배이데올로기 분석」, 이화여자대학교 석사학위논문, 1995.
김용만, 「국 교과서 변천사 고찰(1) -각 교육과정기별 교과서 편찬상황 개관-」, 『역사와실학』 13, 1999.
김용섭, 「우리나라 近代歷史學의 발달 2 -1930, 40년대의 實證主義史學」, 『文學과 知性』 가을호, 1972.
김용섭, 「우리나라 근대 역사학의 발달」, 『한국의 역사인식(하)』, 창작과비평사, 1976.
김용일, 「미군정기 조선교육심의회에 관한 교육정치학적 고찰」, 『교육문제연구』 6, 1994.
김용일, 「미군정기 교육정책 지배세력에 관한 연구」, 『교육행정학연구』, 1995.
김용태, 「한국불교사의 호국 사례와 호국불교 인식」, 『대각사상』 17, 2012.
김원룡, 「삼국시대의 개시에 관한 일고찰」, 『동아문화』 7, 1967.
김유환, 「교과서 국정 및 검인정제도의 법적 문제」, 『한국교육법연구』 8(1), 한국교육법학회, 2005.
김재춘, 「차이의 정치학의 교육적 함의」. 『교육정치학연구』 6(1), 1999.
김재춘, 「교육과정의 정치학」. 『교육정치학연구』 7(1), 2000.
김정배, 「濊貊族에 關한 研究」, 『백산학보』 5, 1968.
김정인, 「오장환 저, '중등문화사-우리나라의 문화 : 정음사, 1949」, 『한국사학사학보』 1, 2000.

김정인, 「해방 이후 국사교과서의 '정통성' 인식 -일제 강점기 민족운동사 서술을 중심으로-」, 『역사교육』 85, 역사교육연구회, 2003.
김정인, 「이념이 실증을 압도하다 -검인정기(1946~1973) 한국사 교과서」, 『내일을 여는 역사』 35, 내일을 여는 역사, 2009.
김정학, 「한국민족형성사」, 『한국문화사대계 1』, 1964.
김정학, 「한국문화 형성의 재인식」, 『세대』 1968. 2월호.
김정학, 「나의 한국 고고학·고대사 연구」, 『한국사학사학보』 1, 한국사학사학회, 2000.
김종명, 「'호국불교' 개념의 재검토 -고려 인왕회의 경우-」, 『불교연구』 17, 2000.
김진경, 「분단 이후 반공교육의 전개과정」, 『실천문학』, 1988.
김진숙, 「일제강점기부터 제1차 교육과정기 교육과정 문서 체계 분석-총론과 교과의 분화와 독립」, 『한국교육사학』 34(1), 2012.
김천기, 「진보주의 교육이 한국교육정책에 미친 영향에 관한 수정주의적 분석: 미군정기를 중심으로」, 『교육학연구』 30(2), 1992.
김태웅, 「신국가건설기 교과서 정책과 운용의 실제」, 『역사교육』 88, 2003.
김태웅, 「해방 후 고등학교 '국사' 교과서에서 1894년 농민전쟁 서술의 변천」, 『역사교육』 133, 2015.
김학엽, 「세계사연구에 있어서의 기본문제」, 『역사교육』 2, 1957.
김한식, 「해방후 세계사교육 연구의 경향과 과제」, 『역사교육논집』 25, 1999.
김한식·권오현, 「해방후 세계사 교육과정의 변천과 문제점」, 『역사교육』 61, 1997.
김한종, 「지배이데올로기와 국사교과서 해방 이후 국사교과서의 변천과 지배이데올로기」, 『역사비평』 15, 1991.
김한종, 「해방 이후 국사교과서의 변천과 지배이데올로기」, 『역사비평』 15, 역사비평사, 1991.
김한종, 「역사의 표현형식과 국사교과서 서술」, 『역사교육』 76, 2000.
김한종, 「국사교과서 연구의 최근 동향-1990년대 이후를 중심으로-」, 『사회과학교육연구』 5, 2002.
김한종, 「학교교육을 통한 국민교육헌장 이념의 보급」, 『역사문제연구』 15, 2005.
김한종, 「해방 이후 국사교과서의 변천」, 『역사교육과정과 교과서연구』, 선인, 2006.
김한종, 「교육과정 구성 논리로 본 2015 개정 역사 교육과정의 쟁점」, 『역사교육연구』 23, 2015.
김한종·방지원·고재연, 「〈역사〉 교과서 단원구성을 위한 한국사와 세계사의 연계

방안」, 『사회과교육연구』 15(4), 2008.
김현선, 「애국주의의 내용과 변화-1960~1990년대 교과서 분석을 중심으로-」, 『정신문화연구』 87, 2002.
김흥수, 「한말역사교육 및 교과서에 관한 연구」, 『역사교육』 29, 1981.
나영길, 「제2차 교육과정기 중학교 역사 교과서 구성 분석: 국사·세계사 통합 구성에 주목하여」, 공주대학교 교육대학원 석사학위논문, 2001.
남지대, 「고교 국사교과서 근현대편의 서술과 문제점」, 『역사비평』 3, 1988.
남한호, 「2015 개정 중학교 역사 교육과정의 내용 구성 방식과 그 특징」, 『역사교육논집』 60, 2016.
남한호, 「제1차 교육과정의 세계사 서술 체제와 내용 분석」, 『역사와교육』 22, 2016.
도유호, 「굴포리 서포항동 발굴 보고」, 『고고민속』 2, 1963.
류승렬, 「해방 후 교육과정 변천과 역사교과의 위치」, 『역사교육』 60, 1996.
류승렬, 「역사교과서 편찬의 문제점과 개선방향」, 『역사교육』 76, 2000.
류시현, 「해방 후 최남선의 활동과 그에 관한 기억」, 『한국사학보』 27, 2007.
문준걸, 「역사학습에 있어 시대구분의 서구중심주의 시각의 문제와 관점의 재고」, 『역사학보』 105, 2008.
민성희, 「해방 직후(1945~1948) 황의돈의 국사교육 재건 활동」, 『역사교육연구』 21, 2015.
박광희, 「한국사회과의 성립 過程과 그 課程 變遷에 관한 一研究」, 서울대학교 석사학위논문, 1965.
박남수, 「초기 '사회생활과' 교수요목에 영향을 끼친 미국 근대 교육과정의 구조와 특징」, 『사회과교육연구』 17(1), 2010.
박남수, 「사회과 도입기'사회생활과'교수요목에서의 역사영역의 내용 편성과 그 논리」, 『역사교육논집』 55, 2015.
박봉목, 「한국교육에 투영된 듀이 재평가와 천원 오천석의 자리」, 『교육철학』 11, 1993.
박성현, 「박정희 정권의 '화랑도' 교육 -내용의 연원과 관철의 방식-」, 『역사와 현실』 96, 2015.
박정순, 「교사와 학생의 소통을 위한 실업계 고등학교 역사교육 방안」, 교원대학교 석사학위논문, 2005.
박정옥, 「교수요목기 '우리나라 생활'의 내용 구성과 국사교육론」, 『청람사학』 20, 2012.

박진동, 「한국의 교원양성체계의 수립과 국사교육의 신구성: 1945~1954」, 서울대학교 박사학위논문, 2004.
박진동, 「해방 후 역사교과서 발행제도의 추이」, 『역사교육』 91, 2004.
박진동, 「해방 후 현대사 교육 내용 기준의 변천과 국사교과서 서술」, 『역사학보』 205, 2010.
박진동, 「교수요목에 의거한 '이웃나라 역사' 교과서의 발간과 그 구성」, 『역사교육』 106, 2014.
박진동, 「교수요목에 의거한 '먼나라 역사' 교과서의 발간과 그 구성」, 『역사교육』 137, 2016.
박진동, 「제2차 교육과정기 '사회 2'에 적용된 중학교 역사의 통합 방식과 검정 교과서의 내용 구성」, 『역사와교육』 24, 2017.
박채형, 「광복 이후 우리나라 교육과정 개발 체제의 변천과정에 대한 분석」, 『교육과정연구』 23(3), 2005.
박평식, 「조선시대사 연구의 성과의 국사교육」, 『역사교육』 125, 2013.
박해경, 「이승만 정권기 반공이념 교육과 '우리나라 역사' 교과서」, 성신여대 교육대학원 석사학위논문, 2006.
박현옥, 「제2공화국기 오천석의 교육정책」, 『한국사연구회 발표자료집』, 2015.
박형준·민병욱, 「1950년대 반공교과서의 서술 전략 연구 –『반공독본』과 『애국독본』을 중심으로–」, 『한국민족문화』 33, 2009.
방지원, 「국사 교육과정에서 '생활사–정치사–문화사' 계열화 기준의 형성과 적용」, 『사회과교육연구』 13(3), 2006.
방지원, 「역사교육의 계열화 연구」, 한국교원대학교 박사학위논문, 2006.
방지원, 「초·중고등학교 역사 교육과정의 계열화 분석」, 『역사와 담론』 44, 2006.
방지원, 「국사교육에 나타난 한국사와 세계사의 연계」, 『역사교육연구』 7, 2008.
방지원, 「2015 개정 교육과정의 한국사 –'힘을 가진 그들'의 역사를 반복하다」, 『역사비평』 113, 2015.
배영미, 「고등학교 국사 교과서의 신간회 서술 변화: 교수요목기부터 제7차 교육과정까지」, 『전농사론』 11, 2005.
백낙준, 「한국교육과 민족정신」, 『문교사』, 1953.
백낙준, 「사회변천과 새 교육」, 『한국의 현실과 이상(상)』, 연세대학교출판부, 1963.
백정화, 「교과서 변천과정과 고등학교 국사교과서의 고려시대 서술」, 목포대학교 석사학위논문, 2007.
백형기, 「도의교육의 본질」, 『기독교사상』 2(6), 1958.

사공환, 「사회생활과로 본 국사교육」, 『조선교육』 1(5), 1947.
서의식, 「고대·중세초 지배세력연구의 동향과 「국사」 교과서의 서술」, 『역사교육』 45, 1989.
서인원, 「역사교과서 검정발행제 분석」, 『역사와실학』 32, 2007.
서인원, 「한국 국사교과서 전근대사에 나타난 일본 관련 서술의 변화」, 『역사와교육』 16, 2013.
서인원, 「동학농민운동의 한국사 교과서 서술 내용 분석 -제1차~제7차 교육과정의 고등학교 교과서를 중심으로-」, 『숭실사학』 32, 2014.
서중석, 「정부 수립 후 반공체제의 확립과정에 대한 연구」, 『한국사연구』 90, 1995.
성강현, 「제1차 교육과정의 국사교과서 서술 체제와 내용 분석」, 『역사와교육』 22, 2016.
손보기, 「公州 石壯里 無土器文化」, 『고고미술』 6(3·4), 1965.
손보기, 「층위를 이룬 석장리구석기문화」, 『역사학보』 36·37, 1967.
손보기, 「석장리이외의 구석기 문화분포가능성」, 『백산학보』 7, 1969.
손진태, 「국사교육의 기본적 제 문제」, 『조선교육』 1(2), 1947.
신경림, 「내가 받은 한국사 교육: 50대 잃어버린 국사시간 12년」, 『역사비평』 15, 1991.
신선혜, 「신라의 불교 전래와 교단의 확립」, 『불교연구』 33, 2010.
신주백, 「국민교육헌장 이념의 구현과 국사 및 도덕과 교육과정의 개편(1968~1994)」, 『역사문제연구』 15, 2005.
신주백, 「국민교육헌장의 역사(1968~1994)」, 『한국민족운동사연구』 45, 2005.
신주백, 「한국근현대사에서 고구려와 발해에 관한 인식」, 『역사와 현실』 55, 2005.
신채호(저)·이만열(주석), 『조선상고사(상)』, 단재 신채호선생 기념사업회, 1983.
심태진, 「사회생활과교육론」, 『조선교육』 1, 1946.
안병우, 「한국사 교과서 발행제도에 관한 검토」, 『민주사회와 정책연구』 6, 2004.
안성준, 「동학농민운동에 대한 남북한 고등학교 국사 교과서의 서술 분석」, 고려대학교 석사학위논문, 2008.
안영순, 「사회과 교육학자로서의 강우철 연구」, 한국교원대학교 석사학위논문, 2004.
안호상, 「과거와 미래의 한국교육의 이념과 정책」, 『새교육』, 대한교육연합회, 1964.
양정현, 「국사 교과서 고대사 서술에서 민족·국가 인식의 변천」, 『한국고대사연구』 52, 2008.
양정현, 「한국사 교과서 발행제도 운영의 문제점과 개선 방안」, 『역사와 현실』 92,

2014.
양정현, 「2015 역사과 교육과정의 논리와 구성」, 『역사비평』 113, 2015년 겨울호.
양정현, 「중등 역사과에서 한국사와 외국사의 연계 논리와 형식」, 『역사교육연구』 23, 2015.
양호환, 「역사교과서의 서술과 유럽중심주의」, 『역사교육』 117, 2011.
오장환, 「국사 지도상의 난문제 몇 가지(1)」, 『새교육』 2(1), 1949.
오장환, 「국사 지도상의 난문제 몇 가지(중)」, 『새교육』 2(2), 1949.
오장환, 「국사 지도상의 난문제 몇 가지(하)」, 『새교육』 2(3·4), 1949.
오제연, 「1960년대 초 박정희정권과 학생들의 민족주의 분화-'민족적 민주주의를 중심으로-」, 『기억과전망』 16, 2007.
오천석, 「韓國教育의 回顧와 展望」, 『교육학연구』 2, 1964.
오천석, 「군정문교의 증언 1」, 『새교육』 213, 1972.
오천석, 「민주교육의 기초공사」, 『한국신교육사(하)』 광명출판사, 1975.
오천석, 「민주주의 교육의 건설(1947)」, 『오천석교육사상문집』 1, 광명출판사, 1975.
옥일남, 「한국 사회과교육과정의 시기별 특징 고찰: 초·중·고 교수요목기에서 2015 개정 교육과정기까지」, 『교육과정평가연구』 20(1), 2017.
유상수, 「한국반공연맹의 설립과 활동」, 『한국민족운동사연구』 58, 2009.
유승렬, 「국사교과서 편찬의 문제점과 개선방향」, 『역사교육』 76, 2000.
유승렬, 「한국사 교과서 발행 국정화 담론의 맥락과 성격」, 『역사교육』 132, 2014.
유위준, 「초·중등학교 교육과정 정책 형성 과정에 관한 연구」, 한국교원대학교 박사학위논문, 2002.
유진영, 「냉전기 서독 반공교육의 변화와 쟁점-사회과 교과서에 나타난 반공교육과 다원주의적 관점」, 『역사비평』 114, 2016.
윤무병, 「濊貊考」, 『백산학보』 1, 1966.
윤용구, 「1920~1930년대 한사군의 위치논쟁」, 『한군현 및 패수 위치 비정에 관한 논의(한국 상고사 대토론회 자료집)』, 2015.
윤종영, 「'국사'교과서의 편찬방향」, 『역사교육』 48, 1990.
윤종영, 「국사 교육의 변천과 과제」, 『실학사상연구』 2, 1991.
윤종영, 「'국사'교과서의 편찬 방향」, 『역사교육』 48, 2000.
윤종영, 「국사교과서 발행제도에 대한 고찰」, 『문명연지』 1(2), 2000.
윤해동, 「'국체'와 '국민'의 거리」, 『역사문제연구』 15, 2005.
이경호, 「일본의 민주시민교육」, 『한국민조시민교육학회보』 12(1), 2007.
이경훈, 「교과서 출판 원로들에게 듣는다」, 『교과서 연구』 10, 1991.

이경훈,「대담 교과서 출판 원로들에게 듣는다」,『교과서연구』 9, 한국교과서재단, 1991.
이광호,「미군정의 교육정책」,『해방전후사의 인식 2』, 한길사, 1985.
이광호,「미군정의 교육정책」,『분단시대의 학교교육』, 푸른나무, 1989.
이근엽,「죤듀이의 교육철학과 오천석의 교육사상」,『교육철학』 10, 1992.
이돈희,「한국 교육이념의 어제와 오늘」,『교육학연구』 33(2), 1995.
이동윤,「세계사교육의 당면과제」,『역사교육』 2, 1957.
이병도,「삼한문제의 신고찰(2)」,『진단학보』 3, 1935.
이병희,「국사교과서 국정제도의 검토」,『역사교육』 91, 2004.
이복희·이영채,「Ⅱ우리나라 학제의 발달」,『교육연구』 27, 1966.
이봉규,「박정희정권기 역사교육학계의 민족주체성 인식과 국사교육 강화」,『역사문제연구』 37, 2017.
이부오,「제1차~제7차 교육과정기 국사교과서에 나타난 고대 영토사 인식의 변화」,『한국고대사탐구』 4, 2010.
이상선,「사회생활과의 계획적 실천」,『신교육건설』 1, 1947.
이선근,「나의 이력서」,『한국일보』 1975.
이선근·천관우·이정인·강우철·김난수·황철수·민두기·최태상,「지상좌담: 개정된 교육과정과 역사교육의 제문제」,『역사교육』 9, 1966.
이수정,「해방 이후 국사 교과서의 가야사 서술 변천과 대안」,『역사와 교육』 19, 2014.
이승만,「일민주의를 제창하노라」,『민주공론』, 1948.
이신철,「국사 교과서 정치도구화의 역사—이승만·박정희 독재정권을 중심으로」,『역사교육』 97, 2006.
이신철,「한국사 교과서 발행의 과거와 현재」,『내일을 여는 역사』 35, 2009.
이영덕,「민주주의, 진보주의교육, 교육의 인간화」,『교육학연구』 18(1), 1980.
이원순,「역사교육연구회 50년을 회고하며(1)」,『역사교육』 97, 2006.
이유리,「1950년대 '道義教育'의 형성과정과 성격」,『한국사연구』 144, 2009.
이은령,「교수요목기 고등학교 '우리나라 문화'의 발행과 내용 체제」,『역사와교육』 21, 2015.
이인영,「새로운 역사학의 과제」,『조선교육』 1(4), 1947.
이정인,「역사과 교육과정」,『역사교육』 13, 1970.
이진석,『해방 후 한국 사회과의 성립과정과 그 성격에 관한 연구』, 서울대학교 박사학위논문, 1992.

이진석, 「한국과 일본의 미군정 초기 교육정책과 사회과 도입에 관한 연구」, 『시민교육연구』 35(2), 2003.
이하나, 「1950~60년대 반공주의 담론과 감성 정치」, 『사회와 역사』 95, 2012.
이항재, 「오천석의 민족교육사상 연구」, 『한국교육사학』 23-2, 2001.
이해영, 「고등학교 국사 교과서에 반영된 조선 후기 예송논쟁」, 전남대학교 교육대학원 석사학위논문, 2002.
임병태, 「漢江流域無文土器年代」, 『李弘植博士回甲紀念韓國史論叢』, 1969.
임태수, 「국사교육의 실제이론」, 『조선교육』 1(5), 1947.
장신, 「해제_『중·고등학교 국사교육개선을 위한 기본방향』」, 『역사문제연구』 36, 2016.
장영민, 「박정희정권의 국사교육 강화정책에 관한 연구」, 『인문학연구』 34(2), 2007.
전진성, 「교과서 검인정에 대하여」, 『새교육』 1(3), 1948.
정민지, 「권덕규의 '조선사'에 나타난 한국사 인식」, 『역사교육연구』 17, 2013.
정상우, 「『朝鮮史』(朝鮮史編修會 간행)의 편찬과 사건 선별 기준에 대하여」, 『사학연구』 107, 2012.
정성철, 「단군조선의 철학사상에 대하여」, 『단군과 단군조선』, 살림터, 1995.
정성희, 「1920년대 실력양성운동에 대한 고등학교 국사교과서 내용 분석: 교수요목부터 6차 교육과정까지」, 성균관대학교 석사학위논문, 2000.
정세화, 「민주주의 이념에 조명한 천원 오천석의 교육사상」, 『교육학연구』 18(1), 1980.
정세화, 「천원 오천석의 교육사상 연구」, 『교육철학』 10, 1992.
정소영, 「중학교 역사(상) 교과서의 세계사와 한국사 연계성 분석 및 활용 방안」, 『역사교육논집』 47, 2011.
정영태, 「일제말 미군정기 반공이데올로기의 형성」, 『역사비평』 16, 1992
정주란, 「손진태의 신민족주의 국사교육론」, 한국교원대학교 석사학위논문, 2008.
정태수, 「미군정기 한국교육행정의 기구와 요원 연구 -미국측 자료를 중심으로-」, 『교육행정연구』 6(1), 1989.
정태수, 「현대 한국 군정교육의 역사적 평가에 대한 비판」, 『한국교육사회학』 13, 1991.
조건, 「美軍政期 吳天錫의 교육정책 수립과 역사교육」, 『역사와교육』 21, 2015.
조건, 「제1차 교육과정 성립기 문교부 조직과 반공 교육정책」, 『역사와교육』 22, 2016.

조건, 「제2차 교육과정기 민족주체성 교육의 시행과 국사교과서 근현대사 서술내용 분석」, 『역사와 교육』 24, 2017.
조건, 「해방 직후 일본군의 한반도 점령 실태와 귀환」, 『한국학논총』 47, 2017.
조대신, 「고등학교 국사교과서의 분석연구」, 고려대학교 석사학위논문, 1970.
조미영, 「해방 후 국사교과의 사회과화와 '국사과'의 치폐」, 『역사교육』 98, 2006.
조성운, 「반공주의적 한국사 교육의 성립과 강화」, 『한국민족운동사연구』 82, 2015.
조성운, 「韓國高校歷史教科書における東學農民運動の敍述の變遷」, 『コリア研究』 6, 2015.
조성운, 「해방 이후 고등학교 한국사 교과서의 근대 교통사 서술의 변천」, 『역사와 교육』 21, 2015.
조성운, 「해방 이후 고등학교 한국사 교과서의 신간회 서술 변천」, 『역사와실학』 57, 2015.
조성운, 「해방 이후 고등학교 한국사교과서의 동학농민운동 서술의 변천」, 『민족종교의 두 얼굴』, 선인, 2015.
조성운, 「교수요목기 국사교과서의 발행과 편찬」, 『한국민족운동사학회』 86, 2016.
조성운, 「제2차 교육과정의 제정과 국사교과서의 편찬」, 『한국사학보』 66, 2017.
조소앙, 「한국독립당 당의해석」, 『소앙선생문집(상)』, 횃불사, 1979.
조소앙, 「한국독립당의 근상」, 『소앙선생문집(상)』, 횃불사, 1979.
차미희, 「3차 교육과정기(1974~1981) 중등 국사과의 독립 배경과 국사교육 내용의 특성」, 『한국사학보』 25, 2006.
천관우, 「三韓의 國家形成(上)」, 『한국학보』 2, 1976.
천은수, 「국사와 세계사 교육의 연계 방안 모색」, 『청람사학』 11, 2005.
최병택, 「해방 후 역사 교과서의 3·1운동 관련 서술 경향」, 『역사와 현실』 74, 2009.
최상훈, 「역사과 독립의 필요성과 내용조직 방안」, 『호서사학』 35, 2003.
최상훈, 「역사과 교육과정 60년의 변천과 진로」, 『사회과교육연구』 12(2), 2005.
최영호, 「이승만 정부의 태평양동맹 구상과 아시아민족반공연맹 결성」, 『국제정치논총』 39(2), 1999.
최용규, 「사회과 중등교육과정론」, 『사회과교육』 22, 1989.
최재호, 「한국사와 연계한 세계사, 세계사와 연계한 한국사」, 『역사교육논집』 40, 2008.
최태진, 「단군과 대종교에 대하여」, 이형구(편), 『단군과 단군조선』, 살림터, 1995.

최흥준, 「초창기 때의 편수국」, 『편수의 뒤안길』 3, 대한교과서주식회사, 2000.
편집부, 「두계 이병도박사 약력」, 『진단학보』 29, 1966.
하일식, 「고교 '국사'의 발행제 변천과 전근대 서술 -권력의 의도와 교과서 서술-」, 『역사와 현실』 92, 2014.
한준상, 「미국의 문화침투와 한국교육」, 『해방전후사의 인식 3』, 한길사, 1987.
한준상·정미숙, 「1948~53년 문교정책의 이념과 특성」, 『해방전후사의 인식 4』, 한길사, 1989.
함규진, 「한국적 민주주의의 형성과 민본주의의 역할」, 『정치정보연구』 19(1), 2016.
함혜순, 「학산 이인영의 역사인식 -신민족주의사관을 중심으로-」, 이화여자대학교 석사학위논문, 1991.
허강 외, 「교과서의 편찬·발행 등 교과서 제도 변천에 관한 연구」, 2004년도 교육과정 기초연구과제 답신 보고, 한국 교육과정·교과서 연구회, 2004.
허은, 「안보 위기론의 주창자, 이선근」, 『내일을 여는 역사』 31, 2008.
허은, 「1960년대 후반 '조국근대화' 이데올로기 주조와 담당 지식인의 인식」, 『사학연구』 86, 2017.
허은철, 「실업계 고등학교 국사 교육과정 및 국정교과서 검토」, 『역사와교육』 21, 2015.
허은철, 「제1차 교육과정의 성립과 역사과 교육과정」, 『역사와교육』 22, 2016.
허은철, 「제2차 교육과정기 고등학교 국사교과서의 발행과 서술 변화」, 『역사와 교육』 24, 2017.
허흥식, 「고려시대의 국사·왕사제도와 그 기능」, 『역사학보』 67, 1975.
허흥식, 「고려시대의 승과제도와 그 기능」, 『역사교육』 19, 1976.
허흥식, 「고려전기 불교계와 천태종의 형성과정」, 『한국학보』 11, 1978.
홍웅선, 「미군정 초기의 민주주의 교육」, 『교육혁신의 반성과 진로』, 교육과학사, 1991.
홍웅선, 「편수국의 위상(1945~1955)」, 『교과서 연구』 26, 1996.
홍웅선·김재복, 「한국교육과정 생성과정에 대한 재조명」, 『통합 교과 및 특별활동 연구』 5(1), 1987.
황병주, 「국민교육헌장과 박정희체제의 지배담론」, 『역사문제연구』 15, 2005.
황인규, 「중등 국사교과서에 나타난 고려후기 불교사의 서술과 문제점」, 『역사와 교육』 9, 2000.
황인규, 「목우자 지눌과 고려후기 조선초 불교계의 고승들」, 『보조사상』 19, 2003.
황인규, 「편조신돈의 불교계 행적과 활동」, 『만해학보』 6, 2003.

황인규, 「선각국사 도선과 비보사찰」, 『선각국사 도선』, 영암군 월출산 도갑사 도선국사연구소, 2007.
황인규, 「고려후기 유생의 사찰독서」, 『한국불교학』 45, 2006.
황인규, 「고려시대 사찰과 불교문화– 비보사사와 그 문화를 중심으로」, 『역사와교육』 12, 2011.
황인규, 「중학교 『역사』(한국사) 교과서에 나타난 불교사 서술 체재와 내용 –제7차 교육과정에서 현행 교육과정까지」, 『전법학연구』 4, 2013.
황인규, 「여말선초 삼화상(지공·나옹·무학)의 선사상」, 『정토학연구』 27, 2017.
황철수, 「역사과 학습지도안 및 평가요령 –지도안 형식과 세계사안의 실제」, 『역사교육』 1, 1957.
후지이 다케시, 「1950년대 반공 교재의 정치학」, 『역사문제연구』 30, 2013.

德永重康·森爲三, 「豆滿江沿岸潼關鎭發掘物調査報告」, 『第一次滿蒙學術調査研究團報告』 2(1), 1939.
藤田亮策, 「朝鮮の石器時代」, 『東洋史講座』 18, 1942.
小野玄妙, 「高麗祐世僧統義天の大藏經板雕造の事蹟」, 『東洋哲學』 18(2), 明治 44年.
直良信夫, 「朝鮮潼關鎭發掘舊石器時代ノ遺物」, 『第一次滿蒙學術調査研究團報告』 6(3), 1940.

Cowell, T., “The Ecological Perspective in John Dewey's Philosophy of Education”. *Educational Theory,* 35(3), 1985.
Schwab, J., The Practical 4: Something for Curriculum Professors to Do, *Curriculum Inquiry,* 13(3), 1983.

5. 기타(인터넷, 신문)

http://www.history.go.kr/
http://db.itkc.or.kr/
http://kabc.dongguk.edu/
https://newslibrary.naver.com/search
『경향신문』
『관보』
『관보』

『광주민보』
『대한독립신문』
『독립신보』
『동아일보』
『매일경제신문』
『매일신보』
『문교월보』
『민주일보』
『민주중보』
『민중일보』
『서울신문』
『자유신문』
『조선일보』
『조선중앙일보』
『중앙신문』
『한국일보』
『한성일보』